叶瑞祥从教70年

■叶瑞祥／著

廣東旅游出版社
GUANGDONG TRAVEL & TOURISM PRESS
悦读书·悦旅行·悦享人生
中国·广州

图书在版编目(CIP)数据

叶瑞祥从教 70 年 / 叶瑞祥著. — 广州 : 广东旅游出版社，2022.12
ISBN 978-7-5570-2714-8

Ⅰ. ①叶… Ⅱ. ①叶… Ⅲ. ①叶瑞祥－回忆录 Ⅳ. ①K825.46

中国版本图书馆 CIP 数据核字(2022)第 243921 号

出 版 人：刘志松
责任编辑：魏智宏　张　琪
责任校对：李瑞苑
封面设计：海　子
责任技编：冼志良

叶瑞祥从教 70 年
YE RUIXIANG CONGJIAO 70 NIAN

广东旅游出版社出版发行
（广州市荔湾区沙面北街 71 号首层、二层）
邮编：510130
电话：020-87347732（总编室）　020-87348243（销售热线）
投稿邮箱：2026542779@qq.com
印刷：台山市彩宁纸品印制有限公司
（广东省台山市台城长岭工业区）
开本：889 毫米×1194 毫米　32 开
字数：549 千字
印张：19
版次：2022 年 12 月第 1 版
印次：2022 年 12 月第 1 次
定价：68.00 元

我是属牛的，要像犀牛一样——专心致志，像黄牛一样——任劳任怨，像水牛一样——团结协作，像奶牛一样——乐于奉献。

——叶瑞祥自白

读书育己，教书育人，写书育世。

——叶瑞祥自勉

叶瑞祥“是一位集教学、科研、管理工作于一身的教师，其研究成果在较大范围内得到社会的公认”。

——摘自《世界名人录》

叶瑞祥“长期从事教育科学和学习科学的教学、研究工作，组建广东省学习科学研究会，是全国学习科学学会领导人之一，为创立学习科学和组建学习科学学会做出了重要贡献”。

——摘自《学习科学大辞典》

“叶瑞祥是近年来老年教育理论研究的‘佼佼者’。”

——摘自《老年教育辞典》

序

□陈树思

叶瑞祥老师送来了一本书稿——《叶瑞祥从教70年》，我通读了一遍，觉得是一部好书。

叶瑞祥老师是亲历和见证各类教育实践的集大成者。他70年执着于教育，矢志不渝，教育履历丰富，见证和研究过各类教育实践。从婴幼儿教育、小学教育、中学教育、高等教育、成人教育到老年教育，从公办教育到民办教育，从教育教学、科研到管理工作，他都亲历过，体验过，研究过。

叶瑞祥老师是终身躬耕不辍的开拓者。他几十年如一日，孜孜不倦，沉潜探索，厚积薄发，著述甚丰。他40多年的教育理论研究立体多维，特别突出表现在学习科学、老年教育两个领域。根据我国学习科学研究领域最新成果介绍，叶瑞祥老师是我国现代学习科学发展的重要亲历者和领导者之一，“长期从事教育科学和学习科学的教学、研究工作，组建广东省学习科学研究会，是全国学习科学学会领导人之一，为创立学习科学和组建学习科学学会做出了重要贡献”。

叶瑞祥老师是由韩师直接培养并终身从教的建设者。他教育生涯大部分时光在韩师度过，亲眼见证韩师经历中师、师专、师院三个发展时期，并在此期间经历了学生、专任教师、中层管理干部、科研人员等各种角色。他是由韩师培养并在教育领域有独特建树的杰出校友之一。他的教育人生故事、研究成果，是韩师人的骄傲和宝贵财富。

《叶瑞祥从教70年》是一部融纪实性、理论性、思想性于一体的传记式教育著作，是了解叶瑞祥老师个人成长史及学术思想、了解新中国历史条件下一代知识分子成长史、了解韩师校史、了解学习科学研究发展史的重要窗口。

综览全书，具有以下几个特点：

一是纪实性。全书以在中国共产党领导下的个人成长历史为主线和核心，情景再现叶瑞祥老师70年教育人生图景。正文从纵向角度记述了叶瑞祥老师个人成长历史过程，清晰还原了“确立从教思想、攻读教育专业、多方教育实践、从事高师教育、晚年教育活动”的人生奋斗历程。附录完整呈现叶瑞祥老师教育年谱、著作教材一览、论文目录。

二是理论性。从横向角度记述了“我与学习科学”“我与老年教育”的缘由和历程，清晰还原了我国现代学习科学、老年教育的学科发展历程，着重总结了他在学习科学、老年教育两个领域的学术研究成果。

三是思想性。从总结反思角度提炼了“我的人生感悟”，深入探索一代教育人的精神世界，分享了教育人的人生目标、人生态度、人生价值等思考，着重阐明了教育人生哲理。

历史是最好的教科书。叶瑞祥老师以他70年的教育人生叙事，分享了一部厚重的书。全书具有较高的史料价值、学术价值和思想价值。该书的出版，将对后来者有一定的启示作用。它对了解叶瑞祥老师成长史及学术思想、了解新中国知识分子成长史、了解韩师校史、了解学习科学发展史，均有一定帮助。它对进一步推进新兴学科学习科学、老年教育科学的研究，提升创新理论研究成果，也有一定意义。它对青年学子的激励、对教师教学的指导、对教育科研人员的导向、对学校工作人员的导向，具有一定的价值。

鉴于此，我很乐意将《叶瑞祥从教70年》推荐给大家。也借此机会，祝愿叶老师身体健康、家庭幸福、学术之树长青。

（作者系韩山师范学院校长、教授）

2021年12月1日

笔耕不辍的老黄牛

——读《叶瑞祥从教 70 年》

□黄金河

《叶瑞祥从教 70 年》是韩山师院叶瑞祥教授具有自传色彩的长篇回忆录，内有确立从教思想、攻读教育专业、多方教育实践、从事高师教育、晚年教育活动、我与学习科学、我与老年教育、我的人生感悟 8 章，以及附录叶瑞祥著作教材一览、叶瑞祥论文目录、叶瑞祥教育年谱，50 多万字，主题是：读书育己，教书育人，写书育世。从教育人生中采撷故事和箴言、勇气与智慧，集合为一份关于教育与人生的精彩回忆，将 70 年教育实践的经验心得倾囊相授。这是他从事教育事业 70 年来的大检阅大总结，他通过自己的亲身经历和教育实践，用个性化的语言去记录和描写自己的成长史和奋斗史，以日记式的手法，刻画了自己的精神风貌和心路历程。作品对人世间的真、善、美进行了高度讴歌和赞扬，接地气，书正气，充满正能量。同时，作品也书写了对美好生活的感慨，对教育人生的感悟，告诉人们要热爱教师，尊重教师，教师是人类灵魂的工程师，是一项伟大而崇高的职业，讲台是一个广阔的天地，是可以大有作为的。要热爱人生，要干一行爱一行，认认真真，兢兢业业，是金子总会发光的。更要热爱祖国，只有在繁荣昌盛的祖国，我们才能心情舒畅、斗志昂扬地去生活和工作。书中内容涵盖学习、教学、创作多个领域，将学习知识与创作实践融会贯通，把潮汕山水与作者际遇一一并举，读者可在书中遍历潮汕山水的大美，感受作者教育人生的多姿，可以说这是一本难得的潮汕教育发展史，令人回味无穷，欲罢不能。

我与叶教授算是用笔耕耘的老朋友了，从 2008 年开始，我先后为他编辑出版了《老年创新学习能力论》《当代青少年思想道德教育研究》《叶瑞祥教育科学文集》《叶瑞祥教育口述史》《婴儿学习力研究》《叶瑞祥学习学讲演录》《简明学习科学全书》共 7 部著作。在每一次审稿时，我都有许多话想说，可因工作太忙，拖了一次又一次，这次我不能再拖了，我不能再错过这难得的学习提高的机会了。年过八旬的叶教授仍写出长篇巨作，这种精神，这种冲劲，的确令人尊敬和佩服。在此，我要为叶教授鼓劲加油并祝贺《叶瑞祥从教 70 年》早日公开出版发行。

《叶瑞祥从教 70 年》是一部充满了艰辛与欢乐、奋斗与拼搏的喜剧。这部作品既浪漫又真实。真实是此书最大的特色。人间多少事，都在笑谈中，一把辛酸泪，尽在不言中。回忆录是一个很好的载体，可以把作者平时不便讲出来的话表达出来，将作者教书育人的经验教训整理出来，将作者辛苦创作的点点滴滴记录下来，使人有案可查，有乐同享。

回忆录的另一特点是以小见大，一滴水映出太阳的光辉。书中写的都是上学、教学、创作的平凡小事，但都与教育和潮汕的发展息息相关，反映一个深刻的主题，那就是如何正确对待人生，如何努力学习改变命运，获得幸福。这使我们懂得：教育没小事，只有认认真真地抓好教育，才能摆脱贫困和愚昧。

叶教授将自己的所见所闻，蘸上哲理的红糖，添加真实的元素，最后归入感慨与升华成篇。叶教授的创作态度是十分认真的，他说，写作就像搞科研一样，来不得半点的虚假。写作一定要有新的角度，开辟新的领域，这样才能使出十八般武艺，倾尽全力去写作。在这种精神的指导下，《叶瑞祥从教 70 年》写得得心应手，极其成功，不仅展示了他的成长历程，也将教育人生与精神家园应有的灵性融入其中。作品中既有“史”的脉络，又有“记”的特点，文字通俗易懂，看似普普通通，但细读之，仍感其有一定的特色，从字里行间可窥见作者的内心世界和思想情感的变化。作品中蕴藏着许多荡气回肠的人生小故事，这些小故事层层推进，有的顺理成章，有的迂回曲折，浪花飞溅，为我们展开了一场波澜壮阔的教育学习之旅，从而使我们获得熏陶与体验。

《叶瑞祥从教70年》源于生活，高于生活。作品中的内容都是作者的亲身经历，一事一物都有出处，一言一行均有记录，不夸大不歪曲，原汁原味，富有浓郁的生活气息，但又不局限于对生活简单的摹写，而是从生活深层挖掘提炼作品的思想和意境，把心态、社会变迁与教育事业的发展有机地结合起来，通过巧妙的构思、独特的语言、丰富多彩的生活、日新月异的变化，传达出作者对教育事业的向往和热爱，体现了作者要在教育这个大舞台上干一番轰轰烈烈事业的信心和决心。

《叶瑞祥从教70年》用心用情记述了自己求学、教学、创作的全过程，也较为详尽地记录了潮汕的人文历史。这是我至今所看到的个人回忆录中内容较丰富、记载较完善、资料较翔实、学术价值较高的一部潮汕教育发展史。我相信凡是读过这本书的朋友，都会与我产生同感。

回忆录是以记录个人成长为主的“史书”，在写作方式上，语言必须朴实、简洁、准确。当然，如果没有必要的修辞、渲染和描绘，也就显得平淡无奇，不能引人入胜。用文学的语言进行形象的记述，这样才能产生画面般的效果。叶教授深谙此道，潮汕的山水和历史一一在他的文字里飞扬，加上他在各个时期的照片和证书，物情两佳，十分难得。

《叶瑞祥从教70年》并非单纯地记录个人的成长史和奋斗史，在诸多方面也弥补了潮汕地方史志及其他著述的不足，可看作是潮汕百科全书式的资料，特别是在潮汕教育领域中更显得珍贵，体现了作者的教育情怀和责任担当。从个人的成长史，彰显潮汕教育的发展，这是一个成功的范本。

叶瑞祥是一位十分称职的教授，数十年来，他开设的专题讲座有

150多场，真的是桃李满天下，春晖遍四方。他也是一头笔耕不辍的老黄牛，他出版的著作有58部，发表的论文有160多篇，洋洋洒洒1000多万字，真的是硕果累累，成绩斐然。他的作品有量也有质，其中《老年创新学习能力论》《简明学习科学全书》等填补了该领域的空白，得到社会各界的一致好评。中国老年大学协会会长、《求是》杂志社原总编辑张晓林说："叶瑞祥是近年来老年教育理论研究的佼佼者。"这是对叶教授最好的评价。

别人是著作等身，他却是著作高于身。日理教务事，夜写妙文章；执笔不图利，只把正气扬。这是他辛勤耕耘的真实写照。但他非常谦虚低调，他说："我是属牛的，要像犀牛一样——专心致志，像黄牛一样——任劳任怨，像水牛一样——团结协作，像奶牛一样——乐于奉献。"

叶教授在潮、汕、揭三市是一个广播里有声、电视中有影、报刊上有名的新闻人物，拥有众多的学生和粉丝，连一些单位的领导都愿意资助他出版著作，但他一一婉言谢绝，可见他的人品文风是多么纯洁高尚，在物欲横流的今天，这种精神格外可爱可贵。

祝叶教授生命之树常青，永葆青春。

2022年3月28日

（作者系广东省作家协会会员，珠海市民俗文化研究会会长）

引　言

我的祖籍是广东省梅州市梅江区三角镇宫前村叶屋介成楼。父亲叶访荪（瑶秀）长期在潮汕经商，原是颇有实力的盐商。母亲林桃是潮州府城人，是地地道道的家庭妇女。日本侵华战争，造成生意萧条，家庭经济濒临破产，在中华人民共和国成立前三年，父亲已沦落为小商人。

1937 年 4 月 12 日（农历三月初一）子时在海滨城市汕头，我来到了人间。1939 年 6 月潮汕地区沦陷前夕，为避战乱，举家回归故里，我在家乡度过了童年生活。1944 年至 1948 年就读于宫前村长岗小学。1948 年至 1949 年就读于潮安县城关镇嘉应旅潮镇海小学。1950 年春至 1951 年 7 月就读于潮安县私立中原中学。其间，经民主选举，担任春季班第一、二、三学期的班长，由于学习成绩名列第一，获得第二、三学期免费入学的奖励。为了贯彻《关于接办私立中小学校的指示》精神，潮安县人民政府文教科决定接办私立中原中学，并将该校春季班的学生并入潮安第一中学。因此，1951 年 9 月至 1952 年 6 月我就读于潮安一中（校址：潮州西湖。现为潮州金山中学）。为贯彻《关于中学自 1953 年起一律不招收春季始业班次的通知》精神，粤东行署文教处决定在韩山师范学校举办为期 40 天的潮澄饶 1952 年春季毕业生补修班，集中补修初中三年级下学期的主要课程，经考试合格者，提前半年毕业，国家承认其初中毕业学历。这样，我就成为 52 届潮安一中初中应届毕业生。

有着客家人的血统，却长期在潮汕地区生活、学习和工作，故我戏言：“我是客家人，现已‘潮化’了，是客籍潮人。”而事实上，客家人和潮汕人的血液都在我的生命里涌动。客家人勤劳、刻苦、自强、重教的传统美德与潮汕人团结、拼搏、务实、创新的精神，两者深深地扎根在我的心里，影响着我的成长。

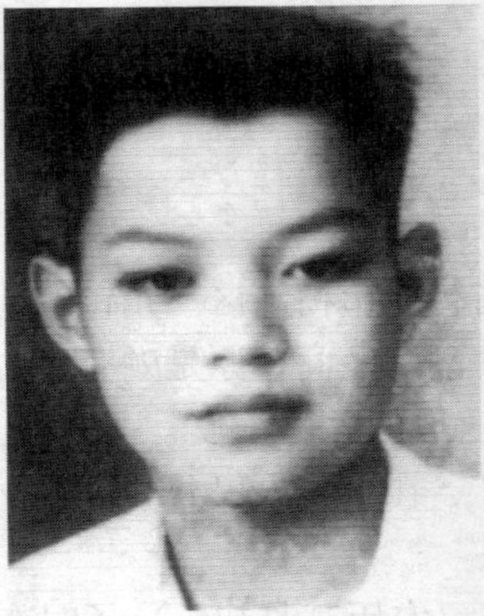

初中毕业照（1952 年 6 月）

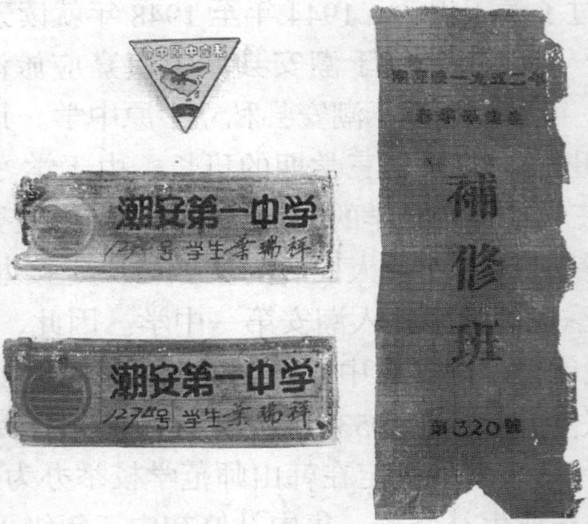

中原中学校徽（1950 年）、潮安第一中学校章（1951 年）、1952 年春季毕业生补修班证（1952 年 7 月）

目录

第一章　确立从教思想

第二章　攻读教育专业

第三章　多方教育实践

第四章　从事高师教育

第五章　晚年教育活动

第六章　我与学习科学

第七章　我与老年教育

第八章　我的人生感悟

附　录

第一章　确立从教思想

（1952 年 9 月至 1956 年 8 月）

第一节　韩山师范求学回忆（1952 年 9 月至 1955 年 7 月）

一、如愿考上韩山师范

1952 年中国共产党提出了过渡时期的总路线，从 1953 年起我国开始了以实施发展国民经济第一个五年计划为中心的大规模经济建设，急需一大批人才。在这样的国情下，从 1952 年开始，学校为大规模经济建设培养人才。在当时的背景下，初中毕业是一件非常了不起的事。按照当时的情况，初中毕业生的出路很多，主要有：第一种出路是考中专，比如东北的长春汽车学校、卫生学校，洛阳的拖拉机学校，当时相当一部分初中毕业生为了响应“建设工业化国家”的号召，都报考中专到东北、华北的中专学校学习；第二种出路是考高中，家庭经济比较好的可以选择考高中，接着考大学，那时候考大学不会像后来竞争那么激烈，比较容易考上；第三种出路是读师范，这在当时是大多数家庭困难的学生的第一选择；第四种出路是就业，那时初中毕业已经算是不错的文凭，出去找工作是不难的。

我考虑到家庭经济比较困难，上高中不太可能，往东北读中专的话，那里天气又太冷，恰巧在这时，父亲的一个朋友跟我说：“到韩师读书，不但不用交学费、吃饭不用钱，而且每个月还有生活

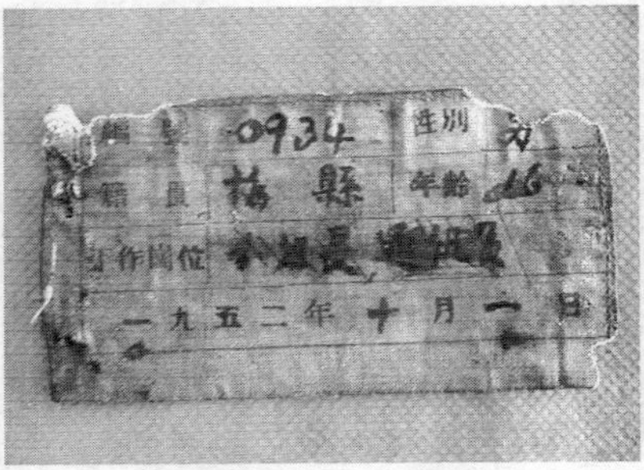

韩师校章反面（1952 年 10 月）　　　　韩师校章正面

（原件收藏于韩师校史馆）

补贴。”我听后欣喜万分，居然还有这么好的事情！于是我毅然报了广东韩山师范学校。而这正验证了潮汕流传的一句话——“金中阿爷（潮汕方言，老爷），县中阿舍（潮汕方言，少爷），韩师乞食（潮汕方言，乞丐）”，意思是说念韩师的都是家里经济比较困难的。后来我们了解到，班里大部分同学确实家里经济比较拮据，有一些是本来就困难的，有一些是地主家庭，土改之后被扫地出门而导致贫困的。所以，当时报考韩师的学生，动机可能都差不多——“混口饭吃，出来有工作”。入学考试成绩出来之后，印象里韩师还在粤东行署的机关报《团结报》上刊登了录取名单，我如愿考上了广东韩山师范学校。

二、接受全面发展教育

中华人民共和国成立初期，全国上下正在进行三大运动，即土改、镇压反革命、抗美援朝，学校比较忙乱。直到 1952 年下半年，教育部门要求“克服现有的某种程度的忙乱现象，提高质量”，情况才有所好转。另一个背景是全面向苏联学习，教育是“全盘苏化”，强调“德智体美劳，五育并重”。在这背景下，我在韩师三年的学习中接受了全面发展教育。全面发展教育表现在下面五个方面：

第一，全面、正规学习。首先，从开设的课程门类来看，按照我的学籍表，第一学年 13 门，第二学年 15 门，第三学年 20 门。这

48门课程可以分成五个板块：第一个板块是人文科学13门，第二个板块是自然科学12门，第三个板块是教育学科11门，第四个板块是体育艺术9门，第五个板块是教育见习和教育实习共3门。在当时，这些课是非常全面的。其次，从学习内容来看，也是非常全面的，比如政治课有社会发展史、宪法；比如语文，第一年学习普通文学，是简化了的文学概论，学习文学的基础知识；比如地理有中国地理、外国地理和经济地理；比如历史有世界史、中国近代史、中国革命史；比如数学有平面几何、立体几何、代数；再比如化学，除了有普通化学，还有矿物学。所以当时的学习内容非常全面，课程门类全面，学习内容也全面。再次，从每一天的活动来看，早上6时30分到7时30分，早读一个钟头，接着再上四节课；下午三节课，第三节课一定是体育活动或文艺活动；晚上自修两节。全部都是计划好的，有点像半军事化管理，所以说我是接受了全面发展教育。

第二，丰富多彩的课余生活。每天做完早操之后，就是个人的体育活动，包括跑步、爬山等活动项目。下午第三节课是体育活动或文艺活动，操场上人声鼎沸，也有人在音乐室唱歌、弹琴等。寒暑假的时候，学校会组织很多讲座，比如文学讲座，讲方志敏《可爱的中国》，还有《钢铁是怎样炼成的》《乡村女教师》《卓娅和舒拉的故事》《绞刑架下的报告》等，内容相当丰富，当时主要是以苏联文学为主，尤其是以苏联立过战功的英雄人物为主。每个星期三和星期六下午，是各个兴趣小组活动的时间，有歌咏的、乐器的、绘画的、体育的等。学校还有很多文艺团体，我当时还是文工团里的一名独唱演员，曾独唱俄罗斯民歌《伏尔加河船夫曲》等歌曲。课余生活真可谓多姿多彩。

第三，形式多样的劳动体验。有五种形式：第一种是日常生活的自我服务，比如打扫教室、轮流挑开水。第二种是劳动建校。现在学院东区的教工宿舍以前名为“五四楼”，就是我们这些学生打地基搞土方而建成的。第三种是帮厨。我们只负责打下手，如洗菜、切菜。

第四种是下乡，帮助农民完成收割、冬种秋收等农活。第五种是开展劳动光荣的教育。那时候，没有人敢浪费粮食，“劳动光荣，浪费可耻”的观念深入人心。

第四，艰苦朴素的生活作风。那时候以俭朴为荣，比如我们穿的衣服，不是灰色就是蓝色，男女同学都是一样的。而住的环境，当时条件相当艰苦，我们就住在韩文公祠里，大堂里竖着韩文公的塑像，我们的床铺就搭在大堂的两侧，所以一起床就跟韩文公打交道。另外，由于打水的地方远，为了不浪费时间，晚上我们会先打盆水放在床下，早上一敲钟就起床。那时也有澡堂，设在河边，取水方便，冬天把水打起来后烧热就可以用了，或者干脆晒晒太阳也就用了。行的方面，基本上都是赤着脚的，最奢侈的也就是能穿上力士胶鞋。当时的校长陈伟规定穿木屐不能过湘子桥，主要担心影响校容校风。理发的话，我们男同学常到河边客家人的船上去，比较便宜。吃的方面，最初是露天的，由于没有桌子，就蹲在地上吃饭，每 10 个人“一桌”。后来就在竹棚大礼堂内用餐。以上种种，可见当时的条件还是相当艰苦的。

第五，因材施教，发展特长。学校在重视全面发展的同时，也很重视发展个人的特长，有以下几个措施：第一是设科代表，这些科代表以后大都成为某一个方面的专门人才。我们班的物理科代表周昭仲，后来是广州科学院的研究员；化学科代表陈树豪，后来为韩山师范学院化学系的副教授；数学科代表杨英达，后来在华南师院数学系任教；等等。第二是开展兴趣小组活动，根据各人的爱好组织，有唱歌的、舞蹈的、画画的、体育的等，各种各类都有。第三个是组织出版黑板报、墙报，后来这些人有的成了文学家、作家。第四是举办各种比赛，把每个人的兴趣爱好调动起来，后来有的人成了歌唱家、演奏家。第五是师生结对子，有点像现在的导师带研究生，这是一个很有力的措施，塑造了既得到全面发展教育又有个人特长的人才。

三、受到严格专业训练

当时对教育专业训练是非常严格的，主要体现在三个方面：第一是重视专业思想教育。当你考进了韩师后，一进门就要进行面试，问你为什么要报考韩师，从一开始就给你注入专业思想，以后再通过英雄人物、优秀教师的事迹进行教育，把当一名小学教师的烙印牢牢地印在你的脑袋里面，培养的目标就是成为一名合格的小学教师。第二是重视教育学科教学。课程分11门类，有心理学、教育学、学校卫生、小学语文教学法、小学算术教学法、小学历史教学法、小学地理教学法、小学音乐教学法、小学体育教学法、小学图画教学法、小学自然教学法。每一门课程都有一门教学法，放在第三学年学习，这培养了多方面适应的教师。第三是重视教育实践训练。第一学年是结合教学去见习，就是听课；第二学年是集中一个星期的见习；第三学年是集中四个星期的实习，放在毕业前的四五月份。这样使得每一名学生都受到严格的教育专业训练。

四、名师执教，印象深刻

韩师当时的教师队伍，是从整个粤东挑选出来的，是通过多方面比较后挑选出来的，每一位都非常优秀。那时有的老师是讲普通话的，也有讲客家话和讲潮汕话的。各门学科都有名师，比如语文老师黄海涵，后为民族学院中文系教授；化学老师林士松，后任韩山师专化学系主任、副教授；生物老师翟肇庄，是日本留学生、生物学家，享年105岁；音乐老师林克辉，是潮汕著名的小提琴独奏家、作曲家；地理老师陈史坚，也颇负盛名。

老师对学生的要求很严格。比如要求学生写作文要老老实实地写，不能弄虚作假。记得有一位同学在作文中写道“我是被迫结婚的”，老师评分时就给他不及格。为什么？因为老师说他已是成年人了，还说是被逼结婚，这分明欠缺思考，与事实不符。化学做实验的时候要分组，每个小组四五人，分工很明确，有人观察，有人记录，有人操作等。生物老师要求我们对植物的观察细致。音乐老师要求每人都要试唱，考试是单独考的，避免有人滥竽充数。而这么

与翟肇庄老师（中）合影（2004 年 10 月 25 日）

多老师中，对我影响最大的是地理老师陈史坚。他是老革命，后来读一些潮汕历史才知道他是地下党。他是一个很有才学的老师，后来是南海海洋研究所的研究员，他讲课的风格很质朴平实。他还出了两部书，一部是《中国的地形》，另一部是《中国的河流》。当时我们在图书馆看到这两本书时，很是佩服，人一辈子能著书是很不简单的事。这件事在我的心中埋下了著书的种子，对我以后的人生道路影响深远，现在，我之所以要把自己写的书送人或捐赠给各地图书馆，就是因为受陈老师的影响，觉得著书就是要给别人看的，希望对别人有所裨益。后来我还发现他是一个很有风度的人，所以我们同学都对他印象很好，虽没有经常来往，但只要他来潮汕，我们就会去接待他。他是一位很好的老教师、老学者、老革命家。这是对我的思想、专业和人生道路影响较大的一位老师。

还有一位叶经珠老师，1954 年暑假他从华师毕业被分配到韩师，住在“五四楼”。他本不教我的课，但因为都是梅县老乡，所以我经常去他的宿舍。有一回在他的书桌上看到一本《唯物辩证法》，是华南师范学院院长、党委书记陈唯实的讲稿，我读后非常感兴趣，于是大胆开口跟叶老师借了过来，并利用当年寒假把这20万字抄了下来。这是我人生第一次接触唯物论，认识到世界是物质的，存在决定一切，所以我们做事情要注重实际，要通过调查研究掌握实际情况。当时的辩证法按照斯大林的提法有三个基本法则——事物相互联系的法则、事物运动变化的法则、事物否定之否定的法则。这三个法则对我以后做学问以及对人生的看法也有很深远的影响。所以，虽然叶经珠老师没有教过我的课，但他热爱教育事业、关心学生，我也非常尊敬他、感谢他。

在韩师，有三类书对我影响很大：第一类是《钢铁是怎样炼成的》《乡村女教师》这类文学作品，其作用与影响在于帮助我树立正确的人生观、价值观；第二类是陈史坚老师的《中国的地形》《中国的河流》，这两部书帮助我确立了写书的目标；第三类是这本《唯物辩证法》，指导了我人生的道路以及对人生的态度，解决了人生应该怎么过、应该考虑什么问题、应该用什么方法等问题。所以，

与叶经珠老师（左）合影（2009年2月）

一直到现在，我对叶经珠老师都非常尊敬，为了回报师恩，我为叶老师组织了他从教50周年的座谈会，当时有几十人前来参加。

五、初为人师，终生难忘

依稀记得那是1955年4月到5月之间的某一天，是我这辈子第一次正式上课，尽管时间有点模糊，然而当时的情形却历历在目。实习的学校是大埔旅潮小学，校址是现在潮州市开元寺岭东佛学院。那是下午第一节课，上的是我当时最优势的学科——地理，是五年级地理课，课名为“梅雨季节”，讲四五月份北方冷空气南下，南方海洋空气北上，在江南一带形成梅雨时节的地理知识。预备铃响了之后，我站在教室门口，等候上课。往里望了一眼，教室后面来了很多听课的人，除了指导老师杨老师之外，还有同班同学，可能因为我是地理科代表，上的又是地理课，所以来听课的人特别多，大家似乎都对我寄予了厚望。我站在那里，内心忐忑不安，加上天气又热，满头大汗，十分焦虑。但上课铃响之后，我反而镇定了下来，从容不迫地登上讲台，平静、自然、熟练地讲课介绍，恰当地运用地理挂图。课程讲完，布置作业结束时，恰好下课铃响了！人生第一次上课，竟然这样圆满、成功！课后杨老师只说了一句话“祝贺你，上得好”。因为课上得不错，所以我的教育实习被评为优秀。同时，实习班主任工作也做得好，能与学生打成一片，指导学生唱歌，开展有益的课外活动，得到原班主任陈老师的好评。于是，我最后被评为为数不多的优秀实习生，据说十人选一。这对我是莫大的鼓舞，对我以后终身从事教育事业有着直接影响。打响了第一炮，尝到了初为人师的快乐，就有了以后的兴趣了。第一印象是深刻的，将永远记在心里。

现在回头来看，对我的中师生活，自我评价是：各科成绩比较均衡，属于中上，从发展来看，是越来越好。实习完之后就等待毕业分配，当时我们的教育专业思想已经相当牢固。那时候的口号是“服从组织分配，到山区去当一名小学老师”，我们都时刻准备着！

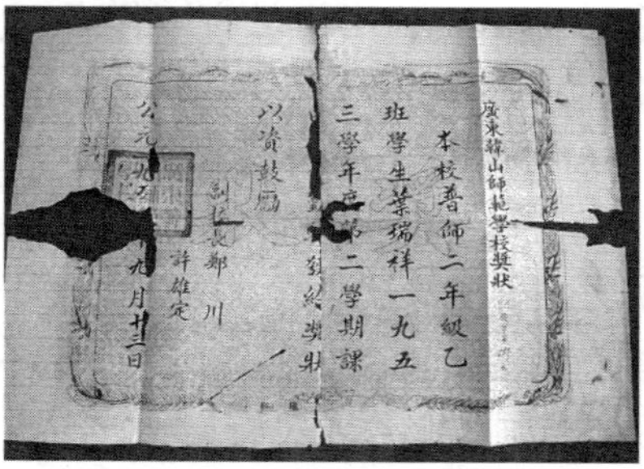

廣東韓山師範學校獎狀

本校普師二年級乙

班學生葉瑞祥一九五

三學年度第二學期課

以資鼓勵

副校長鄭川

許雄定

优秀实习生奖状

（1955 年 6 月）

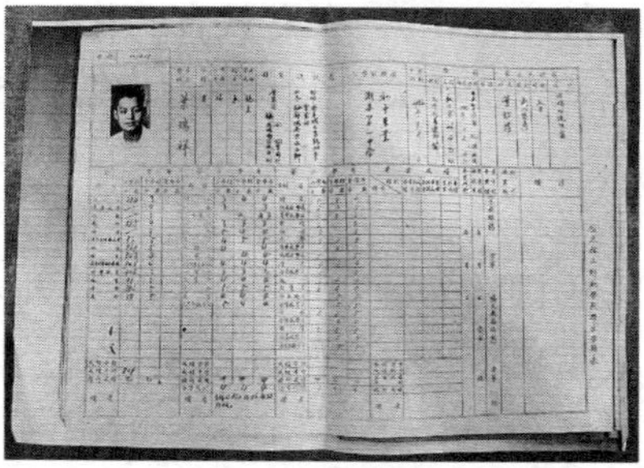

韩师普师班 55 届学籍表

（1955 年 6 月）

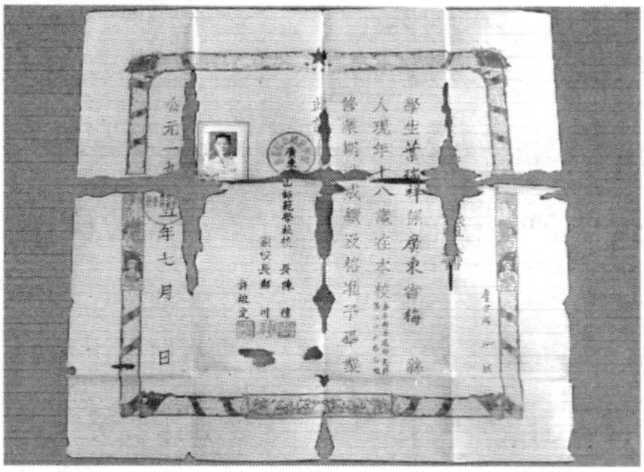

韩师毕业证书

（1955 年 7 月）

韩师毕业照

（1955 年 6 月）

相关资料

向母校汇报

——韩师 55 届普师班校友情况的综述与思考

一、校友情况综述

55 年来，韩师 55 届普师班校友的去向如何呢？

近期调查显示，143 名校友中，在教育岗位上退休的 130 名，占 91%；在党政机关、工厂企业等岗位上退休的 13 名，占 9%。调查还显示，在教育岗位上退休的 130 名校友中，各级教育行政部门管理者

8名，占6%；大专教育工作者18名，占14%；中学教育工作者37名，占28.5%；小学教育工作者67名，占51.5%。

这些校友中，有部级领导，也有教育厅厅长；有大学教授，也有高级教师；有中小学校长，也有中小学教师，都是韩师的学子，都是新中国培养的知识分子。他们人人成功，个个奉献，为新中国教育事业献出了青春年华和毕生精力，都是教育战线上的英雄。他们都有一颗红亮的心——“五心”：对祖国，服务祖国、服务人民有忠心；对事业，热爱教育、热爱学生有爱心；对母校，感恩母校、感恩老师有诚心；对同学，珍惜友谊、团结友爱有真心；对自己，热爱生活、充满阳光有信心。

二、校友成长的个案

韩师母校对学子的人生道路产生过怎样的影响呢?

在众多校友中，有一位校友在自己2010年出版的一部文集的《教育人生五十五年》一文中这样写道：“第一时期，初步确定教育志向时期（1952年9月至1956年8月）。1952年夏，提前初中毕业，面临家境贫寒与要求升学的矛盾。正当我为升学发愁的时候，幸亏父亲的一位朋友指点：读师范‘不用交学费，吃饭不用钱’。我在初中升高中统一考试的报名表上填上‘第一志愿，广东韩山师范学校’。经统考分配，同年9月，我考上了广东省内颇有名气的韩山师范学校普师班。三年的中师生活，在强有力的专业思想教育与‘勤教力学、为人师表’的教育氛围熏陶下，我初步体会了当一名小学教师的光荣感、责任感，对小学教育逐步产生了兴趣、好感，‘争当一名优秀的小学教师’成了我的奋斗目标。毕业前夕的教育实习中被评为‘优秀实习生’，使我那颗年轻的心对当一名小学教师产生了强烈的感情，我初步下定了从事教育事业的决心……为我终身从事教育事业打下比较牢固的思想基础和感情基础。”

还是这位校友，在他5年前出版的另一部文集的《后记》一文中写道：“青少年时代，我非常羡慕和尊崇著书立说的人，也立下了这样的理想。记得1952年就读韩山师范学校时，在图书馆的书架上看到当时教授地理课的陈史坚老师出版的《中国的河流》《中国的地形》两部书时，我羡慕不已。从那时起，就暗下决心要在图书馆的书架上争有一席之地，这成为我人生追求的重要目标。光阴似箭，日月如梭，如今我已年近古稀。回顾过去，十分庆幸改革开放的春风使我能有所用，能在教育科学与学习科学领域探索、研究，并取得一些成果：先后出版专著、教材 36 部，其中学习科学 14 部；发表论文 110 篇，其中学习科学 69 篇。”

这个鲜活的案例，说明了韩师对这位学子的人生观产生了巨大的冲击力，对这位学子的专业思想产生了强烈的感染力；这个案例，也说明了韩师名师对这位学子的心灵产生了终身的影响力。

这是 55 届一位校友发自内心的感激之情。

三、校友的教育思考

韩师 1952 年至 1955 年的教育实践对办好师范院校有何启示呢?

我们认为韩师这段时期的教育实践是成功的、有显著成效的。其成功之处主要在于定位准确、全面发展、培养特长、名师执教。

（一）定位准确。学校办学定位准确，培养目标准确，努力培养优秀的小学教师，把学校办成培养人民教师的摇篮，直接为基础教育服务。

（二）全面发展。认真实施全面发展教育，使学生在德、智、体、美、劳方面都得到发展，成为全面发展的新人，成为“一专多能”的人民教师。

（三）培养特长。学校在实施全面发展教育的基础上，尊重个性，因材施教，鼓励学生发展特长，培养有特长的人民教师。

（四）名师执教。学校师资雄厚，汇聚各科名师，亲自执教，师德高尚，为人师表，关心学生，形成良好校风、教风、学风，“名师出高徒”。

这是 55 届校友普遍的真诚的心声。

（本文是叶瑞祥在韩师 55 届普师班毕业 55 周年座谈会上的发言稿）

2010 年 10 月 20 日

第二节　埔旅小学从教印象（1955 年 8 月至 1956 年 8 月）

一、只身上任，离开家庭

1955 年 8 月 25 日，我接到分配通知，被安排到汕头工作，当时思想上是准备到山区教书的，没有想到会被分配到汕头市工作。25 日，我人生第一次只身离开家庭，中午时分在韩江乘船顺江而下，前往汕头上任。报道的第一天晚上，住在现在的外马路第三小学，当时没有旅社可住，只能自己带上行李，住在教室里。报到的第二天，我被分配到大埔旅汕小学，校址是现在的中马路的大埔会馆，曾是八一南昌起义的临时指挥部。那时的学校其实是一幢五层楼的会馆，校长名为房子虎，个子不高，长相清秀，性格和蔼，事业心很强。这个学校有个特点，大部分学生是客家人的子弟，小部分是部队军官的子女。因为当时有个解放军的军部设在彩塘镇，部队官员多是外地人，他们的子女需要在附近找一个上课讲普通话的学校读书，而这个学校是客家人办的，上课讲普通话，其他潮汕人办的学校上课都讲潮州话，所以相当一部分部队子女在这里读书。学校还在附近租了一幢房子作为部队子女住宿之用。这所学校后来出了很多人才。

二、四科教员，任班主任

开课前几天，所有老师集中分配功课，我的任务很重，教六年级的算术、音乐，五年级的地理、语文，还兼任五年级班主任、中队辅导员。分配任务之后就集中学习，我记得当时是讨论全面发展教育和因材施教的问题，我把在校学到的理论全部介绍给大家听，大家都觉得我的理论水平很高，对我这个青年老师另眼相看。我一个人就上四门课程，而且排得很满。在这么多课程里面，我讲得最好的是地理课，我通过图解、比喻、讲故事、引用诗词的方法授课，比如讲到内蒙古草原就引用“天苍苍，野茫茫，风吹草低见牛羊”，讲到大西北的气候就引用“早穿棉，午穿纱，围着火炉吃西瓜”，把学生的兴趣调动了起来。所教的音乐课，也给学生留下很好的印象。当班主任也很成功，因为中华人民共和国成立初期，学生的年龄参差不齐，我和学生的年龄相差不多，也就很合得来。我觉得，要做好班主任的工作，一是靠班长、中队长等班干部的协助，二是要上好课，三是平等的师生关系对于营造一个和谐的集体很有帮助。当时，整个学校的氛围很好。于我而言，语文和数学就借鉴教学参考资料及其他辅导资料备课，地理和音乐是我的特长，所以当年就给师生留下很好的印象。

三、响应号召，准备高考

1956年国家提出“向科学进军”的号召，当年4月20日高等教育部发出了《关于1956年高等师范学校报考、招考优秀小学教师和本年师范生毕业入学的工作指示》的通知，提出招收优秀小学老师与中师毕业生，以扩大生源，鼓励优秀分子入学，而且指定小学教师和师范生只能报考高等师范院校，学校教育专业要录取小学教师。在这种背景下，我决定报考华南师范学院学校教育专业。当时这个专业的培养目标有三：第一，中师教育学科老师；第二，教育行政干部；第三，从事教育科学研究人员。我选择学校教育专业，当时只是单纯地从个人利益出发，认为毕业后至少能当中师老师，而中师老师至少能在县城工作，这样也很不错。接下来的日子就是边教书边复习，到了五六月份，我开始把每天晚上的时间一分为二：21点以前备课，21点到24点复习功课。考试地点是汕头市区的华侨中学，考试时间是7月7日至9日，考试科目是政治、语文、历史、地理，共四门。

我如愿考上华南师院。我当时参加完汕头市教育先进工作者会议后，还获得去礐石风景区疗养的优待。1956年8月20日，我收到华南师范学院的《录取通知书》，我还记得是一位毕业班的女学生给我送来的。接到通知书时我们都高兴得跳了起来，连续高喊：“考中了！考中了！”很有一点范进中举的感觉。《录取通知书》的内容要点：⑴录取于华南师范学院学校教育专业，本科四年制。⑵要求于8月30日前报到，入学注册。⑶做好户口、粮食转移等工作。我就这样考上了华师。那时，也曾碰到过其他选择，如有一位同学邀我同去考南海舰队的文工团。另外，我考上了大学，家里人是反对的，因为

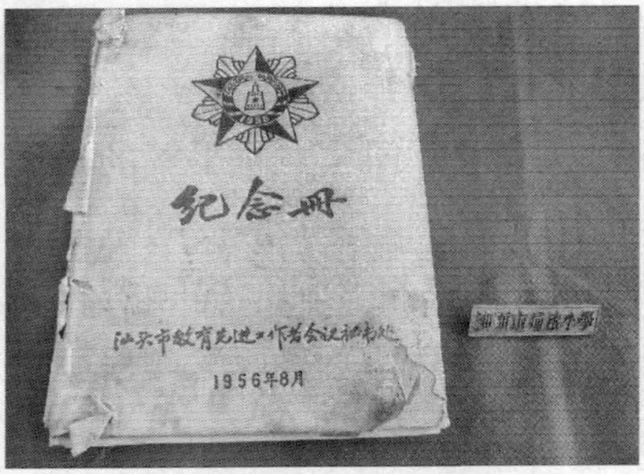

汕头市教育先进工作纪念册
（1956 年 7 月）

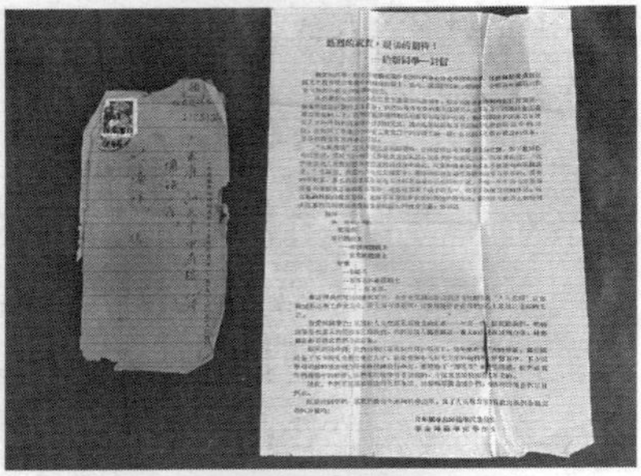

大学录取通知书信封及贺信
（1956 年 8 月）

这样会增加家庭负担。然而，新的选择和家里的反对并没有动摇我上大学的决心，我排除了各种干扰，还是去华南师院就读。在去华师之前，学校对我也是特别关照，专门在汕头大厦组织了一场欢送会。1956 年 8 月 28 日我坐汽车出发，29 日到达广州，那时候从汕头到广州乘车要两天。现在回头来看，这一年的教师生活和学习，我认为我还是虚心好学的，服从领导，表现良好，取得了优良的成绩。

总之，三年韩师学习和一年小学教育实践，我最大的收获是初步懂得如何做人、如何学习的道理，初步掌握教书育人的技能，为确立终身从教、当一名合格的教师打下比较牢固的思想基础。

相关资料

热烈的祝贺，亲切的期待！

——给新同学的一封信

亲爱的同学：

你光荣地被祖国分配到我们华南师范学院来学习，并将被培养成为祖国文化教育建设事业中的积极战士，在此，让我们代表全体同学、全体青年团员向你表示热烈的祝贺和亲切的欢迎。

…………

“人民教师”，这是多么光荣的称号啊！这称号标志着英雄豪迈和智慧。对于教师作用的重视，从伟大的列宁具有历史意义的话中完全充分地表现出来。列宁曾指出：“我们应该把人民教师提到在资产阶级社会中过去、现在和将来所未曾也不会达到的那种高度。”在苏联、我国和其他人民民主国家中，教师的职务是最受尊敬和最享有荣誉的。教育革命家、著名的苏维埃作家马卡连柯在论及自己的时候说道，在他一生中最有意义最重要的事情就是他的教育劳动；就是他培养了成千的青年，而不是他所写成的作品。没有热情的教育劳动，他也就不可能创作出热情的教育诗。苏联伟大的诗人马雅可夫斯基热忱地歌颂过教师事业的伟大的社会主义，他写道：

教师
像一座山一样
出现在
第三战线上
——学习的战线上
书本的战线上
好像
一个骑兵
一个英勇的前线战士
——一个英雄

在这里我们可以明显地看到，也会更深刻地认识到，还有什么能比“人民教师”这个称号和这些工作更光荣、伟大而有意义呢？这个称号将会在我们的心上放射出幸福的光芒。

…………

亲爱的同学们，让我们携起手来向科学进军，为了人民教育事业贡献出我们全部青春的力量吧！

青年团华南师范学院委员会
华南师范学院学生会
1956年8月

第二章　攻读教育专业

（1956 年 9 月至 1960 年 7 月）

第一节　华南师院求学写实·上（1956 年 9 月—1958 年 8 月）

1956 年在新中国历史上是很重要的一年，党中央提出“向现代科学进军”的号召，通过了《中共中央关于知识分子问题的指示》，提出了“为社会主义建设培养更多的人才”的目标。在这种背景下，我考入了华南师院教育系学校教育专业。我在 1956 年 8 月 28 日离开汕头，直接乘汽车到广州。当时的交通条件比较差，所以我们当天晚上是住在海丰的鲘门，第二天继续前往广州。据说当时有 84 位在职小学教师赴考，录取到华南师院的只有 4 个人。当时汕头市教育局对我们这一批人特别照顾，在车票、伙食上都为我们提供方便，把我们当宝贝般照顾。我们到广州时已经是 29 日傍晚五六点，夜色苍茫，糊里糊涂地到达接待点，华师的学生倒是很热情地接待。因为教育系之前是停办的，没有老生来接我们，所以其他系的学生写个横幅设了一个教育系的接待点，我们就跟着他们走。当时我们是在越秀南路的汽车站下车后再到华南师院的。因为华南师院是在石牌，还是农村，很荒凉，所以乘的公共汽车就是学校的校车。那里的校车有华南师范学院、华南工学院、华南农学院或者中山大学的校车，都有很大的牌子挂在车里面。老生接我们上车，到学校的时候，恐怕已经是傍晚六七点了。当然，到了那里就安顿得很好了。这里，我就谈在华师学习的四个阶段：

一、愉快的大一生活

1956年9月至1957年7月，这段大一生活里面有几点我至今记忆犹新。

第一，1956年9月初，第一次师生见面会，我印象特别深刻。当时学校的教育系是复办，中华人民共和国成立初期有，中间停了，1956年复办，重新招生，一共招了90名学生，大部分是调干生。什么是调干生？就是小学校长、小学老师中工作3年以上的，就叫做调干生，我们这些工作不到3年的就是普通的学生，调干生是领工资的，我们90人中大概有三分之二是调干生。对第一次师生见面会，我们感觉很新鲜。印象中当时是系主任为我们做介绍：华南师范学院教育系，在华南师院里面是第一流的，有多少教授、多少副教授，然后就一位一位地介绍，比如这一位是某某教授，有什么特长，都一一介绍。当时我们当学生的，就产生了很复杂的心理：一是心里觉得一定要学好，因为师资那么雄厚，有华师里一流的教授，教育系在全国也是名列前茅的；二是产生信心，因为有这么好的老师来讲课，受到鼓舞；三是心生羡慕，如果有朝一日能够像他们那样被介绍这是某某教授某某讲师，那该有多好！甚至是某某助教，都感觉是很理想的事了。所以对第一次师生见面会，印象特别深刻，实际上就是一次专业思想教育，现在回头来看，老师们当时这样操作还是花了不少心思的。

第二，扎实学好基础理论。大学一年级，我们学的第一门课程是人体解剖生理学，一个星期6个课时，学一年，为什么那么重要呢？当时的理论依据是，教育学是建立在心理学的基础上的，心理学要以生理学为基础，所以就学了一年的解剖生理学。对这一门课程，我印象最深的是第一次解剖尸体，上课时尸体摆在那里，老师边讲边指，这里多少块骨头，这块肌肉是怎么样的。那天第一次见到尸体，中午很多同学都不敢吃肉，因为尸体颜色跟炒熟的肉颜色差不多。第二门课程是普通心理学，这也是一门很重要的课程，当时上课的老师是何少甲教授，后来他被打成右派了。印象最深的是搞心理测试，幕布拉起，前面有一个学生在测试类似催眠术的东西，我们坐在后面看。第三门重要的课程是形式逻辑学，上课的是周用教授。这是最枯燥但是很有用的一门课程，直至现在我都经常跟人家讲，形式逻辑解决了思维的逻辑性问题，相对于辩证逻辑，这是比较低层次比较基本的，很枯燥，但是作用很大，对一个人思维能力的培养有重要作用。第四门是公共课，包括马列主义基础、俄语、体育。公共课马列主义基础是大班上，100 多人一起上的；俄语是一门新的课程，我们那个年代外语学的是俄语，很难学，没有几个人能过关，到最后也没用上。我在第一学年第一学期就被评为优秀生，那时候考试科目每门都是五分、考查科目都及格就是优秀生。考试科目有普通心理学、人体解剖生理学、形式逻辑学，考查科目有马列主义基础、俄语、体育。考试科目采用五分制，考查科目分及格和不及格，只要考试科目都是五分，考查科目都及格，就是优秀生，不用讨论，全部按成绩划线。

第三，生动活泼的文娱生活。大学生活，比较自由，我们这些外地的学生最高兴的事就是周六晚上到露天广场看电影。晚上大家拿着凳子聚拢在大屏幕前，那是一个四方的凳子，可随身带，开会聚会看电影什么的都可带这个凳子。广州市的同学就回家，或者去跳舞。学校也有开舞会，一般是那些比较时尚和年纪稍微大点的学生去，我当时 19 岁，而且来自农村也不会跳舞，所以就喜欢去看电影。第一学期中间，学院学生会组织了一场文艺汇演，教育系的参演节目是哑剧，叫做《英帝国主义从埃及滚出去》，主要讲的是 1956 年纳赛尔收回了苏伊士运河。这个哑剧里面有几个角色，我负责朗诵，最后这个节目被评为一等奖，这个一等奖为我以后提名华南师范学院学生会文化部副部长作了铺垫。寒假，我与学生会的干部参加了广东省大学生农村访问团，到中山、番禺这些地方去参观、访问，按照现在的话说就是去做社会调查、接触社会。那时学生的自立能力比现在的强，尤其调干生已有 3 年以上的工作经验，有一些还是单位领导，能力自不必说。我们班有一个是教育科长、广州市一级校长，工资 90 多块，这在 1956 年是蛮厉害的了。另外，学校还组织一些政治活动，比如 1956 年印尼总统苏加诺访华，最后一站是广州，当时陈毅元帅陪他来的，我们这些学生就去听他演讲，当然是有翻译的，他的演讲给我印象最深的是这样一句话：一个人爬上树的时候没有危险，危险是在下树的时候。

第四，友好和谐的师生关系。当时我们那个专业 90 人，一个小班 30 人，我们过去称班领导为“班三角”，班长是学校任命的，班主席、团支部书记是民主选举产生的，这 3 个人形成这个班的领导，所以叫做“班三角”。当时的团支部书记一般都是党员，因为很多都是小学校长、机关干部。我当时所在的小组有 10 人，一个宿舍的有 8 人，小组里除了两位女同学没有一块住，其他的男同学都住一起了。我们那个房间有 3 个讲潮州话的，2 个讲客家话的，2 个讲广州话的，1 个是澳门来的。我算是半潮半客，见潮州人讲潮州话，见客家人讲客家话。其中有 6 个调干生，2 个普通学生，年龄最大的是 32 岁，最小的就是我 19 岁。那时的同学关系亲如兄弟姐妹，经常一块去参加活动。所以早期是友好和谐的师生关系，老师也经常到宿舍，尤其是辅导员，经常到宿舍嘘寒问暖，十分关心。我印象里面，第一年的春节我们是到广州一个同学家里过的，是一位女同学叫黄绮华，也是团支部委员，她后来留校成为小学教材教学法的教师，评上了副教授。第一学年的第一学期，我们是过着新鲜愉快的生活的。第一学期我的体重增加了 10 斤，一来饭吃得好，二来还有 14.5 元的生活补贴

1956 年秋，作者与小组同学参观黄花岗烈士陵园合影

1957 年春华南师院学生会干部合影

和 3 元零用费，生活没有忧虑。因为天气冷，辅导员陈业川老师还专门补发了一件棉大衣给我，我永远记得他！要知道，那个年代普通人月均生活费用 7.8 元即可。党对大学生实在关心。那时我还年轻，比较单纯，没有什么思想负担，所以我说是愉快的大一生活。

二、困惑的大二生活

这一年是在反右派的过程当中度过的，这一年对当时每一个大学生来说都是人生的考验，因为中学生不能划右派，而大学生可以划右派，这一年也是我人生很困惑的一年，思想很矛盾。我谈下面几点印象：

第一，认真学习专业理论。当时第二学年开了普通教育学，任教的老师是方敦颐教授，这位老先生很有学问，治学很严谨，上课全部用卡片。他主持编写的《教育学讲义》（上、下册），我还保留着。近日，重新阅读，深感结构相当严谨，有些内容至今仍有一定的价值。当时考试的时候还要口试，教育学口试，是这样子的，一个老师，3 个学生，第一个学生进门抽签准备十分钟后口试，第二个、第三个就抽签，抽签之后接着准备，之后按序号来考了，当第一号考完了第四号就进来抽签准备，第二号考完了第五号就进来，循环下去。这样做最大的好处，就是老师可以当面提问。后来我在韩师任教时也是采取了这种教育学口试方法，我们对这个印象很深刻，就是培养一个人分析问题、解答问题的能力，因为可以对话，老师可以提问也可以反驳。第二门课程是儿童心理学，这门课是一位留美的女教授李卓绮教的，她留美回来讲心理学老讲美国的儿童不讲中国的儿童，中国的儿童她都不了解，所以给我们的印象是这是关于美国儿童的心理学，而不是关于中国儿童的心理学。我们主要阅读她编写的讲义，靠自己阅读进行学习。第三门课程是外国教育史，任教的老师是刘桂灼教授，他是一位很有才华的学者。他主编的《世界教育史讲义》，观点正确，内容充实，是一本好教材，我保留至今。他后来被打成右派，张季娟副教授代替他讲授外国教育史。公共课有政治课，学习反右斗争的文件；还有当代文学课，是中文系一位姓邝的讲师教的，讲鲁迅、茅盾的作品，至于当时为什么要开这门课程我们也不清楚；还有俄语、体育。当时我利用课余时间，认真阅读了古今中外的教育名著，比如凯洛夫的《教育学》，马卡连柯的《教育诗》，还有夸美纽斯的《大教学论》，晚上也经常到图书馆看书，所以我的理论基础还是打得比较扎实的。

第二，经受反右派斗争的考验。1957 年 4 月 27 日，中共中央发出了《关于整风运动的指示》，开展以反对官僚主义、宗派主义、主观主义为内容的整风运动，紧接着 5 月底就“大鸣大放”，“大鸣大放”就是开会可以讲，也可以写大字报。当时我在小组讨论会上发表了“工农生活有差别”的看法，因为我参加大学生访问团期间看到生活被说得多么多么好的农民还是得住草房，所以有感而发。说到底，当时农村还是比较穷吧。6 月 8 日，《人民日报》发表文章《这是为什么》，吹响了反右派斗争的号角，接着中共中央下发了《组织力量准备反击右派分子进攻的指示》，6 月份、7 月份就开始反右。但是当时华师反右，原来的院长是陈唯实，就是我们韩师 20 世纪 30 年代毕业的校友。当时有“北艾南陈”之称，北面艾思奇，南面陈唯实。他是我们韩师的校友，但是潮州人跟他讲话他是不讲潮汕话的，以示“我是没有地方主义的”。当时他是华南师院的院长兼党委书记，他在任的时候只划了四个右派分子。到了新学期，来了新的院长王燕士，他是解放军广州部队政治部文化部的部长，是大校军衔，接近将军的等级了，也是知识分子，参加“一二·九”运动的。他来了之后就很坚决了，一下子划了一批右派分子。全校有多少我不知道，仅我们教育系就四个，还是控制在5%以内。我也受到不指名的批判，说我有右派的言论，指的是我那篇《工农生活有差别》，幸亏我历史清白，没有参加“三青团”也没有参加国民党，还有一个原因是我年轻，所以就没有划成右派。40年后校友聚会的时候，老同学说：“你当时是‘中右’啊！”中间偏右，其实我当时也知道，但是不敢怎么讲，彼此心照不宣而已，只当做一个历史教训。所以说当时的反右派斗争对每一个大学生都是严峻的考验，因为如果应对得不好，一辈子就完了。

第三，“红专”大辩论。反右派之后就要解决走什么道路的问题，是要走“又红又专”还是走“白专道路”或是“先专后红”的道路，所以开展了“红专”大辩论，包括“三种类型五种观点”，第一种是“又红又专”的道路，第二种是“先专后红”的道路，第三种是“白专道路”，所谓的“五种观点”最后变成一种叫做“粉红论”，还派生出一种“先红后专”的观点，所以在当时那种思想背景下，大学生流传“宁郭毋刘”，宁愿做个郭沫若，也不愿做刘少奇。当时我个人的观点是偏向于“粉红论”的，或者偏向于“先专后红”，我们当时向党交心，我的灵魂深处是这么想的：我要“又红又专”是很难的，因为我出身地主，后来才改正的，但是当时地主出身的怎么能做到“红”呢？不要说进党没有份，进团也没有份，我没有参加过共青团，不过后来我一下子就加入了中国共产党，还当了党办主任，当然这是后话了。当时就是这样子，出身成分高的就要在业务上打好基础，下点功夫，别的没有出路，只有搞专业这个出路，而这个唯一的出路恰恰为我以后专业的发展打下了坚实的基础。

第四，人人自危，关系紧张。在这种背景下，原来班里和谐的气氛不复存在，自此以后大家就是你提防我、我提防你，同学之间的关系搞得很紧张，讲句不好听的，造就了一些两面三刀的人，当面讲人话，背后讲鬼话，所以为什么在韩师普师班55届校友会上我会说最纯洁的就是中学时期的情谊，因为那时没有你杀我、我杀你的危险，没有“打倒你我才能高升”的思想，所以我多次讲最纯洁的感情是中学时期，到大学后因形势所迫，人的思想就变化了。现在好了，大学没有搞政治运动，环境比较单纯，一搞政治运动，人的真面目就都露出来了，野心家也有，还造就了一些人阳奉阴违，当面是人，背后是鬼。

第二节　华南师院求学写实·下（1958 年 9 月—1960 年 7 月）

一、狂热的大三生活

1958 年提出的社会主义建设总路线、“大跃进”、人民公社，在当时被称做“三面红旗”。当时还提出“赶美超英”“人有多大胆，地有多高产”，几乎所有人都人心躁动，非常狂热，我的大三生活也深受影响：

第一，专业学习，一分为三。那时候院的领导与系的领导，考虑到教育系的学生一下子就招 90 人太多，怕出路有问题，学院经过研究决定，为适应人才需求的形势，考虑到人才的成长需要一专多能，把我们 90 名学生的专业学习一分为三，即以志愿为原则拆分成三组。三分之一是要坚决念教育系学校教育专业到底的，我就是这三分之一坚定分子里面的。三分之一转到中文系汉语言文学专业，三分之一转到历史系历史专业。即到三年级的时候已经是专业的分离，全修教育系的三分之一，辅修汉语言文学的三分之一，辅修历史专业的三分之一。其实这种复合专业是早就有的，所以后来我当上了韩山师专教务科长和韩江专修学院院长，我都强调复合专业，既有利于人才成长，一专多能，又能提高适应能力，适合社会发展需要。

第二，刻苦学习专业理论。当时开的第一门课程是普通教育学，执教的还是方敦颐教授。考虑到这个是以后的饭碗，是最基本的，我们都学得很刻苦。第二门课是新的课程，中国教育史，是系的副主任杨荣春教授教的。他是很有名的学者，中国教育史的专家。他从经济背景和政治背景讲人物的教育思想，从孔孟、董仲舒讲到朱熹等人物的教育思想。第三门课程是学前教育学，是刘振群老师教的。第四门是小学语文教材教法，邓俊壁副教授教的。第五门是小学数学教材教法，陈慕蕴讲师教的。第六门课程是哲学。这些课程，我都认真学习，特别是普通教育学、中国教育史，我更是不遗余力。在学院期间，通常是上午课堂听课，下午阅读自习，吃晚饭后常约一、两位同窗好友，在校园里边散步，边回忆和议论当天学习的内容。这样学习，印象特别深刻、牢固。

第三，教育革命，大办工厂。1958年，中国出现的所谓“三面红旗”，出现的国民经济“大革命”“大跃进”，也直接影响教育战线，要求教育要“大革命”“大跃进”。1958年9月19日，中共中央、国务院《关于教育工作的指示》提出“坚持党的教育工作方针，反对右倾思想和教条主义”，必须“同‘为教育而教育’、‘劳心与劳力分离’和‘教育只能由专家领导’的资产阶级思想进行坚决的斗争”，“今后的方向，是学校办工厂和农场”。为了贯彻这些指示，华南师院组织师生大办工厂，大炼钢铁。为了所谓“全民大炼钢铁运动”，大家到处拾废钢烂铁，真所谓“烟囱林立”，到处冒烟，甚至连学生宿舍的通道，也成了所谓工厂的车间。

另外，华南师院教育系还组织师生开展教育革命，实行开门办学。首先批判资产阶级教育思想，批判师道尊严，否定教师作用。所谓“教育大革命”，就是学生自编教材。当时，我们根本没有学习教育心理学这门课程，居然敢于单独设置儿童教育心理学这门课程，并编写《〈儿童教育心理学〉教学大纲》，作为师范院校用书，落款是“华南师范学院教育系三甲班编，1958年9月10日”，作为“国庆献礼”。这份大纲，我还保留着。现在看来，确实反映了当年青年学子敢想敢做的思想。有些观点还是可取的，但总体上是幼稚、可笑之作。其次，下乡下厂，开门办学。1958年9月10日起，为期一个月，在广州市郊区石牌乡办农民学校；1959年2月7日起，为期一个月，在广东罐头厂办学。我不是语文教师，也居然敢讲毛主席诗词——《沁园春·雪》；1959年3月20日起，教育系56级全部搬到广州市郊区黄埔公社车陂大队现场教学，为期3个月。吃、住、上课全在农村，实际上是课堂搬家而已。上课则是“三结合”：即教师、学生代表、中学老师“三结合”上课，即教师讲课，学生讲课，偶尔请当地中学教师讲课，名曰“能者为师”。再次，走向社会，调查研究。当时，杨荣春教授专门组织几名学生到广东省档案馆查 1949 年之前的教育资料，为撰写广东教育史搜集、积累资料。

华南师院毕业照（1960 年 6 月）

现在回头来看，那些教育实践和社会活动，对我们提高思想觉悟和实践能力，确实起了重要而积极的作用。但是也削弱了必要的基本理论学习。所以，我们要客观、历史地认识与分析 1958 年的“教育大革命”。

第四，勤工俭学，自力更生。上大学的时候，家有经济困难，我每个月只有学校发的 14.5 元的生活补贴，其他的费用家里没法给，所以我得自力更生。从 1957 至 1959 年连续三年，我都参加学校建筑工地的基建工程，以开土方、挑土作为勤工俭学的方式，挣取其他的生活费用。我们班上几位经济困难的同学自己组织起来，由学院基建处的干部排工。每天上午 8 时至 10 时，下午 3 时至 5 时。平均每天体力劳动四个小时。工作一段时间后结账发工资。晚上，到图书馆学习。工作虽然艰苦，但这段经历使我受益匪浅，终身受用。我深刻地体会到了“谁知盘中餐，粒粒皆辛苦”的道理，另外，这个切身的体验也使得我后来在韩江专修学院担任院长的时候对贫困学生特别同情、关心、体恤，给他们减免学费，让他们缓缴学费，而对某些学校因为学生缴不了学费而扣留毕业证书的做法十分反感，我们韩江专修学院决不做这种缺德之事，赢得学生、家长的好评。

这一年，我们还聆听了时任广东省第一书记陶铸《太阳的光辉》的报告。最深的印象是：尽管太阳上有黑点，但不能否定、掩盖它的光辉。看问题，要看主流，不要看支流；看问题，要看本质，不要看表象。

二、务实的大四生活

1959年1月，中共中央召开教育工作会议，提出1959年教育工作方针，主要是调整和提高，在这个基础上有重点地发展。我的大四生活，发生了新的变化。

第一，查漏补缺，学习理论。1959年开学后至1960年1月，教育系领导根据中央精神，对大四学生加强了“三基”教学，即基本知识、基础理论和基本技能训练。重新加强普通心理学和普通教育学中的基础理论教学。新开设了心理学教材教法教育学教材教法和教育行政管理等新课程，为教育实习做好准备，为学生毕业后更好适应工作做准备。

第二，顶岗实习，全面锻炼。1960年2月至6月间，我被分配到位于广州西村的广州第一师范学校实习。这次教育实习，用现在的话来说叫“顶岗实习”。我负责承担“女师速成班”教育学的教学任务，兼任班主任。因为是“速师班”，学制一年，教育学每周六节，中间还要指导速师学生到小学实习。当时的原任指导是一位姓李的女教师，她还要上其他班级的教育学，所以她全部放手让我上课，当班主任，当指导老师指导速师学生到小学实习。幸亏我当过一年小学教师，一切运用自如，认真、熟练地完成各项任务，得到各方面的好评。

毕业文凭

学习四年。按教学計划完成全部学业，成绩及格，准予毕业。

华南师范学院

院长

华南师院毕业证书（1960年8月）

第三，社会调查，开拓视野。1960年7月，受广东省教育厅的委托，华南师院教育系组织部分毕业生开展教育调查。出发前，时任教育系党支部书记的王本平老师（后任惠阳师专副校长）还专门为我们开设“如何开展教育调查”的专题讲座。7月23日至8月4日，我被分配到汕头专区普宁县流沙公社赵厝寮大队调查工农业余教育。经过初步了解阶段—全面调查阶段—查漏补缺阶段—总结研究阶段等环节，我撰写了普宁县流沙公社赵厝寮大队调查报告。报告分析了现状，总结了经验，提出了建议，具有一定的参考价值。这是我人生第一次独立开展教育调查，对以后从事的教学、研究工作很有启示和帮助。

毕业前夕，又聆听了陶铸讲《松树的风格》。这一课，让我明白，人生要讲气节。人要有松树的风格，要有理想、有信仰、有精神、有追求，才有人生价值。

第四，服从分配，各奔前程。1960 年 8 月，学校对我们进行了毕业分配，还是一分为三，少数留在华南师院工作，部分分配到其他高校或省内师专任教，还有 60%左右的同学分到中师当老师。分配是这样的，分配前两三天，教育系的领导找你谈话，告诉被分配到哪里，要服从分配，希望努力工作等话语。每个人会拿到一个调令，叫你到哪儿就到哪儿。而工作分配好坏，主要看每个人的政治表现，然后再看业务水平。现在看来，我的毕业分配还是不错的，属于中间偏好的。

1960 年 6 月，华南师院教育系 60 届毕业生合影留念

1990 年 8 月 4 日，华南师院教育系 60 届毕业 30 周年聚会合影留念

在华南师院学习时，同班的徐名滴、江月孙、吴奇程、陈百川、梁渭雄、邓鹰杨等同学，在各方面对我给予帮助，我在心里记住了他们。

总之，这 4 年华师的学习生活，我最大的收获就是逐步认识做人的道理以及如何做学问、如何做事，为做一名专业的教育学教师打下坚实的专业基础。4 年大学学习，主要收获：一是树立正确的政治信念；二是树立人生的价值观；三是基本掌握做学问的方法(包括阅读原著、搜集资料、调查研究等等)；四是基本掌握上好教育学的技能技巧。对这四年，我的自我评价是“中间偏好”，专业学习较好。这段岁月对我来说意义重大，是我人生的转折点，也是新的起点，如果没有念大学，我就没有今天。

第三章　多方教育实践

（1960 年 8 月—1979 年 12 月）

1960 年 8 月中旬，我们都毕业了，除了两位留校劳动的同学未能如期分配外，其他同学都拿到了派遣书。当时学校对毕业生的工作是做得很细致的，比如说我到汕头报到，学校就连我到汕头的汽车票、旅差费都给你算得很准并准备好，而且要求我们一定要在 8 月下旬拿到派遣单之后就到那个地方报到。报到之后就开始领 8 月下半月的工资了，按照当时的标准来说，你这个人就进入国家干部的档次了。但是这个时间界限是很紧的，如果超过了一段时间你没去报到，就取消报到资格了，所以是很严格的，我们当时拿到派遣书之后连欢送会什么的都没有，拿到就快跑了。就是在这种背景之下，我离开了华南师范学院。

第一节　韩师教育活动记忆（1960 年 8 月—1969 年 12 月）

标题为什么用“韩师”这个词呢？因为后面这些单位都是属于韩师体系的，韩山师专农训班也好，汕头地区教师进修学校也好，工农师范也好，都是属于韩师大范围的体系。

一、农训班讲授教育学

拿到派遣书之后，因为要赶时间，惠州一带又闹洪水，我和另外一位同学就绕了一大圈，经过河源、兴宁到达汕头。那时汕头地区的范围很广，包括现在的潮汕四市，还有梅州、河源、紫金。我到汕头文教处报到了之后，拿了一张介绍信，就到韩山师专的农业中学师资训练班报到。到这个时候我的工作岗位就确定了。其实华师的人事处早就在里面写清楚了，是我不知道，他们组织人事部门都知道的，其实当时的毕业分配是一个萝卜一个坑给你排得好好的，不用担心的，只是我们自己不知道。

那农训班是怎样一个单位呢？它主要是培养农业中学教师，提高农业中学教师的能力的机构。在我们中国的教育史上，1958 年出现一种新型的学校，叫做农业中学，比如像潮安江东农业中学、普宁的大坝农业中学、揭阳的白塔农业中学在汕头专区很有名。当时到这里报到的，还有大埔人肖尚武，政治系毕业的，他第一学期就有课，我是教育系的，教育学第一学期没课，而且讲农业中学的教育理论对于教育系的学生、对于我来讲都是一个全新的课题。以前念教育学都是学校教育，但农业中学是一种新型的学校，是半工半读的，所以我当时对农训班的领导说，能不能给我一点时间让我到下面调查。当时的领导还是很开明的，就答应了。从 1960 年 9 月至 11 月，我花了 3 个月的时间，到 3 个地方调查，第一个调查的地方就是潮阳县的关埠农中，它是汕头比较好的农中，第二个是揭阳县白塔农中，第三个是潮安县江东农业中学，我当时自己一个人花了 3 个月，一个月到一个学校，逛了一大圈，转了这 3 个月之后，我一方面向文教处工农教育科汇报调查情况，另一方面着手备课。这项活动，达到两个目的：一是为汕头专区举办农业中学现场会议做好准备。当时工农教育科批准我的建议，于 1961 年 1 月 13 日至 14 日在关埠农中召开现场会议，会上江东、白塔、关埠农中还介绍了经验。我也被邀参加会议。二是方便我自己备课。按照当时的情况，青年教师是不能马上上课的，但因为我经过了三个月的调查研究，对于这类学校的概况和学科特点都已大致掌握，所以第二学期我就开始上课了。农训班开设了三个专业：政文专业、数学专业、理化专业，当时我同时上这几个专业的教育学，说句实在话，很受学生的欢迎，因为教育理论我熟悉，农业中学的实践我也了解，所以这样讲起课来符合实际，就很受他们的欢迎，应该说当时尽管我还是只有 23 岁的青年教师，但是也算是过了教学关。

二、农中师范办学始末

本来学校在市区里面发展得不错，我们在这里也都做得很好，当时也不知道领导怎么想的，我后来也没有问文教处的黄海局长，反正当时我们感到很不理解，本来农训班在潮州韩师都不错了，1961 年 8 月，却一定要把这个农训班搬到很偏僻的地方，在惠来县葵潭镇一个山沟里面，名叫地道岭，搬到以前解放军养牛养马的农场去办学。现在回头想，为什么好端端的要搬到那里去呢？我估计可能有几个原因，一个是领导体制的不同，韩山师专是属于省管的，农训班是属于文教处管的；另外一个，可能是把普通中学当做一条腿，农业中学则是另外一条腿，这另外一条腿把它单列出来，有点像现在的职业技术学校；还有一个原因，我们都猜想到的，可能当时农训班的领导，认为当大国之臣，不如当小国之主，在韩师当个小头目，到了偏僻的地方就能当大领导了。这是我后来从领导讲的话里面听出来的。我们当青年教师也会猜想这些话里面是什么意思。所以才把这一帮人拉到那里去，那里确实是非常荒凉，在那里我们是边劳动、边上课、边建校，大约 200 个学生，到那里之后就开设四个专业：政文专业、数学专业、理化专业还加上农业专业，把汕头农学院的老师也调过来，在那个地方培养农业中学的农业教师。

然而农中师范却是短命的，为什么这么说呢？一则恰巧碰到从 1961 年起国民经济实行“调整、巩固、充实、提高”的八字方针，有些规范的中专和大专院校都“下马”了，何况匆匆忙忙凑办的农中师范；二则师生都不稳定，怨声载道。所以开办不到一学年，到 1962 年的 5 月份就停办了。那时的教育哪里有像现在这样规范呢？一份文件来说，你这个学校搬走就搬走了，一份文件，说搬回韩师就搬回韩师了，一份文件下来，说这个学校停办了，就停办了。这在那个年代并不奇怪的。

三、校长训练班讲授教育学

1962 年 9 月至 1963 年 7 月，在惠来县葵潭公社地道岭农中师范的基础上，创办了汕头地区教师进修学校，起初是一年一期，学员

200多人，学员都是潮汕和梅州地区中心小学校长，都是校长中的骨干，当时的中心小学校长相当于现在镇里面的文教头头，我当时教的是两门课，一门是教育学，一门是教育行政。最先学员是看不起我的，那些小学校长都是30来岁，都娶妻生子了的，认为我一个年轻的教师不会有什么能耐，但他们听完第一节课就说："哎呀，这个教师有点水平。"其实我也是打肿脸充胖子，反正不管怎么样，虽然我在实践方面可能不如你，但是我要在理论上压倒你，我讲课的理论水平深度不会输给你，所以引用了大量的马列主义、毛泽东思想，他们平时较少接触这些东西，所以觉得还是有水平的。别的不知道，教材熟练、理论水平高、引经据典，这样，就在讲台站住了。此其一。其二，我采取的一个办法就是，一段时间之后，组织他们到周边学校调查研究，我在汕头地区找了三所最好的小学：潮安六联小学、汕头外马路第三小学、汕头中山路小学，分成几个小组，带他们前往调查研究，回来之后，就要他们的老命了，要他们写调查报告，他们不会写啊！现在看来是很幼稚可笑的，但是当时来讲确实是很有效果，他们不得不佩服我。其实我没有把他们当成学生，称呼也总是某某校长，所以接下来我当班主任的期间，师生关系很好。一个要教好书，第二个要尊重他们，生活上平等，互相支持，所以几十年后，我担任潮州韩江专修学院院长时，有一些老校长还寄一些教学经验、教学方法给我，说明当时师生关系还是比较好的。我想，我们做事情时不要自己看不起自己。时隔一年，1963年7月韩山师专下马，这也是一道命令，原来从这里撤走的人马又回到这里，之后韩山师专这个地方就一分为二，办成了韩山师范学校，是培养中师的，隔壁就是汕头地区教师进修学校。两个单位的目标不同，韩山师范学校是培养新教师、中师生的，汕头地区教师进修学校是培训小学校长、中学教师、视导员的。中间就画一条线，这条线差不多就是才林楼那里那口井。现在这口井因建设需要已经填平了，井的北边是韩山师范学校，井的南边是汕头地区教师进修学校，两个学校的隶属关系不同，我所在汕头地区教师进修学校属于汕头地区教育局管，韩山师范学校是属潮安教育局管。为什么我的题目用"韩师"不用"韩山师专"呢？因为用"韩师”的话就涵盖了这些在里面了。搬到这里之后就接着办第二期的小学校长培训班，那时第一期是一年，第二期是半年，我照样是开教育学，生源还是以前那么广，包括潮汕和梅州，到这个时候我已经是心中有底，看穿他们在理论方面不足，所以没有第一期的压力那么大。这一次调查的小学是潮安六联小学、枫溪小学、西平路小学（现城南小学），还有铁铺公社松下小学。这个时候的基本方式还是采取理论学习、调查研究、总结提高。接下来还办了第三期，另外在 1963 年 11 至 12 月份还办了公社视导员培训班，讲了《全日制小学条例》（又称“40 条”），我也给他们做了专题报告，到那时，胆子已经很大了，不会像过去那么胆怯了。

四、“四清”运动的教育

1962 年，党的八届十中全会重提阶级斗争，接着在城乡发动一次普遍的社会主义教育运动，开展大规模的阶级斗争。在农村则开展“四清”运动。1964 年 8 月，汕头地区教师进修学校的老师一分为二，大部分人参加“四清”运动，小部分人留守学校，搞中学教师的培训班，当时我也被派去搞“四清”。那时的人很单纯，上头说去做什么就去做什么，不会讨价还价。而我去搞“四清”运动，确切地讲，按照上级的要求，我们这些人是双重身份的，我们既是革命的动力，要教育别人，又是知识分子臭老九，是整治的对象，要接受人家的教育。当时最先是在揭阳县的仙桥公社。“四清”运动对我们来讲是人生当中的大历练，整个“四清”运动是非常艰苦的，一律做到“三不吃”——不吃肉、不吃蛋、不吃鱼，其实农民也没有这些东西给我们吃。而住的呢？没有房子住，我当时是住在牛栏里面，在里边打一个竹铺作睡眠之用，那边则养了一头老水牛，刚好我也是属牛的，两头“牛”关在一块了。工作的话，白天劳动，晚上开会，经常都是开到十一二点的，幸好那时还比较年轻，还经得起这个考验。“左”倾错误得到迅速发展，整了一些不该整的人。我亲眼看到一个生产队的会计喝农药自尽当场死去的场景。当时“四清”队伍里面也有一些是假革命的，越有历史问题的人，越有经济问题的人，他越装作革命，越嚣张，我们这些知识分子，一般心地都比较善良，不敢打人不敢怎么害人，所以我们在“四清”队伍里面被人叫做“右倾”。后来又去了陆丰一年，在碣石公社角洋大队工作组当资料员，我这个人比较实事求是，比较准确掌握党的政策，却总是被人说我没揭发问题出来，因为有些资料员会“张冠李戴”，把张三的问题、李四的问题、王五的问题写成一个人的问题，那这个案例就很有典型性。但是我们这些人是实事求是的，张三有经济问题，李四有作风问题，就一件一件分开写，所以我们的工作队长老是嫌我不会去拼凑一下。我的整个思想，用现在的话来说，比较有良心的。应该讲，“四清”运动对我们的教育是很大的。

参加“四清”运动，至今已有 57 年了。现在回头来看，如果从个人成长的角度来看，确实在政治、思想、道德、作风等方面，得到了全面的磨炼与提高，在个人承受能力和社会适应能力上也得到了空前的锻炼与发展，确是有点“百炼成钢”的感觉。就是在工作能力上还得到意外的收获与提升。我通过学习，理解掌握了“工作律”的要求。当时，“四清”工作队员流行这样的“工作律”：

革命的事情，天天去做；复杂的事情，细心去做；重要的事情，耐心去做；不懂的事情，虚心去做；

明天的事情，准备去做；大家的事情，带头去做；别人的事情，

喜报

叶瑞祥 同志在伟大“四清”运动中，积极响应党的号召，站稳立場，积极工作，艰苦深入，坚持“三同”，认真学习，执行党的方針政策，遵守紀律等取得了一定成績，在这次总結評选中受到表揚，特向你們报喜，并表示祝賀。

中共汕头地委“四清”运动工作总团[illegible]分团委員会

[illegible]

“四清”工作团奖状

“四清”工作团《纪念册》

帮助去做；个人的事情，抽空去做；

工作繁忙，细致些；遇到问题，冷静些；处理问题，慎重些；遇到困难，坚决些；

了解情况，全面些；待人接物，热情些；受到刺激，忍耐些；工作方法，灵活些。

这些，对以后各方面的工作和个人修养启发很大，终身受益。由于总的方面表现较好，我先后于1965年7月和1966年9月，两次获得“四清工作团”的奖励。

相关资料

城乡社会主义教育运动工作队守则

工作队干部应该模范地遵守和执行“党政干部三大纪律、八项注意”，同时，必须严格遵守如下八项守则：

1．站稳无产阶级立场，贯彻执行党的阶级路线和群众路线，坚决依靠贫下中农，依靠以真正的老工人和新工人中的积极分子为骨干的工人阶级，充分放手发动群众，要有彻底的革命精神。

2．认真学习和贯彻执行党中央和毛主席的指示，执行党的方针、政策。

3．保持艰苦深入、密切联系群众的优良作风，坚持三同（同吃、同住、同劳动），平等对待人，不摆架子，不特殊化，给工人、农民群众和农村干部、城市、企业基层干部树立好的榜样。

4．一切从实际出发，发挥实事求是的优良作风，必须真正下去蹲点，深入进行调查研究，如实反映情况，扎扎实实地做好工作。

5．遵守严格的工作纪律，服从领导，听从指挥，严格执行请示报告制度，不得擅离工作岗位，不得违法乱纪。

6．在实际工作和斗争中学习毛主席著作，不断地锻炼改造自己，提高阶级觉悟、思想水平和工作能力。

7．建立和健全党团和工作队的组织生活，经常开展批评与自我批评，不断地进行四查（查阶级立场、查思想、查作风、查工作方法）。同一切破坏倾向做斗争。坚持原则，改正错误，树立团结、紧张、严肃、活泼的革命风气。工作队员相互之间一律称呼同志。

8. 提高革命警惕性，严守党和国家的机密，防止敌人的阴谋破坏活动。

（注：城乡社会主义教育运动，即1964年至1966年农村的“四清”运动与城市的“五反”运动。）

五、“文化大革命”的洗礼

“四清”运动在我身边是一直持续到1966年的10月，也是在这一年，“文化大革命”内乱发生了，但我们这个学校（汕头地区教师进修学校）是风平浪静的，没有学生，只剩下20多个老师，回来后，对于我们来讲，倒是松了口气。于是在这个时间间隙里面，我解决了终身问题，在1967年3月初与陈萼莲结婚，之前谈过一个对象，她走了，接着在“四清”期间也没心思谈这个，一直拖到这个时候。好在“文化大革命”回来后学校恰好没有学生，隔壁韩山师范有学生就学生斗老师、教师斗教师，而早期我们这边还比较平静，每天只是学习和劳动，偶尔也到社会上去看人家怎么斗来斗去。当时我们学校有两个领导，校长吴忠，副校长吴志鸿，都是级别高的干部，而老师的总体素质也是比较高的，所以我们在当时还是很重视政策的。根据当时社会上的形势，1967年7月至8月间，社会上分作两派，“A派”和“B派”，我们进修学校很奇怪，当时20多个老师几乎都是“A派”，为什么呢？看到“B派”压“A派”，同情他们。人的思想是这样子的，弱者容易受到人家的同情。两派矛盾日益激化，终于产生“潮州十月武斗事件”。我们这些人怎么会参加人家武斗呢？不敢的，所以人家武斗我们就分析，怕“A派”受不住，跑到进修学校这里来，所以大家决定各自走开，不要留在这里免得惹是非。武斗这个东西，你打人家不好，被人打也不好，大家都是有家室的人了，就走开吧。所以中间有一段时间，我们都是“逍遥派”。

1968年7月至10月份，搞大联合，两派和好，在韩师搞“百日学习班”，又叫“清理阶级队伍学习班”或者“对敌斗争学习班”，一百日的学习班，从头到尾刚刚好 3 个月加 10 天。这个时候，学生斗老师那是不用讲的，到处都有，更恐怖的是老师斗老师，知识分子里面灵魂深处黑暗的人就出来做坏事，比如说你是“当权派”我就斗你，你历史有问题就是“历史反革命”，斗来斗去的，在进修学校原三层楼学生宿舍（即现在韩山师范学院西区停车场）开展。在我们集体宿舍前面的教学大楼（现已拆除，即现在韩山师范学院西区校门后面），我亲眼看见一个校长跳楼自杀。当时从学校大门进来就是教学大楼，后面是三层楼的学生宿舍，那个人是潮安四中的校长，叫做杨联华。我们当时在开会，听到“轰”的一声，发现是他从三层楼上面跳下来；还有一个自杀的是一位小学教师，是在秀夫亭那里跳下来，当场死去。而那个姓杨的校长变成半身不遂，一段时间后才去世的。我也曾亲眼看见老师打老师，老师抓老师去跪，这个人，我后来真的很看不起他。人的灵魂深处竟有如此丑恶的东西，在那个时候都暴露出来了。

让我庆幸的是那个年代，我没有打人、没有骂人，说明能够掌握政策；我没有被人扭打、被人批判，说明我自我保护、适应力强。

六、“7·28”台风历险记

为什么我要讲“7·28”台风呢？因为在韩师的校史上大概只有我是唯一能讲出当时的真实情况的，现在剩下另一个知道事实的人是原来的农场场长，当时在场的人还在韩师的就只有他和我。因为那个场长他不敢讲，他当时处在领导位置，他哪里敢讲？所以我如果不讲就再也没有人能讲了。

1969 年 7 月，进修学校与韩山师范学校正式合并之后，叫做汕头地区工农师范学校，合并之后的新领导——革委会主任就把人员一分为三：一部分人留校，这是红的、响当当的；一部分人就去编教材；一部分人被下放到农场即韩师桃坑农场。我就是被下放到农场这一批的。按照当时的话说，被下放到农场的人有的是革命对象，比如叛徒、特务、历史反革命；有的是对立派；还有的人，我估计，就是像我这种情况的，按当时的话来讲就是其他问题没有，就是出身成分不好。只有两位青年教师，我跟生物教师张维适。人员就在桃坑农场劳动，在韩师山后不远，自从“7·28”台风事件后，我就再也没有去过那个地方。

当时的领导把农场里的劳动人员都看做清理阶级队伍清理出来的对象，都是牛鬼蛇神，当然我不能说我是牛鬼蛇神，但他们领导把我们都看做是一伙的。这一部分人去到那里三四十人，占原来学校老师的40%左右。其中包括像吴忠、郑川这样的老革命，他们都是1938年入党的。像郑川，他在解放战争期间是“白皮红心”，表面是国民党乡长，其实是地下党，但在“文化大革命”的时候就把他的地下党的身份刷掉，把他白的一面露出来，那他就是历史反革命了，领导要你红你就是红，要你白你就是白，当时有一些是打进敌人内部去的，他就是这种情况。像吴忠，他也是很早参加革命的，是海南岛“23年红旗不倒”的冯白驹的部下，也有很多讲不清楚的罪名，反正当时的政治斗争一不小心就会置人于死地。所以我说现在风平浪静了，看不出灵魂深处的某些东西。我们这些人到农场去之后基本上就是一边学习一边劳动，那段时间倒是不错，没有斗来斗去的，因为大家都一样，这段时间是我在整个“文化大革命”里面最安静的时期了，我跟我夫人说：“我没有斗过别人，也没有被别人斗，这是非常幸运的啦!”那时候劳动就劳动，反正也习惯了。

7月27日下午，风平浪静，但是大家感到非常闷热。7月28日早上大概是9点钟开始，风就越来越大。当时学校接到上级通知，太平洋3号强台风即将正面袭击潮汕地区，却不通知桃坑农场的劳动人员。在学校领导心目中，我们这些在农场里劳动的都是牛鬼蛇神，谁去关心你的生命安全呢？但是大家都意识到了不对劲，昨天晚上那么闷热。28日上午风就很大了，大家还是照样劳动，大概到11点钟的时候，风就更大了，这时也差不多要开始准备午饭了，其中两座宿舍中有一座的屋顶瓦片已经被掀掉了，于是我们住在另外一座的人赶快把住在那里的人转移到我们这边来，尤其是几个老病号，像郑川这些，其实都是老领导，大家都很敬重的。然而，谁也没有想到，我们这一座才是最不安全的。11点钟伙房开始要做饭的时候，管灵（韩山师范女教师，后自杀）说有两头牛跑掉了，我们五六个年轻的积极分子就去找牛，而那些老弱病残的就留在我们那一座较长较矮的原本以为较安全的宿舍里。我后来为什么很恨那个场长呢？他是农场的场长，他明明知道这一座宿舍结构不牢固，下面是石头，上面是土角(用泥沙做成的方块)，这种结构是最禁不起考验的了，我们不知道，他也没有说。这个房子是两层不同的材质叠加起来的，而这种两层结构是最不牢固的。下面是石篱，上面是土角，如果全部是土或全部是石篱的倒是牢固，而场长明知这么大的风，我们都聚集在这个房子里，而这个房子又是这么不牢固，他也只字不曾对我们说。我们几个年轻的出去找牛，就在这个时候，大概是 11 点半，突然风刮得更凶猛了。当时有一位医生叫做郑惠缄的，她出身是资本家家庭，能留下在本校区很高兴，就积极下来表现。我们这里有一个叫张玩卿的女教师，她生病了，郑医生刚好来给她看病。从校本部到农场路程半个小时左右，大概是在 11 点半吧，突然我们那座较长的宿舍整个都倒塌下来，“轰”的一声，地动山摇。当时我们在外边的马上奔回，眼前的情景几乎把我们吓呆了，整座宿舍被台风夷为平地，除了进修学校的许发猷，当时他站在水泥的门框下，因为墙塌下来有门框顶着，逃过了一劫之外，其余的全被埋在这片废墟中了。我们那时身强力壮，立即开始了挖救，最先挖出来的是张玩卿，她幸存了下来，受伤残疾了。第二个挖出来的是罗伟珍，兴宁人，是吴志鸿副校长的老婆，她本来是贫农出身，那为什么会被分配到这里呢？我是这么分析的，那就是当权派的老婆，株连到她，因为本来响当当的贫农出身，是排不到她来这里的。她被挖出来后是半昏迷了，送到医院时还是昏迷状态，大概半年后去世。第三个挖出来的是郑惠缄，当场身亡。最后一个挖出来的是郑川，也是死在那里了。所以这次台风实际上是死了 3 个人，受伤的 2 个，另外一个受伤者是张维适。幸亏那时还没有开饭，如果开饭，那几十个人就一起都没了。

那时台风继续刮着，看到我们的同事伤的伤，死的死，那一刻我越挖心越寒，越寒就越恨！农场的领导一点同情的表示都没有，那个场长也算是大专生，是有知识的人，但那年月，人冷血得可恨。在他们眼里，我们这一群都是“牛鬼蛇神”，不是人，是阶级敌人，那么敌人死了，他们是无所谓的。等到以后平反了，就说“某某是好人，现在开个追悼会”，就完了。

而在倒塌之后的第二天，已经风平浪静了，我再回去，当时我的手表放在抽屉里，手表上显示的是11点35分。

凡此种种，说明在“文化大革命”中韩山师范也是一个重灾区，然而我们韩师幸运的是，当时的档案、学籍，列为“敌伪档案”放在公安局，现在在韩师的校史馆里得以保留的资料，包括我手上的这份学籍，就是因为放在公安局，才得以保留，不然那时被学生抄啊或者拿去怎么弄的话，现在就没有那么完整了。像现在的陈伟南、陈复礼、陈其铨先生这些资料才得以保存。像陈其铨，他几次来韩师没人认识他，后来他的老乡——嘉应大学的党委书记陈百川，是我的大学同班同学，专门写信来说：“他是你们的老校友，也是大书法家，你们要好好接待他呀！”我们这时才知道。1996年4月，第一次接待陈其铨是在潮枫路那里的金信酒店。我在车上就问他：“你认识陈复礼吗？”他说：“认识，同班的。”当韩山师院领导接见他时，我就问他：“您要不要看以前的学籍表？”他马上说“要”，我就告诉档案科林励吾副科长，把他的学籍簿全部拿给他看，他就很高兴，他没有想到几十年后还能看到自己当年的学籍簿。这是后话了。

第二节　中学、中师教育尝试

一、红旗中学任教点滴（1969年12月—1970年2月）

1969年12月，我被当时的汕头地区工农师范学校革委会“吐故纳新”调出后，由潮安县文教革委会分配到时称潮安红旗中学（即现在潮州金山中学），担任高中一年级五个班的毛泽东思想课教师，兼任学校宣传教育组副组长。当时的毛泽东思想课，实质上就是讲解《毛泽东语录》课。这本是枯燥乏味的课，我在讲课时尽可能把《语录》讲得形象具体，让学生听得清楚，学有兴趣。譬如，讲“丢掉幻想，准备斗争”这条语录时，结合中苏边境“珍宝岛事件”，讲述第二次世界大战的“珍珠港事件”，让学生听得津津有味，然后举行批判

"苏修"大会，从而提高学生的战备思想与行动。根据这个课例，我又及时总结撰写了一篇题为《掌握学、批、用原则，运用"四段式"教学方法》的文章。所谓"学、批、用原则"，就是把"学习——批判——应用统一起来"，"学——学习毛主席著作""批——批判封、修、资的黑理论""用——引导学生在'用'字上下功夫，学一点，用一点，立竿见影"。所谓"'四段式'教学方法"，就是"启发式辅导——问题式消化——讨论式巩固——讲用式提高"。当时落款是"潮安红旗中学毛泽东思想课题组"，时间是"1969 年 12 月 31 日"。这篇总结送到潮安县文教革委会那里后，领导如获至宝，并在潮安县普遍推广，听说后来还在汕头地区推广。

我得到了重用，特别是当时的潮安县文教革委会感觉到我还是有那么一点水平。所以我上了 3 个月的课，准确地说还不到 3 个月，中间还有一个寒假，就被抽调到新创办的潮安师范学校教书。

二、潮安师范从教纪实（1970 年 2 月—1972 年 8 月）

当时为了教育的发展，"文化大革命"不是说"读初中不出大队，读高中不出公社"吗？所以大量的初中教师需要培养提高，便筹办了一个潮安师范学校，地址是在意溪公社头塘精神病院，利用精神病院来办学。那里原来是精神病院，后来"文化大革命"发生后就倒闭了，只剩下一个空壳，所以潮安师范初办的地点就是在意溪公社头塘的精神病院。那时我上政治课兼班主任，最初有三个专业：政文、数学、理化，后来再办英语、体育，主要是培养山区、半山区的中学老师。当时的政治课主要是讲党史，讲中国共产党十次路线斗争史，我还兼任数学二排（那时是军事建制，不是叫做"班"而是叫做"排"）的班主任，后来还兼体育班的班主任。那时候的办学就是这样子，需要什么老师，就办什么班，一般都是半年或者一年，那时候的教学十分注重实用。比如，1971 年 9 月至 1972 年 1 月，办的体育班，专业教师只有陈绮民老师，我是班主任兼政治课老师。教学形式是"校内理论学习——校外见习——运动场上锻炼——总结提高"。例如，篮球专项，校内学习后到彩塘赛区当裁判员，再到庵埠中学当教师，最后总结提高，评定成绩。办班后，我总结了三条基本经验：

①坚持办学方向性；②坚持办学实践性；③坚持办学群众性，依靠社会办学。那时候的教学政治色彩非常浓厚，比如十次路线斗争史，一次斗争讲一两个礼拜，十次下来一学期就没了，所以也是比较容易应付的，而且我当班主任的那些学生都是很淳朴的民办教师，农村的、山区的、半山区的，人都很淳朴，所以师生关系比较好，大家真的是“同吃、同住、同劳动”。同吃呢，大家同吃一个饭堂，学生排队老师也排队；住的是神经病院里面的房子，房子矮矮窄窄的，以前是囚禁神经病人的地方，学生4个人一间，老师一人一间，有点像陕北的窑洞；同劳动，那时的菜基本是自给自足，学生说到底就是农民，他们教民办的初中，是领工分的，所以菜种得很不错，是足够的。这些学生后来有不少转为公办老师。当时潮安县文教革委会有些政治活动也是叫我们去，比如，批陈伯达的“黑四论”——“唯心论”“天才论”“先验论”“唯生产力论”。我们政文教研组4个人：2个政治老师，2个语文老师，组成一个“批‘黑四论’巡回讲演团”。1972年2月份，整个学校搬到枫洋农校，即现在的潮州职业技术学校，整个搬家过程，老师自己搬，那时没有雇人的，自己拉着板车，从意溪头塘经过潮州，吃过午饭，然后一直拉到枫洋。应该讲那时的师生关系还是很好的。2009年，我当班主任的那一届数学二排，毕业40年聚会时，他们还专门请我去，认的是韩山师院潮州师范分院。当时潮安师范转移到枫洋后，又搬回西湖山后创建潮安师范学校，即现在韩山师院潮州师范分院的前身，所以我会成为潮州师范分院的校友，就是因为我在那里教过两年。头塘是较偏僻的地方，所以放假就是两个礼拜放假一次，一次3天，这在当时已经是很大胆的了，为什么呢？学生都是全县各个边远地区来的，人家回去要耕田的，所以就得两个礼拜放一次假，本来每个礼拜只能放假一天，两个礼拜加起来就是放假2天，但是为了照顾这些同学，他们家远而且要帮忙做农活，所以多放假一天。

这个学校还是很不错的，给我印象最深的是大家相互之间关系都不错，那时斗争的气息没有那么浓了，尽管还是在“文化大革命”期间。当时教师是在全县范围内挑选的，文教革委会还是认为这些人是比较可靠的，才可去当老师。

第三节　在潮安教育局的工作回眸（1972 年 9 月—1979 年 12 月）

一、进驻枫溪小学

我原来是潮安师范的老师，1972 年 8 月底，一道调令把我调到潮安教育局。最先分配给我的是驻点。当时潮安县教育局的点是城市一个点，农村一个点，中学一个点，小学一个点，小学的点就是在枫溪小学，现在还是叫枫溪小学，中学的点是在红旗中学，也就是现在的金山中学，一个在农村，一个在城市。那教育局里面的人员就先分流，过去叫做驻点工作组，就到所驻的学校去，研究这个学校的教学、教育、班子建设、思想工作，一个工作组 3 个人，我们这组有 1 个是研究语文教学的，1 个是研究数学教学的，我是属于综合性的，包括行政班子这方面的考察，当时我们去到那里之后，第一个做的就是全面听课。枫溪小学是规模很大的，大概学生有两三千人，教师 100 多人，我们听课是这样子的，分年级分科目逐个老师去听，一直把所有老师的课都听了一遍，再分析哪几位老师有什么特点，这是一个任务，研究小学的教学改革。第二个任务就是根据教学的情况，根据老师的特点，研究学校怎么进行教育改革。第三个任务是编写小学的思想品德教材，当时叫做德育教材，总结这些方面的经验。我们去到那里工作的第一项任务是：教学教育改革。第二是学校班子的建设。枫溪小学是中心小学，这个小学辐射下去对整个枫溪公社近 20 所小学都是有影响的。为了这个工作，我们整整去了 2 年，即从1972 年 9 月至 1974 年 8 月。当时是礼拜一下去，礼拜六下午回来，所以我现在有时会和年轻的一代开玩笑：你们现在下乡真好啊，有汽车，当天去当天回。我们那时去那里也有住的地方和办公的地方，吃饭跟老师一块吃，老师上课我们听课，跟在那里上班的一样，但是老师是每天下了班就有得回家，而我们要等礼拜六才能回。这一段日子，给我最大的收获就是比较全面地了解小学教育的情况。对于我来说，从小学、初中、高中、大学、老年，每个层面我都是有机会去接触的，就是说有一个比较广泛的实践基础，而这也造就了我以后能够开展比较系统的“一条龙”的研究。

二、进驻意溪中学

意溪中学是汕头地区教育局和潮安县教育局工作组在农村的点。我是从1974年8月至1976年8月进驻意溪中学的。为什么要进驻意溪中学呢？当时的背景是这样的，“农业学大寨，教育学屯昌，大办农场，开门办学”，屯昌是海南行署屯昌县，它的教育改革最好，其次就是劳动最突出，当时是半工半读。因为是农村的点，所以教学内容上是这样的：强调学习农业科学基本知识、实际的技能技巧。所以物理课的学习内容是“三机一泵”——发动机、发电机、拖拉机，“泵”就是水泵，没有讲什么物理原理，全部是实用性的。化学课也很少学基本理论，专门搞土壤测量，这土地是酸性的还是碱性的。农业课就是作物栽培，数学课是土地测量，全部都是实用的。所以我后面为什么说当时的教学质量低下呢？就是因为当时的教学内容是这样子的。

其间，我参与举办儒法斗争史学习班。1974年8月，我到广州市参加广东省“儒法斗争学习班”，这是我这辈子第一次乘飞机。那时乘飞机要求很高的，要县团级的证明，不像现在那么方便。那时的飞机也小，只有20多座。全县包括我在内有4个代表去参加这次学习班。回来之后，举办了讲习班，我就变成老师了。讲习班是一层一层办的，各个中学、各个公社派代表，一两百人集中学习，印象中当时是在红卫中学，就是现在的高级实验中学，举办了“儒法斗争史学习班”，我当时讲的是教育史上的儒法斗争史，第一个是春秋战国时期的教育领域的儒法斗争；第二个是封建社会时期教育领域的儒法斗争；第三个是近代资产阶级民主革命时期教育战线的尊法反儒和尊儒反法的斗争，这其中有关三个历史事件：太平天国、辛亥革命、“五四”运动斗争。这些例子，根据当时的意图得出的结论是：第一，教育是阶级斗争的工具；第二，儒家跟法家在教育上的斗争是复辟还是革新？因此“批林”就要“批孔”。这时林彪已经倒台，所以就要“批林”“批孔”放在一块；第三，儒家跟法家在教育上的斗争归根到底是要培养什么样的人才，怎么培养人才的问题。

三、进驻红旗中学

红旗中学就是现在的金山中学，也是汕头地区教育局和潮安县教育局的点。我是 1976 年 9 月至 1977 年 8 月间驻点工作组的成员，到那里做了几件事：第一，教育革命大批判，批判“修正主义”、批判“三个为主”（教学为主、教师为主、教材为主），这个否定了教师的作用，否定教学的作用，否定教材的作用；第二个，学习的内容还是“三机一泵”，但是重点就不一样了，在意溪中学的时候是组织学生开垦农场，我们都要跟着去劳动的，而在红旗中学的重点转为组织学生下工厂，那时学生其实没有学到什么文化知识，就到工厂去向工人阶级学习，有“工宣队”，农村就是“农宣队”。

四、教研室的历练

1977 年 9 月到 1979 年 12 月，这时期在教研室的工作经历对我的影响非常大。1976 年 10 月党中央一举粉碎了“四人帮”。1978 年 12 月党的十一届三中全会后，我国进入一个以改革开放和社会主义现代化建设为主要内容的历史新时期。潮安县教育局的领导很明智，拨乱反正，对教育局的机构进行了调整。教育局局长陈平、副局长杨子江都是政策水平很高的老干部、尊重下属干部的好领导。我们当时在教育局教育股，机构调整了，就把教育股的人员一分为二，也就是教育股是搞教育行政管理的，教研室就搞教学研究的，我很幸运被分配到搞教学研究的。而教学里面又分为两个部分，一个叫中学组，我是组长，成员有语文教研员林鸿裕（后来是潮州市教育局副局长）、数学教研员杨作展（后来是潮州市教育局教研室主任）、物理教研员陈焕森（后来是潮安县教育局副局长），他们后来都变成教育局的骨干；另一个小组则是小学组，也有四五个人。教研室有两位主任，其中一位主任是周勤延（后当金山中学校长），他既熟悉教学，又为人友善。一个抓小学，一个抓中学。我从中得益最大的，就是这个机构成立以后开展的工作。

第一件事，全面深入开展教学调查。我们就对潮安县 20 多所中学每一所学校都进行听课，对金山中学（原来称红旗中学）、高级中学进行全面听课。后来我在韩山师专当教务科长的时候，我是一个系一个系地去听课，每次我听某个系的课就带上那个系的副主任。他要帮我解决的问题是上课有没有科学性问题，我就看老师的水平，更重要的是看学生，学生认真学习，那个老师就肯定好，因为我不懂其他专业，但我可以从学生的反映中看出老师的教学效果，所以我一般去巡堂一圈大体上就能看出老师的水平和学生的学习情况。我们当时听课就听了两百多个中学老师的课，也分出了四种类型的教师：第一种是老师的知识水平高，教学方法好，学生听了都称赞；第二种是老师的知识水平高，教学方法一般，学生听了还能接受；第三种是老师的知识水平一般，教学方法很好，很受学生欢迎；第四种是老师的知识水平不行和教学方法都不行，学生听了摇头。在以后的工作中，我常引用潮安县两百多个教师的调查信息。

第二件事，主持第一次高考复习资料的编写工作。恢复高考是1977年，整个潮汕地区，潮安县最早组织编写高考复习资料，我当时是中学组组长，所以就由我来组织这项工作。

第三件事，主持了一次全县民办教师的考查。教师队伍建设已提到了议事日程，我们对3004名教师进行了全面考查，写下了一份详细的考查报告。这份报告详细考查教师的文化知识、教育技能、备课技能和教学目标的评定等。在以后的工作中，我都大量引用这次考查的数据，这对我的帮助很大。

第四件事，主持了全县中学各个学科的教研活动。当时我们把潮安县分成四个片，枫溪片、彩塘片、归湖片和磷溪片。这些地方我都到过，哪个公社，哪个中学在哪个地方，我都滚瓜烂熟。那时候是这样的，一个星期到一个公社，一个星期到一个中学去调查，这对我以后的理论研究和对师范院校人才培养的实践研究有很大的帮助。为了提高教师的教研能力，我们组建了教研活动网络，形成了“县——片——校”三级教学研究网络。当时把每一科目对应一间教研机构，我们教研室也插到这个机构，组成了一个三级网络。比如语文教研组，就分成了四个片，每个片里面有五六所中学，有时组织活动片内交流，这种做法的效果很好，能提高老师的业务水平，片内交流之后是全县交流，组成了一个网络似的教学研究网络。而且我们当时就深入课堂“听真课”，什么是“听真课”？就是事先没通知老师，等到老师要上课时才说明来意接着听课。后来我在《教育学十讲》那部著作里面大量引用很多很生动的语言，都是在“听真课”里面听到的。比如说，什么叫做“万紫千红”？有老师说就是“乌青搭蛋”。什么叫“人心思治”？人心就是人的一种器官。什么叫“人声鼎沸”？就解释为人说话的声音大到把屋子都顶起来了……讲《反对党八股》一文，讲到“甲乙丙丁开中药铺”一句时，教师作这样的解释：中药有2000多种，常用中药三四百种，其中主要的有200多种，高丽、人参是补药……这些都是老师们原原本本上课的材料。我以后上教育学能讲得生动具体，得益于这一段时期的深入学校调查并获得了原汁原味的民间材料。

作为学科教研员，作为政治学科教研员，我必须有自己的教学理念，才能正确有效地引导。政治学科教学研讨会上，我提出“坚持四点要求，提高教育质量”的教学理念。其要点是：①坚持讲清基本理论，做到“准”“稳”“严”“练”。所谓“准”，即讲得准确、清楚；所谓“稳”，即扎实稳妥；所谓“严”，即严格教育要求，所谓“练”，即反复多练。②坚持理论联系实际，用马列主义分析问题。用马列主义、毛泽东思想分析问题可以采取“说明式”“批判式”“综合式”等等方式。③坚持改进教学方法，提高课堂教学效率。教师备课要努力吃透“两头”——教材内容、学生实际。④坚持改进学习方法，指导学生学会学习。在会上，我特别推广上海育才中学“读读、议议、讲讲、练练”学习方式，做到“精讲多练”“精讲精练”。现在看来，这些教育理念是先进的，符合现代学习论、教学论的原理的。

第五件事，酝酿新的教学理念。有人问我：为什么要研究学习论？这是在大量调查研究的基础上酝酿而成的新的教学理念。特别是1979年主持潮安县第二次初中升高中统考试卷的分析工作，让我看到解决学生学习问题的重要性和迫切性，使我从研究教学论转化为研究学习论。学生学习的问题研究，我是感觉到单靠教学这一面，即教学论是不够的，要真正解决问题，就是学生的质量问题，学生是主人，那时候我还不知道叫做主体论。也就是这一点，我才能够在学习科学研究会里面算是个带头人之一，在 70 年代末，我已经意识到学生是主体（当时没有叫做主体，而是叫做主人），由于考虑到学生怎么学会学习的问题，是跟联合国教科文组织的“四个支柱”相融合的。我的理念中的一个关键问题是理念的变革，理念的变革就会引起整体的变革，所以也就导致我后来从教学论转移到学习论，后来我在广东教育科学研究所作了一个专题报告“教学论的出路在哪里——学习论”，广东教科所的所长、老同学徐名滴教授请我和专门的研究人员谈教学论的方向，我说教学论的出路在哪里，在于学习、研究学习论。我的学习学的思想，可以说是先知先觉的，后来我才知道怎样跟人家碰撞在一块，通过碰撞就认识了他们，才使我走出韩师。1987 年初，我在一份简报里看到了一个全国会议的通知，便主动与会议筹备组联系，在 1987 年 6 月我就参加了南京会议，我开始走向全国。刚开始的时候我就拿着自著的《学习的原理与方法》这本书去，人家就认为你水平领先，一领先我就当上了筹委会委员。所以在学术上要得到人家的认可，是要经过几十年的奋斗，它不像歌唱家、体育明星成名那么快。从这个角度来看，我感觉到我在教育领域产生一个比较大的变化。

这里，我补充亲历的一件事。众所周知，“文化大革命”的内乱，使党、国家和人民遭到了中华人民共和国成立以来最严重的挫折和损失，使全国人民艰苦创建的社会主义事业遭到了前所未有的浩劫。我认为，其在教育战线的恶果之一，是直接造成教育质量严重低下，影响一代人的健康成长。何以见得呢？1979 年 7 月，我主持了“文化大革命”后潮安县第二次初中升高中的统考。对这一次统考，我作了一个详细的质量分析。参考学生 6006 人，语文不及格率是 88.5%，数学不及格率是 96.9%，理化科目不及格率是 94.1%。通过实例分析，说明当时的学生对很多东西都不理解，另一个情况是学生基础技能差，表现在理化的计算上，应用综合测试的能力也很低。详见下列相关资料。

潮安县1979年高中入学考试知识质量初步分析（摘要）

1979年我县报名参加高中入学考试的考生共6101名，缺考95名，实际参加考试的考生共6006名。联办中学及小学附设初中班考生5541名。现将考试质量初步分析如下，供领导参阅。

一、考生知识质量的基本情况

这次考试，语文、数学、政治、理化、外语五科总分成绩分为410分（英语科按10%计分）。全县五科平均总分为139.77分。语文科总平均分47分，政治科总平均分45.1分，数学科总平均20.1分，理化科总平均分29.2分，英语科总平均分2.6分。由于教育工作的着重点转移到提高教育质量上来，各个学校加强了基础知识教学和基本技能的训练。学生知识质量比以前有所提高，今年在命题要求比去年较高的情况下，五科总分达到246分以上的有309人，及格率从去年的5%提高到5.1%；平均总分比去年的121分提高了18.77分；语文科比去年提高了6.8分。数学科比去年提高了4.5分，理化科比去年提高了9.5分。部分学科不及格率比去年也有所降低。去年数学科不及格率占96.9%，今年降低为96.3%。数学科零分的人数从去年的11%降低为4.4%；语文科去年不及格率占88.5%，今年降低为85.4%；理化科去年不及格率占94.1%，今年降低为93.6%。潮州镇、古巷、凤塘等公社（镇）在这次考试中获得较好的成绩，同时也发现了部分考生成绩较为优秀，有的考生总成绩达到346.6分。语文科作文在记叙告别母校这一特定事件时，有的考生围绕中心选择较典型材料，从而表达对母校依依不舍之情，文章结构也较完整，层次分明，句子也通顺，词汇较丰富，篇幅大都在2000字左右，有一定的思想性和艺术性。一些考生在答卷中，显得概念准确，思路清晰，概括能力强，这都是很可喜的。

但是从试卷来看，考生的知识质量还是较低下的，个别公社平均总分只有83.2分，有的考生五科总分只有14.5分；从各个学科来看，及格率仍然很低，政治科及格人数1406人，及格率只有23.6%；语文科及格人数 867 人，及格率只有 14.6%；数学科及格人数 237 人，只占 3.9%，而 0 至 10 分的却有 2120 人，占 35.3%；理化科及格人数 385 人，占 6.42%；英语科及格人数 324 人，及格率 5.55%。各个学科成绩优秀的却不多，这说明了问题的严重性。

从卷面情况分析，学生知识质量仍然是低下的，这主要表现在：

（一）基础知识学得不够好，知识缺陷多

大部分考生对基础知识学得不够好，各科普遍存在严重的知识缺陷。首先，表现在基本概念模糊的现象相当普遍，有部分考生对政治科基本理论、基本观点的概念也模糊不清。甚至糊里糊涂，有的考生把党的优良传统作风说成是“调整、巩固、改革、提高”、是“公私合营”。这些虽属少数，却是难以想象的。

其次表现在定律和基本定理也掌握不好，数理化等科乱套公式的情况严重。学生的科学语言也很贫乏，就连最常见的化学仪器——烧杯，很多人叫为玻璃杯，或是水槽、烧瓶等。

（二）基本技能仍然很差

基本技能差，特别表现在运算能力不高。不少考生不会运用运算规律，运算速度慢，准确性差。在数学分数与分式运算中，不约分的相当普遍，运算错误的也不少。其次，从卷面上反映了考生严谨的学风尚未养成，答题格式混乱的情况很普遍。各科卷面书写潦草凌乱，不规范的也不少。

（三）综合运用知识、分析问题的能力低

由于所学知识没有弄懂或不大理解，因此综合运用知识的能力就更不强。这次作文约 90%以上的考生不会正确地审题立意，不会围绕中心来选择材料，综合运用语文知识的能力很差。这次作文题目是“告别母校”，要求用记叙文的体裁写。但是相当部分考生对这个文题未能确切理解，于是落笔偏题、离题，概括起来有以下情况：有的把母校理解为“母亲”，写母亲病了进医院治疗的事，把“告别”理解为“离别”“分别”，因此，用凄凉悲痛的情调来描写离别的场面；有的把“告别”理解为“告诉”，写成“告诉母校我买了二本初级几何”；有的写离开母校后所发生的事；有的写成给母校的一封信；有的开始只写了一句告别的话，然后表决心，写成保证书；有的写一两件与题目无关的事（如写自卫还击的英雄事迹）；有的写成“我的学校”“我的老师”；有的竟然自己改动题目，写成“庆祝六一儿童节”，有的用第三人称，写成“他向母校告别”。不少人使用语言文字的能力极差，用词不当，文理不通，情况也很严重，如写什么“过去在‘四人帮’横行的日子里，学校变成一个妻离子散的学校”。多数考生分析概括能力差，语文科第五题要求考生断层写层意、概括中心，90%以上的考生写层意几乎是照录原文，概括中心却又照搬层意……

潮安县招生办公室中考评卷组

1979 年 7 月 30 日

（注：本文是叶瑞祥起草的《统考质量分析报告》之摘要）

教育局工作 8 年的感想

第一，要准确领会上级的意图。在机关工作与在学校工作是不同的，一个校长讲错话影响一所学校，一个老师讲错话是影响一个班。在机关工作时，有时是代表教育局传达上级意图，所以事先讲什么问题一定要准确地领会领导意图，你可以有不同的看法，但是你在讲的时候就要按照领导的意愿讲话。

第二，要了解和掌握实际情况。在机关里面工作，一定要了解详情，到底下面的情况怎么样，要如实地了解和反映情况，所以调查研究是一个很重要的方法。

第三，要广泛听取教育工作者的意见，要顺民意，尊重民意。这一点也是我们到基层学校去，学校很欢迎我们的原因。我们教学研究部门，去哪里老师都比较欢迎。

第四，要学会处理各种复杂的人际关系。机关工作，上下左右，关系复杂，要善于处理关系，化阻力为助力。

第五，要学会管理。到了机关工作，你就要想出一个管理的办法，管理是一门科学，是一门很复杂的科学。要做到点面结合，以点带面，以一点推动全面。要学会“弹钢琴”的工作方法。

第六，要善于学习。在一个部门里面，很多东西都是新的，应该在新的条件下善于学习。我人生的第一个反潮流，是在“文化大革命”期间，当时大家都在搞政治运动，轰轰烈烈，哪有什么时间学习，但在那个时期我很认真学习，回师专后不久我就在韩师主持广东省师专《教育学》教材的编写工作。从1981年直到2003年，我都是在担任全省师专《教育学》通用教材的编写工作，得益于我学习抓得很紧。大家说我的年纪虽大，但思想却不保守，我有很多新的理念，我每次讲话次次都不同的。因为我几乎每天都看《中国教育报》，其信息广泛及时；我经常看《人民教育》，它是工作指导性的材料；我也经常看《教育研究》，它是反映国内外新教育理论研究的成果。

1979年，我又面临人生新的选择。1979年的上半年，我听说汕头市教研室的主任要调用我，韩师又要我归队，潮安县教育局的领导对我的印象也很好。何以见得呢？当我离开潮安县教育局后，40%的人可以提一级的工资，我离开以后还给我一个名额把我算在里面，这就可以说明领导对我的印象不错，所以就面临一个困难的选择，最后我做领导的工作，请他们放我回去，我愿意做个老师。现在回头来看，我这个选择是对的，我在人生感悟里面写了一句话——人生就是一次又一次的选择，一次又一次的转弯，一次又一次的拐点。当年我

2011年10月22日，潮安师范70级数学二排部分学生代表登门拜访时合影留念

2021 年 10 月 2 日，潮安师范 70 级数学二排学生会赠送牌匾影照

若按照领导的意图留下来，无非就做个什么长，如果做个什么长的话，绝对就没有我后来的事业，所以我很幸运，最后选择了回到韩师，职称高了，待遇也高了，当时我是没有想这些东西的，只想到回韩师当大学老师最好！我抓准了这一点，造就了我今后丰富多彩的教育人生道路。

20 年多方面多层次的教育实践活动，我最大的收获就是进一步认识如何做人，如何做事，把学过的教育理论应用在实践当中，基本掌握教书育人、教育管理的知识和技能，各方面得到比较全面的锻炼，为今后的专业发展和研究打下了比较广泛的实践基础，也就是说以后我在韩师工作 17 年的教学、科研和管理工作，很大程度上是以这些工作作为实践基础的。

第四章　从事高师教育

（1979 年 12 月—1997 年 4 月）

第一节　韩山师专从教纪事（1979 年 12 月—1995 年 3 月）

一、在教育学教学与科研的岗位上

1979 年 12 月底，我面临着人生的又一次选择，又一个拐点，是继续呆在潮安县教育局里做一名干部，还是回去韩山师专当一名普通教师呢？思前想后，我还是决定回韩师，认为始终还是教师的职业更适合自己。当然回韩师也是几经“波折”的，先是由潮安县的文教部发介绍信到汕头地区的文教部，再由汕头的文教部转发介绍信给我，信内说明要我到韩山师专报到。

因为教育部于 1978 年 12 月 28 日批准复办韩山师专，整个学校对教学资源是“如饥似渴”的，急需一批教学骨干。直到后来我跟老同志闲聊时才知道，原来当时学校已经圈定了一份名单，把原韩山师专的教学精英都囊括在内，夸张一点来说，就像是地下组织的机密文件一样。很荣幸的是，我的名字也出现在这份“要件”里。所以即便我不主动回来，学校也会主动“出击”来找我的。不过，现在看来，我的选择就更加明智了。

回韩师工作后，我将自己定位在教师这一角色上。虽然两年后我担任教育学科教研室副主任，但实质上我还是一名普通的教师，只是我的工作任务加重了。我来到韩师报到后，就被分配到教育学科教研组。教研组当时是由两名心理学老师和一名教育学老师组成，自从我这名教育学老师加入后，这个大家庭便变成四名成员。刚开始两年，我可以说是一名纯粹的教育学科教研组的老师，因为有着之前的教育理论与实践经验作基础，那时我上教育学可谓是轻车熟路，得心应手。后来教研组升格为教育学科教研室，1982 年 2 月，我便成为教研室副主任，1982 年 7 月主任郑瑞彰老师调往汕头，我便开始全面主持工作。在这段 4 年多的时间我主要做了三项工作：

第一项工作是认真上好教育学。虽然我名义上是主任，但是我还是很认真地在上教育学，我可以不虚心地说在学生看来我是一名负责任的教育学老师。为了提高教学质量，我提出“三个重视”：

首先，要重视理论联系实际。这一点是我的优势，也是我这么多年来参加教育实践一直到我退休下来做基础教育的铺垫，所以说前面 20 年的实践对以后的专业发展是一笔巨大的财富。理论与实际好比拔河比赛中的两端，在教学过程中，常常是重理论轻实际，所以如何把理论同实际联系起来并找到一个平衡点便成为教育学教学中的一个难点。那么，如何才能做到理论联系实际呢？我认为：第一，明确理论联系实践的内容。先是联系当前中学的实际，特别是初中教育情况。然后要联系教育历史的实际，特别是中华人民共和国成立以来教育工作中的经验教训。最后是“学本位”，即联系学生的实际，以学生为中心，多方位了解学生的信息，例如了解学生的思想情况、知识水平等。第二，明确理论联系实际的方法。具体的方法有三方面：抓一个典型事例为主干例子，贯穿于整个教学过程，在讲实际例子的同时也穿插一些教学理论原理，让学生对全面系统的理论有一个宏观的全面了解。以若干个典型事例为配合例子，来补充细节，进一步说明一些其他的教学、教育原理。列举初中教学、教育现象的几个典型例子，让学生自学，组成小组讨论，避免“满堂灌”的传统形式，积极倡导学生的自觉主动性。第三，明确培养实际能力的要求。根据教育学的教学任务，培养学生实际操作能力的具体要求有两个，一个是教学能力，主要包括备课能力、上课能力、批改作业能力等。另一个是教育能力，主要包括了解学生的能力、做好班主任工作的能力、做好家长工作的能力等，总之这些能力集中表现为分析问题和解决问题的能力。第四，明确加强实践活动的方式。主要方式一个是通过书面作业和小组讨论，提高分析问题、解决问题的能力，另一个是通过教育实习，培养学生实际工作能力等。

其次，要重视教学改革。与传统的“满堂灌”、老师唱独角戏的教学方式相比，课堂讨论可谓注入了新的元素，也成为教学改革的“头号兵”。那么什么是课堂讨论呢？课堂讨论是在教师的领导下，根据教学的目的，结合教材的内容，由学生集体共同讨论、研究的一种教学方法。可以说学生是课堂讨论的参与者，而老师则是组织者。那么老师是如何组织的呢？其中有两项工作是必备的。第一项是做好讨论前的准备工作。准备工作应一分为二，从老师的角度来说，每次课堂讨论前要确定目的，一个确切的目的是整个课堂讨论的导航标。当然这对于老师的要求较高，它是建立在全面钻研教材的基础上，力求达到培养能力、发展智力、进行思想政治教育的层面。第二项工作就是挑一个合适的题目，在明确目的的前提下，拟定一个紧扣教学目的且生动形象的题目，以激发学生们的学习热情。当然“知己知彼，百战不殆”，所以还必须对学生有一个大致的学情了解，知道学生的基础能力程度，这样才能做到胸有成竹，有的放矢。最后便是编写一个合理的计划，犹如编写电脑程序一样，按照计划执行才能有条不紊，顺利开展讨论课。对于参与的学生来说，有两个方面要注意。一是做好思想准备，有些学生对课堂讨论存在着“一个习惯，两个害怕”的现实思想。“一个习惯”就是学生们已经完全适应了传统教育中的“满堂灌”方式，老师在讲台上“争分夺秒”地讲，学生在下面“勤勤恳恳”地记。“两个害怕”即害怕发言时讲错话，害怕发言时讲得不好。其实这些都是学生缺乏自信的表现，所以学生应正确看待自己，建立自信，用平常心去对待。另一个就是事先拟定好一份发言提纲。机会总是留给有准备的人，要争取在讨论课上有精彩的表现，那么事先草拟一份提纲便十分有必要了。学生可以根据自己对教材的宏观理解和对重点难点的把握，拟一份大致的提要式或讲稿式的提纲，老师也可先突击检查一下，这样不仅可以提高学生的积极性，还打了一支“预防针”，防止可能出现的问题，从而掌握课堂讨论的主动权。

组织一场课堂讨论还要选择恰当的讨论形式。课堂讨论会还必须要合理组织，不能过于松散自由，过于“畅所欲言”，那样只会导致一团乱，而且时间也很难把握。所以应适当地进行分组，把讨论会分为小组会、班级会或者是小组会和班级会交错进行的形式。当然具体情况具体分析，老师也可以灵活选择。在组织学生讨论时，可以让他们自由发言，指定学生发言或者临时随机抽样提问等。在前两个环节的基础上，还要掌握正确的讨论环节。从纵向来看，按照“开始——中间——总结”三步走。从横向来看，每一个环节里又会派生出许多新的分支，新的问题，这些要放到具体的个案中去处理了，但有一个原则要把握，那就是“度”的衡量，即面对“冷场”或者“争论”的局面要如何处理等。既不能伤学生的自尊，同时也要照顾到大多数学生的感受。所以说，课堂讨论无论是对学生还是对老师来说都是一项富有挑战性的工作。

最后，要重视改革考试方法。传统的笔试方法并不是一把合乎规格的尺子，它并不能合理地测量出学生对专业知识掌握的水平，而且难以避免作弊、抄袭等现象，于是如何改革当前的考试方式便成为摆在面前的一大难题。我把以前在华南师院求学时老师考试的那套“口试”方法加以改进，采取书面考试与实际考试相结合、口头考试与闭卷考试相结合的新方式，搬到教育学的教学过程中。教育学并不是一门普通学科，它是一门重视理论、重视教学实践的“双重课程”，就像语言类的学科，除了笔试，还要加试口语。那么具体如何考核呢？我举个例子，1981 年 7 月上旬，我在韩山师专 79 级中文科（二）班试行了实习作业和口试相结合的考试方式。其具体的办法是：“准备要充分，命题要恰当，评分要准确。”“准备要充分”——口试前，做好思想发动，讲清考试目的，安定学习情绪，澄清思想，端正态度；要做好复习指导，向学生传授知识规律，帮助学生掌握比较系统的教育学知识；要深入学生，具体辅导；要布置一个气氛热烈，环境和谐、协调、整洁的试室。“命题要恰当”——试题既要注意一定的广度，又要注意一定的难度；既要注意基本知识，又要注意实际知识；还要有一定数量的综合性、实践性的题目。“评分要准确”——

评分范围：实习作业（包括写教案、评议课的笔记等）和口试成绩，其比例为 4∶6。口试成绩评定，内容占 70%，表达能力占 30%。慎重起见，口试不当场评定分数，待口试结束后，平衡各方面的因素再确定成绩。教育学的考试很灵活。平时我上公共课时采取口试、笔试、开卷考等多种形式。这些新的教学形式在当时普遍受到学生的欢迎，反应热烈，且有一定的成效。

我认为，教育学在师专学科里面要想占有一席之地，必须要有所作为，人家才会重视。后来我到全国各地考察时也对这一点深有体会。我授课的范围还是很大，而且层面很广，文科班的教育学基本都是我教。当时的文科班只有中文和英语，我还上 78 级体育专业的教育学。后来当上教务科科长，工作比较繁重了，我就只上中文专业或化学专业一个班的教育学。早期有很多师专的学生听过我的课，对我的评价都是比较中肯的，认为我的课还是有一定水平的。其实要判断一个老师的水平如何，这节课上得是否成功，关键就在于学生的眼神。都说眼睛是心灵之窗，一个学生有没有认真听讲，从他们的眼神就可以读懂。如果他的眼神是一直跟着老师的思路走，那么不言而喻，这个老师是比较有水平的。如果老师在讲台上自己讲得饶有兴味，学生在下面干着自己的事情，各顾各的，不亦乐乎，那么这节课就可能是失败的。所以说学生是教师上课效果的直接“评审”，这些都是无法预演彩排的，全都靠老师的真才实学和教学机智。

第二项工作是编写教育学教材。编写全省的教育学教材可以说是一个先见之举，后来证明它是一项创举，影响深远。韩山师专是当时广东省最早编写的单位之一，起源于 1980 年 10 月份，当时惠阳师专的副校长王本平副教授是我大学的助教老师，王校长先主动到我们韩山师专提出合作的想法。他是揭阳人，也是我以前的老师，所以感觉特别亲切。王校长说我们两家人应该齐心协力联合发动，一起来编写全省的教育学教材。王本平校长也是副教授，当时的副教授夸张一点来说就像是“省宝”，因为全省也就那么几个，而师专的教育学副教授就只有他一位，是第一批副教授，我是后来才晋升的第二批副教授，所以说王校长就好比德高望重的家族族长，号召力十分强大，结果就以惠阳师专和韩山师专的名义编写了广东省的教育学教材。后来我们感觉到教材编写不能单单局限在于广东，我们得“走出去”，当时就设想能不能到周边其他的省份呢？最先去的是福建的厦门，那段时间我们一直在不同的地市之间奔走，厦门师专听了我们的构想后，也很重视这一问题，可谓英雄所见略同，于是一拍即合。在王校长与我的主持下，组成了一个广东、福建师专的教育学教材编写组。那本教材走在全国师专的前沿，取得了不错的成绩，但始终留有两个遗憾：一个是没有正式出版社出版，当然当时要出版一本书是很难的，不像现在出书那么容易：另一个是不敢在书的封面印上主编者的名字，我记得当时写的是韩山师专、惠阳师专教研室主编，不敢印上王校长和我的名字，因为是 1981 年，刚粉碎“四人帮”不久，大家依然心有余悸，怕像“文革”时期一样被扣上“个人英雄主义”的帽子。

后来我们还自己编写教育学教材，我编写的《教育学十讲》于 1982 年 12 月出版。我当时已经上了四轮课程，半年一轮，1982 年我把我上的这几轮课程的讲稿，用整个暑假 40 多天写成了这本《教育学十讲》，全书共 13 万字，是当时广东省发行量最大的师专教材。因为全省的师专包括汕头教育学院等这些学校都是用我编写的教材，所以一下子就被订购了 3 万多册。这本书可以说是我的一块敲门砖，广东省很多不同层面的人基本上是通过这本书来认识我的，我一下子小有名气了。我感觉这本书真的是理论结合实践的产物，我把教育学原理同教育实践这么多年的教育典型事例结合起来。一直到现在为止，我还把里面一两讲选编在我后期的《教育科学文集》当中，有些老师看到后还称这些是教育学的“瑰宝”，对于现在的教学活动还是很有指导意义的。这说明了来自实践的东西才经得起时间的考验，才能赶上时代的步伐。后来省教学处还委托我们主编广东省师专教学大纲，这样就进一步把教材建设规范化了。

编写教育学教材在当时引起很大的反响，主要是因为中华人民共和国成立以来，师专心理学、教育学课程既没有专用的教学大纲，也没有正式出版的教科书，现有的基本教材已经远远不能适用教学的需要，这种“脱节”现象给教学造成了不少困难。难上加难的是，我们不但要完成教学任务，还要提高教学质量，转变教学思想，改革教学内容、教学方法。如果没有教材作为师专模板的话，是很难开展其他工作的。10 多年来，教育学科教研室在教材建设中取得了一定的成果。当然我们编写的教材也有我们的个人特色，并不是人云亦云。俗话说“早起的鸟儿有虫吃”，在全国缺乏合适教材的大环境下我们夺得先机，1980 年教研室便与浙江金华师专、云南昆明师专、广西玉林师专、广东海南师专和肇庆师专协作率先编写《心理学》一书。接着还集合广东省、福建省其他师专的力量，编写了《教育学》一书。当时中国刚经历“文革”的摧残，教育领域基本是一片废墟，在这样的大萧条时期里，编写教材就更是意义非凡了。除此之外，教材的编写时间达 10 年之久，并且参加编写的人员很多，编写的教材也配套化，不仅有学习参考资料，还有习题集辅助学生学习。至 1990 年的 10 年来，教研室先后与全国师专、省师专协作编写和自编的心理学、教育学教材共有 20 个版本，发行 20 多万册，可算是一项不错的成绩了。当时社会的效果和评价主要有三方面：一方面是教材的发行量多，我们韩山师专教研室自编和与他人合编的各种教材发行量达 20 多万册，仅省一级出版发行的就有 15.4 万册；一方面是教材的试用范围广，当时连最边远的新疆和黑龙江也与我室订购教材。还有一个是我们的教材质量较高，受到有关领导和师生的好评，当然这一点也是对我们劳动成果的极大肯定。

第三项工作是撰写教育科学论文。在这几年里，我创造了我人生的“五个第一”。这五个业务方面的“第一”对我人生产生了深刻的影响。

第一个“第一”，我撰写了第一篇论文《试论调整中小学布局》。该论文发表于《韩山师专学报》上。20 世纪 80 年代刚好是改革开放的新时代，这是改革开放后我的第一篇论文，也算是我人生中的一个“第一”。

第二个“第一”，我出版了第一部教育学著作《谈谈教学规律》。这本书并不是我亲自执笔的，当时是在 1980 年 8 月的时候，汕头地区教研室组织了整个汕头地区中师教育学教师的训练班，我受邀给他们讲课，讲了整整两天。后来，他们把授课的内容整理成这本书，虽然书的篇幅只有四五万字，但却是我的第一部教育学著作，对我来说是意义重大的，而且这本书也是适应时代潮流的。当时粉碎“四人帮”后，就提出“一切按照规律办事”，因为“文化大革命”一切都乱了套，秩序失衡，所以当时按照规律来办事的理念一提出就深入人心。在经济领域就提出要按照经济规律办事等等。一时间“规律”二字被炒得沸沸扬扬，同样在教育学里这个“规律说”也十分流行。于是我在《谈谈教学规律》里一口气提出了六个基本规律：①传授知识与思想教育统一的规律；②掌握知识与发展智力统一的规律；③书本知识与实践活动统一的规律；④循序渐进与突出重点相结合的规律；⑤面向多数与因材施教相结合的规律；⑥发挥教师主导作用与调动学生主动性相结合的规律。后来，很多人应用我的这一观点。

第三个“第一”，1980 年 12 月 5 至 9 日，我第一次参加了广东省教育学会 1980 年年会。参加这次会议我是十分兴奋和自豪的，因

1980 年 12 月 8 日参加广东省教育学会年会合照留念

为之前我极少有机会去省里开会。当时是在广东省委党校召开的，我带着《试论调整中小学布局》这篇论文去开会。那个时候能获得在省里开会的机会是很难得的，可以说是对我的教育教学成果的肯定。当然后来时常到全国各地去开会，只是在那时第一次有这样的机会，所以我特别珍惜，也很骄傲。同时参加会议的还有汕头市的陈仲豪、蔡雁生、陈廷平等。会后，蔡老师还带我拜访华南师大的邹有华教授。

第四个“第一”，1981 年 4 月 15 至 25 日，我第一次参加了全国性的中国教育学会 1981 年年会。那次会议是在福建师范大学召开的，因为那时跟福建师专在联手编写教育学的教材，所以福建师专的老师告知了我们这一消息，我觉得这是个很不错的机会，于是通过层层努力我们韩山师专争取到了一个席位。电文如下：“15 日，福州军区第一招待所报到。”我作为代表参加了这次全国性的大会，能参加这样规模宏大的会议可以说是一件大事，毕竟能在这样的大场合、大舞台上亮相，我是十分兴奋期待的，不过现在看来心态也比较平和了。会上，聆听了张承先（时任教育部副部长）、陈侠、陈元晖、潘懋元、邹有华等学术名家的演讲。会议期间，再一次拜访邹有华教授，他是我国著名的教学论专家，他思想开放，支持学习科学研究，关心晚辈，以后他还为我的第一部学习学专著《学习的原理与方法》及后来的《大学生学习学》作序。

第五个“第一”，我第一次撰写了学习科学的论著《学习的原理与方法》，也就是后来我的代表作《学习学概论》的雏形。这本书从 1980 年到 1983 年共用了 3 年的时间才完成，当时还是油印版，跟我后来出版的书相比，有“小巫见大巫”的感觉。1983 年 10 月以教育学科教研室的名义来出版。后来由《韩山师专学报》编辑部通过层层申请，于 1985 年 6 月，以广东省内部刊物出版。这本书十分关键，在我的学术道路上帮了我的大忙。为什么这么说呢？因为我是 1986 年申报副教授的，当时全省教育学的 14 名讲师只通过了 3 名，其中两名是比较年长的了，而我当时是 40 多岁。当时省里就出台了一个审批的标准，那就是要有学术著作，再多的论文也不行。正因为我有这本《学习的原理与方法》的著作，所以我才成功地评上了教育学的副教授。这本书不仅在关键时刻帮了我大忙，它还奠定了我在学术上的地位。我后来参加全国的学习科学年会也是带着这部书去的。为什么这部书有这么大的影响力呢？主要是因为当时全国只有5部学习学的著作，我占了一席之地，其影响力可想而知了。如果没有这本《学习的原理与方法》，也就不会有以后的《学习学概论》的一版、二版、三版了。

这个时候我还做了另一项重要工作，那就是开始对韩山师专的学生进行较大面积、范围的学情调查。那时我充分利用副主任这一职位去做学术调查研究，在课堂上发调查问卷，上完课我就回收，问卷的参考价值是比较高的。从1981年到1983年这3年间，我积极运用学习学的原理做一些实践调查工作。1982年下半年，我对韩山师专二年级230名学生开展了学情调查。调查显示，学生的学习动力普遍不足，对“为什么报考师专”，表示“热爱初中教育事业”者只占20%，表示“由于成绩所限不得已”者占66%；学生的学习计划落实不够到位，能执行学习计划者只占30.9%，虽有计划而没执行者占47.2%；相当一部分学生不能适应学习方法，能掌握大学生学习方法者占30%，基本掌握大学生学习方法者占20%。这些问题，使我认识到：提高教学质量，不仅要抓教师的教学，还要抓学生的学习；不仅要抓教学改革，还要抓学习改革；教师与学生同样重要，教改与学改同样重要；不仅要研究教学论，还要研究学习论。这就要求我们要用全新的视角，用理论的高度研究学生的学习问题，研究学习论。可以说，从1980年到1983年的四年里是我的学术思想的一次飞跃。当然那时是属于萌芽时期。要形成一种理念来指导实践工作是需要条件和契机的。如果没有担任教研室副主任这一职的话，我想我的学术思想也就不可能那么快得到飞跃。因为普通老师的能力是很有限的，能用的资源也不多，人脉面也相对比较狭窄，那时要影印一份资料都不是一件易事。所以我提出这样一种观念，即搞学术做学问必须以行政为坚实的后盾，没有行政的资源支持，力量是十分薄弱的。要做到行政学术一体化，搞学术的人同时又是行政人员，这样才能减少阻力，提高效率。

在1980到1982年的两年时间里，我还外出做学术讲座和报告。1980年8月，我先是为汕头地区的中师教育学老师开两个专题讲座，一个专题是谈教育的本质，即什么是教育，怎样才是一名好的教育者；另一个专题是谈谈教学的规律。这两个专题同时也是那个讲习班的主题报告。随后，我开始给潮安县的小学校长做专题讲座，我讲述了教育本质论、教学论，其他的内容就交给黄宇智副科长负责。黄科长后来是汕大的教务处处长，也是广东高等教育学会的副会长。他原先就读于中南农林学院，是学林业专业的，后来才转到教育学的方向来。我们的关系一直都很好，后来我们闲聊时他提到，其实他会进入到教育学的领域是受我影响，是我引领他跨入教育学领域的。这是他的谦虚之语。当然我能用教育学来育己和育人，我觉得是十分欣慰的。之后，我到潮安农校和汕头技工学校开展教育学的讲演活动。当时是在粉碎“四人帮”的大背景下，“文化大革命”严重地破坏了教育事业，国家领导提出要拨乱反正，急需一些正确的理论、正确的观点来支持教育事业的发展。毛主席早就提出“学点教育学”，所以当时这种有关教育学的讲座是很吃香的，大家的积极性也比较高。

到1981年末的时候，我强烈感受到，我们应该考核一下从师专走出去的学生的社会实践能力如何以及是否适合现在岗位的要求，所以我主动跟黄宇智副科长提出了这一想法，得到了他的支持。于是我们就组织了师专毕业生的调查研究工作。当时1981年毕业的正好是恢复高考后的第一届毕业生，这次调查是一次信息的反馈，是十分必要的。要考察我们的毕业生在社会上情况怎么样，各种技能掌握得如何，等等。通过毕业生的调查来反映我们教学中好的方面和不够的地方，这些信息为我们师专的教学改革打下实践的基础。于是我到过浮洋、枫溪中学等地调查，然后写了一份调查报告《韩山师专的毕业生现状以及存在问题与对策》，我很重视这一研究成果，因为这对于我以后做教务科科长帮助很大，也让我对教学改革有了新的启发，可以说是物超所值了。

母亲林桃，父亲叶访荪

介成楼照片

叶瑞祥同志教学成绩显著，荣获教学优秀奖，特发给奖状，以资鼓励。

广东省高等教育局
一九八二年五月

广东省教学优秀奖证书(1982 年 5 月)

1981 年 6 月我终于实现了多年来的梦想，那就是加入中国共产党。我的入党介绍人是黄文廉同志，他为人正派，党性强，政策水平高，群众威信好，我们的关系一直到现在都很不错，我对他也怀着深深的崇敬和感激之情。另一位入党介绍人是刘源同志，他是位好同志，可惜他已去世了。那时，先是提交《入党志愿书》，然后 6 月 2 日讨论，6 月 16 日党委就批准通过了。其实我能顺利加入中国共产党关键在于党的知识分子政策，在于长期追求政治上的进步，也在于我自身清白。本来在我的学籍上家庭出身写的是地主，后来拨乱反正，改为小商，至此我带了 30 年的地主儿子的帽子终于摘下来了，我也终于释怀了。这里，我必须对我的家族作出必要的补充与说明。我的祖父叶介庆，据说是双目失明的算命先生，家境贫寒，配谢氏，生下两男；长子，伯父叶畴海（先秀），配黄、余、李氏，生下七男五女，分别是奕祥、雨祥、致祥、练祥、达祥、九祥、拾祥、梅娇、兰君、桂君、艳君、项君；次子，父亲叶访荪（瑶秀），配林、余氏，生下 4 男 4 女，分别是桐祥、瑞祥、钦祥、祝祥、暹君、孟君、丽君、幼君。抗战前伯父与父亲在潮州市、汕头、澄海等地经营盐业，经济实力相当雄厚，家产不少。1939年6月，潮汕地区沦陷前，举家回归故里，继续在梅县、松口等地经商，并在家乡兴土木，建祖屋——介成楼。由于战乱，生意下滑，家境日益衰落，家庭经济相当困难。抗战胜利后，我于1948年跟随母亲到潮州，父亲只能继续从事小本生意的盐业，过着比较艰辛的生活。伯父在家乡，1951—1952年土改期间，被定为地主。父亲则在1956年“三大改造”期间，加入合作商店，成为合作商店一员。“文化大革命”期间，父亲被戴上地主分子的帽子，去到农村。改革开放后，落实政策，确定家庭成分为小商，才回归潮州。所以，我在入党志愿书上，根据父亲所在单位的证明，家庭出身为小商。几乎同一时间，家乡对伯父也落实了政策，并将伯父、父亲的共有财产祖屋介成楼归还。（详见《梅县市人民政府房屋产权证明书，梅侨房字第001360号》与《公证书（99）梅江证合字第13号》）

1982年，我也很荣幸地获得广东省优秀教学奖，这对于我的教学成果是一个很大的肯定，也激励着我继续做好教学工作。

相关资料

关于撤销叶访荪地主分子帽子的通知

1979年60号文件

潮州镇所属糖专合作店职工叶访荪1970年2月潮安县革委会保卫组70号文件原戴为地主分子帽子。

现经叶访荪多次申诉，调查属实，原戴为地主分子帽子给予撤销。

潮安县公安局

1979年3月19日

送：潮州镇商业局、一办派出所、一办四委

1979年6月27日大家庭合照留念（父亲叶访苏二排右四，母亲林桃二排左四）

回顾这4年，我对怎样才能当好一名公共课的教育学老师有着深刻的体会。我进一步认识到要做到以下四个方面：

第一，要有正确的科学定位，这是很重要的一点，也是做好教育学老师的前提。无论是当教研室副主任，还是当一名普通的教育学老师，都必须对这门学科有一个准确客观的科学定位。教育学是师范院校的公共必修课程，在当今时代下，教育学的教学有三大任务：一是传授教育学的基本知识、基本理论、基本技能；二是培养学生实际的教育教学能力；三是帮助学生形成正确的辩证唯物主义教育观念。

第二，当一名教育学老师要有先进的教育理念，这一点是做好教育学老师的一个大方向。教育者必先受教育，所以一名教育学老师一定要跟上时代的教育思想，甚至要超前。现在是一个信息爆炸的时代，不学习就会逐渐与时代脱轨，这也是为什么现在有的老一辈的教育学老师不受学生欢迎、被称为“老古董”的原因。因为这样的老师老是停留在原有的水平，形势发展了，他们的思想却在原地踏步、止步不前。学生通过其他渠道了解到更多的信息，某些方面甚至已经超过老师了，这样学生觉得在课堂很难满足他们求知的欲望，久而久之这些老师就要被时代所淘汰。所以必须时刻学习，不能总是把自己摆在“老师”的位置上，还要换位思考，扮演“学生”角色，继续深造，确保有新的知识教给学生。

第三，要重视理论联系实际，这一点是上好教育学的基础，也是我一直在强调的。离开了实际，心理学就会变成“概念学”，教育学就等同于“教条学”，我在做教育研究时就对这一点深有体会，课本的知识是通过实践归纳总结出来，再重新回归运用到实践中的。除此之外，还要重视考试内容、方法的改革，教育学不是纯理论学科，只有不断进行改革才有出路。

第四，要重视学习，善于学习。教育学老师要不断学习。不要仅仅把学习当作一项任务来看，这样既辛苦又没效率。要把学习当作一个习惯来对待，就像刷牙洗脸一样。我到现在一直保持着这一习惯，每天都会抽点时间读读报纸，看看凤凰卫视的评论节目什么的。我感觉自己一天不学习就浑身不对劲，好像少了些什么一样，哪怕是现在到了迟暮之年。虽然我周边有的老年朋友妄自菲薄，认为老了，学了知识恐怕也没地方、没时间用得上了，但是我不这么认为，我始终坚持学习，因为我知道只有精神世界丰富了，我的生活才会充实。

全國葉氏五代世系圖 №0134092

（廣東省梅州市梅江區宮前村）葉公（1世）——葉望公（22世）——乾昱公（41世）——大經公（53世）——梅江公（61-81世）

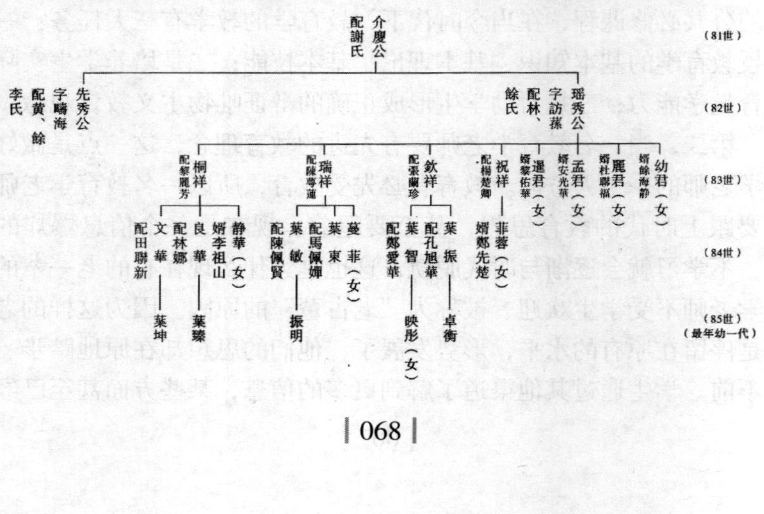

二、在教务科科长的岗位上

每学期开学前几天老师都要到学校集中开会，准备新学期的工作。在 1984 年 2 月也不例外，我照常到学校开会。期间，学校领导叫我去谈话，说汕头地委组织部下了文件，任命我为韩山师专的教务科科长，我事先完全不知情，所以有点意外。当时科长的任命比现在任命处长还要隆重，还要郑重其事。因为韩山师专是正处建制校长是处级，副校长是副处级。科级干部当时是隶属于汕头地委级管，所以教务科科长的任命要先报到汕头地委组织部考察批准。现在处长的任命基本上是在省委高校工委报个备案，党委会就可以批准通过了。当然在那个时候我还不知道科长任命是这样的，一直到我后来得到干部任命后，自己经历了才知道这些事情。

当我被任命为教务科科长的时候，坦白地说，我的思想准备是不够的，那时候的想法很单纯，觉得做一名老师就足矣，不像现在社会这么看重“做官”，我觉得这是我人生中的一次新尝试，新任务，新挑战。当然我还是认为我是有信心有能力有责任去做好科长这一职。第一，我有教学理论的指导。这是我的一大优势。第二，我有一定的管理经验，之前在潮安县教研室工作了几年，担任教育学科教研室副主任也有两年的工作经验，这些都为以后的工作打下了坚实的基础。第三，我有一定的人脉，我跟文理科几个科主任的关系都不错，那时是叫科，1984 年下半年后才称为系的。第四，我得到了学校领导的支持，所以那时候我就下定决心要当好这个教务科科长。

曾有老朋友戏言说，叶老放在哪里，哪里就是一大亮点。的确我的工作都是尽心尽力去做，一般是不会输给别人的。6 年的教务科科长工作生涯里，我有 10 个方面要谈：

第一，明确职责，分工合作。当时的教务科科长实质上是扮演大学教务长的角色。教务科的工作范围很广泛，包括教学、科研、成人教育、设备、实习工作、电教和教材等，甚至早期连图书馆也交由教务科管理，基本上涵盖了现在韩山师院的教务处、科研处、成教处、设备处、电教站、教材中心和图书馆等部门的职能，还有像教师评职称之类的工作，可以说教务科的权力是很大的。正因为管理的范围很广，甚至有点散，所以分工合作就显得尤为重要了。当时人员是这样分配的，科长是一正两副，科长下设 4 个组，4 个组分别是设备组、电教组、教材组、图音组。每个组大致上都是几个人，我个人对图音组是十分重视的，我坚持要成立图画音乐组，把处于游离状态的一两个音乐、美术老师集中起来，然后开设图画音乐选修课。我对艺术教育的培养是十分重视的，像我的大儿子就是学美术的。我觉得要全方位培养学生，艺术这一块一定不能留空白。当时教务科长还托管图书馆，实行党政合一，我还兼任党支部书记。因为人员有限，管的范围又这么大，所以我一接手就一分为二，我管全面，着重管教务科的大事还有师资进修评职称等。总之，重大事情我把关，其他的工作我就合理进行分工。例如吴修仁副科长，他原也是副科长，生物学家，工作踏实，人缘关系好。他就管理科研、成人教育、设备、电教方面。陈友德副科长他原是中文科副主任，古典文学专家，认真踏实，工作细致，人缘也好。他管教学行政也就是管理那些学籍、注册等等，还管理学生的实习工作和课外活动。我们这个工作班子，团结友好，办事效率特高，是个好班子。下属的设备组长余湘涛、教材组长李学先、图音组长蔡来有等都能各司其职，认真负责，工作严实，十分得力。当然要适时进行工作上的交流，所以我还建立了会议制度。规定每周周一开一次科长碰头会，每月开一次组长之间的科务会议。

第二，调查研究，了解情况。先是对学生的学情方面进行调查，这时候的学情调查不像以前做教研室主任一样只做一个大致的了解，现在基本上是全面细致的调查。从纵切面来说，我观察了学生一天的活动情况，从早操开始，调查学生的出勤率，第一节课的上课状态如何，中午午睡后，有多少个睡懒觉的，下午的课外活动进行得怎样，晚修的学习氛围如何，回到宿舍熄灯后的情况。我可以说是一整天的“跟踪”调查，偶尔还来个突击检查，例如清明节、中秋节等传统节日，那时候这些还不是法定节日，不像现在大家可以放假回家，那时候学生还要在学校学习，当然有的学生会逃课回家过节或者去玩，所以每逢这些节日考勤就抓得比较严了。从横切面来说，我发放了调查问卷，用书面的形式得出数据。然后是对老师的教学情况进行调查。

我还是采用听课的形式，一个系一个系地听，每次听课基本上是一个团队两个人，就我和一个抓教学的副主任。最先听的是中文系的课，按照以前去枫溪小学“蹲点”听课的做法，一个老师一个老师地过，绝不容许谁浑水摸鱼，滥竽充数。这一轮的全面听课后才发现不少人才，有些老师也的确挺“怀才不遇”的，明明教学水平很高，也很受学生的欢迎，但是评职称的时候都被“卡住”了。当然这一批人后来也是苦尽甘来了，不少人也评上了副教授了。很多人都会质疑我的听课效果，怕是“水过地皮儿湿”，只有数量没质量。其实他们不知道我听课有一个诀窍，听文科的课我基本上都能听懂，像什么文学概论、现代文学等。因为这些以前都有接触，听理科的话，我就通过学生的反应去判断老师的基本功到了什么程度，我说过学生是老师的直接“评审”，如果学生都没什么反应，呆呆地坐在那里，这课肯定是上得不怎么好的。当然我每次听课都会找上科主任，私下了解就可以知道这个老师有没有讲错专业知识。比如说，那时候我听英语课，我读书的时候只学过俄语，因为那时候中国跟苏联走得比较近，英语基础几乎为零。我就让郑培丰副主任跟我一起去听课，他是中山大学毕业的，英语水平高，我就边听课边问他有没有讲错要点什么的。遗憾的是当时因为时间的缘故没办法全部老师的课都听，大约听了三四个系，共有 100 多名老师，占全校教学人员的三分之二。可以说我也是尽力了，当然这样以后我在评定职称时，就多了一个教学依据，对教师教学的评价就心中有数了。

第三，规范教学管理制度。为什么要搞好师专的教学管理工作呢？主要有三个方面的原因：（1）从师专的办学类型来看，当时国内有些学者把我国高等学校的办学类型分为“教学型”和“教学、研究型”两大类。所谓“教学型”就是以教学为中心，以培养人才为主要任务，又以科研成果为辅助任务。所谓“教学、研究型”则既以教学为中心，又以科研为中心，把培养人才和出科研成果并列起来。在我看来，我国目前大多数的高等师范院校是属于“教学型”的，就应该坚持以教学为中心，认认真真抓好教学，全面提高教学质量，把努力培养合格的中学教师列为根本任务。这就要求师专在若干管理工作中，必须坚持以教学管理为中心，加强教学管理工作。⑵从师专的培养目标来看，师范专科学校的培养目标就是培养合格的初中教师，要求师专的毕业生应能够适应初中教育、教学工作发展的要求，热爱党，热爱社会主义祖国和社会主义事业，具有高尚的品德和为社会主义教育事业献身的精神。要培养这样一代的新师资，必须加强教学管理工作。⑶从当前师专教学管理的现状来看，我们要肯定好的一面，但又要看到现在管理环节上的不足，对诸多问题还是要科学进行管理。

我深刻认识到教学管理是整个学校管理的中心环节，所以我一上任，就把管理工作一分为二。从纵向管理来看，制定了教学管理的“全部过程”管理，包括教学的计划管理、教学的过程管理、教学的质量管理等等。先是计划管理，比如学生入学后 3 年的教学计划是怎样的，课程又是如何安排的，以前比较松散，没有规律可循。所以现在一开始就计划好课程的安排。例如中文系一年级要上 14 门课程，二年级要上 12 门，三年级由于要实习找工作就安排 8 门课程。这些课程要如何编排是要严格按照计划的，不能随便上，通常叫做计划管理，也就是我们常说的培养目标，这些都是通过课程的编排体现出来的。然后是教学的过程管理，如果说教学的计划管理是绘制“人才工程”的“蓝图”，那么教学的过程管理是其“施工过程”，这里有两件事要处理好：⑴组织教学单位，实施专业的教学计划。要做到开齐课程、开足课时、上好课堂。⑵组织科任教师，实施课程计划，实施课程计划包括备课——上课——作业——辅导——实践环节，一条龙的安排。最后是教学的质量管理，这一环节是整个教学管理的核心，也是整个教学管理的目的，因此教学的质量管理便成为重中之重了。当然教学的质量范围很宽泛，根据教学的计划管理和过程管理的要求可以浓缩成两项：⑴根据专业的教学计划的要求，检查教学单位的教学质量。⑵根据课程教学计划的要求，检查科任老师的教学质量。

计划管理、过程管理和质量管理，这三个环节是相辅相成的。一般来说，教学的计划管理是前提条件，而教学的过程管理则是实践教学的计划管理的行动、过程。教学的质量管理，则是前两者的必然结果。在正常的情况下，我们可以采取“抓两头带中间”的方法，避免两极分化的极端状态。

从横向管理来看，当时教学理念中流行三要素，三要素是指由教师、教材、学生组成的三角形，我个人认为教学设备也是十分重要的，于是我把它变成了四要素，增加了设备这一项，组成了一个四边形。对于教师的管理，在教学活动中教师是起主导作用的，教师的管理是一项系统的工作，涵盖了选拔、培养、提升、代谢、流动、考核、规划、待遇、福利等等。师资的管理要注意三个“必须”：（1）必须抓好教师的教育思想。（2）必须抓好教师的教学质量。（3）必须抓好教师的培训、提高工作。对于学生的管理，在教学活动中学生是主体，是学习的主人，所以要认真抓好学生的管理。因为学生的学习目的不一定十分明确，有些积极性差，自控能力薄弱，往往浪费了年华荒废了学业。所以一定要对学生加强专业思想的教育，还要加强学习纪律的教育，严格执行各种规章制度。同时还要“授之以渔”，教会学生们学习的方法。对于教材的管理，选好教材，用好教材是教学成功的一半。当时，师专选择教材普遍存在一个通病，就是专科学校选择师院的本科教材，甚至是选择综合性大学或重点院校的本科教材，这样眼界过高，造成教师难教、学生难学的尴尬局面。因此在教材的管理方面，我认为要选好教材，要尽可能选择适应师专实际的好教材。还要提前做好准备，力求做到上课前人手一册，或者干脆自己编写适合自己的教材，也可以借助兄弟学校的教材。对于教学器材的管理，教学器材包括教具、仪器、电化教育手段等等。古人云：“工欲善其事，必先利其器。”教学器材就好比将领上阵杀敌的武器，教学的成功离不开它。

当然整个管理的核心问题在于抓制度与人的管理，那时编订的规章制度为后来韩山师院制度规范打下了坚实的基础。人的管理是人治，制度的管理是法治。所以要想真正管理好就必须“六亲不认”，认制度不认人。这一点我是向人大委员长彭真同志学习的，他当时就提出，国家要立法，不立法的话很多问题无法制度化，就会存在很多漏洞和弊端。法治就是西方民主制度中值得我们学习的一面，这样才能最大限度地保证公平和公开。后来我在全省的教务处会议上发言，表达了这一理论。那次会议很有趣，会上四位发言人都是说潮汕话的，分别来自华师、华工、湛江水产学院和韩师。

第四，重视科学研究。尽管我的工作繁忙，平常有很多事情要管理，但是我还是始终坚持科研不断线，因为这是我的个人兴趣爱好，它并不是机械化了的工作，我能在其中感受到快乐和满足，所以一直到现在我还是努力做科学研究。我做的第一项工作就是申报机构，当时申报了潮汕文化研究室、教育科学研究室和生物科学研究室。这三个机构都顺利通过了，现在对韩山师院还是有一定影响的，譬如说具有地区文化色彩的潮汕文化研究室可以说是韩师的一大“品牌”和亮点了。第二项工作就是主办《教学研究》刊物，也就是现在的《粤东基础教育研究》的前身。第三项工作是首办了成果目录。类似于人民公社时期的“工分上墙”，把某某老师的什么成果都记录下来，就像“光荣榜”似的。这是我看了九江师专搞了“研究成果目录”所受到的启发，这样做的好处是充分调动了老师搞科研的积极性，他们看到自己的文章在刊物上发表都是十分高兴的。

第五，重视实践环节的教育，特别是加大教育实习的力度。理论和实践只有完美结合在一起才能发挥出最强的效果。主要措施：

1.加强教育实践活动。（1）组织学习教育理论，开展教育科学研究，对毕业生进行调查研究，提高各级领导和师生对教育实践环节重要性的认识，形成上下一起抓的好风气。（2）建立强有力的领导班子。还与潮州市两所重点中学挂钩、与毗邻五个县市建立了五个系的固定实习点，作为教学、教育实践的基地等等。（3）改革教育学科教学。在教材方面自主编写了教育学、心理学的教材。在教学方法上，组织老师到中学调查，参加了教育见习、实习活动等，通过实践来改进教学方法。在考试方法上，运用笔试口试相结合，开卷闭卷相调配的方式，还组织学生课外练讲试教活动。（4）集中精力抓好为期一周的见习和为期六周的实习。从84级开始，我们在实习的前一周，校、系领导亲自动员，提出要求，申明纪律；抽调骨干教师去指导学生备课、试教；实习期间，系科领导深入听课指导；实习结束之后，组织写专题总结，召开全系师生大会，总结汇报成绩和经验，这对实习生来说是总结提高，对低年级的学生来说则是教育动员。

2.重视实验教学。（1）努力开足开齐实验课；（2）加强实验室管理；（3）明确实验教学的主攻方向；（4）增设实用课程。

3.坚持生产见习和社会调查。对于理科生来说，生产见习是必不可少的，是理论联系实际、巩固所学理论、开发智能的重要措施。学校强调，要尽可能地让理科专业的学生进行生产见习，特别是化学和生物专业的同学。文科的则结合教学开展社会调查，中文系结合写作课的要求，组织学生写实践活动的心得体会，有些文章还在通讯报刊上发表了。教师还组织学生利用暑假进行人口人才调查，后来在汕头市人口人才学会上宣读时还受到了领导的表扬。

4.开展第二课堂活动。（1）开展学术活动，形式多样化，有学术讨论会、报告会、演讲会等等，开阔了学生的视野，激发了学生学习的动力。（2）成立了各种社团和课外活动小组，像韩山师专书法社、英语学苑、摄影小组、微电脑小组等等，这些丰富的课余活动培养了学生的才能和兴趣，为以后的全面发展做好了准备。（3）举行各种比赛活动，文艺类的有演讲、朗诵、书法等比赛，竞技类的有球类、田径比赛等等。学校就像一个大舞台一样，让学生可以尽情地展示自己的“十八般武艺”。

第六，重开成人教育。以前韩山师专是有成人教育的，也就是人们常说的函授大学。后来函授科全班人马搬到汕头教育学院后，就只办全日制的了。我思前想后觉得这一环节不能就这样从此“消失”了，于是 1984 年秋韩山师专就设置了中文和英语这两个专业的夜大并开始招生，后来还开设了音乐专业，这一点我印象很深刻，因为当时的音乐师资是比较浪费，找不到学生来学，我记得学生只有 8 个人，当时有人就问说 8 人要开班吗？我坚决要开班，我们要取信于民，要打响韩师的名号。学校是教育机构而不是为了赚钱的营利性行业，所以我坚持人少也照常开班。成人教育的工作中我抓住了几个重点：（1）严格配备师资，特别是两个大系中文系和英语系，必须选派优质教师上课。因为成人学员里面有很多是地方干部，所以我觉得必须比全日制更重视，反而要派一流的教师去教学，我跟别人想得不一样，我把这看成是一个打响我们师专的名声的大好时机，让社会上的人知道韩山师专的老师是有水平的。（2）严格教学要求，当时我是十分重视成人的考试的，因为这是检验教学成果的一个有效手段。我让大家在白天跟全日制的学生同一时间，同一套题一起考试。那时刚好省高教局的领导来考察，得知这一情况后都称赞我们教学质量的可信度高，在我看来，基本上成人教育与全日制的教学主体是一致的，教学质量是有保证的。

第七，积极倡导中间选拔制度，也就是现在所说的专升本。我感觉到不能只局限于师专的位置，要积极往一个本科院校的方向发展，这也是我做教务科长最有价值的工作之一，如果没有这个想法的话，韩山师专的师资队伍将会受到较大的影响，为什么会有这样的担忧呢？我当时就跟省高教局教学处长谈过，我们韩山师专的尖子生绝对不会比华师的后进生差，很多学生在高考时因为种种因素而来到了我们韩山师专，其实当中也有不少底子是很不错的，可是那时韩山师专要想有好的本科生来任教是很难的，毕竟当时本科生很少，岗位又多，不像现在就业竞争压力这么大。当时华师大的学生一毕业要么考

1986 年 6 月在中山大学举办的广东省教务处长研讨班代表合影留念

研，要么留校，要么去广州从教，或者去珠三角一带发展，然后才是到我们韩山师专当老师。经过几轮筛选后，回来的毕业生尖子也就不多了。我意识到这一问题的严重性，所以当机立断就向教学处的杨开乔科长提出建议，我们要定向计划培养人才，自己培养人才为自己服务。既然人才“难于引进”那我们就自己开源，就像毛主席说的那样“自己动手，丰衣足食”。我们要派韩山师专的尖子生去华师大培养学习，然后学成回校在韩山师专当老师。当时我提出后，杨科长很支持，经省高教局领导同意后做这项工作，于是制定了三个措施：⑴按系选拔人才。比方说，中文系三年后需要三个老师，那就三个名额，培养后全部都得回来，可以说是一个萝卜一个坑的。⑵精心培养挑选出来的“好苗子”，先是给他们开小灶，像高考前的集训一样。⑶定时定量地集训辅导，类似尖子生培训。⑷放宽图书馆的限制，图书馆当时也是属于我的管辖的范围，过去规定学生一次只能借两三本书，现在对于这些优资生没有借书数量的上限，想借多少本都可以，完全信任他们。这一炮效果十分明显，可以说下了一步好棋，打响了韩山师专的名号，也成了韩山师专在全省形象树立的标志。

1986年被评为教育学副教授照片

1985年送去华师大培养的有12名学生，后来考试成绩出来的时候，全省中文、数学的第一名都是我们韩山师专的，还有几名学生包揽了全省师专的前几名。这一批学生回来后基本上都成了韩山师专的教学骨干。我印象最深刻的是黄景忠，他原是班上的学习委员，当年统考时全省中文第一名。他现在是韩山师范学院教授，学校的副校长，是学者型的领导干部。又如许晓鸿，她本来是学中文的，她是一个很有想法、思维很活跃的学生，她考虑到政治老师比较缺乏，于是就报考了华师大的政治系，现在已经成为韩山师范学院马克思主义学院的教授了。还有一个让我印象深刻的是陈洵，她原是数学系的，后来我考虑到教教育学、心理学的教师不能全是文科生，所以她转到教育系去学习，回来后教理科专业的心理学，这样文理渗透才更加全面。我在安排上不仅没有局限于当前，还考虑好了未来的发展的前景。她原是教育系副主任，现是韩山师院妇委会主任、副教授。林育青是数学系插班生，现是汕头职业技术学院副院长、副教授。林运轼现在是汕头市教育局副局长。陈远程现在是潮州市广播电视事业局局长等等。总之这一批人都是学有所成，也组成了韩山师专的教学精英部队。这里还有一个小插曲，那时候为了争取这一批人一个不少地回来，还跟华师大的教务处长黄裕胜“抢人”了。当时我跟黄文廉副书记去省里开会就讨论了这个问题，华师大不愿意“放人”，华师的本科生比不上你们韩山师专的插班生，的确面子也有点挂不住。于是最后就找出了一个妥协折中的办法，按顺序排名次。本来前四名都是我们韩山师专的学生，但是后来商议前三名是韩山师专的，第四名的位置只能让出来给华师本科生，原来的第四名就只能再往后排了。原先说好我们培养的这些人才是全部都要回来的，后来形势发生微妙变化，12 名学生只能回来 6 名。

不过这也从侧面反映了一个问题，要建立竞争机制，不然学生进来之后没有动力，以为自己就是比华师的学生差，不敢去竞争，只要三年学满毕业后就等着分配工作了。我后来在一篇文章《高等师范院校若干教育观念的更新问题》里提到一点：一个门进来，几个门出去。进来的门虽然只有一扇，但是出路却可以是多元化的，摆在大家面前的道路是无穷尽的，但前提是要有竞争，要有较量，这样才能激发学生的潜力。

第八，参加职称评定工作。我们韩山师专的评定职称在 1986 年之前都只能是中级职称，1986 年可谓是一个大的拐点，是我们韩山师专的大事，因为第一批副教授产生了，复办后的韩山师专是没有副教授的，都是讲师。1986 年 12 月我被评为广东省教育学的副教授，当时全校只有 11 名副教授，中文、数学、物理、化学各有两名，其他的系室各有一名。这 11 名副教授是韩山师专复办以来第一批高级职称教师，是韩山师专的教学骨干。那时评定副高并不是像现在条件符合就可以申报了，而是定岗定位的，竞争十分激烈。那时全省申报教育学副教授有 14 名教师，包括肇庆师专、广州师专的，可是定岗只有 3 名教师可以被评为教育学的副教授。毕竟是第一批副教授，所以考核也比较慎重，通过了层层审核，难度也加大了。1986 年的时候我是整个粤东地区的第一个教育学副教授。后来汕头市成立了成人高等教育评委会，由我们韩山师专 5 名和汕大 4 名具有高级职称的老师组成，去评定其他成人高校的高级职称。

第九，进行专业学习，提高管理水平。虽然我是搞教育理论的教务科长，但学习是无止境的，所以我尽量抓住每一次学习的机会。那时在中山大学举办了广东省教务处长的培训班，主办方请了两位学术上举足轻重的大家来给我们讲课。一位是潘懋元，中国高等教育学会的副会长，另一位是夏书章，中山大学的管理学大家，这两位可不是一般的专家，是比专家还要再高级别的学术大家了，能认识两位有这么高学术成就的老师我觉得十分荣幸。这个讲习班的形式很灵活，先是名师作报告然后大家一起谈论总结交流，来一次互动，整个氛围都很活跃，讲习班上的学员都是教务科长、教授之类的，大家水平相当，也有共同语言，讨论起来也就比较有默契了。整个讲习班让我认识了不少人，也学到了不少东西。

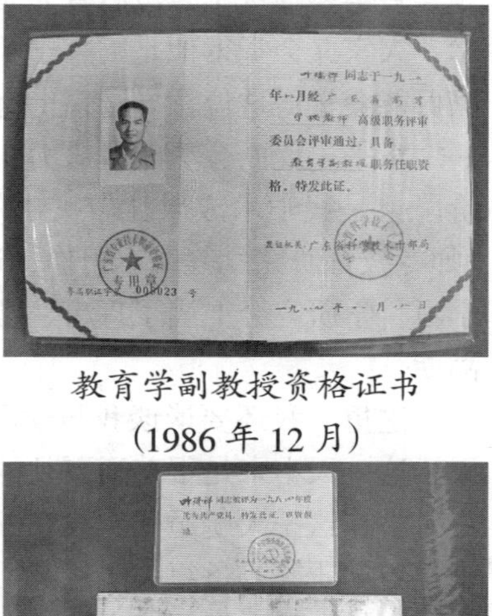

教育学副教授资格证书
（1986 年 12 月）

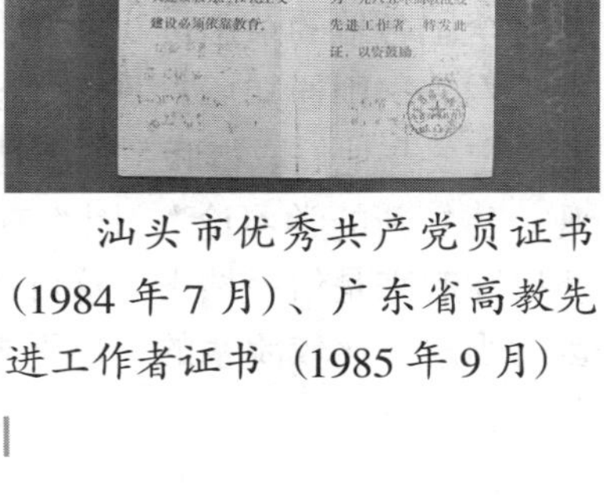

汕头市优秀共产党员证书（1984 年 7 月）、广东省高教先进工作者证书（1985 年 9 月）

第十，带头兼课，坚持边上课边科研，以业务领导业务。当时我是以身作则，做到五个带头。带头上课，带头编写教材，带头撰写论文，带头出版专著，带头出席学术会议。先是带头上课，我做教务科长这6年来始终坚持教学、科研不断线，1986年时我还带头上5个班级的教育学，我记得是中文4个班，英语1个班，一周还有九节课，课程是排得比较满的。到了1989年时受教学处的委托，编写了省师专通用教材《中学教育学》及其参考资料，之前1986年编写教材是属于“民间”的，现在就算晋升到“官方”了。那时候教学处还专门下了一道文件，指定确认我在内的4位老师主编教材。我常说有行政职务与学术地位的人做起事来是会比较快捷方便的。现在有些高校是将学术与行政一刀切，一分为二，我觉得这样做是不恰当的。既搞行政又搞学术的人最有发言权了。单单是一名官员，下级会说这个领导只会耍嘴皮子，没有真才实学，是比较不得民心的。单纯地搞学术，人家又会觉得他是书呆子，没什么管理能力。所以结合起来，大家可能会觉得这位领导管理上有自己的一套本领，搞起科研时也是有一定水平，反而会更有说服力，也容易得到大家的认可和尊敬。这个阶段也是我学术成果比较突出的时期，我出版了《学习原理与方法》《师专教育研究》等7本著作，还发表论文24篇并在全国第一、二届学习科学研究会上当了理事、常务理事。这是我学术发展的第一个高潮期。

这里，我还要谈谈我与学习科学的“缘分”。1987年开学初的一天，这一天本来是很普通平凡的，但对于我来说却意义非凡，我与学习科学在这一天邂逅了。我在一本《国内外教育文摘》的杂志上看到了学习学研究筹备组关于论文征集的通知，是由山西省教育科学研究所发出的。我会发现这个机会，也得益于我的工作条件，那时在教务科有全国各地的杂志，我经常在午睡前抽点时间浏览一下这些杂志。那天看完这则通知后，我感觉这是一次良机，他们向我发出了讯号，我一定要与他们取得联系。于是我赶紧动手写了一篇“树立新的学生观，建立新的学习论”，因为有在此之前的学习原理和方法做基础，所以写起来是信手拈来。这可以说是一次与外界沟通交流的好机会，因为当时是比较闭塞的，也不知道外界的人是怎么看待这一问题的。

教育学科教研室老师在韩山师专校门前合照留念

论文寄出去后，很快就传来佳音，我的稿件被录取了，他们还邀请我组织一些稿件去参加研讨会议。一直到现在我还珍藏着这本杂志，这是我人生中一次印象深刻、意义重大的经历，它影响了我以后的学术人生，开启了我人生的起点，使我开始走出韩师，走向全国。

这 6 年的教务科科长的经历让我有了更深刻的体会，总结起来经验体会有 6 个方面：第一，要分工合作，当好“班长”。第二，抓住中心，带动其他，教务科的工作就是要以提高教学质量为中心，一切为学生服务，一切为提高教学质量服务。第三，创新管理理念，提高人才素质，积极倡导中间选拔制度，尽早尽快地培养我们自己的人才与队伍。第四，善于学习，提高自己。新的任务就是新的挑战，新的岗位就会面临新的难题，关键就在于学习，学以致用。第五，严于律己，以身作则。我坚持带头做榜样，这也是做好一个领导者的前提。第六，与系室主任建立良好的关系，争取友好的配合支持。诸如中文系罗英风、化学系林士松等等，都是教学好、学术水平高、师德高尚、善于管理的系主任，都能支持我的工作。这是当好教务科科长的重要保证。

三、在图书馆馆长的岗位上

本来我的教务科长工作，虽然不能说干得很完美，但最起码无论是在教学的改革还是制度的管理上都有新的突破，都取得了较好的成绩。而且还在广东省高校经验交流大会上，介绍师专教学管理经验，并得到省高等教育局教学处和各校教务处长的肯定与好评。可惜，身不由己，1989 年 6 月，学校领导决定让我去图书馆当馆长。这对于我来说的确是人生中的一个考验，但经过一番思想斗争后，我收拾好心情，重新上任，坚信即使是在图书馆，我也可以发挥我的管理才能，也可以运用先进的教学理念去管理好整个图书馆的事务。我还是按照我一贯的处事作风，先把图书馆内务的优劣点分析一番，然后制定了一系列的管理计划。

第一，健全机构，成立党支部。以前党支部是隶属于教务科支部的，现在把它独立出来，成为一个独立的机构，经过民主选举，我还兼任图书馆党支部书记，党政一元化。

这样不但职责分明了，也提高了大家的办事效率，在此基础上，还建立了馆务会议制度。我考虑到交流是重要方面，管理的前提是各级人员对内务的了解程度，所以交流就显得尤为重要了。规定每月开一次馆务会议，正副馆长、办公室主任、各部门主任都必须参加，每周开一次馆长办公会议，正副馆长、办公室主任都得参加。力争做到周周开，月月开，及时恰当地解决问题。

第二，重视队伍建设。图书馆必须秉承着一切为读者服务的宗旨，那么图书馆的人员素质的高低便成为一个很重要的课题了。事实上图书馆的人员都是老师，可是学生都不太看得起这些老师，为了让老师更好地为读者服务，首先是让他们进修学习，提高自身的修养。然后是积极地评定职称，让老师能感受到自身的存在价值，获得读者的尊重。我积极地推荐人选，终究皇天不负有心人，图书馆老师评上中级职称的有 8 人，高级职称的有 2 人，可以说馆内队伍的建设在我的一点一滴的努力下也渐渐壮大起来，我也因此获得更多人的尊敬，我的管理理念也更加深入人心，这也为我以后做学问提供了更宽阔的空间。当然在评定职称时我承受着外界很大的压力，很多人认为我偏祖，说我放低了要求，连图书馆的管理人员都能评上高级职称，可是我深知这两者的标准不同，他们是属于教学辅助人员，具体的要求自然相对要低一些。其实在关键时刻我还是十分坚持己见的。

第三，重视现代化的建设。正如邓小平同志说的那样："科技是第一生产力"，图书馆对于一个学校来说是现代科技传输的中介，是整个学校情报资料的"心脏"。必须时刻与时代接轨，这样才能及时地提供更新、更全面的知识给学生。我深刻地意识到这一点，所以决定改革图书馆。变过去的闭架为"开架上库"，原先学生只能把要借的书的编号写在条子上，交给老师并由老师进书库拿出书。这样既浪费了时间，又把学生"拒之门外"，使学生没有办法直接与书本知识接触。当然在科技落后的时代，这种方法便于管理，同时也可以防止书本的丢失、盗窃等。但这毕竟是落后科技带来的"方便"，所以发展现代化便刻不容缓了。我决定放开限制，引进先进的电脑系统，登记读者的借阅情况，让学生直接进入馆内借阅。这样既拓宽了学生了解书籍的途径，也为以后韩师图书馆的建设打下了坚实的基础。

在这段时光里，我还潜心研究学习科学。虽然我的身份是一名图书馆馆长，但我始终不忘我的科研，毕竟这是我的兴趣爱好，无论我在什么样的职位上，我依然不会舍弃这一块。在图书馆工作的六年，可以说是我学术发展的第二个高潮期，我不断给自己制定目标并不断去完成。在这段时间，我出版了教材专著 13 部，发表了一批论文，退休前我制定了一个"226 工程"计划。第一个"2"是指教育科学、学习科学两个领域开展研究。第二个"2"指的是累计出版著作、教材 20 部。其实在我退休之前已完成了 22 部著作、教材，超额完成指标了。第三个"6"是指发表 60 篇论文，后来完成了 70 多篇，大大超出了原计划。当然最值得我欣慰的就是《学习学概论》这本书，它是我学术成就上的一座高峰，是最值得我骄傲的一部著作。不过这部著作也并不是一蹴而就的，它的问世经历了一个漫长的历程。1983 年我出版了《学习的原理与方法》一书，也就是《学习学概论》的雏形，当时撰写得还比较粗糙，是一本油印书，篇幅也不大。后来在图书馆时我全面阅读了有关学习原理的理论，特别是研究了古代一些有关学习的思想，还有几本很厚的台湾的中华辞典，到了1993年5月份时，将其内容进一步丰富后就正式出版了。包括学习的本质、过程、原则、方法、环节五个部分，是比较系统完整的学习学学术专著。书一出版就在国内引起较大的反响，一下子销售了10000多本。学术专著不同于现在的畅销书，能发行到10000多本是一个相当不错的成绩了。这本书可以称得上是“十年磨一剑”，后来在1997年12月再版了，新增加学习环境、学习评估和学习指导篇章。在2000年的时候还出了第三版，这期间我还不断地完善这本书，使其内容更加丰富，理论更加完善，更加系统。《学习学概论》就像是我自己孕育的一个孩子，我看着它日渐成长，再变大变强，它也是第一部比较完整全面的学习学论著，也让我在学术领域上占有一席之地。当然这也要得益于图书馆馆长一职，因为这期间我有机会在图书馆的教师阅览室学习充电，片刻也不容缓，知识是无限的，只有在有限的时间里多学习，不断提高自己的学术水平，才会有被学习科学界普遍认为是我的代表作的《学习学概论》的问世。我觉得当馆长最大的收获就是可以安静舒适地做学问，现在想起来可以说是幸运的。

在当馆长的日子里我还注重外出讲学，除了重大事情以外，其他琐碎事务都是交给下面的人员去处理，权力下放，既能让他们感受到在其位谋其职，我也节省了时间提高了效率。外出讲学主要是两个方向，一个是汕头教育学院的中学校长培训班，因为校长是整个学校的核心人物，是我的教育理念传输的中枢系统。另一个就是做学术报告，从1989年到1994年的5年间里我在省内外都做了一些学术报告，例如在汕头市举办的全国中学学习研究会上作报告，在梅州、澄海等地作报告。但最令我印象深刻的是1991年12月在武汉市硚口区召开的“全国中学首届分科学习指导研讨班”做了题为《中学学习原理与方法》的报告。我记得主办方还全程录像了，并把录像带销售给外界供大众学习。我在武汉逗留了7天，前5天我全程参加了整个会议，后2天我就去当地游览走访，去了“八七会议纪念馆”“武昌起义纪念馆”、黄鹤楼，长江大桥几个好地方。我外出开会的宗旨有三个：一是广泛吸收信息，开展学术交流，提高学术水平；二是广交学术朋友，寻找学术知音。其实我在这段时间里结交了不少学术上的朋友，有来自不同城市却又志同道合的朋友，对于我来说是一笔不小的财富和资源；三是参观自然、人文景观，游览祖国壮丽的大河山川，参观祖国的人文景观。其实在多年的学术活动中，我几乎走遍了大江南北，真是一举三得啊！

虽然是图书馆馆长，可我还是不忘我教师的本色，我还兼任教育学课程的教师，开设学习学课程，那时韩山师专与华师大联办了中文、数学专业第一、二届的本科班，本科班都要求全校优秀的老师去上课，教育学就由我负责。我还给学生开设了选修课程，即学习学课程。教育学课程大家都有所了解了，但开设的学习学却是全国首创的“正式课程”，这是一个新鲜的研究课题，是在大学一年级开设，指导新生掌握大学学习的方法，尽快适应在大学生活的节奏，是教大家如何学习的一门课程。当时在 1993 年第一学期，我院中文系本科 90 级试行开设了学习学，每周 2 个学时，一学期共 40 个学时，该课程性质属于选修课，参加选修的学生有 49 名。开设这门课程是为了达到两个教学目的：第一，要求学生学习、掌握学习科学的基本理论、方法，指导自身科学地进行学习，为今后继续学习、治学打下理论基础；第二，要求学生掌握中学生科学的学习方法，能够指导中学生科学地进行学习，为毕业后承担教学、教育工作打下了实践基础。上课的形式也多种多样，有课堂讲授、阅读自学、现场参观、教育见习、总结提高等形式。那时中文系还举办了第一届“学习学研究会”，我感觉新课程有很好的发展前景。

当图书馆馆长，我总结了一下具体有四点体会：第一，及时调整心态，提高适应能力，“一分为二”地思考问题。我们要做一个适应性强的人，不管土壤如何，都要茁壮成长。第二，善于转化，化失为得。把失掉的东西变成得到的，虽然没有教务处的权力，但却得到了做学问的机会和条件，我的代表之作《学习学概论》就是在这样的情况下诞生的。第三，用人之道，尊重别人，与人为善，开展工作。图书馆“班子”三人扬长避短，自我超越，后来我做韩江专修学院院长也是这样，尊重下属，放手工作，善于超脱。副馆长陈清花，办公室主任许敦华等，都能勤勤恳恳，任劳任怨，做了大量的日常工作。第四，图书馆馆长要树立服务观念，以读者为中心，一切为了读者，为读者思考，才能从根本上做好管理的工作。今天我要感谢上天安排了这一段机遇，让我真正静下心来做学问。如果没有在图书馆工作，我就难以撰写《学习学概论》这部 90 年代我国学习科学界较大影响的学术专著，也就难以树立我在学习科学界的学术地位。

第二节　韩山师院从教纪事（1995 年 3 月—1997 年 4 月）

一、韩山师院“两办”主任纪事

韩山师专于 1993 年 12 月 11 日经过国家教委的论证，正式升格为韩山师范学院。随着学校的升级，1995 年 1 月韩师新一届的领导班子上任，我在 3 月份的时候从图书馆馆长的位子上调为韩师党办负责人，4 月份时韩师举行了升格后的挂牌仪式，5 月份期间韩师的中层干部任命下来了，我被任命为学院首任党委办公室和学院办公室主任，“一套人马，两个招牌”，合署办公，没有副主任。我上任后主要做了以下几项工作：

第一，健全内部机构。升格前韩山师专设有党委办公室，主任是黎羡君。林英仪是韩山师专校长办公室主任，他已于 1991 年 6 月 7 日退休。我一上任，第一件事，就是建立、健全内设结构。经党委会批准，“两办”下设机构“三科一队”：秘书科、行政科、档案科和车队。秘书科的科长是周镇松、副科长翁保生，行政科长许名谦，档案科副科长林励吾，车队队长刘金权。他们都是认真工作、坚守岗位、努力完成任务的好同志，对我的工作给予了有力的支持。

韩山师院老校门影照

1995年5月7日，与卢钟鹤副省长（左二）合照

第二，协助了领导制定“十年规划”。这是一项重要的工作，师专时期有一段时间是没有一个完整系统的计划，有些事都是走一步看一步，学校的发展是一年规划一年。那时有一段时间，每年到了招生的时候，校长就问总务科长今年有多少床位提供，那么就招这么多人。长此以往，陷入被动僵局。新上任的院长兼党委书记汤慕忠，他是一位事业心强、作风民主的学者型领导。我便向他建议：我们不能再走原来的老路了，一开始就要有一个长远、完整科学的规划。汤院长也认可我的想法，于是我开始协助领导一起制定韩山师范学院第一份完整的事业十年规划。这份规划涵盖了指导思想、发展目标、措施等等，还包括很多附表，比如说师资的需求、发展规模、成人教育一系列的计划。新事物的出现总是备受争议的，关于规划的内容还引起了一番争论。争论的焦点集中在招生上，过去10多年师专时期，即1984学年度至1994学年度，在校学生1400多名增至2480名，10年每年只扩招100多名学生的水平，现在规划的要求是到2000年要一口气增加到4000多人，当时不少干部想不通。学校领导始终坚持适当扩招，因为我们的学生太少，根本发展不起来。本科要有本科院校的新计划了，所以我们一直跟他们做思想工作，最后才达成一致。根据原国家教委批文的精神和广东省高教局的意见，结合韩师的实际，经过上上下下的研究，这份十年规划就顺利诞生了。当时的规划

是细致到每一个小点上的，比如说经费要多少，教师要引进多少名，设备要花多少经费，学生要发展到什么样的规模等等，多达十个附表。这也是我当两办主任协助学院领导做的一项大工程，为韩师的未来打下基础。

相关资料

国家教育委员会文件

教计［1993］200号

关于同意韩山师范专科学校升格为韩山师范学院的通知

广东省人民政府：

你省《关于韩山师范专科学校升格为韩山师范学院的函》（粤府函［1993］116号）及有关文件收悉。

为缓解你省，尤其是粤东地区高中师资短缺问题，按照《普通高等学校设置暂行条件》的有关规定，在全国高等学校设置评议委员会评议的基础上，经研究，同意韩山师范专科学校升格为韩山师范学院，现就有关事项通知如下：

一、韩山师范专科学校升格为韩山师范学院后，其领导管理体制不变，仍由你省领导。学校发展建设所需经费，由你省负责解决。

二、该院全日制在校学生发展规模定为5000人，2000年达到3000人。招生实行本专科并举，逐步转向以本科为主。

三、该院本、专科专业的设置及其修业年限，由你省根据我委的有关规定办理。

四、请你省进一步加强对该院的领导，切实解决该院发展建设中的有关问题，努力把学校办好。目前，要围绕明年招收本科生的有关工作，积极采取措施，逐项加以落实，为实施本科教育做好充分准备。

国家教育委员会

1993年12月11日

主题词：院校调整广东通知

抄送：国家计委，广东省高教局

韩山师范学院事业发展规划（摘要）
（1995—2005年）

指导思想：我院的前身是韩山师范专科学校，经国家教委批准，现已正式升格为本科师范学院。韩师的升格，是广东经济建设和社会发展的需要。升格后，我院必须以建设有中国特色的社会主义理论为指导，认真落实党的十四届五中全会提出的各项任务，坚持社会主义办学方向，坚持“教育面向现代化、面向世界、面向未来”，坚持为基础教育服务的办学目标，严格遵循高等教育规律，主动适应社会主义市场经济的要求，从本院实际出发，充分调动全体教职员工的积极性，更好地把我院建设成一所有较高水平和办学特色的本科师范院校，更好地为粤东乃至全省的教育事业和社会发展服务。

基本思路：今后几年我院办学的基本思路是：坚持党的基本路线，全面贯彻党和国家的教育方针，加大教育改革力度，加快事业发展步伐；以教学为中心，加强师资队伍建设，加强科学研究活动，加强思想政治工作，加强学风和校风的建设，提高教育质量和办学效益；扩大全日制招生数，逐步增加本科生比例，适当增设新专业，发展成人教育；加快校舍建设，搞好后勤服务；完善管理制度，提高管理水平，力争在三年内把韩师办成合格的本科师范院校。

发展目标：根据《中国教育改革和发展纲要》和《广东省委、省政府关于加快高等教育改革和发展步伐的决定》，根据我省中等教育对师资人才的需求状况和省高教厅关于高师教育改革发展的目标，未来十年我院的事业必须有一个较快的发展。到2005年，全日制在校生将由现在的2480多人增加到5000人以上，其中本科生将达到4000人以上规模，函授、夜大和专业证书班等各种形式的成人教育学员也将逐步增加到4000人。在教学质量、学术水平和办学效益方面，通过深化教育教学改革，不断提高教学质量，特别是本科教学质量，加强师资队伍和重点学科、重点课程、重点实验室建设，力争升格三年后，基本实现学院办学条件标准化、教育管理规模化，各项主要指标能全部达到合格本科师院的要求；到 20 世纪末，在规模、结构、质量和效益方面更上一个新的台阶，成为一所学科齐全、结构合理、具有较高学术水平和办学特色的本科师范学院。

具体步骤：实现学院的发展规划计划分三步走：第一步，从现在到 1998 年，全日制在校生逐步增加到 4000 人，其中本科专业 10 个，本科生 2400 人，占在校生总数的 60%；成人教育在校生接近 2800 人。第二步，从 1998 年到 2000 年，全日制在校生继续增加到 4360 人，本科生专业基本能覆盖高中主要课程，本科生达到 3010 人，接近在校生总数的 70%。成人教育在校生达到 3300 名。第三步，从 2000 年到 2005 年，全日制在校生进一步发展到 5200 人以上，其中本科生 4200 人，占在校生总数的 80%。成人教育在校生达到 4400 人。

主要措施：针对目前我院资金不足、校舍紧缺、师资力量薄弱的实际情况，为实现上述目标，今后几年必须采取以下几项主要措施：

一、端正思想，转变观念，健全各项制度。（略）

二、多渠道筹措资金，保证事业正常发展。（略）

三、做好整体规划，加快基建速度。（略）

四、大胆引进人才，加强师资队伍建设。（略）

五、根据社会需求和师范院校的特点，优化专业结构。（略）

六、深化教学改革，加强教学管理。（略）

七、加强科学研究，发展科技开发，促进学术交流。（略）

八、增添仪器设备和图书资料，改善办学条件。（略）

附表 1：韩山师范学院在校生发展规模（综合）

附表 2：韩山师范学院在校生发展规模（本科）

附表 3：韩山师范学院在校生发展规模（专科）

附表 4：韩山师范学院成人教育发展规划

附表 5：韩山师范学院教职工编制规划

附表 6：韩山师范学院师资发展规划

附表 7：韩山师范学院基建发展规划

附表 8：韩山师范学院仪器设备发展规划

附表 9：韩山师范学院图书资料发展规划

附表 10：韩山师范学院事业发展经费预算规划

1995 年 4 月初稿

1996 年 1 月定稿

第三，创办韩山师范学院简报。领导的想法要通过什么样的渠道让干部、教师、学生了解呢？我认为一个内部的刊物可以是一个不错的沟通桥梁。例如把一学期的工作计划及每个月的工作要点刊登上学院简报，这样不仅能上传下达，还能有效地统一全院的师生思想。

第四，加强制度的建设。以前有制度，但是很零散，没有一个全面的规章制度来规范，常常是“零敲碎打”。因此我便积极地向领导提出要制订一系列科学的规章制度。所谓家有家规，国有国法，学校也要有法规，大家才能按照统一标准办事。

第五，协助举办饶宗颐国际学术会议。这是我们韩师创办以来首次举办的国际性会议，是一场档次很高的大会，我很荣幸参与协助筹办工作。这不仅是饶老的学术研讨会，也是他的八十大寿庆祝活动。参加会议的都是来自世界各地的名流大家，有来自日本、法国、荷兰、新加坡、泰国和港澳台地区的学者。像香港大学的杜祖贻、北京大学的汤一介、敦煌研究院的施萍婷、中山大学的曾宪通、暨南大学的詹伯慧、饶芃子、北京师范大学的陈其泰、法国索邦高等研究所的施舟人、日本东洋大学文学部的荒见泰史非，澳门大学的郑炜明等等。会议有一百多人参加，研讨的论文有 79 篇。这次会议开得很成功，是韩师对外影响很大的一次会议。该会议从 1996 年 8 月 17 日到 8 月 20 日历时三天多，会议日程安排合理紧凑，开幕式后就是大会报告，共有四场。会后出版《饶宗颐学术研讨会文集》。

第六，加强学科建设，积极参加学术活动。这也是我另一个学术活跃的时期，在这期间我主要做了八项工作：

（1）上好教育学。我当两办主任的时候依然坚守在教师的岗位

1996年8月20日与饶宗颐教授（中）、詹伯慧教授（右）合影留念

上，努力地搞好教学工作。

（2）主编了广东省高等学校“九五”规划重点教材《中学教育学》，还申报了教育学重点课程。这一步很关键，那时省里还拨给我5万元作为课程建设费用，但因我退休了所以也就没有拿到这笔钱。韩山师专最先只有一门省重点课程，那就是心理学，我上的教育学也可以申报为一门重点课程，当时申报的还有湛江师院和广州师院，不过最后我们还是以高分胜出，我们韩师的重点课程就有心理学、教育学、现代文学和应用数学四门了。到这个时候我可以很欣慰地说一句，我为韩山师院的教育学科做出了不少贡献，包括上课、重点教材和重点课程的建设，这些都是我力所能及的贡献。

（3）开设高等教育学。在韩师新教师里开设高等教育学，培训刚来的青年教师，那时必读的教材是《高等教育学》，普通教育学是解决如何做好一名中学老师的问题，而高等教育学内容广泛，包括高校的职能和专业、课程建设等等。这是一门与教育学相同又不同的课程，那时开设了两期的讲习培训班，对全校的青年教师培训了一番。其中还发生了一件趣事，那时我让每个人写一份教案，有4名青年教师的作业是抄袭的，明明是政治老师却写了一份体育的教案。于是我

1996 年 4 月与陈其铨（右三）合影留念

就找他们去问话，吓得他们连连道歉认错，最后重新做了一份。参加培训的青年教师不少，所以他们没想到我会看得这么仔细。其实我在教学上不但严格要求自己，也严格要求别人，“严师出高徒”这话还是挺准确的。

（4）参加 1995 年 8 月 11 日到 14 日在北师大召开的第四届全国学习科学研究会。在这次大会上，我被选为全国大学学习科学研究会理事长，从这以后，全国大学学习科学研究会秘书处就迁移到韩师。其实一开始的时候我是婉拒理事长职务的，我就提出三点理由：首先我不是正高，我的职称不够；其次我们韩山师院是刚刚升格的本科院校，还有很多不成熟的地方；最后一点我们地处潮州比较偏远，不太适合。可是参会人员都很敬重我，认为我最合适，盛情难却，我也不再推辞了。在开会期间我还不忘为我们韩山师院做点事。我先是到新闻出版总署了解办理韩师学报的出版证的问题，学报是要通过国家新闻出版总署的批准才能出版文章的。然后又通过老校友北师大党委副书记许统乔去请启功先生书写“韩山师范学院学报”这几个字。

（5）1995 年 11 月在一次党委开会时，我提出了成立潮汕文化研究中心和教育科学研究所的想法，在之前新领导班子组建时我就写了一份《关于成立韩山师范学院潮汕文化研究中心和教育科学研究所》给省高教局的报告，当时省高教局没有批准，因为没有12名专职人员，但我觉得这是我们地区的特色文化，这一板块不能丢，所以我建议在我们校内成立一个内设机构。于是潮汕文化研究中心和教育科学研究所就在1995年11月份成立了，吴瀚文副院长兼任研究所的所长，我则兼任副所长。

(6) 主持1995年12月10日至13日广东省学习科学研究会的成立大会，本来在1993年的时候我就想成立这个研究会的，只是当时我还是图书馆馆长，手中没有权力，于是才拖到现在成立。行政与学术结合在一起，这是中国特色的学术特点，只要有行政资源事情就会好办一些，所以提出后省教育学会马上就批准了。会议是在韩师的校史馆开幕的，韩师第一个省级的学术团体在这里成立了，我至今还把那时的相片保存着，对于我而言，也算是一件标志性的大事。经过选举我成了广东省学习科学研究会的理事长，副理事长是省教研室主任吴惟粤，省实验学校校长冯思义。学术委员主任是华师大附中的校长蔡汉平，这个机构一直保留到现在，我几次提出要辞去理事长的职位。2009年我在潮州市委党校主办了第二期广东省学习科学研究骨干研讨班，我还是提出要辞职，可是他们还是觉得我是实至名归的。

1995年8月13日，在北京与谢德懋（韩师55届乙班班长，时任国务院侨务办纪检组组长）合影留念

不过有时有这顶帽子也好，像有时候我去参加一些学术会议时，也以“请允许我代表广东省学习科学研究会表示祝贺”作为开场白，也是我身份上的一个体现。

（7）1996年4月12日到14日参加了石家庄召开的“全国学习科学研究会筹委会第五次工作会议”。会上，我被选为筹委会的副主任，筹委会的副主任理所当然是大中小学、部队、职工研究会的“头”，因为我在北京会议上已当选为全国大学研究会的理事长，所以就理所当然地进入到全国学习科学研究会的领导层，就这样一步步踏上去了。

（8）1996年我协助主持《学习科学大辞典》的编写工作，那时在浙江的千岛湖，住在专家楼，差不多花了10天研究编写这本大辞典的要点。当时我让下面的科长代为处理两办的事务，也正因为我安排合理，所以我即便外出工作也不影响办公室的正常工作。

二、“两办”主任工作体会

两办主任是一项新的工作和体验，经过这两年工作的历练，我总结出要当好两办主任角色必须做好以下六个方面的工作：

第一，要明确自己的角色。两办主任在学校里面是很重要的角色，是学校决策的参谋部，也是学校的二传手，尽管实权大，但不能越权，要合理定位好自己的身份。

第二，要有宏观的视角与意识。过去的各个部门是独立的个体，而党办、院办是属于综合部门，学生处管理学生，教务处管理教学，办公室是综合部门，要从更高的角度出发思考问题，出谋划策，不可一叶障目，缺乏全局观。

第三，要善于协调各个部门各个方面的关系与力量。办公室的另一项使命就是协调任务，比如说教务部门与后勤部

广东省高校第三届优秀教学成果证书

门发生争执了，那么做“和事佬”的就肯定是两办主任了，这个环节很重要，因为协调不好就直接影响到院长的工作了，因此一定要联合各方面力量。

第四，充分依靠下属的作用。我这个职位当时是没有副手的，只有几个科长。我把科长排好了顺序，我不在的话就某某科长顶替，某某科长也不在的话就换另一位科长。就好像在前线打仗一样，营长牺牲了就派第一连长顶替，第一连长牺牲了，就派第二连长顶替，前仆后继啊！所以我去千岛湖编写《学习科学大辞典》时这边的事务依然处理得井井有条。

第五，要科学地安排时间。我当两办主任是实行“三三制”，也就是三分之一的时间参加领导决策，因为这些会议是必须出席的；三分之一的时间用来处理两办内部的工作，也就是四个科的事务；还剩下的三分之一的时间用来上课和搞科研。时间毕竟有限，所以合理安排时间才能发挥出时间的最大价值。

第六，始终坚持教学、科研不断线，为我退休后的工作做好铺垫。

相关资料

关于韩师办学的若干经验与思考

我从 1952 年 9 月进入韩山师范学校读书至 1997 年 4 月退休，先后累计在韩师 30 年。其中，学生学习生活 3 年，教师教学工作 12 年，中层管理工作 15 年。30 年的韩师生活，经历多种角色：既当过普通学生，又当过普通教师；既当过教研室主任，又当过教务科长；既当过图书馆长，又当过党办、院办主任。多年经历，多种角色，多种体验，使我对韩师的办学经验有所体会与思考。下面是我个人对韩师办学的若干经验与思考。

一、坚持服务方向，适应“两个”需求

韩师办学必须继续坚持适应基础教育发展与改革的需求，又为基础教育发展与改革服务的办学方向；韩师办学必须继续坚持适应当地经济与文化建设发展的需求，又为当地经济与文化建设服务的办学方向。但在坚持“两个服务”“两个需求”之中，我们认为继续坚持为基础教育服务的方向是重点，决不能动摇，要面向基础教育，服务基础教育，引领基础教育。当然，我们也要看到，随着教育的发展和变化，适当扩大服务口径，要在为基础教育服务的基础上，可以扩大为中等教育改革与发展服务，既为普通中学改革与发展服务，又为职业中学的改革与发展服务。

二、坚持合理定位，形成办学特色

一是要定“地”位，即服务范围问题，我们认为韩师办学应立足粤东，面向全省，辐射全国，走向世界；二是定“方”位，即发展目标问题，我们认为韩师要积极创造条件，争取十年内进入省属地方高校的先进行列，有些方面要争取进入全国同类院校的先进行列；三是要定“层”位，即办学层次问题，我们认为韩师的办学层次要以本科教育为主体，适时发展研究生教育，适度发展高等职业技术教育；四是要定“品位”，即办学类型问题，我们认为目前韩师只能定位于教学型高师院校，但要创造条件逐步向教学研究型高师院校过渡。

韩师应该在百年师范老校实践与合理定位的基础上，逐步形成与巩固这样的办学理念特色：“坚持教师教育为主，师范立校，人才强校，质量兴校，文化优校。”

三、坚持育人为本，明确培养目标

现代大学的职能是培养专门人才，发展科学，服务社会，文化传承创新。地方师范学院的首要职能是育人。就目前韩师的办学定位与现状，我们认为其首要的基本的职能是培养专门人才，必须继续坚持育人为本，为基础教育培养合格、优秀的教师和为当地经济与文化建设培养合格、优秀的人才。一则在人才培养规格上，要高标准，严要求。一方面要努力培养具有师德高尚、基础扎实、知识面广、教育能力强、综合素质高、有创新精神又能为基础教育服务的合格教师；另一方面，要努力培养职业道德高尚、基础扎实、知识面广、实践能力强、综合素质高、有创新精神又能为当地经济与文化建设服务的合格人才。二则在培养目标范围上，要不断扩大培养范围。早在 1987 年 1 月我在拙作《高等师范院校若干教育观念更新》一文中就提出“高等师范院校办学应该坚持‘三个为主，三个并举’：全日制师范专业与非师范专业并举，以举办师范专业为主；成人高等教育中培养在职中学教师与培养社会各类人才并举，以培养在职中学教师为主；正规办学与短期办学并举，以正规办学为主”。根据新形势的要求，我认为应该增加“两个为主，两个并举”：培养普通中学教师与培养职业中学教师并举，培养普通中学教师为主；职前培养与职后培养并举，以职前培养为主，以扩大培养目标的范围与空间。

四、坚持提高质量，适度扩大规模

提高质量是高等教育发展的核心任务，是建设高等教育强国的基本要求，也是韩师多年办校的基本经验，是韩师可持续发展的基本动力。质量第一，教育质量是学校的生命线。就目前韩师办学情况而言，要千方百计提高教育质量。众所周知，全面地有效地提高教育质量是一项复杂的系统的工程，涉及方方面面，但其落脚点在于全面提高学生的综合素质，关键点在于有效提高教师的整体素质。同时，还要正确处理好质量与数量的关系，效益与规模的关系。要从实际出发，在提高教育质量的前提下，办学规模与速度要量力而行，适度发展，稳步前进。有时，为了确保提高教育质量，甚至宁愿降低发展速度，控制发展规模，做到宁缺毋滥。

五、坚持教学为主，提升科研水平

坚持教学为主原则已是地方性高师院校的共同认识，也是韩师多年办学的基本经验。多年来韩师办学努力做到坚持教学为主的地位不动摇，实施教学质量工程的决策不动摇，保证教学质量的提高不动摇。为了继续坚持教学为主原则，我们还要真正做到领导重视教学，教师潜心教学，学生发奋学习，科研促进教学，制度规范教学，全员服务教学，经费保证教学，政策倾斜教学。

教学与科研是地方性高师院校发展的两个轮子。两者相互联系，相互促进，相互支撑，相互转化。我们认为，多年来韩师还是重视科学研究的，而且正在不断加大科研力度。为了有效提高科研水平，关键在于选好重点课题，做好特色课题。多年来我一直认为地方性高师院校科研重点与特色，一是师范性，二是地方性。就韩师科研重点与特色，一则加强教育科学研究，特别是要加强基础教育研究；二则突出潮汕文化研究，特别要突出当地的潮文化研究；三则扶植新兴科学——学习科学研究，特别是加强学习科学应用研究；四则发展实用的科学研究，特别是要根据潮州经济发展的需求，结合韩师自身的优势，开展直接为潮州产业发展服务的科学研究。

六、坚持优化专业，加强课程建设

专业设置是指现代高等学校为了培养专门人才，按照学科或职业分类而对学生进行专业化教学与训练的类型，它在高等院校办学中占着十分重要的位置。在专业建设上，要在“优化”上下功夫。如何优化专业？一则是专业设置问题，为此建议：一要巩固提高现有专业，确保做大做强做优，特别是要有目的有计划有重点扶持重点专业、特色专业；二要逐步增加新办专业，培养应用型的人才，可以与工厂、企业联合举办非师范性应用型的专业，直接为当地经济建设培养应用型人才；三要适当扩大专业口径，培养复合型的人才。要努力改变高师教育“有计划、窄口径型”的人才培养模式，并逐步改造为“有计划、宽口径型”的人才培养模式，培养“一专多能”的教师，培养“一专多能”的实用人才。二则构建课程体系问题，不同专业要根据专业特点和教育改革发展，或经济文化建设的要求，构建科学的完整的有特色的课程结构体系。

优化专业建设，提高育人质量，其重点在于加强课程建设。特别是要加强各个层次的重点课程建设，做到以点带面。课程建设要努力做到有特色鲜明的教学大纲，有合适的教材，有完整的教学资料，有科学的教学方法，有比较先进的教学设备，有严格的考核手段，有良好的教学环境，有合理的教学工作梯队。

七、坚持全面发展，注重个性发展

“全面发展”，对我们这一代知识分子来说，是一个比较熟悉的专业名词。中国早在 1953 年“全盘苏化”教育时期，就引进了苏联全面发展教育概念，对学生进行德、智、体、美、劳教育。近60 年来，尽管全面发展的内涵随着教育的发展有所不同，但只要师范院校重视、落实全面发展教育，教育质量就提高，就有保证；只要忽视、削弱全面发展教育，教育质量就降低，就难于保证。这是韩师办学的有益经验。现在的关键是高等师范院校如何有效坚持全面发展，实施全面发展教育呢？其一，决心转变教育理念。要认真学习与贯彻《国家中长期教育改革和发展规划纲要（2010—2020年）》关于“坚持全面发展。全面加强和改进德育、智育、体育、美育。坚持文化知识学习与思想品德修养的统一、理论学习与社会实践的统一、全面发展与个性发展的统一”“促进德育、智育、体育、美育有机融合，提高学生综合素质，使学生成为德智体美全面发展的社会主义建设者和接班人”的精神，并以此指导高师教育实践。其二，精心编制培养方案。要根据全面发展教育的内容，结合不同专业的特点，制定既符合全面发展的要求，又符合不同专业特点的培养方案。其三，真心落实培养方案。真正在高师院校改革与发展中落实、落实、再落实。同时，还要重视高师学生个性发展，根据不同学生特点和个性差异，发展每一个学生的优势潜能。这一点，韩师在多年办学过程中是积累了丰富的经验，而现在开展的社团活动、科技活动、学习指导等活动，也都有利于发展学生的潜能，为培养既全面发展、又有个人特长的人才打下必要的思想基础、理论基础和实践基础。

八、坚持德育为先，强化能力培养

德育为先，立德树人，加强思想政治教育，这是新时期对大学生的重要要求，也是韩师多年来办学的宝贵经验。为此，要开展多种形式的理想信念教育，着力提高大学生服务国家，服务人民的社会责任感，引导大学生形成正确的世界观、人生观、价值观；要结合高等师范教育的特点，加强师范生的师德教育，加强教育理想信念教育，为树立长期从事基础教育，终身从事教育事业的志向打下牢固的思想基础。

坚持能力为重，强化能力培养，这是新时期对大学生的迫切要求，也是韩师多年来办学的重要经验。要通过多种形式与途径着力提高大学生的学习能力、实践能力和创新能力，要努力提高高师学生教学、教育、科研能力，做到“乐教”“懂教”“会教”“善教”，以提高服务基础教育改革与发展的适应能力。特别是要提高大学生的学习力。学习力是综合学习能力的简称，是大学生学习动力、学习能力、学习方法效力、学习毅力、学习创新活力和学习潜力等方面的综合表现，是大学生可持续发展的能力。要通过多种途径与方式，有效提高大学生的学习力，让大学生终身受益。

九、加强教师队伍建设，名师执教

教育大计，教师为本。有好的教师，才有好的教育。这是办好学校的根本保证，也是韩师多年办学的宝贵经验。要努力建设一支适应事业发展需要，师德高尚、业务精湛、结构合理、充满活力的高素质专业化教师队伍。加强教师队伍建设，坚持内培外引原则。一则要对现有专业人员，着力培养提高，重在能力建设，着重提高教学能力、科研能力、创新能力。要大胆使用有实际能力的专业人员，敢于做到“有学历，不唯学历，重在能力”，“有职称，不唯职称，重在贡献”（即看同行是否普遍认同，或看对社会贡献大小），把专业人员的理念、精力和时间引导在提高专业能力上，有效地为社会作出真正的贡献。二则要积极创造条件，大力引进学术名家和学术新人。三则要发挥各种类型专业人员的作用。加强“青蓝工程”（指中青年老师）、“银发工程”（指老年教师与离退休教师）、“金发工程”（指外籍教师）建设。其中，中青年学术骨干是培养与提高的重点，而离退休教师是一支可再利用的有效的人力资源。四则要加强师德教育。加强教师职业理想和职业道德教育，培养教师教书育人的责任感和使命感，贯彻落实《高等学校教师职业道德规范》，使广大教师成为大学生健康成长的指导者和引路人。

十、加强各级班子建设，提高水平

首先，要加强学院党政班子建设，提高领导水平，这是办好高师院校的根本，也是多年来韩师办学的宝贵经验。其次，要加强系级班子建设，提高管理水平，这是办好高师院校的基础，也是多年来韩师提高教育质量的有效经验。因此，要加强校系领导班子的思想政治建设、能力建设、专业建设和作风建设，为建设科学发展、和谐发展、高质量、有特色的本科师范院校作出应有的贡献。

2011 年 5 月

（本文是叶瑞祥在口述历史过程中有感而发写的文章）

回首改革开放后17年在韩师的教育活动中，我最大的收获就是，加深了对如何做人、如何做事、如何做学问的认识，在前20年教育实践的基础上，进一步掌握教育管理、教学方面的知识与技能，并较好地掌握和运用教育科学研究的方法与技能。在学习科学与教育科学的研究上，较好地发挥个人的主动性与创造性，取得了较好的成绩，为退休后丰富多彩的人生打下了较好的基础。这个时候我是属于“中间阶层”，上有领导，下有下属，所以很多工作都不能完全地放开去做。直到退休后，我可以不谦虚地说一句：“属于我自己的舞台才真正开始。”

2011年11月6日，在汕头市与入党介绍人黄文廉同志（左二）合影留念

2011年11月11日，在韩山师范学院与罗英风教授（中）、黄景忠教授（左）合影留念

第五章　晚年教育活动

（1997 年 4 月—现在）

第一节　开展教育科学研究

一、潜心教育科研

1997 年 4 月，我正式退休了，当时汤院长是很重情重义的，他让韩山师院党委组织部和人事处于 1997 年 5 月 4 日专门发了一个《关于叶瑞祥同志到达退休年龄的通知》的文件。韩山师专升格后我还是第一个享有这种待遇的老同志。汤院长始终没有忘记我这个昔日的“老朋友”，通知里有一段话是这么说的：“我院党委办公室主任、学院办公室主任、副教授叶瑞祥同志，出生于 1937 年 4 月 12 日，1960 年 8 月参加工作。多年来，在工作实践中贯彻执行党的路线、方针、政策，自觉遵纪守法，工作勤奋，兢兢业业，默默奉献，为人师表；把扎实的专业理论知识和丰富的教学经验运用于教学实践，不断精益求精；工作实绩明显，撰写和发表的文章多篇，在某些领域中产生了一定的影响，为韩师的发展，作了积极的贡献。”可见我在韩师的努力是被大家肯定的，我也觉得十分的欣慰。

晚年生活怎么过，可以说是一个新课题、新选择。退休后的这 25 年是我学术发展的重要时期，也是我成果集中的一个辉煌时期。其实晚年生活质量如何完全取决于个人精神世界的丰富程度。有些人退下来之后，每天都无所事事，几乎是数着日子过活。当然在当今这

1997年4月退休照

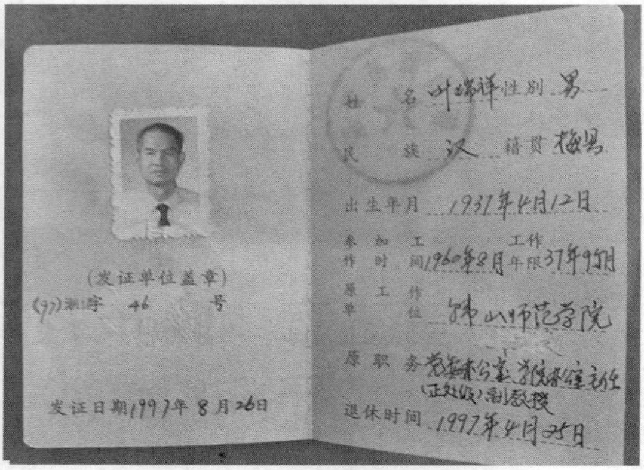

退休证书影照（1997年8月26日）

个物欲横流的复杂社会大背景下，大家都计算着投入与产出的比例，很少不计报酬地去干一件事。在晚年时期依然驻扎在学习上的人是比较少的。不过我始终还是坚持科研不断线的理念，这也是我第三次反潮流，我并没有理会世俗的眼光，依然专注在我的教育科学研究上，努力成为“有作为、有进步、有快乐”的老年人。

其实，“我在退休前夕，就为退休后的生活制订了这样的人生规划：在学术上要力争完成‘2·3·9工程’‘出版两部文集’。所谓‘2·3·9工程’，是指‘要在学习科学和教育科学两个领域继续开展研究，累计出版著作30部，发表论文90篇’；所谓‘出版两部文集’，是指‘要把学习科学与教育科学两个领域的研究成果汇总，分别出版《叶瑞祥学习科学文集》和《叶瑞祥教育科学文集》’。时至今日，我已实现了这个目标，完成了这个任务。”（摘自《叶瑞祥教育科学文集》后记）。2010年3月，我的著作《科学教育观的探索——叶瑞祥教育科学文集》出版了，这也就标志着我退休后的计划“2·3·9工程”圆满竣工了。潮州市老干部大学常务副校长卢璧锋，他助人为乐，工作热情，认真负责，人缘好，是位好的学术朋友，当他看了我的这部书后，便决定采访我，我也欣然受访。在采访中，我们谈到教育科研这一话题时，我就直接明了地说，搞教育科研可称作自讨苦吃，但又是乐在其中，搞好这项工作，既体现人生价值，又是回报社会的实际行动。的确，我是40多年如一日地在搞科研，无论是退休前还是退休后，无论是身居管理工作，还是普通工作人员，我都不忘我这毕生的愿望与追求。卢校长在报道的最后还说道："您是我们潮汕教育科研的'宝'，您是我们人民教师队伍中的好样的。"我想我的辛苦努力都是值得的。后来这篇题为《潜心科研是我毕生的愿望与追求——访中国高等教学会学习科学研究会学术顾问叶瑞祥》的文章发表在2010年5月18日的《潮州日报》上。

我虽然是"80后"的人了，但我依然积极努力地去过好每一天，我也会用我这颗年轻的心去完成接下来的计划。

这么多年我搞科研都有我自己的一套方法，那就是选题注重应用性、过程强调合作性、成果突出创新性、成员注意群众性。这个理念是指导我进行科研工作的重要思想，就好比一盏指路明灯，指引方向。

1. 重视选好研究课题。这是一个十分考究的工作，选到好的课题就已经是成功的一半，不太合适的课题只会事倍功半。那么怎样才算得上是一个好的课题呢？我认为要有科学性、实用性、创新性和地方性，这也是体现课题的价值所在。退休25年来，我的教育科研课题的来源与选题根据如下：一是承担上级教育行政部门下达的科研任务，例如主编广东高校"九五"规划教材《教育学》；二是承担全国学习科学研究会下达的教育部"九五""十五""十一五"科研课题；三是根据基础教育改革的需要申报的课题，例如"普通高中新课程各学习领域的价值及其实施途径的研究"；四是根据高校思想政治教育的要求申报的课题，例如"新形势下大学生学习心理问题与对策研究"；五是根据老年教育的需求申报的课题，例如"老年大学教学理论与实践研究""《老年教育辞典》编纂研究"；六是根据当地青少年思想道德教育的需求申报的课题，如"潮州市青少年思想道德现状及其教育研究"等。在退休后这段时间，我主持科研项目有22项，占34项科研课题的65%，题材丰富，范围广泛。

叶瑞祥主要科研项目表

序号	时间	项目名称	立项单位	成果形式
1	1981—1982年	广东省师专《教育学》统编教材	广东省高教局	教材
2	1985—1990年	学习论	广东省高教局	专著、论文
3	1986—1987年	师专教育研究	广东省高教局	专著、论文
4	1988—1989年	广东省师专《教育学》统编教材	广东省高教局	教材
5	1991—1992年	广东省师专《教育学》统编教材	广东省高教局	教材
6	1993—1994年	师专教育学科建设问题研究	广东省高教局	论文
7	1993—1994年	广东省高师《教学与班主任技能训练》教材	广东省高教局	教材
8	1993—1994年	广东省师专《教育学》统编教材	广东省高教局	教材
9	1994—1995年	粤东沿海地区大学生学情调查	教育部“八五”重点课题《学生学情调查与学习指导研究》总课题组	调查报告
10	1994—1995年	高师“三法”改革试验	广东省高教局	论文
11	1995—1996年	青年学习心理研究	韩山师院科研处	专著
12	1995—1996年	教育学科教法、学法同步改革试验	韩山师院科研处	论文
13	1996—1997年	广东省高等学校“九五”规划重点教材《中学教育学》	广东省高教局	教材
14	1996—1998年	编写《学习科学大辞典》	全国学习科学研究会	工具书
15	1997—1998年	中小学素质教育与高师教育改革	广东省高教局	专著、论文 调查报告

(续表)

序号	时间	项目名称	立项单位	成果形式
16	1997—2000 年	广东省《义务教育阶段学生学会学习研究》课题组	教育部“九五”重点课题《义务教育阶段学生“学会学习”研究》总课题组	专著、论文调查报告
17	2000—2001 年	广东省高等学校“九五”规划重点教材《教育学》	广东省教育厅	教材
18	2002—2005 年	广东省《创新学习研究与实验》课题组	教育部“十五”规划课题《创新学习研究与实验》总课题组	专著、论文调查报告
19	2003—2008 年	普通高中新课程各学习领域的价值及其实施途径研究（课题组顾问）	广东省教育厅	专著、论文调查报告
20	2004—2005 年	潮州市老年学习现状与学习指导研究	全国学习科学研究会	专著、论文调查报告
21	2006—2008 年	广东省《创新智能教学理论与实践研究》课题组	教育部“十一五”规划《创新智能教学理论与实践研究》总课题组	专著、论文调查报告
22	2007—2008 年	老年创新学习能力理论与实践研究	全国学习科学研究会	专著、论文调查报告
23	2007—2008 年	高师学生学习道德研究（课题组顾问）	全国学习科学研究会	专著、论文调查报告
24	2007—2008 年	新形势下大学生学习心理问题与对策研究（课题组顾问）	广东省教育厅	专著、论文调查报告
25	2008—2010 年	潮州市青少年思想道德现状及其教育研究	潮州市教育科学“十一五”规划课题	专著、论文调查报告
26	2010—2012 年	学生学习力理论与实践研究	全国学习科学研究会“十一五”重点课题	专著、论文调查报告
27	2009 年 12 月—2011 年	老年学习力理论与实践研究	潮州市老年大学研究课题	专著、论文调查报告
28	2007 年 7 月—2011 年	潮汕客籍教育人物研究	自选课题	著作

(续表)

序号	时　间	项目名称	立项单位	成果形式
29	2011 年 7 月—2013 年	培养婴幼儿学习力策略研究	全国幼儿学习科学研究中心“十二五”规划课题	专著
30	2012 年9月—2014 年 9 月	潮州市老年学习现状与发展研究	潮州市哲学社会科学“十二五”规划课题	专著、调查报告
31	2015 年1月—2016 年 12 月	老年大学教学理论与实践研究	潮州市哲学社会科学“十三五”规划课题	专著、调查报告
32	2015 年1月—2018 年 6 月	《简明学习科学全书》编纂研究	全国学习科学研究会“十三五”重点课题	专著
33	2018 年1月—2020 年 12 月	《老年教育辞典》编纂研究	潮州市哲学社会科学“十三五”重点课题	专著
34	2020 年1月—2020 年 12 月	《叶瑞祥教育年谱》编纂研究	自选课题	专著
35	2021 年1月—2022 年 12 月	《叶瑞祥从教 70 年》编纂研究	自选课题	专著

小结：

(1)立项时间2020.12 止 34 项

①退休前 12 项占 35%

②退休后 22 项占 65%

(2)立项分类

①学习科学 17 项占 50%，其中退休前 3 项 18%退休后 14 项 82%

②教育科学 17 项占 50%，其中退休前 9 项 53%退休后 8项 47%

2．重视理论学习。教育科学研究必须以先进教育理论为指导，才能提高研究成果的科学性、实用性和创新性。因此，准备阶段必须先学习相关的教育理论；实施阶段也必须研究相关的教育理论；总结阶段更必须以相关理论来总结、提高，才能达到预期的目的。

3．重视开展调查研究。选题可以说是做好课题的前提，调查则是基础。所以要认真调查，打好基础。我经常深入开展与课题相关的调查研究，调查了大中小学甚至是幼儿园。退休后我走过的学校有150 多所，调查的对象包括学生、幼儿和老年人。根据2016 年初步统计，受调查的对象不少于 11 万人。其中，中小学生94178 名，大学生 7674 名，城乡老年人 9654 名，幼儿 1463 名。还有 2 岁至 2 岁半的婴儿 103 名。当然这项工程并不简单，其间也遇到不少难题，可谓是“过五关斩六将”的。比如说去幼儿园做调查时，因为幼儿缺少独立思考的能力，所以是让他们把调查问卷带回家给家长作答，这在一定程度上降低了问卷的回收率和可信度。虽然有难度，但我还是很重视调查这一块，因为没有调查研究就没有发言权，这是做好课题应有的心态，调查后得到的大量数据，成为我课题数据依据的重要来源，为我以后的课题研究积累了丰富的经验和材料。

4. 重视研究队伍的建设。选好了课题，也做好了调查，那么接下来就是课题的重头戏——实施这一步了。研究队伍的建设十分重要，它关系到 1+1 能否大于 2，合理科学的人员搭配可以事半功倍。我主张“三结合”的队伍建设形式。“三结合”也就是“广东地区专家指导组——县（区）协作组——实验学校”的三级研究网络。各级领导都是十分重视研究课题的，不少县（区）的教育局局长或业务局长都亲自挂帅。例如，潮州市湘桥区原教育局局长刘英进（后任潮州市教育局副局长），潮安县原教育局局长黄利平（后任潮安区人大常委会副主任）多年来一直重视支持课题研究。汕头市金平区教育局鲁澄南副局长，他本身是特级教师，又是全国学习科学研究会学术委员会副主任，他亲力亲为，组织、指导老师开展“十五”“十一五”课题研究等。所有实验学校的课题组组长都由第一把手担任。我们还创设了“主持人——执行人制度”，即研究课题主持人——学校校长，课题研究执行人——副校长或主任，负责研究具体操作工作。可以说是主持人决策，执行人落实，你来我往，互帮互助，达到双赢的效果。这三者结合起来组成的研究队伍可称得上是“黄金搭档”了。

5. 重视总结研究经验。做了这么多年的科研，我从中小学校的角度总结出了六条科研经验：

第一，坚持“科研兴校”办学理念，重视开展教育科研活动。教育科研在教育工作中是占有一席之地的，科研兴校作为一种新的办学理念和战略是学校可持续发展的不竭动力，而课题研究则是整个战略的核心。在课题研究的过程中，我们发现：不少课题实验学校坚持“科研兴校”办学理念，重视开展教育科研，将其摆在学校工作的重要位置上。学校不仅组建了专门的研究团队，还在学科教学、课堂教学中扎实开展教育科学研究。

第二，坚持组织领导，体现“一把手”工程。课题研究工作能否有序实施，关键在于课题研究是否有比较健全的研究网络，是否有规划严密的组织管理。也就是我前面提到的“三级研究网络系统”。这种制度既保证了课题研究“一把手”工程，又不至于“一把手”工作繁忙，使课题研究难以落实，这样就充分调动了两方面的积极性。

第三，坚持理论联系实际，把先进的教学理念与教育科研实践统一起来。课题研究的两个支撑点是理论先进性和实用性。在研究过程中，我们坚持以先进教育理论为指导，根据学校、教师和学生的实际情况，有意识、有重点地尝试引入先进的教学理念，在实践中探索适合学校师生实际的教学策略、教学模式、教学方式等，较好地实现了理论指导实践、实践检验理论的统一。

第四，坚持结合课程改革，把教育科学研究与新课程改革统一起来。现在的教育科学研究是在新课程改革的背景下进行的，既要以新课改背景下的学生为研究对象，又要以服务、促进新课改实践为其研究的价值体现。因此，我们注重将教育科学研究与新课改统一起来，突出两个“一体化”，即“学习、教学、科研一体化”“课题研究、课程改革、校本研究一体化”，并做到两个“落实”，即“将课题研究落实在课堂教学中，落实在日常教学科研中，特别是要落实在各科教学之中”。实践证明，参与课题实验的学校实现了教学、科研的“双丰收”。

第五，坚持依靠广大教师，把教育科学研究与教师专业化发展统一起来。教师是教学实践活动中集组织、实施和引导于一身的特殊重要角色，教师专业化水平的高低，直接影响着教学的成效。教师对其组织实施的教学进行深入的探索和不断的反思，有助于教师对自身的教学进行调整、改进，提高教学的实效。我们坚持依靠广大教师参与课题的研究。教师通过学习有关理论，在日常教学中进行实验，更新了教学观念，开阔了教学视野，创新了教学策略，提高了教学能力，提升了专业化的水平。

第六，坚持专家引领，把教育理论工作者与教育实际工作者统一起来。广东地区课题研究的参与者中，绝大部分是教育教学实践的一线工作者，有着丰富的实践经验和开展课题实验的优势，但研究所需的理论积累还不够深厚。对此，我们重视发挥专家、学者的引领作用，通过讲座、现场交流会等对一线工作者进行指导，使一线工作者的研究成果得到理论提升并应用到实践中，从而较好地实现了教育理论研究工作者和教育实际工作者的优势互补，实现了理论研究与实践研究的结合。

退休后的25年，是我在教育科学与学习科学研究方面取得最为丰硕、最为有效成果的时期。我的研究成果是“步步高”的。如果说20世纪80年代中期当教务科科长是我的研究成果第一个高潮期的话，20世纪90年代初当图书馆馆长的6年则是我的研究成果的第二个高潮期，那么从1997年4月退休后，就是我的研究成果的两个高峰期，分别为2011—2013年、2020—2022年也就是两个高峰期。其特点是承担研究课题多（退休前承担研究课题12项，退休后承担研究课题22项），出版著作教材多（退休前出版著作教材22部，退休后出版著作教材36部），发表论文多（退休前发表论文76篇，退休后发表论文88篇），项目获奖多（退休前获奖20项，退休后获奖22项），成果推广范围广泛。可见，无论按时间比例，按数量多少，或按质量高低来衡量，对于我来说都是空前的。因此，我个人认为这是我的研究成果的顶峰期。

二、取得丰硕研究成果

理论研究成果方面，基本上可以分成两大类：

1.教育科学研究成果，主要是：

（1）阐明了创新智能教学理论的内涵与应用。这是教育部“十一五”规划课题《创新智能教学理论与实践》广东地区的研究成果。我们认为，创新智能教学理论是指在新课改的背景下，以创新为指导思想，以开发智能为核心内容，推动课程教学改革，促进学生全面发展的理论。为了有效应用创新智能教学理论，必须运用创新学习方式、构建创新教学模式、研究培养创新策略、整合课程资源、促进教学研究、促进教师专业发展等等。该研究成果，集中反映在叶瑞祥、鲁澄南、林天卫、柯炳嘉主编的《创新智能教学理论与实践研究》一书之中。

⑵ 探索了高中新课程各学习领域实施途径研究成果。“普通高中新课程各学习领域的价值及其实施途径研究”是2004年广东省基础教育课程改革专项研究项目。该成果明确了各学习领域的价值取向，形成了新的教育理念，探索了新的学习方式，开展了全方位的学习指导，总结了新的教学模式，提出了转变教师角色的类型，构建了新的评价体系和校本研究体系等。其研究成果，集中反映在林天卫、叶瑞祥主编的《普通高中新课程各学习领域实施途径研究》一书之中。

⑶ 论述了多元智能理论在教学中的应用。多元智能理论在教学中的应用，一是要把多元智能理论贯彻于各类课程教学之中；二是要精心设计各个教学环节；三是要深入挖掘教材中的多元智能因素；四是要认真选择有效的教学方法；五是要把多元智能理论列入教学评估的重要内容。

⑷ 分析了青少年思想道德现状及其教育研究。这是潮州市“十一五”规划课题《潮州市青少年思想道德现状及其教育研究》成果。该课题在对城乡21649名青少年思想道德现状形成原因以及教育途径、方法调查的基础上，研究教育策略，提出要树立新的思想道德教育理念，选准道德教育目标和内容，拓展思想道德教育途径和方式，加强思想道德教育队伍建设等。该研究成果，集中反映在叶瑞祥、卢璧锋主编的《当代青少年思想道德教育研究》一书之中。

⑸ 研究了大学生学习心理问题的内涵与类型。这是2007年度广东省高等学校思想政治教育课题“新形势下大学生学习心理问题与对策研究”的成果。我们认为，大学生的学习心理问题既是高校思想政治教育研究的课题，又是大学生学习心理研究的课题，还是大学学习科学研究的课题。它是指大学生围绕学业出现的心理障碍或困扰。其研究范围，既包括大学生的学习动力、学习目的、学习态度、学习

兴趣，又包括大学生的学习道德、学习情感、学习意志等问题。大学生学习心理问题的类型有学习动力不足型、学习方式不当型、学习注意障碍型、学习意志薄弱型、学习心理疲劳型、学习焦虑过度型等等。该研究成果，集中反映在许佩卿、叶瑞祥主编的《大学生学习心理问题研究》一书之中。

(6) 总结了培养高师学生教育能力的经验。在教育学科教学研究过程中，我们总结了培养高师学生教育能力的经验，一是改革课程教学体系，突出应用性；二是运用课堂讨论方式培养学生的表达能力；三是加强实践环节，运用教育理论；四是强化电化教育手段，丰富学生的感性认识；五是重视课堂练习，培养学生分析问题和解决问题的能力。

(7) 编写了广东省师专《教育学》系列教材。这是广东省高教局委托叶瑞祥主编的广东省高等学校“九五”规划重点教材。该书在基础知识、基本理论上力求做到简明扼要，注重实用性、可读性和可操作性，便于教学。在结构体系上，按照素质教育的要求，以三部分划分：第一部分，教育基本原理；第二部分，实施素质教育的主要内容；第三部分，实施素质教育的途径。为进一步拓宽师范生的知识面，培养其课外阅读能力和自学研究精神，同时编写了本书配套使用的《教育学（阅读参考）》。该书出版后，受到出版部门的重视和关注，最少印刷 10 次以上，发行量最少 3 万册，《中国教育报》还在 2003 年 8 月 21 日做了推介。该研究成果，反映在叶瑞祥、沈晓良主编的《中学教育学》《中学教育学阅读参考》《教育学》《教育学阅读参考》等书之中。

(8) 提出了家庭教育的先进理论。家庭教育是教育的重要组成部分，是学校教育和社会教育的基础。当前，素质教育的基地，正在由学校向家庭延伸，这就要求广大家长能学习体会新时代素质教育的新观念，掌握科学的教育方法，因此我于 2003 年 12 月主编了《家庭教育学》一书。该书包括了家庭教育原理篇、家庭教育技能篇、家庭教育阶段篇、独生子女教育篇和特殊儿童教育篇五个部分，突出素质教育新理念、新思路、新方法。

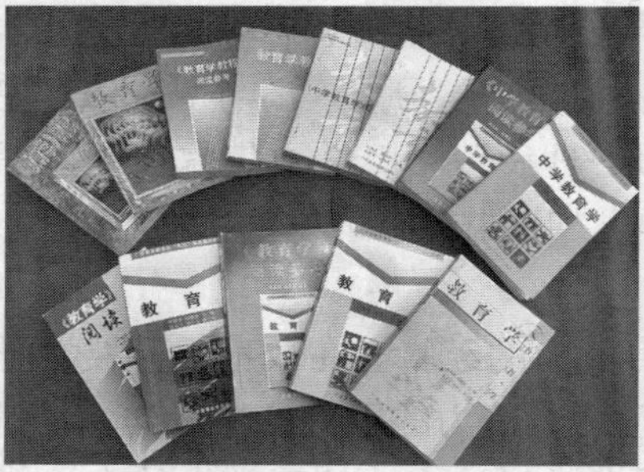

《教育学》系列教材影照

教育科学其他著作影照

（《科学教育观的探索——叶瑞祥教育科学文集》一书收集了我自 1981－2010 年间发表的教育论文 50 篇，约 40 万字。其内容包括教育作用篇、基础教育篇、高等教育篇、民办教育篇、学科教育篇及家庭教育篇共六个部分，比较全面地总结了我的教育理论研究成果。）

⑼ 创新了老年教育的基本理论。2020 年 12 月在我们主编的《老年教育辞典》与有关论文中，创新了老年教育的基本理论。包括老年教育本质论、功能论、目的论、学习论、教学论、学科论、教师论、发展论等基本问题。（详见第七章第五节“老年教育论著选编”）

2.学习科学研究成果，主要是：

⑴ 提出了“学习内化获得”的先进理念。

⑵ 总结了大学学习指导的基本问题。

⑶ 构建了小学学习学的基本框架。

⑷ 开创了老年学习学的研究领域。

⑸ 探索了创新学习能力的基本结构。

⑹ 发展了学习力的内涵及其策略。

（详见《科学学习观的探索——叶瑞祥学习科学文集》或第六章第一节中的“我的学习理论与实践”）

㈡ 应用研究成果方面，在推动教师专业发展、提升学校办学水平等方面，都起了积极而有效的作用。这里，我特别要强调，它在提高教师科研水平、培养教育科研骨干中起着重要作用。如教育部“九五”

重点课题“义务教育阶段学生‘学会学习’研究”广东地区子课题20个，“十五”规划课题“创新学习研究与实验”广东地区子课题52个，“十一五”规划课题“创新智能教学理论与实践研究”广东地区子课题78个，广东省基础教育课程改革项目“普通高中新课程各学习领域的价值及其实施途径研究”子课题84个，共有234个一级子课题，如果每个一级子课题成员按10名计算，那么参加研究、培训和提高的科研人员就有2000名以上。

2000年11月5日至7日，教育部“九五”重点课题“义务教育阶段学生‘学会学习’研究”广东地区专家现场鉴定会在梅州市召开的合影留念

2005年6月16至18日，教育部“十五”规划课题“创新学习研究与实验”广东地区专家现场鉴定会在潮州市召开的合影留念

2009年3月10日，教育部“十一五”规划课题“创新智能教学理论与实践研究”在汕头市金平区召开研究成果总结会的合影留念

2010年1月21日，广东省基础教育课程改革项目“普通高中新课程各学习领域的价值及其实施途径研究”在韩山师院召开结题总结大会的合影留念

相关资料

评《叶瑞祥教育科学文集》

我与叶瑞祥老师相识多年，虽然不是每年见面，可是几乎每次相聚时，他都有新想法、新成果出现。他勤恳工作和务实求新的精神给我留下深刻印象。他献身教育事业五十多年，在师范教育、基础教育、民办教育等多个领域中作出了贡献，在教学、科研和教育管理诸

方面均有显著成就，而且著述颇丰。现在出版的《科学教育观的探索——叶瑞祥教育科学文集》，是继2005年出版的《科学学习观的探索——叶瑞祥学习科学文集》之后，又一部新作。两书互为姊妹篇，概括地反映出叶老师教研成果的精华。品读之后使我受益良多。

评价教育科研成果的主要标准，是能否指导教育实践，对于解决实际存在的问题是否有用、有效。现在有些论著旁征博引，文辞华丽，但是缺少关于解决教育工作难题的论述与对策，这是很难让读者接受的。读叶瑞祥老师的论著，感觉全然不同。他论述的问题源于实际，分析解决问题着眼于实用，把教育理论同教育实践紧密地结合起来，论点朴实无华，可信可用。这是十分可贵的。他之所以能够如此，是因为有丰富的实践经验为基础的。理论来源于实践，是对经验的科学总结，而后又回到实践中去，指导实践。理论的生命力在于它的实践性。本书的突出特点，就是具有鲜明的实践性、时代性；内容实实在在，又富有创新精神。这再次验证了“实践出真知”确是真理。

叶瑞祥老师潜心研究，不慕虚名，并热心指导多所学校面向实际开展课题研究。从书中可以看到，叶老师不断地把先进的教育理念输送到基层，与广大教师一道研究新情况，解决新问题，创造新经验。科研推动了教育改革，锻炼了教师队伍，提高了教育教学质量。这些现实成果的影响，是难以完全写进书本中去的。我与他在学习科学研究会中合作过多年，深知他在科研工作中的艰辛。对此我充满敬佩之意。

“要么不做，要做就要做实做好”，这是叶瑞祥老师对我说过多次的。他也正是这样工作的。他的论著的文风与工作的作风完全一致，正可以说是“文如其人”。

以上是我的一点点学习体会，冒昧地把它写在“序言”里，愿与教育界的同仁共勉。

周之良

2009年岁末于北京师范大学

（作者系中国高等教育学会学习科学研究会原会长、名誉会长，中共北京师范大学委员会原书记，博士生导师，教授。）

（摘自《叶瑞祥教育科学文集》，第1—2页）

“潜心科研是我毕生的愿望与追求”

——访中国高教学会学习科学研究会学术顾问叶瑞祥

在潮州教育战线上活跃着一位备受人们称赞与尊敬的教育科研工作者。他虽然年逾古稀，但精神矍铄，依然在潮州基础教育、高等教育、老年教育的科研园地上辛勤耕耘，无私奉献，科研成果累累。

他叫叶瑞祥，系中国高等教育学会学习科学研究会原副会长、学术顾问，韩山师院原党办、院办主任，现为潮州市老干部大学科研顾问。近10年笔者与他共同主持了四项教育科研课题，获益匪浅。近日，笔者拜读他的新作《叶瑞祥教育科学文集》，感慨良多，于是决定登门拜访他。

当拉开教育科研这一话题时，叶瑞祥教授侃侃而谈，饶有兴趣地说：“热爱教育事业，潜心教育科研，是我毕生的愿望与追求。”他继而动情地说：“搞教育科研可称做自讨苦吃，但又是乐在其中，搞好这项工作，既是体现人生价值，又是回报社会的实际行动。”接着他回顾30年如一日地搞教育科研，特别是退休后14年依然继续搞教育科研的历程，觉得整个老年人生过得很充实。他一以贯之、践行的教育科研的理念是：“选题注重应用性，过程强调合作性，成员注意群众性，成果突出创新性。”实属经验之谈。

选准当前教育改革与发展的实际问题，是开展教育科研的前提。这是叶瑞祥的科研体会之一。退休后，为配合基础教育新课程改革的需要，他主持教育部广东地区“九五”课题《义务教育阶段学生“学会学习”研究》、“十五”课题《创新学习研究与实验》、“十一五”课题《创新智能教学理论与实践研究》等课题研究，直接为基础教育新课程改革服务。为配合普通高中新课程改革的需要，他参与主持广东省基础教育课程改革专项研究项目“普通高中新课程各学习领域的价值及其实施途径研究”，深受潮汕地区普通高中实验学校的热烈欢迎。为配合当前加强青少年思想道德教育的需要，参加主持课题《潮州市青少年思想道德现状及其教育研究》，得到省关工委及潮州市关工委和市教育局的充分肯定。为配合老年教育改革的需要，他参与主持《潮州市老年学习现状与学习指导研究》《老年创新学习能力理论与实践研究》《老年学习力理论与实践研究》等课题科研，前两个课题结题，全国学习科学研究会学术委员会鉴定书称“此科学研究在当前国内同类研究中取得领先成果”“具有创新性和先进性”，为开拓老年学习科学化现代化研究作出重要贡献。上述课题研究，都具有鲜明的实践性、时代性和创新性，并直接地为教育改革与发展服务。

深入学校实际，重视调查研究，是开展教育科研的关键。这是叶瑞祥科研体会之二。退休后，他把教育科研扎根于广大中小学校，经常深入到潮梅四市的中小学中去，从平原到山区，从城市到农村，先后调查了 100 多所学校，坚持把课题研究落实在课堂教学上，累计听课 200 节以上。他重视调研工作，每个课题立项之后，即开展问卷调查。14 年来，先后对 10 多万名大中小学生、幼儿、城乡老年人开展学情调查，撰写调查报告 10 份，分别刊登于各级报刊。同时，经常将先进的教育理念传送到基层学校。退休后他在全国各地开设教育讲座有 60 多个专题，100 多场，做到把学习理论、课堂教学、课题研究有机地结合起来，凸现“理论、教学、研究一体化”。

紧密依靠广大教师，是开展教育科研的基础。这是叶瑞祥科研体会之三。首先，他依照不同办学层次，开展幼儿—小学—初中—高中—大学的系列研究，广泛组织教师参加研究活动。其次，组建三级研究网络。诸如，将教育部“九五”课题 20 个子课题学校、“十五”课题 52 个子课题学校、“十一五”课题 78 个子课题学校组成广东省专家指导组–市（区）协作组–子课题实验学校，形成省、市（区）、校三级科研网络，仅这个研究系列就有 2000 多名教师参与课题研究，真正把教育理论工作者、教育行政干部、学校校长和一线教师结合起来。再次，广泛发动一线教师参加研究。坚持教育科研以课堂教学为依托，广大一线教师为教育科研的基本力量，努力把课题研究、校本研究、课堂改革有机地结合起来，做到“课改、研究、培训一体化”。特别是重视把老中青年教师组织起来，着重培养提高中青年教师的科研水平。

一分耕耘，一分收获。30 年来叶瑞祥教授取得丰硕的科研成果。

他先后主持和参加主持教育科研课题27项，其中退休后占14项；累计出版著作、教材45部，其中退休后占23部；总计发表论文132篇，其中退休后占56篇；获奖30项，其中退休后占7项。叶瑞祥的科研成果具有鲜明的实践性、时代性、创新性和本土性，集中反映于近日出版的《叶瑞祥教育科学文集》，此书既为纪念他从教55周年的厚礼，也与他5年前出版的《叶瑞祥学习科学文集》构成姐妹篇。中国高等教育学会学习科学研究会原会长、北京师范大学原党委书记、博士生导师周之良教授在叶瑞祥新作的《序言》中给予高度的评价。

访问结束，在笔者的眼前凸现着一位教育科研辛勤耕耘者的高大形象，叶瑞祥教授终生热爱教育事业、终生潜心教育科研的精神令人感动，实在难能可贵。告别时，笔者紧紧握住叶教授的手，满怀深情地说："您是我们潮汕教育科研的'宝'，您是我们人民教师队伍中的好样的。"

卢璧锋

（原载2010年5月18日《潮州日报》）

（作者系潮州市政协原专职常委，兼华侨、港澳、台胞委员会主任。曾任潮州师范学校校长、高级讲师。退休后任潮州市老干部大学常务副校长、潮州市关工委常务副主任。）

"我一辈子搞教育科研，选对了路"

——访中国高等教育学会学习科学研究会原副会长叶瑞祥

林金炎

由中国老年大学协会组织编写的《地区老年教育的群星灿烂——十所地（市）老年大学纪实》出版了，书中以"敢立潮头写金秋"详细介绍了"全国十所地市级示范学校"之一——潮州市老干部大学办学的特色和亮点。潮州市老干部大学的"纪实"报告是由叶瑞祥和卢璧锋两位专家组织编写和统稿的。

叶瑞祥于1997年4月时任韩山师院党办、院办主任，刚退休时，他就暗下决心规划退休人生"2·3·9工程"：在学习科学、教育科学

“两个领域”开展科学研究，累计出版著作30部，发表论文90篇。今年5月，他已出版著作54部，发表论文142篇。因为有这些特殊的情况，笔者决定采访中国高等教育学会学习科学研究会原副会长、潮州市老干部大学科研顾问叶瑞祥先生。

“退休退休，退而不休，能继续为社会、为教育事业做点好事、实事，就是幸福；退休后继续为民办事，就是幸福。”退休后的叶教授，仍然从事教育科研工作，而且一半以上的成果都是在退休后的。

叶教授说，我这一辈搞教育科研，是选对了路，而且都是“逆流而上”。他在教育科研方面是深有体会：

研究课题源于教育实际

退休后，为配合基础教育新课程改革的需要，他主持教育部广东地区“九五”课题《义务教育阶段学生“学会学习”研究》等课题研究，深受潮汕地区中小学校的欢迎。为配合加强当前青少年思想道德教育的需要，参加主持《潮州市青少年思想道德现状及其教育研究》，得到省关工委及潮州关工委市教育局的充分肯定。为配合老年教育改革的需要，他参与主持《潮州市老年学习现状与学习指导研究》《老年大学教学理论与实践研究》等6个课题研究，第一个课题结题时，全国学习科学研究会学术委员会鉴定书称“此科学研究在当前国内同类研究中取得领先成果”。2014年，叶瑞祥和卢璧锋主编的《新编老年学习学》获国内外好评，国际老年大学协会主席维拉斯认为其“在老年学习方面的研究已走在世界前头”，中国老年大学协会认为其“科学研究走向高端”。

科学数据源于一线调查

19年来，叶教授把教育科研扎根于广大中小学以及市老干部大学。经常深入到潮梅四市的学校中去，从平原到山区，从城市到农村，先后调查了150多所学校，坚持把课题研究落实在课堂教学上，累计听课250节以上。他重视调研工作，每个课时立项后，即开展问卷调查。退休后，先后对11万名学习者开展学情调查，其中中小学生 94178 名，大学生 7674 名，城乡老年人 9654 名，幼儿 1463 名。课题研究结束，还要做“后测”调查比较，检验研究成果的客观性、可靠性，增强实效性。

理念先进源于“源头活水”

叶教授认为，没有理论指导的实践，是盲目的实践。因此，课题研究的各个阶段，叶教授都必须组织学习先进理论。退休后，他先后为实验学校、市老干部大学等开设讲座、学术报告 110 场次，如为了配合“十五”课题《创新学习理论与实验研究》，开设了“关于创新学习能力的几个问题”等系列讲座。在市老干部大学开展课题研究时，每逢开题，叶教授都会向学校老师、工作人员、学员等讲授先进教育理论，中期推进会，也是老师们、学员们汲取先进理论的时候。宣传先进理念，坚持理论指导，是叶教授教育科研的体会之一。

教育发展源自研究成果

一分耕耘，一分收获。退休后他已出版著作 32 部，发表论文78 篇，获奖 19 项，出版字数共约 1250 万字，退休后占 65%。叶教授退休后一直践行着“人生 60 岁开始”的理想和信念，让我们不得不敬佩这位年近八旬、“逆生长”的“老黄牛”。这些论著既有学习科学系列丛书《学习学概论》《老年学习学》等 6 部著作，也有其个人学术思想系列丛书《叶瑞祥教育口述史》等。这些论著具有较高的学术“含金量”。与他合作研究过的学校，都能以科研成果去促进学校的教育改革，促进学生、学员的全面发展。

叶教授认为他人生的“两个巅峰”是：龚裕德教授《简明中国学习思想史》第十章为“中华人民共和国时期的学习思想”，分别介绍徐特立、毛泽东、陈垣、成仿吾、江泽民、林明榕、叶瑞祥、林毓锜 8 位学者的学习思想，其中第七节是“叶瑞祥的学习思想”，指出他是全国学习科学学会领导人之一，为创立学习科学和组建学习科学学会做出了重要贡献；其次是 2012 年 10 月，韩山师院举办“《叶瑞祥教育口述史》发行式暨叶瑞祥从教 60 周年座谈会”，对其教育活动给予充分肯定。

现在，叶教授与潮州市老干部大学合作开展的《老年大学教学理论与实践研究》课题研究已接近尾声，拟今年十月底出版《老年大学教学论》，这将是我国现代教学论的一部新作，为“十三五”开局之年作出新的贡献。

（摘自《潮州日报》，2016 年 5 月 7 日）

（林金炎系潮州市老干部局老干部活动中心主任、潮州市老干部大学老年教育研究室主任）

第二节　传播先进教育理论

一、多层次举办学术报告

综观 70 年的教育人生，我总结了我的讲授讲演理念：与时俱进，强调时代性；联系实际，突出实践性；以学定教，重视主体性；师生平等，增强民主性。我把我这一理念好好地运用在我的讲演活动中，从 1980 年到 2020 年这四十年的时间里我所开的学术讲演专题达 135 个，主要集中在退休后的时间里，题材丰富，范围广泛。

我的学术报告、讲座从 1980 年至 2020 年共有 135 个专题，其中退休后 118 个专题，占 87.4%。内容是广泛的多样的，基本上分为下列两大类。其中，学习科学 72 个占 53%，教育科学 63 个占 47%。

1. 学习科学讲座、报告

（1）学习科学入门系列讲座。例如“介绍一门新兴学科——学习学”“学习学及其应用”“我国学习科学的历史、现状与未来”“研究学习科学，开展学习指导”等。

（2）学生“学会学习”系列讲座。例如“关于构建‘学会学习’理论框架的几个问题”“指导学生学会学习，优化教学过程”等。

（3）创新学习理论与实践系列讲座。例如“关于创新学习能力的几个问题”“关于中小学创新学习若干理论与实践问题的认识”“培养中小学生创新学习能力的策略”“关于创新学习教学模式研究”等。

(4) 学习力理论与实践系列讲座。例如“关于学生学习力理论与实践研究的几个问题”“关于培养小学生学习力研究的几个问题”“关于培养初中生学习力策略研究的几个问题”等。

(5) 大学生学习问题系列讲座。例如“大学生学习学讲座”“关于新形势下大学生学习心理问题与对策研究的几个问题”等。

(6) 老年学习问题系列讲座。例如“潮州市老年学习现状与学习指导研究”“老年创新学习理论与实践研究”“老年学习力理论与实践研究”等。

2. 教育科学讲座、报告

(1) 创新智能教学理论与实践系列讲座。例如“关于开展创新智能教学理论与实践研究的几个问题”“关于创新智能教学理论与自主、探究、合作教学的几个问题”“关于创新智能教学理论与学习方式变革的几个问题”“关于创新智能教学模式研究的几个问题”“关于创新智能教学理论与教学设计的几个问题”“关于创新智能教学理论与教师专业发展的几个问题”等。

(2) 多元智能理论系列讲座。例如“多元智能理论对新课程的启示”“关于多元智能理论与学生思想道德培养的几个问题”“关于多元智能理论在教学中应用的若干问题”等。

(3) 基础教育课程改革系列讲座。例如“关于学习方式若干问题的认识”“普通高中新课程各学习领域的价值及其实施途径研究”等。

(4) 青少年思想道德教育系列讲座。例如“潮州市青少年思想道德现状及其教育研究”“关于青少年思想道德教育的途径与方法的若干问题”“青年的心理特点及其教育”等。

(5) 高等教育系列讲座。例如“高等教育学系列讲座”“了解我国民办高校现状，支持潮州市民办高校发展”“关于高等师范院校若干办学问题的思考”等。

(6) 教育科学研究方法系列讲座。例如“关于中小学校教育科研的地位与作用”“中学教师开展课题研究的基本步骤”“关于撰写结题报告的几个问题”“关于中期研究成果综述与今后课题研究的报告”等。

(7) 老年教育系列讲座。例如“关于开展老年大学理论与实践研究的几个问题”“老年大学在社会融合中的策略”“认真领会《规划》精神，办好老年大学”“新时代新作为，落实《规划》精神，实施老年教育目的”等。

二、多形式推动学术传播

我的讲授形式也是多种多样的，主要有五种形式。

第一，举办骨干研讨班。我主持了两次广东省学习科学骨干培训班，参与的人员档次都很高的。第一次是1997年10月6日至9日，在这一次培训班上我是上午讲、下午讲，马不停蹄地连续讲了两天，这两天就讲了四个专题，这四个专题分别是：①介绍一门新兴学科——学习学；②正确理解学习的概念，全面掌握学习的特点；③开展学习道德研究，提高学习道德水平；④关于开展学习指导的若干问题。这四个专题也就把学习科学最精华的问题给点出来了。首先是认识概念，比如说什么是学习，什么是学习科学，这些基本的概念定义。后来我觉得这样的安排不合理，我讲的密度太大，自己很累，学员比较难吸收。所以到了第二次培训班我就改进了，这一次是在2009年12月12日至13日，我把这块“大蛋糕”分成了三块，我设

2017年12月14日在广东省老年大学协会第三次老年教育理论研讨会上作学术报告影照

2011 年 4 月 12 日，潮州市老年大学老年教育研究室挂牌仪式合影

置了三个专题，我主讲第一个，即“关于学生学习力理论与实践研究的几个问题”，然后第二个专题由潮州师范分院谢树浩院长讲，最后一个专题就由汕头市金平区的鲁澄南副局长讲，这样的安排就比上次的效果好很多了。其实我开讲习班都是很有目的的，我讲完专题，就检验教学的效果，听培训班的骨干讲课，组织交流大会，双方互动，效果还是比较明显的。比如 2009 年的讲习班，就有十个单位参加大会交流，包括幼儿园、小学、初中、高中和大学。我很重视多给这些学术后辈一些展示的机会，让更多人认识他们，也算是对他们的培养和照顾了。

第二，举办师资培训班，也就是广东省粤东地区高校师资培训班。我上了 4 期的课，开设的是高等教育学讲座，那时参加的对象都是有一定水平的高校老师，有大约三分之一是博士生，不过大家总有一个误解，以为博士生的成绩就应该是很高的。其实不尽然，术业有专攻，他们是博士，但只是某一方面的博士，是某个领域的尖端人士。比如说汕头医学院的教师，擅长的是医学方面，就教育科学来说并不是很在行。当然我都是一视同仁的，绝不弄虚作假，我只认大家最后的试卷，不在乎你的头衔有多大。那时我还应邀开设了湘桥区校长训练班，效果也是不错的。

第三，在学术会议上演讲，报告。这些学术会议报告一般在外地比较多，例如北京、西安、上海、广州等地，基本都是在一些全国性的学术大会上做了一些学术报告或发言。也有在潮州或韩山师院进行的。例如，2017 年 12 月在潮州市举办的广东省老年大学协会第三届老年教育理论研讨会上我也作了学术报告。

第四，结合课题研究演讲。我的习惯就是把课题跟演讲的专题结合在一块，充分利用，一箭双雕。打个比方说，现在我在研究学生学习力的课题，我的演讲专题就是大多关于这一方面的。又比如说城基中学的研究课题“校本研究与提高教师学习力的研究”，那么我演讲时讨论的问题就集中在什么是学习力，什么是教师学习力，如何才能提高教师的学习力。再比如说我要到一个农村中学参加课题开题会，我就按照他们的课题去准备演讲稿，我以不变应万变。不变的是基本原理，这些理论早就深深烙在我的脑海里，万变也就是演讲的对象，对方是幼儿园、中小学、城镇学校还是农村的，这些都要根据具体情况再具体分析，不过大致地来说，我的准备阶段难度并不大，但我还是用很认真的态度去对待，每一次演讲我都会仔细准备，了解当地学校的情况，绝不随便胡扯一通。我的方法就是看对象，把对象的研究课题与演讲课题融为一体，有时我几乎是

2008 年 11 月 21 日在潮安县东凤镇作学术报告影照留念

一天就一个演讲课题，一个接一个，那些题目是同中有异，不过都是万变不离其宗的。记得我 2010 年 11 月有一周是做了三个学术报告，有三个学校都请我去演讲，当然三个学校的课题都是不一样的，但我抓住了这三者的共同点，然后再做相应的增删补调，自然准备起来也就得心应手了。一般来说我会先弄个提纲，在比较郑重的场面我还会拟个演讲稿，其实不了解我的人以为我是没有备课准备的，其实我的备课是很认真的，我把握一个原则，从薄到厚，再从厚到薄，甚至是从薄到无。这个原则道理很简单，就是首先广泛阅读写成详细具体的稿件，然后就针对稿件过滤提纯，写成要点纲要，把这份纲要熟读于心就可以不带讲稿了，所以我去讲课，带哪一份材料都可以应对。人家总爱说我虽然年纪不轻，可是记忆力却一点也不比年轻人差。其实那都是刻苦努力的结果，记忆都是靠点滴积累而来的，记忆不难但是必须要善于记忆，要懂得记忆的一套方法，创新联想记忆，这样就把要记得的个体事物变成联合的整体，把枯燥的记忆变成一件有趣的事情。比如说有一次我去开会，那天是 12 月 12 日，有历史常识的人都知道，张学良和杨虎城在1936 年的 12 月 12 日发动的西安事变，又称“双十二事变”，这样一联想起来，自然也就记住了开会的时间了。因为我本身也在指导别人做科学研究，所以大量结合课题的演讲让我积累了丰富的经验材料。

第五，面向大学生开设讲座。我坦率地说一句，我从没有去开过中学生的讲座，不是没有中学请我去，而是我不敢去。理由很简单，因为知识水平的差距，如果我把理论讲得太浅显，那么学生就会觉得好像学不到什么一样，如果我讲得太深奥，又怕大家听不懂，这样听课秩序肯定就会受影响，我的名声也会受影响。所以中学邀请我开讲座，我都是谢绝的，我开大学生的讲座比较少，至于对小学生开讲座那就更不敢去了，因为年龄差距实在是太大了，而且小学生纪律上也比较难掌控。说句实在话，我到了这个年龄也不会随便去讲课的，我的压力和担子是很大的，因为我只能讲好，不能讲坏，讲得好是应该的，毕竟已经到了这个水平了，讲得不好的话，那就是搬起石头砸自

2000 年 11 月 10 日周之良教授（右二）、张笛梅
研究员（左一）在潮州韩江专修学院门前合影留念。

己的脚了，自己毁自己的招牌了。如果这样的话，那我就宁愿不讲，因为我希望听我课的人都能从中有所收获，这是作为老师的基本职责。听我讲课比较多的是中小学的骨干老师或者是中层干部，因为他们已经是有一定的水平了，而且是带着任务来的，一般都是十分认真的，也能从中有所体会。

我现在讲课的听众基本可以划分为五种类型：⑴ 教育行政干部；⑵ 大学老师；⑶ 科研骨干；⑷ 中小学老师；⑸ 大学生。可以说我的听众层面是比较广泛的，我讲课的地点也是全国各地都有，我还为此做了一首打油诗：东南西北中，学习在其中。不怕险艰难，只为学习馋。那时候我最远是到了东北一带，比如说黑龙江省的大庆等，南部是到了广州、深圳，中部是到武汉，东部就是上海、厦门，西部就是西安、昆明、成都等地，还到过香港讲课，可以说是全国各地跑了不少。不过有一点很遗憾，10 多年前人家邀请我到西藏去开会，那时候年纪大了，有关单位规定超过 70 岁的要事先进行体检，怕坐火车有高原反应。考虑到人老了，要量力而行，毕竟健康是第一位的，所以有些比较僻远的地方就没去了，不能不说是一个小小的遗憾。

三、多方面取得传播效果

这些报告、讲座至少发挥了以下五个作用：

1.直接推动课题研究的作用。我退休后开设的118个专题报告中，有85个是直接为课题研究而开设的，占72%。大体有三种情况：一是课题研究开题会上所作的学术讲座，是直接为开展课题研究，以指导课题研究；二是在课题研究过程中，碰到了问题，急需理论指导而开设的报告、讲座；三是课题结束前或作结题报告时急需理论指引而开设的报告、讲座。

2.普及宣传学习科学的作用。我为普及、宣传学习科学而作的学术报告、讲座共11个专题，占14%。这类报告，是在举办讲习班、训练班中进行的，也有部分中小学校为学习、应用、推广学习科学而专门邀请作的报告、讲座。

3.普及教育科学知识的作用。这一点，通常是在省市举办“高校教师岗前培训班”或“中小学校长岗位培训班”上进行。例如，在韩山师院举办的“粤东地区高校教师岗前培训班”上讲“高等教育学”系列讲座四期。

4.提高大学生学习素质的作用。通常是在大学新生入学初期开设的“大学生学习学”系列讲座，指导学生认识大学学习的特点，尽快适应大学学习生活，缩短适应期，提高发展期，直接提高大学生的学习素质。

5.普及老年教育理论的作用。通常是在潮州市老干部大学主持课题研究的“开题会”“中期成果交流会”“总结会”上，结合课题研究，总结、普及老年教育基本知识、理论。

第三节　办好韩江专修学院

1998年9月到1999年4月，我任粤东职业技术学校的高级顾问，筹备潮州韩江专修学院；1999年5月到2003年7月，我首任潮州韩江专修学院院长；2001年7月到2003年7月期间还兼任了潮州韩江职业技术学校校长；2003年8月到2007年7月我任韩江专修学院的名誉校长，并兼任党支部书记；2007 年 8 月至 2009 年 7 月任韩江专修学院高级顾问。换句话说，我真正从事民办教育已有 10 年。在这 10 年的民办高校校长生涯里，有以下几方面要诀：

聘任潮州韩江专修学院院长、名誉院长文件（1995 年 5 月 6 日）（2003 年 7 月 17 日）

一、参与办学的起因

本来我退休后是考虑不再做行政工作的。其实行政工作不是一个轻活，日常要处理的琐碎事情实在是太多了，干起来是很累的，我已经暗自下决心“隐退”了。后来也不知道是谁“搭桥”介绍的，有一位企业家李速强登门拜访，说是要办一所民办大学，请我“出山”当院长，而在这之前我对他是一无所知。事实上，当时普宁的潮汕学院也有在打我的“主意”，只是我婉拒了。那为什么最后会同意出山做韩江专修的院长呢？其实我过去没当过校长，一直都是中层干部，校长怎么说就怎么做，我的教育理念没办法很好地运用到实践中，现在可以说是给我提供了一个实践的平台，所以我有点动摇，考虑到我是能够胜任的。当然还考虑到以下几点：（1）替落榜生留条后路，给个希望。那时我国高等教育还处在精英教育阶段，1996 年至 1998 年全省大专以上录取率仅为 40%左右，有 60%的学生是考不上大学的，不像现在大学扩招这么多，所以每年还是有一大批的落榜生。（2）我考虑到潮州的经济发展，特别是应用型人才比较缺乏，培养这样的一批实用性人才也是大势所趋。（3）我个人也想尝试一下民办教育是怎么办的，因为过去近半个世纪的教育生涯都是在公办的学校，我也想涉足一下民办教育，看看民办教育是怎么一回事。所以在这样的考虑下我同意了，不过在上任之前我还是慎重地与李企业家来个“约法三章”。我表明态度：你们商人追求的是经济效益，在乎的是投资后的收益，我们学者要的是教育的水平和社会大众的肯定。所以当我的教育规律跟你的经济规律出现矛盾的时候，那么就要尊重我的选择；还有，我是一个做学问的人，不能干涉我的学术活动，而且我可能每年有一两个月去外地参加学术活动，所以我的助手很重要，这个人选我要自己把关，亲自点名。我原来是潮州市教育学会的常务副会长，当时的潮州市教育局中专科长是林和龙，他不仅是教育学会的副会长兼秘书长，还是华师1964年教育系的本科生，高级讲师，既有管理经验，又有理论修养，政治水平较高，工作认真踏实，我们之间一直是很友好的。所以我开口后，他也同意，我只点名一个副院长，其他的人员我就不干涉。当时李企业家会找上门来也是有“玄机”的，因为那时上面有规定，专修学院的院长必须具备以下的条件：(1) 学历要本科毕业生以上；(2) 要有高级职称；(3) 要在高校从事行政工作五年以上。都符合这样的条件的人选是不容易找的，因为在职的人员一般都是首选公办，很少会到民办学校来，我又刚好退休了。所以可以说是“最佳人选”啊。当然他也很尊重我，都同意这些条件了，我就开始登上舞台，可以说是“大刀阔斧”了。

二、参与办学的过程

早在1998年8月，我与林和龙商量，应该先到粤东职业技术学校看看，因为当时不少民办学校鱼目混珠，我们怕受骗上当。考察后，我与林和龙便走马上任，着手筹办专修学院，大体经历如下三个阶段：

1.筹备阶段（1998年9月至1999年4月）。上任后，我任粤东职业技术学校高级顾问，林和龙任粤东职业技术学校常务副校长，主持全面工作。我的主要任务是写好申报专修学院八份材料的工作。幸好1985年5月4日“关于韩山师专改为韩山师院的情况汇报”这份材料是我写的，我也就轻车熟路地完成了准备申报资料的任务。紧接着1999年3月23日，广东省高教局考评组到校实地考察。汇报会上，我做了《关于举办潮州韩江专修学院的报告》。4月6日，省高教局批准成立潮州韩江专修学院，并颁发办学许可证。

2.启动阶段（1999年4月至1999年9月）。5月6日，董事会聘任我为院长，林和龙为副院长兼教务处处长。紧接着，我们做了下列

中山大學研究生院潮州韓江學院教學點研究生班結業典禮留影

2003、12、21

2003年12月21日，中山大学与潮州韩江专修学院联合办学的研究生班结业照

四件事：①确定内设机构与干部配置，本着精简高效、有特色的原则，学院下设“一办三处两室”，一个办公室，党办和院办合一，三处就是教务处、学生处、总务处，两室就是学习科学研究室（这是我自己的兴趣爱好），另一个就是潮汕文化研究室。当时的重点项目是潮州厨艺研究，粤东职业技术学校原有开设潮菜这个专业，让这班师生充分发挥才干。②聘任教师与安排功课。我利用在韩师多年的人脉关系，多方聘任退休的教师，一般都有高级职称，同时聘任兼职的教师，师资力量是雄厚、高质量的。③千方百计发动招生，组织入学。④做好开学前相应的各项工作。

3.上课阶段（1999年10月以后）。1999年我们就开始招生，那时成绩还不错，学院开设了计算机、中文秘书和英语三个专业。授课的老师全是从韩师来兼课的，包括时任英语系主任郑培丰。我请他们来，都是友情支持、互帮互利。后来学院形成了最优秀的四个办学层次：①研究生课程班。那时是跟中山大学联合开办的，培养了不少人才，像潮州市环保局局长等，他们都曾在这个班上学习过。这些人要去外面考研究生课程班是比较困难的，因为距离太远了，所以就地取材，他们只需利用周六、日的时间，大家都很乐意。②与中山大学联合办学，开设汉语言文学本科班。前面提到的研究生班就全是中山大学派教师上课的，因为我们还达不到这个水平，我们只是组织者，而本科班就全是韩师的老师在教，当时请了时任中文系副主任陈佳扬、梅大圣教授等来校讲学。总之，研究生班和本科班教学我都抓得很严，我当教务科长的经验在这时就大大派上用场了。③大专专业班。这方面我们韩江专修学院就可以独当一面了。那时叫做学历文凭考试，它是“三三制”的，即三分之一课程是国家统考，三分之一课程是省统考，剩下的三分之一课程就是学校自己命题考的，这种教育形式是中国八种高等教育形式之一，它既不是全日制也不是业余自学的，是介于两者之间的。学校自己命题是比较好办的。如果全要国家统考难度就太大了。国家的要求是低门槛，“宽进严出”，我们现在高校的制度是“严进宽出”，这是本末倒置的。我们这种类型的学校，学生来的时候，不用高考，凭学历和身份证就行，门槛是很低的了，这样就满足了大批的落榜生上大学的要求，但是我们也不是毫无要求。为了鼓励学生，1999 年高考 500 分以上的入围学生第一学年免交学费。这也是我平民教育思想的体现，我放宽了限制。④中专办学层次。这个层次是潮州韩江专修学院的中专部。专业设置是直接以为潮州经济发展服务、适应人才市场需求为目的的。开设的专业有工艺美术、潮菜、计算机应用、汽车维修、实用英语、

潮州韩江专修学院大专计算机00级（一）班毕业留念　2003.6.21.

2003 年 6 月 21 日，韩江专修学院大专 2000 级 1 班

学习贯彻十六大精神党支部大会影照

党代表证（2003年4月16日）、优秀党务工作者证书（2001年至2004年）

幼师、导游、电子商务、电梯维修等；课程结构：一是公共文化课程，二是专业实用课程，以实用课程为主；培养方式采取“菜单式”培养模式。学生毕业时必须获得两证——毕业证书、专业证书，以提高就业率。

2003年4月16日，我当选为潮州市第十一次党代会的代表。当时潮州经济开发区2名代表实行差额选举，候选人3名：一位是开发区的党委书记；第二位人选是我；第三位是企业的工人党员。我既是党支部书记，又有高级职称，我的选票还挺高的，我也有点意外，没想到我退休后成为党代会的代表。看来学院当时的办学情况还是比较受关注的。

三、提出办学的理念

在潮州韩江专修学院这10年间，我坚持了以下5个方面的办学理念和办学特点。

1.质量第一的思想。我坚信质量第一的原则，没有质量，这个学校很快就会垮台，所以要严格做到四点，即严格挑选领导班子，严格挑选教师队伍，严格进行教学管理，严格管理学生。

2.平民教育思想。我把专修学院当作是我这辈子回报社会的一个方式。其实坦白地说，我在韩江专修学院的工资还不及潮汕学院当初要聘请我的工资的三分之一。但我并不在乎这一点。作为一名院长，我的学生才是第一位，我要充分为学生考虑。比如说，统考超过500分的学生，可以第一学年不用交学费；下岗工人子女或是农民子弟，有经济困难的，只要有村委会提供的贫困证明，我们都会批准他们减免学费，特别困难的，可以减免50%的学费，学校只收一半的学费。还有，学校的整个收费标准是全省最低的，省里是3500元至5000元，学校就只收3000元就行了。凡是优秀的学生，学校都会给予奖励，发放奖学金。那时还有个别学生到了毕业时都没有办法交齐学费，我也把毕业文凭发给他们了。其实这些学生也真的是很不容易，可能一两千元在平常人眼里没什么，可是对于他们来说，有可能是好几个月的生活费用。我大学时代在华师勤工俭学的时候，就体验过穷困学生们的苦。现在在我力所能及的范围内，我是会竭尽全力去帮助每一个学生的。

3.能力为重的思想。我特别强调能力，我经常跟我的学生说，我们这种类型的学校就是要注重能力的培养，特别是中专的学生。也正因此，学生的就业率都很高。比如说潮菜专业的，那时还没毕业，就有很多酒家过来要招聘学生，毕业生都是很“抢手”的，而且待遇也不错，月薪基本上有两三千元，去到外地有些还是师傅级的待遇。其实，潮菜专业的学生在读书时，文化课的水平是比较低的，上基本理论课都是一半以上的学生在打瞌睡，上其他课也不是很认真。但是这些理论课还是要开的，像数学、外语和政治理论等。虽然这样，可是一旦上起操作性的课程，比如潮菜烹饪，大家都是很积极的。按照现在的理论来说，他们是多元智能里的身体智能、空间智能等方面得到发展。我很看重学生能力的培养，因为我们民办学校学生的就业就是靠真本事，没有半点弄虚作假的机会。

4.创新发展的思想。绝对不能走老路，不然只能跟着别人跑，要做“领头羊”的角色。江泽民同志曾明确指出，“创新是一个民族进步的灵魂，是一个国家兴旺发达的不竭动力”。他还明确指出“不断推进教育创新”。创新是教育发展的灵魂，也是民办教育发展的灵魂。尤其是现在，“民办教育几乎是在石隙里生存与发展”，民办教育十分艰难。在这种艰难的大背景下，10年来，我们始终坚持以创新为指导，开展创新教育系列活动，推动民办教育事业发展，在创新中促进学校的发展。比如在办学形式上创新，在教学体系上创新。

5.学会学习的思想。这是我特有的，要学生懂得如何学会学习。因为毕竟教会大家打猎的方法比直接给他们食物更有教育意义。每一次新生入学训练时，我一定要上一个专题，那就是大学生如何掌握大学的学习方法，努力做到学会学习，有效提高学习质量。

在教育管理方面，我的管理理念是：管理就是服务，求真务实，与人为善，严于律己，服务师生。这22字箴言也是我这十年管理专修学院的重要指导思想。

我个人的特点是，干了一段日子后就要回过头来看看自己走过的路，要善于总结。这10年里，我总结了四条办学的基本经验。第一，践行“为民而办”的理念，我们的答案与办学宗旨是十分明确而正确的，那就是“为民而办，造福社会”。第二，以质量求生存，因为质量是民办学校的生命线。第三，以创新求发展，让创新带动发展的脚步。第四，加强团队建设，民办教育是一个多种角色共存的教育共同体，所以要加强这支队伍的建设就要把各个角色紧密地结合在一起，像那句老话说的那样：团结就是力量！

我还专门为韩江专修学院创办10周年写了两篇文章。其中有一篇在《潮州日报》上发表了，题目是《为民而办，创新发展》，另一篇题目是《潮州韩江专修学院办学理念与实践》。这两篇都是2008年写的，因为我怕我的管理理念“后继无人”，所以我把它记录下来供以后管理的人参考，这样也可以少走弯路，这也是我从事民办教育的经验所在。特别是《潮州韩江专修学院办学理念与实践》这篇文章，可以说是一心辛勤栽树，只为后人乘凉。

四、取得办学的成效

总结总是有好处的，走了一段路程后再回过头来看看会有不少新的体会。办了10多年的韩江专修学院对我而言，其办学效果主要有以下三个方面：第一，直接为社会培养各类建设人才。检查人才培养效果的最大标准之一就是就业率，我们的就业率一直都是很高的。其中，中专就业率达99%，大专就业率达98%。我常常跟学生说我们要有自知之明，我们这个档次的学生跟人家本科生没有办法比，但我们也有我们的优势，就是不挑三拣四，我们要先就业再择业，就低入手，骑驴找马。据我所知，大部分的毕业生都到民办的工厂去了，当然也有的学生走进了公务员队伍。我在办学期间很注重党的建设，在坚持党员标准的前提下，每年都是按照条件发展几个学生成为党员，主要是大专的学生，中专的年纪比较小就比较少发展了。第二，坚持把民办教育当作是我个人回报社会的一个渠道。我不是为了赚钱才当院长的，而是为了把我的知识回报给社会。第三，努力践行我的教育思想。我过去长期处在中层干部的位置上，我的教育思想难于实现，现在我可以把我的教育理念渗透去管理。比如说，2002 年 1 月，全国幼儿学习科学研究中心在潮州市绵德幼儿园成立，我让学院中专部的幼师班参加。我跟学生们说，全国的代表才 100 多人，你们 100 多名幼师学生能去聆听，在学生时期就能参加一次全国性的学术会议是多么光荣的一件事。学生们从中学习到了不少东西，把幼儿学习科学理论转化其中。

相关资料

为民而办的潮州韩江专修学院

“民办，民办，为民而办”，这是广东省潮州市韩江专修学院，对社会作出的承诺。可贵的是，自去年 4 月创办以来，这所民办的高等院校认真实践着自己的诺言，深受群众赞扬。

韩江专修学院，是经上级有关部门正式批准，在粤东职业技术学校基础上，依靠社会力量创办起来的，技校作为它的附属单位。院长叶瑞祥，长期从事教育科学和学习科学的教学、研究工作，是全国大学学习科学研究会的副理事长，原来也是一个“穷书生”，对贫困家庭子女“求学难”深有体会。因此，在全国兴起办学热时，他就与学院的出资者李先生达成共识：不要借办学发横财，而是要为地方培养应用型人才。完成“角色”定位以后，便明确指出，招生重点照顾农村老少边穷地区和城市下岗职工家庭的子女。学费的收取标准，也比规定标准降低 50%以上，但住宿条件没有降低，还是带有洗手间、洗衣台的“套房”。来自揭阳市、揭西县和潮州市凤凰镇等老少边地区、山区的学生，无法一次付清学费、住宿费的，同意他们分期交付。开学时还筹集不到款项的，就让这些学生先进校就读，再提出减免学费申请，经了解属实，该减就减、该免就免。去年，学院仅免学费这一项，就少收了 6 万元。所有这些，使贫困家庭的家长们深受感动。

学院加上附属技校，共有 540 名学生，每天中午、晚上在学校就餐的有 300 至 400 人，为了减轻学生家庭负担，学院食堂精打细算，千方百计将每天的伙食费标准压缩到 6 元左右，相当于外面一个盒饭的价钱，但每餐都有两菜一汤，米饭不限量，保证正在长身体的学生们吃得饱。为了解决学生用水困难的问题，院领导在财政并不宽裕情况下，仍拨款 10 万元换上大口径的自来水管。而院长、教师们的工资，只有通常标准的一半左右。

韩江专修学院招生的，绝大多数是高考的“落榜生”，但院领导在教学上从不敷衍了事，而是提出：“民办的院校，国家的标准”，对学生进行“精加工”，尽心尽力把他们培养成符合“国标”的有用之才，对附属技校的教学要求，也是高标准。保证教学质量，关键在于高素质的教师队伍。为此，学院领导在聘用教师时，可以说是“货比三家”、反复挑选，既重职称，又着眼于实际工作能力。目前，全院 56 名专职和兼职行政、教学人员中，具有中、高级职称的占 50%以上。院领导严格执行上级制定的教学计划，从备课上课、作业布置到复习考试，一环扣一环地抓落实，叶瑞祥院长还亲自上“学习学”的课程，向学生传授有效的学习方法。在考试时，学院既抓成绩，又抓考风，并明确宣布，宁可牺牲成绩，也要端正考风，谁作弊就处理谁。

学院还采取奖励措施，促使学生们克服自卑感，尽快走出高考的“阴影”，发愤图强、继续努力。奖励条件规定，去年参加高考总分在 500 分以上的 12 名学生，全部免交一年学费，在校学习成绩优异，自己跟自己比，学习成绩有明显进步、热心社会工作的，分别获得特等奖和一、二、三等奖，还有“三好”学生奖、优秀团干奖和优秀学生干部奖等，都颁发奖学金或奖状。去年，荣获特等奖的张旭生、管楚红和刘菊花同学，除各得到500元奖学金外，院领导还专门跟他们合影留念。这样，使学生们更加自尊、自强，有效地激发了他们的学习积极性和上进心。学院大学部的学生，第一学期参加两门国家统考学科的考试，结果大学语文的及格率100%，中国革命史的及格率95%。现在，已有31名学生向学院党支部递交了入党申请书，争取早日成为光荣的共产党员。今年，广东对全省58所专修学院进行考评，被评为优、良的有20所，创办只有一年的韩江专修学院便是其中之一。今年学院中专部的潮菜、工艺美术、汽车维修驾驶、计算机应用等专业的123名首届毕业生，首次就业率达90%。

（原载2000年10月23日《潮州日报》，新华社驻汕头记者王炜中）

抓住办学生命线

欣闻潮州韩江专修学院最近经过省教育厅的综合评估，总分在省内同类院校中名列前茅，被评为1999年度良好院校。近日，笔者专程前往采访。

踏进该校，崭新的教学楼，良好的秩序，优美的校园环境给人一种清新的感觉。虽然开学只有几天时间，已经感受到浓浓的学习气氛。学院院长叶瑞祥向笔者介绍，韩江专修学院是1999年4月经广东省高等教育局批准的高等教育机构，学院首期占地面积6600平方米，建筑面积7400平方米，设有计算机应用、英语、外贸英语、会计电算化等专业，学生500多人。学院创立只有1年多的时间，其成绩就得到了省教育专家的肯定，对此，叶院长深有感触地说："创业是非常艰难的，学院能够发展，主要是紧紧地抓住办学的生命线，即坚持以法治校，全面贯彻教育方针，积极推进素质教育，千方百计提高教育质量。"

新办学校有个优势，就是一切从头开始，可以高标准规划，高起点建设。韩江专修学院充分利用这个优势，严格选好领导班子，学校领导班子成员都具有高级职称，都是长期在高校工作而又有管理能力的管理干部；严格挑选专业教师，一年来，23名主讲教师中，副教授12名，讲师11名；严格教学管理，整个教学管理过程中紧紧抓住计划管理、过程管理、质量管理等管理环节；严格学生管理，学院建立了一系列学生管理的机制和制度，印发了《学生手册》，各班都配备专职班主任，要求班主任对学生全面负责，对学生的思想、学习、生活、社会交往情况，班主任要心中有数，促使学生得到全面发展。正是由于这样的从严治教、从严治学，学生的学习质量得到了保证。

（原载2000年9月11日《潮州日报》）

潮州韩江专修学院办学理念与实践

1999年4月6日，经广东省高教局批准，成立了潮州市第一所民办高等院校潮州韩江专修学院。其前身是1997年6月8日批准成立的潮州职业技能培训中心以及粤东职业技术学校，办学历程整整10年。办学以来，其主要实践与理念是：

一、践行“为民而办”理念

民办院校首先碰到的问题是为谁而办学？为什么要办学？如何认识与处理办学过程中社会效益与经济效益的关系？我们的答案与办学宗旨是十分明确而正确的，那就是“为民而办，造福社会”。

其一，办学必须顺从民意，为民而办。根据人民群众的需要、人才市场的需求进行办学。20世纪90年代初，我国高等教育仍处于精英教育阶段，大批高考落榜生十分无奈。为了适应广大应历届高中毕业生迫切接受高等教育的需求，学院刚创办即1999年10月就举办高等教育学历文凭考试，这是一种全新的高等教育形式，它满足了大批高考落榜生继续接受高等教育的需求；为了满足广大干部、教师继续接受本科教育的需求，我们与国内名牌高校联合举办本科函授教育；为了满足广大干部、企业管理人员接受研究生教育，我们与国内名牌高校联合举办研究生课程班。众所周知，随着我国高等教育大众化的进程，人才市场还是迫切需要大批应用型、复合型的中等专业人才，所以在20世纪90年代末期起我们开始招收各类中专学生，培养应用型、复合型的中等专业人才。21世纪初随着潮州市经济开发区的迅速发展，涌现出大批农民工，农民工子女义务教育问题又凸显在前。

为了满足广大农民工子女的入学需求，解决教育不公平的问题，2004年9月我们开始招收农民工子女就近入学，深受广大群众的好评。由此可见，尽管我们的办学层次与形式不断变化，但“为民而办”的办学理念始终没有改变。

其二，办学中始终坚持廉价收费。无论是大、中专的学生，还是初中、小学生的学费与住宿费，我们一直坚持以省市物价部门公布低项标准收费，从而大大减轻了广大家长的经济负担。而对家庭经济确有困难的大中专学校学生采取减免学费，甚至采取先入学后缴费的方法；至于对少数家庭经济特别困难的大中专学生，经批准后还允许他们就业后分期还学费；对于学习成绩优异的学生，学校发放奖学金，鼓励他们积极向上，发奋读书。当时新华社的一位记者了解情况后，感慨万分地写了一篇题为《为民而办的韩江专修学院》的报道（原载《潮州日报》，2000年10月23日）。后来，又有一位记者也受感染写了一篇题为《为民而办，造福社会》的报道（原载《潮州日报》，2003年4月25日）。当然，在办学过程中有时也会出现社会效益与经济效益产生矛盾的现象，诸如某种办学形式或专业，明知毫无经济效益，该怎么办？为了顾全大局，取信于民，我们毫无反悔地选择将社会效益放在首位，坚信声誉重于金钱。

二、以质量求生存

从事民办教育的人士几乎都认为“质量是民办学校的生命线”，这是千真万确的，我们也深深认识这个真理。10年来，我们办学规模越来越大，教育质量越来越高，社会的知名度也越来越高。其中，最根本的一条是教育质量不仅有所提高，有所保证，而且越来越高，做到以质量求生存。

其表现之一，自我评价教育质量有保证。我们认为，民办院校出来的学生，只要德、智、体、美全面发展，具有一技之长，能适应社会需要，为社会服务就是有质量，而就业率的高低是衡量与决定民办教育质量的硬指标。也可以这么说，中专、大专学生的质量，主要集中表现在就业率上。办学以来，大、中专应届毕业生的就业率一直居高。调查显示，2000年至2006年，中专部毕业生2100多名，就业率达 99%，其中潮菜烹饪、电梯专业等就业率一直保持 100%。调查表明，2002 年至 2005 年，大专部毕业生 319 名，毕业率达 91%，就业率达 98%，其中英语等专业就业率保持 100%。调查还表明，不少大中专毕业生现在已成为潮汕地区知名企业的管理人员或技术骨干，深受用人单位的欢迎。2004 年 9 月以来中小学部 1300 多名初中、小学生，我们严格按照国家新课改的要求，深入开展教学改革，转变学生学习方式，教育质量大有提高，得到广大农民工的好评，他们都乐意送子女到这里接受优质的九年义务教育。

其表现之二，专家评价教育质量有保证。2005 年 5 月 28 日，广东省专修学院专家检查组对潮州韩江专修学院的办学评价是“办学工作比较规范，教育质量较高，得到社会公认”“教育、教学管理比较健全，党团组织比较健全，能够以法治校，教书育人”等。2003 年 7 月 12 日，潮州市中等职业教育专家检查组对潮州韩江职业技术学校的办学评价是“学校领导懂教育、懂管理，管理正规化、规范化”“办学质量得到社会、家长承认，学生素质‘低进高出’，毕业生就业率高”“没有投诉，没有出现安全事故”等。

此外，学院党支部连续 4 年被潮州经济开发区党委会评为“先进

韩师 55 届同学毕业 50 年聚会留念

2004 年 10 月 23 日韩师 55 届毕业 50 年聚会留念

韩师55届乙班毕业50年聚会留念

基层支部”；学院团委会得到共青团潮州市委的表彰达6次之多。

三、以创新求发展

江泽民同志明确指出，“创新是一个民族进步的灵魂，是一个国家兴旺发达的不竭动力”。他又明确指出，“不断推进教育创新”。创新是教育发展的灵魂，也是民办教育发展的灵魂。尤其是现在，“民办教育几乎是在石隙里生存与发展”，民办教育十分艰难，在这种情况下，如果没有不断创新，民办教育几乎是不可能发展与前进的。10年来，我们始终坚持以创新为指导，开展创新教育系列活动，推动民办教育事业发展，在创新中促进院校的发展。

其一，创新办学形式。根据《民办教育促进法》的精神与《潮州韩江专修学院章程》，经潮州市教育局批准，先后于2001年4月6日，成立韩江职业技术学校；2004年8月2日，成立韩江子弟学校。统一在潮州韩江专修学院董事会领导下，实行“三个招牌，一套人马”的创新办学组织机制。在创新办学形式上，概括起来主要有五种类型：（1）学历文凭考试形式。这种形式是国家统一专业与课程，采取“宽进严出”“考教分离”办法，部分课程实行国家统一考试，部分课程实行学院命题考试，考试合格者由国家统一发放毕业证书，国家承认学历。（2）联合办学形式。这种形式，在实际操作过程又分为以下两类：一是外联式，或称依附式的联合办学，即以名牌大学、中专为主实行联合办学，如与中山大学联合举办区域经济与文化研究生课程班、汉语言文学本科函授班，与汕头幼师联合举办幼师班等等；二是内联式，或称自主式的联合办学，即以我院为主实行联合办学，如湘桥区党校、百花台职业学校与我校联合举办大专层次的行政管理、计算机应用等专业。（3）中专学历教育形式。如自主独立招收计算机应用、商务英语等专业。（4）岗前技能培训形式。如受潮州市旅游局的委托，举办导游员资格证书培训班。（5）义务教育形式。如招收九年义务教育的初中教育、小学教育。简言之，我们为了实施“为民而办，造福社会”的办学宗旨，勇于创新，高度灵活，不拘泥单一的办学形式，一切有利于民众接受教育的形式，都接纳与包容。

其二，创新教学体系。在教学过程中，我们始终把培养学生的创新精神和实践能力贯穿于教学的各个方面与环节之中，创新教学体系。现以中专部教学为例说明。在教学目标上，把中专学历教育与中等专业技能等级证书相结合，要求每个中专生毕业时做到“一人两

韩师55届普师班毕业55周年座谈会合影留念 2010.10.25

2010年10月25日韩师55届毕业55周年聚会留念

证”，即既要有中专毕业证书，又要有中等专业技能等级证书；在专业设置上，根据人才市场的需求，以人才市场为导向，设置求需量大、又有本地特色的应用型、复合型专业，如潮菜烹饪、潮州工艺美术、汽车维修、导游等专业；在课程体系上，改革“三段式”的课程结构模式，坚持开设必需的理论课程，突出实践的应用课程，构建以实用为主体的课程体系；在教学内容上，加强基本理论学习，基本理论教学本着适当、够用即可，不必太多太杂，突出应用性与操作性的教学内容；在教学方式上，加强实际训练形式，采用菜单式、实操性的培训方式，把教学实验、校内培训与到工厂、企业实践训练有机结合起来，有效地培养学生的学习能力、实践能力和创新能力。

其三，创新管理体制。潮州韩江专修学院刚成立，便着手组建党支部，成立市属团委会，并迅速构建了全新的领导——管理——保障体制，即在董事会领导下，实行院长负责制，党支部起保障监督作用。实践证明，这样的领导管理体制，既有利于发挥党在民办教育中政治思想、方针政策的领导作用，保证社会主义办学方向，又有利于调动投资者办学的积极性、责任心，是正确而有效的民办教育领导管理体制。

四、加强团队建设

在民办学校的大家庭里，存在着多种人群。其中，既有办学投资者，又有教育者，又有受教育者……这是一个多种角色共存的教育共同体，如何加强这支团队的建设，构建和谐的教育共同体？这是民办院校必须解决的重要问题。

首先，在组织建设层面上，这支团队建设应该做好下列四个方面的工作：一是加强班子建设，即加强董事会和院校班子建设。这个问题的关键在于抓好办学方向、事业规划，全面贯彻教育方针、政策，加强教学管理，提高教育质量等涉及办学方向发展的重大问题。二是加强党团建设，即加强党支部与团委会的建设工作。这个问题的关键是着重加强党员的思想建设，理论建设、组织建设、作风建设等等，真正发挥党员的模范作用、先锋作用、带头作用，保证党的路线、方针得到全面贯彻落实。三是加强教师队伍建设，即加强教师队伍专业建设。这个问题，重点在于加强教师的专业道德建设、专业知识建设、专业技能建设、专业行为建设，弘扬高尚师德师风，提高教育教学水平，真正做到教书育人，努力培养学生成才。四是加强学生自身建设。这里，必须树立一个教育理念，我们认为学生是具有双重性的，即学生既是受教育者，又是教育者，他们是教育的群体，教育活动的力量，教育活动的参与者，教育活动的支持者。因此，在整个教育活动中，特别是高年级，应该尽可能做到自己教育自己，自己管理自己，自己提高自己。

其次，在思想建设层面上，我们认为，只有思想上的统一、心理上的沟通，才能增强凝聚力和亲和力，才能共存、共赢、共同发展、共同提高，才能建成和谐的教育共同体。为了构建和谐的教育共同体，这些团队应该具备哪些共同思想与心理以正确处理人际关系呢？我们认为，应具备“尊重、平等、关爱、民主、严格”的共同思想与心理。所谓“尊重”，即互相尊重，所有成员都应尊重在前，尊重他人，相信他人，唤起人们的自尊心、自信心；所谓“平等”，即平等相待，不受权力、地位、财富、区域、年龄差异的限制，都要平等相待；所谓“关爱”，即关爱他人，特别是要从各个方面关心、爱护学生的成长，只有在关爱中成长的学生，才能健康地成长；所谓“民主”，即倡导民主，发扬民主，院校办学中重大问题的决策，要发扬民主，充分走群众路线，防止“一言堂”，抵制家长作风；所谓“严格”，即严格要求，严格管理。对于院校领导与部门负责人，要按照有关法规要求，严格选拔，从严要求；对于教师要按照有关法规要求，严格挑选，严肃聘任；对于学生要在尊重学生人格的基础上，严格管理，严肃纪律；对于各种规章制度，要坚持以法治校，按章办事，严格执行。当然，这些思想与心理之间是密切联系不可分割的。其中最重要的，它是以人为本，以生为本理念的最好体现。

总而言之，10年办学过程中，我们深深感悟到“为民而办”的办学宗旨的重要性，这是为了解决办学方向问题；狠抓教育质量，创新民办教育，加强团队建设是办学保证，这是为了解决办学途径问题。

（摘自《叶瑞祥教育科学文集》，第324页至330页）

第四节　从事教育公益事业

科研、讲课、办学从本质上来说，也是我退休后回报社会、发挥余热的一个方面，我从不讲究有没有报酬，有多少报酬。当然办学肯定是有经济上的回报，但我对这个问题都不感兴趣，我有退休金，又年事已高，这些钱我也不在乎。我自己常常标榜自己是教育科学研究的“志愿者”，有些知识分子还是要讲究报酬的，我跟他们有些不同，我认为我的讲课是公益性和义务性结合，当然有些讲课也是有酬金的，只不过大部分是比较低廉的。而我所做的公益事业主要有四种形式：

一、做好学会工作

我认为，学会工作具有学术性、合作性和公益性。所谓“学术性”是指学会是一个学术性的机构，是学术组织；所谓“合作性”是指学会是有一定群众参与的学术组织，成员之间要相互尊重，团结合作；所谓“公益性”是指学术团体是不以营利为目的的学术机构，参与者、组织者、管理者都要有奉献精神，要有公益之心。基于这个认识，我参加学会活动的理念是：尊重学者，互相学习，热心奉献，增进友谊。

退休后，我兼任多层次学会的组织、管理工作，诸如兼任中国高等教育学会学习科学研究会（又称全国学习科学研究会）副会长、全国大学学习科学研究会副理事长、全国幼儿学习科学研究中心主任、广东省学习科学研究会理事长、潮州市教育学会常务副会长等学术职务。

众所周知，当前学会开展工作经常碰到的问题，是经费问题。这些年来，为了使这些学会能够正常开展工作，必须千方百计筹集资金。例如，2002 年 1 月 6 日至 8 日，我主持在广东省潮州市绵德幼儿园召开的“全国幼儿学习科学研究中心成立大会暨首届学术年会”。经费主要依靠潮州市韩江专修学院、潮州市绵德幼儿园和汕头市龙湖区丹霞幼儿园资助解决。又如，2009 年 12 月 11 日至 13 日，第二期广东省学习科学骨干研讨会在韩山师院潮州师范分院举行，我请分院领导通过一定形式给予会议适当经济资助，同时提出讲课人员一律不发讲课酬金，还赠送我主编的《创新智能教学理论与实践研究》一书100册。再如，全国大学学习科学研究会自1995年8月至2001年10月出版的《会员通讯》的印刷、邮资等费用，我都是通过多种方式筹集解决，绝不收会员一分钱，直接为会员服务。

二、促进文化发展

我说过我写书是为了育世，我的著作都会赠送给各个地方的图书馆。例如，我在2007年9月把我多年的著作捐赠给韩师潮州师范分院，让更多的莘莘学子分享读书的乐趣。那时潮州广播电视台还来现场采访，可见大家对于教育事业的关注。

三、组织校友聚会

我把它看作是一项公益性和义务性的活动，所以我先后组织了韩师55届的校友毕业50年与55周年的聚会。那时我还写了一篇题为《向母校汇报——韩师55届普师班校友情况的综述与思考》的文章。

四、支持家乡建设

我参加了家乡的四修工作，即修校、修路、修祠堂、修族谱的慈善行为，我都尽可能地在我力所能及的范围内给予经济上的支持，我把它当作一项公益事业。

总而言之，退休后25年我主要作了如下四件事：一是潜心开展教育科学研究，二是精心传播先进教育理论，三是专心办好韩江专修学院，四是热心从事教育公益事业。

相关资料

叶良铨的来信

叶瑞祥同学：

您好！近我查看相机内存卡，在众多镜头中，发现你我聚会一较好镜头，于是特意冲洗。现邮去照片一张，仅作留念。

你的精彩发言体现深厚的文化底蕴，富有探索精神和针对性、逻辑性，尤其对老年人来说，是一节好课，我们深受鼓舞启迪。

届过古稀的聚会，实属难得。你满腔热情，不辞劳苦，周密部署，成功组织两次聚会，功不可没。聚会至今，三月有余，印象难忘。

我的几位老同学，因特殊原因，不能参会，我一一转达联络组对他们的感谢。他们关注聚会，要我翻录聚会影碟，我办妥后，一一邮去，他们一看再看，都很高兴，称赞：会期短，气氛浓，品位高，效果好。

最后，祝：新春快乐合家幸福！

老同学叶良铨

2011 年 1 月 31 日

好书赠学子勤学互勉励

读万卷书，行万里路。多读书对于师范院校的学生意义更为重大。9 月 29 日，有多年教学经验的韩山师院教授叶瑞祥就将多年的著作捐赠给韩师潮州师范分院，让学生们分享读书的乐趣。

9 月 30 日，韩师潮州师范分院的图书馆里来了一位特殊的客人——叶瑞祥教授，他带来了自己的 24 部著作共 104 册图书，捐赠给韩师潮州师范分院。

叶瑞祥：第一是学习科学方面，主要解决怎样学习；第二是教育科学方面，主要是教育科学的原理方法和技能训练。

叶教授将自己多年丰富的教学经验和科学的教学原理有机结合，如今已出版论著 30 部。

叶瑞祥：希望能通过这些图书提高同学们的教育技能技巧，将来成为合格的人民教师。

学生：我觉得这些书对我们这三年的学习生活和以后的就业都非常有帮助。

学院也表示，将一如既往抓好学生专业教育，办出更好水平。

韩师潮州师范分院院长谢树浩：我们学校将在今后继续深化教学改革，加强师风师德建设，调动教师教书育人和学生学习的积极性，把这所学校办成潮州人自己的大学。

（摘自潮州广播新闻中心《民生直播室》，2007 年 9 月 30 日）

叶瑞祥赠送各地图书馆图书简介

15 年来，叶瑞祥赠送《科学学习观的探索——叶瑞祥学习科学文集》《科学教育观的探索——叶瑞祥教育科学文集》《叶瑞祥教育口述史》《评〈叶瑞祥教育口述史〉》《叶瑞祥学习学讲演录》《简明学习科学全书》6 种，先后分别赠送 29 个省、直辖市、自治区，广东省内 21 个市图书馆，北京师范大学、华东师范大学等 52 所高师院校图书馆，共 102 个图书馆，每个图书馆每种赠送 3 册，合计六种 1836 册。

叶瑞祥赠送部分图书馆藏书统计表（截至 2020 年 12 月）

顺序	馆　名	种　数	册数
1	韩山师范学院图书馆	41	194
2	韩山师范学院教育系	1	150
3	韩山师范学院 潮州师范分院图书馆	37	168
4	潮州师范分院各系室	1	50
5	潮州市图书馆	114（其中个人著作 46 种）	201
6	潮州市湘桥区图书馆	20	80
7	汕头市图书馆	20	42
8	潮汕历史文化研究中心	15	30
9	嘉应学院图书馆	25	53
10	梅州市剑英图书馆	18	53
11	国家图书馆	6	18
总计	11	298（其中个人著作 46 种）	1039

2017 年 12 月向韩山师院图书馆馆长蓝宗辉赠送《简明学习科学全书》影照

2020 年 12 月向潮州市图书馆馆长许锐琪赠送《老年教育辞典》影照

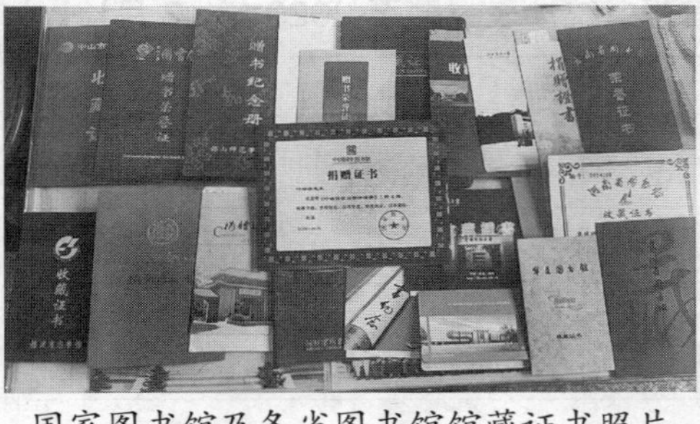

国家图书馆及各省图书馆馆藏证书照片

潮州市图书馆地方文献厅“叶瑞祥赠书”专橱（一）

2018 年 1 月叶瑞祥向汕头市金平区中小学校长赠送《叶瑞祥学习学讲演录》影照

潮州市图书馆地方文献厅“叶瑞祥赠书”专橱捐赠者简介(二)

退休后的人生感言

1.退休退休，退而不休，能继续为社会，为教育事业做点好事、实事，就是幸福；退休后能继续为民办事，就是幸福。

2.老年人不仅要老有所养，老有所医，老有所乐，老有所学，更重要的还要老有所为！老有所为的人生才是最美好的人生。晚年更应该珍惜时间，只争朝夕，为教育事业做点好事、实事，体现人生的价值。

3.健康老人，必须做到“六好”。（注：“六好”即思维清晰，表达好；精力充沛，气色好；心情愉快，睡眠好；日常生活，自理好；和谐相处，行为好；社会活动，参与好）。要做健康的老人，必须坚持“两个中心”“三个一点”。（即以身心健康为中心，以内心和谐发展为中心，做到学习一点，奉献一点，糊涂一点）。

4.老年人为社会服务一要有乐趣，二要根据自己的特长和专业，三要和谐相处，心灵相通。

5.有作为的老年人就好比一本好书。有所作为的人生就能写成美丽的书。退休人员，重点追求的是精神生活、精神寄托、精神享受。

6.老人是个“宝”，要学会尊重老人，这也是尊重自己的明天！

7.读书育己，教书育人，写书育世，这是我人生的追求目标。

8.人有为，才有位。

9.人生就是一次又一次的选择。

10.人生就是由几个拐点组成的，一个又一个拐点拐对了，人生也就正确了。

11.我们这一代人，能生活到现在，应该值得高兴。我们没有理由不愉快，没有理由不为社会做一点力所能及的事情。

12.人的一生，不仅要有“长度”，更要有“高度”，还有“宽度”。

13.一个人逝世后，只要他还留下一点精神，一种思想，一本著作，能够继续发挥作用，那是人生最大的幸福和荣耀。

14.立德、立功、立言是中国知识分子的理想与追求。

15.我的学术人生就像广州乐曲《步步高》。

16.幸福就是由一次又一次的幸运组成。

17.幸福不是抽象的，是具体的，看得到、摸得着、体验得到的。

18.幸福就在人心中。

19.读书、教书、写书，以书为生。

20.教学、科研、管理，融为一体。

21.凡是过去，皆为序曲。

22.只有前进时（式），没有终结时（式）。

23.读书是人生的精神享受。

24.来是偶然，去是必然，尽其当然，顺其自然。

25.黄昏的年龄，黄金的时代！

26.做人要有气度，待人要有温度，做事要有尺度，举止要有风度，底蕴要有厚度，视野要有宽度。

27.人生像长跑，不是看最初跑得多快多好，而取决于最后跑得多远多好多久。

28.自豪不自满，自信不自骄。

29.我认为人生要做到没有遗憾，要做到：一是身后能留下论著给社会。二是人生在世时要勤奋学习、工作与研究。三是人生在世时要有创新精神和创新能力，留下一定的创新成果。

30.退一步，海阔天空；忍一忍，风平浪静。

31.人生“三有”：有勤奋的学习（工作）精神，有坚强的学习（工作）毅力，有一定的学术遗产。

32.读书是教育人生的基础，教书是教育人生的本分，写书是教育人生的延续。

33.存好心，说好话，干好事，做好人。

34.以人为善，朋友遍天下。

35.要记住，千万不要让你的合作者吃亏。

第六章　我与学习科学

（1979 年—现在）

第一节　我与学习科学研究（1979 年—现在）

学习科学是一门研究“学习”问题的学科群的总称。它是研究学习现象及其规律、门类众多的学科群，是从认识论、教育科学、心理科学、脑科学、信息科学等学科中分离出来的一门新兴科学，也是一门综合性、应用性很强的基础科学。我认为，现阶段学习科学是教育科学的一门分支的独立的科学（详见《叶瑞祥学习科学文集》第 11 至 12 页）。研究学习科学是为了适应建设学习型社会的需要，是为了适应促进人的全面发展的需要，是为了适应深入教育改革的需要，也是为了适应直接提高学习效果的需要。40 多年来，我一直致力于学习、研究、应用、推广学习科学，希望学习科学能为人所知，为人所用。

一、研究学习科学过程

40 多年来，我研究学习科学的基本过程，可分为如下几个阶段。

第一阶段，自我探索研究阶段（1979 年—1987 年 6 月）

20 世纪 70 年代末 80 年代初，我为什么关注和研究学生学习问题呢？主要原因是：

其一，从严肃的教育现实问题出发，思考学生的学习问题。前面讲过，1979 年我主持过潮安县初中升高中 6006 名考生统一考试，发现教育质量严重低下，所谓“高中招牌，初中教材，小学程度”是当时初高中学生学习水平的客观写照。产生这种现象的原因众多，其中，学生自身原因是很重要的因素，学生普遍缺乏学习动力，严重存在“读书无用论”的思想，普遍缺乏科学的学习方法，严重存在“读死书，死读书”的方法。其二，从“内因论”的哲学原理出发，思考学生学习问题。毛泽东同志的《矛盾论》告诉我们“外因是变化的条件，内因是变化的根据，外因通过内因而起作用”。社会、学校、家庭等因素固然是学生学习与成长的外因，而学生自身因素包括学习动力、学习方法、学习能力、学习基础等等是学生学习与成长的内因，是决定性的因素。因此，学生应该是学习的主人翁，是学习的主体。其三，从古今中外的教育理论出发，思考学生的学习问题。那段时间，我阅读了古今中外学者有关学习问题的论著，其中华尔特著、陈云清译的《学习方法及其在教育上的应用》和田崎仁的《中学生科学的学习方法》等书，给我印象特别深刻。就在那个时候，在我的头脑中萌发了新的教育观念，开始研究学习学。我认为：“目前，国内流行的教育学的教学论或教学论专著，比较多地从教师活动方面来阐述教学论。因此，有些学者称这些论著为很少看见学生的教学论，或者干脆称为‘教授论’。为了帮助读者能比较全面地了解教学论，作者试图从学生活动的方面，探讨以学生学习过程的学习原理与方法为主的‘学习论’，阐明以学生为主体的‘学习论’，以便更好地改革教学，提高教师的教学质量和学生的学习效率。”（1983 年 10 月，叶瑞祥编著《学习的原理与方法》前言）

教育理念指导教育实践。这段时期，我正在韩山师专担任教育学科教研室副主任和教务科长。我利用所在职位的有利条件，在学习科学研究方面，着重做了三项工作：第一，开展以师专学生为主的学情调查。1982 年开始，我就对韩山师专 230 名大学二年级学生在学习目的、学习态度、学习方法等方面进行抽样调查。调查结果表明，能较好掌握大学生学习方法者占 30%，基本掌握大学生学习方法者占 20%，能初步掌握大学生学习方法者占 40%，根本没有掌握大学生学习方法者占 10%；调查结果还表明，很喜欢所学专业者占 6%，喜欢者占 66%，不太喜欢者占 22.4%，根本不喜欢者占 5.6%。同时，我还对揭西县棉湖中学223名中学生的学习动机、学习能力、学习方法等方面开展调查。第二，开展大学生学习方法讲座。从1985年起，开始在大学生入学训练期间，开展大学生学习方法专题讲座，让大学新生尽快适应大学学习生活。第三，撰写《学习的原理与方法》一书。该书从1980年下半年开始至1983年10月完成初稿，并刻印成书，1985年6月由韩山师专学报编辑部出版。

这个阶段，我在学习科学研究方面的主要特点：一是以自我个体研究为主；二是以基础理论研究为主；三是开展了小范围的学情调查；四是开展了小范围的尝试性、探索性的大学生学习方法指导活动。

在此期间，我的学习科学研究成果主要是出版了《学习的原理与方法》一书，撰写了《树立新的学生观，建立新的学习论》《关于在高等学校开设大学生学习学的若干问题》等论文；应用研究成果主要是初步了解了师专学生学习现状、原因及其对策，初步尝试了“学、教、管一体化”的方法，加强教学管理工作。

第二阶段，走向联合研究阶段（1987年6月—1997年4月）

一个偶然的机会，使我从自我的、个体的、封闭的研究状态中，走出校门，走向全国。1987年开学初，我在无意中阅读了山西教育科学研究所主办的《国内外教育文摘》（1986年12期）刊登的一则《学习学研究会筹备组关于征集论文的通知》。通知指出：“1986年9月1日，我国第一个学习学研究会筹备组在南京成立。筹备组决定于1987年春末夏初召开‘第一届学习科学学术研讨会’。今特向国内学习科学的爱好者发起征文……论文写好后，请于1987年2月底寄山西大学高等教育研究室，以便遴选优秀论文，邀请作者参加研讨会。”我立即将已写好的“树立新的学生观，建立新的学习论”一文寄出。不久，接到筹备组的邀请参会通知。我应邀参加1987年6月1日至5日在南京市召开的“全国首届学习科学研讨会暨讲习班”，并提交大会交流的专著《学习的原理与方法》和论文“树立新的学生观，建立新的学习论”。会议期间，成立全国学习科学研究会筹备委员会，我被推选为筹备委员会委员、学术组成员。从此，我的学习科学研究与学术活动，便走出校门，走向全国。通过南京会议我最大的收获是教育理念的大飞跃，形成了“学习科学是一门独立的新兴的科学”的理念，并以此指导今后30多年学习科学的研究与应用。南京会议是我学术生涯的根本转折点，为今后开展学习科学的研究与应用打下了基础。

这个阶段，我主要担任韩山师专图书馆馆长和韩山师院党办、院办主任工作。我着重做了如下四项工作：其一，认真开展学习科学基础理论研究。利用当图书馆馆长的有利条件，大量阅读有关学习科学文献，历时八年，精心撰写出版《学习学概论》一书。该书比较准确地阐明学习学的地位与性质（包括学科性质、地位、结构、研究方法及研究现状等问题），比较系统全面地构划了学习学的学科体系与内容（包括下列八论：绪论、学习本质论、学习过程论、学习原则论、学习方法论、学习环节论、学习环境论、学习指导论等），是当时一部比较系统、完整的学习学著作，它从理论上奠定了我在全国学习科学界的学术地位。同时我出版了《大学生学习学》《中学生学习学》两部专著。其二，认真开展学习指导实践活动。不仅在韩山师专专科生中连续开设大学生学习方法专题讲座，而且还在韩山师院中文系本科四年级率先开设学习学必修课，并且列入教学计划。这在当时全国高校中属于首例。其三，认真开展大范围的学情调查研究。其中，调查高师学生1400多名，高中学生1200多名，初中学生1500多名。其四，积极参加全国学习科学学术活动。其中，全国学习科学研究会活动有：南京会议（1987年6月）、成都会议（1988年10月）、黄山会议（1991年10月）、北京会议（1995年8月）；全国大学学习科学研究会活动有：四川工学院与成都会议（1988年10月）、西安会议（1993年11月）、北京会议（1995年8月）、南昌会议（1997年11月）。其间，主持成立广东省学习科学研究会，并任理事长，还应邀参加多次学术活动。

此时，我在学习科学研究方面的主要特点：一是树立新的教育理念，把学习问题作为一门独立的新兴的科学开展研究与应用；二是走出校门，走向全国，走向联合，开拓视野，广交学术朋友，开展学习科学研究活动；三是既重视基础理论研究，又重视应用研究，力出精品，强调应用，彰显学习科学的生命力。其间，承担教育部“八五”

重点课题《我国学生学情调查与学习指导研究》子课题《高师学生学情调查与学习指导研究》；四是进入学术高层，参与学术决策。在1995年8月北京会议期间被推选担任全国大学学习科学研究会理事长。1996年4月在石家庄召开的“全国学习科学研究会筹备委员会第五次工作会议”上，由筹委会主任林明榕教授提名，被推选为全国学习科学研究会筹委会副主任。

这个时期，我在学习科学理论研究成果方面，出版了《学习学概论》（广东高等教育出版社，1993年5月第一版；1997年12月第二版；2000年9月第三版）。这是我个人在学习科学学术上的代表作，为我国学习科学学术大厦添砖加瓦。同时在我主编的广东省高等学校“九五”规划重点教材《教育学》《中学教育学》教材建设中，专门把“中学生的学习与指导”一章列入教材内容。“高师学生学习指导的研究与实践”被评为广东省普通高校第三届优秀教学成果奖二等奖。应用研究成果方面，有效地提高了大学生、中学生的学习效果，韩师学生中直接接受大学生学习指导的人数累计超过3000多名。大学生称学习指导为“学习上的加油站”“学习上的及时雨”。其中，1993年349名新生学生干部中，较好地掌握了大学生的学习方法、较快适应大学学习生活者占28%，基本适应大学学习生活、初步掌握大学学习方法者占44%，逐步适应大学学习生活者占28%。

第三阶段，系列深化研究阶段（1997年4月—　）

1997年4月，我从韩山师院党办、院办主任的位置上退休之时，早已下定决心，把学习、研究、应用、推广学习科学作为人生新的起点、新的领域、新的挑战。但是，切入点何在？尚未明确。正好1997年9月，在辽宁省兴城市参加主编我国第一部《学习科学大辞典》统稿会后，我应全国学习科学研究会筹委会副主任董国华研究员的邀请，担任教育部“九五”重点课题《义务教育阶段学生“学会学习”研究》广东地区专家指导组组长，开启了系列化多层次深入的学习科学理论与实践研究，把学习科学在基础教育阶段的实践与应用，作为研究的主攻方向。

这个阶段，尽管1999年5月至2003年7月担任潮州市第一所民办高校——潮州韩江专修学院院长、党支部书记，但我的主要兴趣、精力和时间，仍然是放在研究与应用学习科学上。主要做了如下五项工作：其一，承担了学习科学课题系列研究。先后承担了教育部“九五”重点课题《义务教育阶段学生“学会学习”研究》、教育部“十五”规划课题《创新学习研究与实验》、“十一五”规划课题《创新智能教学理论与实践研究》。“十一五”末与“十二五”期间，深入开展《学生学习力理论与实践研究》等系列问题，逐步引向深入，涉及研究学习的核心问题。其二，开展了学习科学层次系列研究。“九五”、“十五”、“十一五”以及“十二五”课题，从研究学校层次来看，包括了婴幼儿—小学—初中—高中—大学—老年层次的学校。其间，与潮州市老年大学合作，承担了全国学习科学研究会“十五”重点课题《潮州市老年学习现状与学习指导研究》，“十一五”规划课题《老年创新学习能力理论与实践研究》及潮州市老年大学2009—2011年重点科研课题《老年学习力理论与实践研究》等不同层次、不同类型学校的课题研究。其三，开展了大面积的学情调查。从1997年至2016年，累计调查中小学生94178名，大学生7674名，城乡老年9654名，幼儿1463名，合计112969名，获得广泛而真实的学习情况，为开展学习理论研究打下可靠的实践基础。其四，主编了学习科学系列著作，包括《幼儿学习学》《小学学习学》《青年学习心理学》《大学生学习心理问题研究》《老年学习学》《老年学习指导研究》《老年学习力研究》《创新学习能力论》《老年创新学习能力论》《学习科学大辞典》《创新智能教学理论与实践研究》《科学学习观的探索——叶瑞祥学习科学文集》《论学习力》《婴幼儿学习力研究》《新编老年学习学》《简明学习科学全书》等20部。其五，精心地宣传普及学习科学。其中，先后举办广东省学习科学骨干研讨班两期，参加学习骨干约400名；先后应邀在全国各地讲授学习科学72个专题，开设学术报告85场。

这个时期，我在学习科学研究方面的主要特点：一是既重视学习科学的理论研究，又重视学习科学的应用研究，以学习科学应用研究为主，把理论与实践紧密结合起来；二是既重视学习科学课题系列研究，又重视学习科学学校层次系列研究，以课题系列研究为主，把课题系列与学校层次系列研究结合起来；三是开展具有原创性的学习力研究，把学习力研究与建设学习型社会结合起来，把学习力研究与新课程改革结合起来，把学习力研究与推进素质教育，为培养全面发展新人结合起来，逐步形成研究学习科学的新亮点；四是开展大范围的学习情况调查，并以中小学为主体的学情调查，直接为提高基础教育质量服务；五是进入中国高等教育学会学习科学研究会领导层，统筹与指导全国学习科学研究工作。2000 年 1 月，经民政部、高教学会批准，全国学习科学研究会筹委会更名为“中国高等教育学会学习科学研究会”。周之良教授任会长，副会长有：林明榕、张笛梅、董奇、谢德民、林毓锜、魏书生、潘自由、赵秀路、蔡棋瑞、叶瑞祥、董国华等。其间我受周之良会长委托，于 2002 年 2 月在广东省潮州市成立“全国幼儿学习科学研究中心”，兼任研究中心主任。

这个时期，我在学习科学理论研究主要成果是出版了《学习科学大辞典》《简明学习科学全书》《科学学习观的探索——叶瑞祥学习科学文集》《新编老年学习学》等著作 20 部，发表学习科学论文 44 篇，逐步形成了我个人独特的学习理论与实践，其要点是：(1) 提出了“学习内化获取”的先进理念；(2) 总结了大学生学习指导的基本经验；(3) 构建了小学学习学的基本框架；(4) 开创了老年学习学的研究领域；(5) 探索了创新学习的基本结构；(6) 发展了学习力的内涵及其策略。最为高兴的是龚裕德教授撰写的《简明中国学习思想史》一书中第十章“中华人民共和国时期的学习思想”，分别介绍了徐特立、毛泽东、陈垣、成仿吾、江泽民、林明榕、叶瑞祥、林毓锜 8 位学者的学习思想。其中第七节，专题阐述了“叶瑞祥的学习思想”，着重介绍了“(1) 构划了学习学的框架结构；(2) 提出了学习学的基本理论问题；(3) 学习学研究的发展趋势等学习学的思想”。这是对我个人学习科学学术成果的最高肯定和奖励。学习科学应用研究方面，我的学习理论与实践在广东地区得到比较普遍的应用和推广，在此过程中，一批实验学校在我们的指导下，结合自身实际开展了一系列的研究试验，学生的学习成绩、学习能力、学习方法、实践能力、创新能力等方面得到了不同程度的提高，取得了明显的应用研究成果。例如：潮州市湘桥区振德街小学课题组开展了“小学生学习方式研究”试验，观察了408名小学生语文和数学科的期末统考成绩，发现实验班学生的学习成绩明显高于对比班学生的学习成绩，其中语文科优秀率高12.4%，数学科优秀率高11.4%。汕头市金园区外马四小课题组开展了“提高学生学习能力的方法途径研究”试验，据对407名四至六年级学生学习能力、学习习惯与优秀率分别高出35.2%、38.2%、28.1%。汕头市金平区飞厦小学课题组开展了“小学生创新学习能力研究”试验，通过对1774名小学生的创新学习能力调查，发现实验后学生的问题学习能力、想象学习能力、迁移学习能力、组合学习能力、变通学习能力、独特学习能力、新颖学习能力、操作学习能力有了不同程度的提高。潮州市城南中学课题组开展了“以学定教，提高学生学习能力”的研究试验，据对1172名学生连续三年参加统考的成绩统计，实验班学生的成绩明显高于对照班学生的成绩。其中，学习成绩平均高出6.65分，优生比例增加16.4%，差生比例下降6.2%。梅州市教育局教研室科研课题组开展了“数学学习指导的探索与实践”，通过对梅州市1998届、1999届初中毕业生基本情况及数学科毕业统考成绩抽样统计，发现学生毕业时的数学科学习成绩合格率比入学时增7.5%。普宁市华侨中学课题组开展了“创新学习与高中新课程改革研究”试验，对高一级1200名学生的知识掌握能力、知识运用能力和问题解决能力明显优于对比组学生，其中优秀率分别高出5.5%、16%、10.5%。实践证明课题组研究在提高学生学习质量方面起到积极的作用，直接地提高了学生学习质量，有力地推动了教育改革，有效地促进了学生全面发展，显示了现代学习科学的生命力和有效功能。

二、学习科学著作简介

1.《学习的原理与方法》：叶瑞祥编著，它是我国现代学习科学早期研究学习学的专著之一。该书初稿完成于1983年，1985年6月由广东省韩山师专学报编辑部出版、发行。它从哲学、心理学、教育学的基本原理出发，根据调查的事实，吸收近代和当代有关“学习”

研究的新成果，以学习原理与方法为主线，着重阐明学习学的若干问题。全书分 3 编、13 章，16 万字。第一编，学习过程。着重阐明学习过程的基本理论、科学基础、国内外学者关于学习过程的论述。第二编，学习原则。在阐明学习原理的特点、依据的基础上，着重阐明积极主动、学思结合、知行结合、循序渐进、博专结合的原则。第三编，学习方法。在阐明学习方法的特点、作用的基础上，着重阐明学习的基本方法，并介绍当前国外各种学习方法。该书注重理论联系实际，既有比较系统的理论性，又有比较实际的应用性，深入浅出，是我国现代学习科学早期比较系统研究学习的原理与方法的一部力作，曾在一定范围内，产生较大的影响。该书于 1989 年获得广东省教育科学研究优秀论著一等奖。

（摘自《学习科学大辞典》第 898 至 899 页）

2.《大学生学习学》：叶瑞祥、林振海编著，广东高等教育出版社，1989 年 6 月出版，15 万字。该书是国内较早研究大学生学习活动及其规律的著作。其研究内容包括大学生的学习特点、学习阶段、学习类型、学习动机、学习过程、大学生基本学习方法以及大学生分科学习方法等。其中，第一章为绪论，主要阐明大学生学习学的研究对象和方法。第二至第七章为基本理论部分，主要阐明大学生的学习特点、学习阶段、学习动机、时间运筹和学习过程等理论。第八章为大学生基本学习方法部分，主要阐明制定计划、课前预习、专心听课、课后复习、独立作业、课外学习和总结提高等基本方法。第九至第十章为大学生分科学习方法部分，主要阐明文科和理科的学习特点及其学习方法。本书为广东省韩山师范学院主编的学习科学系列丛书的第一部著作，由著名教学论专家邹有华教授为之作序，并于 1993 年获得广东省第三届高等教育优秀科研成果三等奖。

（摘自《学习科学大辞典》第 863 至 864 页）

3.《中学生学习学》：叶瑞祥、周勤多、林振海主编，广东高等教育出版社，1991 年 4 月出版，14 万字。该书是国内较早研究中学生学习现象及其规律的著作，具有分科学习指导的特色。其研究内容包括中学生的学习特点和基本学习方法以及中学各主要课程的学习方法。其中，第一章为绪论部分，主要阐明中学生学习学的研究对象、意义和方法。第二章为中学生学习特点部分，主要阐明中学教育的性质、培养目标、课程设置、教学方法以及初中生和高中生的学习特点等问题。第三章为中学生基本学习方法部分，主要阐明中学生在制定计划、课前预习、课堂学习、课后复习、课外作业和学习考试等方面的作用、类型及其要求。第四至第十二章为分科学习方法部分，主要阐明中学生在政治、语文、数学、英语、历史、地理、物理、化学和生物等九门学科的学习特点、内容及其方法。本书为广东省韩山师范学院主编的学习科学系列丛书的第二部著作，汕头市教育学会会长黄海同志作序，《汕头教育》杂志主编黄绍增同志主审。该书于 1993 年获得广东省黄华教育基金会优秀教育科研成果三等奖。

（摘自《学习科学大辞典》第 920 页至 921 页）

4.《学习学概论》：叶瑞祥编著，广东高等教育出版社，1993 年 5 月第一版，1997 年 12 月修订版，25 万字。该书是一部研究学习学原理与方法的专著。参考了教育学、心理学、人才学、思维科学等学科的基本原理，并吸收了近代和当代有关“学习”研究的最新成果，从宏观与微观结合的角度论述了学习的几个基本理论问题。全书分 7 篇 21 章。第一篇，学习本质论。着重阐明学习的本质、作用，国内外学习理论的主要流派。第二篇，学习过程。着重阐明学习过程的基本理论、科学基础，国内外学者关于学习过程的论述。第三篇，学习原则论。阐明学习原则的特点、依据，着重阐明积极主动、学思结合、知行结合、循序渐进、博专结合、亲师择友原则。第四篇，学习方法

各种版本《学习学概论》

论。在阐明学习方法、特点、作用的基础上，着重阐明学习基本方法和中学、大学分科学习方法及国外各种学习方法。第五篇，学习环节论。阐明制定计划、课前预习、专心听讲、课后复习、独立作业、课外学习、总结提高、学习评估。第六篇，学习环境论。阐明学习环境的内涵、组成部分及其如何利用。第七篇，学习指导论。阐明学习指导的内涵、意义、内容、方法及实验等问题。从而形成了有特色的学科体系和学术观点，令人耳目一新。作者十分注重理论联系实际，使该书既有理论性又有应用性，深入浅出，是一部研究学习学原理与方法的力作，也是研究学习学的重要文献。该书于 1994 年获广东省教育科学研究成果二等奖，又于 1995 年获得全国学习科学优秀论著一等奖。

（摘自《学习科学大辞典》第 903 至 904 页）

5.《幼儿学习学》：叶瑞祥、林振海主编，山西大学师范学院《教育与学习研究》编辑部，1997 年 5 月出版，13 万字。本书是我国第一部比较全面和系统地阐述幼儿学习问题的著作。其内容分为三个部分：第一篇为幼儿学习原理，包括幼儿学习的基本原理、基本原则和基本方法等三章；第二篇为幼儿分科学习方法，包括幼儿语言、计算、常识、音乐、美术、体育和品德行为学习法等七章；第三篇为幼儿学习指导，包括幼儿园开展学习指导的问题和家长开展学习指导问题等两章。参编人员有：黄莉桩、张桦、黄燕娟、姚爱华、刘芳莎、林淑芳、潘文英、徐立新、李锦莲、吴文裴、苏伟玲、李岱玲、何树英和林若霞。这些作者都是广东省汕头市具有丰富教学经验的幼儿工作者、幼儿园园长和教师。本书是叶瑞祥、林振海编著《大学生学习学》《中学生学习学》的姐妹篇，是编者多年从事学习科学研究和开展幼儿学习指导实验的结晶，具有一定的思想性、科学性、可操作性和可读性。全国学习科学研究会（筹）负责人、山西大学师范学院学习科学研究所所长林明榕研究员为之作序。他在“序”中肯定该书填补了学习科学的一个空白，并将推动国内外幼儿学习指导研究的进一步发展。

（摘自《学习科学大辞典》第 907 至 908 页）

6.《学习指导论》：叶瑞祥主编，该书是为广东省首届学习科学骨干培训班而编辑的学习参考资料，广东学习科学研究会印，1997年9月内部出版，9万字。它收集了《论学习指导》（叶瑞祥）、《北京市中学生学习现状调查报告》（钟祖荣）、《北京市三所中学学习指导实验报告》（钟祖荣）、《初中学习指导实验报告》（孔军）、《小学生学法指导的理论与实验研究》（史耀芳、王莉莉）、《中小学生学习方法调查问卷》《学习习惯与应用技能调查表》《学习意志品质的调查表》等文章。其具有科学性、实践性、操作性强等特点，主要供学习科学实际工作者参考之用。

（摘自《叶瑞祥教育口述史》第170页）

7.《青年学习心理学》：叶瑞祥、吴华钿、陈洵主编，广东高等教育出版社，1988年6月出版，19万字。该书是国内比较系统研究青年学习心理的专著之一。内容包括青年学习的特点、学习心理规律、学习生理机制、学习动力、学习过程以及学习智能开发等。其结构是：绪论，主要阐明青年学习心理学的研究对象、意义、学科性质和方法；第一篇，第一至第四章为学习基础论，主要阐明学习本质、作用、青年学习的特点规律和生理机制；第二篇，第五至第八章为学习动力论，主要阐明青年学习的动力、兴趣、情绪、意志、注意和性格；第三篇，第九至第十三章为学习过程论，主要阐明知识的感知、理解、巩固、应用和迁移；第四篇，第十四至第十六章为智能发展论，主要阐明青年的智能开发、自我控制和心理卫生。该书为广东省韩山师范学院叶瑞祥主持的学习科学系列丛书之一。2000年被全国学习科学研究会评为学习科学优秀研究成果二等奖。

（摘自《叶瑞祥教育口述史》第170至171页）

8.《小学学习学》：叶瑞祥主编，林和龙、谢声骏、陈挺特、林元涛、徐志生副主编，广东高等教育出版社，1998年11月出版，29万字。该书是全国比较系统完整研究小学学习问题的专著之一，是教育部“九五”教育科研重点课题《义务教育阶段学生“学会学习”研究》广东省课题组的研究成果，也是小学教师和小学家长开展学习指导的参考用书。内容包括小学学习的特点、作用、过程、原则、环节、方法及学习指导等。其结构是：绪论。第一篇，学习原理篇，主要阐明小学学习的特点、作用、过程、原则和环节。第二篇，学习方法篇，主要阐明小学学习的基本方法，小学语文、数学、思想品德、自然、社会、英语、音乐、美术、体育课的学习方法。第三篇，学习指导篇，主要阐明小学学校与学生家长开展学习指导的若干问题。附录之一《小学学情调查报告》，之二《名人学习的故事》，之三《小学生的学习经验》。该书为广东省韩山师范学院叶瑞祥主持的学习科学系列丛书之一。2000 年被全国学习科学研究会评为学习科学优秀研究成果一等奖。

（摘自《叶瑞祥教育口述史》第 171 页）

9.《学生“学会学习”研究文集》：叶瑞祥主编，内部发行（潮内资准字第 137 号），2000 年 12 月出版，28 万字，该书是教育部“九五”教育科研重点课题《义务教育阶段学生“学会学习”研究》广东省课题组的研究成果，也是学习科学课题研究结题报告的参考用书。它收集了广东省课题组研究情况综述以及汕头市澄海中学、龙湖区教育局教研室、新津中学、下蓬中心小学、丹霞幼儿园、汕头市金园区飞厦中学、海棠中学、东厦小学、外马四小、飞厦小学；梅州市教育局教研室、梅县丽群小学；潮州市高级中学、绵德幼儿园、湘桥区城南中学、昌黎路小学、湘桥区实验学校、振德街小学、韩山师院教务处等 19 个子课题的结题报告。最后还附上总课题鉴定证书和专家组的鉴定意见。

（摘自《叶瑞祥教育口述史》第 171 页至 172 页）

从幼儿至老年学习学系列影照

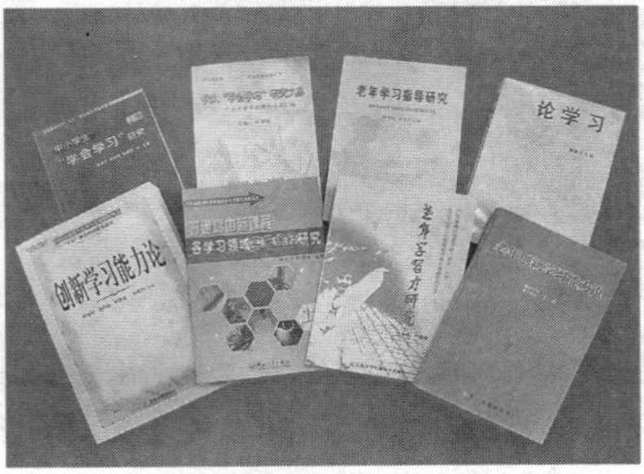

其他学习科学著作影照

10.《老年学习学》：叶瑞祥、卢璧锋主编。

（详见第七章第三节“老年教育著作简介”）

11.《创新学习能力论》：叶瑞祥、鲁澄南、柯柄嘉、朱双利主编，天津教育出版社，2004年10月出版，24万字。该书是中国大陆第一部比较系统、比较完整研究培养中小学生创新学习能力的专著，是教育部“十五”规划课题《创新学习研究与实验》广东省汕头市金平区协作组的研究成果，也是当前中小学开展课程改革的参考用书。它以创新学习能力的原理与方法为主线，着重研究培养中小学生创新能力的理论与实际问题。其结构是：第一部分理论篇，阐明创新学习能力的内涵、结构，着重研究培养中小学生创新学习能力的基本途径、原则、方法和教学模式，这是基础理论部分，属理论层面的范畴；第二部分方法篇，着重研究在中小学校不同课程培养创新学习能力的体会、经验、方法，这是应用部分，属实践层面的范畴；第三部分案例篇，着重介绍和推荐汕头市金平区协作组各中小学校不同课程培养学生创新能力的教学设计或课例，这是学科课例部分，属具体操作层面的范畴。它既有理论研究，又有方法指导，还有范例引路，具有科学性、应用型和可读性。既是现代学习科学领域的新鲜成果，又是当前课程改革的好参考书。

（摘自《叶瑞祥教育口述史》第173至174页）

《叶瑞祥学习科学文集》和《叶瑞祥教育科学文集》影照

12.《科学学习观的探索——叶瑞祥学习科学文集》：林天卫编，科学技术文献出版社，2005年11月出版，50万字。该书是全国大学学习科学研究会常务理事林天卫副研究员为叶瑞祥从事教育工作50周年和研究学习科学25周年而编辑的一部文集。其结构是：第一部分学习科学篇，一方面，阐明学习科学的内涵、地位、性质、指导思想、发展阶段及研究方法等；另一方面，阐明小学学习学、中学学习学、大学学习学、老年学习学等分支学科的研究对象、意义、方法等。第二部分学习原理篇，着重阐明学习科学的基本原理：学习本质论、学习过程论、学习方法论、学习能力论、学习环节论、学习环境论、学习评估论。第三部分学习指导篇，一方面阐明学习指导的一般理论，包括学习指导的内涵、意义、目的、内容、基本原则、形式等问题，另一方面根据不同层次的特点，分别介绍大学学习指导、中学学习指导、小学学习指导、幼儿学习指导及老年学习指导的理论与实践。第四部分学习评价篇，包括两个方面，一是作者对陶行知、邓小平、饶宗颐等名人学习思想的评价；二是学习科学学者对叶瑞祥学术著作的评价。附录一为作者简历；附录二为作者著作一览表；附录三为作者学习科学著作简介；附录四为作者学习科学学术活动简介。该书完成后，中国高等教育学会学习科学研究会会长、北京师范大学原党委书记、博士生导师周之良教授写《序一》，肯定作者“潜心开展对学习科学的系列研究”“热心培养和指导中青年教师”“真心为基础教育服务”“诚心为社会服务”，韩山师院原书记、院长汤慕忠教授写《序二》，认为通览全书，具有时代性、实践性、创新性和系统性，将对我国学习科学的研究与应用和推广起到积极而良好的作用。

（摘自《叶瑞祥教育口述史》第 174 至 175 页）

13.《老年学习指导研究——潮州市老年学习的现状与学习指导研究文集》：卢璧锋、叶瑞祥主编。

（详见第七章第三节“老年教育著作简介”）

14.《老年创新学习能力论》：叶瑞祥、卢璧锋主编。

（详见第七章第三节“老年教育著作简介”）

15.《普通高中新课程各学习领域实施途径研究》：林天卫、叶瑞祥主编，中山大学出版社，2008 年 6 月出版，48 万字。该书是广东省基础教育课程改革专项研究项目“普通高中新课程各学习领域的价值及其实施途径研究”的研究成果。本书的基本结构由“一条主线，两个模板”组成。“一条主线”是指以普通高中新课程进行整体研究为主线，由综合研究与按语言与文学、数学、人文与社会、科学、技术、艺术、体育与健康等分成七个学习领域研究两大块。本书收集的课题研究成果，是在10所实验学校的80多个子课题结题报告的基础上，从中筛选出较有代表性的30多篇论文，并经过整理、编辑而成。该书的特点一是时代性，二是实践性，三是创新性，四是指导性，五是群众性。该书的出版，将对正在开展的普通高中新课程改革实践产生良好的影响和积极作用。同时，对高等师范院校直接为基础教育服务，也有启示和推动作用。

（摘自《叶瑞祥教育口述史》第176页）

16.《大学生学习心理问题研究》：许佩卿、叶瑞祥主编，中山大学出版社，2008年8月出版，21万字。该书是2007年度广东省高等学校思想政治教育课题《新形势下大学生学习心理问题与对策研究》的研究成果。本书的基本结构是“一条主线，三个板块”，即以研究大学生学习心理问题为主线，由原理篇（着重阐明大学生学习心理问题的内涵、类型、基本途径、方法及大学生学习心理问题现状与原因）、策略篇（着重阐明化解中文、英语、数学、物理、化学、生物、体育等专业学生学习心理问题的策略与方法）、案例篇（着重展示化解26个各类不同学习心理问题的个案，有力地证明化解大学生学习心理问题的实效性）三个板块组成。该书成稿后，韩山师院党委副书记王晶作序，认为该书“是我院近年来开展大学生心理健康教育的经验总结，具有较高的理论价值和较好的实践价值，是一部有参考价值的大学生心理健康教育读物，不仅对我院进一步开展大学生心理健康教育有积极的促进作用，而且对其他院校开展大学生心理健康教育也有启示作用”。

（摘自《叶瑞祥教育口述史》第176至177页）

17.《创新智能教学理论与实践研究》：叶瑞祥、鲁澄南、林天卫、柯柄嘉主编，中山大学出版社，2009年12月出版，56万字。该书是教育部“十一五”规划课题“创新智能教学理论与实践研究”广东地区的研究成果。该书的基本结构是由“一条主线，三个模块”组成。“一条主线”是指以创新智能教学理论与实践为主线；“三个模块”：一是“研究综述”，包括“创新智能教学理论与实践”广东地区课题研究综述、多元智能理论在教学中的实际应用等综合性的问题。二是“结题报告”，包括潮州市绵德幼儿园、湘桥区实验学校、汕头市东厦小学、潮州市城基中学、兴宁市永兴中学、汕头市金禧中学、普宁市第二中学、华侨中学、潮州市南春中学、韩山师院团委会等29所学校课题组撰写的结构较完整、质量较高的结题报告。三是“教学个案”，包括幼儿园、小学、初中、高中的语文、数学、英语等教学设计。该书的出版，对正在深入开展的新课程改革和推进素质教育，提高教育质量，促进学生全面发展，将产生良好的影响和积极作用。

（摘自《叶瑞祥教育口述史》第177页）

18.《老年学习力研究》：叶瑞祥，卢璧锋主编。

（详见第七章第三节“老年教育著作简介”）

19.《论学习力——学生学习力理论与实践研究》：叶瑞祥、鲁澄南、徐志生、柯炳嘉主编，哈尔滨工程大学出版社，2011年12月出版，56万字。该书是全国学习科学研究会“十一五”重点课题《学生学习力理论与实践研究》的研究成果，是中国大陆比较全面、系统研究培养中小学生学习力的专著。它以学习力新内涵为主线，着重研究培养中小学生学习力理论与实际问题。其结构是：第一部分认识篇，着重阐明学习力的内涵、要素、意义、理论基础、当前中小学生学习力的现状与原因。第二部分策略篇，着重研究培养中小学学习力的策略，包括树立新的教育理念、开拓新的培养途径、创新课堂教学类型、创新学生学习形式、构建新的评价体系、提升教师学习力等问题。第一、二部分，是基础理论部分，属于理论层面的范畴。第三部分课程篇，着重研究在中小学校不同课程培养学生学习力的策略，包括认识、途径、方式等。第四部分实践篇，着重总结中小学校不同课程培养学生学习力的具体经验、体会等。第五部分案例篇，着重介绍、推荐汕头市金平区和潮州市湘桥区各实验学校不同课程培养学生学习力的成功个案或课例，这是学科课例部分。第三、四、五部分是应用部分，属于具体操作层面的范畴。该书由教育理论工作者、教育实际工作者与学校管理工作者“三结合”队伍共同编写而成的。它既有理论研究，又有具体经验，还有范例引路，具有科学性、实践性、创新性和可读性。既是现代学习科学领域研究的新成果，又是当前开展教学改革的参考书。

（摘自《叶瑞祥教育口述史》第178至179页）

20.《婴幼儿学习力研究》:叶瑞祥、温初主编，蔡曼云、蔡小洁副主编，中国言实出版社，2013年10月出版，23万字。该书是全国幼儿学习科学研究中心“十二五”规划课题《培养幼儿学习力的策略研究》的研究成果。它以学习力新内涵为主线，着重研究2至3.5岁婴幼儿学习力发展的实际与理论问题。其结构是:第一篇，原理篇，着重阐明学习力的内涵、要素、作用理论基础、培养途径，同时研究婴幼儿学习力的现状与培养途径。第二篇，课程篇，着重研究开发婴幼儿学习力的音乐、语言、数学、美术、体育、感官训练、日常生活训练等课程的策略。第三篇，成效篇，总结开发103名2至3.5岁婴幼儿学习力发展的成果及28个成功个案，从实践层面上论证了原理篇、课程篇的正确性、可行性。该书是教育理论工作者与早期教育实际工作者共同编写而成的。它既有理论研究，又有具体经验，具有科学性、实践性、创新性和可读性。

（摘自《叶瑞祥学习学演讲录》第504页）

21.《叶瑞祥学习学讲演录》：叶瑞祥著，中国电影出版社，2014年8月出版。本书是我国学习学学者率先出版的《学习学讲演录》之一，是叶瑞祥30多年来在全国各地大量的学习学讲演稿中精选的30篇，按他的学习科学理念要点，以及时间顺序编辑而成的。该书集中体现了他的学习科学理论与实践的研究成果，其要点是：“一个核心”：提出“学习内化获得”的新概念，即学习的本质是“内化获得”的新概念。“两个层面”：1.理论层面——构建学习学的新体系，即学习学新体系包括学习本质论、学习过程论、学习原则论、学习方法论、学习环节论、学习环境论、学习评价论、学习指导论等。2.实践层面——倡导学习指导的新应用，即既包括学习指导实践系统，开展从幼儿至老年人学习指导系列活动，并先后出版《幼儿学习学》《小学学习学》《中学学习学》《大学学习学》《老年学习学》系列丛书，又包括学理论指导系统，关于学习指导的内涵、理论基础、内容、形式、方式等论述。“三个亮点”:1.探索创新学习能力的新结构。即质疑学习能力、联想学习能力、操作学习能力等。2.开拓老年学习研究的新领域。先后开展老年学习课题系列研究，出版《老年学习学》《老年学习指导研究》《老年创新学习能力论》《新编老年学习学》等系列著作，并对老年学习的特点、原则、方法等论述。3.研究提高学习力的新策略。包括宏观、中观、微观的策略，并出版《论学习力——学生学习理论与实践研究》《老年学习力研究》《婴幼儿学习力研究》等系列论著。该书的出版对了解、研究 30 多年来我国学习科学的现状进度与学科发展有一定的参考价值与启示作用。全国学习科学研究会原常务副会长、全国学习科学研究会主要创始人之一林明榕教授作序。

（摘自《简明学习科学全书》第 568 页）

22.《新编老年学习学》：叶瑞祥、卢璧锋主编。

（详见第七章第三节“老年教育著作简介”）

23.《学习科学大辞典》。

（详见“我与《学习科学大辞典》”）

24.《简明学习科学全书》。

（详见“我与《简明学习科学全书》”）

三、我与《学习科学大辞典》

1.《学习科学大辞典》简介

林明榕、张笛梅、魏书生、叶瑞祥总编，新华出版社，1998 年 6 月出版，88 万字。它是我国第一部综合的关于学习科学的辞典，是一部大型的工具书。该书由 300 多名专家、教授及有实际经验的学习科学工作者，历时三年集体创作而组成的。它收集了学习科学词条 2040 条，比较全面比较集中反映了全国学习科学研究会（筹）成立十二年来，我国学习科学研究的新鲜成果和实践经验，具有涵盖面广、信息量大、富有新意、突出重点、注意应用等特点，是学习科学研究者和实际工作者的必备教材。其结构是：第一部分，理论卷，主编叶瑞祥，主要收集有关学习的本质、特点、作用、过程、原则、环境以及古今中外各种学术流派的观点等方面的词条600多条，34万字；第二部分，应用卷，主编董国华，主要收集有关学习的方法、分科学习法、学习指导、分科学习指导以及大陆各地、各系统开展学习指导的先进经验等方面的词条600多条，32万字；第三部分，人物卷，主编林明榕，主要收集大陆较有影响的学习科学研究者和实际工作者以及古今中外对学习科学有突出贡献的学者的词条400多条；第四部分，著作卷，主编林明榕，主要收集20世纪80年代以来我国学习科学在大陆较有影响的论著的词条150多条；第五部分，纪事卷，主编林明榕，主要收集1986年至1997年间，全国学习科学研究会(筹) 重要活动纪要的词条100多条。同时，还有附录之一《国内学习科学学术活动大事记》、之二《国内出版有关学习问题的主要著作目录》。整个编写过程，一直得到中共中央宣传部原常务副部长徐惟诚、北京师范大学原党委书记、教授、博士生导师周之良的支持和指导。全书完成后，徐惟诚同志为之作序，指出“为了发展学习科学一部分有志者下决心编写这样一本学习科学辞典，是很有益处的，它可以为研究者提供资料，提供线索，提供工具”。2000年该书被全国学习科学研究会评为学习科学优秀研究成果特等奖。

（摘自《叶瑞祥学习科学文集》，第475至476页）

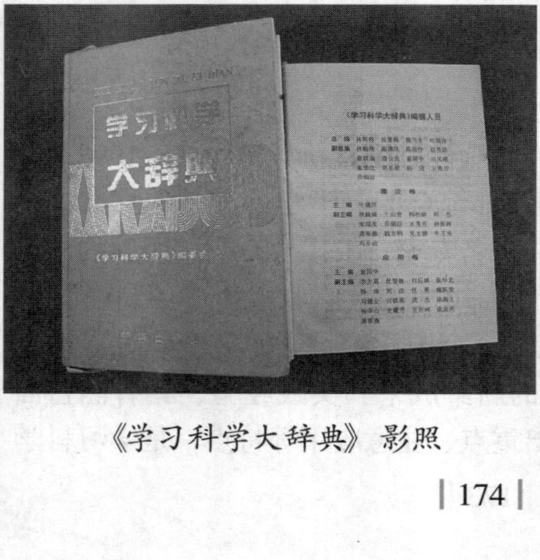

《学习科学大辞典》影照

2.我在总编《学习科学大辞典》中的作用

从编写机构来看，《学习科学大辞典》编辑委员会，顾问是徐惟诚、张健、周之良，主任是林明榕，副主任是张笛梅、魏书生、叶瑞祥、林毓锜；《学习科学大辞典》编辑人员，总编是林明榕、张笛梅、魏书生、叶瑞祥；

理论卷主编叶瑞祥，应用卷主编董国华，人物卷、著作卷、纪事卷主编林明榕。

从编写过程来看，1995 年 8 月 11 日至 14 日，中国学习科学学会筹委会在“全国第四届学习科学学术研讨会暨八五课题结题会”（北京）上，提出了编写出版我国第一部反映学习科学研究成果的大型工具书《学习科学大辞典》的任务，作为献给 21 世纪学习化社会的礼物。计划用 3 年时间，组织人力，把我国十余年来有关研究“学习”问题的成果与实践经验，进行探索、整理和遴选，编入《学习科学大辞典》，为发展学习科学、繁荣学习科学事业和提高国民素质服务。1996 年 4 月 12 日至 14 日，在石家庄市召开了“中国学习科学学会筹委会第五次工作会议”。会上我被推选为筹委会副主任，参与主持编写《学习科学大辞典》。据此，1996 年 10 月 28 日至 11 月 3 日，在杭州千岛湖专门召开了“《学习科学大辞典》编写工作会议”，林明榕、叶瑞祥、董国华、王秀芳等经过热烈讨论、协调和紧张工作，完成了如下三项工作：确定了编写人员与具体分工；确定了内

1996 年 10 月 28 日至 11 月 3 日，《学习科学大辞典》编写会议在浙江省千岛湖作家楼前合影留念

1997年10月5日至10日，《学习科学大辞典》统稿会议在辽宁省兴城市海军疗养院将军楼前合影留念

容、结构与词条目录；研究了具体实施方案与步骤。浙江千岛湖会议后，我主要负责组织我国有关学者、专家和一线教师，撰写理论卷的词条，同时注重搜集整理应用卷、著作卷方面的词条。在各地专家、学者的支持下，特别是大学学习学研究会理论骨干的支持下，经过近一年的辛勤劳动，我负责的理论卷基本定稿。1997年9月5日至10日，在辽宁省兴城市海军疗养院召开了"《学习科学大辞典》终审统稿会"。会议在顾问周之良教授的指导下，总编和各分卷主编林明榕、叶瑞祥、董国华、王秀芳等人参加会议。与会同志对《学习科学大辞典》的2000多条词条进行了逐一审阅、删改、修订、定稿。

从编写内容来看，早在1996年4月石家庄会议期间，我就向林明榕教授提议《学习科学大辞典》的整体结构要由三个板块组成：理论、应用与相关的人物事件，就形成了千岛湖会议关于《学习科学大辞典》的五个部分：理论卷、应用卷、人物卷、著作卷和纪事卷。这三个板块，我认为理论卷是关键部分，应用卷是基础部分，而人物卷、著作卷和纪事卷则是重要部分。

我主编的“理论卷”主要撰写了有关学习的本质、特点、作用、过程、原则、环境以及古今中外各种学术流派的观点等方面的词条600多条，34万字。我亲自撰写20项词条，其中核心词条诸如“学习”“学习学”“学习科学”“人类学习的特点”“学生学习的特点”“中学生学习的特点”等等。“应用卷”主要撰写有关学习方法、学习指导以及大陆开展学习指导的先进单位等词条，我主动推荐或亲自撰写广东省内学习指导的先进单位。“著作卷”主要搜集20世纪80年代至90年代我国学习科学在大陆有较大影响的论著的词条，我也主动配合撰写有关的词条。

另外，在《学习科学大辞典》出版、发行过程中，我在力所能及的范围内给予经费资助，使其能够顺利出版、发行。出版、发行后又能积极推荐，经常应用有关词条，使其产生积极的社会效益。

相关资料

评《学习科学大辞典》

——推荐我国第一部综合性的学习科学工具书

《学习科学大辞典》由林明榕、张笛梅、魏书生、叶瑞祥任总编，我国第一部大型的综合性的学习科学大辞典，已于1998年6月由新华出版社出版发行，这是我国学习科学学术界的一件大事。

这部辞书，由300多位专家、教授、学校领导及有实践经验的老师，历时三年集体创作而成，其具有十分重要的理论意义和实践意义。正如中共中央宣传部原常务部长徐惟诚同志在《序》中指出：“为了发展学习科学，有志者下决心编写这样一本学习科学辞典，是很有益处的。它可以为研究者提供资料，提供线索，提供工具。由于是第一部，不完善是不可避免的。这可以在今后逐步修正。重要的是，在这世纪之交的时刻，为中华民族的腾飞，及时做出了一份贡献。”我们阅读后认为此书具有“广”“新”“实”“严”四个鲜明的特点。

一、“广”字是指涵盖面广，信息量大

这部辞书共收入的词条2040条，这些词条涉及学习科学领域的方方面面，既有理论问题，又有实际经验，既有古代的学习思想，又有近代的学习理论，既有近20年来中国学习科学研究的新鲜成果，又有当前的先进经验，既有当代中国学习科学论著的介绍，又有中国当代学习科学研究人物的介绍。其涵盖面之广，信息量之大，在当代我国学习科学研究领域里是罕见的。

二、“新”字是指富有新意，内容稳定

这部辞书收入的词条，其内容是相对稳定的，是学术界公认的或比较公认的观点与理论，这是选择、撰写词条的基本要求，但相对稳定的内容，并不排斥其创新精神，而且一定要求创新，反映新的观点、理论、思想、经验。这部辞书富有新意表现如下：首先，这是一部创新之作。在此之前，学习科学研究领域里曾出版一两部反映学习科学领域某一方面的辞书，诸如《简明学习方法词典》，但作为大型的综合的学习科学辞书乃属首创。其次，理论上突出反映了近20年来具有中国特色的学习科学理论研究的新鲜成果，诸如“优学论”“学本论”“学习指导”“学习教育”等新的词条。再次，应用上集中反映了近20年来全国各地开展学习指导的先进经验，收入了近百所大、中、小、幼以及军事院校的新鲜经验。

三、“实”字是指注重实用，理论性强

这部辞书收入的词条分为五类，即理论卷、应用卷、人物卷、著作卷、纪事卷。两个附录，即国内学习科学学术活动大事记，国内出版的有关学习问题的主要著作目录。全书约88万字，在词条的选择和撰写上，既重视理论，又重视实用，注意理论联系实际。属于理论卷的词条，能够科学、准确地阐明学习科学基本原理与原则，让读者感到有理论高度，有时代新意；属于应用卷的词条，能够突出实用、可操作性的方法与经验，让读者感到看得到，摸得着，用得上，学以致用。

四、“严”字是指结构严密，突出重点

为了便于检索、查询，编者考以“××卷”排列，而卷内的辞条则按英文字母排列，表现上给读者感觉是散而杂。但只要仔细研究，读者就不难发现，全书突出两个重点：一是理论卷，约 600 条，34 万字；二是应用卷，约 600 多条，32 万字。两项占全书篇幅的 75% 左右。如果读者再仔细研究，又会发现，每卷内部，相互联系，各有重点。例如，理论卷，可分为学习科学（约 40 多条）、学习原理（约 380 条）、中国学习思想（约 110 条）、外国学习理论（约 40 多条）。如果读者还有再仔细研究，还会发现重中之重的学习原理这一部分，还包含了学习本质与特点、学习规律与原则、学习过程与环节、学习心理与培养、学习环境与利用、学习方法与评估等理论问题。

总之，这是能够反映当代我国学习科学研究成果和水平的一部好辞典，是值得推荐、推广、应用的一部好辞典。当然，“由于是第一本，不完善是不可避免的”。但这是浪花，这是支流，其将在今后的实践中逐步得到完善修正。

林天卫

1999 年 3 月 5 日

（摘自《叶瑞祥学习科学文集》，第 466 至 467 页）

四、我与《简明学习科学全书》

（一）《简明学习科学全书》简介：叶瑞祥主编，鲁澄南、许佩卿、许树然副主编，团结出版社，2017 年 8 月出版，78.7 万字。它是我国第二部综合性的学习科学辞典，是一部专业性工具书。该书由 300 多名学习科学研究者共同编写而成，具有继承性、创新性、包容性、相对完整性等特点。全书收集学习科学词条 1500 多条。其基本结构：主体部分收词 1400 多条，包括：（1）学习基本原理；（2）学习方式与方法；（3）学习指导理论与实践；（4）婴幼儿学习研究；（5）小学学习研究；（6）中学学习研究；（7）大学、中专学习研究；（8）成人学习研究；（9）老年学习研究；（10）中国古代学习思想研究；（11）名人名著学习思想。附录部分收词 90 条，包括：（1）当代学习科学著作；（2）我国学习科学研究会重要会议；（3）当代我国学者学习思想。成书后，中国高等教育学会学习科学研究会首任会长周之良教授为之作序，原常务副会长林昭榕研究员发来贺词，认为“该书具有继承性和创新性等特点，内容更加丰富新颖，是一部当前研究学习问题的重要参考书”。

（二）《简明学习科学全书》出版说明：1998 年 6 月全国学习科学研究会组织编写出版了大型科学辞书《学习科学大辞典》。该辞典大量收入了研究会成立以来国内学习科学的理论与实践研究成果，近 2000 词条，近 90 万字。学术界普遍认为该书“内容新颖、丰富，是一本研究‘学习’问题的重要工具书，在学术界产生极大的影响”。时代在进步，科学在发展。近 20 年来，学习科学获得了长足的发展，产生了深刻的变化：一方面，国内学习科学取得了扎实而丰富的研究成果；另一方面，国际当代学习科学出现了科学而鲜活的研究成果。为了继承《学习科学大辞典》的学术成果，总结国内学习科学研究的创新成果，吸收国际当代学习科学研究的先进成果，经研究我们决定编纂出版《简明学习科学全书》。我们的想法，得到中国高等教育学会学习科学研究分会的支持，批准立项为“十三五”规划重点课题。其意义在于：为继承发展《学习科学大辞典》的学术遗产，做件好事；为给读者查阅学习科学理论与实践研究成果提供方便，做件善

2017 年 12 月 12 日，韩山师范学院党委书记幸少涛会前与叶瑞祥老师亲切交谈

事；为实现我国“学习大国”的奋斗目标，做件实事。自 2015 年 1 月起，我们经过搜集精选词条、分工撰写词条、确定整合词条等阶段，历时三年，现在终于付梓成书。本书出版，又适逢全国学习科学研究会成立 30 周年，意义特殊。

为了达到上述目标，我们在编写过程中坚持“不忘本来，吸收外来，面向未来”的要求，力求体现如下特点：其一，继承性，是指继承《学习科学大辞典》的部分词条，也就是说继承了 20 世纪八九十年代我国学习科学的理论与实践研究成果，具有明显的继承性。其二，创新性，是指总结、反映近 20 年来国内外学习科学研究的新理论、新思想、新经验、新方式、新模式等新成果。诸如，国内学习科学关于创新学习、学习力等方面的新词条。又如，国际当代学习科学关于神经科学、现代信息技术等方面的新词条，所以具有较强的创新性。其三，包容性，是指遵循百花齐放、百家争鸣的方针，采取包容态度，吸纳古今中外学习科学的不同观点、理论、方式、模式等新词条，因而具有适度的包容性。其四，完整性，是指从形式上似乎词条之间缺乏内在的联系性，其实在体系结构、内容安排和词条选择上，却是相对完整而系统的。该辞典的主体部分是学习科学词条 1400 多条，附录部分词条 90 条，全书近 80 万字。从结构上看，拼音目录——主体部分——附录部分——分类目录，做到突出主体，前后呼应，便于检索。从内容上看，分类目录 14 项，体现以理论研究成果与应用研究成果为主线，主要有如下六个部分：①学习基本理论与方式。②学习指导理论与实践。③不同年龄段学习者学习活动。④中国古代学习理论。⑤当代学习科学著作。⑥名人、学者学习思想。从关系上看，中外关系以中国为主，古今关系以当代为主，学用关系以应用为主，故具有相对的完整性和系统性。其主要特点是继承中国学习科学成果，传播当代学习科学精华。

本书是由全国各地 300 多名教育和学习科学研究者共同编写而成，是集体智慧的结晶。参加编写人员中，既有高等院校的各类专家、学者，又有幼儿园、小学、中学一线的校长、教师；既有地（市）县（区）教育行政的专业人员，又有不同行业的学习科学研究人员；既有我国老一辈的学习科学研究者，又有中、青年的学习科学研究者，具有专业性、广泛性和代表性。这是一支有专业信仰、有科学态度、有创新理念、有奉献精神的队伍，他们都是学习科学的研究者、践行者、宣传者和志愿者，实在难得，值得敬佩，我对他们表示感谢，并对编委会的诸多学者的支持和努力也表示感谢。本书由叶瑞祥主编，鲁澄南、许佩卿、许树然任副主编，最后由叶瑞祥、许佩卿定稿。编写过程中，我们还参考了大量的国内外学习科学的论著，对这些作者，我们深表谢意！特别是在编纂过程中我们还得到总顾问中国高等教育学会学习科学研究分会首任会长、名誉会长、北京师范大学原党委书记、博士生导师周之良教授，原常务副会长林明榕研究员、张笛梅教授、原副会长林毓锜教授、董国华研究员以及第八届理事长魏书生、常务副理事长龚春燕等顾问们的大力支持和指导，我们也表示衷心感谢！

叶瑞祥

2017 年 7 月于广东韩山师范学院

相关资料

序

周之良

学习科学研究会的成立，是 2000 年初的事了。以前已筹备多年，在大、中、小学都搞了一些实验，得到广泛支持。所以成立大会召开时，主要省市都有代表参加。研究会隶属中国高教学会，是个群众性的研究团体，无权无钱，开展工作靠的是志同道合，共同的学术追求。我们认定，学习是一门科学，研究它是社会进步的需要，是推进教改的关键。

“教学”就是教学生学。陶行知先生的这个观点，一直被人们奉为经典。

教师懂得如何学，才能懂得如何教；个人懂得如何学，才能持续发展，与时俱进。所以有识之士认为，近来世界教育的发展趋势，已经从重点研究“教”转向重点研究“学”。而且，随着新科技革命的

幸少涛书记会前与参加“叶瑞祥主编《简明学习科学全书》发行式暨座谈会”代表合影留念

兴起，人的学习方式必须要有新的改变。

研究学习科学可以有多个角度，如生理学、心理学、信息科学、历史经验等。涉及古今中外，跨越多个学科。构成完整的科学体系，需要多方面、长时间的努力。虽然任重道远，但是贵在参与。研究会进行了大量的实验研究，造福师生，也为学习科学的科学化系统化打下扎实的基础。不论从哪个角度来说，学生学习状况的改善，都是当今社会最受关注、最为可喜的大事。

叶瑞祥老师是学习科学研究会的领导人之一，他视野开阔，锐意创新，屡有新著问世。这次修订《简明学习科学全书》，是汇集和提炼多方面的研究成果的结晶之作，是经验的新总结，是理论的新升华。我们从中可以看到学习科学的发展，听到时代潮流的涛声。我对于这位勤奋的学习者的热情和付出，是充满敬意的。

习近平总书记号召，“在全党大兴学习之风，依靠学习和实践走向未来”。他说：“好学才能上进。中国共产党人依靠学习走到今天，也必然要依靠学习走向未来。”（《人民日报》2014 年 5 月 4 日）

未来在向我们招手。学习科学大发展的机遇已经来临。我们的理想是人人爱学习、会学习，与时偕行，共同创新，让学习科学助力于人的发展，社会的进步。

2017年6月于北京师范大学

(作者系中国高等教育学会学习科学研究分会首任会长、名誉会长，中共北京师范大学委员会原书记、教授、博士生导师。)

贺《简明学习科学全书》出版

进入21世纪以来，科学技术已进入高速发展的时代，知识和信息爆炸式的增加，知识的创造周期、物化周期、更新周期日益缩短，向人类的学习活动提出了更加严峻的挑战。学会学习，善于学习，已成为人们生存和发展的必备本领，成为学习化社会每个人的迫切需要。在这种背景下，研究“学习”的学习科学的重要位置被日益凸显出来，叶瑞祥主编的《简明学习科学全书》一书，无疑对宣传和普及学习科学，建设学习化社会，有着不可估量的作用和重大意义。

2017年12月12日，“叶瑞祥主编《简明学习科学全书》发行暨座谈会”在韩山师范学院举行。此为会场照片

叶瑞祥先生是新学科——学习科学的创始人之一，毕生从事这门新学科的研究，曾多年担任全国学习科学学术组织的重要领导工作，成绩卓著，著作等身，为建设学习科学学科大厦作出了重要贡献。今年，他在耄耋之龄，又和编委会的诸位学者编写完成了《简明学习科学全书》。这部全书是在《学习科学大辞典》（1998 年 6 月新华出版社出版）的基础上，择取该辞典的精华内容，并收入了近二十年来国内外研究“学习”的最新成果，使该书具有继承性和创新性的特点，内容更加丰富新颖，是一部当前研究“学习”问题的重要参考书。在该书出版之际，特表示热烈祝贺！

希望该书出版后，广大读者都能关注和研究这门新学科，为建设宏伟的学习科学大厦添砖加瓦，为人类学习活动服务，推动学习化社会进步！

林明榕

2017 年 6 月于加拿大

（作者系中国高等教育学会学习科学研究分会原常务副会长兼学术委员会主任、全国学习科学研究会主要创始人之一，山西省太原师范学院学习科学研究所原所长、研究员。）

向叶瑞祥先生致敬！

鲁澄南

当叶瑞祥教授将《简明学习科学全书》辗转送到我手上时，分明感觉心里有一阵滚烫，这部近 80 万字的学习科学的工具书，拿在手里沉甸甸的，但远远超出她的重量的是叶老那热爱学习科学之情，那执着学习研究之心!

记得在 2012 年 10 月 17 日，也在韩师这里召开“《叶瑞祥教育口述史》发行式暨叶瑞祥从教 60 周年座谈会”，那时我是作了一个题为《一个为教育而生的人》的发言，赞扬叶老终身从事师范教育，身体力行推动学习科学的发展，成了我们大家仰慕的“为教育而生的人”。当时，叶老是把《叶瑞祥教育口述史》作为他一生教育的总结，他跟我说，这是他最后一部书，是封笔之作，余生要好好休息。谁知，2015 年 10 月初，他就给我来了电话，谈了他的一个宏大计划，要组织重新编写一部学习科学方面的工具书，因为他认为，早些年出版的《学习科学大辞典》已经不能完全反映近些年学习科学研究的新发展、新成果，而学习科学在当下社会发展和中国教育大变革之中显得越来越重要，所以必须有一部与学习科学实践与理论发展相适应的新工具书。10 月 30 日，他不顾年事已高，又亲自到汕头，约我和许树然校长一起商量编写的事宜。我有些愕然，叶老的动作也太快了，才几天就把一部书的纲要、编写的规则、人员的分工、进度计划和出版经费，都一一详细考虑了。我还有些心虚，虽然跟着叶老 10 几年做了一些学习科学的实践研究，但都还是很表浅的，要来参与这项工程感觉力不从心。后来遗憾的是自己忙于应付督学和学校的工作，没有能够全身心投入地去协助叶老的编撰工作，造成叶老承担了过于繁重的任务。有愧于叶老的信任。这部书原计划是 2018 年 6 月出版，现在提前到 2017 年 8 月份出版，整整提前了 10 个月，也由此可见，叶老的工作是很拼的。大概是在 9 月的一天，他给我来电话，说最后成书和准备付印的事，还告诉我前段时间因为伏案的时间太长，患上腰椎间盘突出，去医院治疗了一段时间。为了这部书，为了推动学习的变革，他是付出了身体的代价的。

摩挲着、翻阅着崭新的《简明学习科学全书》，我自然回想起 10 几年来，叶老对我们这些后学者无私的帮助，心里有无限感慨。若要洞察叶老的精神世界，我想这部书可以作为一面镜子。叶老对于学习科学的挚爱与执着，我们是难以望其项背的，这部书能够编撰成功，完全是因为叶老对学习科学的不离不弃，是他几十年来投身学习科学研究的美丽结晶，在他身上有一股“咬住青山不放松”的精神，目标已定，再难也要去实现。叶老善于广交学术朋友，提携后进，不为名利，不贪功名，不摆架子，帮助后辈同行在参与编撰中获得学术进步，表现出一位学术前辈的豁达和谦卑。这本书原先预定撰写 65 万字，出版时是 78.7 万字，多出来 10 多万字的篇幅，这都因为在编写过程，叶老不断地调整、增加条目，目的也就是要保证尽可能包含学习科学的研究成果和条目的完整，而多出来这 10 多万字大多都是他

《简明学习科学全书》封面

亲自执笔完成，可见叶老对学术的认真、严谨，不苟且。一部书足见一个人的精神境界。我们从叶老身上要学习的太多太多！

《简明学习科学全书》的出版无疑是我国学习科学领域的一件大事，肯定会写进中国学习科学发展史，而更为重要的，是将会成为一线实践学习科学理论的老师手中的工具书，将帮助他们、引领他们更为深入地研究学习问题，更好地在理论引导下开展学习科学实践，以提高学生乃至全民的学习质量，为建设中国的学习型社会带来助力。

学习科学已经进入一个历史发展的新时代，“互联网＋人工智能＋脑科学＋学习科学”是这个学习时代变革与发展的强大动力，就在互联网改变世界的时候，人工智能的迅猛发展又将助推学习的改变，“深度学习”的降临，对于脑科学研究成果的利用，对于学习科学的新研究和新实践，无疑又将是一场革命，并且它的走向难以预测，“互联网 + 人工智能”所带来的是给一个已经不确定的政治经济社会再注入不确定因素，因而，“如何学习”成了世界的一个常新课题，谁握有适应乃至引领世界发展的学习能力，谁就能“打开人类认知未来之窗”(《未来简史》作者尤瓦尔·赫拉利语)，谁就能握有强大资本，谁就能够立于不败之地。由此也可以证明，《简明学习科学全书》的出版是多么的及时，多么的令人瞩目。这更使我们感到叶老的弥足珍贵！

我们要衷心地说一句：向叶瑞祥先生致敬！祝叶老理论常青！身体健康！

2017 年 12 月 9 日

（本文系广东省特级老师、汕头市金平区教育局原副局长鲁澄南中学高级教师在 2017 年 12 月 12 日韩山师范学院教务处主办的“叶瑞祥主编《简明学习科学全书》发行式暨座谈会”上的发言稿。）

叶瑞祥主编《简明学习科学全书》发行式暨座谈会在我校举行

2017 年 12 月 12 日上午，由我校教务处主办的“叶瑞祥主编《简明学习科学全书》发行式暨座谈会”在我校伟南国际会议中心会议室举行。学校党委书记幸小涛与叶瑞祥老师亲切交谈，对叶老师对学校做出的贡献表示感谢，对《简明学习科学全书》的发行表示祝贺，就学校发展特别是师范教育的发展进行了深入的交流。

潮汕地区教育界相关人士代表以及学校办公室、党委宣传部、科研处等相关单位负责人共 20 人出席了座谈会。会议由教务处处长黄景忠主持。

叶瑞祥向学校赠送了《简明学习科学全书》珍藏本 5 册，并在发行式上讲话。他表示，学校组织的这次发行式暨座谈会，是编委扩大会，也是总结汇报会。他十分感谢母校对他的栽培，为他搭建平台，感谢学校领导的关心和重视。叶瑞祥重点介绍了编著该书的目的与过程、特点与价值、感悟与建议。他指出《简明学习科学全书》编撰目的在于，继承、发展 1998 年出版的《学习科学大辞典》的学术遗产，做件好事；帮助读者查阅成果提供方便，做件善事；实现我国“学习大国”的奋斗目标，做件实事；庆祝全国学习科学学会成立三十周年，做件喜事。全书由他带领课题组自 2015 年 1 月起历经三年努力而完成，收入条目 1500 多条，80 万字，是一部具有中国特色，集思想性、科学性和知识性为一体的大型学习科学辞书，也是一部继承中国学习科学成果、传播当代学习理论精华的学术著作，是我国学习科学界近 40 年来出版的第二部大型综合性辞书，是我国学习科学界老、中、青三代人共 300 多名学者共同努力的结晶。

座谈会上，各位来宾踊跃发言，讲述编写成书过程的艰辛感人故事，谈论参与编写该书的感悟，谈及多年来在叶瑞祥老师无私而悉心的指导下从事教育科研的经验感想，并指出《简明学习科学全书》是宝贵的财富和资源，要珍惜并积极做好传承、传播工作。

黄景忠指出，《简明学习科学全书》奠定了学习科学的学术框架，在学习科学发展史上具有里程碑意义。叶瑞祥学术人生的难能可贵之处，一是对学术纯粹、没有功利心的态度；二是不断提携后辈，

带动学术团队成长；三是在教育理论和教育实践之间架起了桥梁，为粤东基础教育发展作出了重要的贡献。（作者：许佩卿）

五、我的学习理论与实践

回顾总结40多年来，我在学习科学与教育科学研究的成果（截至2020年12月止），出版著作教材58部（退休后占36部），其中学习科学24部（退休后占20部）；发表论文164篇（退休后占88篇），其中学习科学84篇（退休后占44篇）；学术讲座135个（退休后占118个），其中学习科学72个（退休后占66个）；获得科研奖项42项（退休后占22项），其中学习科学25项（退休后占22项）。学者必须有自己的学术思想和实践。我在学习科学研究、应用、推广过程中，逐步形成了我的学习理论与实践，主要概括为下列六点。

1.提出学习“内化获得”的新概念

学习是什么？这是学习学必须回答的根本问题。古今中外，不同领域的学者，对学习的概念，提出不同的看法。就当代而言，心理学家提出“行为变化说”“经验获得——行为变化说”；脑科学家提出“神经过程说”；信息学家提出“信息加工说”；哲学家提出“学习认识说”“学习活动说”；教育心理学家提出“建构过程说”“学习互动说”等等观点。作为新兴学科的学习学如何阐明学习的概念呢？有的学者提出“学习内化说”，有的学者提出“学习功能说”，有的学者提出“学习效应说”等等。总之，具有代表性的观点，最少有16种。1993年3月9日，在“第三届全国中学学习科学学术年会”上，我应邀作了题为“对学习概念的新认识”的学术报告，吸收各家之长，从学习学的角度出发，首次提出学习“内化获得说”的观点，并于1993年5月出版的《学习学概论》一书中着重阐明了这个观点；1997年12月《学习学概论》再版时，更明确更系统地阐明学习“内化获得说”的范围、实质、特点、作用等基本问题，为构建学习学的体系打下理论基础。（详见《学习学概论》，第二版，第23—24页）。

我对学习“内化获得”的主要观点是：

①从学习的范围、层次来看，最少有下列四个层次：第一个层

次，最广义的学习，是泛指的学习。包括动物和人类的学习活动。第二个层次，次一级的学习，是指人类的学习。第三个层次，是指在校学生的学习。第四个层次，是指在校学生中不同学段的学习。

在这四个层次中，普通学习学的研究范围应该是指第二或第三个层次的学习概念，即构成我们通常所说的“大学习学”（指人类学习而言）或“小学习学”（指在校学生学习而言）。

②从学习的本质来看，学习是学习主体与客体的相互作用，经过内化而获得经验，并外化为行为变化的社会活动。

所谓“主体”，这是指参加学习活动的主体。这个主体是分层次的：可以是指包括动物和人类的有机体；可以是指人的学习，包括婴幼儿，或儿童，或少年，或青年，或成人，或老年的学习；可以是指学生，包括大学生，或中学生，或小学生。这个主体是分类型的；可以是个体，也可以是群体。这个主体是以已有经验为基础的，可以是人的直接经验，或间接经验。

所谓“客体”，这是指学习的客体、学习的外部刺激。就人的学习活动而言，这个客体包括社会生活、社会实践等直接因素，也包括各种书刊、实验、演示、电教、网络手段等间接因素。

所谓“内化”，是指建构过程。就是学习的主体，通过有机体内部对学习内容进行加工。人的学习就是通过大脑对学习内容或学习对象进行加工、消化、转化的过程，通过感知进行理解、巩固、应用的过程，通过对已有经验的改造、重组与对新信息的建构的过程。这是内化、建构、互动的过程。

所谓“获得经验”，“经验”是指学习者参加学习活动的结果，获得的结果。从内容上来看，以人或学生而言，其结果应该是促进身心全面发展，德、智、体、美、劳方面的发展；从形式上来看，应该是相对稳定的获得的结果，可以是明显的外部变化，例如学生获得知识，掌握技能等等；也可以是隐蔽的内在变化，例如学生情感、态度、转变观念等等。一句话，“获得经验”就是学习活动的结果。

所谓“活动”，是指人的学习活动既是认识活动，又是实践活动，也是社会活动。

总之，学习活动应包括学习的主体、客体、内化和学习活动的结果四个基本要素，即学习是学习主体与客体的相互作用，经过内化而获得经验，并外化为行为变化的活动。学习是内化过程，也是内化结果，这就是学习的本质。

这个新概念，得到我国学习科学界的普遍认可。我国第一部《学习科学大辞典》阐述“学习”这个词条时，给予充分肯定，并采用这个观点，认为“从学习的内涵来看，学习就是主体与环境的相互作用，经过内化而获得经验，并化为行为表现的活动”。（详见《学习科学大辞典》，第171—172页）全国学习科学研究会常务副会长兼秘书长、重庆市教委会评估院院长龚春燕研究员在其撰写的《创新学习论》《创新学习：学习方式的革命》两书中，也详细引用这个概念，提出“总之，学习活动应包括学习的主体、客体和学习活动的结果三个基本要素，即学习就是主体与环境的相互作用，经过内化而获得的经验，并外化为行为变化的活动，这就是学习的实质”。（详见《创新学习论》，红旗出版社，1999年12月版，第7—8页；《创新学习：学习方式的革命》，科学技术文献出版社，2002年5月版，第4—6页）

2.构建学习学的新体系

构建比较科学、实用的学习学理论体系是学习学学者追求的学术目标。我在研究学习科学过程中，首先考虑的问题是学习的概念，这是构建学习学的逻辑起点或基石。1985年6月，拙作《学习的原理与方法》，开始尝试构建学习学理论体系，提出了“学习过程论”“学习原则论”“学习方法论”等三个部分；1993年5月，拙作《学习学概论》（第一版），进一步提出了“绪论”“学习本质论”“学习过程论”“学习原则论”“学习方法论”“学习环节论”等六个部分；1997年12月，拙作《学习学概论》（第二版），更完整更系统地提出了“绪论”“学习本质论”“学习过程论”“学习原则论”“学习方法论”“学习环节论”“学习环境论”“学习评估论”“学习指导论”等九个部分，而且各部分之间密切联系，环环紧扣，形成体系。

我的学习学理论体系的要点是：①绪论。主要阐明学习学的研究对象、研究学习学的意义、学习学的学科性质、学科地位、发展概况、结构体系及研究学习学的方法等。②学习本质论。主要阐明学习的起源、概念、特点、作用，简介国外学习理论的主要流派等。③学习过程论。主要阐明学习的基本过程、中学生的学习过程、学习过程的科学基础（包括哲学基础、神经科学基础），简介国内外学者关于学习过程的论述等。④学习原则论。主要阐明积极主动原则、学思结合原则、知行结合原则、循序渐进原则、博专结合原则、求师择友原则等。⑤学习方法论。主要阐明学习的基本方法、中学各科学习方法、大学分科学习方法以及国外学习方法简介。⑥学习环节论。主要阐明制订计划、课前预习、专心听课、课后复习、独立作业、课外学习、总结提高等。⑦学习环境论。主要阐明社会环境、学校环境和家庭环境对学习的作用。⑧学习评估论。主要阐明评估的作用、标准和方法等。⑨学习指导论。主要阐明学习指导的内涵、意义、目的、原则与形式等。

这个新的理论体系，得到我国学习科学界的认可与肯定。《学习科学大辞典》对拙作《学习学概论》是这样评价的："从而形成了有特色的学科体系和学术观点，令人耳目一新。作者十分注重理论联系实际，使该书既有理论性又有应用性，深入浅出，是一部研究学习原理与方法的力作，也是研究学习学的重要文献。"（《学习科学大辞典》，第904页）。龚裕德教授的新作《简明中国学习思想史》第十章"中华人民共和国时期的学习思想"第七节"叶瑞祥的学习思想"一文中指出："叶瑞祥在《学习学概论》一书中从宏观角度用'七论'来详细阐述学习学的七个基本理论问题，即学习本质论、学习过程论、学习原则论、学习方法论、学习环节论、学习环境论、学习指导论。"（详见《简明中国学习思想史》，中国文联出版社2011年4月版，第319—325页）。

3.倡导开展学习指导的新应用

20世纪70年代末80年代初，是现代中国学习科学研究的起步阶段，各地开始开展学习方法指导，简称学法指导。1991年8月16日至20日，由汕头市教育学会与全国中学学习科学研究会联合举办的“全国中学学习科学研讨会”在汕头市召开。会议期间，我与林明榕（时任全国学习科学研究会筹委会主任，太原师院研究员）、林毓锜（时任全国学习科学研究会筹委会副主任，西安交通大学教授）研究，一致认为“学法指导”这个概念外延狭窄、内涵简单，因为学习问题不仅涉及学习方法，还与学习目的、学习内容、学习心理等都有密切联系，故建议改为“学习指导”这个概念更为全面、科学、准确，至于“学习指导”的内涵、目的、内容、形式等等问题，各自进行研究。不久，1993 年 3 月 8 日至 10 日，由汕头市教育学会与全国中学学习科学研究会联合主办的“第三届全国中学学习科学学术年会”在汕头市召开，我提交了“论学习指导”“再论学习指导”两篇论文，对学习指导的内涵、目的要求、内容、形式以及分科学习指导等问题，作了比较全面系统的论述。此外，我先后出版的《幼儿学习学》《小学学习学》《中学生学习学》《大学生学习学》《老年学习学》《学习指导论》《叶瑞祥学习科学文集》《新编老年学习学》《简明学习科学全书》等著作、教材，都用相当的篇幅对学习指导进行较为全面科学的论述。

我对学习指导的主要观点是：①学习指导的内涵。学习指导是一项综合的系统工程，它是指在教师指导下，对学生在学习过程中的学习目的、学习心理、学习内容、学习方法、学习环节等方面进行全方位的指导，从而使其有效地掌握知识，发展智力，形成品德的活动。②学习指导的意义。学习指导是学习理论向实践转化的中间环节，是推进素质教育的重要方面，也是符合世界教学改革的发展趋势。③学习指导的目的。一方面是使学生树立正确的学习观点，激发正确的学习动力，掌握科学的学习方法，运用正常的学习环节，逐步的提高学习能力，培养优秀的学习品质，形成良好的学习习惯，有效地提高学习质量；另一方面，提高教师教书育人的能力，提高教师专业发展水平。④学习指导的内容。除共同的目的、内容外，不同年龄阶段，学习指导内容重点不同。⑤学习指导的原则。学法指导与教法改革同步的原则，学习指导与育人相结合的原则，理论指导与培养实际能力相结合的原则，集体指导与个别指导相结合的原则，学习指导与学生心理发展水平相适应的原则。⑥学习指导的形式。有课程讲授式、专题讲座式、学习环节渗透式、具体学科渗透式、经验交流式、学习程序式、教师示范式、学习治疗式、自学辅导式、自我探究式、家长辅导式、效果反馈式。归根到底为两大类：一是显形的学习指导，二是隐形的学习指导。

在学习指导的实践方面，我在“八五”期间对1000名大学生开展学习指导实验；“九五”期间分别对1000名幼儿、10000名小学生和10000名中学生开展学习指导实验；“十五”期间对1200名老年人开展学习指导实验；“十一五”期间对19000多名中小学生开展学习指导实验；“十二五”开局之年2011年又对103名2至3岁的婴儿开展学习指导实验。实践证明，“八五”至“十二五”期间，学习指导已取得明显的应用研究成果。

我对学习指导的理论与实践，引起了全国学习科学界人士的关注和重视。全国学习科学研究会副会长兼学术委员会主任、北京教育管理学院副院长钟祖荣教授在其著作《学习指导的理论与实践》一书中指出“第二类是教育学者，比如叶瑞祥、黎世法等，他们对教学理论有研究，对学习方法进行了一定的理论研究与调查研究，所以他们所编写的教材理论体系比较严密”。（指叶瑞祥主编《中学生学习学》一书，详见《学习指导理论与实践研究》，教育科学出版社，2001年5月版，第180—181页）全国学习科学研究会学习指导专业委员会主任、四川工学院高教所所长李方葛研究员在其著作《大学生学习指导》一书中指出，“全国大学生学习指导的形式和方法是多种多样的，内容非常丰富而广泛，这里仅根据叶瑞祥教授1993年所作的综合概括介绍如下：1.开设学习指导课程。2.开设专题讲座。3.开展渗透式的学习指导。4.组织学习经验交流。5.学习诊断治疗。6.自学辅导。7.自我探究。8.家长辅导。9.学习程序式指导。10.效果反馈辅导……”。（《大学生学习指导》，四川大学出版社，1995年9月版，第11至13页）广东省高等学校“九五”规划重点教材《中学教育学》，还将学习指导单列一章，即第十二章“中学生的学习与指导”。（详见《中学教育学》，广东省高等教育出版社，1997年8月版，第 255 至 277 页）我们撰写的论文"'以学定教'新思想"全文被人民大学复印报刊《高等教育》1998 年第三期全文转载。该文主要论述大学学习指导问题。我主持的"八五"科研成果《高师学生学习指导的研究与实践》，还于 1997 年 5 月荣获广东省普通高校第三届优秀教学成果二等奖。

4.探索创新学习能力的新结构

进入 21 世纪以来，全国学习科学研究会的重点课题是研究创新学习问题。2002 年 5 月 17 日至 18 日，由香港教育工作者联合会与香港教师中心主办的"创新学习研究与实践国际研讨会"在香港召开，我应邀参加会议，提交大会交流论文是《创新学习能力的定位及其结构》一文（会后，被收入 2002 年 10 月出版的《香港创新学习研究与实践国际研讨会文集》）。我认为"能力为重"，创新学习能力是创新学习的重要组成部分，是学习能力的高级层次。同时，我又担任教育部"十五"规划课题《创新学习研究与实验》广东地区专家指导组组长，并以此作为研究创新学习的亮点。经过六年研究，先后出版了《创新学习能力论》《老年创新学习能力论》等论著。

我对创新学习能力的主要观点是：①创新学习能力的界定。创新学习能力是创新学习的重要组成部分，是学习能力的高级层次。它是一个人顺利完成某项学习任务时，具有新颖、独特、综合的实际本领。这是我对创新学习能力的定位与界定的认识。②创新学习能力的基本结构是：质疑学习能力、联想学习能力、迁移学习能力、组合学习能力、变通学习能力、标新学习能力、独创学习能力、操作学习能力。其中，问（质疑）是起源，想（思维）是核心，新（新颖）是特点，做（操作）是动力。它在实际操作过程中，基本结构之间是相互联系，互相渗透，互相补充，综合应用的。③创新学习能力的基本方法是：自主学习法、问题学习法、开放学习法、案例学习法、课题学习法、辩论学习法、实践学习法、迁移学习法、重组学习法、联想学习法等等。④培养学生创新学习能力的教学模式。独立课程式的结构：问——想——做——评；课程渗透式的结构：以教（师）为主导，学（生）为主体，疑（问）为主轴，练（动）为主线。

这些研究成果，引起了全国学习科学界的重视与关注，龚春燕研究员在其《创新学习论纲》一书中指出，“叶瑞祥教授是全国学习科学研究会副会长，广东省学习科学研究会会长。在他的指导下，整个广东省创新学习实验进展良好，尤其是金平区。金平区在汕头市是创新学习实验集中具有代表性的地区，区内1所中学、14所小学参与该课题实验，于2002年下半年开始在15所中小学进行学生创新学习能力现状的调查。15所中小学共19722名中小学生参加调查，其中17837名小学生，1885名中学生接受调查。”“调查的内容主要围绕与创新学习相关的八种学习能力：①问题学习能力；②想象学习能力；③迁移学习能力；④组合学习能力；⑤变通学习能力；⑥独创学习能力；⑦新颖学习能力；⑧操作学习能力。”（详见中国特级教师文库《创新学习论纲》，人民教育出版社，2005年9月版，第85页）“十五”期间，广东地区参加实验学校有幼儿园、小学、初中、高中、大学及老年大学等53个单位，都取得显著的理论研究成果和应用研究成果。其中，《创新学习能力论》一书，还被天津市教育部门指定为教师教学改革参考阅读材料之一。

5.开拓老年学习研究的新思路

新世纪提出建设学习型社会，要求全民学习、终身学习，做到人人皆学，处处可学，时时能学，终身学习。而老年学习与婴儿学习是薄弱环节，为了贯彻“重视老年教育”“重视0至3岁婴儿教育”的教育决策，从2003年至今，我与潮州市老干部大学共同主持了全国学习科学研究会“十五”规划课题《潮州市老年学习现状与学习指导研究》、“十一五”规划课题《老年创新学习能力理论与实践研究》、潮州市老干部大学2009—2011年教育科学重点课题《老年学习力理论与实践研究》。2011年又与潮州市骄阳艺术学校宝贝早期教育部共同主持《培养婴幼儿学习力策略研究》。开展老年学习研究近20年来，先后出版《老年学习学》《老年学习指导研究》《老年创新学习能力论》《老年学习力研究》《新编老年学习学》《老年教育学与教的原理》等论著。

我对老年学习问题研究的主要观点是：①老年学习的特点。学习目的呈现非功利性，习惯沿用传统学习方法，体现较宽松的学习氛围，适当控制学习节奏，储存相当大的学习潜能，学习活动必然凸显差异等。②老年学习的原则。有目的性原则、实用性原则、健身养生原则、学乐为结合原则等。③老年学习的类型。有提高素质型、补偿过去型、自娱自乐型、健身养生型、增进友谊型、提高专业型等。④老年学习的途径。包括自学、实践学习、社区学习、网络学习、老年大学、老年家教等。⑤老年学习的基本方法。有阅读学习法、听讲学习法、交流学习法、讨论学习法、模仿学习法、电教学习法、参观学习法、网络学习法、练习学习法、实习学习法等。⑥老年课程学习的方法。即不同课程不同学习方法。诸如身体保健、老年舞蹈、音乐、潮剧、潮乐、潮曲、图画、书法等不同课程，具有不同学习方法。⑦老年学习指导的形式。有课程渗透式、专题讲座式、活动体验式、实践参与式、师生合作式、自主学习式等。⑧老年学习指导的模式。导学（学习）——导思（思考）——导动（活动练习）——导评(评价)。

老年学习研究成果，得到了国内学习科学界与老年教育界的重视与好评，时任全国学习科学研究会副会长、学术委员会主任、太原师院学习科学研究所所长王秀芳研究员认为“《老年学习学》是提高老年人的生活质量的科学”“《老年学习学》一书填补了学习科学研究成果中至今缺少对老年学习全面系统研究的空白，为了学习化社会建立和终身学习的实现做出自己独特的贡献”。（《中国城市经济》文化、教育、学习版，2004 年第 4 期，第 109 页）《老年创新学习能力论》于 2010 年 7 月荣获潮州市首届哲学社会科学优秀成果（政府奖）三等奖。2015 年 6 月 11 日，国际老年大学协会主席维拉斯（法）称赞我们主编的《新编老年学习学》“在老年学习学研究已走在世界前列。”中国老年大学协会会长张晓林认为“他们在《老年学习学》研究已成为特色并处于全国领先地位”。（《老年教育辞典》，广东人民出版社，2020 年 12 月出版，第 3 页）

6.研究提高学习力的新策略

10 多年来，我为什么要集中研究学习力的问题？21 世纪以来，人们都把注意力放在培养创新型人才上，我认为学习力是创新型人才的根，是人可持续发展的动力。2003 年中共中央、国务院《关于进一步加强人才工作的决定》明确指出“重点培养人的学习能力、实践能力，着重提高人的创新能力”。我认为其实质就是人的学习力，此其一。其二，这是 40 多年研究学习科学的核心。“八五”开展《我国学生学情调查与学习指导研究》，“九五”开展《义务教育阶段学生“学会学习”研究》，“十五”开展《创新学习研究与实验》，“十一五”开展《创新智能教学理论与实践研究》，所有这些研究，归根到底是提高学习力研究。因此，“十一五”末与“十二五”初我就尝试对提高学习力开展比较系统、全面的研究。为了开展这项研究，我于 2009 年 12 月 12 日至 13 日在韩山师院潮州师范分院主办了第二期广东省学习科学骨干研讨班（参会代表 100 多名），为《学习力理论与实践研究》课题培养研究骨干。2010 年 1 月起，又主持全国学习科学研究会“十一五”重点课题“学习力理论与实践研究”。

我对提高学习力的主要观点是：①学习力的内涵。综合各种观点，吸收合理因素，我认为学习力是综合学习能力的简称，是综合性、应用性很强的重要课题。它是人的大脑所特有的潜能，是学习动力、学习能力、学习方法效力、学习毅力、学习创新活力和学习潜力等方面的综合表现，是人发展的基本动力和重要标志。②提高学习力的基本途径。有设置专门课程、结合学科教学、开展课外活动、参加社会实践、开设学习力信息课等。③提高学习力的课堂类型。有以自主为主的课型、以探究为主的课型、以合作为主的课型、以体验为主的课型、以问题为主的课型等。④提高学习力的学习形式——学案。学案是指教师为了提高学生学习力，根据“以学定教”的原理和课程标准的要求，结合学情对教材进行加工而编制的学习方案。⑤提高教师学习力是提高学生学习力的关键。教师学习力是教师综合学习能力的简称，是教师的核心能力，是可持续发展的能力，是教师专业能力的基础。其要素包括教师专业学习动力、专业学习能力、专业学习方法效力、专业学习毅力、专业创新学习活力和专业学习潜力等方面。⑥学生提高学习力的策略。明确学习目标，激发学习动力；参加实践活动，提高学习能力；掌握学习方法，提高学习效力；磨炼学习意志，增强学习毅力；树立创新学习理念，提升创新学习活力；激发多元智能，挖掘学习潜力。

这个课题，广东省内主要是在汕头、潮州市境内，开展了从婴幼儿到老年“学习力理论与实践研究”，共有 21 个教育单位参加。这些单位分别由省、地（市）、县（区）、学校科研部门批准立项开展实验，其中潮州市湘桥区城基中学、城西中学申报的课题，被批准立项为广东省中小学教学研究“十二五”规划课题。大部分课题将于 2012 年底结题验收。现已出版《老年学习力研究》《论学习力》《婴幼儿学习力研究》三部著作。全国学习科学研究会原副会长林明榕研究员认为“学习力的研究提升和扩大了‘学习素质’的研究范围，为学习科学开拓了一个崭新的领域，是研究‘学习’问题的一个重大突破，对研究和发展学习科学具有不可估量的价值，对建设学习型社会有深远影响”。

总之，我的学习理论与实践主要为上述六个要点，归纳起来是“一个核心”：学习“内化获得”的新概念；“两个层面”：理论层面——学习学的新体系，实践层面——学习指导的新应用；“三个亮点”：探索创新学习能力的新结构，开拓老年学习研究的新思路，研究提高学习力的新策略。六者相互联系，密切不可分割。

相关资料

叶瑞祥的学习思想

龚裕德

叶瑞祥，1937 年 4 月出生，广东省梅县人，广东韩山师范学院党委办公室与学院办公室主任、教育科学研究所副所长、教育学副教授。兼任全国学习科学学会副会长、学术委员会副主任，全国大学学习科学研究会理事长、广东省学习科学研究会理事长、广东省高等教育学会常务理事等职。长期从事教育科学和学习科学的教学、研究工作，是全国学习科学学会领导人之一，为创立学习科学和组建学习科学学会做出了重要的贡献。其主要著作有：《学习学概论》《大学生学习学》《中学生学习学》《幼儿学习学》等；发表《关于我国学习科学建设的若干问题》《学习的原理与方法》等论文。他的学习思想主要有：

一、构划了学习学的框架结构

叶瑞祥认为，学习学是一个门类多的新兴科学，可从六个领域进行分类，即：从研究范围分，可分为大学习学、小学习学；从研究内容分，可分为普通学习学、综合学习学（包括学习心理学、学生生理学、学习技术学、学习环境学、学习检测学、学习社会学）等；从研究空间分，可分为学校学习学、家庭学习学、社会学习学等；从学习阶段分，可分为幼儿学习学、小学学习学、中学学习学、大学学习学、成人学习学、老人学习学等；从学习学科分，可分为语文学习学、数学学习学、英语学习学等；从学习形式分，可分为指导学习学、自学学习学等。总之，学习学是研究人们如何学习的一门科学。他认为，我国研究学习学结构体系大体有八种类型，即：以人才成长为主线研究学习学，以学习心理为主线研究学习学，以学习方法为主线研究学习学，以学习经验为主线研究学习学，以学习规律为主线研究学习学，以发展智力为主线研究学习学，以学习原理与方法为主线研究学习学，以学习指导为主线研究学习学。只要将八种类型加以综合、提炼，可逐步形成比较科学的完整的学习科学理论体系。

二、提出了学习学的基本理论问题

叶瑞祥在《学习学概论》一书中从宏观角度用“七论”来详细地阐述学习学的七个基本理论问题，即学习本质论、学习过程论、学习原则论、学习方法论、学习环节论、学习环境论、学习指导论。下面综述如下：

（一）学习本质论

叶瑞祥认为，从学习的范围、层次看，通常分为大学习学（指人类学习）和小学习学（在校学习）。从学习实质看，学习是学习主体与客体的相互作用，经过内化而获得经验并外化为行为变化的活动。它包括人类学习、在校学生学习，人类学习具有社会性、能动性、继承性和中介性。在校学生的学习既具有人类大学习的共同特点，又有自身的特点，如学习安排的计划性、学习内容的全面性、学习知识的间接性、学习效果的高效性。他认为学习同人类进步、同社会发展有着密切的联系，人类的生存要依靠学习，人类的发展也要依靠学习。学习是人生存、发展的基本手段，人类任何时候都要学习，学习是人类永恒的现象。一部人类历史，既是一部工具制造史、自然改造史、社会进步史，又是人类的劳动史、人类的学习史。

（二）学习过程论

叶瑞祥认为，学习过程主要是知识经验的取得过程以及发展智力的过程。学习过程的本质是学生的认识过程，即从未知到已知，由知之不多向知之较多，由不完全、不确认的知识向比较完全、比较确切的知识的转化，把学习过程划分为感知——理解——巩固——运用四个基本阶段。感知阶段，就是学生学习和掌握知识先从对教材的感知开始的，它是整个学习过程的基础。理解阶段，就是学生有理解教材，形成科学的概念，才算真正掌握了科学知识和理论。这是学习过程的中心环节。巩固阶段，就是学生掌握学习的间接经验、书本知识，用作业、练习和复习等方法进行巩固，它在学习过程中具有十分重要的地位。运用阶段，就是把感知、思维、想象和记忆所获得的知识，运用到实际方面去，以便形成相应的技能和技巧。这四个阶段之间，是相互联系和相互依存、相互作用的关系，要根据每个学习者的需要和实际灵活应用。

（三）学习原则论

叶瑞祥提出了积极主动、学思结合、知行结合、循序渐进、博专结合、求师择友等六大原则。积极主动原则，就是学生在学习过程中，必须端正学习动机、明确学习目标，发挥学习过程中的积极性、主动性，使其自觉地掌握知识与技能，发展智力与能力。学思结合原则，就是要求学生在学习过程中，必须把接受知识、理解知识和巩固知识结合起来，把学习与思考结合起来。循序渐进原则，就是要求学生在学习的过程中必须按照科学知识体系和自身认识过程的特点，有系统有步骤地进行学习。博专结合原则，就是要求学生在学习中，按照博学和精研相互联系、彼此促进的规律进行学习。求师择友原则，就是要求学生在学习过程中，要主动请教教师和同学，虚心向教师、同学学习，尊师重道，集思广益。

（四）学习方法论

叶瑞祥从方法论的角度提出了一般的学习方法、专门的学习方法和具体学习方法。他对学习方法进行了分类：按学生学习的理论可分为模仿法、试误法。按指导学习的形式可分为讲义法、问答法、讨论法、问题法、视听法、程序法。按学习知识环节可分为预习——听课——巩固运用和课外阅读、课堂听讲——课外阅读——撰写毕业论文，制订计划——课前自学——专心上课——及时复习——独立作业——解决疑难——系统小结——课外学习，预习——上课——复习——作业——总结等方法；按照学习智力可分为观察法、思维法、记忆法等。按照学习材料可分为全体法、部分法。按学习经验可分为预习通读、寻找疑难法；勤思多问、探索思路法；眉批摘录、手脑并用法；消化巩固、温故知新法；由薄变厚、由厚变薄法；理解为主、背诵记忆法；精选多练、一题多解法；课外阅读，培养自学法；分析失分，总结经验法；劳逸结合，合理安排法等。按学习过程的特点可分为“牛吃法”“鲸吞法”“蚂蚁法”“蜘蛛法”“蜜蜂法”“蚯蚓法”等。按学习者的学习方法可分为循序渐进、熟读精思、虚心涵隐、切己体察、著紧用力、居敬持志法等。按学习内容分为概括学习法、问题学习法、逻辑推理法、总结提高法。按综合中外学习方法可分为程序学习法、尝试学习法、暗示学习法、电化学习法、模仿学习法、比较学习法、跟踪学习法、剪贴学习法、纸型学习法、卡片学习法等等。

（五）学习环节论

叶瑞祥认为，学习活动是一个完整的学习系统，它在进行过程中由一个个相互联系、前后衔接的环节构成的。学习环节分为大系统和小系统环节。大系统环节包括制订计划——课前预习——专心听讲——课后复习——独立作业——课外学习——总结提高——学习评估；小系统环节包括课前预习——专心听讲——课后复习——独立作业。两个系统之间相互是联系的、不可分割的。

（六）学习环境论

叶瑞祥认为，学习环境就是独立于学习者之外的不以人们意志为转移的客观存在。学习者的学习只能在一定的环境下进行。它包括社会环境、学校环境、家庭环境和自然环境。学习环境之间是相互作用、制约的。学习环境对学习有重要作用，即教育作用、导向作用、保证作用、指导作用、激励作用、调节作用、群体共生效应、影响作用、保障作用等。

（七）学习指导论

叶瑞祥认为，学习指导是一项综合性的系统工程，它是在教师指导下，对学生的学习过程中的学习道德、学习心理、学习内容、学习方法、学习环节等方面进行全方位的指导，从而使其有效地掌握知识，发展智力，形成品德的活动。学习道德方面，着重帮助学生确立正确的学习观和远大的学习目的；学习心理方面，着重帮助学生养成良好的学习心理品质，即如何思维、观察、想象、记忆、解决问题，创造和端正学习态度，培养兴趣、增强学习毅力、控制学习情绪、培养学习习惯等；学习内容方面，着重帮助学生在不同阶段，不同学科掌握知识、技能、技巧，形成思想品德等；学习方法方面，着重帮助学生掌握科学的、一般的学习方法和分学科的学习方法等；学习环节方面，着重帮助学生掌握制订计划、课前预习、专心听讲、课后复习、独立作业、课外学习、总结提高等。一句话，学习指导就是“教会学习者学会学习”。

三、学习学研究的发展趋势

叶瑞祥认为，学习学是一门新兴科学，是一门充满生机而富有生命力的科学。他说“从现在到下个世纪初，中国的学习学研究将得到较大的发展”。因为“四化”建设要求每个学习者需要学文化、学科学、学技术，迫切需求学习学的指导；我国已成立了学习学研究会，可以有组织、有计划地开展学习科学的学术研究活动。同时我国已出现了研究学习学的热潮，有比较广泛而又牢固的实践基础，特别是已成立专门的学习科学研究机构，有专职和兼职相结合的热心研究学习学的一支队伍。学习科学研究必须从三个方面发展：从研究方向上看，它将朝着以理论研究、应用研究和综合研究方向发展。理论研究，主要是研究学习特点、学习规律、学习创造、学习模式、学习过程、学习生理机制等；应用研究，主要是研究学科学习学、阶段学习学、学习方法、学习能力、学习成绩、学习检测、学习评价等；综合研究，主要研究学习心理学、学习社会学、学习效率学、学习技术学、学习发展史、学习未来学、学习测量学、学习结构学等；从研究方法上看，需要在系统、科学的实验法、调查法、统计法、测量法等；从研究队伍来看，应建立一支专业研究人员和兼职研究人员相结合、理论工作者和实际工作者相结合的学习科学科研研究队伍。叶瑞祥说：可以预言，我国研究学习学的高潮即将到来，学习学将从“起步阶段”进入“发展阶段”。学习科学将迎来一个大发展时期。

（摘自龚裕德著《简明中国学习思想史》第十章第七节，中国文联出版社，2011 年 4 月出版，第 319 至 325 页）

（龚裕德，男，1944 年出生，上海人。教授，解放军后勤指挥学院学术部研究员，原总装备部南京军事局局长，大校军衔。潜心研究学习科学，中国学习思想史专家、学习科学理论家。主要著作有《学习学概论》《简明中国学习思想史》《试论学习理论的形成与发展》等。）

叶瑞祥的学习理论

许佩卿

龚裕德的著作《简明中国学习思想史》第十章第七节《叶瑞祥的学习思想》一文中提到的“构划了学习学的框架结构”“提出了学习学的基本理论问题”“学习学研究的发展趋势”能比较客观、全面地阐明叶瑞祥 1997 年退休前的理论研究成果。退休后的叶瑞祥在前段理论研究成果的基础上，重在研究、应用、推广学习科学。他在比较广泛与系列研究的基础上，形成了新的学习理论与实践，主要有：

一、提出了“学习内化获得”的先进理念

叶瑞祥在吸纳古今中外学者的学习研究成果的基础上，提出了“学习内化获得”理念，明确了其内涵，分析了其结构，并阐述了其应用的问题。其要点如下：

（一）“学习内化获得”理念的提出

《简明中国学习思想史》全方位的照片

学习这个概念，既是一个古老的课题，又是一个新鲜的课题。由于不同的历史条件、不同的研究角度，形成了不同的学习概念。综合古今中外学者有关学习的概念，比较有代表性的有下列16种：(1)说文解字说。(2)行为变化说。(3)经验获得——行为变化说。(4)信息加工说。(5)学习功能说。(6)学习认识说。(7)学习活动说。(8)学习“求知”说。(9)学习“效应”说。(10)学习“内化”说。(11)神经过程说。(12)建构过程说。(13)学习互动说。(14)学习尝试说。(15)学习对话说。(16)学习生存说。叶瑞祥吸取各家之长，1997年在其《学习学概论》一书再出版时明确提出“内化获得说”，认为“学习是学习主体与客体的相互作用，经过内化而获得经验，并外化为行为变化的活动”。这个观点为我国第一部《学习科学大辞典》的词条所肯定，得到学习科学界的普遍认可。

（二）“学习内化获得”理念的内涵

不同学科从不同角度，对学习的概念作出不同的解释。叶瑞祥根据新的研究成果，试着从学习学的角度探讨学习的概念。1.从学习的范围、层次来看，最少有下列四个层次：第一个层次，最广义的学习，是泛指的学习，包括动物和人类的学习活动。第二个层次，次一级的学习，是对人类的学习而言。第三个层次，是对在校学生的学习而言。第四个层次，是对在校学生中不同学段的学习而言。在这四个层次中，普通学习学的研究范围应该是对第二或第三个层次的学习概念，即构成我们通常所说的“大学习学”（对人类学习而言），或“小学习学”（对在校学生学习而言）。2.从学习的本质来看，学习是学习主体与客体的相互作用，经过内化而获得经验，并外化为行为变化的活动。所谓“主体”，这是指参加学习活动的主体。这个主体是分层次的：可以是指包括动物和人类的有机体；可以是指人的学习，包括幼儿、儿童、少年、青年、成人、老年的学习；可以是指学生，包括大学生、中学生、小学生。这个主体是分类型的：可以是个体，也可以是群体。这个主体是以已有经验为基础的，可以是人的直接经验，或间接经验。所谓“客体”，这是指学习的客体、学习的外部刺激。就人的学习活动而言，这个客体包括社会生活、社会实践等直接因素，也包括各种书刊、实验设备、现代手段等间接因素。所谓“内化”，是指建构过程，就是学习的主体通过有机体内部对学习内容进行加工。人的学习就是通过大脑对学习内容或学习对象进行加工、消化、转化的过程，通过感知进行理解、巩固、应用的过程，通过对已有经验的改造、重组与对新信息的建构的过程。这是内化、建构、互动的过程。所谓“获得经验”，“经验”是指学习者参加学习活动的结果，获得的结果。从内容上来看，以人或学生而言，其结果应该是促进身心全面发展，德、智、体、美诸方面的发展；从形式上来看，应该是相对稳定的获得的结果，可以是明显的外部变化，例如学生获得知识、掌握技能等等；也可以是隐蔽的内在变化，例如学生情感、态度、观念转变等。一句话，“获得经验”就是学习活动的结果。所谓“活动”，是指人的学习活动既是认识活动，又是实践活动，也是社会活动。总之，学习活动应包括学习的主体、客体、内化和学习活动的结果四个基本要素，即学习是学习主体与客体的相互作用，经过内化而获得经验，并外化为行为变化的活动。

（三）“学习内化获得”理念的结构

学习概念是学习科学的基本问题，是学习科学的基石，是学习科学体系的逻辑起点。当前，学习科学理论界在研究、阐明学习概念问题上，存在三个问题。一是片面强调外因的作用，把学习简单理解为“刺激——反应过程”。二是片面强调内因的作用，把学习现象简单归结为“内化”过程。三是“取代论”，简单用哲学代替学习科学。叶瑞祥认为，学习的概念，或者说学习的本质是“学习主体与客体的相互作用，经过内化而获得经验，并外化为行为变化的活动”。这个论断立得起来的话，普通学习学的理论体系应该由下列八个板块组成：一是学习本质论，主要阐明学习的本质、作用；二是学习环境论，也可称为“学习条件论”，主要阐明学习主体与环境的相互作用；三是学习过程论，或称为“学习规律论”，主要阐明学习的基本过程，或学习的基本规律；四是学习原则论，着重阐明学习的基本原则；五是学习方法论，主要阐明学习的基本方法、具体方法和技能；六是学习能力论，主要阐明形成、培养学习能力的规律与方法；七是学习环节论，主要阐明学习的基本环节；八是学习评估论，主要是对学习结果的评价。

（四）“学习内化获得”理念的应用

目前，全国已有100多所大专院校的3万多名学生，2万多所中、小学校的几百万名学生开展学习指导活动。在开展学习指导活动时，出现了下列四个问题：一是理论化的倾向，即停留在教师讲、学生听的现象；二是孤立化的倾向，即离开学生实际的现象；三是“越位”现象，即以学代教、重学轻教；四是片面化的倾向，即以单纯的学法指导代替整个学习指导。为什么会出现这些问题？从理论研究的角度来分析，与其对学习概念的理解是否全面、正确有密切的关系。那么，学习概念与学习指导有什么关系？什么是学习指导？叶瑞祥认为，学习指导是一项综合性的系统工程，是指在教师指导下，对学生在学习过程中的学习观念、学习心理、学习内容、学习方法、学习环节等进行全方位的指导，从而使其有效地掌握知识、发展智力、培养能力、形成品德的活动。由此可以看出学习概念与学习指导是密切联系的。其一，从学习指导的指导思想来看，对学习概念的理解是否正确，直接影响学习指导活动；其二，从学习指导的内容来看，学习概念能够直接影响学习观点的指导、学习心理的指导、学习方法的指导、学习环节的指导等等；其三，从学习指导的目的来看，学习的作用与学习指导的目的是一致的，都是使学习者在德、智、体等方面得到全面发展。可见，学习概念的确立与理解，直接影响学习指导的目的、内容。

学习是分层次的，学习指导也是分层次的。就一般而言，学习指导活动主要是在学习概念的第三、四层次中进行，即在学生、中学生、中学分科学习层次中进行学习指导。了解不同层次的学习特点，显然对于不同层次的学习指导起着直接的作用。例如，学生学习特点具有安排计划性、内容全面性、教师指导性、效果高效性。因此，在学生中开展学习指导时，就要考虑这些特点。又如，中学生学习特点具有基础性、以课堂学习为主等特点。因此，在中学生中开展学习指导时，就得考虑这些特点。可见，学习概念的层次性，直接影响学习指导的层次性。

学习概念中十分强调经过“内化“这个环节，这就要求开展学习指导时，必须十分重视了解学习主体的“内化”过程，必须了解学生的学习情况。这样，才能有目的、有计划、有针对性地开展学习指导活动。可见，学习概念中的“内化”原理，要求必须了解学情才能有效地开展学习指导活动。

二、总结了大学学习指导的基本问题

叶瑞祥从全国大学学习科学研究会领导人的高度出发，在广泛调查研究的基础上，总结了 1980 年以来我国大学学习指导的理论与实际问题。其要点如下：

（一）学习指导的科学内涵

叶瑞祥认为，大学学习指导的内涵应包括狭义和广义两个层次。从狭义上说，大学学习指导是一个系统工程，是对学生学习过程中的学习观念、学习心理、学习内容、学习方法、学习环节等方面进行全方位的指导，从而使其有效地掌握知识、发展能力、培养能力、形成品德的活动。具体包括五个方面，即对学习观念的指导、对学习心理的指导、对学习内容的指导、对学习方法的指导、对学习环节的指导。其最终目的是“教会学生学会学习”。从广义上说，大学学习指导是以教育指导学生为核心，以学会做人、学会做事为基本内容，以培养德才兼备的新人为目标的活动。具体包括八个方面，即指导大学生学会生存、指导大学生学会关心、指导大学生学会做人、指导大学生学会学习、指导大学生学会思维、指导大学生学会创新、指导大学生学会生活、指导大学生学会发展。其目的是要为培养和造就跨世纪的德、智、体等方面全面发展的专门人才，为实现高等教育的培养目标服务。

（二）学习指导的学科地位

学习指导的学科地位，可以从微观、中观、宏观三个角度进行认识。从微观角度看，大学学习指导是学习科学的重要组成部分，是学习科学转化为学习实践的中介，是学习科学的实际应用；从中观角度看，大学学习指导与素质教育、提高人才素质有密切的联系；从宏观角度看，大学学习指导是世界各国教学改革的共同趋势，是社会发展的客观要求。

（三）学习指导的理论基础

大学学习指导的理论基础包括三个方面。一是“双主论”的教学思想。教学过程是师生双边共同活动的过程。在教学过程中，不仅必须发挥教师的主导作用，而且必须发挥学生的主体作用。教师应该注重对学生自主学习的意识和能力的培养，对学生进行做学习主人的教育。二是“学本论”的教学思想。“以学为本”的基本思想强调教学的侧重点是学习，以学生为主体。学习是学习主体与学习客体相互作用，经过内化获得经验并外化为行为变化的活动。三是“以学定教”的新思想。学生怎样学习，在很大程度上将决定着教师教学的倾向，这是新的教学思潮。这不仅是时代发展的需要，也是深化教育改革的需要，更是人们学习活动的迫切需要。“以学定教”将成为21世纪教学的一个重要特征。

（四）学习指导的性质、特点

大学学习指导是一门综合性、应用性很强的基础学科，有其鲜明的特点：一是综合性。学习指导把教育学、心理学、哲学、脑科学、思维科学等各学科有机地结合起来，对学习现象及其规律进行全方位的综合研究，在这些学科的基础上形成了自己的理论体系，因而它在理论和实践上具有高度的综合性。二是应用性。学习是为了应用，开展学习指导的目的，就在于指导学生的学习，提高学习效率和学习质量。三是基础性。学习是人类赖以生存的基础。人类的生存、发展离不开学习活动。学习活动又是成才的基础，也是教学的基础。掌握一般学习规律和学习方法，是学好各学科的基础。因而，以研究学习活动现象及其规律为对象的学习指导是一门基础学科。

（五）学习指导的目的要求

大学学习指导的目的要求包括基本要求、根本目的、分层次要求及重点三个方面。其基本要求主要针对学生和教师而言：就学生而言，是树立正确的学习观点，激发正确的学习动机，掌握科学的学习方法，提高学习能力，培养优秀的学习品质，形成良好的学习习惯，有效地提高学习质量；就教师而言，是更新陈旧落后的教学观点，掌握学习指导的方法步骤，探索学习指导的规律，提高教书育人的能力。其根本目的，在于全面贯彻党和国家的教育方针，加强学生综合素质教育，培养德、智、体等方面全面发展的社会主义事业的建设者和接班人。其分层次要求及重点，要求学生在掌握正确的学习方法和科学的思维方法的基础上，懂得大学学习或学习学的一般原理、原则和方法，掌握所学专业的学习方法，培养自学能力。另外，要根据学校层次和学生所学专业各有侧重，专科层次以应用为主，本科层次以应用和理论并重，研究生层次以理论研究为主。

（六）学习指导的组织形式

大学学习指导的形式多种多样，大体有十二种形式，即课程讲授式、专题讲座式、学习渗透式、经验交流式、学习治疗式、自学辅导式、自我探究式、教师示范式、学习环节渗透式、学习程序式、效果反馈式。这些形式可以分为两类，一类是显形的学习指导，即编入课程表，列入课程计划，如课程讲授式、专题讲座式等，另一类是隐形的学习指导，即未列入课程表，通过潜移默化进行学习指导的形式，如学习环节渗透式、教师示范式等。这些形式可以单独使用，也可以综合运用。在运用各种形式时，应注重针对性、科学性、自觉性和实效性，才能获得预期的指导效果。

（七）学习指导的教材建设

从1984年至1997年我国高校学习指导的教材建设状况来看，“教材建设结构比较多样”，可分成以人才成长、学习心理、学习方法、学习经验、学习规律、发展智力、学习原理、学习指导为主线的八类；“教材建设分类比较齐全”，不仅有理工、军队、医学、师范、农林等院校的教材，教材还多倾向与综合性、专业性相结合。今后加强学习指导教材建设的措施有：贯彻“双百”方针，解放思想，实事求是，鼓励教师大胆创新，积极主动参与教材编写工作；提倡“一纲多本”与“多纲多本”相结合；提倡编写配套教材；提倡根据学科特点，协作编写具有学科特色的各种教材，以适应不同专业学生学习的需要。

（八）学习指导教师队伍建设

提高学习指导质量的关键在于加强学习指导教师队伍建设。学习指导的教师队伍应做到稳定、高质、结构合理、来源广泛。所谓“稳定”，是指学习指导的教师队伍能够相对稳定；所谓“高质”，是指学习指导教师不仅思想政治素质要高，而且业务素质要高；所谓“结构合理”，是指学习指导教师的学科结构、年龄结构、学历结构、职称结构要力求合理平衡；所谓“来源广泛”，是指学习指导教师除有少数专任教师外，应由多学科的教师兼任，既有高教研究人员，又有专业课的教师，既有班主任、辅导员，又有“两课”教师等组成的专、兼职教师队伍。要重视提高专、兼职学习指导教师的业务水平，可以通过在职业余学习、参加专业培训、组织教研活动、参与编写教材、加强学术交流等方式进行。

（九）学习指导的现状及其发展

从20世纪80年代初至90年代末我国高校开展学习指导的状况来看，学习指导具有五个特点：一是广泛性，即学习指导的试验逐步得到推广和运用；二是时间长，即坚持长期实验；三是计划性，即有系统的组织和严格的教学要求；四是队伍强，即重视学习指导课的教师队伍建设；五是效果好，即教学实践效果好，学生满意。可以预言，高等学校开展学习指导一定会越来越兴旺，因为学习指导是适应世界教育改革的历史潮流，是高等学校21世纪培养高素质人才的必然要求。到21世纪初，我国高等教育的学习指导将呈现如下发展趋势：学习指导活动将逐步普及化；学习指导体系将逐步系列化；学习指导内容将逐步纵深化；学习指导结构将更趋层次化；学习指导形式将更趋多样化；学习指导水平将更趋规格化。这些趋势，反映了具有中国特色的学习指导活动正逐步走向成熟，正朝着更加科学的方向发展。

三、构建了小学学习学的基本框架

叶瑞祥在其前期研究成果《学习学概论》《幼儿学习学》《中学生学习学》《大学生学习学》等系列论著的基础上，组织开展了教育部“九五”重点课题“义务教育阶段学生‘学会学习’研究”广东地区子课题“构建小学‘学会学习’理论与实践研究”，出版了《小学学习学》一书。这是目前大陆一部比较系统、完整的小学学习学专著。该书在广泛调查研究小学生学习状况的基础上，从理论与实践的结合上构建了小学学习学的基本框架，填补了其本人原先在“小学学习学”研究方面的空白，使其学习学研究进一步形成完整的体系。在该书中，叶瑞祥探讨了小学学习学的主要理论与实践问题，其要点如下：

（一）研究对象

小学学习学是学习学的一个分支学科，是一门研究小学生如何科学有效地学习的新兴学科。其研究对象是：小学学习的一般原理和主要原则，小学学习的基本环节和常用方法；小学语文、数学、自然、思想品德等课程分科的学习方法；学校和家长开展学习指导及其应用等问题。

（二）学科性质

小学学习学具有多质性，即应用性、综合性和基础性，是一门既古老又年轻的新兴学科。说其应用性，是指学习现象和学习规律；说其综合性，是指必须进行综合研究，才能避免偏颇；说其基础性，是指其研究对象小学教育是基础教育；说它是一门既古老又年轻的新兴学科，是指小学学习学的一些基础理论植根于源远流长、丰富灿烂的中华文化，闪烁着文明古国学习理论的熠熠光辉。

（三）研究意义和研究方法

小学学习学的研究意义集中体现为“四个需要”：

一是全面贯彻教育方针的需要。我国的教育方针是培养德、智、体等全面发展的社会主义事业的建设者和接班人。长期以来，中小学教育受应试教育的影响，扭曲了基础教育的办学宗旨，干扰了教育方针的全面贯彻，严重影响了学生的身心健康发展，也影响了国民素质的全面提高。小学学习学，帮助学生掌握科学学习方法，提高学习效率。它将成为小学生学习之友，使他们学得主动，学得轻松，学得愉快，有利于德、智、体等诸方面健康发展。

二是推进素质教育实施的需要。素质教育是面向全体学生、促进学生全面发展、培养学生自主学习能力和自我发展能力的教育。它是一项系统工程，需要学校、社会、家庭共同配合才能完成。在实施素质教育的教育教学过程中，教师要充分利用一切有效的方法和手段，激发学生的学习兴趣，从“教学生学会”转为“使学生会学”，学生要从“教师、家长要我学”转为“我要学”。小学学习学将帮助家长了解现代教育和学习的特点、规律及其发展趋势，使家长成为素质教育的积极支持者，努力配合学校促使学生全面发展。

三是提高教学质量的需要。提高教学质量是学校经常性的中心任务，除了靠校长和教师的努力外，还要看学生本人是否“好学”和“会学”。学生“好学”加上“会学”，才能收到“学会”的效果，才能提高教学质量。小学学习学帮助教师更有效地激发学生的学习兴趣，教会学生学会求知，从而提高教学质量，提高小学生的整体素质。

四是深化改革，培养跨世纪人才的需要。21 世纪将是一个充满竞争和挑战的时代。21 世纪的竞争是综合国力的竞争，关键是高科技的竞争，人才的竞争，说到底是教育的竞争、学习的竞争。百年大计，教育为本，深化教育改革，势在必行。联合国教科文组织提出的 21 世纪教育的四个支柱——学会认知、学会做事、学会共同生活、学会生存，反映了世界教育发展的总趋势，对学生的学习提出了更高的要求。小学教育是国民基础教育，是提高全民族整体素质的起点。培养跨世纪人才，必须从小学抓起。相关调查显示，当前小学生的学习观点、学习方法、学习品质等都存在一定的问题。必须加强小学学习科学研究的力度，有效地对小学生进行学习指导，才能促进小学生全面素质的提高。

研究小学学习学的常用方法有观察法、调查法、实验法、个案法、统计法等。以上方法，在实际应用时，常常是综合的密切不可分割的。运用多种不同的方法，研究实验才能取得更为切合实际的科学论断。

(四) 基本框架

《小学学习学》一书，以学习的原理与方法为主线，将小学学习学的基本框架分为三个板块，即小学学习原理篇、小学学习方法篇、小学学习指导篇。小学学习原理篇主要阐明小学“学会学习”的内涵、小学学习的特点、作用、过程、原则、环节；小学学习方法篇主要阐明小学学习的基本方法、小学语文、数学、思想品德、自然、社会、英语、音乐、美术、体育等课程的学习方法；小学学习指导篇主要阐明小学学校与学生家长开展学习指导的若干问题。

四、开创了老年学习学的研究领域

叶瑞祥在当前我国老年学习的经验总结相对比较分散、老年学习的科学研究未能形成体系的背景下，开创了老年学习学的研究领域。他组织开展全国学习科学研究会“十五”重点课题“潮州市老年学习的现状与学习指导研究”，在广泛调查研究城乡老年人学习状况的基础上，出版了《老年学习学》一书。这是目前大陆第一部老年学习学专著。该书“填补了我国学习科学研究成果中至今缺少对老人学习进行全面、系统研究的空白，为学习化社会的建立和个人终身学习的实现作出了自己独特的贡献”。在该书中，他从理论层面、实践层面和方法层面上对老年学习学的主要问题进行了科学、全面而系统的论述。其要点如下：

(一) 研究对象

老年学习学是学习学的一门分支学科，是研究老年如何科学、愉快、有效地学习的一门科学。其研究对象主要是老年学习的特点、学习的作用、学习的原则、学习的途径、学习的类型、基本的学习方法及其在不同课程的具体方法等。

（二）学科性质

老年学习学是一门综合性、应用性很强的新兴科学。说其综合性，是因为学习学是具有综合性的边缘科学，而作为学习学的一门分支学科——老年学习学，同样具有综合性。研究老年学习学必须与老年学，包括老年医学、老年心理学、老年生理学、老年社会学等学科有机结合起来开展研究，才能比较准确、全面地认识老年学习现象，探索揭示老年学习规律，有效提高老年学习效率。说其应用性，是因为学习学本身来自实践活动，又服务于学习实践活动。因此，要加强老年学习学的应用性、实践性，让老年学习者在学习活动过程中看得见、摸得着、用得上，才能真正体现老年学习学的效能作用。

（三）研究意义和方法

研究老年学习学具有重要的理论意义和深刻的现实意义：

一是为了适应建设学习型社会的需要。党的十六大明确提出要“形成全民学习、终身学习的学习型社会，促进人的全面发展”。老年群体是社会的重要组成部分，组织老年学习既是全民学习、终身学习的重要环节，又是真正实现学习型社会的重要方面。

二是为了提高老年学习质量的需要。提高老年学习质量，是老年朋友们共同关心的问题，而要提高老年学习质量必须走科学实效化的道路。学习质量高低，最终取决于老年个体自身学习动机、学习方法的问题。这些问题，正是老年学习学所要研究的问题。

三是为了适应深入开展老年学校教学改革的需要。当今整个世界教学改革的总趋势，是以教为中心逐步向以学为中心转变。为了适应世界教学改革的潮流，老年学校的教学必须“以学定教”，从老年的学习需要、特点、规律、现状出发，积极进行教学改革。从这个角度上看，老年学习学是老年学校深入开展教学改革的理论根据之一。

四是为了适应学习学发展的需要。20 多年来，我国的学习学虽然取得了长足的发展，但其研究领域不够广阔，主要停留在研究在校学生学习这个层面上，老年学习群体这个层面仍处于尚未开发的领域。因此，要积极探索老年学习科学化的问题，推动老年学习学的学科建设。

研究老年学习学的常用方法很多，有文献法、调查法、实验法、统计法和个案法等。在实际的具体研究过程中，常常不是单一地使用上述某种方法，而是根据研究任务的需要，把这些方法有机联系起来，扬长避短，互相补充，互相渗透，互相促进，提高研究效果。

（四）基本结构

《老年学习学》一书，以老年学习的原理与方法为主线，将老年学习学分为三大板块：老年学习原理篇，着重研究老年学习的特点、作用、原则、途径、类型及学习环境等，这是老年学习学的基本理论部分；老年学习方法篇，着重研究老年学习的基本方法及其在不同课程的具体方法，这是老年学习学的实际应用部分；老年学习个案篇，着重总结、研究老年个体学习成功的典型或经验，从个案的角度印证老年学习的原理与方法的正确性、实效性，这是老年学习学的具体操作部分。

五、探索了创新学习的基本结构

叶瑞祥在研究创新学习理论的基础上，明确了创新学习的定位与内容，提出了创新学习能力的新结构体系。其要点如下：

（一）创新学习能力的定位

创新学习能力的定位，可以从以下两个方面进行研究、探讨。从学习能力的结构层次来看，创新学习能力是学习能力的高级层次。学习能力是一个人顺利完成某项实际任务的实际本领。它是在掌握知识和发展智力的前提下，经过教育训练，通过实践环节，依靠主观努力，逐步形成综合的实际本领。学习能力的结构分为获得知识的学习能力、巩固知识的学习能力、应用知识的学习能力、创新知识的学习能力四个层次，创新学习是学习能力的高级层次。从创新学习的组成系统来看，创新学习能力是创新学习的重要组成部分。创新学习即创新性学习，是与维持性学习相对而言的学习方式，是指学习者在学习过程中，不满足于现成答案或结论，以所学内容为基础，独立思考，多向思维，主动探索，标新立异，积极提出新问题的学习方式。创新学习的主要组成部分包括创新学习精神、创新学习思维、创新学习能力、创新学习方法、创新学习品格、创新学习成果六个部分，创新学习能力是创新学习的重要组成部分。

（二）创新学习的内容

创新学习的主要组成部分包括六个方面：一是创新学习精神。这是创新学习活动的前提。其要求学习者必须具有勇于探索、独立思考、开拓进取、敢于怀疑、标新立异，又能从实际出发、服从真理、崇尚真理、为真理勇于修改错误的学习意识。二是创新学习思维。这是创新学习活动的核心。其要求学习者必须具有独立、批判、开拓、灵活、变通、综合、新颖、独创的学习思维。三是创新学习能力。这是创新学习活动的重要组成部分。其要求学习者必须具有质疑、联想、迁移、组合、变通、新颖、独创、操作等学习能力。四是创新学习方法。这是创新学习活动的重要方面。其要求学习者必须掌握迁移学习法、转换学习法、重组学习法、自主学习法、问题学习法、开放学习法、案例学习法、课题学习法、辩论学习法、实践学习法等方法。五是创新学习品格。这是创新学习活动的组成部分。其要求学习者必须具有勤奋好学、注重方法、严谨认真、标新立异、持之以恒、集约高效、虚心求教、追求超越、独立钻研、合作协调的学习品格。六是创新学习成果。这是创新学习活动的结果。其要求学习者必须获得外显的具体的学习成果，获得新颖、独特的学习成果。以上各部分之间是具有联系性、渗透性的。

（三）创新学习能力的基本结构及其关系

创新学习能力的基本结构包括八种能力：一是质疑学习能力，又称提问学习能力、问题学习能力，简称质疑力，即是在质疑提问中培养的创新学习能力；二是联想学习能力，简称联想力，即在联想中激发出的创新学习能力；三是迁移学习能力，简称迁移力，是运用学习迁移的原理，引发出来的创新的学习能力；四是组合学习能力，简称组合力，可以是结构上、科学原理上、技术应用上的组合，也可以是诸多用途、诸多技术上的组合，并在组合的基础上做出创新；五是变通学习能力，又称转换学习能力，简称变通力，是一种在没有直通道路时，走间接道路巧妙绕过障碍物的思维方法，即从某一思想转换到另一思想的学习能力，或是以一种不同的新方法新角度去看一个问题的创新学习能力；六是标新学习能力，简称标新力，是指不墨守成规，敢为人先，敢于首创，敢于提出新思想、新观点、新设计、新途径、新方法的能力；七是独创学习能力，简称独创力，是指不同凡俗，别出心裁，想出别人所想不出来的观念的能力；八是操作学习能力，又称实践操作能力、动手能力，简称操作力。以上是创新学习能力的基本结构，也是它的组成部分。其中，问（质疑）是起源，想（思维）是核心，新（新颖）是特点，做（操作）是动力。但在实际操作过程中，基本结构之间是相互联系、相互渗透、互相补充、综合运用的。

六、发展了学习力的内涵及其策略

叶瑞祥综合其多年研究学习科学的成果，从建设学习型社会的高度研究学习力问题，丰富和发展了学习科学的研究。他不仅吸纳国内外学者的各种观点，发展了学习力的内涵，而且扣紧《国家中长期教育改革和发展规划纲要（2010—2020年）》的精神，结合课程改革的实际，研究了学习力的培养策略。其要点如下：

（一）学习力的内涵

学习力是综合学习能力的简称，是综合性、应用性很强的重要课题。它是人的大脑所特有的一种潜能，是学习动力、学习能力、学习方法效力、学习毅力、学习创新活力和学习潜力等方面的综合表现，是人发展的基本动力和重要标志。这一内涵包括四个层次的含义：第一层次，主要阐明“定位”。从学科研究的角度来看，学习力是综合性、应用性很强的重要研究课题，学习学、心理学、教育学、人才学、社会学、脑科学以及信息科学等学科，分别从不同角度对它作了许多有益的探索，它属于综合性学科范畴。在提法上则由狭义的单一的学习能力拓宽为广义的综合的学习能力，是综合学习能力的简称，是可持续发展的能力。第二层次，主要阐明“定义”。从本质上看，学习力是人的大脑所特有的一种潜能。这种潜能，可能被激发，也可能没被激发，研究它的目的在于激发人的学习潜力，把学习的潜能转化为学习力。第三层次，主要阐明“要素”。从综合性学科的角度出发，学习力的基本要素包括学习动力、学习能力、学习方法效力、学习毅力、学习创新活力和学习潜力，并以集中的综合的形式表现出来。第四层次，主要阐明“作用”。学习力在人的成长与发展中起着重要作用，它是团体与个体发展的基本动力，又是体现团体与个体学习水平的重要标志。

（二）学习力的要素

学习力的基本要素包括学习动力、学习能力、学习方法效力、学习毅力、学习创新活力、学习潜力六个方面。学习动力是学习主体进行学习的原动力，包括学习目标、学习动机、学习兴趣等。这是学习力的方向，属于学习动力系统。学习能力是人们顺利完成某项学习任务的实际本领，包括基本学习能力、运用现代信息技术能力、分科学习能力等。这是学习力的基础，属于学习能力系统。学习方法效力是指通过学习方法，提升学习效率的效度，包括基本学习方法、现代学习方法、分科学习方法等。这是增强学习力的条件，属于学习方法系统。学习毅力是指人们所具有的学习意志品质，包括自觉学习毅力、自制学习毅力、坚持学习毅力等。这是增强学习力的保障，属于学习情意系统。学习创新活力就是把创新的方法寓于学习过程中，实现以创新为目的学习活动，包括学习创新意识、学习创新思维、学习创新方法、学习创新能力等。这是学习力的精华，属于学习创新系统。学习潜力是指在一定条件下被激发的解决实际问题或创造产品的能力，包括语言能力、音乐能力、数理逻辑能力、空间能力、身体运动能力、人际交往能力、自我认识能力、自然观察能力。这是学习力的核心，属于学习潜力系统。这些要素之间是密切联系不可分割的，但又不是并列的。其中，学习动力是方向，学习能力是基础，学习方法效力是条件，学习毅力是保障，学习创新活力是精华，学习潜力是核心，也是最终的目的。简言之，学习力的要素就是“好学”“能学”“会学”“恒学”“创学”“潜学”的综合组成与表现。

（三）学习力的作用

学习力不论是在个人发展中，还是在社会发展中都发挥着重要而积极的作用。

其一，学习力在培养全面发展新人中起着促进作用。学习具有提高觉悟、获得知识、发展能力、增强体质、陶冶情操的作用。学习力在提高人的思想素质、文化科学素质、身心素质等方面起着重要的作用。从这个意义上说，学习力能促进人的全面发展。

其二，学习力在提升人的竞争能力中起着根本作用。现在，学者普遍认为人的核心竞争能力大体包括天赋力、学习力、创新力和自制力四大能力。这四种能力之中，学习力是最根本、最重要的能力，是创新力、自制力的基础。评价一个人的竞争水平，最重要最根本的是看其学习力的高低。学习力直接决定一个人的竞争能力，它在提升人的竞争能力中起着根本作用。学习力将成为现代人最大的竞争力和发展力。

其三，学习力在建设学习型社会中起着重要作用。党的十六大、十七大报告反复强调要建设“全民学习、终身学习的学习型社会”。学习型社会是以人为本、人人向学的社会，是要人人是学习之人，处处是学习之所，社会是充满生机与活力、积极进取与发展的社会。其核心标准是以人为本、全民学习、终身学习、促进人的全面发展。这些要求，从根本上就是要增强和提升人的学习力。换言之，学习力是建设学习型社会的动力源泉，也是学习型社会进展程度的标志。

其四，学习力在建设创新型国家中起着推动作用。近年来，我国提出了建设创新型国家的发展战略。建设创新型国家，关键在于人才，在于人才的积极性和创新性。中共中央、国务院《关于进一步加强人才工作的决定》明确提出“人才资源能力建设是培养人才的核心。树立大教育、大培训观念，在提高全民思想道德素质、科学文化素质和健康素质的基础上，重点培养人的学习能力、实践能力，着重提高人的创新能力”。这里所提的学习能力、实践能力、创新能力，其实质就是人的综合学习能力，也即学习力。学习力是培养创新型人才的原动力，其在建设创新型国家中起着积极的推动作用。

（四）培养学习力的策略

研究培养学生学习力的策略，可以从不同领域、层面和角度进行分析研究。学校教育与学生个人是两个重要层面。从学校教育层面上，要坚持以教为主导，以课堂教学改革为重点，着力做好几方面：一是树立新的教育理念，包括“人人可以成才，个个可以成功”的人才观、全面发展的质量观、“着力转变学生的学习方式”的教学观等；二是开拓新的培养途径，包括学习力训练课、学习力结合课、学习力活动课、学习力实践课、学习力信息课等；三是创新课堂教学类型，包括以自主为主的课型、以探究为主的课型、以合作为主的课型、以体验为主的课型、以问题为主的课型、以创新为主的课型等；四是构建新的评价体系，改变考试与评价的“考核方式单一化、考核内容片面化”的倾向以及“重知识、轻能力”“重理论、轻实践”“重形式、轻思维”“重结果、轻过程”的现象，构建以学习力为核心的学生学习水平评价体系；五是加强教学研究活动，坚持“学习、教学、研究一体化”，坚持“课题研究、课改实践、校本研究一体化”，坚持学习力的教学研究课题“小、精、实、新”，坚持开展学习力的校本研究；六是提升教师学习力，教师既可在增强学生学习力的各类教育教学活动中不断学习、反思、总结、提高，也可通过参加培训班、讲习班、研讨会、课题研究等活动提升自身的学习力。从学生个人层面上，要坚持以学为主体，以学生学习行为为重点，着力做好几方面：一是明确学习目标，激发学习动力。要做好人生规划，树立明确的学习目标；激发学习动机，调动学习的积极性；加强自我教育，端正学习态度；适当参加竞赛活动，培养学习兴趣，激发学习动力。二是参加实践活动，提高学习能力。要树立实践理念，形成新的能力观，为参加实践活动，做好思想准备；重视书本知识学习，掌握基本知识理论，为参加实践活动，打好知识基础；主动参加多层次多形式实践活动，逐步提高学习能力。三是掌握学习方法，提高学习效力。要掌握科学而有效的学习方法，扎实用好传统学习方法，灵活用好现代学习方法，结合个人学习实践形成符合个人特点的学习方法。四是磨炼学习意志，增强学习毅力。要增强学习毅力，磨炼自觉学习意志、自制学习意志、坚持学习意志。五是树立学习创新理念，提升学习创新活力。要通过课堂学习、课外活动、社会实践、信息网络等途径，着重提高问题学习能力、联想学习能力、迁移学习能力、组合学习能力、变通学习能力、创新学习能力、独创学习能力、操作学习能力，从而提高学习创新活力。六是激发多元能力，挖掘学习潜力。这是提升学生学习力的核心和目的。要了解个人学习潜能的状况，准确分析把握个人在多元能力上的优势与短处；要巩固强项，提升弱项，扬长避短，挖掘学习潜力，使之均衡发展，提升综合素质。

2011 年 11 月

（许佩卿，女，1973 年出生，广东省潮州市人。曾任韩山师院学生工作部副部长、学生处副处长，现任中共韩山师院马克思主义学院总支书记、思想政治课副教授、文学硕士、中国高等教育学会学习科学研究会常务理事。主要论著有《大学生学习心理问题研究》《学生学习力理论与实践研究》等。）

评《叶瑞祥学习科学文集》

叶瑞祥先生是全国学习科学研究会副会长，长期从事学习科学的研究工作，并取得了丰硕成果。近期，全国大学学习科学研究会常务理事林天卫老师，经过精心筛选，编辑出版了《科学学习观的探索——叶瑞祥学习科学文集》，这是很有意义的事情。

我和叶瑞祥先生交往多年，综观其从事学习科学的教学、研究、应用与推广工作，有如下几点体会：

一、潜心开展对学习科学的系列研究。他确认学习是一门科学，倾注心血探索学习的特点和规律。多年来，他通过纵向研究，先后出版了《幼儿学习学》《小学学习学》《中学学习学》《大学学习学》《老年学习学》等系列丛书；通过横向研究，先后出版了《学习的原理与方法》《学习学概论》《学习指导论》《学生“学会学习”文集》《青年学习心理学》《创新学习能力论》等多部著作。学习科学研究成果系列化，实属少见，精神也难能可贵。

二、热心培养和指导中青年教师。长期以来，他利用教育部“八五”“九五”“十五”学习科学子课题的研究网络，在高校、中小学、幼儿园培养和扶掖了一批中青年的学习科学研究骨干，培育了人才，壮大了研究队伍，对学习科学的研究发挥了重大的作用。

三、真心为基础教育服务。作为一名高等师范院校的教师，他一直关注基层，深入一线，利用业余时间，积极开展对中小学、幼儿园学习情况的调查研究，指导研究课题，进行教育实验，坚持理论与实践相结合，走出了一条理论工作者与实际工作者相得益彰的研究路子，从而推动了基础教育的科研活动，促进基础教育的改革与发展。满腔热情地为基础教育服务，深受中小学教师的普遍欢迎和信赖。

四、诚心为社会服务。他本着回报社会、服务社会的思想，退休后，一方面积极支持潮州民办教育事业，首任潮州韩江专修学院院长，为地区经济社会发展培养了一批应用型人才；另一方面，继续研究、应用与推广学习科学，为建设学习型的社会，做了力所能及的工作，获得社会各界人士的好评。

借《科学学习观的探索》文集出版之机，对叶瑞祥先生表示祝贺，并将与其工作交往的体会，作为全书之《序》。

周之良

2005年春于北京师范大学

（作者系全国学习科学研究会会长、中共北京师范大学委员会原书记。）

（摘自《叶瑞祥学习科学文集》，第1至2页）

谈《叶瑞祥学习科学文集》的特点

叶瑞祥老师长期从事教育科学与学习科学的教学与研究工作，教学的研究成果颇丰，特别是在学习科学领域方面做了相当有益的探索，为我国学习科学的建立和发展作出了很大的贡献。最近，我院林天卫老师将其20多年来学习科学方面的主要研究成果，进行精心筛选和细心编辑，出版了《科学学习观的探索——叶瑞祥学习科学文集》，这是一件很好的事情。

通览《科学学习观的探索》全书，我认为有以下几个特点：

一是时代性。该书按照以人为本的思想，总结探索了学习的原理与方法、学习指导的理论与实践，适应了建立全民学习、终身学习的学习型社会的要求，具有鲜明的时代性。

二是实践性。该书讨论和阐述的学习本质、过程、原则、方法、环节以及学习指导的目的、内容、形式，都源于实践，又指导实践，服务实践。特别是根据学前、小学、中学、大学、老年等不同年龄阶段的学习要求与特点，区别对待，进行分类学习指导，具有较强的针对性、实践性。

三是创新性。学习科学是一门新兴科学。该书比较全面地反映了学习的新观念、新理论、新领域、新方法。叶老师勇于探索，其主编的《幼儿学习学》《老年学习学》《创新学习能力论》《学习科学大辞典》等论著，在国内都是率先出版的，具有一定的探索性、创新性。

四是系统性。该书以研究问题为主线，大体按时间顺序选编。全书有学习科学篇、学习原理篇、学习指导篇、学习评价篇等四个板块组成，每个板块内部，又由相对完整的内容与结构组成，具有较强的系统性。

我认为，学习，对每一个人是极其重要的。学习使人变得聪明，学习方能与时俱进，方能有新发现、有所创新，学习是成就未来事业的根本。人，要活到老，学到老。所以，我相信《科学学习观的探索》一书的出版，对我国学习科学的研究与应用和推广，对促进我院教育科研工作将起到积极而良好的作用，故表示祝贺，并乐为之作序。

汤慕忠
2005 年秋于华南师范大学
（作者系中共韩山师范学院委员会原书记、院长、教授）
（摘自《叶瑞祥学习科学文集》，第 3 至 4 页）

编辑《叶瑞祥学习科学文集》的感言

叶瑞祥老师是我的恩师和领导。我读书求学时是先生的弟子，参加工作后是先生的部下和同事。先生在职时，我经常向他求教，在先生的悉心指导下，业务水平和工作能力得到了很快的提高；先生退休后，虽然工作联系少了，但请教学问的接触更频繁。在与先生的一向交往中，尤其是先生退休后的这段时间里，先生奉献社会的无私精神、深入基础教育第一线指导教育科研的实践精神、孜孜以求探索研究教育科学的执着精神，深深地影响和启迪着我。当先生言及学术界朋友建议其将学习科学的一些论著汇编成册时，我即表示了极大的兴趣和支持。因此，先生和我，本着言必行、行必果的思想，马上着手编辑《科学学习观的探索——叶瑞祥学习科学文集》(以下简称《文集》)。

《文集》一书，是将先生20多年来在学习科学研究方面出版的10多部著作、发表的60多篇论文近300万字材料收集后，经过整理，从中筛选出其中的部分内容约55万字编辑而成。《文集》按论著发表出版的时间先后，以研究问题为主线，分为学习科学篇、学习原理篇、学习指导篇、学习评价篇等四个板块。《文集》编辑的基本原则是，本着实事求是的态度，对先生已出版的著作、发表的论文一般不予改动，力求保持原貌，以充分反映先生在学习科学研究成果方面的全面性、真实性、科学性、系统性和创新性等特点。

在编辑《文集》的过程中，我深深地感受到，先生不仅在学习科学研究方面取得了丰硕成果，而且在教学、教育科研、学校管理等方面有其独特之处——是一个集“教学、科研、管理”于一身的智者，作为晚辈，我肃然起敬。先生所取得的成绩，是全方位的，值得我们后来者学习。仅从先生的学术研究、治学精神方面而言，我觉得有如下启发：做学问要勤奋、惜时，愿意吃苦，甘于寂寞——应有锲而不舍的拼搏精神；要站得高，看得远，善于发现，勇于开拓——应有敢为人先的创新精神；要深入实际，不断积累，厚积薄发，坚持理论联系实际——应有求真务实的探索精神；要广交学术朋友，虚怀若谷，择善而从，互相促进，共同提高——应有真诚合作的团队精神；要立足学校，辐射社会，关注高教，面向普教，高教普教衔接——教育科研成果才有应用价值。

今年是先生从事教育工作50周年，又是先生进行学习科学研究工作25周年，我编辑本《文集》的目的，一是期望能为先生的学习科学研究成果进行比较系统、完整的学术总结；二是期望通过本书的内容，能帮助读者从某一个侧面了解我国现代学习科学发展的概貌。因此，我相信，本《文集》的出版，不仅有现实的价值意义，也有一定的学术参考价值。

本《文集》的顺利编辑和出版，要感谢先生的协助策划和提供大量翔实的材料，感谢全国学习科学研究会的领导和有关老师的支持，感谢科学技术文献出版社编辑老师的辛勤劳动。

本《文集》是我利用业余时间，从今年2月份开始编辑的，由于时间仓促，水平所限，缺点错漏在所难免，敬请广大读者批评指正。

林天卫

2005年7月于韩师

（摘自《叶瑞祥学习科学文集》，第7至8页）

（作者时任全国大学学习科学研究会常务理事、副秘书长。曾任韩山师范学院教务处副处长、成人教育学院副院长，陶瓷学院常务副院长。退休前任韩山师范学院广东省陶瓷职业技术学校校长、副研究员。）

为创建学习科学给力

——访学习科学学者叶瑞祥

卢壁锋

近日，笔者阅读龚裕德教授的新作《简明中国学习思想史》，该书简明介绍我国秦汉以来65位学者的学习思想。该书第十章为“中华人民共和国时期的学习思想”，介绍了8位学者的学习思想，他们是徐特立、毛泽东、陈垣、成仿吾、江泽民、林明榕、叶瑞祥、林毓锜的学习思想。其中叶瑞祥赫赫名列其中，他既是我的老朋友，又是我们市老干部大学的科研顾问，他系韩山师院原党办院办主任、中国高等教育学会学习科学研究会原副会长、学术顾问。笔者对叶瑞祥教授在学习科学领域有如此的成就倍感兴奋与佩服，于是决定登门拜访祝贺。

踏进叶瑞祥家门，笔者大声地说："叶教授，大名鼎鼎，登上了简明中国学习思想史，热烈祝贺你作为中华人民共和国时期学习思想8位学者之一，可喜可贺！"此刻，叶瑞祥教授既高兴，又感到遗憾地说："我们中华民族是一个历史悠久的民族，也是一个善于学习的民族。我国古代学者的学习思想是十分丰富而精辟，但是由于历史与时代的局限性，尚未形成一门独立的科学体系，大体都从属于哲学、教育学之中，是属于经验型的。作为一门独立的科学，在我国还是现代的事情。我国现代的学习科学是在上世纪70年代末80年代初才兴起，并发展成为一门独立的新兴科学。"接着他又说："学习科学是一门研究'学习'问题的学科群的总称。它是研究学习现象及其规律的门类众多的学科群，是从教育科学、心理科学、认知神经科学、人才科学、信息科学、哲学等学科中分离出来的一门新兴科学。""研究学习科学是为了适应建设学习型社会的需要，是为了促进人的全面发展的需要，是为了深入教育教学改革的需要，也是为了直接提高人的学习效果的需要，具有重要的现实意义和深刻的理论意义。

笔者进而发问："30多年前你为什么开始关注学生'学习'这个问题呢?"他饶有兴趣地说："这里有必然，也有偶然。首先从大背景看，我国现代学习科学的产生是历史的时代的产物。它的产生适应了我国现代化建设的需要，适应了改革开放的需要，它是继承我国古代学习思想的历史遗产，吸收西方学习理论的合理因素，与多种学科共同协作的结果。党的改革开放政策，恢复高考制度，带来了科学的春天。这些变化为我国现代学习科学的产生提供了客观依据。

"从小环境看是偶然的，这是对我个人而言，研究学习科学却是偶然的。1978年我在原潮安县教育局教研室工作，主持1979年7月全县初中升高中统考评卷工作。统考后，写了一份'潮安县1979年高中入学考试知识质量初步分析'供领导参考。我发现学生的学习质量严重低下，学习动力普遍不足，学习方法相当呆板，学习毅力十分薄弱等学习问题。这些情况刺激着我关注学生的学习问题。

“不久，我调回韩山师专任教。1982 年我任韩山师专教育学科教研室副主任、1984 年调任教务科科长期间，一方面继续关注与研究大学生的学习问题，另一方面开始撰写学习科学专著《学习的原理与方法》，并于 1985 年 6 月出版。又是一个偶然的机会，我对学习科学的研究得以走出校门，走向全国。那是 1987 年开学初，我无意中读着《国内外教育文摘》刊登一则学习学研究会筹备组关于征集论文的通知。机会总是给有准备的人。那时，我立即寄上论文《树立新的学生观，建立新的学习论》和专著《学习的原理与方法》。不多时，接到了通知，邀请我参加当年在南京召开的全国首届学习科学研讨会。

“自此，我一发不可收拾，从对学习科学个体封闭的研究状态走出校门，走向联合，走向全国学习科学研究的大舞台，成为终身学术成就的一个转折点。

“自此我走上新起点，进入新领域，为今后研究学习科学打下基础，为进入全国学习科学学会创造了条件。”

一分耕耘，一分收获。截至 2011 年 1 月，30 多年来叶瑞祥累计出版学习科学与教育科学著作、教材共 47 部。叶教授谦称这些研究成果是“团队集体智慧的结晶，是集体共同努力的结果”。

龚裕德教授在《简明中国学习思想史》一书第十章第七节“叶瑞祥的学习思想”中，将其概括为三方面：一是构划了学习学的框架结构；二是提出了学习学的基本理论问题；三是学习学研究的发展趋势。然后指出：叶瑞祥“长期从事教育科学与学习科学的教学研究工作，是全国学习科学学会领导人之一，为创立学习科学和组建学习科学学会做出了重要的贡献”。《世界名人录》也指出：叶瑞祥“是一位集教学、科研、管理工作于一身的教师，其研究成果在较大的范围内得到社会的公认”。

拜访结束，笔者对这位为创建我国学习科学给力的学者深深表示敬意，他的确是一位实至名归的建立中华人民共和国学习科学的辛勤耕耘者和推广者。

（原载 2011 年 3 月 19 日《潮州日报》）

研究学习科学 40 年

——访我国学习科学创始人之一叶瑞祥教授

林金炎

我国学习科学主要创始人、中国高等教育学会学习科学研究会（以下简称“学习科学研究会”）原常务副会长林明榕教授在为近期出版的《简明学习科学全书》中的贺词中指出：“叶瑞祥先生是新学科——学习科学的创始人之一，毕生从事这门新学科的研究，曾多年担任全国学习科学学术组织的重要领导工作，成绩卓著，著作等身，为建设学习科学学科大厦作出了重要贡献。”他就是“学习科学研究会”原副会长、学术顾问，也是潮州市老干部大学科研顾问、研究员。为更好了解其学术生涯，我采访了这位“80 后”的学者。

一、40 年研究历程

总结 40 年来叶瑞祥教授的学习科研研究过程，主要经历如下三个阶段：

第一阶段是自我探索阶段（1979 年 12 月—1987 年 6 月）。20 世纪 70 年代末，他为什么关注和研究学生学习问题呢？有三个原因：从严肃的教育现实问题出发，思考学生的学习问题。1979 年 7 月，其在主持潮安县初中升高中 6006 名考生统一考试工作中，发现教育质量严重低下，所谓“高中招牌，初中教材，小学程度”是当时学生学习水平的客观写照。原因众多，其原因之一，是学生普遍学习动力不足，缺乏科学学习方法。从“内因论”的哲学原理出发，思考学生学习问题。从古今中外教育理论出发，思考学生学习问题。半年后，他调回韩山师专担任教育学教师。也就在那个时候，在其头脑中萌发了新的教育理念“教育学不仅要研究教学论，还要研究学习论”。教育理念指导教育实践。这个阶段，其主要担任教育学科教研室副主任和教务科长。他利用所在职位的有利条件，在学习科学研究方面做了如下三件事情：重视基本理论研究，历时三年，撰写出版《学习的原理与方法》一书。该书后来成为我国学习科学研究早期著作书目之一。在师专小范围内开展学生学情调查活动。在师专一年级新生中开展“大学学习方法指导”讲座。后面两项工作，是在广东省乃至全国高师院校中率先进行的尝试性、探索性的学法指导实验。

第二阶段是走向联合阶段（1987 年 6 月—1997 年 4 月）。机会总是留给有准备的人。1987 年 6 月，“全国首届学习科学研讨会暨讲习班”在南京召开，他应邀参加会议。这次会议成功举办，标志着我国一门新学科——学习科学的诞生，成立了全国学习科学研究会筹备委员会(以下简称“学习科学筹委会”)，他成了学习科学筹委会的成员。这个阶段，其主要担任韩山师专图书馆长和韩山师院党办、院办主任。在学习科学研究方面做了如下五件事情：学术思想大飞跃大转变，树立新的教育理念。把学习问题作为专门一个学科研究，作为一门新兴学科进行专门的研究。加强学习科研基础理论研究，历时八年，精心撰写、出版《学习学概论》一书，该书在国内学习科学领域影响较大。开展较大范围的学情调查。不仅有大学生的学情调查，还有高中生、初中生的学情调查。认真开展学习指导活动。不仅在韩山师专开设《大学生学习学》系列讲座，还在韩山师院部分专业开设《学习学》选修课，在广东省内乃至全国高师院校率先开设这门课程。进入学术高层，参与学术决策。1989 年起任首届全国大学学习科学研究会副理事长，1995 年末任广东省首届学习科学研究会理事长，1996 年初任全国“学习科学筹委会”副主任等学术职务。

第三阶段是系列深化研究阶段（1997 年 4 月—现在)。1997 年 4 月，其从韩山师院党办、院办主任位置上退休时，就下定决心把学习、研究、应用、推广学习科学作为人生新起点、新目标。这个阶段，主要做好如下八项工作：重视开展学习科学系列课题研究。从“九五”至“十三五”，他先后主持、承担《义务教育阶段学生学会学习研究》（含 20 个子课题)、《潮州市老年学习现状与学习指导研究》《创新学习理论与实验研究》（含 50 个子课题)、《老年创新学习能力理论与实践研究》《创新智能教学理论与实践研究》（含 78 个子课题)、《普通高中新课程各学习领域实施途径研究》（含 84 个子课题）、《学生学习力理论与实践研究》（含20个子课题）、《老年学习力理论与实践研究》《培养婴幼儿学习力策略研究》《潮州市老年学习现状与发展研究》等13项课题。重视调查研究。开展大面积的学情调查，先后对11万名学习者开展调查，其中中小学生94178名，大学生7674名，城乡老年人9654名，幼儿1463名。深入中小学校、幼儿园等150多所，累计听课250节以上。重视开展不同层次学校的学习指导活动，包括2至3岁婴幼儿幼托机构、幼儿园、小学、初中、高中、大学、老年大学。重视编写出版不同层次类型学校学习科学专著、教材，包括主编《幼儿学习学》《小学学习学》《中学学习学》《大学学习学》《老年学习学》等。重视基础理论建设工作。受学习科学筹委会委托参加主编《学习科学大辞典》，受学习科学研究会委托主编《简明学习科学全书》两部大型工具书。重视开展学习科学理论普及、宣传工作。先后累计主讲80个专题，并结集出版《叶瑞祥学习学讲演录》一书。重视撰写学习科学论文。先后累计发表论文57篇，并结集出版《叶瑞祥学习科学文集》一书。重视发挥在学会工作中的指导作用。2000年1月，经国家有关部门批准，成立中国高等教育学会学习科学研究会，他被推选为首届副会长。在职期间，协助会长指导与运筹全国学习科学研究工作。40年来，叶瑞祥先生的科研历程几乎与我国的改革开放同步进行。其在教育科学与学习科学的科研、教学、管理工作取得丰硕的研究成果：出版著作56部，其中有《学习学概论》等24部学习科学著作；发表论文158篇，其中有《〈以学定教〉的新思想》等98篇学习科学论文；主持科研课题32项，其中有《学生学习力理论与实践研究》等18项学习科学课题；获奖42项，其中学习科学28项。研究成果中《高师学生学习指导研究与实践》获1997年广东省高等学校优秀教学成果奖，《学习科学大辞典》获2000年全国学习科学优秀成果特等奖，《创新学习能力的定位与结构》一文2002年在“创新学习研究与实践国际研讨会”上交流。

二、独特学习思想

叶瑞祥教授在40年学习科学研究的过程与成果中，逐步形成了其比较全面而独特的学习思想。其主要思想有：提出“学习内化获得”新概念，即“学习是主体与客体的相互作用，经过内化而获得经验的认识活动、实践活动和社会活动”“学习是内化过程，也是内化结果”；构建《学习学》新体系，即《学习学》新体系包括学习本质论、学习过程论、学习原则论、学习方法论、学习环节论、学习环境论、学习评价论、学习指导论等；倡导学习指导新应用，一方面，提出“学习指导是一个系统工程，是对学生进行学习目的、学习心理、学习内容、学习方法、学习环节等全方位的指导”，另一方面在实践上开展从婴幼儿到老年人的学习指导系列活动。多年来，研究出版《学习的原理与方法》《幼儿学习学》《小学学习学》《中学学习学》《大学生学习学》《老年学习学》等系列指导丛书；探索创新学习能力新结构，即质疑学习能力、联想学习能力、组合学习能力、独创学习能力等结构及其关系；开拓老年学习研究新领域，从理论上，创建《老年学习学》体系，提出“老年学习具有明显非功利性、学习休闲性、学习适度性、学习能动性等特点。”在实践上，坚持 15 年开展老年学习问题系列研究，先后出版了《老年学习学》《老年学习指导研究》《老年创新学习能力论》《新编老年学习学》等系列著作；研究提高学习力新策略，指出“学习力是综合学习能力的简称，是学习动力、学习能力、学习方法效力、学习毅力、学习创新活力和学习潜力的综合表现，是人发展的基本动力和重要标志”，又从宏观、中观、微观的角度提出不同学习者提高学习力的新策略，并出版《论学习力——学生学习力理论与实践研究》《老年学习力研究》《婴幼儿学习力研究》等系列论著。叶瑞祥思想得到我国学者的重视。例如，龚裕德著《简明中国学习思想史》，第十章“中华人民共和国时期的学习思想”，其中第七节为“叶瑞祥的学习思想”，指出其学习思想主要是“勾画了学习学的框架结构”“提出了学习学的基本理论问题”“论述了学习学研究的发展趋势”，认为其是“全国学习科学研究会领导人之一，为创立学习科学和组建学习科学学会做出了重要贡献”。郑文锋、许佩卿主编的《评〈叶瑞祥教育口述史〉》一书中，收集了林明榕撰写的《叶瑞祥的学习理论与实践》等多篇论文，其中也都作了专题论述。

（摘自《秋晖》2018年9月，总34期，第26—28页）

第二节　我与学习科学学会（1987年6月—2009年12月）

一、我与全国学习科学研究会

我是全国学习科学研究会领导人之一。1987年6月1日至5日，参加在南京市召开的“全国首届学习科学研究会暨讲习班”，会议期间，成立全国学习科学研究会筹委会，林明榕任筹委会主任，我被推选为筹委会委员；1988年10月10日至15日，参加在成都地质学院（现为成都理工学院）召开的“全国第二届学习科学研讨会”，会上，被推选为全国学习科学研究会筹委会常务委员；1991年10月13日至16日，参加在安徽省黄山市召开的“全国第三届学习科学研讨会”，会上，被推选为全国学习科学研究会（筹）学术委员会副主任；1995年8月11日至14日，参加在北京师范大学召开的“全国第四

2000年1月23日至25日，全国学习科学研究会在北京理工大学成立。周之良会长（右三）、林明榕（左二）、张笛梅（左三）、蔡棋瑞（右二）、叶瑞祥（左一）、董国华（右一）副会长在主席台上。

届学习科学研讨会暨‘八五’课题结题会”，会议期间，全国大学学习科学研究会于8月12日举行工作会议，推荐我为第二届理事会理事长；1996年4月12日至14日，参加在石家庄解放军医学高等学校召开的“全国学习科学研究会筹委会第五次工作会议”，会上，被推选为筹委会副主任；2000年1月23日至25日，参加在北京理工大学召开的“全国学习科学研

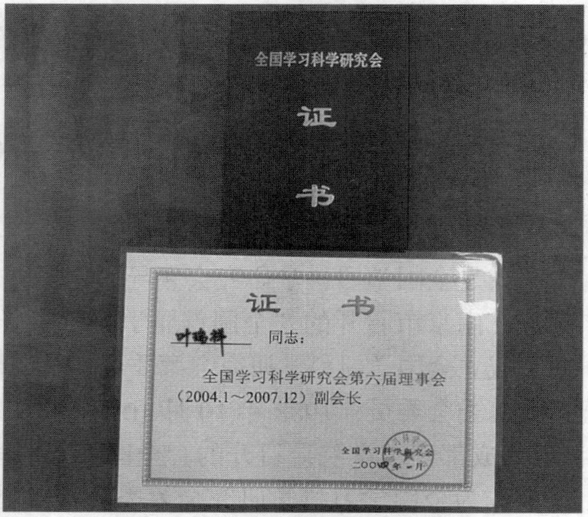

全国学习科学研究会副会长证书（2004年1月）

1997年11月5日，在江西省南昌市“八一”起义纪念馆前与全国学习科学研究会筹委会林明榕主任（中）、林毓锜（左）副主任合影

2008 年 12 月 18 日，在云南省玉溪市与周之良名誉会长（右二）合影

究会成立大学暨 21 世纪学习与发展研讨会”（即第五届会员代表大会）。经民政部与中国高等教育学会批准，成立中国高等教育学会学习科学研究会（简称全国学习科学研究会），周之良教授任研究会会长，我被推选为全国学习科学研究会副会长；2004 年 1 月 11 日至 13 日，参加在上海市建平实验学校召开的“中国学习科学学术论坛暨第六届会员代表大会”，再次当选为全国学习科学研究会副会长。

2008 年 12 月 16 日至 18 日，在云南省玉溪市召开的第七届中国高等教育学会学习科学研究会大会期间，因年龄关系，被聘为学术顾问。

20 多年来，主要工作如下：①做好组织建设工作。受筹委会主任林明榕教授委托，组建了广东省学习科学研究会；受研究会会长周之良教授委托，组建了全国幼儿学习科学研究中心。②开展课题研究。先后担任了教育部“八五”课题《我国学生学情调查与学习指导研究》、“九五”课题《义务教育阶段学生“学会学习”研究》、“十五”课题《创新学习研究与实验》、“十一五”课题《创新智能教学理论与实践研究》《学生学习力理论与实践研究》广东地区专家指导组组长，在广东省广泛而有效地开展学习科学研究与推广工作。③加强理论建设。协助筹委会主任林明榕教授主持编写我国第一部《学习科学大辞典》。④重视学风建设。不论是学术活动，还是理论建设，都能发挥理论联系实际学风，坚持实事求是、勇于创新、与时俱进、乐于奉献的良好学风。韩山师院高度重视此事，列为“大事记之一”：“2000年1月23—25日，全国学习科学研究会成立大会暨21世纪学习与发展研讨会在北京工业大学举行，学院叶瑞祥副教授当选副会长。”（摘自《韩山师院学院校史简编》，暨南大学出版社，2013年9月出版，第323页）

二、我与全国大学学习科学研究会

我是全国大学学习科学研究会的领导人之一。1988年10月7日至9日，参加在四川工学院由林毓锜教授主持的“全国大学学习论研究会”；同年，10月10日至15日，参加“全国第二届学习科学研究会”，会议期间，成立“全国大学学习科学研究会”，陈俊汴任理事长，我被推选为副理事长；1989年9月21日至25日，在石家庄装甲兵指挥学院召开了“全国大学学习科学研究会暨首次学术年会”，决定将“全国大学学习论研究会”与“全国大学学习科学研究会”合

2002年5月17日，在香港“创新学习研究与实践国际研讨会”上与龚春燕（右一）、董国华（左二）、陈龙安（右二）合影

2001 年 10 月 15 至 18 日，全国大学学习科学研究会第六届学术年会在西安交通大学召开。潘懋元（一排右七）、叶瑞祥（一排右五）

并，林毓锜、陈俊汴任第一届理事会会长，我当选为副理事长；1993 年 11 月 10 日至 13 日，参加西安地质学院召开的“全国大学学习科学第二届会员代表大会暨第二次学术年会”，会上我当选为第二届理事会副理事长兼学术委员会常务副主任；1995 年 8 月 11 日至 14 日，参加在北京师范大学召开的“全国第四届学习科学研讨会暨‘八五’课题结题会”。会议期间，大学学习科学研究会于 8 月 12 日召开工作会议，陈俊汴辞去理事长职务，我被推荐为第二届理事会理事长（11 月 15 日至 12 月 30 日期间，经第二届理事会的“通讯会议”，确认为理事长），1997 年 11 月2 日至 4 日，主持在南昌陆军学院召开的“第四次全国学习科学研讨会”。会上，我

荣誉证书

叶瑞祥同志：

经全国大学学习科学研究会第二届会员代表大会讨论通过，推选您为本届研究会理事长。

全国大学学习科学研究会

一九九五年八月

全国大学学习科学研究会理事长证书（1995 年 8 月）

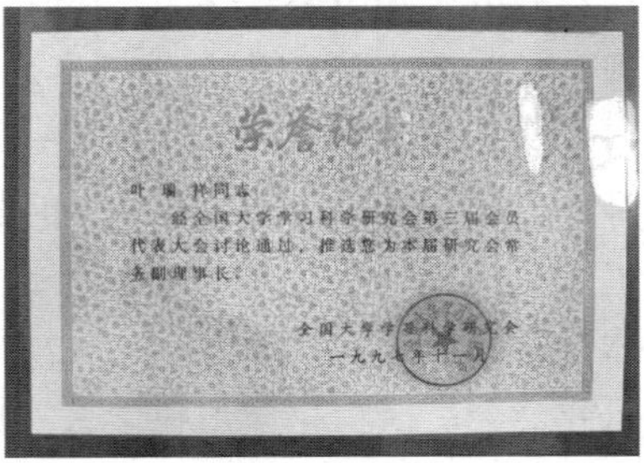
荣誉证

叶瑞祥同志

经全国大学学习科学研究会第三届会员代表大会讨论通过，推选您为本届研究会常务副理事长。

全国大学学习科学研究会

一九九七年十一月

全国大学学习科学研究会常务副理事长证书（1997 年 11 月）

2001 年 10 月 16 日与潘懋元教授（中）合影

代表第二届理事会作全国大学学习科学研究会第二届理事会工作报告。会议期间，我主动辞去理事长职务，林毓锜教授担任理事长，我当选常务副理事长；2001 年 10 月 15 日至 18 日，协助林毓锜教授主持在西安交通大学召开的“第六次全国大学学习科学学术年会暨第四届会员代表大会”，我代表第三届理事会作“会议总结”，并当选为第四届理事会副理事长；2006 年 10 月 12 日至 15 日，在杭州市中国计量学院召开的“第八次全国大学学习科学学术年会代表大会”上，继续当选第五届理事会副理事长。2010 年 10 月 15 至 17 日，在宁波大学召开的“第九次学术年会暨第五届会员代表大会”上，主动辞去副理事长职务，被聘为荣誉理事。

我主持全国大学学习科学研究会期间（1995 年 8 月至 1997 年 11 月）着重做好如下工作：①加强组织建设。做好会员登记，整理造册工作。主动积极发展会员，个人会员由 400 多名发展至 800 多名，团体会员由 3 个发展至 11 个。②加强理论建设。积极组织 100 多名大学研究会会员撰写《学习科学大辞典》“理论卷”和“应用卷”的词条。组织专题研讨会，着重研究大学学习指导若干理论与实践问题。③加强信息交流。主持出版《会员通讯》8 期。④加强制度建设。修改、完善并认真实施《全国大学学习科学研究会》等规章制度。

全国大学学习科学研究会第四届学术年会暨会员代表大会会议总结

常务副理事长　叶瑞祥

各位领导、各位代表：

我受第三届理事会的委托，就本次会议作总结报告。出席第六届学术年会暨会员代表大会的代表共100多名，来自全国19个省（市）近90所院校及研究单位。经过代表们的共同努力，圆满完成了会议预定的任务。

一、对本届学术年会的基本估计

根据代表们的普遍反映，经第三届理事会正副理事长会议讨论，一致认为本届年会开得很成功，顺利产生了第四届理事会，是一个新老会员的团结大会、研究成果的交流大会、工作更上一层楼的动员大会。

本届年会有如下六个特点：

（一）选题恰当。大家认为本届年会的主题“大学学习学课程建设及促进社会学习化”很好，这个主题既符合当前广大会员进行大学学习学课程建设的需要，又考虑到学习化社会中我们的历史使命，故具有针对性与前瞻性。潘懋元教授认为会议主题的选定很有远见。特别是在会议期间，著名的高等教育理论家潘懋元教授在年会上及在西安交大，校、院两级干部与研究会召开的会议上，作了两场学术报告，不仅使年会代表开阔眼界，提高学术水平，而且使会议的内容更加充实、丰富，为研讨会的主题增加了有力的理论支撑。

（二）代表广泛。从年龄结构来看，老、中、青的代表约各占1/3；从学科结构来看，不仅有综合、理、工、农、林、医、师与军事类院校的代表，还有不同专业教师的代表；从层次结构来看，不仅有高教所、各专业的教师代表，还有一批院校长、教务处长，其比例约各占1/3；从学校性质来看，不仅有全日制普通高校、军队院校的代表，还有成人高校、民办高校的代表，更有一批名校代表，其中进入“211工程”的院校约占1/4；从会员成分来看，不仅有个人会员代表，还有团体会员代表。特别要指出的是新参加的院校代表约占1/3，这标志着我们的研究会兴旺发达。

（三）组织严密。本届年会，由于承办单位西安交大的领导特别重视，高教所的所有人员及教务处有关人员特别努力，精心策划，充分准备，积极工作，科学安排，使研讨会进行得紧张有序，高效合理。值得一提的是每位代表报到时，即领到一本完整的会议文集，这是历届年会想做而没能做到的，是一个突破。

（四）会风端正。代表们以满腔的热情参加会议的全过程，认真听报告，虚心学习，互相交流，认真参加讨论，贯彻“双百”方针，主动发言，敢于提出问题，使研究会的优良会风得以继承发扬。

（五）成果显著。据统计，本届年会交流的专著教材7部，论文84篇，课件6项。这些研究成果提出了不少新观点、新方法、新思想，其中，西安交大林毓锜著的《大学学习学》、北航杜智敏主编的《学海导航》等专著教材；西安交大于德弘等的《关于认知风格与学习风格的比较研究》、北京装甲兵工程学院杨醒民等的《课程教学的新模式》、中山大学陈昌贵的《论大学生参与式的学习问题》、潘琪的《网络学习探微》、武汉理工大学刘智运的《学会学习是大学生生存和发展的基石》、太原师院王秀芳的《信息化时代的学习变革与学习策略》等论文，都是高水平的学术论文；林毓锜的《我对新学科“大学学习学”的认识》一文是从事学科研究和开设学习指导课的历史性参考文献。

（六）保障有力。本届年会的后勤保障做得非常出色，让每位代表一到西安交大就受到热情的接待，感到十分温暖，让每位代表住得舒心、吃得顺心，代表们对会务保障工作十分满意。

总之，本届年会是开得好的、开得成功的，真正让每位代表有所提高、有所进步、有所收获，不仅达到了预定的目的，某些方面甚至超过了预定的目标，有满载而归的感觉。

二、对研究会今后工作的建议

继续坚持以马列主义、毛泽东思想、邓小平理论为指导，掌握“三个代表”的重要思想，团结全国大学、中专学校及研究单位热心从事学习科学研究的师、生、干部及研究人员，为提高学生的整体素质特别是学习素质服务，为发展学习科学和振兴中华作出新的贡献。包括加强思想建设、组织建设、课程建设、学术研究、学风建设及信息交流等方面，详细意见以书面形式交新理事会，供参考，此处从略。这里说明两点。

1. 继续办好《大学会员通讯》，希望大家多投稿，写报道，寄往秘书处：西安交大。

2. 继续办好会刊——燕山大学主办的《教学研究》，希望会员积极投稿。

最后，请允许我代表第三届理事会和到会的代表对西安交大的领导，特别是高教所和教务处的老师们，以及所有支持会议的同志们，再一次表示衷心的感谢！并祝全国大学学习科学研究会兴旺发达！谢谢大家！

（本文发表于全国大学学习科学研究会主办的《大学会员通讯》，第十二期，2001 年 11 月 30 日）

三、我与全国幼儿学习科学研究中心

我是全国幼儿学习科学研究中心的领导者与创始人。2000 年 1 月全国学习科学研究会成立时，我受会长周之良教授（中共北京师范大学委员会原党委书记、博士生导师）委托，着手组建全国幼儿学习

2002 年 1 月 7 日全国幼儿学习科学研究中心成立大会暨成员合影留念

科学研究中心，并于2002年1月6日至8日，主持在广东省潮州市绵德幼儿园召开的“全国幼儿学习科学研究中心成立大会暨首届学术年会”。会上，我除致开幕词之外，还作题为“学习科学与幼儿学习指导”的学术报告，并被推选为第一届全国幼儿学习科学研究中心主任；2004年9月24日至27日，主持在湖北省鄂州市召开的“全国幼儿学习科学第二届年会”，代表研究中心作总结报告并提出今后研究意见；2007年4月18日至21日，在厦门市召开的“全国幼儿学习科学第三届年会”，代表研究中心做修改《全国幼儿学习科学研究中心章程》报告与总结部署工作。

荣誉证书

叶瑞祥同志：

经全国幼儿学习科学研究中心第一届会员代表大会讨论通过，并报中国学习科学学会批准，任命您为研究中心主任。

全国幼儿学习科学研究中心主任证书（2002年7月）

10多年来，主要工作如下：①着力组织建设。充实领导班子，健全学会机构；积极发展委员单位，扩大研究队伍；加强秘书处的建设，提高服务水平。②着力理论建设。开展了关于幼儿学习特点、幼儿创新学习、幼儿学习指导以及“做中学”等方面的研究，并取得丰硕的研究成果。③着力学术建设。加强应用研究，积极开展幼儿学习方式、活动形式等方面的研究；加强课题研究，认真开展《培养幼儿创新学习能力研究》《幼儿创新智能研究》等课题研究，带动幼儿学习科学研究；加强实验基地建设，已选择了10所省市一级幼儿园为实验基地，开展幼儿学习科学研究。④着力制度建设。认真贯彻《全国幼儿学习科学研究中心章程》等规章制度。

相关资料

全国幼儿学习科学第三届年会会议纪要

全国幼儿学习科学第三届年会于今年4月18日至20日在福建省厦门市举行，来自全国各地的幼教工作者280多名代表参加会议。全国学习科学研究会副会长、全国幼儿学习科学研究中心副主任董国华致开幕词并主持评奖工作；全国学习科学研究会副会长、全国幼儿学习科学研究中心主任叶瑞祥作总结报告并布置今后研究工作。会议得到了承办单位厦门市陈鹤琴教育思想研究会的领导、工作人员以及与会代表的大力支持，如期完成任务。

一、对第三届年会的基本估计

本届年会有如下三个特点：

（一）主题正确。本届年会的主题是“以创新为指导思想，研究幼儿学习方式，开发幼儿学习潜能，促进幼儿全面发展”。这个主题，符合幼儿学习科学的客观规律，符合《幼儿园教育指导纲要》的基本思想，符合幼儿园新课改的基本要求，符合全面推进幼儿素质教育的基本精神，具有时代性、针对性、指导性和前瞻性。

（二）会风端正。从会议参加者来看，与会者都以满腔的热情，全心投入会议之中，特别是新疆等省、自治区的代表，学习积极性高，更是难能可贵。与会代表、评委，都能做到认真组织活动，认真观察活动，认真评价活动，求真务实精神值得肯定。从会议承办者来看，年会的承办者厦门市陈鹤琴教育思想研究会以及仙阁幼儿园、第十幼儿园、篔筜幼儿园、实验幼儿园等单位的领导、老师都能热情接待、考虑周到、服务到位，认真做好各方面的工作，得到各地代表的好评。

（三）正面效应。各地代表都反映年会开得好，开得成功。时间虽短，收获甚大。一是组织建设上的收获。增设研究中心副主任 3 名，增加常务委员 8 名、委员 14 名，使研究中心更具有代表性、广泛性，为今后更好开展研究工作打下基础。二是学术建设上的收获。代表们普遍认为进一步转变教育观念，形成新的教学理念；进一步明确幼儿学习科学的原理，提高幼儿学习科学理论水平；进一步了解幼儿学习方式，掌握开发幼儿学习潜能的方法。特别是通过 11 节课例展示，带来了全国各地幼教工作者不同的教学风格和方式，让代表们看到了鲜活的幼儿活动课例，很有启发作用。三是制度建设上的收获。会议还通过了修订的《全国幼儿学习科学研究中心章程》，为今后各项制度建设打下基础。

总之，代表们普遍认为，“这是选题好、内容好、形式好、会风好、效果好的年会”“这是一次学习的大会，交流的大会，动员的大会。”

二、两年多来工作的简要回顾

（一）加强学习。学习中共十六届六中全会的决定，深刻领会建设和谐社会、学习型社会和创新型国家的重要性，联系研究中心实际，采取必要措施，增强创新活力，尊重劳动，尊重知识，尊重会员，尊重创新，注重和谐发展，为建设学习型社会和创新型国家作出应有的贡献。

（二）组织建设。做好组织建设工作，扩大研究中心常务委员、委员队伍，并加强与常务委员、委员的联系。加强秘书处建设，增强服务意识，做好服务工作。

（三）课题研究。组织有关幼儿园承担教育部“十五”规划课题《创新学习研究与实验》子课题研究，已取得显著的研究成果；组织有关幼儿园参加首批课改实验区工作，并取得突出的研究成果；组织有关幼儿园开展幼儿“做中学”、幼儿学习能力研究以及幼儿学习指导研究等课题研究工作，也取得丰硕的研究成果；组织有关幼儿园申报教育部“十一五”规划课题《创新智能教学理论与实践研究》子课题研究，正在认真做好课题研究工作。

（四）学术活动。启动以国家、省、市立项课题为依托的专题研究活动；开展以省、市一级幼儿园为基地的协作研究活动；坚持以园为本研究主体的群众性研究活动。

三、对今后研究工作的几点意见

（一）加强思想建设。继续学习中共十六届六中全会决定，以构建和谐学术社团为目标，指导中心工作；继续学习与落实科学发展观，坚持以人为本，搞好中心工作；继续学习中央领导同志有关创新理论的论述，坚持实事求是，勇于创新，与时俱进，开拓中心工作。

（二）加强组织建设。充实研究中心领导班子，增强新生力量；积极发展委员单位，扩大研究队伍；加强秘书处建设，提高服务水平。

（三）加强学术建设。加强基础理论研究，要重视加强幼儿学习特点、功能、过程、方式等基本原理的研究，提高自主创新能力，逐步建设具有中国特色、中国风格的幼儿学习科学；加强应用研究，要以应用为重点，积极开展幼儿学习方式、活动形式等方面的应用研究，开发幼儿学习潜能，提高幼儿整体素质；加强课题研究，要积极鼓励，大力支持申报教育部“十一五”规划课题《创新智能教学理论与实践研究》等课题子课题的研究，推动幼儿学习科学发展；加强实验基地建设，要有选择地确定一批省市一级幼儿园为实验基地，科学、扎实地开展多形式、多领域的幼儿学习科学研究。争取1—2年内，建立约20个幼儿学习科学实验基地，鼓励和支持有条件的幼儿园积极申报实验基地；加强学术交流，提倡开展小型、分片、就近的专题研讨会、交流会，及时交流信息，推广研究成果；组织研究中心会员参加“全国学习科学研究成果交流大会”和“全球第十二届学习大会”。

（四）加强学风建设。要发扬勇于创新、与时俱进的精神，发扬刻苦钻研、乐于奉献的精神；要自觉遵守科学道德规范，净化学术研究风气，形成求真务实的学风。

（五）加强制度建设。要认真学习、贯彻修订的《全国幼儿学习科学研究中心章程》等规章制度，还要逐步建立健全有关的规章制度。

会议希望各地代表要抓住机遇，实事求是，勇于创新，与时俱进，为提高幼儿学习科学研究水平而努力。

2007年4月23日

（本文是叶瑞祥为“全国幼儿学习科学研究中心第三届年会”起草的《会议纪要》，发表于《中国高等教育学会学习科学研究会简讯》，2007年第五期）

四、我与广东省学习科学研究会

我是广东省学习科学研究会的领导者与创始人。1993年3月8日至10日，在汕头市召开的“全国中学学习科学研究会第三次学术年会”期间，受全国学习科学研究会筹委会主任林明榕教授的委托，成立广东省学习科学研究会筹委组，我担任组长；1995年12月11日至13日，主持在韩山师范学院召开的“广东省学习科学研究会成立大会暨首届学术年会”，会上，被推选为广东省学习科学研究会第一届理事会理事长；1997 年 5 月 5 日至 8 日，主持在湛江市召开的“广东省学习科学研究会第二次学术年会”，并在会上作题为“我国学习科学的历史、现状与未来”的学术报告；1997 年 10 月 5 日至 10 日，主持在潮州市高级中学召开、由广东省学习科学研究会与广东省教育厅教研室联合举办的“广东省学习科学骨干培训班”，在会上作了题为“介绍一门新兴学科——学习学”等四个专题报告；2002 年 1 月 9 日至 12 日，主持由广东省学习科学研究会与潮州市教育局联合举办的“粤东地区教育科研骨干培训班”，并在会上作题为“关于中小学校教育科研的地位与作用”的学术报告；2009 年 12 月 11 日至 13 日，主持第二届广东省学习科学骨干研讨班，并在会上作题为“学生学习力理论与实践研究”及“发挥学习科学骨干作用，推动我省学习科学发展”的学术报告。

10 多年来，着重做了如下工作：①重视骨干培训工作。首届骨干培训班 240 多名学员，其中 2/3 是县（区）教育局局长、教研室主任、重点中学校长。第二届骨干培训班 100 多名学员，也是广东学习

1995 年 12 月 12 日广东省学习科学研究会在韩山师院成立。图为大会代表合影留念

2009 年 12 月 11 至 13 日，第二届广东省学习科学骨干研讨班在韩山师院潮州师范分院举行。图为代表合影留念

科学骨干。他们经过专题讲座——交流经验——现场观摩等学习环节，提高了学习科学研究水平。②重视与市县教研部门的配合。召开研讨会或培训班，都能主动争取市县教育教研部门的配合与支持。这样，可以在教育行政部门的支持下，直接普及与推广学习科学，并转化为教与学的行为。③重视与中小学校的配合。学习科学的研究、应用与推广，基础在于学校，源泉在于课堂。特别是在中小学校，要把学习科学的研究成果引进、融化在中小学校课堂教学中，才有实践基础，才有生命力，才能可持续地发展。④重视学习指导活动。学习指导活动是把学习科学转化为教与学的重要环节，既符合全面推进素质教育的要求，又符合深入开展教学改革的要求，深受中小学校与幼儿园教师的欢迎，因此要扎实而有效地开展学习指导活动。韩山师院高度重视此事，列为“大事记之一”，“1995 年 12 月 11—13 日，广东省学习科学研究会成立大会暨全省学习科学学习论文交流会在韩师举行。学院党办、院办主任叶瑞祥副教授当选为副会长”。（摘自《韩山师范学院校史简编》，暨南大学出版社，2013 年 9 月出版，第 318 页）

在广东教育学会学习科学研究会成立大会暨首届学术年会上的讲话

叶瑞祥

（1995 年 12 月 13 日）

各位代表：

我们这次大会的主要任务，一是传达和学习全国学习科学学会第四届会议精神，二是总结交流我省学习科学研究成果和工作经验，三是成立广东省学习科学研究会。参加这次大会的 60 多位代表来自全省各地，其中有一贯倡导学习科学研究的教育行政领导，有学习指导经验丰富的校长，有多年从事学习科学研究的专家学者，有各市教学研究室的教研人员，有长期在教坛耕耘的教师代表。全省各级各类学校正在开展的学习科学研究，为我们提供了丰硕的成果。一批研究论文、试验成果和学术专著在这次大会上得以交流，必然在更大的范围产生深刻的影响，推动学习科学研究广泛深入地发展。

我们这次大会是在省委、省政府提出“把广东建设成为教育强省”的号召下召开的，实现这一宏伟目标是每个教育工作者和全社会义不容辞的责任。国家要发展，社会要进步，教育要先行。要通过教育改革，加大教育投入，提高办学效率，深入开展教学研究，推广科研成果，促进教育质量的提高，为广东省在 2010 年基本实现现代化快出人才，多出人才，出好人才。向时间要效率、向学习要质量，学习科学已被越来越多的学校重视，学习指导已成为提高学习效率的有效途径，教学研究从研究教法深入到研究学法，已引起了社会的普遍关注，学校教育从应试教育向素质教育的转化，反映了教育观念的深刻变革。

学习科学是研究人们学习现象及其发展变化规律的一门科学。学习科学研究是提高教育质量的需要，是深入开展教改的需要。我国十多年来的教育实践和我省教改实践证明，学习指导不仅在理论上还是实践上都是十分重要的，也是十分迫切的。成立学习科学研究会十分有益。第一，这样可以提高整体学术水平。从80年代初以来，我省对学习的研究仅停留在分散自发的研究阶段，把这些力量组织起来，形成一股合力，就可以提高整个学术水平，提高学习指导的水平。第二，通过学习指导可以有效减轻学生负担，提高教学质量，取得事半功倍的实际效果，深受学生和家长的欢迎，对学校和社会有益。第三，有组织有计划进行科学的学习指导，实现教学向学生主体的倾斜，合乎认知规律，有利于更新课堂学习模式。第四，成立学研会反映了广大教师的愿望，探索出了一条教改新路，有广泛的群众基础，能够提高学习科学研究的自觉性。第五，学习科学研究理论与实践结合紧密，学习科学研究与学校教学、社会和家庭教育联系在一起，把学生的学习方法、思维训练和掌握科学知识有机地统一起来，体现了科学研究的实效性。

学习科学研究会以邓小平“教育要面向现代化，面向世界，面向未来”的理论为指导，坚持解放思想、实事求是的思想路线，提倡理论联系实际的优良学风，发扬奉献精神，团结奋进，勇于创新，加强学习、发展与成才的指导，加强学习科学的基础理论研究和应用开发研究，不断提高研究成果的质量和水平，扩大其影响力，为发展繁荣我省的学习科学，为培养德智体全面发展的社会主义建设者和接班人努力奋斗。

广东教育学会学习科学研究会是全国学习科学学会和广东教育学会领导下的群众学术团体，有广泛的群众基础。它将团结广大教育工作者，积极开展学术研究活动，加强学会的组织建设，加强学习指导课程的研究和实验，加强信息交流工作，开拓我省教改新局面。

各位代表、同志们，我们正处在新旧世纪交替、继往开来的时代，学习科学研究会的工作要争取在“九五”有比较大的进展，为迎接21世纪科技和教育的挑战作出我们无愧于时代的新贡献！

（原载于广东省学习科学研究会《学习学简报》，1996年第一期）

我与广东省师专教育学协作组

广东省师专协作组是省内师专校际教育学教材编写组织。早在1980年10月间，时任惠阳师专（现惠州学院）副校长王本平副教授到韩山师专（现韩山师院），与我共同研究编写《教育学》教材有关事宜。经研究，决定由韩山师专、惠阳师专、集美师专主编广东师专与福建师专通用教材，并于1981年7月出版了第一部《教育学》（内部发行）；不久由韩山师专、惠阳师专召集成立广东省师专《教育学》教材协作组，编写第二部《教育学》，并于1983年7月出版（内部发行）；1986年10月，由王本平主编，广东和福建师专协作组编写的第三部《教育学》，由广东省高等教育出版社出版；1989年2月，由广东省高等教育局教学处组织成立广东省师专教育学科协作组，决定由叶瑞祥、梁彦朴、郑其恭、沈晓良任主编，负责编写广东省师专通用教材，编写了第四部教材，即《中学教育学》《中学教育学阅读参考》配套教材，并于1990年1月由广东高等教育出版社出版；1994年6月13日，广东省高教局教学处决定第五部教材《教育学教程》《教育学教程阅读参考》由叶瑞祥、沈晓良任主编，并于1992年10月由广东高等教育出版社出版；第六部教材由叶瑞祥、沈晓良主编，于1995年1月由广东高教出版社出版；经过多次实践与反复修改，广东省高教局教学处决定将此教材列为“广东省高等学校‘九五’规划重点教材”，即第七部由叶瑞祥、沈晓良主编的《中学教育学》《中学教育学阅读参考》，于1997年8月由广东高等教育出版社出版；考虑到叶瑞祥、沈晓良已先后退休，2001年初叶瑞祥、沈晓良建议组建新的编写机构，由叶瑞祥，沈晓良任主编，林天卫、凌小云任副主编，编写出版了第八部《教育学》《教育学阅读参考》，并于2001年8月由广东高教出版社出版。综观整个广东省师专教育学科协作组的活动过程，我们发挥了如下四个作用：①加强教材建设的作用。20世纪80年代初，师专《教育学》教材建设几乎处于“空白”状态，根据师专教学急需的要求，编写了基本适合师专的《教育学》教材，在当时确实起了积极的作用。随着初中教育与师专教育改革的发展，协作组又能不断调整充实，与时俱进，不断修改《教育学》教材。这样，对于提高师专教育学教学质量无疑起了较大的作用。20 年间累计发行师专《教育学》教材 10 万册以上。②开展经验交流的作用。编写教材的过程，既是一个学习的过程，又是一个交流教学总结、教学经验、教学方法的过程，既加强了校际的交流，又加强了教师之间的交流，做到交流经验，互相学习，共同提高。③培养提高师资的作用。编写教材过程，对于编写人员来说，既是学习先进教育理论的过程，又是提高编写水平的过程。编写教材过程是培养提高教师的过程，这无疑对于提高师专教育学科教师水平起了积极而有效的作用。④增进友谊团结的作用。编写过程中，不同院校教师之间互相学习，互相交流，不断提高了教师的业务水平，增进了友谊与团结，情意深长。

我与广东省高等教育学会

1985 年 11 月 19 日至 21 日，我参加了在华南师范大学举行的“广东省高等教育学会成立大会暨广东省高等教育研究规划会议”，提交大会的论文是“试论我国高等师范教育的历史及其经验”、“改革师范专科学校专业设置浅议”，还提交了《学习的原理与方法》（专著)，会上，被推选为第一届广东省高等教育学会常务理事；1986 年 12 月 9 日至 11 日，参加在深圳大学举行的“广东省高等教育学会第一次学术年会”，提交大会的论文是《再论教育在精神文明建设中的地位与作用》《高等师范院校若干教育观念更新问题》；1996 年 3 月 16 日至 18 日，参加在湛江师范学院举行的“广东省第四届高等教育学会暨第一次学术年会”，提交大会的论文是《高等师范院校加强爱国主义教育问题》，会上，被推选为第四届广东高等教育学会常务理事；1997 年 3 月 26 日至 28 日，参加在番禺理工学院举行的“广东省第四届高等教育学会第二次学术年会”，提交大会的论文是《“以学定教”的新思想——21 世纪高等教育的教学特点》《关于高等院校开设大学学习学的若干问题》。我在退休前一直与广东省高等教育学会保持密切联系，从中学到不少先进的高等教育理念，从而指导高等教育教学工作。

我与广东省教育学会

1980年12月5日至9日，我参加在广州市召开的“广东省教育学会1980年学术年会”，提交大会的论文是《试论调整中小学的布局》，这是我平生第一次参加省级学术会议；1984年12月下旬，参加“广东省教育学会1984年学术年会”（又称第七届学术年会），提交大会的论文是《教育是现代化建设的基础》，会上，被推选为第五届广东省教育学会理事；1991年5月7日至9日，参加“广东省教育学会1991年学术年会”，提交大会的论文是《坚持正确方向，开展合理竞争》；1994年6月8日至10日，参加在广州市召开的“广东省教育学会第七届会员代表大会”，提交大会的论文是《论学习指导》《再论学习指导》，会上，被推选为第七届广东省教育学会理事。

我与广东省陶行知研究会

1991年10月10日至12日，我参加在广州市举办的“陶行知诞生100周年纪念会”，提交大会的论文是《试谈陶行知的学习论》，会上，被推选为广东省陶行知研究会理事；1992年12月10日至13日，参加在汕头市举行的“陶行知教育思想与特区教改研讨会”，提交大会的论文是《略谈陶行知的教学论》；2003年3月6日，被聘请为广东省陶行知研究会第五届理事会荣誉理事。

我与汕头市教育学会

1984年10月13日，我参加在汕头市教育学院举行的“汕头市教育学会成立大会暨学术年会”。黄海（原汕头市教育局局长）当选为第一届汕头市教育学会会长，我被推选为第一届副会长；1988年1月26日至28日，举行“汕头市教育学会第二届会员代表大会暨学术年会”，黄海继任第二届会长，我再次当选为第二届副会长。担任汕头市教育学会副会长期间（1984年10月至1993年3月），我认真做好下列工作：①组织会员撰写论文，积极参加学术年会。学会活动十分活跃，10年间每年第一季度都能召开学术年会，从未中断。会前，认真组织韩山师专等单位的会员撰写论文，积极参会。②认真指导下属单位开展学术活动。1985年4月，在韩山师专成立二级学会——汕头市教育学研究会，兼任研究会理事长，并先后于1991年1月18日在潮州师范学校等地举行研讨会；1990年3月，在汕头市华侨中学成立二级学会——汕头市学习学研究会，兼任研究会顾问，并能先后举办多次学术研讨会。③协助举办全国性的学术会议。1991年8月16日至20日，与全国中学学习科学研究会联合举办“全国中学学习科学研讨会”；1993年3月8日至10日，与全国中学学习科学研究会联合举办“全国中学学习科学研究会第三届学术年会”。两次全国性的学术会议，都开得成功、有效，受到与会者的好评。④组织编写专著，教材。先后主编了《中学生学习学》（广东高等教育出版社，1991年4月出版）、《教子有方》（广东高等教育出版社，1992年4月出版），在原汕头市行政区域撤销之前，我始终与汕头市教育学会保持密切的友好的关系，并在其中发挥了应有的作用。

我与潮州市教育学会

1992年10月原汕头市行政区域撤销，分别设置为现行的汕头市、潮州市、揭阳市。1993年4月后，我积极提倡尽快成立潮州市教育学会。这个倡议得到时任潮州市教育局李鸿新局长的支持。1993年12月23日至25日，潮州市教育学会成立，李鸿新当选为潮州市教育学会第一届理事会会长，我当选为第一届常务副会长；1998年4月下旬，召开“第二届潮州市教育学会会员代表大会”，时任教育局局长张介信当选为潮州市教育学会第二届理事会会长，我当选为第二届常务副会长；2003年3月19日与2011年10月14日先后召开的第三届与第四届潮州市教育学会会员代表大会上，我被聘请为理事会顾问。担任常务副会长期间，我努力做好下列事情：①认真组建二级学会。根据潮州市教育的实际，先后组建了学校德育研究会、教学研究会（含学习科学研究会）、陶行知教育思想研究会、丁有宽教育理论与实践研究会、学校管理研究会、政史教学研究会等二级学会。②认真开展学术交流。每两年举办一次全市性质的学术年会。同时，要求各个二级学会要举行相应的研讨会。③认真开展课题研究，结合实践，开展比较规范的教育科研课题研究。直接指导教育部“九五”重点课题《义务教育阶段学生“学会学习”研究》、“十五”规划课题《创新学习研究与实验》子课题以及广东省“九五”规划课题《关于当代中学生学习品德培养研究》等课题研究，并取得丰硕的研究成果。④认真推广研究成果。一方面，认真做好学术年会研究成果评定工作；另一方面，将研究成果及时转化为指导教育教学改革实践，并与中小学校新课改紧密结合起来，推动教育改革。

学术感言

1.学习科学是一门大有希望的新兴科学。

2.理论研究与应用研究是推动学习科学向前发展的两个巨轮。

3.学习科学研究者应该是：①头脑清醒，思维缜密；②眼睛放大，视野广阔；③双手勤劳，勤于写作；④胸怀宽广，海纳百川；⑤屁股平坦，甘于寂寞；⑥迈开两腿，积极实践的志愿者、先行者、奉献者、享受者。

4.目前，学习科学仍是破土的嫩芽，需要更多的阳光雨露。

5.学习科学的发展需要有志之士、有识之士、有权之士的大力支持。

6.学习科学既要理论研究，更要应用研究，才能彰显其生命力！

7.研究学习科学要让广大师生看得见，摸得着，用得上，提得高，才有价值。

8.要攀登学习科学的顶峰，不仅需要有决心、雄心，更需要有耐心、恒心。

9.开展学习科学研究虽是自讨苦吃，但也是乐在其中。

10.只有付出艰辛劳动的人，才能真正体验和享受获得成果的愉快，快乐！

11.做学问要有一股“小车不倒尽管推”的精神和毅力。

12.学习科学的发展需既要理论工作者的参与，更需要实际工作者的努力，这是推进学习科学发展的两支大军。

13.教育科学与学习科学是密切不可分的一对孪生姊妹科学。

14.教育工作者应力求做到教学、科研、管理一体化。教学需要务实的作风，科研需要创新的精神，管理需要宏观的视野。各有长处，优势互补，教学、科研、管理于一身是完全可以做到的。

15.当你的学术成果得到社会和人们的认可和应用时，就是最高的奖赏和最大的幸福。

16.完美的教育人生，应该包含三大收获，一是培养人才的有效收获，二是师生感情的友谊收获，三是教育论著的学术收获。

17.唯物辩证法是研究与推广学习科学的法宝。

18.对我而言，《简明中国学习思想史》一书中关于《叶瑞祥的学习思想》的部分是我学术成果的高山，相形之下，其他学术成果是丘陵、平原，或是洼地。

19.做学问不仅要有上“刀山”的决心，还要有下“地狱”的勇气。

第七章　我与老年教育

（2003 年—现在）

老年教育是教育事业和老龄事业的重要组成部分。其实质是老年人终身发展教育，是培养老年人的学习活动，是终身教育的最后环节，也是全民教育的重要方面。它是充满阳光的教育，也是惠及全民的教育。老年教育学科是教育学科与老年学科相互结合、交叉渗透形成的新兴的边缘学科群，是以老年教育现象与教育问题为共同研究对象的相关学科的总称。它是一门充满活力的新兴科学，也是一门大有希望的边缘科学。我能在人生的最后阶段，为这门新兴科学的发展出点力，感到高兴，感到自豪，感到幸福。

第一节　我与老年教育的缘由

一、终身学习理论的启发

终身学习是指社会每个成员为适应社会发展和实现个体发展的需要，贯穿于人的一生的持续的学习过程。简言之，每个人应努力做到活到老，学到老，终身学习。早在 20 世纪 80 年代我研究学习科学已从研究大学生学习学，往下延伸到中学学习学、小学学习学。1997 年 4 月退休后，与汕头市龙湖区丹霞幼儿园等 12 所幼儿园、潮州市绵德幼儿园等开展幼儿学习研究，研究范围已延伸至幼儿学习学。老年人的学习，是终身学习的最后环节，也是全民学习的重要方面。研究老年学习学，势在必行，是水到渠成之事。

二、潮州市老干部大学的邀请

1997年9月15日，我在潮州市高级中学主办国家教委“九五”规划重点课题《义务教育阶段学生“学会学习”研究》广东地区课题开题会（20个子课题包括大、中、小、幼各个教育阶段）。时任潮州市老干部大学常务副校长卢璧锋闻信而来。会后，他主动要求潮州市老干部大学参加子课题研究。我当即表态，你们学校刚刚创办，建议集中精力先搞好学校常规建设，几年后再共同开展教育科学研究。机缘巧合，2003年4月16至17日，我以中共潮州经济开发区的党代表（时任中共潮州韩江专修学院支部书记、院长）的身份参加中共潮州市第十一次代表大会。期间，我主动向时任潮州市老干部局局长、潮州市老干部大学校长吴作秋，提出联合开展老年教育科研问题。他当时表示，大力支持，共同开展老年教育科研。2003年5月，我到潮州市老干部大学与时任常务副校长卢璧锋落实开展老年教育科研课题。我提出开展“十五”重点课题《潮州市老年学习现状与学习指导研究》，撰写课题《申请书》、制订《研究方案》，并由我所在单位潮州韩江专修学院（时任院长）、潮州市老干部大学联合向全国学习学研究会学术委员会申报“十五”课题。从此，拉开了我与潮州市老干部大学近20年的合作研究过程。

第二节　研究老年教育的历程

一、伙伴式研究阶段

第一阶段，又称伙伴式研究阶段（2003年5月至2009年12月）。这个阶段，我是以全国学习科学研究会副会长、潮州韩江专修学院院长的身份与潮州市老干部大学合作开展课题研究。期间，先后开展了两个课题研究：1.全国学习科学研究会“十五”科研重点课题《潮州市老年学习现状与学习指导研究》（2004年1月至2006年7月）。2.全国学习科学研究会“十一五”科研课题《老年创新学习能力理论与实践研究》（2006年12月至2008年12月）。研究特点：1.研究过程比较规范。规范课题研究过程分准备阶段、实施阶段、总结阶段。准备阶段主要抓理论学习、按程序申报立项、制订课题研究方案，建立研究机构。然后进入实施阶段。首先是举行开题会，实际上是做好队伍培训，理论先行，明确研究目标与实施步骤。接着是学情调查。开展一定数量的问卷调查，通过统计、核实、分析，写好学情调查报告，作为开展课题实施的客观依据。接着进行分课程实验。实验过程中重视典型带动，以点带面，全面推进，适时举行中期成果经验交流会。总结阶段抓好学情后测，检查各课程实验所取得的成绩，整理资料，写好结题报告。最后由专家进行课题鉴定。2.研究关系良好。整个研究过程双方互相尊重，明确分工，为保证平等合作关系，组织上设“并列课题组长”，即我与卢璧锋常务副校长均为课题组长；学术上我着重负责申报课题、编写研究方案、设计问卷提纲，卢校长着重实施方案，组织调查研究、开展课程实验等实践；经费上我负责申报经费，潮州市老干部大学主要负责结题、鉴定费用、出版经费等。潮州市老干部大学与潮州韩江专修学院都是课题研究合作者、研究成果的共享者，建立了平等、友好、和谐的伙伴关系。3.研究成果明显。研究成果有学生调查报告两份，其中《潮州市老年学习现状调查报告》（1200 名）、《潮州市老年创新学习能力现状调查报告》（2004 名）。出版专著三部：《老年学习学》《老年学习指导研究》《老年创新学习能力论》，研究成果较好。全国学习科学研究会学术委员会在对《潮州市老年学习现状与学习指导研究》的《科研课题鉴定书》（2006 年 1 月 8 日）肯定“此研究成果具有创新性，集中体现在理论研究成果和应用成果上，它填补了学习科学研究中缺少对老年学习学的全面系统研究的空白，为学习型社会的建设和个人终身学习的实现做出了新的特殊贡献”。时任全国学习科学研究会副会长、学术委员会主任王秀芳研究员在《中国城市经济》2004 年第 4 期以《〈老年学习学〉是提高老年人生活质量的科学》为题的文章高度评价《老年学习学》（陆剑杰、钟旭秋主编，《地区老年教育的群星灿烂》，团结出版社，2016 年 4 月第 354 页）。全国学习科学研究会学术委员会在对《老年创新学习能力理论与实践研究》的《鉴定书》（2008 年 5 月 8 日）称“专家组认为，课题达到了立项的要求，课题的研究成果在‘老年创新学习能力’研究方面有较大的创新和突破，取得了同类课题研究的领先水平。”《老年创新学习能力论》一书，2010 年 7 月荣获潮州市首届哲学社会科学优秀成果三等奖。

二、融合式研究阶段

第二阶段，又称融合式研究阶段（2009 年 12 月至现在）。2010 年 1 月 8 日，我被潮州市老干部局局长、老干部大学校长陈先哲聘任为学校科研顾问，标志着我与该校的合作进入融为一体的融合式研究阶段。期间，先后开展了四个课题研究：1.潮州市老干部大学 2009—2011 年教育科学重点科研课题《老年学习力理论与时间研究》（2009 年 12 月至 2011 年 1 月）。2.潮州市哲学社会科学联合会“十二五”规划课题《潮州市老年学习现状与发展研究》（2012 年 9 月至 2014 年 9 月）。3.潮州市哲学社会科学联合会“十二五”规划课题《老年大学教学理论与实践研究》（2015 年 1 月至 2016 年 12 月）。4.潮州市哲学社会科学联合会“十三五”规划 2019 年重点项目“《老年教育辞典》编纂研究”（2018 年至 2020 年 12 月）。研究特点：1.研究机构更加专业。2010 年 12 月 13 日，我向陈先哲局长兼校长提出学校要建立“老年教育研究室”。他十分重视我的建议，2011 年 2 月 28 日经潮州市老干部大学班子集体讨论，决定成立中层机构“老年教育研究室”。2011 年 4 月 12 日正式挂牌，卢璧锋常务副校长兼任研究室主任，我兼任研究室顾问，同时聘任四位研究员。研究室的任务是立足本市，立足本职以校本研究为主，以应用研究为主。具体而言：其一，研究老年大学实际问题，促进其科学发展，不断提高办学水平，提高教育质量；研究潮州市老年教育的实际问题，促使其科学而有效的发展。其二，在研究老年教育实际问题的基础上，有选择的研究老年教育理论，力争拿出质量较高，影响较大的老年教育理论研究成果。现在，老年教育研究室已有十名兼职研究员。研究员大体上都具有高级职称，是一支热爱老年教育事业，教育理论水平较高，老年教育实践经验丰富，老年教育管理干部与教育理论工作者相结合，老年与中年的相结合的队伍，是潮州市老干部大学强有力的科研力量，是十多年来完成多项科研任务的基本力量。2.研究领域更加广泛。从研究老年教育学科来看，第一阶段所开展的课题研究，都属于老年学习学的范围，而第二阶段开展的课题研究已从老年学习学发展到老年教育教学论、老年教育学、老年教育中外比较研究，甚至发展到主持编纂专业性综合性的《老年教育辞典》。从课题研究空间来看，第一阶段所开展的课题研究，都是属于校本研究为主的范围，而第二阶段参与研究的区域，已发展到参加全国范围的研究，甚至走向世界。诸如，参加中国老年大学协会学术委员会主办的《老年教育学》《地区老年教育的群星灿烂》以及国际联络部主办的《一带一路与老年教育》《老年教育中国模式研究》等课题研究。3.研究成果更加显著。研究成果有学生调查报告三份，其中有《潮州市老年学习力调查报告》（2082 名）、《潮州市老年学习现状与发展调查报告》（2573 名）、《潮州市老干部大学教学现状调查报告》（1831 名）。出版著作六部，包括《老年学习力研究》《新编老年学习学》《老年大学教学论》《老年教育的实践探索与理论创新》《老年教育学与教原理》《老年教育辞典》等，国内外老年教育界对上述研究成果给予高度评价。中国老年大学协会老年教育学术委员会主任陆钊杰教授认为“2014 年出版的《新编老年学习学》。这是具有开创意义的成果，不但对于我国老年教育学的学科构建有一个方面的开创价值，并且对于我国老年学、学习学、心理学的丰富和发展有着不可忽视的作用。”2015 年 6 月 11 日，校长陈先哲在西班牙阿里坎特市参加国际老年大学协会“老年大学·公民和社会凝聚力国际研讨会”。会上，展示《新编老年学习学》一书，并赠国际老年大学协会主席维拉斯。他给予高度评价，认为“在老年学习学方面的研究已走在世界前列”。（陆剑杰、钟旭秋主编《地区老年教育的群星灿烂》，团结出版社，2016 年 4 月，第 353—354 页）《新编老年学词典》还将《新编老年学习学》列为单独词条，认为“这是一本能为‘老年教育’及‘老年学习’专题理论研究与工作实践提供多方面参考价值的用书”。（李旭初，刘兴策主编《新编老年学词典》，武汉大学出版社，2016 年 10 月，第 633 页）该书还于 2017 年 3 月获得潮州市哲学社会科学优秀成果三等奖。至于 2020 年出版的我国第一部《老年教育辞典》更获得国内外老年教育理论界的好评，此处不再累述。中国老年大学协会老年教育学术委员会对潮州市老干部大学总的评价：“坚持走科研兴校之路。科学研究和教学实践密切结合。教学要改革，要创新，就建立相应课题，先研究、出方案、再实践。科研走向高端，与韩山师范学院合作效果好。”“科研还走向世界。”（摘自《地区老年教育的群星灿烂》第7页）

第三节 老年教育著作简介

1.《老年学习学》叶瑞祥、卢璧锋主编，香港天马图书有限公司出版社，2004年9月出版，28万字。该书是我国第一部比较全面系统阐明老年学习问题的专著，是全国学习科学研究会“十五”科研课题《潮州市老年学习现状与学习指导研究》的重要成果，也是潮州市老干部大学办学六载教学实践的经验结晶。它根据学习学的基本原理和当前老年学习的实际，从老年生理、心理特点出发，以老年学习的原理与方法为主线，探讨研究《老年学习学》的基本内容与结构。其结构是:绪论，主要阐明老年学习学的研究对象及其意义。第一篇，原理篇，主要阐明老年学习的特点、作用、原则、类型、途径、环境等。这是老年学习学的基本理论部分。第二篇，方法篇，主要阐明老年学习的基本方法以及老年自我保健、中医保健、心理健康、舞蹈、声乐、潮乐、国画、书法、摄影、古典诗词、英语、电脑等课程的具体方法。这是老年学习学的实际应用部分。第三篇，个案篇，着重总结老年个体学习老年保健、潮乐、国画、书法、英语、电脑等课程的成功典型或经验，从个案的角度印证老年学习的原理与方法的正确性、实效性。这是老年学习学的具体操作部分。附录有《潮州市老年学习现状与学习指导研究的实施方案》《潮州市老年学习现状调查报告》《老年人自我心理保健的知识》等。参加编写人员有：叶瑞祥、卢璧锋、林和龙、吴华钿、李学先、叶经珠、陈诗礼、陈锦荣、陈洵、石应瑞、洪永全、杨业成、李家润、黄秋权、苏贤辉、曾楚楠、李克川、郑家忠、周秀君等。这些作者都是具有较高学术水平和丰富教学经验的专业工作者。该书完稿后，中共潮州市委副书记田映生写《序一》，给予充分肯定；中共潮州市委老干局局长吴作秋写《序二》，认为通览全书，具有时代性、科学性、实践性、创新性、群众性和地方性，是老年学习的良师益友。（摘自《叶瑞祥教育口述史》第172至173页）

2.《老年学习指导研究—潮州市老年学习的现状与学习指导研究文集》：卢璧锋、叶瑞祥主编，香港天马图书有限公司，2006年3月出版，17万字。该书是全国学习科学研究会“十五”科研课题《潮州市老年学习现状与学习指导研究》的又一重要成果。全书分为三个组成部分：第一部分总论，包括立项通知、课题组织机构、结题报告、科研课题鉴定书及老年学习现状调查报告和老年学习特点分析等，是全书的核心部分，它反映了科研课题工作开展的全貌和取得的重要成果；第二部分老年学习指导论，这是分课程14位老师对老年学习指导方法的具体运用，是老年学习学的基本原理与方法见诸实践的部分；第三部分老年学习效果论，这是分课程28位学员的体会文章，他们是老年学习方法的实践者和获益者，也是老年学习效果的重要反映。潮州市委老干部局局长兼老年大学校长吴作秋同志在《序》中，肯定该书具有全局的研究成果、真实的研究成果、创新的研究成果和明确的社会效果等特点，对推动潮州市老年学习指导科学化产生积极的影响。（摘自《叶瑞祥教育口述史》第175页）

3.《老年创新学习能力论》叶瑞祥、卢璧锋主编，大众文艺出版社，2008年4月出版，22万字。该书是全国学习科学研究会“十一五”科研课题《老年创新学习能力的理论与实践研究》的研究成果。全书以老年创新学习能力为主线，由以下三个部分组成：第一部分原理篇，着重阐明老年创新学习的内涵、结构、培养、途径、方式、基本模式以及老年创新学习能力现状与对策；第二部分策略篇，着重介绍部分课程培养老年创新学习能力的经验、体会和方法;第三部分实效篇，选编各门课程中提高创新学习能力效果好的学员个案为佐证，用以印证老年创新学习能力的原理与策略的正确性和实践性。附录有《老年创新学习能力的理论与实践研究的实施方案》《潮州市老年创新学习能力现状调查报告》等。参加编写人员有叶瑞祥、卢璧锋、陈洵、林和龙、黄武雄、吴华钿、陈诗礼、陈锦荣、伍湘皋、曾楚楠、石应瑞，洪永全、杨业成、邱楚霞、陈作霖、黄秋权、周秀君、陈赛吟、许芝乾、陈静娥等。这些作者都是具有较高学术水平和丰富教学经验的专业工作者。该书完成后，中共潮州市委副书记黄俊潮写《序一》，认为“本书的出版发行，将进一步为办好我市老干部大学，培养老年人创新学习能力，提高老年教育质量，共建和谐潮州起到积极的作用”。中共潮州市委老干部局局长吴作秋写《序二》，也给予了肯定。该书于2010年7月获潮州市首届哲学社会科学优秀成果三等奖。（摘自《叶瑞祥教育口述史》第175至176页）

4.《老年学习力研究》叶瑞祥，卢璧锋主编，广东省语言音像电子出版社，2011年1月出版，17万字。该书是潮州市老干部大学2009—2011年教育科研重点课题《老年学习力理论与实践研究》的阶段成果。全书以学习力为主线，由下列四个部分组成。第一部分——认识篇，着重阐明学习力的内涵、要素、作用和理论基础；第二部分——策略篇，着重研究提高老年学习力的基本途径、主要课型以及潮州市老年学习力的现状调查；第三部分，课程篇——分别介绍老年保健、老年中医、潮乐、潮曲、舞蹈、声乐、绘画、健身体操以及电脑等课程提高老年学习力的经验、体会与方法；第四部分个案篇，选编21个各门课程提高老年学习力效果明显的学习个案为例，说明提高老年学习力的原理与策略的正确性和有效性。附录包括《〈潮州市老年学习力理论与实践研究〉实施方案》《潮州市老年学习力调查报告》等问题。参加编写人员有叶瑞祥、卢璧锋、许佩卿、吴华钿、陈洵、林和龙、谢德勇、陈诗礼、陈锦荣、杨业成、邱楚霞、石应瑞、洪永全、李家润、陈作霖、周秀君、陈静娥等。这些作者都是具有较高学术水平和丰富教学经验的专业工作者。该书成稿后，中共广东省委组织部副部长、省委老干部局局长许光超的题词是“开展老年学习力研究，建设和谐学习型社会”。中共潮州市委副书记黄俊潮写《序一》，认为“本书的出版，对于提高我市老干部（老年）大学办学水平和教学质量，增强广大学员的学习自觉性，激发老年人的学习动力，提高全社会的学习能力将起到良好的指导和推动作用。可以预见，本书必将成为广大老年朋友的良师益友”。中共潮州市委老干局局长陈先哲写《序二》，认为该书具有如下特点：“其一，与时俱进，注重前瞻性；其二，重在应用，突出实践性；其三，敢为人先，注意创新性；其四，扎根潮州，显示地方性；其五，前后联系，重视系统性；其六，多方协作，体现合作性。”（摘自《叶瑞祥教育口述史》第177至178页）

5.《新编老年学习学》叶瑞祥、卢壁锋主编，谢德勇、林和龙副主编，花城出版社，2014年9月出版，50万字。该书是在我国第一部《老年学习学》（叶瑞祥、卢壁锋主编、香港天马图书有限公司出版，2004年9月出版）的基础上，经过10年实践编写而成的又一部学术专著。其内容：老年学习原理篇，包括老年学习的特点、作用、原则、方法、途径、类型、环境等；老年学习课程篇，包括老年保健、声乐、潮曲等14门课程学习论；老年学习成效篇，包括20位老年学员学习成功个案。附录有《实施方案》《调查报告》等。《新编老年学词典》认为“这是一本能为‘老年教育’及‘老年学习’专题理论研究与工作实践提供多方面参考价值的用书”。最近，中国老年大学协会学术委员会，还将该书列为“中国教育学名著辞目”之一，充分肯定，全面推荐《新编老年学习学》。

6.《老年大学教学论》叶瑞祥、卢壁锋主编，谢德勇、林和龙副主编，广东高等教育出版社，2016年10月出版，39万字。该书根据现代教学论的基本原理，从老年学员的生理、心理特点出发，总结老年大学教学实践的成功经验，以老年大学教与学的活动为主线，探讨、研究老年大学教学论的基本内容与结构。包括教学原理篇，着重论述老年大学的教学本质、目标、内容、原则、方法、形式、模式、评价；课程教学篇，着重总结介绍老年中医、声乐等12门课程的教学目标、内容、方法等；教学案例篇，着重总结、推广山水画、潮乐、潮曲等12个教学案例。附录有调查报告成果总结等。（摘自《老年教育辞典》第396页）

7.《老年教育学与教的原理》（中英文对照本）叶瑞祥、卢壁锋主编，世界图书出版广东有限公司，2019年1月出版，35万字。该书是根据《新编老年学习学》和《老年大学教学论》里面的原理篇摘要编辑翻译而成。第一部分，老年教育学习原理篇，包括第一章老年学习的特点，第二章老年学习的作用，第三章老年学习的规律与原则，第四章老年学习的类型与途径，第五章老年学习的方式与创新，第六章老年学习的环境与利用。第二部分，老年教育教学原理篇，包括第一章老年大学的教学本质，第二章老年大学的教学目标，第三章老年大学的教学内容，第四章老年大学的教学原则，第五章老年大学的教学方法，第六章老年大学的教学组织形式，第七章老年大学的教学模式，第八章老年大学的教学评价。该书于 2019 年 5 月 18—19 日，国际老年大学协会执行委员会在上海召开期间进行书面交流，法国图卢兹老年大学图书馆等单位均有收藏。

8.《老年教育辞典》叶瑞祥、陈先哲主编，广东人民出版社，2020 年 12 月出版，70 万字。该书是我国第一部《老年教育辞典》，全书分为正文部分，收词 1028 条。第一部分，老年教育基本原理（97 条），包括老年教育的性质和规律、老年教育功能和价值、老年教育体系和结构、老年教育分类和类型。第二部分，老年教育目的（67 条），包括老年教育目的与任务、学校老年教育目标与内容。第三部分，老年教育的基础理论（47 条），包括老年教育的哲学基础、社会学基础、心理学基础、教育学基础、生理学基础。第四部分，老年人与学习（195 条），包括老年人、老年人的学习。第五部分，老年教育课程与教学（237 条），包括老年教育的课程，老年教育的教学，老年教育的校园文化。第六部分，老年教育学科与研究（107 条），包括老年教育学科与研究、老年教育研究组织机构、中国当代老年教育著作期刊。第七部分，老年教育管理与教师（78 条），包括老年教育教师、老年教育管理。第八部分，老年教育发展与现代化（126 条），包括社区老年教育、远程老年教育、老年教育的发展战略、老年教育现代化、老年教育国际化、中国老年教育相关法律法规文件。第九部分，国际与中国港澳台老年教育（74 条），包括中国台湾、香港、澳门老年教育，国际与地区老年教育。附录部分，包括国务院办公厅《老年教育发展规划》《中国出版的老年教育相关著作目录》《中国老年教育发展大事记》《中国老年大学协会国际交流30年》《主要参考书目》。成书后，国际老年大学协会主席维拉斯发来贺信，充分肯定该书的教育价值、应用价值和国际交流价值。中国老年大学协会会长张晓林在《序》中指出："这是我国第一部《老年教育辞典》。""有以下六个特点：一是思想性。二是专业性。三是实践性。四是创新性。五是包容性。六是集体性。""这本《老年教育辞典》，以习近平新时代中国特色社会主义思想为指导，是落实《老年教育发展规划（2016—2020年）》的一项创新成果。"

第四节 编纂我国首部《老年教育辞典》

一、编纂《辞典》的缘由

当中国已成为世界老年教育大国之际，我们启动编纂《老年教育辞典》（以下简称《辞典》）。其意义在于：一是为了贯彻新时代党对老年教育重要决策的需要。中共十九大明确提出"建设教育强国"，"加快教育现代化，办好人民满意的教育"。老年教育是"建设教育强国"的重要力量，是"加快教育现代化"的重要方面，也是"办好人民满意的教育"的重要体现。新时代要有新作为，老年教育在"建设教育强国""加快教育现代化"和"办好人民满意的教育"中一定要有新气象，新作为。一定要学习、贯彻2018年教师节习近平总书记在全国教育大会上讲话的精神，要有新作为，新贡献。2016年10月国务院办公厅颁布的《老年教育发展规划（2016—2020年）》指出："开展老年教育基础理论研究、政策研究和应用研究。"《辞典》本身就是集基础理论研究与应用研究成果融为一体的老年教育工具书，也是一部学习、研究与落实《老年教育发展规划（2016—2020年）》的著作。二是为了总结中国近40年来老年教育实践经验的需要。中国自1983年创办第一所老年大学——山东老年大学至今，已近40年。据国际老年大学协会（AIUTA）估计，目前全世界老年大学在校学员约2000万，其中中国老年大学学员约1000万，占了50%。还有上千万老年人通过远程老年教育、社区老年教育等多种形式参与学习，中国已进入世界老年教育大国行列。积累了丰富的办学经验，我们必须把这些宝贵的经验，以“条目”的形式，加以总结、提高。三是为了提升中国近40年来老年教育理论研究成果的需要。据2020年6月的统计，中国公开出版老年教育的相关著作150多部，其中冠名《老年教育学》的10多部，还有数以万计的学术论文、调查报告、经验总结、教学案例等丰硕成果，已初步形成和构建了具有中国特色的老年教育理论体系。这些理论研究成果，必须以“辞书”的形式，加以梳理、提升。四是为了吸收国际近50年来老年教育先进经验的需要。1973年法国图卢兹大学专门为当地退休人员开设了老年教育课程，标志着第三年龄大学的正式成立，已近50年。它们积累了许多先进的办学经验，创造了丰富的研究成果。如法国依托于大学的第三年龄大学等办学形式，还有英国、日本等国的老年教育经验。这对于我们都是有启发、有帮助的。这些先进理念、经验，也必须以“条目”的形式，加以消化、吸收。简言之，为了适应上述需要，必须努力编纂一部能够总结反映这些研究成果的《辞典》，以指导老年教育实践活动。这是现实的需要，也是历史的必然。

编纂这部《辞典》目标主要是总结、分析和梳理中国近40年来老年教育实践经验与理论研究成果，在老年教育的范围内，精心选择其中基本的重要的实用而又相对稳定的条目，力求作客观而科学的解释、说明，加强理论概括、学理支撑和经验集成，努力编纂出版一部集思想性、专业性、实践性、创新性、包容性融为一体的老年教育工具书——《辞典》。其目的是在一定程度上有利于老年教育学科建设，有效提高老年教育质量，促进老年教育事业科学发展。这也为促进老年教育学科建设做一件实事，为提高老年教育质量做一件好事，为广大老年教育工作者做一件益事。

编写出版这部《辞典》，历时三年，主要经历如下阶段：第一阶段，精心筛选条目阶段（2018年1月—2019年1月）；第二阶段，分工撰写条目阶段（2019年2月—2019年11月）。第三阶段，修改、审定条目阶段（2019年12月—2020年6月）；第四阶段，校对、出版发行阶段（2020年7月—2020年12月）。

本书出版是在中共潮州市委老干部局的直接领导下，由华东师范大学、浙江工业大学、广州大学、天津市教育科学研究院、上海老年大学、广东省老干部大学、广州市老年干部大学及韩山师范学院、潮州市老干部大学等单位40多名专家学者共同参与编撰而成，是集体智慧的结晶。编纂队伍是一支由高等院校教育理论工作者、教育科学研究院所老年教育研究者和老年大学老年教育管理者“三结合”组成的研究团队，是一支老中青老年教育工作者“三结合”组成的研究团队，是一支有老年教育情怀、有老年教育理论修养、有老年教育实践经验和有较高编纂辞书能力的研究团队，对他们的辛勤劳动表示感谢！编撰过程中得到弗朗索瓦·维拉斯（Francois Vellas）、张晓林、林元和、熊仿杰、许光超等各级老年大学协会领导的高度重视和大力支持，深表敬意！叶忠海、王友农、岳瑛、王卫东等教授们精心策划和用心指导，衷心感谢！在编纂过程中我们还参阅了大量的国内外老年教育的论著，对这些作者深表谢意！感谢潮州市哲学社会科学规划领导小组将“《老年教育辞典》编纂研究”列为“十三五”规划2019年度重点项目（2019—D—01号）并给予经费资助。特别是《辞典》成书后，国际老年大学协会主席弗朗索瓦·维拉斯（Francois Vellas）教授发来贺信、中国老年大学协会张晓林会长撰写《序》，为本书出版大增光彩！

二、编纂《辞典》的过程

为了总结我国近40年来老年教育实践经验，提升老年教育理论研究成果，我们启动编纂《老年教育辞典》（以下简称《辞典》）工程。主要目标是总结、分析、梳理近40年老年教育实践与理论研究成果，在老年教育的范围内，精心选择其中基本的、重要的、实用而又相对稳定的条目，力求作科学而客观的解释、说明，编纂一部老年教育工具书。目的是在一定程度上有利于老年教育学科建设，有利于提高老年教育质量。

编纂《辞典》是一个长期酝酿、精心策划、反复修改、不断提高的过程。主要经历三个阶段：第一阶段酝酿阶段（2015年3月—2017年12月）。2015年3月中国老年大学协会国际联络部主办的

“老年大学·公民和社会凝聚力”在潮州召开，我应邀参会，触发了我编纂《辞典》的灵感。我认为，为了创新发展老年教育理论，为了更好指导老年教育实践，为了加强老年教育学科建设，顺应老年教育发展的大好形势，抓住机遇，敢为人先，努力打造我国第一部《辞典》势在必行。因此，会后收集阅读了150多部老年教育著作，并从这些著作中初选出近千个条目。2017年12月我向陈先哲局长提出编纂《辞典》的设想，陈局长当即表示大力支持，并指定我为课题组长。从此，拉开了编纂《辞典》的“序幕”。第二阶段撰写阶段（2018年1月—2020年12月）。着重抓好四个环节：第一个环节精心筛选条目（2018年1月—2019年1月）；第二个环节分工撰写条目（2019年2月—2019年12月）；第三个环节修改审定条目（2019年12月—2020年6月）；第四个环节校对、出版、发行（2020年7月—2020年12月）。突出开好三次会议：第一次会议，2018年10月，由国际联络部主办的“老年教育发展动态学术交流会”在潮州举办，我应邀发表题为“努力打造我国首部《老年教育辞典》”的发言，引起国际老年大学协会主席维拉斯的高度重视，充分肯定。这个肯定是编纂《辞典》的“动员令”，也是吹响编纂《辞典》的“进军号”。第二次会议，2018年12日在国际联络部的指导下，由中共潮州市委老干部局主办“《辞典》框架研讨会”，我作了“关于编写《老年教育辞典》的研究方案”的报告，印发了“《辞典》分类目录表”。会上，张晓林、林元和、熊仿杰等领导对编写《辞典》提出了方向性、指导性的意见，叶忠海、王友农、岳瑛等教授对《辞典》的框架、条目提出了专业性、建设性的建议。会议确定了《辞典》的总体要求、基本框架、编写原则，为编纂《辞典》绘制了“施工蓝图”。第三次会议，2020年3月由中共潮州市委老干部局主办的“《老年教育辞典》编写工作会议”。会上，我作了“关于编写《老年教育辞典》的几个问题”的报告。叶忠海、王友农、岳瑛、王卫东教授等参加会议。会议期间充分发扬学术民主，取得共识，形成《会议纪要》，规范撰写条目的原则、要求，合理分工，落实到人，实质上是为编纂《辞典》制订了“施工手册”。会后，编纂《辞典》进入撰写条目环节。第三阶段使用阶段（2020年12月以后）。12月23日为《辞典》首发式。《辞典》首发式实质上是编纂《辞典》的总结会，也是使用《辞典》的动员会。

在整个编纂《辞典》过程中，我深深体会到各级学会领导真心诚意的支持，是编纂《辞典》的重要条件。各位专家教授的精心策划指导，是编纂《辞典》的重要保证。多方编纂人员，用心写好词条，是编纂《辞典》的基本保证。潮州市委、老干部局领导，全心全力支持，是编纂《辞典》的根本保证。

三、编纂《辞典》的思考

编纂过程中，从学术研究层面和老年教育学科建设的角度，我们有这样的认识与体会，要努力做到“一个坚持、五个重视”：1.坚持以马克思主义指导编纂工作。特别是以习近平新时代中国特色社会主义思想为指导编纂《辞典》全过程。2.重视处理老年教育理论与老年教育实践的关系，在总结老年教育实践的基础上，重在提升老年教育理论成果。3.重视处理老年教育创新与老年教育继承的关系，在继承老年教育的基础上，重在老年教育创新。4.重视处理老年教育学与老年教育相关学科的关系，突出以老年教育学为主体，配合老年教育相关学科。5.重视处理中国老年教育与外国老年教育的关系，突出以中国老年教育为主体，配合外国老年教育。6.重视处理发挥集体力量与体现个人作用的关系，既要充分发挥集体的力量，又要充分发挥个人的聪明才智，最大限度调动专家、学者的积极性、创造性。

四、提出使用《辞典》的意见

学习目的是为了应用，编书目的在于使用。为了有效使用《辞典》，提出如下意见：

1.认识《辞典》结构，掌握全书脉络。《辞典》十个部分，分为五个板块：第一板块，老年教育基本理论篇，包括老年教育本质论、功能论、结构论、目的论、理论基础。第二板块，老年教育实施过程篇，包括老年教育学习论、课程论、教学论、校园文化论、教育科研论等。第三板块，老年教育队伍篇，包括老年教育学员论、教师论、管理论等。第四板块，老年教育发展篇，包括老年教育大众化、信息化、现代化、国际化以及海外老年教育。第五板块，附录，实质上是中国老年教育的实践研究成果与理论研究成果的具体表现。

2.突出学用重点，体现因人而异。以如下四类人员为例，老年教育者着重学习、应用课程论、教学论、校园文化论等；老年学习者着重学习、应用学员论、学习论等；老年教育管理者着重学习、应用管理论、教师论等；老年教育研究者着重学习、应用老年教育基本理论以及教育科研论等。

3.强调实践应用，重在学以致用。为了达到学以致用的目的，一要带着问题，查阅《辞典》，可以按照“分类目录”，也可以按照“汉语拼音索引”查阅。二要着重“小”“实”，落细落实落地，使之具体化实际化，增加可操作性。三要学用结合，发展创新，在学习中应用，在应用中发展，在发展中创新。

五、各方对《辞典》的评价

《辞典》出版后，得到我国内外老年教育界普遍的好评。2020年12月23日《辞典》首发会上，各级老年大学协会领导、专家教授，纷纷发来贺电、贺信。

相关资料

维拉斯主席视频讲话翻译稿

[法] 弗朗索瓦·维拉斯

（国际老年大学协会主席）

《老年教育辞典》（简称《辞典》）的出版发行，为老年大学做出重大贡献，在此我谨代表国际老年大学协会和图卢兹老年大学，向潮州市老干部大学和陈先哲校长表示热烈的祝贺。这是一项很大的挑战。2018年我与中国老年大学协会领导受邀前往潮州市老干部大学，让我至今难忘。当时举办一场关于老年教育的重要研讨会，在会上，介绍了《辞典》开始准备的过程。现在《辞典》已经成书，这为世界老年大学做出了重要的贡献。

这部《辞典》将有助于老年大学的发展，惠及全世界的老年人。主要体现在以下三个方面：第一，教育方面。教育需要工具书，需要支持，而在这个数字化和互联网教育如此重要的时代，辞典是非常重要的。因此这部《辞典》将是对老年教育具有重大意义的工具书。我希望它会被翻译成各种语言在世界五大洲应用。第二，这部《辞典》对于科研非常重要。正如我们所知道的，科研对老年大学至关重要，我们需要提高老年教育水平。为此，我们需要一起探索并持之以恒做下去，这对于科研而言意义重大，我们将通过《辞典》的广泛应用，从而得到国际协会，其他国家研究机构的支持和肯定。第三，这部辞典有利于促进国际老年大学协会的国际合作。有利于促进全世界老年大学之间的国际合作。老年大学之间需要加强分享和交流，了解彼此的现状。中国的这部《辞典》将对世界各地老年大学（中国，欧洲，北美，南亚，东亚，非洲以及澳大利亚和太平洋地区）发展这种合作发挥重要作用。2020 年，这部《辞典》的面世是潮州的一大盛事，我衷心祝愿这部《辞典》能大获成功。

这部《辞典》将为老年人应对人工智能和数字通信所带来的重大挑战发挥重要作用。我们老年大学需要适应新时代，而《辞典》的出现恰逢其时，将惠及世界各国的老年人。

因此，感谢你们为此重要工作所付出的一切。感谢潮州市老干部大学，感谢中国老年大学协会，祝贺你们！国际老年大学协会愿助力《辞典》在世界各地得到广泛应用。非常感谢各位。再见。

张晓林会长视频讲话

张晓林

（中国老年大学协会会长，《求是》杂志原总编辑）

首先我对这个会议的召开表示热烈的祝贺。这次会议就是为叶瑞祥教授和陈先哲局长主编的《老年教育辞典》举行新闻发布会。我想这本书历经大家的努力终于出版了，这在我国历史上，老年教育发展历史上，还有全球老年教育发展来看呢，也是一件不多见的好事。我代表老年大学协会，向这本书的出版表示热烈的祝贺，同时向与会的同志们表示诚挚的感谢。我曾经讲过老年教育在我国发展得很快，这是党和政府的领导、主导的结果。开始是一滴水，后来发展成一片湖，再后来是汪洋大海，现在老年教育在我国已成气候，正在全国各地如火如荼、生机勃勃地发展，这个跟中国特色社会主义事业一样，显示出它的强大生命力。大家浏览这本书呢，可以看到它的特点是非常显著的，第一个特点就是它的思想性，这个《老年教育辞典》鲜明地体现了习近平新时代中国特色社会主义思想，正是在这个思想指导下，这本书总结涵盖了党的十八大以来的老年教育的一些历史性的变化，历史性的成就；第二个特点就是它的专业性，这本书应该说是老年教育领域的一个专业性辞典，它具有代表性、典型性，涵盖了我们老年教育的各个领域、各个方面；第三个就是它的实践性，《老年教育辞典》它不光突出了理论性的特点，同时也兼顾实践操作性，在我们老年教育的管理，还有校园生活、教学、教学研究，还有现代化的发展方面呢，都有很多实践内容，是一部可操作的、操作性很强的工具书；第四个特点是它的创新性，首先就是这本书本身就是创新的结果，在方法上、内容上都有很多创新，收集了一千多条词条，每一个词条都是精益求精，经过十几轮的筛选，这本身就体现了一种创新精神；第五个特点就是它的包容性，大家浏览这个书可以看到，里头有日本的、美国的、澳大利亚的、巴西的、英国的、法国的等等，可以说呢，有很多不同国家的一些老年教育发展状况都在这本辞典中得到反映；第六个特点就是集体性，这本书是叶瑞祥教授跟陈先哲局长他们组织的，而且有很多专家学者的参与，体现了我们老年大学的智慧和力量，有很多学校参与其中，比如说有华东师范大学、浙江工业大学、广州大学、韩山师范学院、天津教科院、广东省老干部大学、广州市老年干部大学等等，当然除此之外还有很多其他学校。叶忠海教授、王友农教授、岳瑛、王卫东等同志都参加了工作，当然还有些其他没有点到的但是背后有众多老年教育同仁们的支持。这本辞典的出版标志着我们填补了一个空白。我想讲的最后一点是，老年教育这个领域我们的未知远远大于已知，我们没走过的路远远多于已走过的路，我们任重道远，还有很多方面要探索。我希望老年教育的同仁们从理论方面、从实践方面继续进行探索，希望在老年教育的理论领域和实践领域出现百花齐放的一个良好局面，谢谢大家！

许光超常务副会长视频讲话

许光超

（广东省老年大学协会常务副会长）

喜闻《老年教育辞典》即将发行，我们都十分高兴，这是我省老年教育界的一大盛事！这本辞典总结和梳理了我国近40年来老年教育的实践经验和理论研究成果，精准严谨、科学实用，兼具思想性、专业性和实践性，对老年教育理论研究、学科建设和事业发展大有裨益。在此，我谨代表广东省老年大学协会向《老年教育辞典》的发行表示热烈的祝贺！

《老年教育辞典》在潮州结出成果，是瓜熟蒂落、水到渠成。潮州文化底蕴深厚，人杰地灵，素有“岭海名邦”的美誉。潮州人既注重传承，更勇于开拓，善于进取，真正把老年教育办成了朝阳事业，风生水起。潮州市老干部大学作为我会学术研究委员会牵头校，为全省乃至全国老年教育理论创新作出了突出贡献，学校科研成果累累，论文水平在全省、全国都获得认可，“老年学习学”研究更是在业内颇具影响力。辞典的两位主编叶瑞祥教授和陈先哲校长，都是我国老年教育界的名人。叶瑞祥教授学术涵养深厚，耄耋之年依旧精力充沛、创作不息，令人敬佩！陈先哲校长才学广博，深谙理论与实践相融相合之道，实为翘楚！《老年教育辞典》经过两位主编的呕心沥血和诸多专家学者的倾心付出，历时三年，增删数次，精雕细琢，终于付梓。相信这本著作会成为广大老年教育从业者的案头书、心头好！

习近平总书记在考察潮州时寄望，潮州这些年蒸蒸日上、欣欣向荣、前景可观，要抓住这个大好时机，乘势而上，起而行之，继续把潮州建设好。我们希望潮州市老干部大学牢记习近平总书记的嘱托，继续发扬敢闯敢想、善作善为的精神，为贯彻新时代党对老年教育的重要决策，推动老年教育高质量、现代化发展不断作出新的贡献！

蒋海鹰常务副校长视频讲话

蒋海鹰
（广东省老干部大学常务副校长）

潮州市老干部大学：

很高兴，世界第一部老年教育工具书《老年教育辞典》（简称《辞典》）在广东潮州问世，这部由叶瑞祥、陈先哲主编的《辞典》是一部框架科学合理、词条完整规范、释文准确严谨的优秀著作，也是一部凝聚了潮州市委、市委老干部局、潮州市老干部大学和我国诸多老年教育专家学者心血的优秀著作。在此，我谨代表广东省老干部大学向潮州市老干部大学致以诚挚祝贺！向耄耋高龄仍为老年教育笔耕不辍的叶瑞祥教授致以崇高敬意！

这部《辞典》是中国老年教育近40年实践经验和理论成果的沉淀，具备高度的学术价值和实践指导意义，对推进老年大学遵循教育规律规范化办学具有重要意义。从后记中潮州市老干部大学陈先哲校长用“四易书稿”总结成书的艰辛历程可以看出，正是因为有一大批兢兢业业为老年教育事业辛勤付出的专家学者和一线工作者，才有了本书的聚沙成塔、集腋成裘。我们广东省老干部大学有幸能参与编纂工作，相信这部《辞典》将成为我国乃至世界老年教育理论研究发展史上的一个里程碑。

期望潮州市老干部大学继续在老年教育理论研究沃土上精耕细作，为推进老年教育工作高质量发展贡献新力量。

广州市老年干部大学贺信

潮州市老干部大学：

贵校叶瑞祥、陈先哲主编、你们的专家团队为主力编撰的全球首部《老年教育辞典》出版，是中国老年教育理论研究和学科建设的新成果，是我省老年大学值得骄傲的大事。广州市老年干部大学谨向贵校致以兄弟般的最诚挚祝贺，祝贺贵校凝聚着心血和智慧的成果面世，我们也为你们的这一前所未有的重大理论贡献感到高兴和自豪。

首部《老年教育辞典》出版是贵校多年来孜孜以求、不断探索老年学习学、老年教育理论的结果。据我校参与这部辞典撰写、研究的校长和专家咨询委员会成员介绍，这部辞典内涵丰富、表述精准、饱含创新，将成为我国老年大学教育工作者很好的教科书和工具书。

我校作为中国老年大学协会国际联络部所在单位，深知国际老年大学协会(ATUTA)一直关注和期待你们这部辞典的问世。现在辞典正式出版，为我国老年教育大国地位增添了光彩，谢谢你们！同时，我们也期待这部辞典的英文版尽早面世。

2020 年是国家“十三五”规划的收官之年，贵校在这个历史节点推出《老年教育辞典》，必定会在中国老年教育发展史上写下可喜可贺的篇章。

让我们两校携手并肩共同推动老年教育事业发展。

广州市老年干部大学

2020 年 11 月 15 日

叶忠海教授贺信

叶忠海

（华东师范大学教授　上海老年教育研究院首席专家）

在喜迎中国共产党诞生 100 周年日子里，令人期盼的由叶瑞祥、陈先哲主编的《老年教育辞典》（简称《辞典》）出版了，这是中国老年教育界的一件大事喜事。在此，我作为成人教育、老年教育学界一名老兵表示热烈的祝贺！

本《辞典》，是我国首部老年教育辞典，是我国老年教育研究中重要的标志性和基础性建筑。它的出版兼具学术价值、应用价值，社会价值，对我国老年教育研究起到承上启下的历史作用，对国际老年教育学术界也是一个独特贡献，应成为中国老年教育发展史记上的历史一页。

本《辞典》是在中国老年大学协会大力支持和组织下，在中共潮州市委老干部局直接领导下，以潮州市老干部大学为主体、集全国多所高校、科研机构的老年教育学术力量组成编写团队的集体智慧结晶。我有幸参与了这项有历史意义的建筑工程。我认为，这部《老年教育辞典》有着下列的特点:首先是突出创新性。编写首部《老年教育辞典》，本身就带有创新特色。不仅如此，《辞典》的框架结构、收录的条目，以及词条的释文，均体现一个“新”字，有别于其他教育辞典。二是体现思想性。本《辞典》以习近平“人民为中心”思想作为指导思想，指导《辞典》的编纂工作；以辩证唯物主义和历史唯物主义为指导，释文《辞典》的条目，特别体现在《辞典》的“老年教育的性质和规律”“老年教育的功能和价值”“老年教育的目的与任务”等部分的条目释文上。三是强调专业性。本《辞典》系专业性辞典，收录的对象主要是专业性名称、专业性术语、学科性词汇等，少量兼收相关学科有关词条。四是反映综合性。本《辞典》涵盖了老年教育学各部分，区别于老年教育的专门性辞典，一定程度上说，它是一部较为系统化了的老年教育研究的学术性再著作。不仅如此，《辞典》既有反映老年教育的基础理论研究成果的词条，更有大量的由老年教育实践活动中提炼的词条。五是兼顾包容性。本《辞典》，无论是词条的收录还是释文，注意到吸纳反映我国老年教育各方面的研究成果。不仅主要反映我国老年教育发展的成就，还收录国际社会和相关国家老年教育概况和有益经验。

科学发展史表明，实践发展永无止境，认识真理永无止境，理论创新永无止境。同理，中国老年教育研究还需不断地理论创新。何况，当今中国和世界老年教育还在蓬勃发展，其实践还在进一步展开，老年教育理论将会进一步发展。本《辞典》则是一定程度上反映了改革开放近四十年来这个历史阶段老年教育研究的理论总结和成果展示，今后老年教育辞典还需拓展、深化和完善，相信我国老年教育学界，定会将《辞典》的编纂提高到崭新的更高的水平。

叶忠海

2020.11.24 于上海

王友农教授视频讲话

王友农
（中国老年大学协会国际联络部主任）

各位领导、专家学者、潮州市老干部大学的同志们：

非常高兴在我国老年教育发展史上，一件重大的理论事件由我们见证，就是以叶瑞祥、陈先哲主编的80万字的《老年教育词典》终于面世，这是我们中国老年教育发展近40年的实践和理论成果沉淀的结晶，是老年教育中国模式的宝贵产物和理论贡献，是中国老年教育学科建设趋向成熟的标志。这部词典的出现将在中国老年教育发展史上书写极其辉煌的一页。

辞典出版说明了：潮州市老干部大学这样一个地级市的老年大学能够在市委、市委组织部的领导、关怀下，勇于理论创新，表现出一种敢为人先、勇立潮头的历史责任担当。

我作为中国老年大学协会国际联络部的负责人，深知国际老年大学协会一直都非常关注这部辞典的撰写。2015年我们在潮州召开国际议题研讨会时，叶瑞祥、陈先哲两位学者就已经思考要编写《老年教育辞典》。5年过去，证明这一想法是有前瞻思维和战略思维的。今天我们终于看到辞典开花结果了，这是你们心血凝聚的花朵。

从这部辞典的内容来看，它承接了潮州市老干部大学多年来对“老年学习学”研究的理论果实，总结了中国老年教育近40年来的实践丰富的经验，吸纳了近年来中国老年教育与国际对接的过程中所产生的许多新鲜有创意的成果，它在内容上涵盖丰富，要点准确而有价值，不乏大量首创的、创新的理论观点和见解。因此它既是一部工具书，也是一部学术巨著。

我衷心感谢所有参与这部书的专家、学者、领导和老年教育的同行们，感谢为中国老年教育界提供这样优质的食粮，由衷地对这本书的出版表示最热烈的祝贺。

谢谢大家。

第五节　老年教育论著选编

这部分是根据叶瑞祥、陈先哲主编《老年教育辞典》中叶瑞祥撰写的词条及有关论文的材料整理而成。

一、老年教育本质论

（一）老年教育

教育事业和老龄事业的重要组成部分。它是终身教育体系的最后阶段，是以老年人为教育对象，满足老年人各种学习要求，通过自主学习与自我教育为主的教育途径，达到以提高老年人生命和生活质量，促进其积极老龄化为教育目的的学习活动。其要点：（1）阐明老年教育的定性定位。《老年教育发展规划》指出“老年教育是我国教育事业和老龄事业的重要组成部分”。一方面，阐明老年教育的性质，它既具有教育性，又具有老龄性，但两者不是并列的，教育性是老年教育最基本的属性。另一方面，阐明老年教育的地位，它既是整个国家教育体系中的重要组成部分，又是整个国家老龄事业中的重要组成部分。（2）阐明老年教育的基本特征。就教育体系而言，它是终身教育体系中的最后阶段，没有老年教育就没有完整的终身教育体系；它又是全民教育不可缺少的重要方面，没有老年教育也就没有完整的全民教育体系。就教育对象而言，它的教育对象是老年人，不同于幼儿、儿童、少年、青年、成年为教育对象。就教育需求而言，教育的需求既有社会发展的需求，又有受教育发展的需求，而在老年教育方面，更重要的要看老年人的各种学习需求。就教育过程而言，老年教育过程更要强调自主学习、自我教育为主的内在教育因素，当然也不否认外部教育因素的作用。就教育目的而言，以提高老年人的生命和生活质量，促进其积极老龄化为目的。这与幼儿、小学、中学、大学、成人教育目的是不同的。（3）阐明老年教育的实质。教育是培养人的社会活动。当然，老年教育也是培养人的活动，其实质是老年人终身发展教育，也是培养老年人的学习活动。一般来说，老年教育的概念是有广义和狭义之分。凡是增进老年人的知识、技能、健康，影响老年人的思想品德的活动，为广义的老年教育，包括各种类型层次的老年教育活动。诸如学校老年教育、社区老年教育、远程老年教育、社会老年教育、老年人自主教育、家庭老年教育等，既有固定组织形式的老年学校教育，又有无固定组织形式的老年人自主教育、老年家庭教育等一切培养老年人的学习活动。狭义的老年教育主要是指学校老年教育。狭义的老年教育包含在广义的老年教育之中。

（二）中国老年教育的特点

中国老年教育自1983年以来，近40年历程，逐步形成了具有中国特色的老年教育特点：⑴突出党政主导。这是中国老年教育最大的特点和优势，也是外国老年教育无法比拟的。首先，中国老年教育的诞生具有鲜明的政治色彩。据2007年中组部老干部局公布的材料显示，在4000多所老年大学中，属老干部系统主办的占94.7%。数据表明，中国老年教育办学主体虽然是多元化，但政府主导办学拥有绝对主导地位。其次，中国有关老年教育法规也明确规定，正如《老年教育发展规划》确定“建立健全党委领导、政府统筹，教育、组织、民政、文化、老龄部门密切配合，其他相关部门共同参与的老年教育管理体制”。⑵教育目的明确。《老年教育发展规划》规定“以提高老年人的生命和生活质量为目的”，促进老年人全面而终身发展。这就是老年教育目的。中国老年大学协会提出的“增长知识、丰富生活、陶冶情操、促进健康、服务社会”这个办学宗旨，得到全国各级各类老年大学、老年学校等办学单位的普遍认可。⑶教育理念创新。经过近40年的实践、积累，中国老年教育逐步形成了多层次全方位的创新理念体系。老年教育的前提性理念有：“以人民为中心”的理念、“终身教育”的理念、人具有“终身价值”的理念等；老年教育的目的理念有：“个体幸福”的理念、“参与发展”的理念、“造就现代老人”的理念等；教学理念有：“全面提高教育质量”的理念、“以人为本”的理念、“和谐合作”的理念、“创新教学”的理念等。⑷规模比较宏大。中国老年教育贯彻“以人为本”的科学发展观，面向全社会老年人实施均等教育，老年大学的对象从起步初创阶段由面向离退休干部逐步扩散到退休教师、退休职工等群体，从大城市逐步扩散到社区、农村，大量的社会老年人成了老年大学、老年学校的学员。中国老年教育有了比较广泛而扎实的群众基础，具有普惠性、可及性。根据2018年初步统计，各级各类老年大学（学校）在校学员已达800万人。⑸体系比较完善。中国特色的老年教育，已形成了从中央到地方、从城市到农村的省、市、县、乡、村五级老年教育网络，基本上构建了一个全方位、多层次、多功能、开放式的老年教育体系。⑹管理比较规范。中国由于党政主导并基本形成独立的网络教育体系，因此在教育、教学、教师、学员等方面的管理工作，相对比较健全、规范。

（三）中国老年教育的地位

（1）法律地位。它是指国家在法律层面上对老年教育的定性和定位。早在1994年，《中国老龄工作七年发展纲要（1994—2000年）》指出："老年大学、老年学校是老年教育的重要形式，它已成为老年人老有所学、老有所为、老有所乐的重要场所。"1996年颁布的《中华人民共和国老年人权益保障法》规定："国家发展老年教育，鼓励社会办好各类老年学校。"2012年新修订的《中华人民共和国老年人权益保障法》再次强调："国家发展老年教育，把老年教育编入终身教育体系，鼓励社会办好各级各类老年学校。"2016年10月国务院办公厅颁布的《老年教育发展规划》提出："老年人是国家和社会的宝贵财富。老年教育是我国教育事业和老龄事业的重要组成部分。"这些都从国家法律层面上强调老年人继续接受教育的权利，积极发展老年教育。（2）经济地位。从经济学上看，在整个应对人口老龄化的战略中，发展老年教育是一项投资少、收益大的公益事业。特别值得注意的是，中国劳动年龄2011年进入负增长的历史拐点，从2011年的9.40亿人下降到2013年的9.36亿人，在劳动力负增长的情况下，老年人通过接受教育、专业培训，退休后成为特殊的"劳动力"群体，实现再社会化的过程。此外，老年人通过所学习知识、技能，成为现代社会志愿者，为社会服务。还有，老年教育能促进老年消费的增长，推动老年旅游市场等方面的发展。（3）社会地位。社会地位指的是社会成员在社会系统中所处的位置。这种位置取决于它为社会带来的价值的大小。应该看到，老年教育的科学发展是国家社会进步的表现，是一个民族文明程度的表现。老年教育通过对社会文化的传承和创新，缓解人口老龄化的问题，维护社会政治稳定，对社会的健康发展起到了不可忽视的重要作用。（4）学术地位。老年教育是中国教育的重要组成部分，是终身教育的最后阶段，也是全民教育的重要方面。老年教育理论研究成果，是中国教育科学研究成果的重要方面，必须给予充分肯定。老年教育学是中国教育学科的重要组成部分，我们大力支持把老年教育学建成与学前教育学、高等教育学、成人教育学、特殊教育学并列的二级学科。

（四）老年教育在中国当代社会中的作用

老年期是人生的宝贵时期。我们要看到老年人既需要关怀照顾的一面，更要看到老年人充满活力的一面；看到老年人是文化精神成果的受益者，更要看到老年人是精神文明建设的建设者。他们曾经为社会发展作出了巨大的贡献，进入老年期后仍然在为社会发出光和热。老年教育事业已经成为党和政府加强教育事业和老龄事业的重要内容，成为促进民主、深入群众、联系广大老年人的桥梁和纽带，成为广大老年人积极为社会奉献、践行社会主义核心价值观的重要平台。发展老年教育意义重大：（1）发展老年教育是贯彻党的教育方针，巩固党的执政地位的必然要求；（2）发展老年教育是实现中国梦与“两个一百年”目标的重要内容；（3）发展老年教育是维护社会稳定，构建和谐社会的重要保障；（4）发展老年教育是保障、改善民主，完善养老保障体系的现实需要；发展老年教育是构建终身教育体系，建设学习型社会的必要条件；（5）发展老年教育是开发老年人力资源，实现积极老龄化的重要载体；（6）发展老年教育是创新社会治理，促进社会组织发展的有效途径；（7）发展老年教育是建设教育强国、加快教育现代化、办好人民满意的教育的重要组成部分。

（五）老年教育在中国老年人发展中的作用

（1）老年教育提高了老年人的综合素质。综合素质反映了一个人的知识水平、道德修养以及各方面能力等。通过老年教育有力地提高了老年人的各方面素质，包括文化素质、心理素质、身体素质、思想道德素质、审美素质、劳动素质以及适应交往能力等。（2）通过老年教育提升了老年人的生活质量。①更新生活观念。由于传统的思维方式，大多数老年人认为人到了老年，只能碌碌无为，安享晚年。老年教育为老年人的生活观念注入新的启发，开阔视野，更新观念，打开了一扇“老有所教、老有所学，老有所为，老有所乐”的窗口。②优化生活方式。中国老年教育大体有如下三种类型，即补偿教育、继续教育和闲暇教育，这在一定程度上优化了老年人的生活方式，提升了他们的生活品质。③养成良好生活习惯。目前养生学、保健学等课程是老年教育内容的重要组成部分，不少老年人通过学习中医保健、西医保健、老年心理学等知识，养成良好生活习惯，不仅有利于身心健康，而且对生活质量总体的提升意义重大。（3）老年教育彰显老年人的生命价值。老年人的生命价值在于“老有所为”。通过老年教育使老年学员的生命意义在“老有所教、老有所学，老有所为，老有所乐”中不断得到升华。老年大学（学校）成为老年人实现自我价值、发挥余热、绽放生命活力的重要平台。

二、老年教育功能论

（一）老年教育的功能

老年教育系统对个体发展和社会发展的作用和功效。其可分为内部功能和外部功能。内部功能是指老年教育系统对其教育对象发展变化所发挥的作用和功能，具体反映为老年教育的育人功能。外部功能是指老年教育系统对其外部社会环境的作用和功能，具体反映为对社会的经济、政治、文化等环境的作用和功能。这种作用往往已经产生的或将要产生的。它具有客观性、必然性、方向性、多面性等特点。老年教育的功能，关系到老年教育的价值所在，关系到老年教育在老年人发展中的作用，关系到老年教育在社会发展中应有的地位，关系到国家政府、社会各界对其重视的程度，更直接关系到老年教育事业的长远发展。

（二）老年教育的育人功能

老年教育系统对培养人、塑造人、完善人的作用和功效。其育人功能，从横向来看，老年教育具有提高老年人全面素质的作用。通过以践行和培养社会主义核心的价值观等各项教育活动，提高了老年人的思想道德素质；通过各种文化、专业等教学活动，使老年人掌握某些专业或课程的知识、技能、方法、能力，积累比较丰富的生活常识和一定的现代科学知识，具有终身学习的意识和能力，提高了老年人的专业文化素质；通过课堂教学，校园文化等活动，使老年人掌握基本的健康知识和理念，具有健康的生活方式和行为，提高适应社会的能力，建立和谐的人际关系，提高了老年人的身体心理素质；通过专业训练，校园文化等活动，使老年人具备基本的感知美、理解美、表达美、创造美和评价美的知识与能力，提高老年人审美教育素质。通过课程与教学、服务与实践，提高老年人的劳动观点、技能，提高了老年人的劳动素养。从纵向来看，老年教育具有促进老年人终身发展的作用。教育学者认为老年教育分为如下四个阶段：第一阶段，准老年期的退休预备性教育，一般认为55~60岁为人的准老年期。其教育目的是着重引导准老年人正确认识和对待问题，做好退休前认知、态度、规划等各种准备，以积极心态迎接退休期的到来。第二阶段，低龄老年期的角色转变和潜能开发，一般认为60~70岁为低龄老年期，这是人生重要的转折期。其教育目的是着重引导转折期老年人重新定位社会角色和自我期望，重新选择和设计老年期人生，调整自我心态，以适应变化了的社会生活环境。不仅如此，还应在此基础上，对老年人实施潜能开发教育，即对老年人力资源再一次开发。第三阶段，中龄老年期再调整发展教育，一般认为，70~80岁为中龄老年期，生理机能衰老较为明显。其教育目的着重引导该时期老年人根据自己的健康状况、兴趣爱好和专业特长，调整老有所为的途径、方式和方法，做到量力而行，从而达到促进健康与持续发展的有机统一。第四阶段，一般认为，80岁以上为高龄老年期，该时期老年人生理机能明显衰老，其教育目的着重引导高龄老年人善于自我保护，以自我超越应对自我关注，以超越自我，积极坦然的姿态，面对生命终结。

（三）老年教育的经济建设功能

老年教育系统对经济建设的作用和功效。第二次老龄问题世界大会《政治宣言》确认“老年人是资源”，又指出“老年人的潜力是未来发展的强有力的基础”。《老年教育发展规划》确定“积极开发老年人力资源”，并指出“用好老年人这一宝贵财富，充分发挥老年人的智力优势、经验优势、技能优势，为其参与经济社会搭建平台，提供教育支持”。老年人具有丰富的智慧、经验和技能，老年人力资源有着不可取代的经济社会价值。经济学研究表明，人才是生产力发展中最活跃、具有决定性意义的要素，是在经济活动中唯一具有创造性、起主导作用的因素。通过老年教育对老年人力资源的潜力开发，将老年人力资源转化为人才资源，由低层次老年人才资源转化发展为中、高层次人才资源。老年教育有利于促进经济实力的增长，有利于经济发展方式的转型。最主要是挖掘老年人的经验和智力，提供政策咨询、科技支持等。

（四）老年教育的政治建设功能

老年教育系统对政治建设的作用和功效。老年人是社会发展的一支重要力量，特别其中的老年人才在社会发展中起着掌舵、压阵、调节、扶持、指导等作用，正如《老年教育发展规划》指出：发挥老年人在“引导全社会特别是青少年培育和践行社会主义核心价值观等方面的积极作用，彰显长者风范”。通过老年教育提高老年人的政治思想道德素质，增强老年人的参与意识，增长老年人的参与知识，提高老年人的参与能力，通过代际交流合作，带动、影响与指导年轻一代参与的正确方向和态度。通过老年教育有利于老年人参与社会民主、法制政治的推进，有利于社会主义政治建设。

（五）老年教育的文化建设功能

老年教育系统对文化建设的作用和功效。促进人民群众的精神家园的建设，是全面建成小康社会、实现中华民族伟大复兴的必须，也是满足人民群众日益增长的精神生活的需要。何况从广义来说，老年教育本身就是文化的重要组成部分。正如毛泽东同志所说的“一定的文化（当作观念形态的文化）是一定社会的政治和经济的反映，又给予伟大影响和作用于一定社会的政治和经济”。老年人在文化思想领域具有明显优势，《老年教育发展规划》指出：“老年人在传承中华优秀传统文化，引导全社会特别是青少年培育和践行社会主义核心价值观等方面的积极作用。”老年教育理所当然要在文化建设中发挥促进作用：(1) 通过老年教育提升老年人的综合素质和文化素养，让老年人在传承中华优秀传统文化、继承革命文化、发展社会主义文化中发挥积极作用；(2) 通过老年大学（学校）的校园文化、成果、作品的展示，“三个课堂”的活动等方式促进校园文化建设；(3) 通过老年大学（学校）开展的专业活动、创新活动，让老年大学教师、学员直接创造文化、艺术等方面的研究成果，达到“出思想、出成果、出人才”的效果。

（六）老年教育的社会建设功能

老年教育系统对社会建设的作用和功效。中共十九大提出：“维护社会和谐稳定，确保国家长治久安，人民安居乐业。”老年人是“维护社会和谐稳定”的重要因素。俗话说“老人安，则家庭安”“老人安，则社会安”。老人安关乎国运，惠及子孙。每位老年人都关联着一个或几个家庭，老年群体关系着整个社会，特别中国是一个具有悠久历史的尊老敬老传统的国度，老年人的言行对社会稳定和谐所起的作用，是其他年龄群体无法比拟和替代的。大力发展老年教育是构建社会主义和谐社会的重要举措，因为通过老年教育提高老年人的综合素质、发挥长者风范的示范效应，处理人际关系的协调作用，达到“一人入学，带动一家，影响一片”的联动效应。何况，通过老年教育还可以开发老年人的潜能，提高生存和发展的能力，继续为社会服务，减轻劳动人口人承担社会保障的负担，从而缓和在社会保障问题上的代际矛盾。

（七）老年教育的生态文明建设功能

老年教育系统对生态文明的作用和功效。中共十九大明确提出：“建设生态文明是中华民族永续发展的千年大计。”生态文明建设包括生态意识文明、生态制度文明、生态行为文明等。老年人是生态文明建设一支不可取代的重要力量，也是老年人服务社会、奉献社会的重要表现。正如《老年教育发展规划》指出：“鼓励老年人利用所学所长，在科学普及、环境保护、社区服务、治安维稳等方面积极服务社会、奉献社会。”通过老年教育可以帮助老年人树立生态文明意识，掌握生态文明知识，培养生态文明能力，改善生态文明行为，提升生态文明素养，显然这是社会生态文明改善和提高的力量源泉，带动着整个社会环境生态保护，以利于形成人与自然的和谐发展新格局。

（八）老年教育应对人口老龄化的功能

老年教育系统应对人口老龄化的作用和功效。人口老龄化已成为当前世界一个普遍性的问题。《老年教育发展规划》揭示：“当前我国已进入老龄化社会，2015 年底我国 60 岁以上老年人口已经达到 2.22 亿，占总人口的 16.1%，预计2020 年老年人口将达到 2.43 亿，未来 20 年我国人口老龄化形势将更为严峻，‘未富先老’的特征日益凸显，对我国社会主义现代化进程产生全面而深远影响，特别是老年人的精神文化和学习需求增长较快，发展老年教育的形势和任务更加紧迫。”根据 2019 年统计，中国 60 岁以上老年人口已达到 2.5 亿，占总人口的 18.1%。中国老龄化一人口多，二发展快，已成为严重的问题，势必带来劳动力短缺、人口红利消失、老年抚养比例增加、国家财政压力等问题。《老年教育发展规划》又指出：“发展老年教育，是积极应对人口老龄化，实现教育现代化，建设学习型社会的重要举措。”具体措施是：⑴ 通过老年教育开发老年人人才资源，在教育过程中使老年人不断获得进步，适应社会的发展，实现再社会化，融入社会，继续服务社会。⑵ 通过老年教育帮助老年人群体实现自我救助。在教育过程中，提升了老年人的生活自理、健康养生、疾病急救等方面的知识，提高了老年人自我救助的能力，满足了老年人在物质和精神方面的需求，提高了老年人的生活和生命质量。

（九）老年教育的社会治理功能

老年教育系统对社会治理的作用和功效。中共十九大指出“加强和创新社会治理”。老年教育在加强和创新社会治理中具有重要作用。⑴ 教育作用。老年大学培养造就了一代身心健康、与时俱进的老年群体，他们的政治热情、思想认识，对下一代的成长起到教育引导作用。⑵ 咨询作用。老年大学人才荟萃。老年大学以多种形式的教育活动，搭建多种参与社会实践的平台，在促进经济发展、维护社会稳定、弘扬优良传统、加强党的建设、反映社情民意、关心培养下一代等方面继续发挥咨询作用。⑶ 带动作用。老年学员在老年大学学习新知识，掌握新技能，提高新境界，不仅开拓了老年人的眼界，掌握文化科学知识，而且有效运用知识技能，服务于当地经济社会事业发展。老年学员积极主动参与不同内容、形式、范围的社会服务活动，可以带动志愿者活动。⑷ 开发作用。老年群体所拥有的知识、经验、威望、品德、能力等都是社会的宝贵财富。老年大学为老年人充电加油、更新知识、开发潜能，提高他们参与社会的能力，继续为社会发展贡献力量。⑸ 和谐作用。社会治理是一项复杂的系统工程，涉及社会的方方面面。老年学员是稳定、改革、发展的重要社会力量，是社会的"稳定器"。老年大学可以让老年人成长，让老年人重新焕发青春，继续为社会再作贡献。这种贡献最终聚焦为有利于促进社会和谐。

（十）老年教育的养老保障功能

老年教育系统对养老保障的作用和功效。社会养老保障的内容包括养老资源和养老方式。养老资源又包括物质资源、服务资源和精神慰藉；养老方式是指养老资源的提供方式、模式及供养体系等。其中供养模式分为社会、家庭和个人。中国现阶段提倡采取以家庭养老为主结合社会养老的多种养老方式。中国的养老保障制度，不是仅仅让老年人活着，或者说单纯追求长寿，而是让老年人活得健康，有尊严，有价值。中国老年教育开展近40年来，在事实上已承担了多项养老的功能：在养老资源方面，为老年人提供了精神慰藉；在养老内容上，为老年人提供了教育、文化、科学等养老内容；在供养模式上，属于社会养老的一种模式。为了进一步挖掘老年教育社会养老保障功能，必须注重如下问题：⑴ 重视满足老年人的精神赡养。如果说20世纪主要已解决中国老龄问题中的老年人的物质贫困，那么21世纪则主要解决老年人的精神贫困问题。中国老年教育有稳定社会、弘扬传统、构建终身教育制度、建立学习型社会等社会和教育层面的功能；无疑，老年教育还是有社会养老的功能，尤其是以精神文化科学养老的方式，满足老年人精神赡养的迫切需要，进而提高生命生活质量。⑵ 建立"以教促养、以学促养"的社会保障模式。根据中国国情，在一个相当长的时间内，仍将采取以家庭养老为主、社会养老为补充的养老形式。然而，不管家庭养老或社会养老，都需要重视对老年人的精神赡养和精神慰藉，都需要以教育养老、文化养老、科学养老为其重要内容。因此，老年教育应建立“以教促养、以学促养”的社会保障模式，它必将受到广大老年人的欢迎、追捧，并成为具有中国特色的社会养老保障体系的亮点、范例。

三、老年教育目的论

所谓“教育目的就是对教育所要培养的人的总质量要求，它规定着人才培养的类型和规格”。它是教育活动的出发点，也是教育过程和教育行为的落脚点。老年教育的目的是培养老年人总体质量的要求，也是老年教育活动的出发点和落脚点。我们从四个层面来理解这个问题。

（一）老年教育的目的是提高老年人生命和生活质量

《老年教育发展规划》明确规定“以提高老年人的生命和生活质量为目的”。首先从本义上认识和理解这个问题。“人最宝贵的东西是生命。”“生命属于每个人只有一次。”人的生命和生活具有多样性，学术界通常将人的生命一分为三；其一，是物质生命，又称自然生命，这是生命的基础。是指人的身体、生理机能，人的健康水平。即首先要活着、要健康，要有活力。其二，是精神生命。这是生命精华所在。是指人的思想、道德水平、意识形态。它包括精神生命、精神追求、精神享受、精神境界，其核心是价值生命，人生观、世界观和价值观。其三，是社会生命，又称交往生命。是指人的社会生活、社会关系问题，正如马克思说“人是社会关系的总和”。这是生命中不可缺少的内容。三者是生命的整体，只有三者同时具备，相互促进，全面而协调地发展，才是真正的高质量的生命。

（二）老年教育目的的本质是促进老年人全面而终身发展

从引申义上认识和理解这个问题。生命质量表现在老年人的个体上，就物质生命而言，生命质量在于具有健康的身体、心理；就精神生命而言，生命质量在于具有良好的思想道德行为；就社会生命而言，生命质量在于具有和谐的人际关系。即具有良好的身体心理素质、良好的思想道德素质、良好的和谐社会关系，三者全面而协调发展。换句话来说，这就是全面提高老年人的整体素质、全面素质，就是德智体美全面发展。提高老年人生命和生活质量，就是促进老年人全面而终身的发展，就是培养乐于学习、融入社会、康乐向上的现代老年人。注意，这与党的十九大两处提出："不断促进人的全面发展"的精神是一致的。

（三）老年教育目的的具体性——老年大学培养目标

"培养目标是指不同类型、层次的学校或专业培养人才的具体质量规格，由特定的社会领域和特定的社会层次的需要决定，并受教育对象所处的学校级别而变化。"教育目的是对所有受教育者提出的总体要求，而培养目标则针对特定的对象。教育目的具有总体性，而培养目标则有具体性，两者之间的关系是普通与特殊的关系，是上下位的关系。

根据北京大学董鹰之《老年教育学》一书，一般分为如下形式：⑴ 老年大学（学校），这是示范层面教育，以课堂教学为主。⑵ 老年社区教育，这是普及层面教育，以各种活动教育为主。⑶ 老年远程网络教育，又称为"空中教育"，通过网络虚拟环境开展全方位教育，以适应不同层次不同需求的老年人，是最具有选择性的教育。⑷ 老年家庭教育，是个别化层面的教育。还有"养教合一"等形式。党的十九大提出"发展素质教育""培养德智体美全面发展的社会主义建设者和接班人""培育和践行社会主义核心价值观"。十九大强调"加强思想道德建设""实施健康中国战略"。这里，我们根据十九大的精神，从老年教育的目的出发，结合老年大学的实际情况，吸收老年大学的先进经验，尝试构建省、地（市）老年大学的培养目标如下。

我们主要根据德、智、体、美、劳五个层面进行体系构建，老年大学培养目标体系应包括以下五个部分 20 个子项：

1.提高思想道德素质。有较高的思想道德素质是社会对每一个成员提出的要求，也是老年大学的首要任务，必须在教育中践行和培育社会主义核心价值观，主要包括 4 个子项目：①具有强烈的社会责任感、热爱祖国、忠诚守信，正直无私，遵纪守法；②具有自强不息、积极向上的精神，勇于进取，勤奋好学；③具有良好的团结协作精神和能力，文明礼貌；④热爱生活，勤劳节俭，仁爱互助。

2.提高专业文化素质。学员专业文化素质的提升主要包括 5 个子项目：①基本掌握 1 ~ 2 门课程的知识、技能、方法、能力；②积累丰富的生活常识，掌握最新动态和变化趋势；③掌握丰富的现代科学知识，培养或提高自己的职业能力；④掌握基本的晚年生活技能；⑤具有终身学习的意识和能力。

3.提高身体心理素质。老年学员要扮演更多的社会角色，承担更多的社会责任，这就需要具备良好健康的身体心理素质。包括 7 个子项目：①基本的健康知识与理念；②健康的生活方式与行为；③求知欲望强烈；④情绪调控得当；⑤自我评价正确；⑥人际关系和谐；⑦社会适应正常。

4.提高审美教育素质。又称美感教育或美育，主要包括 2 个子项目：①具备基本的感知美、理解美、表达美、创造美和评价美的知识与能力；②根据学员兴趣，需要学习掌握 1 ~ 2 门美育课程的知识、技能、方法、能力；当然，针对不同专业、课程以及学员个人，其具体培养目标、重点也有差别。

5.提高劳动教育素质。主要包括两个子项目：①根据学员学习兴趣需要学习 1~2 门劳动技术的知识、技能、能力；②提高老年学员创造性地开展劳动活动的能力，主要是智力劳动。

（四）老年教育目的的社会性——融入社会、服务社会

提高老年教育质量，提高老年人的综合素质，提高老年人的生活质量，提高老年人的生命价值，提高老年人的全面发展水平，即培育健康的老年公民。这是老年教育目的的出发点、落脚点，也是老年大学融入社会、服务社会的根本途径。那么老年大学融入社会、服务社会有哪些基本的渠道呢？根据南京市金陵老年大学总结梳理各地老年大学的经验，结合广东省各地（市）老年大学的实践。我认为有四条基本渠道：

一是开发教学性的渠道，即开展教学改革，促进“三个课堂”协调发展，中国老年大学协会提出的“搞活第一课堂，丰富第二课堂，拓展第三课堂”是教育科学研究的最新成果与理论，不仅是对老年教育理论研究的贡献，也是对具有中国特色的教育科学理论研究的贡

献。这个渠道主要两个特点：第一，直接促进老年大学校内教学改革，包括教学方式、教学模式、教学评价等的改革。第二，直接促进老年大学融入社会、服务社众。它区别于“大学社会实践”“初中小学社会活动”“高中研究性学习”等，这是一大创举，极有生命力，可供各类学校参考。中国老年大学协会学术委员会总结了四种模式：①主动组织模式；②被邀请模式；③主动融入模式；④培训社区骨干模式。总之，最主要的特点是教学性。

二是倡导公益性的渠道，即开展公益活动，直接为社区群众服务。这是老年大学融入社会、服务社会的重要渠道，也是老年人“社会化发展”的重要平台。这个渠道主要有如下三个特点：第一，公益性，服务性其表现在活动的主题上，以热心公益、推动社区文化发展为主线。第二，多样性。其表现在活动形式上直接服务，形式多样。据金陵老年大学初步计算最少有14种以上活动形式，广东省各地（市）老年大学也在10种以上。第三、大众化，普及性。其表现在参与的老年学员面比较广，专业要求不高，重在“精神上”“心灵上”的贡献，老年群体是志愿者群体的重要组成部分。一句话，最主要的特点是公益性。

三是重视专业性的渠道，即开展专业活动，为繁荣文化艺术作奉献。这也是老年大学服务社会的重要渠道，是老年学员“社会化发展”更生动更突出的体现，对社会影响较大。根据金陵老年大学的研究，结合东省各地（市）老年大学实践，我们也总结了如下5种形式：①入“行”，即踊跃参加各种行业性或专业性的协会与学会，从而跨进个人才艺参与社会文化建设的行列。②从研，不少老年人学成后，在校内外相关团体担任创作人员、成为社会构建专业性的老年人才队伍，为老年书画人才队伍增添了力量。③任教，老年学员通过老年大学的深造和个人的努力，有些佼佼者学有所成，成为不同类型、层次的老年大学教员。④受聘，社会各个层面有些组织、部门、单位、社团由于自身发展的需要，愿意从学有所成的老年学员中聘请少数业绩突出的人才担任某种专业职务。⑤交流，有些老年学员学有所为、学有所成，依其才艺参加国内外文化交流，这是实现“社会化发展”的高级形式。这个渠道主要有三个特点：第一，专业性与技能性并举，以技能性为主；第二，直接服务与间接服务并举，以直接服务为主；第三，多种功能与文化功能并举，以文化功能为主。总之，最主要的特点是专业性。

四是发展创新性的渠道，即开展创新活动，直接为社会创造财富（主要是精神财富）。这是老年大学服务社会的高级渠道、高级形式。“所谓创新就是‘扬弃旧义’，建立新知。”《现代汉语词典》指出：“创新有两个含义，一是抛开旧的，创造新的；二是指创造性，新意。”《学习的革命》指出：“创新不是发明创造，是旧的成分新的组合。它包括新的想法、新的内涵、新的构想、新的组合方式。”“创新，即通过旧的知识，新的组合，得出新的结果的过程，即‘旧中生新’”“组合就是创新”。因此，创新并不神秘，并不是高不可攀的事情。我们认为老年大学服务社会的创新成果，既包括物质方面的创新成果，又包括精神方面的创新成果。主要表现在精神层面的创新成果。诸如文化、艺术、思想、理论等方面的研究成果。当然，创新水平有人分为两级（“真创新”“类创新”），也有人分为三级（高、中、低）。

这个渠道主要有三个特点：第一，创新性，即包括创新精神、创新思维、创新能力、创新方法、创新成果等；第二，以精神层面创新为主，特别是在文化、艺术等方面为主，真正做到“出思想、出成果、出人才”；第三，多种层次创新水平并存，即“真创新”“类创新”并存，或高、中、低创新并存。

上述四个基本渠道相互联系，逐步提高，随着时间推移，随着老年大学实践的发展，必将出现更多更新更精彩的渠道。由上可见，我国老年教育的目的是提高老年人的生命和生活质量，其本质是促进老年人全面而终身发展。其具体性表现为构建老年大学培养目标，其社会性表现为融入社会、服务社会。

四、老年教育学习论

（一）老年学习论

学习学的一门分支学科，是学习学与老年学交叉渗透形成的交叉学科，也是一门具有综合性、应用性的新兴科学。它主要研究老年学习的基础、特点、作用、类型、途径、规律、原则、方式及其在不同课程的具体方法等问题。简言之，老年学习学是研究老年如何科学、愉快、有效地学习的一门新兴科学。

(二) 老年学习论的意义

(1) 这是为了提高老年人学习质量的需要。提高老年人学习的质量，这是老年朋友共同关心的问题。而要提高老年人的学习质量，必须走科学化、实效化的道路，必须解决“好学”与“会学”的问题，也就是解决学习动力和学习方法问题。只有“好学”加上“会学”，才能收到“学会”的效果，这正是老年学习论必须研究、探讨的问题。(2) 这是为了适应深入开展老年教育教学改革的需要。当今世界教学改革的总趋势，是以教为中心逐步向以学为中心转变。为了适应世界教学改革的潮流，老年教育教学必须“以学定教”“按需施教”，从老年人的学习需要、学习特点、学习规律出发，调整课程结构，充实教学内容，改革教学方法，提高教学质量。从这个角度来看，老年学习论是老年教育深入教学改革的重要理论根据之一。(3) 这是为了建设学习型社会的需要。中共十六大报告提出“形成全民学习、终身学习的学习型社会，促进人的全面发展”。中共十七大报告又提出“建设全民学习、终身学习的学习型社会”。中共十八大报告强调“积极发展继续教育，完善终身教育体系，建设学习型社会”。中共十九大报告再强调“办好继续教育，加快建设学习型社会，大力提高国民素质”。老年群体是社会的重要组成部分，组织老年人学习既是全民学习、终身学习的重要环节，又是真正实现学习型社会的重要方面。我们要认真研究学习行为终身化、学习体系社会化问题，必须研究与应用好老年学习论。

(三) 老年人学习的特点

(1) 学习目的呈现非功利性。又称学习非功利性，是指老年人的学习目的与动机，具有明显的非功利性。特别是现在的历史条件下，中国大多数老年人都过着比较稳定的晚年生活，不少老年人为了完善人生而热爱学习，其学习具有明显的非功利性。(2) 习惯沿用比较传统的学习方法。它是指相当部分的老年人比较喜欢选择自己熟悉的学习方法，趋于选择、应用传统性、经验性的学习方法。但随着现代科学技术的发展，现代学习方式的出现，不少老年人也选择传统学习方式与现代学习方式相结合的学习方式。（3）体现较宽松的学习氛围。又称学习休闲性，是指老年人在学习氛围、内容、时间、形式等方面体现较为宽松、休闲的特点。（4）适当控制学习节奏。又称学习适度性，是指要根据老年人的身体、心理特点，在学习速度、广度、深度和节奏上要适度合理。（5）学习活动必然凸现差异。又称学习差异性，是指不同老年的个体或群体在学习目标、学习内容、学习方式、学习能力、学习效果等方面必然出现不同的差异性。（6）储存相当大的学习潜能。又称学习能动性，是指老年人在学习上储存相当大的潜在的能力，如若正确引导，合理用脑，善于科学合理开发，其学习潜能可以得到充分发展。老年群体是一支可开发的丰富的宝贵的人力资源。

（四）老年学习方式

老年学习者为了完成学习任务，实现学习目标所采取的学习动机、学习态度、学习方法、学习习惯、学习情感、学习意志、学习内容、学习形式等要素的总和。也就是说，学习方式比我们通常所理解的学习方法或学习手段，范围要广泛得多，内涵也更加丰富，它几乎涵盖了学习的各种要素。

（五）自主学习

老年人自己主动地学习、有自主地学习，具有主动性、独立性、自控性等特点。一般是从其横向与纵向两方面来下定义。从横向上讲，是指老年人对学习的各个方面都能自觉地做出选择和控制，即能够自我驱动学习动机，自主选择学习内容，自我调节学习策略，自我管理学习时间，自我评价学习结果，其学习就是自主学习。从纵向上说，是指老年人能够在学习前自行确定学习目标，制订学习计划，做好学习准备；在学习过程中能够自我控制、反馈，调节学习进度和学习方法；在学习之后能够自我检查、总结，补救学习结果，其学习就是自主学习。它包括老年人自学、自学辅导、网上自主学习等学习形式。老年人应用自主学习应注意两方面的问题：一方面要主动自学，就自学一个专题而言，其基本程序是：确定学习目标——自学内容——自觉检查——练习巩固——及时小结；就自学一门课程或一本书而言，其基本程序是:选择好书——粗读——精读——思考提出创见。在老年大学里，老年学员在学习人文类、保健类等课程时均喜欢选用这种学习方式。另一方面，要倡导网上自主学习，做到自主确定学习目标，自主制订学习计划，自主选择学习内容，自主选用学习方法，自主做好学习总结，还要把线上学习与线下学习有机结合起来。

（六）课堂学习

老年人在教师的指导下有目的、有计划、有组织地开展学习活动的学习方式，具有计划性、间接性、高效性等特点。它包括老年人到老年大学上课、参加老年人培训班、参加“空中老年大学”等学习形式。老年人应用课堂学习方式关键在于用好如下常规的学习环节：（1）预习。在学习上要减少盲目性，增强自觉性，必须学会预习。（2）听课，这是学习过程中的中心环节，上课专心听课，几乎是所有优秀学员的共同经验。（3）复习。复习要有针对性、计划性、及时性，做到结合思考，勤于动手。除了重视课外作业、训练等环节外，还要重视课堂面对面学习与网上学习结合起来，提高学习效果。根据调查，绝大多数老年学员喜欢选择课堂学习方式。在老年大学里的所有课程，包括人文类、外语类、书画类、体艺类、保健类、综合技术等课，都可以广泛应用这种学习方式。

（七）团队学习

一个单位的集体性、合作性的学习，它是学习型组织进行学习的基本组成单位，也是老年人之间互相学习、互相交流、互相启发、共同进步的学习方式，具有学习目标一致性、学习资源共享性、学习行为合作性等特点。它包括老年人的小组学习、班级学习、课堂讨论、学习会、研讨班、专业社团学习、集体社会实践等学习形式。老年人应用团队学习方式必须做到：（1）要坚持在自学的基础上开展团队的合作学习。（2）要在学习过程中，坚持以“问题”为中心，积极开展互动合作学习，努力做到提出问题，寻求反馈，反思结果，做出结论。（3）要选择好团队学习的组织形式。以“讨论形式”为例，讨论要多样化，可以是问题式讨论，可以是循序式讨论，可以是滚动式讨论，也可以是联想式讨论。（4）要重视团队学习的评价机制，评价形式要多样，评价结果要重视实际效果。在老年大学里还要重视发挥教师的作用，他们是团队学习的辅导者、促进者和组织者。根据调查，老年学员在学习人文类、体艺类、书画类，保健类、综合技术类等课程时喜欢选用这种学习方式。

（八）体验学习

老年人由于身体性的活动或直接经验而获得知识、产生情感和意识的学习方式，具有亲历性、个体性、缄默性等特点，它包括老年人参观访问、调查研究、实际训练、社会实践等学习形式。老年人应用体验学习方式必须重视：（1）要让老年人多一些体验的机会，多创造体验学习的机会。（2）要让老年人多一点主动体验，为此要培养老年人强烈的问题意识，探索的欲望，实践的习惯，积极体验的态度。（3）要指导老年人选择体验学习的模式。一般而言，体验模式一是以实际操作为主线的体验学习，其程序是:导入新课——精讲内容——实际操作——总结提高——推广应用。二是以参与活动为主线的体验学习，其程序是:激发兴趣——精讲内容——参与活动——总结反思——开拓活动。（4）要指导老年人在体验学习过程中提高，要让老年人的体验学习与接受性的认识知识相伴，体验要与思维相伴，体验要与对话相伴，体验要与合作相伴，体验要与收集、梳理、概括相关的资料相结合，从而提高理论水平。在老年大学里老年学员在学习体艺类、书画类、综合技术类等课程时，经常应用这种学习方式。

（九）混合学习

近年来，随着互联网技术的迅速发展和移动终端的全社会普及，出现了“第三种学习方式”，即网络学习和面对面学习相融合的混合学习，又称线上线下学习融合。这种方式着眼于用技术支持学习个性化和泛在化，是对基于课堂的接受式学习和探究发现或学习的深化和拓展，代表了教育信息化的未来发展趋势。关键在于如何实现网络学习与面对面学习之间的转换。其特点：（1）从学习分析和课程标准分析着手，挖出不同学业水平学生的差异性学习目标，提供差异性的学习内容和差异性的学习途径；（2）学习从课内延伸至课外，用多种学习方式释放学生差异化学习的时间和空间；（3）强调面对面对话和交流对于促进知识的关键作用。

（十）合作学习

老年人为了完成某些共同任务，在明确责任分工的基础上以小组或团队的形式进行的学习方式。合作学习往往是在自学基础上进行的分组合作学习和分组讨论，另一形式是在分组合作基础上进行全班交流或全年级交流。其具有异质性，即小组每位老年学员各有特点；具有目的性，即分组要有明确、具体、清晰的共同学习目标；最突出的特点是互动性（或称互补性、互助性），即分组学员一方面要互相信任、互相配合、互相支持、互相补充、互相合作，另一方面要明确分工、明确责任、个人负责。其有利于培养学员的合作素质、合作技能，有利于学员之间的交流、沟通，有利于培养学生的团队精神，有利于促进学员自我反思等。如果学员长期处于个体竞争的学习状态中，久而久之，很可能变得冷漠、自私、狭隘、孤僻。这与现代人的生产、生活方式是相违背的，所以，新教学改革倡导合作学习这种方式。

（十一）深度学习

有别于以单纯的知识获取与记忆为主要特征的浅层学习，是一种以高阶思维为主要认知活动的持续性学习过程，具有高投入性和建构性的内涵特质。（1）从学习性质看，深度学习源于学习者对未知的探索和对已知的验证与运用，是一种包含复杂学习过程的高级学习阶段。（2）从认知角度看，深度学习是一种运用高阶思维能力（如分析、综合、评价和创造等）对复杂概念或知识的理解与运用，需要学习者对所接触的信息和知识进行深度加工与意义生成，属于复杂的心智活动。（3）从情感维度看，深度学习基于学习者的学习热情、学习内驱力和积极状态的保持，属于高投入的主动性学习。（4）从学习过程看，深度学习的发生基于理解、面向问题解决，具有构建性学习特征。（5）从学习目标看，深度学习以知识的多维意义实现为目标，旨在促进非结构性知识的习得和高阶认知能力的形成与提升。

⑹ 从学习成效看，深度学习能形成复杂的认知结构，且能促进学习结果发生质变和高阶思维能力发展。可见，深度学习是学习的高级阶段，属于复杂的认知过程和高投入的学习方式。

（十二）网络学习

通过计算机网络进行的一种学习活动。它主要采用自主学习和合作学习的方式进行。相对传统学习活动而言，其最大的特点是老年人的学习不受时间和空间的限制，可以自主地自由地选择学习内容和时间；其二是可以共享丰富的学习资源和自主与合作的学习。运用网络学习法应注意下列问题：（1）要树立自主学习的理念。由于这种学习方法缺少传统学校的校园环境，主要不是采用教师面授教学的形式，而是提供网络教学的环境与学习指导，这就要求老年人要坚持以自主学习为主。⑵ 要重视合作与交流。虽然网络学习缺少老年学员与教师面对面的交流，但要重视建立教师与学员、学员与学员之间的交互环境，主动利用各种交流方式，才能解决学习中各种问题，开阔视野，增进友谊。⑶ 要创造条件，努力把网络学习与教师面授有机结合起来，从而有效地提高学习效率。

（十三）老年学习指导

在专业人员的指导下，对老年人在学习过程中学习目的、学习内容、学习心理、学习方式、学习能力、学习环节等方面进行全方位的指导，从而使其科学地、高效地掌握知识与技能，方法与能力，情感态度与价值观，促进老年人身心全面而终身发展的活动。这个内涵，最少包括下列四个要点：（1）明确老年学习指导的性质、定位，即老年学习指导是一项综合性的系统工程；（2）明确老年学习指导的内在联系：一方面，要认识到专业人员是老年学习指导的指导者、组织者、帮助者；另一方面，更要认识到老年人本身就是学习者，是老年学习指导活动的主体、主人翁；（3）明确老年学习指导的基本内容，它包括了学习目的、学习内容、学习心理、学习方式、学习能力、学习环节等全方位的指导；（4）明确老年学习指导的目的和任务，就是通过学习指导活动使老年人掌握知识与技能，方法与能力，情感态度与价值观，从而使其身心得到全面而终身的发展。简言之，老年学习指导就是指导老年人学会学习，获得全面发展的活动。

（十四）老年创新学习

老年人在学习过程中，不满足现成的答案或结论，以所学内容为基础，独立思考，多向思维，主动探索，标新立异，积极提出新问题的学习活动。即是以创新为目的的学习活动，主要特点是新颖性，独特性。

（十五）老年学习力的特点

(1) 主体性。是指学习力应以人为主体，使人独立地主动地自主地得到发展。正如《教育规划纲要》明确指出："以学生为主体，以教师为主导，充分发挥学生的主体性，把促进学生成长成才作为学校一切工作的出发点和落脚点。"这个论述突出学生主体地位，体现学生主体意识。确立以人为主体的理念，反映在学习力研究过程中必须体现主体性，使人在学习活动中独立地主动地自主地得到充分、和谐、自由的发展。(2) 潜能性。又称能动性，是指人的学习力具有潜在的巨大的能动的可开发的潜力。学习力是人的大脑所特有的一种潜能，这种潜能是极大的。脑科学研究表明，每一个人都具有一个巨大潜能的大脑。我们研究学习力的根本目的在于激活大脑潜能，发掘大脑潜能，调动学习潜能，把潜在的学习力转化为现实的学习力，把潜在的学习潜能转化为现实的学习潜能，充分发挥人的学习力的作用。激活人的学习潜能关键在于科学开发潜能，合理友善用脑，科学指导学习，科学高效学习，提升人的学习力。(3) 客观性。是指学习力具有人类所特有的客观的社会的属性。它是一个不以人们的意志为转移的客观存在，其检测是有客观标准依据的。(4) 差异性。是指学习个体或群体的学习力，必然出现不同方面或不同程度的差异。人的学习力差异性表现为多方面、多层次。其包括对象差异、结构差异、过程差异、方式差异、潜能差异等。我们要从人的学习力差异性的实际出发，因人而异，扬长避短，扶强补弱，充分发掘个人学习潜能，有效提升人的学习力。(5) 综合性。又称联系性，它是指人的学习力是相互联系的综合的学习能力的表现。

五、老年教育教学论

（一）老年教学的本质

根据老年教育的目的，遵循老年学员的身心发展的客观规律，参照现代教学论的基本原理，在学校老年开展的教学活动，总结老年大学教学的经验教训，老年大学的教学活动，应该突出师生互动与交往的活动。现代教学论认为教学是教师的教与学生的学的统一，这种统一的本质是沟通与合作。教学是师生交往、积极互动，以达到相互沟通、共同发展的过程。没有通过互动与交往的相互沟通，就不存在或未发生教学，而只有形式表现但无实质性沟通和合作发生的“教学”，是不成功的教学。这一点，在老年大学的教学活动中，显得更加明显、突出。因为老年大学教学工作的对象是一群生活阅历丰富、思想成熟、能力智力较强或很强的老年学员。从这个角度来看，互动与交往是老年大学教学的本质属性。老年大学的教学是教师指导学员认识与发展的活动，是师生共同的交往的活动。

（二）老年大学教学要素

（1）老年大学的学员。学员是老年大学教学活动中的学习者，它既是教学活动的对象，又是教学活动的主体，既是教学活动的出

2012 年 11 月 13 日举行《潮州市老年学习现状与发展研究》开题会

发点，又是教学活动的归宿点。它在老年大学教学活动中起主体作用。就一般而言，老年大学的学员是老年群体中具有一定经济基础，有较多学习时间，有一定文化基础，有强烈学习动机，有较强学习兴趣，有巨大学习潜能的老年群体。其中一部分老年学员努力成为乐于学习、融入社会、康乐向上的现代老年人。（2）老年大学的教师。老年大学的教师是教学的组织者、指导者和实践者，是学员社会主义核心价值观和道德品质的塑造者，是老年学员学以致用、融入社会、服务社会的指导者。在老年大学教学中起着重要的指导作用。《老年教育发展规划》明确规定“建立老年教育师资库。加快培养一支结构合理、数量充足、素质优良，以专职人员为骨干、与兼职人员和志愿者相结合的教学和管理的队伍”。要整合社会优秀人才，吸纳热爱老年教育事业的、有专长的人才充实到老年教育师资队伍中来。充分发挥离退休专业技术人员特别是老专家的专业特长和优势，为老年教育服务。（3）老年大学的教学内容。指老年大学的课程（学科）设置、课程内容（教材）、课程实施（包括内容的广度、深度与科学安排）等。《老年教育发展规划》提出“丰富老年教育内容和形式，积极开展老年人的思想道德、科学文化、养生保健、心理健康、职业技能、法律法规、家庭理财、闲暇生活、代际沟通、生命尊严等方面的教育，帮助老年人提高生活品质，实现人生价值”。（4）老年大学的教学手段。教学手段是指教学活动中所采取的教学方式方法、教学媒体、教学形式等。它既包括连接教师和学生在教学活动中所采取的教和学的方式方法，如读、讲、演示、练习等；也包括进行教学活动时所运用的一切物资条件，如教具、实验器材、电化教育器材等。老年大学教学的基本要素是相互联系、相互作用、密切不可分的完整教学体系。

（三）老年大学的教学特点

教学是教师指导学生认识与发展的共同活动。它具有学生、教师、教学内容和教学手段等基本要素。这是所有学校，包括小学、中学、大学、成人院校、老年大学等学校的共同点。但是，由于不同类型学校的教育目标、教育对象不同，因而在教学上必然出现不同的特

2015年3月6日举行《老年大学教学理论与实践研究》开题会

点。根据老年教育的目的，遵循老年大学学员身心发展的客观规律，结合老年大学教学的实际情况，吸收老年教育研究的新鲜成果，其特点是：教学有明显的非功利性；教学内容迎合学员的需求性；教学进程适当的宽松性；教学对象较大的差异性。

（四）老年大学教学理念

在老年教学过程中，形成的某种教学思想或观念，在老年大学教学中起着十分重要的作用。近年来，老年教育工作者对教学理念作了有益的探讨。有的学者提出："①以人为本的理念。②逐步规范的理念。③全面提高教学质量的理念。"有的学者则提出："①人本教学的理念。②创新教学的理念。③和谐教学的理念。④爱心教学的理念。"有的学者还提出："①以人为本的理念。②勇于创新的理念。③规范化教学与快乐教学相结合的教学理念。④提高质量与展示教学成果相结合的教学理念。"结合各方面的研究成果，当前老年大学教学活动中要特别重视如下的教学理念：全面提高教学质量教学理念、以学员为本教学理念、和谐合作教学理念、创新教学理念。

（五）老年教学规律

在老年教学过程中出现的客观必然而又稳定的教学现象。有如下规律：协调平衡教学规律。学、思、实践统一规律。教学互动相长规律。知识、技能、文化相融合规律。

（六）老年大学的教学原则

根据老年大学办学宗旨、教学目标和老年教学规律制订的教学基本要求，也是老年大学教学的经验总结。中国老年教育理论界的论述，主要如下三类：（1）根据教育基本规律，结合老年教学特点，制定的老年教学原则有“按需教学，因材施教的原则”“循序渐进，趣味实用的原则”“精讲多练，及时巩固的原则”“尊重学员，平等交往，重视启发的原则”“形象生动，直观教学的原则”“思想性和科学性统一的原则”。（2）主要根据老年教学规律，突出老年教学特点，制定的老年教学原则有“弹性原则”“个性差异原则”“按需施教原则”“学以致用原则”“教学相长原则”“简单实用原则”“简洁性原则”“图像性原则”“适用性原则”“适应性原则”“休闲性原则”“鼓励性原则”“量力性原则”“充实性原则”“公益性原则”“示范性原则”。（3）既根据教学基本规律，又根据老年教学规律研究制定的老年教学原则有“教书与育人相结合的原则”“教学设计与老年学员身心特点相结合的原则”“深造教学与校园活动相结合的原则”“理论适度重在应用相结合的原则”“教学规范与愉快感受相结合的原则”“教师主导与学员主体相结合的原则”“启发式教学与讨论式教学相结合的原则”“趣味性与知识性相结合的原则”“因材施教与按需施教相结合的原则”“满足需求与引导价值相结合的原则”“教师引导与学员自主相结合的原则”“理论教育与实践相结合的原则”“教学与课外活动，社会活动相结合的原则”。

（七）“三个课堂”协调发展

狭义上的“课堂”指的是老年教育机构的教室教学空间，然而，从终身教育和终身学习的角度来看，“课堂”应该是广义的，它是学习者生活与学习的场所，它不局限于教室空间，而是更广阔的时空中的学习环境，同时也是个性化的学习生活方式。有的学者认为，课堂，可以指学校的课堂教学，也可以指学员的社团活动与课外活动，同时，它也可以指学员社区活动与社会活动的大课堂。凡是学员所有学习的环境皆可称其为课堂。在终身教育和终身学习理念指导下，“三个课堂”协调发展，随着老年教学实践的拓展和深入而被推广，一般认为：第一课堂，指的是老年学校中的课堂教学活动。第一课堂必须具备一定的软件与硬件设施与开设相应的学科课程，有较为稳定的教学计划，有较为规范的教学大纲和教材，有专业授课的教师。第二课堂指的是老年学校中的社团活动与课外活动。社团组织是由老年学员自愿参加、自主管理．具有某种专业倾向性的群众性团体。社团活动就是由老年学校诸多社团组织围绕主题而开展的各种活动。课外活动则是指除课堂教学以外，由老年学校、班集体、学员自发组织的各种课余活动，例如，各类讲座、小组学习、参观考察、成果展览、文体活动等。第三课堂是指按照教学目标，由学校或学员自己组织的、学以致用、融入社区、服务社会为目的的老年教育教学的一种途径、方式、场所和形式。它能够充分体现老年人的自身价值和社会价

老年教育系列著作书影

值，是体现“英雄有用武之地”的广阔天地。“三个课堂”是相互依存、环环相扣、缺一不可的有机整体。“三个课堂”之间存在着相辅相成的关系：第一课堂是老年教学的主要阵地，是拓展第二、第三课堂的前提和基础；第二课堂是第一课堂的延伸与补充，为第三课堂提供了拓展的平台和载体；第三课堂是第一、第二课堂发展的必然产物，也是对前两者教学的反馈和检验。“三个课堂”协调发展是老年教学组织形式创新的重要路径。

（八）第一课堂

作为老年大学教学基本组织形式的第一课堂，侧重于系统知识的学习与传授，是老年教学的主阵地和主渠道，具有系统性，连贯性，严谨性等特点，也是老年学员学习专业知识、培养专业素质的主要途径。只有首先搞活第一课堂的教学，才能为丰富第二课堂，拓展第三课堂奠定坚实的基础。搞活第一课堂，就是要以学员为本，遵循老年教育规律．针对老年人身心特点。充分发挥学校、教师在教学中的主导作用，切实调动学员的积极性。教学思路要活，教学内容要活，教学形式要活，要使课堂成为老年人释放生命能量的空间，使课堂洋溢旺盛的生命活力。“教师启动——师生互动——学员自动”的“三动”教学方法和教学模式，使教学既有教师的启迪、引导，也有师生之间知识、情感和心灵的互动，还有学员的主动学习，学员之间的互助、合作和交往，充分调动了学员的主动性、能动性和积极性，将传统的“授受”教学转变为“引导——发现”的教学，让老年学习者乐起来、动起来、练起来。

（九）第二课堂

相对第一课堂教学而言的，指在第一课堂外的时间进行的与第一课相关的教学活动如益智、育德、健身、冶情、休闲等，它不仅是对第一课堂的补充，而且是第一课堂的延伸和升华。这主要体现在以学员活动为载体的各类课外活动，兴趣小组或课后的交流复习以及社团活动等。它具有以下特点：内容上的丰富性，时空上的自由性、参与主体上的主动性，目标效果上的全面性和实现方式上的多样性，能者为师、互帮互学、自娱自乐。丰富多彩、形式多样的课外活动，让每个参与其中的老年学员体验到学习的乐趣，体验到遨游、探索、创新于科学艺术海洋的乐趣，不但学有所长的学员有了用武之地，在帮助别人中快乐了自己；学习有困难的学员也提高了学习兴趣，增加了知识、技能，大家更收获了友谊、健康和快乐，激发了对自然、对生活、对生命的热爱。

（十）第三课堂

老年学习者将第一、第二课堂学习的输入转化为输出，在社区活动和社会活动中施展才华的教学活动。学以致用，这种“输出”的过程．也是“做中学”的过程，给学员们实现自身价值的机会，有利于达到“老有所为”的目标，是学员们回报社会的舞台。同时也扩大了学校的知名度，让更多的人知道并了解老年大学。第三课堂活动的开展有几种主要模式：（1）由老年学校有目的、有计划地组织学员走向社会、服务社会的主动组织模式。（2）受有关部门和单位邀请，参加竞赛、评比的被动邀请模式。（3）自主融入模式。老年学员应用学到的知识和技能，发挥自己的聪明才智和组织能力，主动积极地推动社区精神文明建设，带动社区更多老年人群体参与学习活动，共同享受学习的乐趣．享受社会进步的成果，做适应社会发展的幸福老人。（4）老年学校为了更好地发挥辐射、引领和指导作用、专门为社区培养教学骨干的培训社区骨干模式等。

（十一）老年大学的教学模式

在老年大学教学理论指导下建立起来的较为稳定的、使人可以照着做的老年教学活动结构框架和活动程序的标准样式。它对老年大学教学活动具有指导价值、示范价值，科学、适宜的老年教学模式是老年大学教学活动顺利开展、教育质量有效提高的重要保证。

（十二）传递——接受教学模式

根据行为心理学的原理进行设计，特别是斯金纳（Skinner）操作性条件反射的训练心理学对其影响甚大，强调控制学习者的行为达到预定的目标。认为只要通过“联系——反馈——强化”，这样反复的循环过程就可以塑造有效的行为目标。该模式的基本教学程序：复习旧课——激发学习动机——讲授新课——巩固练习——检查评价——间隔性复习。复习旧课是为了强化记忆、加深理解、加强知识之间的相互联系和进行知识系统整理。激发学习动机是根据新课的内容设置，一定情境和引入活动激发学员的学习兴趣。讲授新课是教学的核心在这个过程中主要以教师的讲授和指导为主，学员跟着教师的教学节奏，按部就班地完成教师布置给他们的任务。巩固练习是学员在课堂上对新学的知识进行运用和练习解决问题的过程。检查评价是通过学员的课堂和家庭作业来检查学员对新知识的掌握情况。间隔性复习是为了强化记忆和加深理解。该模式的优点是能够使学员在短时间内接受大量信息，培养学员的抽象思维能力。缺点是难以保证学员完全真正地理解所接受的信息，不利于培养学员创新思维和解决实际问题的能力。其辅助工具：课本、黑板、粉笔、挂图、模型、投影仪等。

（十三）任务——问题中心教学模式

立足老年人学习的主要目的——旨在解决现实生活问题，故以任务或问题解决为中心，利用老年人丰富的认知和社会阅历，注重学员的独立活动。任务/问题中心教学模式依据皮亚杰（Piaget）和布鲁纳（Bruner）的建构主义的理论，注重学员的前认知，注重体验式教学，培养学员的探究和思维能力。该模式的基本程序一般为：创设问题情境——提出假设——进行检验——总结提高。首先教师设置问题情境，提供有助于形成概括结论的实例，让学员对现象进行观察分析，逐渐缩小观察范围，将注意力集中在某些要点上。接着通过分析、比较，对各种信息进行转换和组合，让学员提出假说，并通过思考讨论，以事实为依据对假说进行检验和修正，直至得到正确的结论，教师给予解析、总结，学员对自己的发现过程进行反思和概括。而后将新发现的知识与原有的知识联系起来，纳入到认知结构的适当位置。该模式中教师提出问题或布置任务，学员调动已有生活经验，进行思考、讨论、回答，运用新知识解决有关的问题，能促进知识的巩固和迁移，并激发老年人的学习兴趣，发挥老年人的丰富经验，满足其获得尊重和自我实现的心理需求，还能够培养学员之间民主与合作的精神。该模式学习者印象深刻，对组织者要求较高，一般只能在小班进行，需要较好的教学支持系统，教学需要的时间比较长。

（十四）示范——模仿教学模式

通过教师讲解、示范，学员进行参与性的模仿练习而获得知识技能的一种教学模式。示范——模仿，即口耳相授、形体相传。这是历史上最古老的模式之一，也是教学中最基本的模式之一，多用于以训练行为技能为目的的教学。因为许多行为技能是由一系列的单一动作有机组合而成的，而口耳相授、形体相传是人们形成行为技能最直接、最形象、最经济的方法。这种方法，可以使人们的行为结果立即得到反馈，使正确的动作不断得到强化，错误的动作不断得到纠正，短时间内便可以大大提高行为质量。这种模式的运用范围较广，尤其适用以行为技能的掌握为目标的教学内容。一般来说，一个复杂的行为技能的形成要经历三个阶段：一是认知阶段，即明确所学行为技能的分解动作要求；二是联系阶段，即通过反复练习，各分解技能逐步结合成技能系统，并使一些对抗性反应得到消除；三是自主阶段，这时的行为技能程序已无需学习者通过思考来完成了。其基本程序是：定向——参与性训练——自主练习——迁移。（1）定向。定向阶段教师要完成两项基本任务：一是要对学员解释完成技能的操作原理和程序，以及掌握行为技能的要领；二是对学员作形体演示。（2）参与性练习。学员在教师指导下，从模仿分解动作入手，参与进行尝试性练习。（3）自主练习。学员脱离教师的指导，通过反复练习，求得错误动作的消失和技能的熟练掌握。（4）迁移。在其他学习情景中，应用所获得的知识、技能。示范——模仿式教学有利于学员将课本知识与实践相结合，使学员在实践中内化所学的知识。这种方式的教学，学员手脑并用，行为质量可以及时得到反馈，效果较好，而且有利于培养学员积极思维、注意观察等良好的学习方法和相互帮助、遵守纪律、加强自主性等品质和观念。

（十五）参与——体验教学模式

教学建立在有感染力的真实事件或真实问题的基础上，让学员参与其中，并成为教学过程的主体，以满足其参与心理的需要，从而调动其接受认知的积极性，提高教学效果。学员只有“参与”了，才会有“体验”，参与是体验的前提。由于将确定真实事件或问题形象地比喻为“抛锚”，该模式又称为情境性教学或抛锚式教学，因为一旦这类事件或问题被确定了，整个教学内容和教学进程也就被确定了(就像轮船被锚固定一样)。该模式的理论基础是建构主义。建构主义认为学习者要想完成对所学知识的意义建构，即达到对该知识所反映事物的性质、规律以及该事物与其他事物之间联系的深刻理解，最好的办法是让学习者到现实世界的真实环境中去感受、去体验（即通过获取直接经验来学习），而不是仅仅聆听别人（例如教师）关于这种经验的介绍和讲解。由于抛锚式教学要以真实事例或问题为基础（作为“锚”），所以有时也被称为“实例式教学”“基于问题的教学”或“情境性教学”。其一般由五个环节组成：（1）创设情境。使学习能在和现实情况基本一致或相类似的情境中发生。（2）确定问题：在上述情境下，选择出与当前学习主题密切相关的真实性事件或问题作为学习的中心内容；选出的事件或问题就是“锚”，这一环节的作用就是“抛锚”。（3）自主学习；不是由教师直接告诉学生应当如何去解决面临的问题，而是由教师向学员提供解决该问题的有关线索(例如需要搜集哪一类资料、从何处获取有关的信息资料以及现实中专家解决类似问题的探索过程等)，并要特别注意发展学员的“自主学习”能力。自主学习能力包括：确定学习内容表的能力（学习内容表是指为完成与给定问题有关的学习任务所需要的知识点清单)；获取有关信息与资料的能力（知道从何处获取以及如何去获取所需的信息与资料)；利用、评价有关信息与资料的能力。（4）协作学习：讨论、交流，通过不同观点的交锋，补充、修正、加深每个学习者对当前问题的理解。（5）效果评价：由于抛锚式教学的学习过程就是解决问题的过程，可以直接反映出学习者的学习效果。因此对这种教学效果的评价不需要进行独立于教学过程的专门测验，只需在学习过程中随时观察并记录学习者的表现即可。参与——体验式教学模式优点：①有利于培养学员问题意识。抛锚式教学策略让学员在老师所创设的情境下来确定一个需要立即去解决的现实问题，然后通过自主学习来解决这个问题，这样就很好地培养和训练学员去发现问题，提出问题的意识。②有利于培养学员收集、获取和处理信息的能力，提高学员分析解决问题的能力。抛锚式教学策略强调学员的自主学习，在学习过程中老师只起一个引导的作用，对于资料的收集与获取以及加工处理都需要学员亲自进行，这就大大地提高学员分析与处理信息的能力。③使学员明白所学知识的现实意义。在运用抛锚式教学模式进行教学时，老师往往以真实事件或问题作为“宏观背景提供给学生”，让学员在学习相关知识的基础上更能明白或领悟到所学知识的现实用处。这里，我们还可以研究和借鉴国外开展参与式教学的先进经验。国外提出的“互动方式的多边性教学方式”是值得借鉴的。他们强调教学是一种多边活动．提倡教员学员之间、学员之间、教员之间的多变互劲，从而使教学从单向、双向活动发展为多向、多重交流互动活动，以形成一个立体型的教学信息交流网络。这不仅可调动老年学员学习的主观能动性，而且可充分利用老年学习者的特长和经验。

（十六）教学做合一教学模式

其内涵在于教法、学法、做法相合一。“教学做合一”的基本主张是：事怎样做便怎样学，怎样学便怎样教；在做上教、在做上学，做既是学的中心，也是教的中心。“教学做合一”教学模式源自中国教育家陶行知的教学理论。陶行知指出:“教、学、做是一件事，不是三件事。我们要在做上教，在做上学。在做上教的是先生，在做上学的是学生。从先生对学生的关系说，做便是教；从学生对先生的关系说，做便是学。先生拿做来教，乃是真教；学生拿做来学，乃是实学。不在做上用工夫，教不成教，学也不成学。”由此他特别强调要亲自在“做”的活动中获得知识，强调理论与实践相结合，重视知识的应用性，这在根本上改变了几千年来中国封建旧教育教与学脱节、学与用分离的状况。在做中学，不是盲目地去做去学，还是要手脑并用。为此，陶先生还专门对“做”下了定义，即“在劳力上劳心”。他说：“单纯的劳力，只是蛮干，不能算做，单纯的劳心，只是空想，也不能算做，真正的做只是在劳力上劳心。”可见，这里的“做”其实就是一种探索，一种实践，是一种创新。在课堂上“做”的过程其实就是让学生自主探索，自主实践，自主创新，从而获取知识经验，掌握学习方法。这里的老年教育“教学做合一”教学模式，除了在名称上与陶行知先生的“教学做合一”教学理论一样之外，其含义多少也有些相近，尤其是指在教学中，教师的教与学员的学和做同时进行，教师在教中做，学员在做中学，着重于“做”，将理论教学融于实践教学，达到使学员学后即会的教学目标。在“教学做合一”教学模式中，除了讲授法、对话法等常用教学方法，演示法、示范指导法是主要的教学方法。这一教学模式常用的教学流程包括教师讲解、布置任务、示范指导、讨论交流、点评辅导、完成任务等，在老年教育教学实践中．这样的教学模式多见于那些动手操作的技能型课程。教学步骤：①讲解、示范、布置任务、学员尝试练习；②教师检查、点评、指导；③学员相互交流、讨论；④学员修正；⑤完成任务。在整个教学中，体现“教学做合一”。

MOOCS 教学模式（Massive Open Online Courses，大规模网络开放课程；中文译为“慕课”）指的是在线提供课程教学的全过程，学习者在这个平台上学习、分享观点、做作业、评估学习进度、参加

2018 年 10 月 13 日老年教育发展动态学术交流会期间，叶瑞祥、卢壁锋向国际老年大学协会主席维拉斯赠送主编《老年教育学与教原理》（中英文对照版）

考试、得到分数、拿到证书，是一个学习的全过程。首先，教育手段的不断发展。光纤电缆、闭路电视和网络等现代化设备可以满足不同居住地和不同文化层次老年人对学习的要求。信息技术对于社会生活的革新意义在老年文化教育发展领域日益明显。现在已经有越来越多的老年人开始接触网络，所以基于计算机和网络技术的老年文化教育发展将会继续发展。其次，MOOCS 模式更适合成人学习。因为学习者是成年人，有主动学习的渴望，且具备应用网络的基础知识和能力。MOOCS 的优势不仅在于能够帮助任何学习者学习网络课程，而且使学习者可以根据自己的时间、地点自主开展学习。MOOCS 还可以基于大数据的分析，全面跟踪和掌握每名学生的个性特点、学习行为，促进因材施教，提升人才培养质量。同时，大规模在线教育使师生之间、学生之间的深度互动交流更方便快捷，有利于教师提升教学能力。MOOCS 数学模式恰好适合成年人尤其是老年人的学习特点，势必成为老年教育教学模式的新热点。

（十七）老年大学课堂教学评价

（1）教学的目的任务。教学评价要求课堂教学应根据课程标准、教材内容、学员的实际情况和教学的整体性原则，制定出明确、合理的教学目标，提出恰当的教学任务，且能在教学各个环节中围绕教学目的、教学任务进行教学。（2）教学的内容安排。教学内容必须符合学员的需求，适合老年的特点，顺序渐进，由浅入深，易于掌握。（3）教学的方法和手段。恰当地运用教学方法和手段，可以改善教学的功能，提高教学的效率和质量，有利于促进学生掌握知识，发展能力，增强体质，提高审美观点。（4）教学的形式和结构。教学评价形式和结构要遵循以下要求：一是要考虑对教育目的的作用，又要分析对本节课教学目标的实现情况；二是要看是否符合教材内容的特点、学员的知识水平和接受能力以及教学条件等；三是要看每一节课中各部分教学活动的时间分配和掌握等是否恰当。（5）教师的教学态度。评价教师的教学态度的具体要求如下：①教师在课堂教学中，对知识的阐述、原理的分析和解释，要具有严密的科学性和逻辑性，对规律的探索要认真、严肃，不草率行事。②启发、鼓励学员独立而准确地回答问题；③对功课跟不上的学员，不歧视，不放弃，关心、爱护学员，耐心教育、帮助，使学员逐步提高；④教态自然、端庄、亲切、热情；服装整洁、大方；⑤教师要以自己严谨的治学态度，高尚的言行风范，渊博的学识才能，去感染和影响学员。（6）教学的基本功。教师的教学基本功，对提高课堂教学质量有直接的作用，它也是评价课堂教学的一项重要内容。（7）课堂教学效果。评价课堂教学效果时，不仅要看学员对知识的掌握情况，还要注意对能力和非智力因素的培养。

六、老年教育学科论

（一）老年教育学科

教育学科与老年学科相互融合、交叉渗透形成的一门新兴的边缘科学群，是以老年教育现象与教育问题为共同研究对象的相关学科的总称。包括老年教育基础学科、基本学科、应用学科、交叉学科等。目前，中国已初步形成了老年教育学科体系，其结构如下：基础学科包括老年教育史、教育哲学、老年生理学、老年心理学、老年社会学、老年学习学等。基础学科主要是指老年教育学，其下还有学校老年教育学、社区老年教育学、远程老年教育学、社会老年教育学等分支。应用学科包括老年教育学习论、老年教育课程论、老年教育教学论、老年教育教师论、老年教育校园文化、老年教育科学研究、老年教育技术应用等。交叉学科包括老年教育心理学、老年教育经济学、老年教育管理学、老年教育评价学、老年教育社会学、老年教育文化学、老年教育统计学以及老年教育国际比较研究等。

（二）老年教育学

教育学与老年学交叉渗透形成的交叉学科，是一门综合性、应用性很强的新兴科学。它是一门研究老年教育现象，探索老年教育规律的学科，也是一门研究培养老年人生存和发展潜能及规律、促进老年人全面而终身发展、促进老年人以积极态度应付老龄化、促进老年教育事业可持续发展的科学。一般应包括老年教育本质论、目的论、功能论、结构论、学习论、课程论、教学论、德育论、校园文化论、教育科研论、学员论、教师论、管理论、发展论等。

（三）中国老年教育学建立的必要性

（1）从老年教育的特殊性来看，必须建立老年教育学。老年教育学应该与成人教育学并列，同属于教育学分支学科，有其自身特殊性；一就研究对象而言，其以老年教育为研究对象，以老年人及其身心特点为研究对象；二就研究内容而言，其研究老年教育的性质、规律、功能、老年学员身心特点、课程建设、教学内容、校园文化、教师队伍建设、教育管理等。简言之，其不同于学前教育、基础教育、高等教育、成人教育，而是具有特殊的矛盾性，不宜归属于教育学下面的任何一个二级学科，而应把老年教育学单列为教育学下属独立的二级学科。（2）从老年教育的重要性来看，必须建立老年教育学。在西方发达国家，由于较早进入老龄化，老龄化程度较高，因此很早就关注老年教育，也由此逐步认识到老年教育的重要性：由老年人是“社会包袱”认识到老年人是社会财富；由老年教育的救济观，福利观、休闲观，上升到权利观、潜力观、发展观；由养老教育，休闲教育，到潜能开发教育，参与适应教育。1971 年 1 月《老年教育学》杂志在美国创刊，标志着老年教育学学科已成为新的独立学科，在中国随着经济社会的发展，老龄化程度的提高，老年教育的重要性越来越凸现出来。（3）从社会发展来看，《老年教育发展规划》指出：“老年教育是我国教育事业和老龄事业的重要组成部分，发展老年教育，是积极应对人口老龄化，建设新型社会的重要举措。”（4）从个体发展来看，发展老年教育是推进老年人全面而终身发展，提高老年人的生命和生活质量的重要途径。尽快建立老年教育学，必将有力地推动中国老年教育事业的健康发展。（5）从老年人的身心发展特点来看，必须建立老年教育学。老年人与青年人或中年人相比，无论在生理上、心理上、社会角色上都有一些不同，由此也就必须采取特殊的相适应的教育、教学、学习方式，进而也就要建立相应的老年教育学。一是从老年人的生理特点来看，随着年龄的增长，在生理上的“退行性”变化，不同程度的“老化”现象必然体现出来。面对老年群体这一特殊对象，显然不能套用普通教育学、成人教育学的原理并施之于老年教育，必须建立专门的老年教育学。二是从老年人的一般心理特点来看，人老了以后，在心理上也会发生变化，无论在认知层面，或在情绪心理层面，与青年人或成年人相比都有不同，开展老年教育十分必要。既可以帮助老年人增长知识，开发潜能，又可以增强正面情绪，克服负面情绪。老年教育学就是研究如何针对老年人的身心特点和变化，有效地实施教育的学科。三是从老年人的学习心理特点来看，学习学专家认为“老年人储存相当大的潜能”，因为根据“用进废退”的原理，“人的大脑越用越灵”，不用不灵，因为老年人的“流体智力”呈下降趋势，但“晶体智力”却继续增长，所以必须有相对独立的老年教育学，以满足老年人的自我需要，开发老年人的潜能，促进老年人全面而终身的发展。

（四）中国老年教育学建立的可行性

老年教育学之所以能够成为教育学的分支学科，因为它已基本上符合学科社会建制的条件。就学科建制的外在条件而言，中国老年教育学已具备五个可行性：（1）学会。1982年3月，中国老龄协会成立。1984年，中国老年教育协会成立。1988年12月，中国老年大学协会成立，这标志着中国各地老年大学、老年学校已经联结成一个体系。这些协会机关在老年教育方面做了大量工作，积累了丰富经

2018年12月6日“《老年教育学词典》框架研讨会”在潮州市举行

验，为老年教育学奠定了很好基础。（2）专业研究机构。当前，中国老年教育协会、中国老年大学协会、各地老年教育协会都建立了教育理论研究中心，研究探索老年教育理论与实践问题。中国老年大学协会组织了全国性课题组，对老年教育现代化等多项课题开展研究，并出版了14部学术专著。（3）人才培养。根据2018年统计，中国老年教育规模达1300多万人。其中，800万各级各类老年大学（学校）学员，500万远程教育学员，现已进入世界老年教育大国行列。2017年底，中国已有160所高等职业学院开设养老服务专业，招生1万多人；134所技工学校开设养老服务专业，在校学生3万多人。(4)图书资料建设。不少老年大学都有专门的老年教育图书资料中心。2020年6月，据不完全统计，中国出版有关老年教育的著作160多种，其中冠以“老年教育学”的就有10多种，这说明了老年教育学早已存在。（5）学科出版机构。中国已有专门的《老年教育》杂志，由中国老年大学协会和山东老年大学主办，截至2019年，已出版618期，等等。这些研究成果为老年教育学的学科建设奠定了较好的基础。就学科建制的内部条件而言，中国从20世纪80年代起，开展了针对老年教育的理论与应用研究，形成了较为系统的老年教育体系，涌现出许多老年教育理论。目前已出版名为“老年教育学”10多部著作。在这些专著中反响较大的有叶忠海主编《老年教育学通论》、杨德广主编《老年教育学》、陆杰剑主编《老年教育学》等。这些论著中涉及老年教育的基本理论与实践问题：关于老年教育的研究对象关于老年教育的主要特征，关于老年教育的功能，关于老年教育的目的，关于老年教育的学习论、课程论、教学论、校园文化论、教育科研论、教师论、管理论等老年教育的内容与途径，关于老年教育的体制等等。总之，无论是在外部条件还是在内部条件方面，中国老年教育学的建立都有了良好的条件，做到研究到位，切实可行。

（五）中国老年教育著作的类型

（1）按学科建设分类：①基础学科，主要是指老年教育哲学、老年生理学、老年心理学、老年社会学、老年学习学、老年教育史等，是构建老年教育学的基础学科。诸如岑国桢编著《老年心理学》、

2019 年 3 月 23 日参加《老年教育学词典》编写工作研讨会领导嘉宾合影

陈涛编著《老年社会学》、杨金宇编著《老年生理学基础》、叶瑞祥和卢璧锋主编《老年学习学》等著作。②基本学科，主要是指老年教育学，是老年教育科学的基本学科。诸如黄富顺主编《高龄教育学》、叶忠海主编《老年教育学通论》、杨德广主编《老年教育学》、陆剑杰主编《老年教育学》等著作。③应用学科，主要是指老年教育学的分支学科，包括老年教育课程论、老年教育教学论、老年教育教师论等。诸如钱伟源编著《老年教育教学论》、熊仿杰主编《老年大学课程建设要略》等著作。④交叉学科，是老年教育学与相近学科互相融合、交叉渗透形成的一门新兴边缘学科。诸如岳瑛著《老年大学教育心理》、张少平主编《老年教育社会学》、张少波和李惟民主编《老年教育管理学》、金德琅主编《老年教育经济学》等。还有国际老年教育比较研究，诸如林元和、王友农主编《中国老年教育理论研究与国际对接（2013—2016）》等著作。（2）按研究目的分类：①理论研究，又称基础理论研究。老年教育理论研究是在老年教育实践基础上，探索其本质和规律，阐述其基本原理，形成比较系统的老年教育理论，具有普遍性、全局性。诸如顾秀莲主编《中国老年教育发展研究》、孙建国等编《中国老年教育探索与实践》、叶忠海主编《中国当代老年教育发展研究》，约占全部著作的20%以上。②应用研究，是指针对某一具体实际应用目标而进行的老年教育科学研究，具有实用性、针对性。这类研究，适合老年教育实践者的需要，受到普遍欢迎。诸如夏瑛主编《上海老年教育居、村委员会标准化学习点建设与实践研究》、上海市老年教育师资培训中心等编《上海老年教育教与学百例》、岳瑛主编《中国特色老年大学开门办学理论与实践》等等，约占全部著作的70%。③政策研究，是以研究老年教育宏观、中观、微观的政策为目标的研究。这类研究，在中国教育理论工作者和实践工作者中开展研究的人数不多，著作较少，比例不高。（3）按研究主体分类：①个人研究，即个人独著、编著、编写，属于个人研究成果。现有研究材料表明，中国的出版社公开出版的老年教育相关著作169部中属于个人研究成果的32部，占19%。其中，中国大陆27部，台湾地区5部。诸如邱天助著《教育老年学》、董之鹰著《老年教育学》、朱芬郁著《高龄教育：概念、方案与趋势》、岳瑛著《教育学视阈中的老年教育》、魏惠娟《台湾高龄学习》、吕文娟著《中国高龄学习者的成功老化》等等。②集体研究，即通过集体研究讨论编纂出版，属于集体研究成果，现有研究材料表明，中国的出版社公开出版的老年教育相关著作168部，属于集体研究成果137部，占81%。其中，中国大陆121部，港澳台地区16部。诸如，顾秀莲主编的“老龄社会与老年教育研究”系列出版了《老龄社会与老年教育导论》等5部研究成果；叶忠海主编的“老年教育理论丛书”，通过系列研究，出版了《老年教育学通论》等5部研究成果；陆剑杰主编的“五个十工程”，通过实证研究，系列出版了《中国教育战线的新军突起》等6部研究成果；特别是中国老年大学协会针对中国老年教育重大的理论与实际问题进行的系列课题研究，2007年以来先后出版了《中国城市老年教育研究》《中国特色老年大学教育现代化研究》等14部学术专著；叶瑞祥、卢璧锋2003年至2019年针对老年人的学习问题开展老年学习系列研究，先后出版《老年创新学习能力论》《新编老年学习学》等7部系列著作。还有按研究方向分类、研究领域分类、研究性质分类等等。

（六）中国老年教育著作的特点

主要阐明中国大陆老年教育著作的基本特点。包括：（1）坚持以马克思主义教育理论为指导思想。老年教育著作是属于社会科学范畴，必须坚持以马克思教育理论为指导思想开展老年教育科学研究。特别是中共十八大以来，老年教育工作者坚持以习近平新时代中国特色社会主义思想指导老年教育研究，老年教育著作不仅数量迅速增加，1985—2020 年 6 月总量 147 部，其中 2012—2020 年 6 月出版 102 部，占 70%，而且质量显著提高，出版了一批高质量的学术著作。诸如林元和主编《一带一路与老年教育研究》，叶忠海主编《中国当代老年教育发展研究》等论著，都具有深刻的思想性和鲜明的时代性。（2）坚持理论与实践相结合的优良学风。老年教育科学是一门实践性很强的社会科学。在研究中必须坚持“实践——认识——再实践”的研究过程，把理论指导与实践研究结合起来。理论与实践是密不可分的。据统计，中国大陆老年教育著作属于理论研究为主的约占 20%多，属于实践研究或应用研究为主的约占 70%。当然，理论研究成果与应用研究成果之密切不可分割，是有机统一体。特别是中国老年大学协会 2007 年以来针对中国大陆老年教育的理论与实际问题进行了系列的 15 个课题研究，先后出版了《中国城市老年教育研究》《中国特色老年大学教育现代化研究》等 14 部学术著作，都具有强烈的实践性和明显的时代性。（3）遵循在继承基础上创新的创新精神。老年教育科学是一门新兴科学，老年教育著作应该是创新之作。习近平指出：“理论的生命力在于创新。”“哲学社会科学创新可大可小，揭示一条规律是创新，提出一种学说是创新，阐明一个道理是创新，创造一种解决问题的办法也是创新。”把继承与创新联系起来。中国老年教育著作中处处闪耀着创新的亮点。以陆剑杰主编《老年教育学》一书为例，该书总结推出了“中国老年教育界 31 条学术创新”。我们只要认真阅读、思考其他著作，也不难发现其中创新的思想、观点、方法等。（4）发挥集体力量与个人智慧相结合的协作风格。“团结就是力量”。开展老年教育科学研究，编纂老年教育著作，既要发挥集体的力量，又要发挥个人的聪明才智。这是中国大陆老年教育著作的重要特点。中国老年大学协会学术委员会主持的“五个十工程”系列丛书《中国教育战线之新军突起》等6部著作为例，参加编写系列丛书的有57所老年大学，其中省（含副省级）校10所，地(市）校10所，县（区）校20所，社区学校17所，参加编写人员400多名，6部著作共300万字，历时3年。这样的编写工程没有集体力量是不行的。当然，还要发挥个人智慧，这个“个人”，通常是学会、学校领导人或专家、学者。只有两者很好结合起来，才能取得最佳研究成果。（5）涌现不少具有中国老年教育特色的代表著作。诸如叶忠海主编《老年教育学通论》、杨德广主编《老年教育学》、陆剑杰主编《老年教育学》、岳瑛著《教育学视阈中的老年教育》、董之鹰著《老年教育学》、熊仿杰主编《老年大学课程建设要略》、钱伟源编著《老年教育教学论》以及中国老年大学协会《中国特色老年大学现代化研究》等著作。简言之，中国老年教育理论研究从无到有，成果丰硕，初步形成和构建了中国特色的老年教育理论体系。

七、老年教育教师论

（一）充分认识教师工作的意义

2018年1月20日，中共中央、国务院印发《关于全面深化新时代教师队伍建设改革的意见》（以下简称《意见》），这是中华人民共和国成立以来党中央出台的第一个专门面向教师队伍建设的里程碑式的政策文件，是新时代教师队伍建设改革的纲领性文件，是习近平教育思想的重要方面。《意见》指出：“坚持兴国必先强师，深刻认识教师队伍建设的重要意义。”习近平总书记和党中央一贯高度重视教师工作，分别从社会发展、教育事业和个人成长等三个层面论述了教师工作的极端重要性。

一是从战略高度社会发展层面认识教师工作的极端重要性。《意见》第一句话指出：“百年大计，教育为本。”教师“是国家富强、民族振兴、人民幸福的重要基石”。习近平总书记十分重视教师工作。2014年教师节前夕，他在与北京师范大学师生代表召开座谈会时指出：“教师是人类历史上最古老的职业之一，也是最伟大、最神圣的职业之一。”他希望教师肩负实现“两个一百年”的奋斗目标，肩负中华民族伟大复兴中国梦的使命和责任，努力为发展具有中国特色、世界水平的现代教育，为培养社会主义事业的建设者和接班人作出更大贡献。2016 年教师节前夕，他到北京八一学校看望慰问师生时强调，教育决定着人类的今天，也决定着人类的未来。习近平总书记还要求各级党委和政府“从战略高度来认识教师工作的极端重要性”，今天的学生是未来实现中华民族伟大复兴中国梦的主力军，而广大教师就是打造这支中华民族“梦之队”的筑梦人。

二是从教育发展层面认识教师工作的重要性。《意见》第二句话又指出：“教育大计，教师为本。”教师“是教育发展的第一资源”。其实，中国共产党领导人一直重视教师在教育事业中的重要作用。早在 1936 年毛泽东同志就说过：“一个军事学校，最重要的问题，是选择校长教员和规定教育方针。”强调要把选择教员作为办学最重要的问题之一。1997 年邓小平同志也说过类似的话，他说：“办学校需要有准备。”“还要选好学校的干部，包括教师，这个很重要。”也把选择好教师作为学校很重要的问题看待。今天为了建设教育强国，习近平同志指出，要“大力培养造就一支师德高尚、业务精湛、结构合理、充满活力的高素质专业化教师队伍”“加强师德师风建设，培养高素质教师队伍，倡导全社会尊师重教”。

三是从学生个人成长层面认识教师工作的重要性。《意见》指出，“教师承担着传播知识、传播思想、传播真理的历史使命，肩负着塑造灵魂、塑造生命、塑造人的时代重任”，在学生个人成长中起着十分重要的作用。2014 年 5 月 4 日，习近平总书记在与北京大学师生代表的座谈中指出：“教师要牢记教书育人的使命，甘当人梯，甘当铺路石，以人格魅力引导学生心灵，以学术造诣开启学生的智慧之门。”他在 2014 年教师节前夕，与北京师范大学师生代表会谈时又指出：“教师重要，就在于教师的工作是塑造灵魂、塑造生命、塑造人的工作。”2016 年 12 月 7 日，他在全国高校思想政治工作会议上再次指出：“教师是人类灵魂的工程师，承担着神圣使命。”“高校教师要坚持教育者先受教育，努力成为先进思想文化的传播者、党执政的坚定支持者，更好担起学生健康成长的指导者和引路人的责任。”

习近平总书记还说过：“一个人遇到好老师是人生的幸运，一个学校拥有好老师是学校的光荣，一个民族源源不断涌现出一批又一批好教师是民族的希望。”这句话，充分说明了好教师的极端重要性。他还提出了好教师的基本要求：“教师要牢固树立中国特色社会主义理想信念，牢固树立终身学习理念，牢固树立改革锐意创新。”他又提出要着力培养“有理想信念，有道德情操、有扎实知识、有仁爱之心”的“四有”好教师；要培养“坚持教书和育人相统一，坚持言传和身教相统一，坚持潜心问道和关注社会相统一，坚持学术自由和学术规范相统一”的“四个相统一”好教师；要培养“做学生锤炼品质的引路人，做学生知识的引路人，做学生创新思维的引路人，做学生奉献祖国的引路人”的“四个引路人”好教师。

我国老年大学近40年办学历史经验告诉我们，建立一支高素质专业化的教师队伍（包括专职、兼职教师）是办好老年大学的关键。例如，2015年十所省市（副省级城市）老年大学示范学校的办学经验是“坚持‘人才兴校’，打造高素质专业化教师队伍”。“10所老年大学在办学中，凝聚出一个结论，叫做‘找好第一人’，就是配置好老年大学校长。”“师资队伍建设重在方法得当。10所老年大学共2000人的师资具有高素质和专业化水平。”其中，金陵老年大学提出“办学之重要，在于选择校长、教师”“该校建成了由148位专家、学者、教授所组成的高素质高师德的师资队伍。”“坚持‘三个结合’：一是学术带头人，骨干教师、一般教师结合；二是老年教师、中年教师、青年教师结合；三是特聘教师、外聘名师、本校自己培养教师结合。”其次，2015年，十所地（市）老年大学示范学校的办学经验是“加强师资队伍建设”。“人才是事业成功的重要保证，老年大学和其他学校一样，离不开一支优秀的师资队伍。加强师资队伍建设是老年大学工作的重中之重。”其中，苏州市老年大学“组建教授团队，提升教师整体水平”。“苏州市老年大学经过30年的发展，已经拥有由150多名兼职教师组成的热心老年教育事业、专业素养较高、专业结构较为合理、比较稳定的教师队伍，成为学校教育教学改革发展最宝贵的资源和最重要的力量。”教师队伍建设特点：“一是组建了特聘教授专家团队；二是教师专业领域覆盖到位；三是不断引进新生力量，40～69岁的教师占70%；四是学历、职称水平不断提高，2014年，大专以上学历的教师占83%，高级职称达33%；五是形成一批著名的特色教师。”再者，潮州市老干部大学是全国十所地（市）老年大学示范学校，其之所以能成为示范学校，重要原因之一就是因为其拥有一支较高专业化水平，学科、职称结构比较合理，又深受学员欢迎的兼职教师队伍。2015年4月，我们组织1831名学员对潮州市老干部大学31名兼职教师的师德、师能、教学效果等开展问卷调查，调查结果显示：在对教师道德的评价方面，高者占66.1%，较高者占25.9%。在对教师专业水平的评价方面，专业强者占65.3%，较强者占25.9%。在对教师教学能力的评价方面，能力强者占66.6%，较强者占27%。在对教师运用教学方法的评价方面，方法好者占64%，较好者占28.36%。在对教师教学效果的评价方面，好者占63.8%，较好者占28.4%。在对教师教学满意度的评价方面，满意者占68.3%，较满意者占24.8%。综合评

2020年12月1日“《老年教育辞典》编写工作总结会议”在潮州市老干部大学举行

价好者与较好者平均值为92.8%，总体上属于优良水平。

（二）全面加强师德师风建设

《意见》提出：要“着力提升思想政治素质，全面加强师德师风建设”。新时代全面加强师德师风建设，首先要加强教师党支部和党员队伍建设。这就要求我们要把“全面从严治党”要求落实到每个教师党支部和每个教师党员中，把党的政治建设放在首位，用习近平新时代中国特色社会主义思想武装头脑，充分发挥教师党支部教育、管理、监督和宣传、引导、凝聚师生的战斗堡垒作用，充分发挥党员教师的先锋模范作用。为此，我们认为省、地(市）老年大学要建立教师党支部，县（区）老年大学也应创造条件建立教师党组织，充分发挥党支部的战斗堡垒作用，发挥党员教师的先锋模范作用。

其次是要不断提高广大教师的思想政治素质。毛泽东同志说过：“没有正确的政治观点，就等于没有灵魂。”列宁同志有句名言：“在任何学校里，最重要的是讲授思想政治方向。这个方向由什么来决定呢？这完全而且只能由教学人员来决定。”这就要求我们，要对教师不断加强理想信念教育，深入学习领会习近平新时代中国特色社会主义思想，引导教师树立正确的历史观、民族观、国家观、文化观，坚定中国特色社会主义道路自信、理论自信、制度自信、文化自信。引导教师带头践行社会主义核心价值观。加强中华优秀传统文化、革命文化、社会主义先进文化教育。为此，在各级各类老年大学教育教学过程中，教师一定要坚持正确的思想政治方向，增加教育教学活动的政治性、思想性，提高教书育人质量。

再次，建议启动老年大学师德师风建设工程。其目标是引导广大教师以德立身、以德立学、以德施教、以德育德。其主要内容：一是组织教师学习相关教育法律法规，诸如学习《中华人民共和国教师法》《关于全面深化新时代教师队伍建设改革的意见》等有关教师队伍建设的文献；二是发挥榜样引领作用，以榜样的精神感染人、鼓舞人、引导人，加强典型引领作用；三是加大优良师德师风宣传力度，扩大师德标兵教师的影响力；四是构建师德师风考核监督制度。陕西省渭南老年大学的师德师风建设经验是可以推广的。其

“加强师德建设工作，形成良好教风学风的经验是：一是加强对教师的职业理想和职业道德教育；重视法制教育和心理健康教育，增强广大教师教书育人的责任感和使命感；坚持利用教师座谈会、工作会等以会代训的形式，宣讲学校的规章制度，对教师进行职业道德教育和培训。二是重视对优秀教师事迹的宣传。学校近年对优秀教师进行表彰奖励，并将其事迹刊登在《渭南老年大学报·导师风采》栏目上宣传，发挥优秀教师的榜样示范作用。三是强化师德考核。实行师德一票否决制，对于学员反映的教师中存在的问题，学校会及时派人进行调查、处理和纠正，从而在学校形成一个良好的教学秩序和风气。”

（三）不断提高教师专业素质

《意见》提出：“大力振兴师范教育，不断提升教师专业素质能力。”为了不断提升教师专业素质，其一，必须正确理解教师专业素质的内涵。所谓专业素质是专业职业对从业人员的整体要求。不同的专业人员有不同的专业结构。对于教师专业素质的结构，不同的学者有不同的理解。有的学者认为，“教师专业素质的构成，包括教师专业道德素质、教师的文化知识素质、教师的能力素质和教师的身心素质”。有的学者认为，“教师的专业素质包括教师的专业知识、教师的专业技能、教师的专业道德和教师的专业情况”。目前，学术界普遍认为：“教师专业素质应涵盖以下几个方面：专业精神、专业知识和专业能力。”“专业精神包括正确的教育理念、崇高的敬业精神、高尚的职业道德和健康的个性品质。”“专业知识包括通识性知识、主体性知识、条件性知识和实践性知识。”“专业能力包括教育能力、教学能力、教管能力和教研能力。”

其二，加大师范教育改革的力度。实施教师教育振兴行动计划，建立以师范院校为主体，高水平非师范院校参与的中国特色师范教育体系。加强教师教育学科建设，要千方百计吸引优秀青年踊跃报考师范院校和师范专业，从源头上选拔与培养有深厚教育情怀、有扎实学科知识、有突出专业能力的教师。就培养老年大学教师队伍而言，我们提出如下建议：一是人才培养方面，培养高素质专业化创新型的老年大学教师，包括本科生和研究生。例如，福州大学人文社会科学学院已于2013年招收了老年教育方向的硕士研究生16名。二是专业设置方面，设置老年教育专业（包括本科专业和研究生专业）。每个专业必须有明确的培养目标及特定的层次、规格，有一套完整、相应的课程体系，有与培养目标、课程设置相当的教学科研能力。三是课程设置方面，在其他教师教育专业课程设置上建议开设《老年教育学》《老年学习学》《老年教育心理学》等公共必修或选修课。四是在教学内容上，加强有关师德师风建设和教师专业素质的内容，从而培养高素质、专业化、创新型的教师。

其三，建立严格的选拔制度。选拔、聘任教师是一项至关重要的基础工作。老年大学选聘教师时要做到“三个坚持”：一是坚持较高标准。被选对象必须政治思想好、专业素质高、身体健康、热爱老年教育事业，教学经验比较丰富。二是坚持合理结构。在年龄上，做到老中青三结合，以中青年教师为主；在来源上，做到在校专职与外聘相结合，以外聘教师为主；在人才结构上，做到专家、学者与技能操作者相结合，以具备高、中级职称的专家、学者为主。三是坚持选聘程序。坚持“凡用必试，差额选聘，严进严出”的原则。吉林省老年大学全面实施“三高”人才强校战略。学校秉承“尊重人才、专家立校”的理念，大力引进高师德、高水平、高影响力的“三高”教师，建立了一支适应学校发展需要的高端教师队伍。学校聘用的149名教师中，56名拥有高级职称，54名拥有博士或硕士学位，42人在行业协会中任会长、副会长、秘书长等职务。其中包括国医大师、省级名中医、省书法家协会主席、著名女高音歌唱家、长影乐团首席二胡演奏家、省乐协主席等一大批高端人才，充分发挥了高端教师在教师队伍中的引领、示范、凝聚作用。

其四，建立有效的培训制度。培训是提高专业化教师队伍素质的重要途径。一是在培训阶段上，实行岗前培训和在职培训相结合。先对学校新引进的教师进行岗前培训，这属于准备性培训。培训内容主要有学习老年教育目的、老年大学办学形势、学校情况简介等，使新教师对老年教育有一个初步的认识。接着重点学习《老年教育学》

《老年教学论》等知识、技能，为上岗做好准备。之后教师上岗后还进行定期的在职培训，这属于提高性培训。二是在培训形式上，力求做到"三个结合"：即学校自培与专家培训相结合、现场研讨与经验交流相结合、"走出去"与"请进来"相结合。三是在培训内容上，做到政治培训与业务培训相结合，把师德师风建设与提高专业能力有机结合起来。四是在培训方式上，大力促进教学方式与学习方式的创新，坚持以问题导向，积极采用参与式、体验式、讲座式、研究式、混合式、项目式、任务驱动式等先进研修模式，切实提高培训的实效性。

（四）不断提高教师地位待遇

《意见》提出："不断提高地位待遇，真正让教师成为令人羡慕的职业。"《意见》把教师的地位待遇问题提到了特别重要的位置，牵住了造就高素质专业化教师队伍的"牛鼻子"。

第一，确立教师身份和法律地位。《意见》明确规定："确立公办中小学教师作为国家公职人员特殊的法律地位。"这一规定，表明党和政府从战略上和全局上充分认识到了教师工作的极端重要性，意义重大。这个身份的认同，凸显出教师职业和国家公职人员一样具有很强的公共属性，这从根本上带动了教师政治地位、社会地位和职业地位的提升。《意见》又规定："确保中小学教师平均工资收入水平不低于或高于当地公务员平均工资收入水平。"让教师职业吸引力明显增长，教师成为令人羡慕的职业。我们认为老年大学专职教师，应该享受同样的法律地位和经济待遇。

第二，落实《老年教育发展规划（2016—2020年）》（以下简称《规划》）的相应待遇。2016年10月5日，国务院办公厅颁布的《规划》是中华人民共和国成立以来第一个专门针对老年教育的文件，具有科学性、权威性、指导性和可操作性。为打造高素质、专业化的老年大学教师队伍，要全面落实"鼓励普通高校、职业院校相关专业毕业生及相关行业优秀人才到老年教育机构工作。各级各类学校要鼓励教师参与老年教育相关工作，并纳入本校工作考核，支持教师到校外老年教育机构兼职从教或从事志愿服务。建立老年教育教师岗位培训制度，支持老年教育机构教师、技术和管理人员的专业发展。专职人员在薪酬福利、业务进修、职务（职称）评聘、绩效考核等方面享有和同类学校工作人员同等的权利和待遇；鼓励专业社工参与从事老年教育工作。建立老年教育师资库，加快培养一支结构合理、数量充足、素质优良，以专职人员为骨干，与兼职人员和志愿者相结合的教学和管理队伍”的规定。

第三，建立积极的激励制度。建立激励机制、激发教师的内在动力，使他们的才智得以充分发挥，从而满足他们高层次的精神需求，最大限度地调动教师的积极性和创造性。激励的手段既有物质奖励又有精神鼓励。天津市老年大学的成功经验值得借鉴，“一是目标激励，即教师所任班级的招生人数与教师的讲课费挂钩，即达到满额或者四分之三以上数额的，分别提高一个或两个等次的奖励。二是榜样激励，开展树名师和学科带头人的活动，把那些德艺双馨、热爱老年教育事业、专业能力强、教学成果突出且深受学员欢迎和爱戴的教师树立为榜样，并给予一定的奖励，同时加大对他们的宣传力度。三是成就激励，对教学效果突出，所教学员在全国、本市或校级展示活动中取得优异成绩的教师予以不同形式的奖励。”

第四，建立新教师入职“宣誓制度”“优秀教学成果奖励制度”“教书育人先进个人奖励制度”“从事老年教育事业20周年奖励制度”等国家或地方政府的奖励制度，增加广大老年教育工作者的责任感、荣誉感和成就感。

八、老年教育发展论

（一）中国当代老年教育的发展历程

中华人民共和国成立后，对老年教育作了积极的探索，主要是针对老年人的扫盲运动、时事政策教育等。改革开放后，为老年人所提供的现代意义上的老年教育，主要发展历程如下：（1）初创起步阶段（1983—1987年）。中国老年教育是伴随着废除领导干部终身制，建立离退休干部制度而产生。1982年2月20日，中共中央发布了《关于建立老干部退休制度的决定》，指出：建立老干部离退休和退居二线的制度。同年12月，第五届全国人大五次会议通过的《中华人民共和国宪法》规定“国家依照法律规定实行企业事业组织的员工和国家机关工作人员的退休制度”，首次把退休制度写入国家根本大法之中。如何满足离退休老干部的精神需求，提高其生活质量？1983年9月17日，在济南市创建了中国第一所老年大学——山东老年大学，开辟了中国老年教育的新纪元。到1985年年底，中国兴办老年大学（学校）61所，在校学员4万多人。其特点：数量偏少，规模不大，人数不多，校园设施比较简陋；学员以老干部群体为主；教学内容以康乐为主，课程设置较少；授课方式相对单一。简言之，这个阶段的老干部大学主要是给离退休老干部提供一个活动的平台，内容简单，教学单一，老年教育处于起步阶段。（2）探索发展阶段（1988—1994年）。1988年12月，经国务院有关部门批准，中国老年大学协会成立，这标志着中国教育在终身教育的体系中铺就一块坚实的基石，确定了老年教育在整个教育历史方位中的地位。1988年底，中国老年大学（学校）已发展到900余所，在校学员13万人，中国老年教育进入了一个新的阶段——探索发展阶段。1994年12月，由国家计委等十个部委联合制订的《中国老龄工作七年发展纲要》明确规定：“老年大学、老年学校是老年教育的重要形式，它已成为老年人老有所学、老有所为、老有所乐的重要场所。”其特点：

2020年12月23日《老年教育辞典》首发仪式现场

老年大学（学校）逐步增多，学员人数逐步增加，1993 年老年大学（学校）有 5331 所，学员达 47 万人；受教育对象由离退休干部扩大到退休教师、职工；教学内容逐渐丰富，课程科目增加，教学方法、形式不断改革。（3）快速发展阶段（1995—2011 年）。1995 年、1996 年，全国人大常委会先后颁布实施《中华人民共和国教育法》《中华人民共和国老年人权益保障法》，对各级人民政府加强组织领导，建立、完善终身教育体系，办好各级各类老年学校等都作了明确的规定和要求，也正因为拥有了法律依据和保障，老年教育进入了快速发展阶段。1996 年，中国老年大学协会提出“增长知识、丰富生活、陶冶情操、促进健康、服务社会”的办学宗旨。2000 年 8 月，中共中央、国务院颁布《关于加强老龄工作的决定》，要求各地要重视发展老年教育事业，兴办各类老年学校。2001 年 6 月，中央组织部等五部委又发出《关于加强老年教育工作的通知》，同年，中国基本实现了省、市（地）、县(区)、乡（镇）四级办学网络。2010 年 7 月，中共中央、国务院发布《国家中长期教育改革和发展规划》，首次将老年教育纳入规划纲要，明确提出：“重视老年教育”“基本形成全民学习、终身学习的学习型社会”。党和国家首次将老年教育纳入国家教育的整体规划，这是中国教育史上前所未有的，其特点：学校数量急剧增加，学校规模扩大，校园设施提升，学员人数骤然增长。2003 年，学校已有 26000 所，学员高达 230 万人。受教育的老年人社会化，教育多样化，内容多元化，老年教育延伸到社区、农村。（4）全新发展阶段(2012 年至今)。2012 年 11 月，召开了中国共产党第十八次全国代表大会，给老年教育规定了“努力办好人民满意的教育”的最高准则和“2020 年教育现代化基本实现”的宏伟目标，确定了中国老年教育发展的总方向，指明了中国老年教育发展的道路，标志着中国老年教育进入新时代。同年 12 月，修订的《中华人民共和国老年人权益保障法》规定，“老年人有继续受教育的权利”，“国家发展老年教育，把老年教育纳入终身教育体系，鼓励社会办好各级各类老年学校”。2016 年 10 月，国务院办公厅印发了《老年教育发展规划》，这是国家第一部老年教育专项规划，提出：“老

2021 年 6 月国际老年教育协会主席维拉斯展示《老年教育辞典》

年教育是我国教育事业和老龄事业的重要组成部分。”2017 年 1 月，国务院印发了《国家教育事业发展“十三五”规划》，要求“推进老年教育机构逐步纳入地方公共服务体系，完善老年人学习服务体系，办好老年大学，有效扩大老年教育资源供给”。中共十九大提出要“建设教育强国”“加快建设学习型社会”，强调了继续教育和老龄工作。新时代，老年教育在各个方面均取得突破性的发展和进步。其特点：①老年教育规模更加扩大。据 2018 年初步统计，中国老年教育规模达 1300 多万人，其中 800 多万各级各类老年大学（学校）学员，500 多万远程老年教育学员，总人数名列世界前茅，已进入世界老年教育大国行列。②老年教育体系更加完善。一方面，形成了全方位多层次开放性老年教育体系，基本上形成了省、地(市)、县(区)、乡(镇)、村(居委会）老年教育“五级网络”。另一方面，形成了学校老年教育、社区老年教育、远程老年教育、老年人自主教育、社会老年教育等相结合的“五位一体”老年教育模式。③老年大学办学更加规范。为了加强老年大学规范化示范化建设，经过十多年的努力，根据标准，经过逐级申报评审，2016 年 12 月 26 日，中国老年大学协会办公室公布了 176 所全国示范老年大学名录并进行了表彰，有效促进老年大学规范化示范化建设。④理论研究成果更加显著。据 2020 年 6 月统计，中国大陆出版有关老年教育著作 147 部。其中 2012 至2020 年 6 月，即中共十八大以来出版 102 部，占 70%。还有大量的学术论文、调查报告等研究成果。⑤国际交往更加活跃。一方面，积极而有准备地参加国际第三年龄大学协会（AUITA）主办的研讨会，并在会上作主题发言；另一方面，在中国举办国际老年教育论坛，自2013 年以来，已在中国国际老年教育年会框架下举办了六届，还成立了中国老年大学协会国际老年教育研究中心。总之，这个阶段，在中国各级党政主导下，基本上构建了具有中国特色的老年教育——“中国模式”。

（二）中国老年教育发展的资源整合

目前，实现资源共享是解决老年教育资源不足的捷径。（1）远程教育是推进普及老年教育的重要资源，其优越性在于有利于偏远地区及广大农村老年人的学习，有利于节约国家投资，有利于身体虚弱或残疾的老年人居家学习。为了更好开展远程老年教育，一是建立相应的管理机构，对远程教育进行组织协调；二是组织高水平的老师任教；三是编写多种类型、多种形式、丰富多彩的远程老年教育教材；四是从实际出发，建立一套服务管理体系（包括辅导站），把远程教育落到实处。（2）充分利用教育部门所属现有教育资源开展老年教育。一是利用各类高等院校、各级普通学校、开放大学、电化教育馆（所）、各种培训中心等的教育资源，引导普通高校参与老年教育；二是调整中小学布局后的闲置教育资源开展老年教育活动；三是普通大中专学校可以开设老年人的学历教育或非学历教育的专业和课程。（3）面向社会，进一步挖掘社会资源，建立健全老年教育网站。一是完善五级老年教育网络，即省（自治区、直辖市）——地（市）——县（区）——乡（镇）——村（居委会），其中，省、地、县为老年大学，乡、镇、街道为老年学校，村、居委会为教学点或学习点；二是充分利用社区的广场、公园、文化馆、展览室等丰富的公共社会资源，或辖区内的机关、企业、学校等单位的教育资源，就地开展老年教育活动；三是基层老年学校应与乡镇文化站、社区市民学校等有机结合起来，农村老年学校要与新农村文化室、村委会学习活动室建设有机结合起来，实现资源共享；四是省、市老年大学应该发挥示范、引领作用，办成老年教育中心、老年教育培训中心、老年教育理论研究中心，为发展老年教育事业作出新贡献。

（三）中国老年教育的发展趋势

（1）以老年人为中心，以满足老年人需求为目的多元文化的老年教育体系将不断完善；（2）党和政府对老年教育的引导和支持将会进一步加强；（3）包括老年组织在内的公民社会组织将成为推动老年教育发展的重要力量；（4）在中国特色的社区将进一步推动老年教育的发展；（5）以老年教育为内容的志愿服务将进一步发展；（6）计算机和互联网等信息技术的普及将进一步拓宽老年教育的内容和形式；（7）将向现代化、国际化迈进。总之，在中国人口老龄化的背景下，在终身教育和学习型社会的推动下，老年教育将成为日益普遍的教育实践和文化现象，这是最大的发展趋势。

相关资料

《老年教育辞典》诞生记

广东省潮州市老干部大学

日前，由广东省潮州市老干部大学组织编写的《老年教育辞典》（以下简称《辞典》）顺利出版发行。站在“两个一百年”奋斗目标的历史交汇点上，我们以世界首部老年教育工具书的诞生向中国共产党百年华诞献礼，同时，为中国老年教育事业蓬勃发展贡献了一份微薄力量。

《辞典》由叶瑞祥、陈先哲担任主编，经由叶忠海、王友农、岳瑛、王卫东等全国40多名老年教育专家学者历时三年共同编撰完成。国际老年大学协会（AIUTA）主席维拉斯教授为该书撰写英文贺信；中国老年大学协会会长张晓林为本书作序；北京大学教授陈平原题写了书名；潮州市老干部大学、广东省老干部大学、广州市老年干部大学、华东师范大学、浙江工业大学和天津教科院等单位参与了本课题的研究和撰写。

征途漫漫，一路荆棘一路歌，《辞典》从灵感的萌芽初生到如今硕果累累，是一个长期酝酿、精心策划、专心编撰、反复修改的过程，凝聚了无数心血和奋斗。2015 年 3 月，中国老年大学协会国际联络部“1+1”议题“老年大学·公民和社会凝聚力”研讨会在潮州召开，触发了我校科研顾问叶瑞祥教授编写这部《辞典》的灵感。当老年教育发展到一定阶段，编纂《辞典》势在必行。这几年，叶瑞祥教授认真阅读了 150 多本老年教育著作，并从这些著作中提炼出近千个词条。2017 年底，他正式提出编写《辞典》的想法。这与我校陈先哲校长一拍即合，他们一致认为，这是中国老年教育界的一件好事，能够为中国老年教育事业的发展贡献一份力量。

2018 年 10 月，维拉斯主席考察潮州老年教育工作时，叶瑞祥教授在交流会上作题为“努力打造我国首部《辞典》”的发言，引起维拉斯主席、中国老年大学协会副会长林元和的高度重视。他们都建议邀请国内知名专家参与编撰，林元和副会长亲自点将。维拉斯主席还在国际老年大学协会的网站上发布了“中国潮州要编写世界首部《辞典》”的信息。2018 年 12 月，“《辞典》框架研讨会”在潮州召开，张晓林会长亲临会议。叶瑞祥作了《关于编写〈辞典〉的方案》报告，印发《〈辞典〉分类条头表》。张晓林会长，林元和副会长，熊仿杰副会长等与会代表高度肯定了编写《辞典》的价值和意义，并对《辞典》的编写提出了非常中肯、到位的建设性意见。目标很明确，就是要集全国、全省老年教育领域的专家、学者之力共同编写这本《辞典》。专家、教授们还从学术的角度，专业、科学地为《辞典》的框架、编写等工作出谋划策。

2019 年 3 月，《辞典》编写及分工研讨会在潮州召开，叶瑞祥教授作了《关于编写〈辞典〉若干问题的报告》，阐明编写目标、框架、原则、分工等问题。十易其稿，最终确定《〈辞典〉分类条头表》。会上，聘请叶忠海、王友农为《辞典》编写学术顾问，蒋海鹰、岳瑛、王卫东、姚若松、马丽华、吕文娟为专家编写组成员，并形成了《〈辞典〉第二次编写工作研讨会会议纪要》。由此《辞典》编写转入实质性撰写条目阶段。2019 年，“《老年教育辞典》编纂研究”项目被列为潮州市哲学社会科学“十三五”规划重点课题。2019 年 12 月，《辞典》（初稿）完成，学校立即组织进行校对、修改。2020 年 3 月，在初稿的基础上，形成《辞典》（讨论稿）。在听取会长张晓林、副会长林元和、熊仿杰以及编写组成员的意见和建议后，学校又花大力气进行修改。在叶瑞祥教授的引领下，成员们认真推敲、修改，又形成了第三稿《辞典》(修订稿)。这一稿出来后，再次请专家教授帮助审校。6 月份，全书由谢锦澍、林金炎、陈维坤统稿，主编叶瑞祥、陈先哲最后定稿。2020 年 7 月，第四稿《辞典》（送审稿）成书，送交出版社审阅。时间流逝不舍昼夜，前进航程击鼓催征，在历经 4 次内部审阅和 4 次出版社审阅后，2020 年 11 月 29 日，《辞典》正式完成所有审阅校对工作，进入出版发行阶段。

艰难方显勇毅，磨砺始得玉成。《辞典》收录的 1028 条词条，无一不是经过多番研讨、精心构思和反复推敲而来的。当《辞典》的编写尘埃落定，正式出版发行，参与编写的人员无不欢欣鼓舞。2020 年 12 月 23 日，“‘十四五’期间加快发展老年教育研讨会暨《老年教育辞典》首发仪式”在广东省潮州市举行。维拉斯主席、张晓林会长、广东省老年大学协会副会长许光超等发来祝贺视频。维拉斯强调，“《辞典》是老年教育领域的世界首部辞典，为世界老年大学做出了重要的贡献，将在教育、科研、国际合作方面促进老年大学发展，惠及全世界的老年人，为老年人应对人工智能和数字通信所带来的重大挑战发挥重要作用。国际老年大学协会愿助力《辞典》在世界各地得到广泛应用”。张晓林指出，《辞典》的出版，在我国历史上、老年教育发展历史上，乃至从全球老年教育的发展历史来看，都是不多见的好事。在《辞典》的序中，他强调，“这是我国也是世界上有关老年教育的首部辞典，是老年教育领域的第一部专业工具书”。

《辞典》的学术价值还被叶忠海教授和王友农主任等高度肯定。叶忠海教授在贺信中欣喜指出，“本《辞典》是我国首部老年教育辞典，是我国老年教育研究中重要的标志性和基础性建筑。它的出版兼具学术价值、应用价值，社会价值，对我国老年教育研究起到承上启下的历史作用，对国际老年教育学术界也是一个独特贡献，是中国老年教育发展史上浓墨重彩的一页”。王友农主任则认为，《辞典》是我们中国老年教育发展近40年的实践和理论成果沉淀的结晶，是老年教育中国模式的宝贵产物和理论贡献，是中国老年教育学科建设趋向成熟的标志。他肯定了潮州市老干部大学勇于创新的精神和敢为人先、勇立潮头的历史责任担当。

习近平总书记强调，“发扬为民服务孺子牛、创新发展拓荒牛、艰苦奋斗老黄牛的精神”。回首过往，正是因为我们能保持不畏艰险、锐意进取的奋斗韧劲，保持埋头苦干、艰苦奋斗的老黄牛精神，《辞典》才能越过重重阻碍，顺利面世。展望未来，我们仍需跋山涉水，继续奋斗，在老年教育研究领域笔耕不辍，步履不停，开拓进取，勇往直前，贡献更多的力量。（原载于《老年教育》2021年4月号（中）总第700期，第28—29页）

《老年教育辞典》成果推广与价值

一、通过多种形式，扩大《辞典》影响

通过会议形式，推介《辞典》。2020年12月23日，潮州市委、市政府举办“《老年教育辞典》首发仪式”，国际老年大学协会主席维拉斯、中国老年大学协会会长张晓林、广东省老年大学协会副会长许光超等发来视频祝贺。会上，领导、专家、学者推介《辞典》，扩大了《辞典》的影响力。

通过报刊、电台形式，推介《辞典》。2020年1月23日晚上，潮州电视台及时转播当天《老年教育辞典》首发仪式盛况，第二天，《潮州日报》第一版刊登题为《老年教育理论研讨和学科建设出新成果，我国首部〈老年教育辞典〉在潮州首发》的新闻报道，肯定“该辞典内容涵盖了不同国家、不同地区老年教育的发展状况，共收录1028个词条，70多万字，是一部集思想性、专业性、实践性、创新性、包容性于一体的老年教育工具书”。中国老年大学协会会刊《老年教育》2021年第1期刊登题为《我国首部老年领域专业性辞典在潮州首发》的报道。《老年教育》2021年第4期又刊登题为《〈老年教育辞典〉诞生记》的文章，介绍编纂《辞典》过程及其学术价值、社会价值和应用价值。

通过赠书形式，推介《辞典》。初步统计，我校已向29个省、直辖市、自治区图书馆赠书58册，向50个省、副省级等老年大学图书馆赠书100册，向广东省内各市图书馆、老年大学、老干部局等63单位赠书126册，向北京师范大学等50个高师院校图书馆赠书100册，向国际老年大学协会赠书30册，等等。这既是推介之举，又是藏书价值。

二、发挥《辞典》作用，初显《辞典》价值

《辞典》出版半年来，初显价值。我们坚信随着时间的推移，《辞典》的各种价值将更加明显。初步显现如下：

学术价值。《辞典》最大的特点是我国近40年来老年教育实践经验的反映，又是我国近40年来老年教育理论研究成果的缩影，在一定程度上是我国老年教育的一面“镜子”。它是我国首部老年教育领域的工具书。首先，本身就是创新之作，带有开创性的价值，它将对我国老年教育学科建设产生一定的价值，所以具有一定的学术价值。

应用价值。老年教育理论研究，是为老年教育实践服务的。具体表现：一是对老年人或老年学员而言，有的学员通过学习、应用有关“学习方式”词条，转变学习方式，提高学习效率；有的学员通过学习、应用有关“学习素质”词条，提高学习素质；有的学员通过学习、应用有关“创新学习”词条，提高创新学习能力；有的学员通过学习、应用有关“老年人与学习”有关的词条，获得知识，增强信心。离休干部陈礼坚通过学习《老年教育辞典》第四部分“老年人与学习”后，不仅获得知识，而且增强信心。二是对老年大学（学校）教师而言，有的教师通过学习、应用“老年学习特点”词条，树立“以学定教”理念，采取“学习”与“教学”同步改革，以学促教，有效提高教学质量。三是对老年大学（学校）管理人员而言，提高学习与应用有关词条，提高教学管理水平，提高班级管理水平。四是对老年大学（学校）教育科研人员而言，《辞典》是他们开展老年教育科学研究必要的“参考用书”。可以根据需要参考，引用其中相关词条。例如，《浅析老年教育中国模式的内涵与特色》《老年教育中国模式的理论基础》等文，其中参考、引用《辞典》第三部分“老年教育的基础理论”的部分词条；又如，《我国老年教育著作现状与趋势初探》一文，也参考引用《辞典》第六部分“老年教育学科与研究”的部分词条。

展示、收藏价值。一是通过“词条”总结，向世人展示我国近40年来老年教育的实践经验和理论研究成果。二是通过“辞书”收藏、保存老年教育研究成果。目前，我校已向包括国家图书馆、广东中山图书馆等193个单位赠送《辞典》414册，作为永久性藏书，留给社会，留给来者。故有明显的展示与收藏价值。（摘自“《老年教育辞典》编纂研究”总结报告，2020年5月）

老年大学以学促教改革实践

一、研究成果简介

近14年来，在先进教学理念引领下，扣紧《老年大学以学促教改革实践——老年学员学习理论与实践研究》这个主题，在对1万多名老年学员学情调查的基础上，先后出版《老年学习学》《新编老年学习学》《老年大学教学论》等7部著作共207万字。现以《新编老年学习学》为基础，概述研究成果。（一）理论成果。1.认识老年学习特点，树立“以学定教”的理念。其特点：学习目的呈现非功利性；储存相当大的学习潜能；学习活动凸现差异等。2.揭示老年学习规律，提高学员学习效率。其规律：自觉需求与愉悦学习规律；情感激励与环境影响规律等。3.论述老年学习原则，掌握有效学习策略。其原则：实用性原则、健身养生原则、学乐为相结合原则等。4.发展老年学习方式，指导学员“学会学习”。其方式：自主学习、合作学习、体验学习等。（二）应用成果：学员发展层面是出发点，落脚点；教师发展层面是重点；学校发展层面是亮点。表现如下：1.提高了学员的学习素质：学习目的更加明确，学习兴趣更加深厚，学习能力明显提高，创新学习能力有所提高，学习效果明显变化。2.转变了学员的学习方式。诸如自主学习、探究学习方式有所提高。3.展示了老年学员学习成功案例。该书精选了20位学习成功案例。4.促进了老年学员多元智能的发展。如音乐智能、身体运动智能等都有所提高。5.推动教师教学方式的转变。教师能较好运用启发式教学，参与式教学。6.总结课程改革的经验。包括保健、舞蹈、潮曲等课程的改革经验。7.促进教师专业素质的发展。绝大部分教师都树立了“以学定教”“以学促教”的教学理念。8.提高老年大学的办学水平。“以人为本”“教改兴教”“以学促教”的办学理念。总之，理论成果有新的突破，应用成果有明显效果。

二、成果主要解决的教学问题及解决教学问题的方法

（一）教学问题：1.教与学的关系问题。教师方面，教学理念普遍存在“重教轻学”倾向，教学内容存在偏多偏深现象，教学形式单一，教学方法缺乏沟通互动。2.老年学员存在问题。部分学员缺乏学习动力、科学学习方法、学习创新能力。3.在14年前，老年学习学处于“空白”状态。（二）解决方法：14年来特别是近8年来，扣紧“以学促教”主题，运用《新编老年学习学》理论与应用成果，采取“学习”与“教学”同步改革，以“学改”促“教改”策略，深入开展教学改革，有效提高教学质量。一是在教学层面上帮助教师认识老年学习特点，树立“以学定教”理念，倡导新教学方式，有效提高教学质量。实施“以学定教”策略：重视学情调查，是实施“以学定教”理念的基础，调整教学内容是重点，倡导新教学方式是重要手段，选好教学形式是重要平台，认真开展学习指导是重要环节。二是在学员层面上倡导新的学习方法，引导“学会学习”，挖掘学习潜能，有效提高学习质量。全方面指导学员“学会学习”，让学员做到“爱学”“会学”“创学”“学会”，具有主动、科学、愉快、有效学习的意识与能力。另一方面，引导学员掌握运用自主学习、探索学习、体验学习、网络学习、创新学习等新的学习方法，提高科学学习水平。三是在学科建设层面上一直扣紧“以学促教”精神，深入开展“学改”与“教改”，从低级到高级，从感性到理性，分别于2004和

2014年出版《老年学习学》《新编老年学习学》著作，从理论建设支撑教学改革实践。研究成果能够科学地准确地解决教学存在问题，取得明显效果，具有实践价值与理论价值。

三、成果的创新点

（一）学科创新。我们出版的《老年学习学》（2004年版）和《新编老年学习学》（2014年版）是我国首部《老年学习学》专著。首部就是创新。其一，同行专家鉴定证明。2006年1月8日，全国学习科学研究会学术委员会主任、王秀芳研究员《鉴定书》指出：《老年学习学》"填补了学习科学研究中缺少对老年学习学的全面系统研究的空白"。其二，现有文献检索证明：从学习科学领域来看，根据《学习科学大辞典》《简明学习科学全书》检索证明，2017年8月，我国出版学习科学有关著作655部，其中，冠名《老年学习学》只有《老年学习学》《新编老年学习学》。从老年教育领域来看，根据《老年教育辞典》，2020年12月我国出版老年教育有关著作175部，也只有这两部书。（二）体系创新。《新编老年学习学》是在《老年学习学》的基础上，经过10年实践、扩展、提升而成的新作，理论体系比较全面、完整。该书从学习学、老年学、脑科学等综合视角，构建而成的新兴学科、边缘学科。全书分为三个部分，第一篇，原理篇，着重研究老年学习的特点等基本原理，这是基本理论部分；第二篇，课程篇，着重研究老年大学常设课程的学习论，这是课程学习理论；第三篇，成效篇，着重精选推介老年学员中学习成功案例，这是实际操作部分。（三）理论创新。1.老年学习的特点，具有首创性、实践性。2.老年学习的作用，具有创新性、启发性。3.老年学习的规律，具有首创性、实践性。4.老年学习的原则，具有创新性、应用性。（四）方法创新。一是从多学科、多视角综合、系统考察老年学习问题，增加研究成果的科学性、可信度。二是采用"先进观念"+"调查研究"（包括实验前前测，实验后后测）+"综合比较"的方法，形成调查报告，以学促教，学改、教改同步前进，有效提高教学质量。

四、成果的推广应用效果

（一）广东省内：（1）2013年12月9日，《潮州市老年学习现状与发展调查报告》获广东省老年大学协会第一次老年教育理论研讨会优秀论文一等奖等。⑵ 2015 年 10 月《潮州市老年大学教学现状调查报告》获广东省老年大学协会第二次老年教育理论研讨会优秀论文一等奖等。⑶ 2017 年 12 月 14 日，《教学理论新亮点，教学实践新成果》获广东省老年大学协会第三次老年教育理论研讨会一等奖等。会上还向省内各市 100 多名代表赠送《新编老年学习学》《老年大学教学论》。⑷ 2016 年 12 月 7 日，《新编老年学习学》获潮州市哲学社会科学联合会优秀成果三等奖。⑸ 2019 年 10 月 2 日，《老年大学教学理论与实践》获潮州市哲学社会科学（项目）优秀奖。（二）全国范围：2014 年 11 月 6—7 日，在武汉召开的中国老年大学协会第十一次老年教育理论研讨会上，向 100 多名代表赠送《新编老年学习学》。（三）国际上，2015 年 6 月 11 日，我校陈先哲校长在西班牙阿里坎特市参加国际老年大学协会国际研讨会，用英文作学术报告后，国际老年大学协会主席维拉斯称赞我校“在老年学习学方面的研究已走在世界前列。”2019 年 5 月 20—21 日，国际老年大学协会 104 届理事会暨“‘一带一路’与老年教育研讨会”在武汉召开，我校陈先哲在大会上作学术报告，并向代表们赠送《老年教育学与教的原理》（中英文对照版）100 多册。（四）在理论建设层面，李旭初、刘兴策主编《新编老年学辞典》把《新编老年学习学》单独列为“词条”，并指出：这是一本能为“老年教育与‘老年学习’专题理论研究与工作实践提供多方面参考价值的用书。”叶瑞祥、陈先哲主编的《老年教育辞典》也将《新编老年学习学》《老年大学教学论》两部著作单列为“词条”及有关“词条”向读者推介。（摘自《广东省职业教育教学成果推荐书（终身教育类）的部分材料，2020 年 5 月）

第八章　我的人生感悟

第一节　人生感悟

我从 1952 年考上韩山师范学校普通师范班至今，已有 70 年了。70 年来教育人生感悟很多，概括起来“四个有”：有目标明确的人生，有波浪起伏的人生，有幸福充实的人生，有奉献社会的人生。

一、有目标明确的人生

中外古今，一切有作为的人，都是十分重视“立志”。所谓“立志”的“志”，是指人们的目标、志向、努力方向。我国南宋著名教育家朱熹说：“百学必先立志。”明朝著名哲学家王守仁说：“志不立，则如无舵之舟。”法国微生物奠基人巴斯德说：“立志是事业的大门。”

我们这一代人，自由选择职业、事业的机会是不多的。在我一生中仅有四次自由选择职业的机会，我都选定“教师职业，教育事业”。当然，不同历史时期，认识程度不同，具体岗位不同，社会效果不同。

第一次选择，目标是小学教师。时间是 1952 年 7 月。我初中毕业于潮安县立一中（现潮州金山中学的前身），15 岁的我面临着人生道路上的第一次选择。当时的初中毕业生大体有如下选择：一是经济条件较好，立志升大学者报考普通高中。二是有志于直接参加第一个五年计划建设者，报考中等专业学校，诸如长春汽车学校、洛阳拖拉机学校等。三是家庭经济困难者可以在社会上谋一个职业过日子。我是属于家庭经济困难，又想升学读书者，就在人生“十字路口”上，得益父亲一位朋友指点，他说：“读韩师，不用缴学费，吃饭不用钱。”在这种思想支配下，“初中毕业统一考试”时，我填上第一志愿‘广东省立韩山师范学校’”。不久，在《团结报》（当时粤东行署机关报）刊登我考上韩师普通师范班。1952年9月至1955年7月，三年的韩师生活，我接受了全面发展教育，受到严格的专业训练，名师执教，影响人生。在韩师学习期间，有三类书对我影响很大，甚至影响终身。第一类是《钢铁是怎样炼成的》《乡村女教师》这类文学作品，其作用与影响在于帮助我树立正确的人生观、价值观、教育观。特别是第二类是韩师普师班52级乙班第二学期的班主任地理老师陈史坚先生编写的《中国的地形》《中国的河流》。这两部书启发我认识到，教师可以边教书，边写书，直接帮助我确定了写书的愿望，萌发了我一辈子为之奋斗的目标“读书育已，教书育人，写书育世”。第三类是我利用第五学期寒假抄写的《唯物辩证法》（韩师30年代校友哲学家陈唯实编写的油印讲义稿），它帮助我今后辩证思考问题、解决问题。经过韩师严格的专业训练，树立了从教的专业思想。毕业前夕，我们都纷纷表示要到山区“当一名山区小学教师”，到农村去“当一名乡村教师”。历史却给我开了一个玩笑，1952年8月20日，出乎意料，我接到通知，分配到汕头市报到。8月25日，只身到汕头市教育局报到，我被分配到大埔旅汕小学当教师。我是五年级班主任、兼中队辅导员，担任六年级算术、音乐，五年级语文、地理课。成为一名名副其实的“全能”小学教师。现在回头来看，我很幸运，人生的第一个“纽扣”，还是扣得正确、扣得扎实。

第二次选择，目标是中等师范学校教师。时间是1956年。那一年党中央吹响了“向科学进军”的号角，急需培养大批各类人才。1956年4月20日，教育部发出《关于1956年高等师范院校报考优秀小学教师和本年师范毕业生入学的工作指示》的通知，以扩大高师院校生源。5月至7月间，我的人生又面临着第二次选择：一是继续当一名小学教师。二是参加高考当一名中学教师。三是报考文工团当一名歌唱演员。多种消息交织一起，经过多方衡量，决定报考华南师范学院教育系学校教育专业。1956 年 8 月 20 日，接到华南师院《录取通知书》。当时，这个专业的培养目标：中等师范学校教育学科教师；教育行政干部；从事教育科学研究人员。这样，1956 年 8 月 28 日至 1960 年 7 月我就读于华南师院教育系。华南师院同韩山师范一样重视专业思想教育、重视艰苦奋斗教育。毕业前夕，每人都写《决心书》，表示要到海南岛五指山或到韶关山区当一名中师教师。1960 年 7 月 15 日，对我而言，又是一个惊喜：华南师院发给我的毕业生派遣单竟然要求 8 月底前到汕头韩山师范专科学校报到。

第三次选择，目标是高等师范院校教师。时间是 1979 年 12 月。1960 年 7 月大学毕业后，我在韩山师专（含 1963 年韩山师专下马后的汕头地区教师进修学院）工作 10 年。潮安师范学校任教两年。潮安县教育局教育股、教研室工作 8 年。1979 年上半年，我的人生又面临着三个选择：一是韩山师专，“急需教育学教师”，要我“归队”。二是听说汕头地区教育局教研室要“抽调我”。三是潮安县教育局领导又想“留我”。我内心是渴望回韩师母校继续当一名教育学教师的。因此，我主动向教育局领导表示：“让我回韩师敲桌子，我更适合当教育学教师。”就这样，我于 1979 年 12 月 30 日又回到韩山师范专科学校报到。回到韩师 17 年，先后担任韩山师专教育学教师、教育学科教研室副主任、教务科科长、图书馆馆长，韩山师院党办院办主任、教科所副所长，1986 年被评为教育学副教授。尽管担任了各种管理工作，我始终坚持“教学不断线”，先后兼任教育学、学习学、高等教育学等课程教学工作。坚持“科研不断线”，先后主持 13 项科研课题，主编广东省师专教育学公开课教材 6 个版本。为我退休后广泛开展教育科学研究打下牢固的专业基础，奠定广泛的人脉基础。

第四次选择，目标是教育科学研究人员。时间是 1997 年 4 月以后。1997 年 4 月，我从韩山师院党办、院办主任岗位上退休了，我又面临着三个选择：一是韩山师院教务处拟成立“教学督导室”，希望我能主持该项工作。二是教育学科教研室返聘我为教育学教师。三是走出校门，面向基础教育，开展教育科学研究工作。我义无反顾选择继续开展教育科学研究，继续从事教育事业。因为有精神寄托、有长期形成的工作习惯、有感恩社会回报社会的机会，有家庭的支持。退休25年来，由于坚持不懈开展教育科学研究，造就了我两个“学术高峰期”，造就了“人生的第二个春天”，过着最自由、最充实、最丰富多彩、最有成效的教育人生。

人生就是一次又一次的选择。人生就是由几个拐点组成的，一个又一个拐点拐对了，人生也就正确了。为了落实人生一次又一次的选择，早在20世纪80年代开始，我就紧紧抓住“人生规则”，加强计划性，增加可操作性。例如，1987年我为自己制订了退休前的“2·2·6工程”；“2”是指在教育科学、学习科学两个领域开展研究；“2”是指退休前出版著作20部；“6”是指退休前发表60篇论文。（实际执行上，已超额完成计划）又如，1997年4月，制订了退休后的“2·3·9工程”：“2”是指继续开展教育科学、学习科学两个领域研究工作；“3”是指退休前后共出版著作30部；“9”是指退休前后共发表论文90篇。（现在已超额完成计划）不仅始此，每年年初制订当年的具体目标、要求，每年岁末检查落实目标、要求的情况。这个工作习惯，坚持至今，也就是我一直过着有明确目标有计划步骤的教育生活。

二、有波浪起伏的人生

有人说：“人生如戏，有开头、发展、高潮、落幕。”也有人说：“人生如登山，有高有低。”人生的道路上是没有平坦的路可以走的。不论“政治人生”，还是“事业人生”，或是“感情人生”都是这样。

（一）起伏式的政治人生。我们这一代人，在政治人生上，总之难于迈过两个“难关”，一个是1957年反右派斗争，另一个是“文化大革命”的十年内乱。这两个“难关”，我都是“差一点”成为“牺牲品”。1957年夏天反右派斗争，“差一点”成为“右派分子”，被定为“中右分子”。1969年下放在韩师农场“劳动改造”，在“7·28”台风时，农场房屋倒塌“差一点”成为“死鬼”。当然，我更没有想到“文化大革命”后，拨乱反正，父亲“平反”，我于1981年6月16日参加中国共产党，多次被评为“优秀共产党员”、“优秀党务工作者”，甚至当选为中共潮州市第十一次代表大会代表。真是天地之差，天渊之别。

（二）波浪式的学术人生。孙中山先生说过，世界潮流，浩浩荡荡，顺之则昌，逆之则亡。而我在学术上有时采取“逆向思维”，反对“潮流”，出其不意，勇于创新，居然获得意想不到的创新研究成果。我经历了三次“学术上反潮流”：

学术上，第一次“反潮流”是取消、贬低教育学与坚持、传播教育学之争，时间是1972年至1979年。“文化大革命”期间，教育界普遍存在取消、贬低教育学的思潮。我却利用业余时间，偷偷阅读、复习凯洛夫主编的《教育学》，刘佛年主编的《教育学》等著作。因此，1979年下半年到1980年1月，经过几个月的准备，1980年2月份，韩山师专新学期一开始，我就能独立为韩山师专77级中文专业学生单独开设教育学课程。1980年暑假为汕头地区中师教育学教师培训班开设教育学专题讲座。1981年下半年会同惠阳师专与福建厦门师专等单位主持联合编写闽粤两省师专《教育学》教材。1982年8月编写出版《教育学十讲》，成为当时广东省函授大专班通用《教育学》教材（发行量达3万册）。因为这样，得到广东省高教局教学处的重视，指派我与雷州师专沈晓良副教授，共同主持编写长达20年之久的广东省师专公共课《教育学》教材。

学术上，第二次“反潮流”是“重教轻学”与创学习论之争，时间是1979年至1986年之间。20世纪80年代，教育界普遍存在“重教轻学”现象。而在重视学生、重视学生学习上，我是比较敏感的。早在1979年7—8月间，已萌发思考学习论的问题。1981年编写了《学习原理与方法》（内部出版）一书，1987年发表了《树立新的学生观，建立新的学习论》一文，引起了当时中国学习科学界的重现。就这样，我从学习问题、学习现象入手，发展至学习论—学习学—学习科学，成为当时中国大陆早期研究学习科学的学者之一。当然，我们也不能否定教学论的作用，而当今《学习科学》已成为一门新兴科学，前途无量，已是不争的事实。

学术上，第三次“反潮流”是“退而休之”与老有所为之争，时间是1997年4月退休至今。2000年11月，华南师院教育系毕业40年聚会时，参加会议60多人，谈到退休生活时，绝大部分老同学都认为“人生到此为止。人生目标应该是‘一个中心’（指身体健康）‘两个基本点’（指潇洒一点、糊涂一点）”。只有两三个人，我是其中一员，认为“能干活，还得干活”。这也是一种“反潮流”的生活方式，这种生活方式，让我在心灵上得到安慰，提高了我的成就感、幸福感。直至今日，实践证明，我们几个“少数派”在思想上、生活上所追求的东西是正确的。我一直还在坚持研究教育科学，根据2020年统计出版著作58部，发表论文164篇，主持教研课题34项，获奖42项，其中50%以上是退休后取得的研究成果，而且在我学术人生上两个学术高峰期也出现在退休期间。

第一个学术高峰期（2011—2013年）。标志性著作是龚裕德著《简明中国学习思想史》（中国文艺出版社，2011年4月出版）。该书简介秦汉以来65位学者的学习思想，第10章《中华人民共和国时期的学习思想》，分别介绍徐特立、毛泽东、陈垣、成仿吾、江泽民、林明榕、叶瑞祥、林毓锜，8位学者的学习思想，其中第7节是《叶瑞祥学习思想》，提出“他长期从事教育科学与学习科学的教学、研究工作，是全国学习科学学会领导人之一，为创立学习科学和组建学习科学学会做出了重要贡献。”韩山师院有关领导闻信后，高度重视这个研究成果，组建《叶瑞祥教育口述史》课题组采访、撰写、出版《叶瑞祥教育口述史》（大众文艺出版社，2012年2月出版）。同年10月17日，举办“《叶瑞祥教育口述史》发行式暨叶瑞祥从教60周年座谈会”。会后，结集出版《评〈叶瑞祥教育口述史〉》（中国言实出版社，2013年3月出版）。韩山师范学院校史编撰会编《韩山师范学院校史简编》（暨南大学出版社，2013年9月出版，第363页）还将此事列为“大事记”之一：“10月17日，由教务处、对外交流合作处和团委会主办的《叶瑞祥教育口述史》发行式暨叶瑞祥从教六十周年座谈会，在东区图书馆四楼会议室举行。”这个时期最突出的成果是学习科学研究成果。

第二个学术高峰期（2020—2022年）。标志性著作是叶瑞祥、陈先哲主编的《老年教育辞典》（广东人民出版社，2020年12月出版）。该书是中国第一部老年教育辞典，得到国际老年大学协会主席维拉斯教授（法）、中国老年大学协会会长张晓林等国内外老年教育机构的好评。编撰出版《叶瑞祥从教70年》。这个时期最突出成果是老年教育科学研究成果。

三、有幸福充实的人生

70年弹指一挥间，回首往事，感慨万分！我的70年的教育经历，是在中华人民共和国成立历史条件下，学习成长与思想变化的过程，也是我的教育人生的发展提高的过程。70年的教育人生，虽然甜酸苦辣都尝遍，但是基本方面还是甜的，特别是改革开放44年来，尤其是退休25年来，我的教育人生是芝麻开花节节高，我的研究成果是广东乐曲《步步高》。我生活在阳光的照耀下，生活在甜蜜的环境里。一句话，70年的经历是幸福的充实的教育人生。

什么是幸福?“幸福”两字很简单，内涵却很丰富。对个人而言，幸福不是抽象的东西，而是具体的，是要让人们看得见、摸得着、体验得到、衡量得到的东西。幸福是没有统一的标准和固定的模式。不同阶层的人，不同职业的人，不同经历的人，有不同的理解、不同的体验、不同的追求和不同的享受。因此，不同的人就有不同的追求，也有不同的幸福观。

我对幸福的体验和追求是：

（一）有健康的心理

健康第一。健康是工作的本钱，健康是幸福的资本。健康是幸福人生的基础。什么是健康?早在1948年世界卫生组织对健康概念的界定是“健康是身体、心理和社会的完好状况，而不仅仅是没有疾病和虚弱”。也就是说一位完全健康的人应该是身体健康、心理正常、适应社会的人，是一位身心健康的人。身心健康是幸福人生的物质条件和重要基础，当然，它不是唯一的条件和基础，世界上也有不少身残志不残的幸福之人。

就一般而言，健康的老年人应该具备“六好”要求：即思维清晰，表达好；精力充沛，气色好；心情愉快，睡眠好；日常生活，自理好；和谐相处，行为好；社会活动，参与好。

根据健康的概念与老年人健康的要求，我认为我是属于基本健康的老年人。20 多年来，韩山师院每年组织离退休人员的体检表明以及根据本人的自我感觉，我的身体健康水平是属于基本健康状况；又根据本人 25 年来，按照“心理年龄的测验”的标准（周冠虹主编《家庭老年医学全书》，上海科学技术出版社，1995 年 1 月版，第 28—30 页）进行十四次自我测试结果表明，目前本人的心理年龄仍处于中青年时期。我目前仍然具有进取心、积极性、热情乐观、诚实正直、团结合作、宽以待人、实事求是、敢于创新的健康心理品质。

我之所以目前仍然具有这样的身心健康水平，仍然具有这样良好的健康的心态，我的体会是坚持“一个中心，四个基本点”：即“一个中心”——应以身心健康为中心。生理健康与心理健康是完全健康人的两个驱轮，两者是密切联系不可分割的统一体。但我却更重视心理健康因素，心理健康重于生理健康，尤其是老年人的心理健康更为重要。特别是要努力做到内心和谐，克服自我，战胜自我，超越自我。“四个基本点”是指：一是“简单一点”。日常生活要做到“合理膳食，适当运动，戒烟限酒，心理平衡”。粗茶淡饭八分饱，这是养生之道，也是身体健康的法宝。二是“学习一点”。现代神经科学研究表明，科学、合理用脑是延年益寿的条件之一，因为人的大脑越用越发达，越用越灵活，越用越健壮，有益于健康长寿。有人选了 16 世纪以来欧美最爱读书的 400 名伟大人物加以研究，发现其中最长寿的发明家达 79 岁，他们的平均寿命达到 66.7 岁，大大超过当时人均寿命。我国也有资料对秦汉以来 3088 名勤于治学的著名知识分子寿命进行统计分析，发现他们的平均寿命为 56.18 岁(旧中国人均寿命一则说 30 岁，一则说 35 岁)。这就说明，多读书，常用脑，使头部保持良好血液流通状态，的确能够延缓衰退，延年益寿。学习是克服阿尔茨海默的良药。活到老，学到老，是延年益寿的良药。日本正在试行的“学习疗法”是值得推广的。三是“奉献一点”。歌曲《爱的奉献》写道：“这是心的呼唤，这是爱的奉献；这是人间的春风，这是生命的源泉，只要人人都献出一点爱，世界将变成美好的人间……”古人曰:“仁者寿。”奉献之心，内心愉快，心情舒畅，延年益寿。四是“糊涂一点”。郑板桥的名言“难得糊涂”是有道理的。因此，碰到问题，碰到麻烦，在不违反原则的前提下，应该“难得糊涂”，这是高明之举措。人们常说“大智若愚”，“若愚”也是聪明之举。“若愚”之人，乃是智慧之人。特别是日常生活琐碎事情、家庭事务等等，更需“糊涂”“若愚”。“吃亏”是福啊！在处理人际关系上，还要宽恕别人。最近心理科学在宽恕领域的研究表明，宽恕别人，能使自己健康。这样，我们就能做到“天天好心情，寿从乐中来”。

2009 年 10 月 18 日，潮安师范 70 级数学二排同学毕业 40 年聚会合影留念

在对待寿命的问题上，我认为谁都无法预测自己的寿命有多长，但我总是以和时间赛跑的精神，来度过自己的晚年生活，常常抱着“抓而不紧，等于不抓”的心态，做好研究工作，充实自己的人生。人的一生不仅需要指身体健康、寿命而言的“长度”，还需要思想、道德、行为而言的“高度”。健康、青春、机遇是不会再生的，一旦失去，将永远不可能弥补。所以，要以只争朝夕的精神，扎实做好今日的事。点点滴滴的成绩，将积累成为丰功伟绩。拥有健康心理的人，拥有年轻心理的人，也就拥有幸福的人生。

（二）有崇高的事业

“在太阳底下，教师是最光辉的事业。”（夸美纽斯语）退休后，在马路上散步，不时遇到过去的学生，有的学生称呼“老师”，有的称呼“科长”，有的称呼“馆长”，有的称呼“主任”，也有的称呼“院长”……所有这些称呼中我感到最舒服而顺心的是“老师”。老师是个永恒的称呼。当然，这些称呼的背后，也反映出了不同时期我的身份与变化；每年教师节或春节前后，有不少学生通过各种方式，对我表示祝贺与慰问。退休后，在广东地区组织实施教育科学课题研究时，也经常遇到过去的学生。不少学生如今已成为中学校长、主任、教育局局长、教研室主任，他们都给予我有力的支持。有的领导甚至还说起韩山师专复办初期我讲授教育学的情景，让我甚感欣慰。最使我感动的是2011年3月19日《潮州日报》刊登了卢璧锋校长撰写的《为创建学习科学给力——访学习科学学者叶瑞祥》一文后，当天我连续接到几位学生打来电话，对我的学术成果表示祝贺，特别使我感动的是一位中学校长第二天登门祝贺，还送上了18份3月19日的《潮州日报》。他最了解此时老师最需要的是这些材料。使我感动的还有五十年前潮安师范学校70级数学二排同学代表，连续十年每逢教师节前后都来慰

2011年6月18日，韩山师专七八级中文专业同学毕业30周年聚会合影留念

2011年8月20日，韩山师专七八级体育专业同学毕业30周年聚会合影留念

问，畅谈师生情谊。我深深地感受到“教师是人类灵魂的工程师”(加里宁语)、“要让教师的职业成为人们羡慕的职业”（列宁语）的内涵与影响。

我从教70年，大部分的时间是当教师的。我当过小学教师，也当过中学教师；我当过中师教师，也当过高师教师；我当过中小学校长训练班的教师，也当过高校教师讲习班的教师。不仅如此，即使我在潮安县教育局工作时，或任潮州韩江专修学院院长，我也始终坚持上课，教学不断线。我认为，教师事业不仅照亮别人，也充实了自己。一位完美的教师工作最少包括三个收获：一是培养人才的有效收获，这一点几乎当教师的都能做到；二是师生感情的友谊收获，这一点相当部分教师都能做到；三是撰写教育论著的学术收获，这一点目前只有部分教师能做到。我相信并追求这样的信条——“读书育已，教书育人，写书育世”。教师工作是崇高的事业，也是幸福的事业。

在我人生的道路上，曾有过四次选择。而每一次选择我始终瞄准一个目标——教师，专心当好教师。所以，我的人生自白写道：“要像犀牛一样——专心致志。”这是我终身的理想，也是我对幸福的追求。70年来，我不仅没有后悔，反而更感到幸福，更感到光荣，我正在享受“在太阳底下，教师是最光辉的事业”的幸福感、满足感、获得感、成就感

（三）有成功的喜悦

一分耕耘，一分收获。一方面，看到收获，感受幸福。每当一篇文章发表时，内心充满高兴；每当一部著作出版时，内心充满幸福。晚年是人生精神收获的季节，我在学习科学与教育科学的研究成果，直到2020年12月，已出版著作、教材58部，发表论文164篇。这些成果，我整齐地放在客厅中间的书架上，作为个人精神享受的粮食，每当看到这些成果时，内心都会产生说不出的高兴与幸福。特别是2011年4月，收到龚裕德教授撰写的《简明中国学习思想史》一书，该书简要介绍了我国秦汉以来65位学者的学习思想。该书第十章为“中华人民共和国时期的学习思想”，介绍了8位学者的学习思想，分别是徐特立、毛泽东、陈垣、成仿吾、江泽民、林明榕、叶瑞

祥、林毓锜的学习思想。

这是对我个人学术成果的最高肯定与奖励，这是我学术人生的第一个高峰期，连做梦都没有想到的事情。这是我人生最快乐最幸福的事情。对于我来说，这要比什么都重要、珍贵、荣耀！人生足矣！我这一辈子，没有白活。我们知道，人生在世，各种需要，不同人群，不同需要。就如心理学家马斯洛的需要层次图。

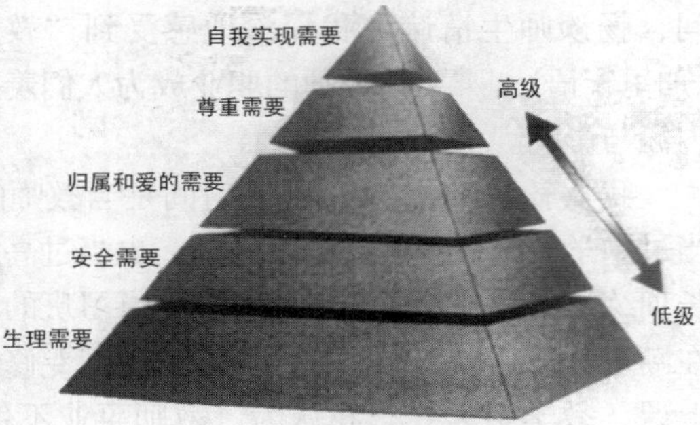

自我实现需要是人生追求的最高尚的需要。这一点，我已做到了，我真幸福！

第一层：收藏退休前22部教材，专著与论文

第二、三层：收藏退休后36部教材、专著与论文

第四层：收藏各类相关的辞书

第五层：收藏各类录音、影像资料

收藏叶瑞祥个人论著的书影照

几十年来，我在辛勤耕耘中感受幸福。特别是在退休后，在研究过程中的艰辛与困难，更多且更复杂。要做好研究工作必须付出更大的代价。当人们在闲聊与喝茶的时候，我还在思考与写作；当人们在放松旅游、欣赏美景的时候，我还得紧张地把灵感书写出来。此时，我“像黄牛一样——任劳任怨”。耕耘需要集体合作。40多年来，我在学习科学与教育科学的研究工作，是靠一个又一个课题团队的协作，才能又好又快有成效地完成。我是课题研究的筹划者、教材的经营者、发行者。没有友好合作，就没有研究成果。此时，我“像水牛一样——团结协作”。这

么多年来，我是在艰苦工作中体验幸福，在友好合作中享受幸福，在享受成果中收获幸福。

（四）有感恩的态度

70年的教育人生，风风雨雨，坎坷不平，甜酸苦辣都尝遍。人到晚年，更要有感恩之心，更要重视思甜，在思甜中学会感恩，体验幸福，享受幸福。如何思甜？对自己，我的做法一方面是“忆”，另一方面是“比”。“忆”：一要回忆父母养育之恩，牢记亲人的亲情。感谢父母给了一个身体健全的我，感谢父母供我读完了初中，为我一生的发展打下良好、扎实的基础。二要回忆党的培养之恩，感谢党的恩情。幸福是由一个又一个的幸运组成。70年来，我在党的培养下成长，1952年秋，我幸运地考上广东韩山师范学校普师班学习，享受3年人民助学金的待遇；1956年秋，我幸运地考上了华南师范学院教育系学习，享受4年人民助学金的待遇；1957年秋我幸运地没有被打成右派分子；1960年秋我幸运地被分配到汕头韩山师范专科学校任教；1969年7月“7·28”台风，我幸运地没有被农场的房屋压死；1972年秋我幸运地调至潮安县教育局工作；1979年底我幸运地调回韩山师范专科学校任教；1987年6月我幸运地参加了首届全国学习科学研究会研讨班，走出校门，走向全国；1997年4月我终于安全着陆，又幸运地开展了若干个学习科学教育科学课题研究，不断提高学习学教育学研究水平……是中国共产党把我培养成人，培养成大学教师、教育学者、学习学人、大学行政干部。所有这一切，全靠党的培养，党的领导，党的政策。三要回忆同事支持，牢记同事的真情。70年的教育人生中，我有幸遇到许许多多好领导、好老师、好同事，他们真心实意的支持和帮助，我牢记这种真情。四是回忆朋友友谊，牢记朋友的友谊。40多年来，全国各地诸多学术朋友和广东省内众多中小学校长、老师在教育科学研究上给予我大力支持，我牢记这种友情。

“比”，一是纵比，即自己与自己前后对比，前后对比自己在工资待遇、居住条件、生活水平等方面的提高，从而产生知足常乐的舒适感、幸福感；二是横比，即自己与别人左右对比，对比自己在地位、工资、待遇上和同事、朋友的差距，自然会产生十分高兴的快乐感、幸福感。

至于对待他人的态度，我认为只要心存善良、心胸宽广、心术纯正，本着与人为善、求同存异的心态，就能与他人和谐相处。要多栽花，少栽刺。帮助别人就是帮助自己。要懂得滴水之恩、涌泉相报的道理。在自己人生道路上凡是帮助、关心过自己的长辈、老师、朋友、同事，一定要通过不同形式，表示感恩、回报他人。哪怕是一句问候的话语，或回赠一点小小的礼物，以达到自己内心的平衡与安慰。学会感恩的人，善于感恩的人，也是幸福之人。

（五）有奉献的精神

人总是要有一点精神的。一个人去世后，只要他还留下一点精神、一种思想、一部著作、一件作品，能够继续发挥其作用，就是人生的幸福和荣耀。老年人退休后，要退而不休，能继续为人民、为社会做点好事、实事，也是幸福。

在这种思想指导下，退休后我在参加各类教育实践活动和教育科研活动之前，就立下下列四条原则：一是坚持奉献原则，办事要以社会效益为主，以精神寄托为主；二是坚持快乐原则，办事要以自己快乐为主，以友好合作为主；三是坚持专业原则，办事要以专业服务为主，专业研究为主；四是和谐原则，一切工作要以和为贵，和谐的精神与快乐的收获重于物质利益。

从这些原则出发，我奉献社会的主要表现是：

1.努力把自己修炼成为教育科学研究的志愿者。我认为作为教育科学研究者，主持和推广教育科学研究是责任，也是义务。因此，不论退休前或后，我主持或承担的各类教育科研课题，都要搭建平台，辐射到中小学校，以提高中小学校教师教育科研能力，培育教师科研成果，为基础教育第一线的教师服务。而且，每次到中小学校指导教育科学研究时，我都带着“换位思考”的原则，尽量减少实验学校的麻烦、负担。我常说“要多生蛋，少拉鸡屎”，特别是在经济上要尽量减轻中小学校的经费开支，从不计较个人报酬，努力成为教育科学研究的志愿者。

2.努力把自己修炼成为先进教育理论的宣传者。我认为作为教育理论工作者，宣传、推广先进的教育理论，是义不容辞的责任。学术报告、讲座一定要力求切合中小学校教育的实际，力求切合基础教育的实际，才有生命力，才有针对性和指导性。从 20 世纪 80 年代至今，我所作的学术报告、讲座共 135 个专题、150 多场。我始终坚持“与时俱进，强调时代性；联系实际，突出实践性；以学定教，重视主体性；师生平等，增强民主性”的原则，宣传、推广教育理论，而且多数情况下是不收讲课酬金的，努力成为先进教育理论的宣传者。

3.努力把自己修炼成为平民教育思想的践行者。我曾担任潮州市第一所民办高等教育机构——潮州韩江专修学院的院长，目的不是为了赚钱，根本目的是为了把自己已有的知识和本领回报社会，作为个人回报社会的一种方式。我从不考虑报酬多少，也正是因为这样，我在学院收费标准上才敢取低项，在减免学生费用上才敢大刀阔斧，减轻家长和学生的经济负担，让更多经济上有困难的学生能够接受高等教育或中等专业技术教育，努力做平民教育思想的践行者。

4.做教育学会工作的奉献者。学会是不以营利为目的的学术机构。学会的参与者、组织者和管理者都要有奉献精神，都要有公益心。多年来我担负过多种学术组织的管理工作或领导工作，我始终本着尊重学者、互相学习、热心奉献、增进友谊的原则开展学会工作。特别是学会工作常常会碰到经费不足的问题，我总是要千方百计筹集资金，使学会工作能够顺利进行。这一点当然谈不上什么经济报酬了。做学会工作是辛苦的，也是快乐的、奉献的工作。

5.做教育公益事业的参与者。我通过赠送图书，支持文化建设。我认为，写书是为了给别人阅读的，所以我的著作都会赠送给各地的图书馆或学术朋友，以达到宣传自己学术观点与成果，并对社会起点积极作用的目的。我还通过多种方式支持家乡建设，比如支持家乡的“四修”工作，即修校、修路、修祠堂、修族谱的慈善行为，在力所能及的范围内给予经济上的支持。我把这些事情当做一项公益事业。

我在奉献中体验幸福，享受幸福。此时，我“像奶牛一样——乐于奉献”。

（六）有和谐的家庭

家庭是社会的细胞。夫妻和谐是家庭和谐的核心。人们常说，人到晚年要有“四老”，即老伴、老本(也有人称老钱)、老友、老屋。我认为“四老”中，老伴是最重要的根本条件；老本是经济基础、物质条件，老年人在经济上没有独立，很难在人格上得到独立；老友是老年生活的重要内容，可以扩大老年人的生活空间；老屋是老年人的“鸟巢”，是安身之地，也是安度晚年的必要条件。

1967 年 3 月结婚照

2007 年 3 月银婚照

2017 年 3 月金婚照

少年夫妻老来伴。老年夫妻更加需要互相关照。我夫人陈萼莲，她是一位善良、勤劳、任劳任怨的潮州人，也是一位终身从事幼儿教育的教师。退休前，她一方面忠于职责，认真做好幼儿教育工作；另一方面，精心照顾，培育子女。退休后，她全力以赴，做好家务工作，使我能够全心全意开展教育科学研究，一心一意从事学术活动。我曾戏言：“您是家庭的总理。”我之所以能取得这些研究成果，她功不可没，有一半功劳。

近日，有位学术朋友友好、关心地说：“叶老，现在生活条件好了，您的工作还是这么紧，还过着‘苦行僧’的生活，该尽情享受！”其实，他不完全了解我。在家里，我尽情享受丰富多彩的业余生活，

2018 年 9 月 23 日家宴合照

2008 年 10 月 23 日亲属聚会

抽空弹琴唱歌，听听音乐，朗诵诗词，作为青年时代喜欢音乐的延续，从而达到自娱自乐、自我欣赏、自我陶醉的目的。2012 年 7 月，内部出版了题为《福音》的光盘。录制了我独唱的《草原上升起不落的太阳》等歌曲以及朗诵的《沁园春·雪》等诗词。我这一辈子，还喜欢“红色旅游”：第一次到北京开会，参观天安门、人民大会堂、毛主席纪念堂等；第一次到上海开会，参观中共一大会址等；第一次到西安开会，参观西安事变“抓蒋亭”、黄帝陵等；到武汉开会，参观武昌起义纪念馆、八七会议会址纪念馆；到石家庄开会，参观西柏坡纪念馆；到湖南，参观毛泽东故居、刘少奇故居；到沈阳，参观“九·一八”历史博物馆；到锦州，参观辽沈战役纪念馆；到大庆，参观王铁人纪念馆；到云南省玉溪市开会，参观聂耳故居；到昆明，参观西南联大旧址……作为青年时代喜欢地理课程的补偿，从而达到学习革命先烈的精神、净化自己的灵魂、提高思想情操的目的。

总之，70 年对我个人来说是漫长的过程，但在人类历史长河中，只是弹指一挥间。我 70 年的人生是幸福的、充实的，因为我有健康的心理，有崇高的事业，有成功的喜悦，有感恩的态度，有奉献的精神，有和谐的家庭。这叫我怎么不高兴不幸福？幸福人生！人生幸福！

四、有奉献社会的人生

有社会价值的人生，就是高质量高品位的人生。不同职业，有不同的特点，也有不同的追求与要求，就教师而言，应努力做到以下要求：

（一）教师人生要追求“三度”人生

有奉献社会的人生，应该是有高度有长度有宽度的人生，而且应该是“三度”融为一体的人生。人的生命具有多样性，学术界普遍认为生命一分为三：其一是精神生命，这是生命精华所在。是指人的思想、道德水平、意识形态。它包括精神生命、精神追求、精神享受、精神境界。其核心价值是指人生观，世界观和价值观。精神生命是人的生命高度。其二是物质生命，又称自然生命，这是生命的基础，是指人的身体、生理机能、人的健康水平。物质生命是人的生命长度。其三是社会生命又称交往生命，是指人的社会生活，社会关系问题，这是生命中不可缺少的内容，社会生命是人的生命宽度。三者是生命的整体，只有三者同时具备，互相促进，全面而协调地发展才是真正

参观中共一大旧址留念

参观毛泽东故居留念

参观南昌八一起义纪念馆留念

高质量高品位的生命。从教师的实际出发，精神生命是指具有良好的思想道德行为，物质生命是指具有健康的身体、心理素质，社会生命是指具有和谐的人际关系，而且三者协调发展，每位教师都要为具有“三度”的人生而奋斗终生。

（二）教师人生“高度”要“四有”

参观“九·一八”历史博物馆留念

人生高度是教师最重要的目标，其表现是“四有”，即每位教师应该有理想信念、有道德情操、扎实学识、有仁爱之心。其一，有理想信念。有理想信念，是好老师的首要标准，是“经师”和“人师”的统一，正如2014年9月9日习近平总书记在北京师范大学师生座谈会上指出：“正确理想信念是教书育人、播种未来的指路明灯。”（《习近平总书记教育重要论述讲义》，高等教育出版社，2020年10月出版，第207页）其二，有道德情操。道德情操是好老师践行教育使命的重要品质。习近平总书记指出，教师的职业特性决定了教师必须是道德高尚的人群。合格的教师首先应该是道德上的合格者，应该是以德施教，以德立身的模范。其三，有扎实学识。好老师应该是学识渊博，视野开阔，充满智慧的人。正如习近平总书记说：“过去讲，要给学生一碗水，教师要有一桶水，现在看，这个要求已经不够了，应该是要有一潭水。”（《习近平总书记教育重要论述讲义》，第213页）其四，有仁爱之心。习近平总书记指出：“教育是一门‘仁而爱人’的事业，爱是教育的灵魂，没有爱就没有教育。”（《习近平总书记教育重要论述讲义》，第214页）没有爱心的人，不可能成为好老师。

当然，我们还要看到，“三度”与“四有”是密切联系不可分割的统一体。其中，“三度”是整体、全面的目标与要求，而“四有”则是重点、突出的目标与要求。

总而言之，我的教育人生是有明确目标的人生，这是成长的方向。我的教育人生是有波浪起伏的人生，这是成长的过程。我的教育人生是幸福充实的人生，这是成长的结果。我的教育人生是奉献社会的人生，这是继续成长的新动力。

第二节　教育体会

70年教育实践活动与科学研究活动，我深深体会到：

一、树立理想，热爱事业

热爱祖国，热爱人民，热爱共产党，作为教育工作者要具体体现在真正热爱教育事业上。只有真心实意地热爱教育事业，才能搞好教育事业，才能终身从事教育事业。只有把搞好教育事业作为人生的理想与追求，才有乐趣，才有快乐。这是做人的灵魂，这是搞好教育工作的动力与基础。在我的人生道路上，有几次机会可以让我离开教育岗位，但我坚定不移，始终认定从事教育事业，现在回头来看，我这一辈子选择教育事业是正确的。我无怨无悔！我这辈子是幸福的，因为我终身从事了人民教育事业。

二、发奋学习，善于学习

学习要全面学习，学习政治，学习文化，学习科学，学习专业知识，做到发奋学习，博览群书，知识广博，与时俱进。作为教育工作者要在全面学习的同时，特别要认真学习先进的科学的教育理论。当

参观西柏坡纪念馆留念

一名合格的教育工作者，必须认真学习、善于学习、全面学习、科学学习、终身学习。这么多年来，我不论是在教育第一线从事教学工作，或是从事教育行政管理工作，还是从事教育科学研究，无论是在工作期间，还是节假日期间，始终没有忘记学习。学习已经成为生活中不可缺少的部分，不可取代的一部分。没有学习，生活索然无味。只有学习，才能充实自己，提高自己，净化自己的灵魂；只有学习，才能有效指导教育实践，才能提高教育科研水平。要学习现代的教育教学基本原理与方法，要有选择地阅读古今中外教育名著，要及时学习新的教育教学思想、理论与方法。在广泛阅读、消化、吸收的基础上，经过大脑的“深加工”，做到“古为今用”“洋为中用”“他为我用”“为我所用”，才能逐步形成具有自己特色的教育思想、理论与方法。

三、面向实际，积极实践

立足现实，面向实际，积极参与社会实践是搞好教育工作的重要条件。作为教育理论工作者一定要面向教育实际，积极参加教育实践，这是教育理论工作者的土壤。任何一位教育理论工作者如果脱离了鲜活的教育实践活动，其将一事无成。即使写出了所谓“论文”“专著”，也不一定能够科学而有效地指导教育实践活动。所以，我竭力主张教育理论工作者，一定要到教育实践中去，在实践中摸爬滚打，与教育实际工作者打成一片，走教育理论工作者与教育实际工作者相结合的道路，才能有所作为。也只有在科学的教育思想指导下，在长期广泛、多层次的教育实践基础上，才能逐步形成具有自己特色的教育思想、理论与方法。回首往事，我这一辈子是幸运的，因为我有机会参与多种多样的教育实践活动。多种层次的教育实践活动，在一定程度上都亲历过，体验过，这不能不说是一位教育理论工作者的幸运。

参观天安门广场留念

四、开拓进取，敢于创新

科学研究的本质是创新。教育是科学，也是一门艺术，所以搞好教育工作也要有创新精神、创新能力、创新情感、创新方法，特别是要勇于创新教育科研。有作为的教育工作者要有开拓进取、敢于创新的精神，应在学习与实践的基础上开拓与创新，才能形成自己独特的教育思想、方法与活动。在人生的道路上，既需要有顺应时代潮流、抓住机遇、与时俱进的思想，又需要有反潮流的勇气、善于反思的习惯、开拓进取的思想。教育科学研究是这样，教育实践活动也是这样。一方面，要适应时代发展要求。1956年我顺应了“向科学进军”的潮流，走进了大学校门，为我的一生成长打下了学业基础；1978年“十一届三中全会”以后的改革开放，我珍惜时光，抓住机遇，尽心搞好教学、科研、管理工作，取得比较丰硕的研究成果。另一方面，又要有反潮流的胆略和勇气。“文化大革命”10年间，在“政治冲击一切”的高压下，我却刻苦钻研教育业务。当粉碎“四人帮”后，我在教育理论研究上就比别人先走了一步。当教育理论界热衷于研究“教学论”时(研究“教学论”是对的，但是不够全面)，我却反其道而行，潜心研究、推广“学习论”，积极参与开创新兴学科学习科学的研究推广工作，在学术上开创了一条新路。不论是“顺潮流”也好，“反潮流”也罢，关键在于认清形势，抓住问题，看准方向，勇往直前。我这一辈子，可以说既是在顺应潮流中得到进步、发展，也是在反潮流中得到提高、成长。

五、乐于奉献，回报社会

有人说："人的一生是'空空而来，空空而去'的。"我却认为，人的一生在物质财富上可以"空空而来，空空而去"，但在精神财富上却不能"空空而去"，应力求"留点给后代，留点给社会"。为了实现这个信念，我在教育人生之中，始终重视"立言"一事，愿为人类的教育精神大厦添砖加瓦，并作为回报社会之举。不管是在顺境之时，还是在逆境之中，不管当时的政治环境、生活环境、心理环境如何，我一直坚持不懈地开展教育科学研究，认真撰写教育论著，推广先进而科学的教育理念，为研究、应用、推广学习科学与教育科学服务，为中小学校服务，为广大教师服务。特别是退休后，更加珍惜时间，要在有生之年，为人民教育事业做点力所能及的实事。这既是回报社会的表现，又是人生价值的体现。

总之，我的教育人生是勤奋学习的人生，是积极实践的人生，是教书育人的人生，是与时俱进的人生，也是充满幸福的人生。

相关资料

《叶瑞祥教育口述史》发行式
暨叶瑞祥从教60周年座谈会纪实（节选）

2012年10月17日上午9：30至11：30，在韩山师范学院东区图书馆四楼会议室，举行《叶瑞祥教育口述史》发行式暨叶瑞祥从教60周年座谈会。

座谈会由共青团韩山师范学院委员会书记郑文锋主持。他代表主办方对百忙中抽空参加座谈会的领导和嘉宾表示热烈的欢迎和衷心的感谢。韩山师范学院院长林院长等领导专门委托郑文锋向大会、向叶老师、向各位来宾问好，同时要求要精心组织，取得这次活动最好的一个效果。参加座谈会的领导和嘉宾，踊跃发言，气氛热烈。

郑文锋（时任共青团韩山师范学院书记，现任韩山师院学生工作部部长、学生处长）主持发行式暨座谈会。

这次座谈会由韩山师范学院教务处、对外交流合作处、团委会主办。参加座谈会的来宾有：中国高等教育学会学习科学研究会原副会长、学术顾问、兼职研究员，全国大学学习科学研究会原副理事长，全国幼儿学习科学研究中心主任，广东省教育学会学习科学研究会理事长，韩山师范学院原党办、院办主任、原教育科学研究所副所长、教育学副教授，德高望重的叶瑞祥老师。潮州市委组织部副部长、老干部局局长、老干部大学校长陈先哲先生，潮州市教育局副局长叶阳先生，潮州师范学院分院院长谢树浩先生，汕头市金平区教育局原副局长鲁澄南先生，潮州韩江专修学院原副院长林和龙先生，湘桥区教育局教研室主任徐志生先生，韩师50年代教师叶经珠老师，湘桥区城基中学校长方卫玲女士，湘桥区昌黎路小学校长王振中先生，汕头市飞厦小学原校长柯柄嘉先生，普宁市教育局教研室教研员张国辉先生，潮州市绵德幼儿园副园长杨嘉女士。出席座谈会的还有韩山师范学院学院办公室、宣传部、离退休党总支、图书馆、学生处、科研处、主办单位领导，叶瑞祥老师在韩师工作过的单位老师代表和《口述史》课题组成员、学生代表。

黄景忠（时任韩山师范学院教务处处长、教授，现任韩山师院副校长）的讲话

今天我们在这里召开《叶瑞祥教育口述史》发行式暨叶瑞祥从教60周年座谈会。

首先我代表主办方对今天参加这个会议的领导、来宾表示欢迎和感谢，谢谢大家。这部书，我们团委做了很大努力，历时一年多完成。这本书的出版是非常有意义的，我们林院长在给这本书作序的时候，说“这本书是一部传记式的教育著作”，所以我们今天谈这本书的时候实际上是在谈叶教授的教育人生，谈他的价值的追求、教育的理念，尤其是他这个人身上所体现出来的精神。叶教授的教育人生，我是从三个方面来解读的。我觉得从这几个方面可以给我们一些启示。

第一个解读是对学术的一种纯粹的追求。我们现在做学问，基础教育界也好，高等教育界也好，我觉得都有一个弊病，就是功利。做

学问为了什么呢？可能是为了评职称或者为了完成工作量。但我觉得叶教授做学问不是这样的。从他60多年的研究经历来看，他对学术是非常纯粹的。我平时很多时候都有跟他交流，在谈到他的学术发现的时候，我就发现他的眼神非常有光彩，脸色红润起来，叙述的口吻非常有感情。我觉得如果一个人是怀着功利心来做学问的话，他谈起学术是不会有感情的。但叶老师在跟我谈论学术的时候带着一种感情。另外，我们可以看到，在叶老师退休之后，完成了很多著作。他的很多著作都是在退休之后做的。可能在我们很多人看来，退休做学问还有什么意义呢？但是恰恰就是在退休之后，他把它当作一个学术研究来钻研。所以，我想，叶教授做出来的学术研究，价值都是不用讲的，很多专家都给予了很高的评价。但是今天我们来解读学习之后，最主要的就是做学问应该是怀着纯粹的态度来做。这是我的第一个理解。

第二个解读，我觉得这是他一生的价值的追求。我们可以从这本书里面清楚地看到，就是在20世纪八九十年代的时候，叶老师在学校里面是中层干部，担任很多职务。八九十年代应该是叶老师做学问的黄金期，就是一个人可能最容易出成果的时候。但是恰恰是这个时候，他的大部分心血是耗费在学校的行政工作、学校的教学建设、学校的发展之上。在这个学校20多年的时间里，我认为这个学校里边中层干部里面能靠自己努力推动学校建设发展，叶老师做的是最好的一个。就是身为中层干部，但却能推动学校很多事业的发展，我觉得叶老师在这方面是做得最好的。当然，这样去做的话，对他自己来讲，特别是对学术研究来讲是一个障碍。但他跟我谈起这些问题的时候，没有半点后悔，而且是津津乐道，他觉得他自己能够做出这样子的一个努力，能够推动学校发展，他自己觉得非常的满足。所以，我从这里边可以看出，一个人的人生，不要过分计较太多自己个人的东西，要把自己的人生和自己本单位的事业的发展牵连起来，这样的人生才会有价值。这一方面值得我们今天学校里的中层干部去学习和反思。

第三个解读，就我的角度来谈，叶老师值得让我们去学习的就是他在高师和基础教育界之间架起了一座桥梁。就是他在晚年的时候，在退休之后，把很多精力放在什么地方呢？就是在他的学习学的成果怎么得到运用。他到很多的中小学里面开设讲座，去宣传他的学说，而且更重要的是他带领很多的中小学老师一起来做课题，来做科研。所以到后来的时候，叶老师他已经变成我们粤东基础教育界真正的学科带头人。今天有很多基础教育的同行到我们这儿来参加这个活动，我觉得他们比我更有感触，更有发言权。我觉得这个对我们是一个启示，让我们反思自己，我觉得我们现在在很多方面比起叶教授来，做得是远远不够的。比如，韩师在粤东的基础教育要起一个领头羊的作用，那怎么领头呢？在很长的时间里，我们是呈现关门办学的这样一种状态。我们是一个培养基础教育师资的学校，但如果我们把自己封闭起来，那我觉得这样是培养不出来的。所以我们在近几年，比如说我们学校，我们教务处推动了一些措施。首先就是理论的总结，我们有一个粤东地区两年一届的基础教育论坛，我们这两年还跟潮州 17 所学校建立起教师专业的学校。我必须坦承，我们的这些活动在策划的时候是应该受到叶教授的启发，我们高师应该跟基础教育做好沟通。叶教授在这一方面就做得非常好。所以我今天讲这些，就是想说叶教授的这个教育人生是可以从很多方面去解读，从而得到多方面的启示的。明年是“韩师”110 周年，“韩师”培养了很多优秀的人才，对于我们学校来讲，我们过去更多可能的是在挖掘总结我们 20 世纪三四十年代出现的优秀人才，那么我们这几年可能会意识到我们要挖掘总结在中华人民共和国成立之后，在五六十年代之后，以至到七八十年代、九十年代，我们出现的优秀人才。我觉得叶教授就是其中一个非常突出的，值得我们去总结和研究的一个优秀代表。这本书其实就是一个总结。所以说，这本书的出版是非常有价值的。

在我的致辞即将结束的时候，我觉得需要多说一点。可能我的这个致辞不像是主办方的一个致辞，没有谈出多少内容来。但是非常有意思的，这个致辞是怎么产生的呢？周一的上午，大概是 5 点的时候，我在睡觉的时候、做梦的时候形成的。我这个一点儿也不夸张。我到后来在 6 点钟准时起床的时候，把它用笔记录下来，最后我改了一句，就是把林院长作序的时候说的一句话加上去，个别字词润色了一下，完全的内容就是这样。我这样要说明什么呢？就是如果我讲得不对的话，请大家谅解。那是我做梦的时候，弄出来的东西。但是同时我要表达一个意思，即使我跟我爱人在谈恋爱的时候，写情书的时候也没有这个经历，没有说做梦会写出一篇东西来，这是我以前经历里边没有的。我就做这样一个说明。最后，作为主办方成员，我非常感谢各位同行，各位领导今天来参加这个会议。谢谢大家。

中国高等教育学会学习科学研究分会的贺信

广东韩山师范学院座谈会的同志们：

首先，代表中国高等教育学会学习科学研究分会对贵校举办的"《叶瑞祥教育口述史》发行式暨叶瑞祥从教60周年座谈会"，表示热烈的祝贺。

叶瑞祥教授是中国高等教育学会学习科学研究分会原副会长、学术顾问。30多年来，他专心致志研究、应用和推广学习科学，取得丰硕的研究成果。他提出了"学习内化获得"等新概念，探索了创新学习能力的新结构，开拓了老年学习研究的新思路，研究了提高学习力的新策略等，构建了学习科学的新体系，为丰富和发展我国现代学习科学做出了积极贡献。他还在研究过程中，发扬了勤奋精神、求实精神、合作精神、创新精神和奉献精神，得到了同行的尊重和好评。

近年来，他热心从事学习科学学会工作，先后组建了广东省学习科学研究会、全国幼儿学习科学研究中心，曾任第一至五届全国大学学习科学研究会副理事长，第四、五、六届全国学习科学研究会副会长等职务。任职期间，他本着尊重学者、互相学习、增进友谊和热心奉献的工作态度，做好学会工作，得到同仁的大力肯定与友好支持，为我国学习科学学会工作有序、健康发展做出了贡献！

最后祝愿叶教授身体健康、学术之树常青！

祝座谈会圆满成功！

中国高等教育学会学习科学研究分会
常务副会长兼秘书长：龚春燕
（作者系重庆市评估院院长、研究员、特级教师。）
2012年8月25日

中共汕头市委常委、宣传部部长周镇松的贺信

喜闻母校韩山师院举办“《叶瑞祥教育口述史》发行式暨叶瑞祥从教60周年座谈会”，我谨表示热烈的祝贺！

叶瑞祥老师是值得尊重的教育前辈，是治学有成的教育学者。今日通读《叶瑞祥教育口述史》一书，收获不少，我认为这是一部传记式的教育著作，是先生追求进步人生的历史写照，是先生丰富人生的全面总结，也是先生丰硕学术成果的集中反映。从先生的经历和著作中，我们真切地看到了先生终身从教的坚定信念，为人师表的高尚师德，求真务实的治学态度，服务社会的奉献精神。这些都是宝贵的精神财富，是激励后人进步的动力，是值得学习与发扬光大的。

最后，预祝会议圆满成功！

接着发言的有：陈先哲、叶阳、鲁澄南、徐志生、林和龙、张国辉、柯炳嘉、吴晓玲等（略）

叶瑞祥：

我今天非常高兴。我刚才讲了，今天是我教育人生中的一件大事，也是我学术人生中的一件特大的喜事，所以我感受良多。

我谈四点感受。一、今天这场会对我来说是一场感恩感谢会。我想借此机会，感谢母校的培养，所以我今天特别邀请了50年代的叶经珠老师、50年代跟我同班的陈树豪教授参加会议，意思就是要感谢韩师50年代对我的培养和教育。第二，感谢师院领导的高度重视。林院长对这次会议全过程非常关注，非常重视。2011年11月24日，林院长跟课题组几位同志照相的时候，就跟郑文锋书记说：“记住，这本书出之后要开一个座谈会。”说句实在话，我当时是半信半疑的。到2012年5月2日，我这本书出之后，我亲自送林院长两本。他说将来校友会要开个座谈会。紧接着，7月6日上午，郑文锋同志就来电话：“明天要放假了，院长说你们3个人一定要开个会研究这个座

谈会事宜。”课题组的正副组长郑文锋、许佩卿与我，定于7月6日下午3点到4点，这次会议研究，要在9月上旬或校庆前召开座谈会。最后是倾向校庆前，纳入校庆的系列活动。开学后，学校3个主办单位于9月20日发出请柬，外请潮汕三市10多位代表的请柬，并通过我去发。我就说看起来真的要开座谈会了。10月1日下午，我参加中文系82级相识30周年的聚会的座谈会。拍照时林院长坐中间，我跟罗教授坐旁边，我就跟林院长说：“第一，感谢院长支持召开座谈会。第二，我们正在积极准备会议的材料。”整个过程里，我说句实在话，我非常感谢学院领导，特别是林院长，我个人认为在整个韩山师院办学过程中这是一件小事，他却挂在心上。但是对我来谈是件大事。今天省高校教育工委、省委组织部来考察干部，学院党政第一把手肯定是要去开会的。林院长原来是参加这个会议，还要讲话，还要照相的。所以我还是很感谢学院领导的关心。第三，感谢我在韩师工作过的部门。所以当时提名单的时候我跟郑书记说，“教育系、图书馆、教务处，还有科研处，科研当时是教务处的一个工作内容。还有，办公室以及其他的同事等都要请来。”第四，感谢在我退休后跟我多方面合作的潮汕三市的那么多校长、教育局的领导，包括从幼儿园到小学、中学、到大学一直到老年大学，还有现在正在搞的0～3岁婴幼儿试验的学校。我要请跟我合作过的同事与我共享合作成果。第五，我还要感谢这次会议的工作人员。主办一个这样的会议，从资料到会务，都有很多很多工作的，所以今天这个会对我而言，是个感谢会、感恩会。

二、对我来言，今天这个会是一个感悟会。《叶瑞祥教育口述史》是从6方面来回顾我个人60年的工作。教育系的王主任跟我说：“叶老师啊，那你在理论研究方面怎么样思考？”我说，“我正在思考这个问题。”实际上是七月八月九月3个月说要开这个会，我就考虑另一个角度，就是60年来我的教育科学研究成果有哪些方面的理论是站得住脚的。因此这3个月来我是一个感悟的过程，我把我的学习理论与实践概括成“一二三”，这个在教育口述史里面有了。“一个核心”：学习“内化获得”的新概念；“两个层面”：理论层面——学习学的新体系，实践层面——学习指导的新应用；“三个亮点”：探索创新学习能力的新结构，开拓老年学习研究的新思路，研究提高学习力的新策略。教育理论与实践也是“一二三”，即是口述史没有的。我在将来出版的书就要展示出来。就是“一个基点”“两个重点”“三个亮点”。教育理论方面“一个基点”，就是吴华钿书记写的那个“教育作用论”。“两个重点”，一个就是李学先老师写的“能力为重论”，还有许佩卿副处长写的“德育综合论”。“三个亮点”，就是“民办教育思想”、“教育学科建设”、“教育科学研究”。可见这3个月我是在思考构思我的教育理论有哪些研究成果。其实，认识自己很难的。认识自己的思想演变与梳理研究成果，也不是一个简单的过程，而是一个脱胎换骨的过程。所以我感觉到这次会议对我来谈，也是一场感悟会。

三、对我来言，今天这个会是一场互动会。第一，互动的过程。整个准备过程是一个互动的过程。开会前互动，刚才我们会上也是互动，会后，我等一下要谈，还要请大家支持。我们还要共同书写一本书《评〈叶瑞祥教育口述史〉》。第二，互动的内容。我们互动的内容包括心灵的互动、理论的互动、情感的互动、评价的互动。第三，互动的对象。这次我感觉到，特别是开学初教育系请我给卓师班的学生讲“教育人生60年”，副标题是“一位教师的终身选择”。这是鼓励卓师班的学生终身从教的教育人生课。他们听我讲课，我送书给他们，然后互动，面对面互动了一个上午，最后写一些心得体会。后面的7篇文章就是学生的心得体会。所以我感觉到对我来说，这是一个互动的会，也是提高自我的会。

四、对我而言，今天这个会也是一次启动的会。我想，我往后怎么办呢？两句话。第一句话：学习，学习，再学习。第二句话：教育科研，教育科研，还是教育科研。往后我的日子有多长，这是未知数的。但是我感觉到我一定要学习，学习，再学习；教育科研，教育科研，再还是教育科研。因此，我要在新的领域、新的课题、新的任务，继续探索。新的领域是什么呢？第一，我现在开始在骄阳艺术学校早期教育部研究探讨0～3岁婴幼儿的学习问题，这个课题已经做到一半了。对 103 个 0 ~ 3 岁的婴儿怎么学说话，怎么学走路，一个月记录一次，现在正在逐月进行登记。两年后看看婴幼儿的变化。所谓新的领域，就是说我现在的研究领域是从摇篮到老年大学。从 0 岁到 80 多岁。新的领域。第二，我要开展新的课题。11 月份我们就来开题。题目是《潮州市老年学习现状与发展的研究》。方案已经写好了，让我 10 月份把这件事情做完了，11 月份我们要开始新的课题。还有一些正在做的新的课题。徐主任，我们湘桥区还没有结题。要结题，金平区鲁局长他们那边已经在 7 月 12 日结题了，就是“学生学习力理论与实践研究”。第三，还有一个新的任务，新的任务是什么呢？请大家帮忙，我与《口述历史》课题组共同研究，准备这个会后以这本《会议材料》为基础，增加、充实，然后出版《评〈叶瑞祥教育口述史〉》。该书包括两个部分。第一部分，座谈会实录与笔谈。包括会议实录、贺信、贺电、领导讲话、发言材料以及书评等。第二部分，叶瑞祥教育著作研究。对我自己的教育思想与学习理论要梳理一下，我认为《叶瑞祥教育口述史》重点是史，《评〈叶瑞祥教育口述史〉》重点是论，史论结合起来，就有一个比较全面、立体的感觉。所以我希望大家给这本书积极投稿，最好是这个月月底。因为我跟出版社表态，力争 11 月下旬，我要定稿，估计 19 万字的篇幅。希望大家像今天这样支持我。你们就是在百忙之中前来参加这次会议。我想到一句话，就是“共同研究体”。我讲这句话不是单纯看我个人，是看在 60 年来中国教育过程的反映，而我是其中一个分子，只是一个侧面的反映。

《叶瑞祥教育口述史》封面

最后，我谈两点最重要、最深刻的感受：第一点感受：我感觉到人生足矣。能够活到今天这个样子，坦率地说，今天是我叶瑞祥最高兴的日子。学校领导跟三个部门能够为我开这个会议，

2011年11月24日，韩山师范学院院长林伦伦（左三）与《叶瑞祥教育口述史》课题组成员合影留念

我人生足矣。这是第一个感受的话。第二个感受的话：还是当老师好。我昨天跟我老伴讲，“还是当老师好。我退了15年半，还是有那么多学生支持我。反过来，我若搞其他的工作，那就不一定人家还认你呢！”所以我从心里感觉到，我人生足矣，我还是当教师好。谢谢大家！

郑文锋：

谢谢叶老师。正如我们叶老师的老师叶经珠老师在一首《放歌》里面写到的：“从教六十柳暗花明，培桃育李奉献金瓯，花黄果硕心为同瓯。”60年的教育人生，叶老师给了我们太多的感悟和感动。在这里，我提议我们全体的与会代表，再一次用最热烈的掌声向叶老师表达我们最崇高的敬意！祝愿叶老师健康长寿，学术之树常青！

林伦伦（韩山师范学院院长、教授）：

今天召开“《叶瑞祥教育口述史》（以下简称《口述史》）发行式暨叶瑞祥从教60周年座谈会”，是我定的时间，也是我跟文锋与叶老师一起商量过的。但是计划没有变化快，省委组织部派了一个检查组，对我们学校选人用人制度进行考察和评估检查，所以我一个人分不开身，只能应付另一边，所以今天这个会议我就缺席了。本来答应叶老师我要在会上讲几句话的，现在就利用这个时间讲几句话。第一就是要向大家表示歉意，也向叶老师表示歉意。第二呢，对叶老师从教60周年《口述史》这本书的发行表示热烈的祝贺，所以第二个关键词是“祝贺”。我这里要说祝贺的同时我要代表韩师说的第三个关键词是“感谢”。感谢叶老师在韩师磕磕碰碰的发展历史进程中作出了重大的贡献。韩师在大专时期，在全省的师范院校里面，应该是质量和规模都是名列前茅的，有像叶老师、罗英风老师、已逝的吴修仁老师等老师共同努力作出的贡献。我虽然不是韩师的学生，但是这些老师我都很熟悉。这些老师都在韩师的建设和发展过程中立下了汗马功劳。现在他们一个个年纪也大了，能够对他们前半辈子作的贡献、做的研究，做一个总结，我想这是韩师的一份宝贵的资源和财富。我们后来的年轻人将把这些叶老师的书、叶老师的教育思想，特别是学习学这方面的理论和经验，传给我们韩师的中青年老师，传给我们的学生，让我们韩师在这方面能做得更好。借此机会，我也感谢前来参加叶老师的这个活动的老师们和同学们，谢谢大家！

我建议，大家共同举杯，庆祝叶老师越发长寿，焕发学术的第二春！

（整理者：林博冰、曾静、戴慧萍、王俊贤、张文絮系韩山师范学院中文系2011级汉语言文学专业学生；陈燕茹系中文系2011级广播电视新闻学专业学生；文越系中文系2011级中英文秘专业学生；黄锐清系外语系2011级英语师范专业学生。）

2012年10月17日，《叶瑞祥教育口述史》发行式暨叶瑞祥从教60周年座谈会会场

韩山师范高度重视此事，列为“大事记”之一“2012 年 10 月 17 日，由教务处，对外交流合作处和团委会主办的《叶瑞祥教育口述史》发行式暨叶瑞祥从教六十周年座谈会，在东区图书馆四楼会议室举行。”（《韩山师范学院校史简编》暨南大学出版社，2013 年 9 月出版，第 363 页。）

为《叶瑞祥教育口述史》点赞

林伦伦

由共青团韩山师范学院委员会组织的《口述历史》课题组的同学们和老师们送来了一本书稿——《叶瑞祥教育口述史》，我通读了一遍，觉得是一本好书，对读者了解叶瑞祥老师的成长史及其学术思想、了解韩师的校史，都有一定的帮助，具有较强的思想性、资料性，学术价值和史料价值较高。

《叶瑞祥教育口述史》有以下几个特点：

一是时代性。叶瑞祥老师是韩师的老校友，20 世纪 50 年代他是学生，60年代他是老师，八九十年代他是老师、行政干部，1997年

2012 年 10 月 17 日，韩山师范学院院长林伦伦与《叶瑞祥教育口述史》发行式暨叶瑞祥从教 60 周年座谈会同志合影留念

退休至今，还在从事教育工作，至今整整60年。在他60年的教育人生中，大部分时间是在韩师度过的。该书写的是在新中国历史条件下，由中国共产党直接培养的一位青年知识分子学习、成长与思想变化的过程，也是一位教师终身从事教育事业的发展、提高的过程。这个主题贯穿全书：讴歌热爱教育事业的精神，鼓励人们终身从事教育事业；讴歌教育改革开放给人民教师带来的新变化，具有鲜明的时代性。

二是学术性。该书以大量的篇幅阐述叶老师的教育经历、体会和理念，实质上是一部传记式的教育著作，从一个侧面反映了60年来新中国教育事业的发展过程，也从另一个侧面反映了韩师的办学过程。该书还着重介绍了他特有的学习科学理论与实践的研究成果，有较高的学术价值。

三是史料性。该书以辩证唯物主义的态度，实事求是地回忆、总结了60年来叶老师从事教育工作的亲身经历、切实体验和经验教训，印象深刻。同时，还配以不同时期的历史照片和相关资料，使之更客观更真实，体现客观性，具有较高的史料价值。

我认为，该书的出版将对韩师的后来者有一定的启示作用。它启示青年人只要珍惜时间、珍惜机会、发扬勤奋精神、求实精神、合作精神和创新精神，就一定能取得丰硕的教学和研究成果，追求更高的人生境界。叶瑞祥老师是值得我们尊敬和学习的韩师前辈，我们这些后来者倘能都像他一样默默耕耘，在教学与科研上“像犀牛一样——专心致志”，工作上“像黄牛一样——任劳任怨”，团队建设上“像水牛一样——团结协作”，思想上“像奶牛一样——乐于奉献”（叶瑞祥语），就一定能有所作为，一定能对学校的专业和学科建设有所贡献，学校也因此而能够有所发展。

鉴于此，我很乐意把《叶瑞祥教育口述史》推荐给大家，同时也借此机会，祝愿叶老师家庭幸福、身体健康、学术之树长青。

2011年10月20日

韩山师范学院校庆日

（作者时任韩山师范学院院长、教授）

至高荣耀

林明榕

2012年是叶瑞祥同志从教60周年，恰逢《叶瑞祥教育口述史》出版发行，真是双喜临门，这不仅是叶瑞祥同志个人的喜事，也是国内学习科学学术研究界的一件喜事，值得庆贺。

《叶瑞祥教育口述史》实质上是一部传记式的教育著作，记载了他60年来走过的教学和科研的历史。综合起来看，不仅可以看出他热爱教育事业、热爱教师工作、热爱科研工作，有一颗火热的革命事业心和崇高的爱岗敬业精神，而且还可以看出他60年来为党和人民教育事业付出的心血和汗水。

20世纪80年代，我国的一批学者在学习研究方面有了重大突破。1987年6月，他们在南京召开了"全国第一届学习科学学术研讨会暨讲习班"，在会上建立了全国学习科学学术研究组织，开始了有关研究。他们把"学习"从教育科学、心理科学、认知科学等学科的范畴内剥离出来，作为一门独立的新学科门类进行全方位、立体的研究，在世界上首次提出并建立了一门新学科——学习科学。学习科学的建立与研究，使人们对"学习"的认识有了一个质的飞跃。25年来，有关学者对"学习"理论问题进行了比较深入的探索，并在国内数万所学校进行实验研究，一大批理论和实验成果问世。与此同时，他们还召开了多次国内、国际学术研讨会，有力地推动了国内外对学习问题的研究。学习科学的诞生和发展，对人类的学习活动和学习型社会的建设，产生了不可估量的影响。这是中国学者对世界科学发展的贡献，对新世纪人类建设学习化社会的贡献。有关领导同志对这一新学科的研究给予了充分肯定，原中宣部常务副部长徐惟诚认为"学习科学是一项大有希望的事业"。原国家教委副主任、国家总督学柳斌指出："研究学习是非常重要和有意义的，教育要面向现代化必须重视对学习的研究，抓学习科学研究非常有必要。"在创建学习科学事业的艰难历程中，涌现出了像周之良、张笛梅、林毓锜、陈俊忭、魏书生、蔡棋瑞、赵秀路、潘自由等这么一批杰出的领军人物和学术带头人，叶瑞祥便是其中之一。

我第一次认识叶瑞祥同志，是1987年6月在“全国第一届学习科学学术讨论会暨讲习班”会议期间，他谦逊朴实的外表和对事业执着追求的精神，给我留下了深刻的印象。特别是他提交给大会的论文《树立新的学生观，建立新的学习论》和著作《学习的原理与方法》有许多新的观点和富有创见的思想火花，与我创建学习科学的许多想法不谋而合。我觉得他是一位难得的人才，一位志同道合者，创建新兴学科——学习科学需要他这样的人才。1988年10月在“全国第二届学习科学学术研讨会”上，他便被选进了全国筹委会的领导班子，担任筹委会常委；1991年10月被选为筹委会学术委员会副主任；1996年4月被选为全国筹委会副主任；2000年1月全国研究会正式成立大会上，他被选为副会长。多年来，叶瑞祥同志和全国研究会的负责同志们一起，为创建学习科学，知难而进，不断开拓创新，付出了艰辛的劳动和汗水，使这门新学科从幼苗成长为枝繁叶茂的学科大树，走出国门，走向世界，引起了世界范围的普遍关注和浓厚兴趣。

叶瑞祥同志在担任全国学习科学研究会领导工作期间，充分发挥了他的领导才能。他和同仁们积极组建有关学术研究组织，如全国大学学习科学研究会、全国幼儿学习科学研究中心、广东省学习科学研究会等。与此同时，他还通过举办学术研讨会和实施国家、省、市的有关教育科研课题，积极开展学术活动，大力宣传学习科学的有关理论，奔走呼号，足迹几乎踏遍全国各地，培养了一大批学习科学研究工作者。他们像蒲公英种子一样，播撒在全国各地，生根、发芽、开花、结果，为发展和推动学习科学的研究做了大量工作。

从1980年8月出版第一本《谈教学规律》至2012年2月《叶瑞祥教育口述史》问世，30多年来，叶瑞祥同志累计共出版有关学术著作和教材50余部。在学习科学这个新的学科领域里，叶瑞祥同志刻苦学习，努力钻研，深入探索，不断创新，编写出版了几十部有关学习问题的著作。他的著作涉及人生各个阶段的学习学，如幼儿、小学生、中学生、大学生、老人的学习学等。此外，他的著作还探讨了学习科学的基本理论、学习指导、创新学习、学习力等重要问题，对建设和发展学习科学的基础理论，作出了重要贡献。他的一生，是学习的一生，奉献的一生，创业的一生。陶行知先生说过："人生志在创业，创业充实人生。"人生一世，既然来到这个世界上，就要对历史负责，而凡有责任心者，对其所处的时代、社会和人类，必然上下求索，鞠躬尽瘁，为人类造福。叶瑞祥同志就是这样一位有责任心的学者，他的敬业、求索精神与历史责任心，确实令人钦佩和学习。

人杰地灵，地灵人杰。韩山师范学院历史悠久，历来尊师重教，尊重知识，尊重人才，鼓励人才发展创新，所以这里是培养人才的真正摇篮，历年来人才辈出。叶瑞祥同志从教60年中，在教育教学方面，特别是学习科学研究领域，取得这么丰硕的成果和出色的成绩，是和韩山师范学院的教育和培养分不开的，是和该院党委和行政领导的关怀和扶植分不开的，是和该院广大同仁的帮助和支持分不开的。多年以来，韩山师院一直关心和鼓励叶瑞祥同志的教学和科研工作，提供多方面的支持和帮助，这是他成长、发展的肥沃土壤和成功的重要原因。2012年10月，韩山师院专门为他举办了"《叶瑞祥教育口述史》发行式暨叶瑞祥从教60周年座谈会"，院长林伦伦教授亲自为《叶瑞祥教育口述史》写了热情洋溢的序言，这些都是对他60年来工作成绩的充分肯定和最高奖励。

2012年9月10日是我国第28个教师节，当天晚上，中央电视台综合频道举办了以"至高荣耀"为主题的大型教师节庆祝晚会，国家和人民把"至高荣耀"授予全国有突出贡献的教师们。叶瑞祥同志以自己的行动诠释了"学为人师，行为世范"的崇高师德风范，无愧于人类灵魂工程师的光荣称号。在他从教60周年之际，我和研究学习科学的同仁们认为，应该把"至高荣耀"的称号授予他。对于这个称号，他是完全当之无愧的。这就是我把这封贺辞的题目命名为"至高荣耀"的原因。

希望更多的同行和后来人，继承和学习叶瑞祥同志的敬业精神和无私奉献精神，再接再厉，锐意进取，敢于思考创新，为推动学习科学事业的大发展、大繁荣，作出贡献！

最后，我衷心祝愿老友叶瑞祥同志健康长寿，在教育科学和学习科学研究两个领域里取得更大的成就！

2012 年 10 月于太原市

（作者系中国高等教育学会学习科学研究分会原常务副会长兼学术委员会主任、全国学习科学研究会主要创始人、山西省太原师范学院学习科学研究所所长、研究员。）

一个为教育而生的人

鲁澄南

这是一部忠实地记录叶瑞祥老师丰富经历的教育口述史，它告诉我们，一个热血沸腾的教育青年是怎样成为激情不减、育人不止、著述不辍的老教育家的。目前在国内作个人的“教育口述史”的人不多，在我们省内，《叶瑞祥教育口述史》应该是第一部。虽然不能说是厚重，但是，毕竟沉淀着一个人 60 年的教育人生，那是不能用纸上的文字做出度量的。虽然我和叶老师有近 10 年的密切交往，经常被他——一个教育学者纯粹的学术襟怀、执着精神和不知老之将至的乐观情绪所濡染，但是，当我捧读这部口述史的时候，我还是被深深打动。

叶瑞祥老师是韩山师范学院的退休教授，今年已 75 岁高龄。我和叶瑞祥老师因为教育科研课题的实验工作而认识。2003 年汕头市区划调整，金平区成立，我任职于金平区教育局，分管教学和科研工作，当时，区里 18 所学校承担了教育部“十五”规划课题“创新学习研究与实验”的实验研究工作，叶老师是专家组的负责人，负责指导广东省所有实验学校的研究工作。从那时起，他就经常不顾舟车劳顿，亲临实验学校，坐在课堂里，听课，交流，给课题实验教师以具体的指导。做完了“十五”课题，出版了课题成果专著《创新学习能力论》；又接着指导教育部“十一五”规划课题“创新智能教学理论与实践研究”的实验研究工作，还策划了一个在金平区举办的全国性阶段实验成果交流会，整个实验研究过程，叶老师同样认真、细致、勤勉、不求回报，课题成果专著《创新智能教学理论与实践研究》获得成果鉴定专家组的高度评价。“十二五”期间，他又马不停蹄，指导金平区开展全国学习科学研究会重点课题“学生学习力理论与实践研究”的实验研究工作，在2012年7月份结题，出版了成果专著《论学习力——学生学习力理论与实践研究》，是目前国内第一部研究中小学生学习力的专著。每一次在学校召开的课题实验研究工作会议，你都能发现他在专注地聆听每一个人的发言，并且把要点记在自己的本子上，非常珍视实验教师的意见和经验，所以他的现场指导都能让老师们觉得有启发，有收获。这么多年，在叶老师的带动下，金平区的教育课题研究从来没有中断，教师队伍的专业成长得到强力支撑，实验研究取得一个又一个的成果，叶老师也在金平区中小学的校道上刻下了他一道又一道的教育履痕。

叶老师对科研工作一丝不苟，每一个课题实验方案，他都亲自操刀，目的是保证实验研究的操作更为科学、规范，让参加实验的学校和老师都有一个比较清晰的实验模本，以期实验研究能够达到预期成果。尤其是对“学生学习力理论与实践研究”这个学习科学的前沿课题，他更是从开始的筹划到方案制订，到去学校视导，到最后成果专著提纲的拟定，没有一个环节不亲力亲为。从潮州到汕头来指导课题研究，他总是坐班车来回，住三星级宾馆，吃最简单的饭菜，生活上从不计较，连来回程车票都自己掏钱，从不多住一个晚上，有时不顾劳累，一大早到汕头，当天傍晚还赶回潮州，总是为学校节省经费。每一次送他到车站，望着他自己提着包上车的背影，我都有一番感慨，他心中只有教育！一个为信仰而痴迷的书生，一个忘记年龄的教育家！

叶老师在2011年8月初告诉我，他将要以口述的方式整理个人的教育史，不久，我就接到他老人家送来的一大沓打印的书稿，我作为几个有幸先睹为快的读者，感觉在受宠若惊之外有一种荣耀。我细细品读叶老师的教育历程和学术历程，从基础教育的教师，到高校的教育学学者，到学习科学研究者，我觉得他总是走在教育学术和实践的前沿。感受最深的，是他最主要的学术贡献和实践奉献，即是学习科学的理论探索和实践。

他1997年提出“学习内化获得”的观点，使学界对“学习”的认识有了一个“新知”，而且更接近对“学习”的本质理解。他建构了学习学的理论系统，从总论的《学习学概论》，到分论的《幼儿学习学》《小学生学习学》《中学生学习学》《大学生学习学》和《老年学习学》，基本上形成一个以年龄学段为研究对象和理论阐发的系统，比较完整地覆盖了人生每个阶段的学习理论，这对于学习学是一个理论贡献。在他72岁的时候，他还敏锐地抓住“学习力”这个新理论，并且对“学习力”这个概念的内涵做了发展性的理论概括，再一次站在学习科学的理论前沿，引起学界的关注。他还有其他的理论贡献，但是我以为这三方面是他最主要的贡献。

叶老师对学习科学理论的实践大致可以划分为三个阶段。前期，大概从1987年至2001年，他主要开展学习方法的实践与指导，也是他踏入学习学研究领域的开创时期，这个时期主要是担任全国学习科学研究会的领导职务，经常到全国各地开展学习方法的研究与指导活动；中期，大概从2002年至2009年8月，他作为全国学习科学领域的领导者之一，主要是带着课题，指导全国各地开展创新学习能力的实践与培养；后期，大概从2009年9月至今，他同样主要是带着课题，指导省内实验学校开展“学习力”的实践研究和理论开发。三个阶段的实践研究各有侧重，但一以贯之的是他对学习科学的奉献精神。如果我们的师范院校多一些像叶瑞祥老师这样的学者，我们基础教育的改革和发展就有更大的科学力量的支持，就会更有成效。

在和叶老师从相识到相知这10年里，我得到他的帮助太大了。可以说，是他把我引进教育科研的殿堂，从比较陌生到比较熟悉，从比较粗疏到比较严整。如果说在具体的实验研究方法、技能上得到他的帮助，那还不是最重要的。最重要的是他给我精神上的影响至深，执着追求，淡泊名利，简单生活，信仰学术，这些也都成了我的精神财富。我们可称为忘年交，有相同的志趣，热爱教育，热爱理论，热爱阅读，热爱思考，热爱生活；有相同的话题，教育科研，学校管理，教师成长，课堂改革……所以，即便他是长者，我们还是可以促膝长谈，融合在一片常青的理论和实践的树荫之中。

为教育而生，是对一个终身从教又业绩斐然者的高度肯定。叶瑞祥老师就是一个为教育而生的人。一生，他就孜孜以求于教育这么一件大事，用自己不懈的研究和践行丰富着教育科学的宝库，用自己不流俗的精神品质坚守着教育家的人格，这就值得我们去敬爱他，尊重他！

（作者系中国高等教育学会学习科学研究分会常务理事兼学术委员会副主任，广东省特级教师，中学语文高级教师，作家，汕头市金平区教育局原副局长。）

在韩师，有这样一位老教师

许敦华

孔子曰：三十而立，四十而不惑，五十而知天命，六十而耳顺，七十而从心所欲，不逾矩。韩山师院教育学副教授、原学院党办、院办主任叶瑞祥老师在他75岁高龄的时候，出版了《叶瑞祥教育口述史》（以下简称《口述史》）一书，这本书是对叶老师教育人生60年的全面回顾总结，书中有历史的记载、个人工作体会、经验总结、人生感悟、科研成果等等，内容丰富，凸显了叶老师60年来孜孜不倦的追求和取得的丰硕成果。叶老师是一位集教学、科研、管理于一身的老教师，他教学经验丰富，科研成果突出，管理秉公科学，更为人称道的是他把人民教育事业作为人生的理想与追求。正如他在《口述史》"我的教育体会"中所说："只有把搞好教育事业作为人生的理想与追求，才有乐趣，才有快乐""我这辈子是幸福的，因为我终身从事了人民教育事业"。在《口述史》"学术感言中"他又说："完美的教育人生，应该包含三大收获，一是培养人才的有效收获；二是师生感情的友谊收获；三是教育论著的学术收获。"这三点叶老师做到了，60年来他培养了一代又一代活跃在潮汕地区乃至省内外教育战线和其他战线上的学生，可谓桃李遍天下，他和学生的师生情谊是摒弃功利感情笃厚的"忘年交"，几十年来他勤耕不辍，编写出版著作教材 50 部，发表论文文章 140 篇，取得了丰硕的学术成果。他的教育人生是完美的，是一位值得尊敬的老教师。

叶老师生肖属牛，他说："我是属牛的，要像犀牛一样——专心致志，像黄牛一样——任劳任怨，像水牛一样——团结协作，像奶牛一样——乐于奉献。"而我认为他这种"专心致志、任劳任怨、团结协作、乐于奉献"更来源于他对人生的理解和人生的追求。今天当我们探讨叶老师个人人生观价值观及其成因的时候，不能不注意他在《口述史》中的自述："其实在韩师有三类书对我影响很大，第一类是《钢铁是怎样炼成的》《乡村女教师》这类文学作品，其作用与影响在于帮助我树立正确的人生观、价值观；第二类是陈史坚老师的《中国地形》《中国河流》，这两本书确立了我写书的目标；第三类是这本《唯物辩证法》，指导了我人生的道路以及人生的态度，解决了人生应该怎么过，应该考虑什么问题，应该用什么方法等问题。"这是一位年逾古稀的老教师在 60 年后说出的内心话，它让我们看到解放初期党对青年学生的培养、身边教师对学生的引导，这种培养和引导对青年学生形成正确的人生观、价值观所产生的巨大影响，加之以后几十年党的教育培养、潮汕文化、客家文化的熏陶、家庭乃至家族的影响，把一个懵懂少年锤炼成一位情系教育爱国爱民爱社会的教育专家。

叶老师有客家人的血统，父亲是客家人，母亲是地道的潮州府城人，他说自己："客家人和潮汕人的血液都在我的生命里涌动。客家人勤劳、刻苦、自强、重教的传统美德与潮汕人团结、拼搏、务实、创新的精神两者深深地扎根在我心里，影响着我成长。"当我们读完这段话，重新审视叶老师 60 年教育人生，从而发现他正直洒脱的人品，终身从教的坚定信念，服务社会的开阔胸襟，勇于探索的创新精神，追求完美的人生理想等品格，集中体现了客家人和潮汕人的种种优点。他心地善良，与人为善，为人正派，是非分明。早在 1957 年反右斗争中他因说了"工农生活有差别"的实话而差点被划为右派。"四清运动"他实事求是对待农村干部，不拼凑材料加害于人而被人叫做“右倾”。“文化大革命”他没出卖良心而甘当逍遥派，他对被迫害致死的教师深表同情而又敢怒不敢言。他当过韩师教务科科长、图书馆馆长、学院党办院办主任、韩江专修学院院长，手中曾经握有一定权力，但他从不滥用职权，以权谋私、假公济私、损公利己，他一生清廉，两袖清风，即使到晚年在潮汕各地中学指导课题研究，他总是坐班车来回，住三星级宾馆，吃最简单的饭菜，连来回车票都自己掏钱。相比之下，他对自己钟爱的教育事业，包括后来对学习科学的研究，却舍得投入个人大量时间(没有寒暑假、节假日)、精力、财力，潜心研究，著书立说，惠泽他人。他在《口述史》“退休后的人生感言”中说：“立德、立功、立言是中国知识分子最高的理想与追求。”，其实也是叶老师的最高理想与追求。他渴望同中国古代文人一样“立德、立功、立言”，但这又不是每个知识分子都能做到的，他根据自己当教师的实际情况，提出“读书育己，教书育人，写书育世，这是我人生的追求和目标”(《口述史·退休后的人生感言》)。他通过不断读书学习，丰富自己的学识和专业知识，提升自己的思想精神境界，又在教育教学工作中培养了一代又一代学生，他撰写教育学学习学论文、专著多篇多部给社会留下可供学习参考的文献。纵观叶老师 60 年教育人生，从 1952 年考入韩师到 1997 年从韩师工作岗位上退休，直至退休后继续开展教育科学学习科学研究、办好韩江专修学院、热心教育公益事业，至今仍精神矍铄忙碌于教育课题研究工作中。叶老师这 60 年虽然也有挫折、也有过坎坷，但贯穿在其中的始终是一种生生不已，自强不息的奋发精神。应该说叶老师是幸运的，他没有像有些教师一样受到反右派运动的冲击、“文化大革命”的迫害，身心备受摧残而过早离开人世。人的一生就是那么关键几步，叶老师说：“人生就是一次又一次的选择。”（《口述史·退休后的人生感言》）关键几步选对了，走对了，一生可能比较顺利。选错了，走错了，可能受到的挫折磨难会多些，两者结果可能天壤之别。我认为叶老师一生是选对了，走对了，再加上他赶上 20 世纪 80 年代以后三十几年改革开放好时代，所以成就了叶老师教育人生的精彩。

韩师，作为百年师范老校，近现代以来涌现了一批受人敬重的知名教师，他们如群星璀璨、熠熠生辉，照耀着教师的摇篮——美丽的韩师。这些知名教师或学术精湛、博古通今，或治学严谨、成绩斐然，或德教双馨、堪称师表，叶瑞祥老师便是他们中的一员。在他们身上我们看到韩师人那种甘于清贫、追求真理、为普通大众教育默默奉献、孜孜不倦的可贵精神。叶老师从教 60 年大部分时间是当教师的，他当过小学教师，也当过中学教师，当过中师教师，也当过高师教师。他把教育学理论运用于教学实际，又在教学实践工作中不断总结提高，提升到理论层面，形成自己的教学理论和教育思想。早在20 世纪 80 年代初他就在当时的《韩山师专学报》发表文章论述“教育是社会主义现代化建设的基础”，以后他发表了一系列文章，重视教育在现代化建设中作用的研究。他吸收先进的教育理念，注重教学方法改革创新，“坚持把培养能力列为重要的教学内容”“让学生动口、动手、动脑，发展思维能力，培养实际能力”，他对教育学提高教学质量提出“三个重视”，首先要重视理论联系实际，包括当前中学的实际、教育历史的实际、学生的实际等。其次要重视教学改革，倡导学生自觉主动学习，引进学生课堂讨论，克服传统教学中满堂灌。最后要重视改革考试方法，采用书面考试与实际考试相结合，口头考试与闭卷考试相结合的方式。叶老师这些经验总结对于今天师范院校的教师和学生来说仍有学习借鉴的意义。叶老师他长期致力于学习学理论与应用的研究，提出“学习内化获得”的新概念，探索构建学习学理论体系的框架结构，提出学习学基本的理论问题和从幼儿、小学、中学、大学直至老年各年龄段学习学的应用，基本涵盖了当前倡导构建学习型社会各个层面的需要，“其研究成果在较大范围内得到社会的公认”。

叶瑞祥老师是韩师老教师的杰出代表，像历史上许许多多韩师老教师一样，他把毕生的精力献给教育事业，勤教力学、为人师表，他是韩师的骄傲，也是我们学习的榜样。

（作者系韩山师范学院图书馆原直属党支部书记、副馆长，现任韩山师范学院关工委副主任兼秘书长。）

用挚爱和追求演绎完美教育人生

——教师职业价值追求"三问"

郑炜冬

荀子曰："国将兴，必贵师而重傅。"习近平总书记在考察他的母校——北京八一学校时指出，要"让教师成为令人羡慕的职业"。今天，我们的幸福感和满足感已显著提升，我们应如何演绎出完美的教育人生呢？让我们一起来探讨教师职业价值追求"三问"。

我们先了解什么是职业价值追求？它是指一个人对职业的认识和态度，对职业目标的追求和向往。

三问是指，第一问：新时代，教师要有怎样的职业价值追求？第二问：教师为什么需要正确的职业价值追求？第三问：教师如何实现职业价值追求？

下面我们通过一位老教师的故事来谈谈新时代，教师要有怎样的职业价值追求？

今年已是83岁高龄的叶瑞祥老先生，曾担任中国高等教育学会学习科学研究会副会长等职务，从教60多年来，他桃李满天下，学术成果丰硕。退休后，积极投身教育公益事业。是一位集教学、科研、管理于一身的高校教师，一位集基础教育、高等教育、老年教育研究于一身的教育学者。

为研究他的职业价值追求，我拜访了老先生。叶老说："完美的教育人生应该包含三大收获，一是培养人才的有效收获，二是师生感情的友谊收获，三是撰写论著的学术收获。"叶老坚持"读书育己，教书育人，写书育世"，这就是叶老的职业价值追求。当与老先生谈起他的教育人生时，他的眼神非常有光彩、脸色红润起来，可以感受到他是幸福的，他的教育人生是完美的。叶老说："我是新中国培养的知识分子，所有的一切都是为了回报党和国家，回报社会！"简朴的语言道出了叶老对党的忠诚、对国家的热爱。

那么，新时代教师要有怎样的职业价值追求呢？习近平总书记对教师提出了当好"四个引路人"做"四有"好老师的要求，我想，这就是当代教师应有的职业价值追求。

第二问：教师为什么需要正确的职业价值追求？

人的一生会面临各种各样的诱惑、各种各样选择，正确的职业价值追求就像一盏指路明灯，照亮我们前行的道路。叶老曾感慨道，"人生就是一次又一次的准确选择，一次又一次的正确拐点。我曾有过四次选择的机会，可以让我离开教育岗位，而我始终瞄准一个目标——教师，专心当好教师。这是我终身的理想。"

是啊！有怎样的职业价值追求，就有怎样的人生选择！退休后，他没有理会世俗眼光，毅然前行在教学科研道路上，竟然达到了治学的另一高峰。在我看来，叶老就像一位登山者，不断攀爬学术的高峰。他说："我退休后学术的第一高峰是在从教60年时，我的第二高峰是在2020年，我从教70周年时，我正在出版《老年教育辞典》，这在国内是第一，全世界也是第一。明年将要出版它的英文版。"这就是拥有正确的职业价值追求的力量。

第三问：教师如何实现职业价值追求？

叶老师属牛，他在教育园地上勤耕不辍，弘扬着4种"牛气"：

2020年9月19日接受韩山师范学院教育科学学院郑炜冬副教授采访影照

像犀牛一样——专心致志，像黄牛一样——任劳任怨，像水牛一样——团结协作，像奶牛一样——乐于奉献。

如果我们做到这4种“牛气”，就一定能实现我们的职业价值追求。

叶老回忆，读书时对他影响最大的是他的地理老师。那是一位很有才学的教师。

他说：“我在图书馆书架上看到了老师出版的两本书，羡慕不已，从那时起，就暗下决心要在图书馆的书架上争有一席之地，这成为我人生追求的重要目标。”

我们看到了，一位好老师对一名学生产生了巨大影响。此时此刻，您是否也想起了心中的那位好老师呢？

“梦想要以梦想去点燃，理想要用理想去唤醒。”

老师们，让我们不负“人类灵魂工程师”的崇高使命，为实现中华民族伟大复兴的中国梦而奋斗，用挚爱和追求不断演绎完美教育人生！

（作者系韩山师范学院教育科学学院副教授，教师党支部书记。）

重温总书记走过的路，聆听老党员嘱咐的话

潮州市老干部活动中心　庄依琪

11月10日，潮州市老干部活动中心开展主题党日活动，重走习近平总书记视察潮州部分路线，并拜访老党员、老知识分子叶瑞祥教授，聆听叶教授的人生历程和对习近平总书记广东之行的所思所悟。

10月12日，习近平总书记赴广东考察，第一站选择了位于粤东的国家历史文化名城——潮州，令潮州人民备受鼓舞。此次党日活动，活动中心党员、干部重走习近平总书记视察潮州部分路线，步行穿过广济桥畔的广济门，沿石阶登上广济楼，眺望韩江，漫步牌坊街，在古韵街区间接受古城文化熏陶。习近平总书记说，“潮州是一个具有悠久历史的文化名城，弥足珍贵，实属难得，我们要很好地去研究她，去爱这个城市，呵护好她，建设好她。”重走总书记视察路线，让党员干部们近距离、深层次、多方面感受到了古城不断焕发的

2020 年 11 月 10 日，潮州市老干部活动中心在叶瑞祥家里开展主题党日活动

活力，增强文化自信，激励大家抓住机遇，起而行之，感恩奋进，把潮州建设得更加美丽，把老干部工作做得更出色。

随后，大家来到了叶瑞祥教授家。叶瑞祥教授是韩山师范学院原党办院办主任，教育学副教授，现任市老干部大学科研顾问，出版教育著作近 60 部。

对于习近平总书记出席深圳经济特区建立 40 周年庆祝大会和视察广东重要讲话、重要指示精神，他表示，习近平总书记的广东之行为潮州带来了发展的春风，令他颇为振奋，深受感动。在贯彻学习十九届五中全会精神后，他更坚定了继续做好老年教育科研的信心和决心。

接着，83 岁高龄的叶教授回顾了自己的求学生涯、教书育人生涯和学术研究生涯，为在场的党员、干部们讲述了自己为党的教育事业奉献一生的心路历程，激励全体同志追求有高度的人生，做有党性修养的共产党员，涵养政治理论修养、思想道德修养、方法能力修养、作风修养和遵守党规党纪修养。

叶教授的讲话平易近人，有条不紊，层层推进。与会党员、同志们如沐春风，深受触动，大受启发。在现场组织生活会上，党员干部结合习近平总书记出席深圳经济特区建立40周年庆祝大会和视察广东重要讲话、重要指示精神，在支委带头下，大家从自己的政治学习、工作职责谈心得体会，对照查摆问题，并提出努力方向；同时，党员干部也表示将向叶教授学习，坚定信念，修炼党性，制订人生规划，做好老干部工作。

支部书记林金炎首先感谢叶教授精彩的人生历程、党员心路分享。他说，习近平总书记强调，老干部“具有不可替代的思想政治优势和领导经验优势，是一个可以从中汲取智慧和力量的宝库”。叶瑞祥教授“四高”：站位高、境界高、素质高、水平高；分享的内容“五有”：有干货、有思想、有收获、有内涵，更有正能量；他的政治站位、敬业精神、处世原则、专业素养是激励党员、干部做好老干部工作的重要宝藏和财富。习近平总书记的潮州之行，高度肯定了潮州文化，增强了潮州人民的文化自信。接下来，活动中心将乘势而上，起而行之，坚定“四个自信”，搭建老干部学习、活动的平台，把党建工作与发挥老干部作用紧密结合起来，彰显老干部工作价值的“中心点”。

“讲好入党故事，传承红色基因”访谈实录

韩山师范学院新闻传媒系　杨文星等

被采访者：叶瑞祥，韩山师范学院原党办、院办主任，教育学副教授，中国高等教育学会学习科学研究会原副会长、学术顾问，现为潮州市老干部大学科研顾问、研究员。

访谈者：杨文星、陈淑曼、陈梓锋、吴婷婷、郭紫茵等

访问时间：2021年4月11日

访问地点：潮州市叶瑞祥家中

访谈过程：

陈淑曼：叶老师您好！我们了解到您在中华人民共和国成立后，中国共产党培养的高校教师、教育学者，请问您是怎么样在党的培养下成长的，可以跟我们分享一些您成长的故事吗？

叶瑞祥：好的。我是1952年9月考上韩山师范学校普师班，从教至今70年。70年来是在共产党的直接培养教育下成为高校教师、

教育学者的。为什么这么说呢？首先，经济上我是吃共产党的饭长大的一名教师，1952 年至 1955 年，在韩师普师班读书，每个月的伙食费 9 元；1956 年至 1960 年，在华南师范学院教育系读书，每个月伙食费 14.5 元，还有人民助学金。1960 年 7 月大学毕业后，工作全由党和国家包下来，一直到 1997 年退休；退休后每月还有相当可观的退休金。第二，思想上我是听共产党的话成长的一名教师。我们这一代人党怎么说就怎么做，党叫干啥就干啥，100%服从党的分配。入党前，1960 年 7 月大学毕业后，分配到韩山师专就到韩山师专工作；1963 年韩山师专“下马”后分配到汕头地区进修学校教书，就到进修学校教书；1969 年汕头地区教师进修学校“下马”分配到潮安县教育系统工作，先后被分配到潮安师范学校教书和潮安县教育局工作；1979 年底调回复办后的韩山师专工作。每次调动都绝对服从分配。入党后，党组织需要我教书就教书，需要我当行政干部就当行政干部，一切都是无条件地服从分配。第三，政治上我是与共产党保持一致的一名教师，入党前在重大政治问题上与党保持一致；入党后退休前在一切政治问题上与党中央保持高度一致，坚定不移贯彻党中央的方针政策；退休后，仍然关心国内外大事，经常自觉与党中央“对表”，保持高度一致。第四，在感情上我是与共产党心心相连的一名教师，“天大地大不如党的恩情大，爹亲娘亲不如共产党亲”这是我们这一代人对共产党深情的表

2021 年 10 月 2 日潮安师范学院 70 级数学二排学生会赠送牌匾影照

达。我们对党的感情是真情的深情的、纯洁的。其实，我于 1960 年 10 月第 1 次递交入党申请书至 1981 年 6 月份前，整整 20 年间，我坚持信念，向党靠拢，追求进步，积极工作，终于于 1981 年 6 月 16 日成为中国共产党党员。这还是得益于 1978 年 11 月，党的十一届三中全会的召开，拨乱反正，吹响了改革开放的号角，调整了党的知识分子政策，正是因为党的知识分子政策的得到贯彻，我们才有机会参加共产党。入党后在党的直接培养教育下，1982 年 2 月任韩山师专教育学科教研室副主任（主持全面工作），1984 年 2 月任教务科长兼任党支部书记，1989 年 6 月任图书馆馆长兼任党支部书记，1995 年 3 月至 5 月，先后任韩山师院党办主任、院办主任，兼任党支部书记。1986 年被评为教育学副教授。1997 年 4 月退休，当时韩山师院组织部还专门发文《通知》，肯定我在韩师的工作表现。所有这一切说明了，我是在共产党亲自培养下成为高校教师、教育学者的过程。没有共产党的培养就没有我的一切。40 年来，我对党的信念越来越坚定，我对党的感情越来越亲切，这是一位普通共产党人的心声。

陈淑曼：我们了解到您的学术成果有一半是在退休后获得的，是什么样的动力和信念支持着您依然坚持在学术研究的第一线呢？

叶瑞祥：1997 年 4 月 12 日退休至今，整整 24 年了，我一直在开展教育科学研究，到 2020 年 12 月为止出版著作 58 部，发表论文 164 篇，主持科研课题 34 项，获奖 42 项。这些研究成果有 50%在退休后获得的。而且我人生“两个学术高峰期”也是在退休后出现的。第一个学术高峰期（2011 年）。标志性著作是龚裕德教授专著《阐明中国学习思想史》。该书简介，秦汉以来 65 位学者的学习思想，第 10 章，《中华人民共和国时期的学习》，分别介绍徐特立，毛泽东、陈垣、成仿吾、江泽民，林明榕，叶瑞祥，林毓锜，8 位学者的学习思想，其中第 7 节《叶瑞祥的学习思想》，专门介绍我对学习科学的学术贡献。第二个学术高峰（2020 年）。标志性的著作是叶瑞祥、陈先哲主编《老年教育辞典》。该书是中国第一部老年教育辞典，受到国内外学者的好评。这些成果 50%以上是退休后获得的，以 58 部著作为例，退休前出版著作 22 部，退休后出版 36 部。我为什么能够取得这样的成绩呢？信念、动力何在？其一，为了实现个人理想、目标。“读书于已，教书育人，写书育世”是我个人的理想。“读书是教育人生的基础，教书是教育人生的本职，写书是教育人生的继续。”所以刚退休我就制定了“2·3·9 工程”，“2”即加强教育科学、学习科学两门学科研究工作，“3”退休前共出版著作 30 部，“9”即是退休前后共发表论文 90 篇。现在这个任务已超额完成了。其二，为了报答党的培养，回报社会。退休后我就下定决心认识到是党培养我成为教育学者，学习学人，我一定要通过自己的专业，努力使自己成为“教育科学研究的志愿者”，“先进教育理论的传播者”，“教育公益事业的参与者”。这一点，我尽力了！其三，为了充实晚年生活。我这一辈子，在岗时是“工作狂”，退休后仍是“工作狂”，退休 24 年来，我几乎没有星期六，也没有星期日，几乎没有寒假，也没有暑假。我本着“小车不倒，尽管推”的精神，忙得不亦乐乎！我多次说过，退休 24 年是我人生中最自由、最充实、最有成效、最有价值的 24 年！

杨文星：我们了解到您是非常注重党的优良作风的共产党员，请问您是否有以党的优良作风，来指导您的教育科学研究工作呢？

叶瑞祥：你这个问题问得很好！我们知道，理论联系实际，一切从实际出发，注重调查研究，是中国共产党的优良作风之一。我个人认为贯彻落实党的优良作风是一个“全方位”“全领域”“全过程”的问题。因此，作为一名共产党员，应该把党的优良作风贯彻于政治、思想、道德、行为等方面之中。当然，也要贯穿于一切业务活动过程中。退休后，我所承担的应用性教育科研课题都十分重视调查研究。为此，一是十分重视调查研究，从学习学的角度，那就是重视“学情调查”。我还是用数据来说话，退休24年来，我调查了100所中小学校，调查中小学校“学情”11万人，大学生、老年学员各1万多人。幼儿园的幼儿1000多人，两岁婴儿103名(婴幼儿的调查需家长配合)。二是每项课题研究，研究前一定要“前测”，研究后又要“后测”，前后对比，研究实践效果。由于我十分重视从实际出发，在“实证”的基础上出版了学习学系列丛书：《婴幼儿学习力研究》《幼儿学习学》《小学学习学》《中学学习学》《大学学习学》《老年学习学》《新编老年学习学》以及《叶瑞祥学习学讲演录》《简明学习科学全书》等著作。这些著作都力求体现“科学性”“可信度”“可推广度”等特点。这是党的优良作风在教育科学研究成果的表现。

杨文星：叶老师你有什么想对当今投入一线教育事业的新一代教师们说的话吗？

叶瑞祥：今年是建党100周年，我们一定要以实际行动庆祝建党100周年，2020年10月12日，习近平总书记来潮州视察，对潮州广大市民产生极大的影响，也对广大韩师学子产生极大的影响，在这样的历史条件下，对即将参加教育的韩师学子也是极大的鼓舞和教育。因此我希望教师学子要按照习近平总书记教育重要论述的精神，做好教育工作。总书记说：“教育是国之大计，党之大计。”“百年大计，教育为本。”要充分认识教育工作的重要意义。总书记又说：“教师是发展教育的第一资源。”“教师是立教之本，兴教之源。”要充分认识教师工作的重要意义。总书记还说做“四有”的好

2022年1月14日春节前夕韩山师范学院校长陈树思(左)慰问叶瑞祥

老师，即要做“有理想信念，有道德情操，有扎实知识，有仁爱之心”的好老师，这是根本的要求。另外，我从个人从教多年的体会、经验，也希望即将毕业的韩师学子努力做到“123”，“1”是“一句话”——“读书育己，教书育人，写书育世”。“2”是“两个热爱”——“热爱教育事业，热爱教师工作”。“3”是“三个加强”——加强师德建设，这是根本；加强师风建设，这是基本要求；加强师能建设，这个是教育的基本功，包括教学能力、班级管理能力、了解学生能力、沟通能力、教育科研能力、合作能力等等。希望每位毕业生都成为优秀毕业生！希望每位毕业生在未来都能成为优秀的人民教师！

杨文星：谢谢叶老师接受我们的采访！

我校老党员教师叶瑞祥为党的事业孜孜不倦作贡献

韩山师范学院新闻传媒系　郭紫茵等

今年4月，在团队指导老师蔡梦虹老师的帮助下，由韩山师范学院文学院新闻传播学系学生和校团委“文化创意与视频制作”特色人才培养班学生组成的团队抵达中共老党员叶瑞祥家中，实地拜访了叶瑞祥老先生，已至耄耋之年的叶老满腔热忱、诚心正意地讲述了他的入党初心以及跟党走的奋斗故事。

1981 年，叶瑞祥同志加入了中国共产党，矢志为中国共产党的教育事业奉献终身。他将自己比喻成一块砖，哪里需要哪里搬。无论是过去还是现在，这种精神是永远被广为传颂的，永远不可磨灭的。霜染秋枫叶更红，退休后，叶瑞祥老先生本该在家颐养天年，享受儿孙绕膝之福。但他名退身不退，心系中国教育事业，“老骥伏枥，志在千里”，仍以强烈的责任感和乐于奉献的精神，攀登了自己学术研究生涯的新高峰。

一、心系党组织

当年在党的帮助下，青年学子叶瑞祥得以安心读书，潜心治学，这一段经历也锻造了一个始终爱国、爱党、爱人民的叶瑞祥。“我是听共产党的话成长起来的共产党员，我们那个年代，党叫干什么就干什么，党指到哪里就奔到哪里”“天大地大不如党的恩情大，爹亲娘亲不如共产党亲”。叶老不仅说出了他们那一代人的心声，也激励了我们这一代青年心中爱国爱党的热情。

二、情系下一代

虽然已是耄耋之年，但叶老仍在为教育事业奉献着光和热，主编出版了《叶瑞祥教育口述史》《老年教育辞典》等著作。“我出版的著作总共 58 部、其中 22 部是在退休前的，36 部是退休后的，我发表的论文总共是 164 篇，主持科研课题 34 项，获得科研的奖状 42 份。”这些作品不仅是叶老智慧的结晶，更是为“作良田百世耕”，造福下一代，他用满腔热情向我们诠释了“莫道桑榆晚，为霞尚满天”的贤哲情怀。

叶老已经 84 岁高龄，但他仍然以共产党员的标准要求自己，放眼未来，情系下一代，努力奋斗，没有寒暑假，甚至没有双休日，日复一日地学习。不管酷热难耐，不管天寒地冻，都挡不住他对下一代和对教育事业的一片炽热之心。

叶老用生命的蜡烛照亮他人，也照亮了自己。成为中共党员既是一种荣誉，也意味着责任。作为新时代的我们，也应该潜心求学，刻苦钻研，为党和国家的繁荣发展贡献自己的绵薄之力。

文字|郭紫茵、练芷莹　图片|陈梓锋、吴婷婷、杨文星、练芷莹
指导老师|蔡梦虹　排版|邓诗琪　初审|卢雪沌　复审|谢鲁纳　终审|陈璇

附　录

一、叶瑞祥著作教材一览

1.《谈谈教学规律》，1980年8月，汕头地区教育局印。

2.《教育学》（合编），1981年7月，广东、福建两省师专教材协作组印。

3.《教育学十讲》，1982年12月，韩山师专印。

4.《教育学》(合编)，1983年7月，广东省师专教材协作组印。

5.《学习的原理与方法》，1985年6月，《韩山师专学报》编辑部印。

6.《教育学》(合编)，广东省师专协作教材，1987年1月版，广东高等教育出版社。

7.《师专教育研究》(合著)，1987年5月，《韩山师专学报》编辑部印。

8.《怎样教育子女》(合著)，1988年3月出版，广东教育出版社。

9.《大学生学习学》，1989年6月版，广东高等教育出版社。

10.《中学教育学》（主编），1990年1月版，广东高等教育出版社。

11.《〈中学教育学〉阅读资料》（主编），1990年1月出版，广东高教出版社。

12.《中学生学习学》（主编），1991年4月出版，广东高等教育出版社。

13.《教子有方》（主编），1992年4月出版，广东高等教育出版社。

14.《论学习》（合著），1992年6月出版，人民出版社。

15.《教育学教程》（主编），1992年10月出版，广东高等教育出版社。

16《〈教育学教程〉阅读参考》（主编），1992年10月出版，广东高等教育出版社。

17.《学习学概论》，1993年5月出版，广东高等教育出版社。

18.《教育工作博览》（合著），1994年5月出版。北京工业大学出版社。

19.《教学和班主任工作技能训练》（主编），1994年9月出版，广东高教出版社。

20.《教育学》（主编），1995年5月出版，广东高等教育出版社。

21.《〈教育学〉阅读参考》（主编），1995年6月出版，广东高等教育出版社。

22.《叶瑞祥教育文集》，1996年12月，韩山师院教育科学研究所印。

23.《幼儿学习学》（主编），1997年5月，山西大学《教育与学习研究》编辑部印。

24.《中学教育学》（主编），1997年8月出版，广东高等教育出版社。

25.《〈中学教育学〉阅读参考》（主编），1997年8月出版，广东高等教育出版社。

26.《学习指导论》（主编），1997年9月，广东省学习科学研究会印。

27.《学习学概论》（修订版）1997年12月出版，2000年9月再版，广东高教出版社。

28.《学习科学大辞典》（总编），1998年6月出版，新华出版社。

29.《青年学习心理学》（主编），1998年6月出版，广东高等教育出版社。

30.《小学学习学》（主编），1998年11月出版，广东高等教育出版社。

31.《教育学》（主编），2001年8月出版，2003年1月再版，广东高教出版社。

32.《〈教育学〉阅读参考》（主编），2001年8月出版，2003年1月再版，广东高等教育出版社。

33.《学生“学会学习”研究文集》（主编），2000年12月，教育部“九五”重点课题《义务教育阶段学生“学会学习”研究》总课题组广东省课题组印。

34.《家庭教育学》（主编），2004年2月出版，广东高等教育出版社。

35.《老年学习学》（主编），2004年9月出版，香港天马出版公司。

36.《创新学习能力论》（主编），2004年10月出版，天津教育出版社。

37.《科学学习观的探索——叶瑞祥学习科学文集》，2005年11月出版，科学技术文献出版社。

38.《老年学习指导文集》（主编），2006年2月出版，香港天马出版公司。

39.《老年创新学习能力论》（主编），2008年4月出版，大众文艺出版社。

40.《普通高中新课程各学习领域实施途径研究》（主编），2008年6月出版，中山大学出版社。

41.《大学生学习心理问题研究》（主编），2008年8月出版，中山大学出版社。

42.《潮州市青少年思想道德现状调查报告专辑》（主编），2009年12月，潮州市关心下一代工作委员会印。

43.《创新智能教学理论与实践研究》（主编），2009年12月出版，中山大学出版社。

44.《当代青少年思想道德教育研究》（主编），2010年3月出版，珠海出版社。

45.《科学教育观的探索——叶瑞祥教育科学文集》，2010年3月出版，珠海出版社。

46.《“潮州市青少年思想道德现状及其教育研究”结题报告专辑》（主编），2010年8月，潮州市关心下一代工作委员会印。

47.《老年学习力研究》（主编），2011年1月出版，广东省语言音像电子出版社。

48.《潮汕客籍教育人物录》（主编），2011年10月出版，香港利通文具有限公司。

49.《论学习力——学生学习力理论与实践研究》（主编），2011年12月出版，哈尔滨工程大学出版社。

50.《叶瑞祥教育口述史》，吴晓玲、吴芳芳整理，许佩卿统稿，郑文锋审稿，2012年2月出版，大众文艺出版社。

51.《评〈叶瑞祥教育口述史〉》（文集），中国言实出版社，2013年3月出版。

52.《婴儿学习力研究》（主编），中国言实出版社，2013年10月出版。

53.《叶瑞祥学习学讲演录》，中国电影出版社，2014年8月出版。

54.《新编老年学习学》（主编），花城出版社，2014年9月出版。

55.《老年大学教学论》（主编），广东高等教育出版社，2016年10月出版。

56.《简明学习科学全书》（主编），团结出版社，2017年8月出版。

57.《老年教育学与教的原理》（主编），世界图书出版社，2019年1月出版。

58.《老年教育辞典》（主编），广东人民出版社，2020年12月出版。

二、叶瑞祥论文目录

1.试论调整中小学布局，1981年第1期，《韩山师专学报》。

2.提高教育学教学质量的几点做法，1982年第1期，《韩山师专教学研究》。

3.提高师范院校教育学科教学质量的几个问题，1982年第1期，《韩山师专学报》。

4.略谈教育在两个文明建设中的作用，1983年第1期，《韩山师专学报》。

5.教育学教学中理论联系实际的几点做法，1983年第2期，《韩山师专教学研究》。

6.教育是现代化建设的基础，1984 年第 1 期，《韩山师专学报》。

7.组织课堂讨论的做法，1984 年第 3 期，《韩山师专教学研究》。

8.试谈师范专科学校学生的智能结构及其培养，1984 年第 3 期，《韩山师专学报》。

9.试论我国高等师范教育的历史及其经验，1985 年第 1 期，《韩山师专学报》。

10.略论师专的现状及其改革，1986 年第 1 期，《韩山师专学报》。

11.改革师范专科学校专业设置浅议，1986 年第 1 期，《广东省高等研究丛刊》。

12.独特的教学思想，1986 年 3 月 16 日，《汕头日报》。

13.谈谈师专教学管理工作中的几个问题，1986 年第 2 期，《韩山师专学报》。

14.学生是教学过程的客体和学习过程的主体，1986 年第 2 期，《汕头教育》。

15.关于高等学校开设大学生学习学的若干问题，1987 年 1 月在广东省高等教育学会大会交流。

16.我校加强实践环节的主要措施，1987 年 1 月在广东省高等教育学会大会交流。

17.再论教育在精神文明建设中的地位和作用，1987 年第 1 期，《韩山师专学报》。

18.高等师范院校若干教育观念的更新问题，1987 年第 2 期，《高教探索》。

19.树立新的学生观，建立新的学习论，1987 年第 5 期，华东工学院《高教文摘》。

20.为人师表，教书育人，1987 年 10 月 2 日，《汕头日报》。

21.教育在两个文明建设中的地位和作用，1987 年 7 月在汕头市教育学会大会交流。

22.必须掌握科学的学习方法，1988 年第 2 期，《汕头教育》。

23.必须把教育放在经验战略发展的首位位置，1988 年第 1 期，《韩山师专学报》。

24.怎样帮助孩子掌握学习方法，《怎样教子成才》，1988 年 3 月出版，广东教育出版社。

25.关于学习科学建设的若干问题，1989 年第 1 期，山西大学《教育与学习研究》。

26.研究大学生学习学的几个问题，1989 年第 1 期，四川工学院《高等教育研究》。

27.关于建立大学学习学的构想，1989 年 3 月 10 日，山西教育学院《学习报》。

28.抓教材建设，为教学服务，韩山师专《1989 年优秀教学成果文集》。

29.师专教学管理工作之研究与实践，韩山师专《1989 年优秀教学成果文集》。

30.论德育工作综合化，1990 年第 2 期，《汕头大走向》。

31.学习学在中国，1990 年第 5 期，《汕头教育》。

32.要金子，更要炼金术，1990 年第 8 期，《汕头教育》。

33.《学习学通论》简介，1991 年第 1 期，《教育与学习研究》。

34.教学中进行爱国主义教育的几个问题，1991 年第 3 期，《汕头教育》。

35.学习及其作用，1991 年第 4 期，四川工学院《高等教育研究》。

36.学习科学领域里的一颗明星，1991 年创刊号，四川省教育学会《学习与人》。

37.开展学术研究活动的做法，1991 年 1 月在汕头市教育学会大会交流。

38.坚持正确方向，开展合理竞争，1991 年 5 月在广东省教育学会大会交流。

39.中学学习的原理与方法，1991 年 12 月在首届全国中学分科学习指导研究会大会交流。

40.试谈陶行知的学习论，《一代宗师》文集，1992 年 7 月出版，广东教育出版社。

41.为《小学数学教学心理讲座》作序，1992 年 5 月。

42.如何认识和理解学习科学与教育科学的关系，《论学习》，1992年6月出版，人民出版社。

43.学习的起源与学习的定义，《论学习》，1992年6月出版，人民出版社。

44.学生学习的特点，《论学习》，1992年6月出版，人民出版社。

45.学习在人的发展中和两个文明建设中的作用，《论学习》，1992年6月出版，人民出版社。

46.确定高等学校和中等学校学习指导内容的依据和要求，《论学习》，1992年6月出版，人民出版社。

47.面向市场经济，改革高师教育，1992年第4期，《韩山师专学报》。

48.教授们的新思路，1992年12月5日，《潮州日报》。

49.为《读书学习有妙法》作序，1993年4月。

50.略谈陶行知的教学论，1993年4月出版，《陶花璀璨论文集》。

51.《现代教学艺术论》评介，1993年第2期，《学习与人》。

52.论学习指导，1993年第4期，《教育与学习研究》。

53.再论学习指导，1993年3月出版，《汕头教育》《全国中学学习科学研究会第三届年会文集》。

54.教育学科课程建设与改革，1993年第1期，《韩山师专教学研究》。

55.谈青年大学生的学习，1994年3月28日，《韩山师专校刊》。

56.积极主动原则，《教育工作博览》，1994年5月出版，北京工业大学出版社。

57.学思结合原则，《教育工作博览》，1994年5月出版，北京工业大学出版社。

58.理论与实践结合原则，《教育工作博览》，1994年5月出版，北京工业大学出版社。

59.循序渐进原则，《教育工作博览》，1994年5月出版，北京工业大学出版社。

60.课内与课外结合原则，《教育工作博览》，1994年5月出版，北京工业大学出版社。

61.发挥课堂教学在爱国主义教育中主渠道的作用，1994年12月在潮州市教育学会大会交流。

62.邓小平学习思想初探，1994年第4期，《教育与学习研究》。

63.广东省开展学习指导的现状及近期的初步设想，中国学习科学学会，1994年11月20日，《学习指导动态》。

64.高等师范院校加强爱国主义教育的问题，1995年1月10日，《韩山师专校刊》。

65.爱国教育改革家——丘逢甲，1995年第1期，《韩山师专学报》。

66.粤东沿海地区大学生学情调查报告，1995年第2期，《韩山师院学报》。

67.认真学好学习学课，提高学习指导能力，1995年8月在全国学习科学第四届年会大会交流。

68.对学习概念的新认识，1995年第4期，《韩山师院学报》。

69.开展学情调查，指导学生学习，1995年增刊，《教育与学习研究》。

70.在广东省学习科学研究会成立大会暨首届学术年会上讲话（1995年12月），1996年第1期，广东省教研室《学习学简报》。

71.论饶宗颐的治学观，1996年增刊，《韩山师院学报》。

72.潮州时代精神的心理学依据，1996年6月24日，《潮州日报》。

73.教育学科教法、学法同步改革探索，1996年第2期，《韩山师院学报》。

74.中学学习指导的研究与实践，1996年第2期，《韩山师院教学研究》。

75.高师学生学习指导的研究与实践，1996年第4期，《韩山师院学报》。

76.志存高远，惜时学习，1996年9月28日，《韩山师院院刊》。

77.学习指导的改革与试验，1997年第1期，《韩山师院教学研究》。

78.加强实际训练，培养师范生教学教育技能，1997 年第 1 期，《韩山师院教学研究》。

79.高等师范院校必须加强爱国主义教育，1997 年第 1 期，《韩山师院学报》。

80.“以学定教”的新思想，1997 年第 4 期，《韩山师院学报》；1998 年第 3 期，人民大学《高等教育》复印报刊资料全文转载。

81.介绍一门新兴学科——学习学，1997 年 10 月在广东省学习科学骨干研讨班大会上交流。

82.正确理解学习的概念，全面掌握学习的特点，1997 年 10 月在广东省学习科学骨干研讨班大会交流。

83.开展学习道德研究，提高学习道德水平，1997 年 10 月在广东省学习科学骨干研讨班大会交流。

84.关于开展学习指导的若干问题，1997 年 10 月在广东省学习科学骨干研讨班大会交流。

85.对学习能力的再认识，1997 年 11 月在全国大学学习科学研究会交流。

86.加强学习指导，提高人才素质，1997 年 11 月在全国大学学习科学研究会交流。

87.全国大学学习科学研究会第二届理事会工作报告，第 6 期（1998 年 1 月 15 日），大学学习科学研究会《会员通讯》。

88.我国高等院校开展学习指导的现状与展望，1998 年第 3 期，《中国高教研究》。

89.如何教育好孩子，1998 年 6 月 4 日，《潮州日报》。

90.完整理解“学习指导”的概念，1998 年 6 月 5 日，《上海教育报》。

91.高师学生学习指导的研究与实践，广东高等教育出版社，1998 年 6 月出版，《奖励教学成果，推广教学改革》。

92.指导学生学会学习，优化教学过程，1998 年 8 月在全国中小学导学研究会大会交流。

93.构建学会学习理论体系的设想，2000 年 1 月在全国学习科学研究会大会交流。

94.“义务教育阶段学生‘学会学习’研究广东省课题组研究情况综述”，2000 年 12 月出版，《学生“学会学习”研究文集》。

95.构建小学“学会学习”理论与实践的研究，2001 年 5 月出版，上海三联书店出版社，《中小学生“学会学习”研究》（上册）。

96.高等院校学习指导课程的教学模式初探，2001 年 10 月在全国大学学习科学研究会交流。

97.创新学习能力的定位与结构，2002 年 10 月出版，香港《创新学习研究与实践国际研讨会文集》。

98.谈幼儿学习指导的形式，2002 年 12 月出版，香港三联书店出版社，《青少年成长与学习的新趋势》。

99.关于中小学生创新学习若干理论与实践问题的研究，2003 年 11 月在全国中小学导学研究会大会交流。

100.成人学习的组织形式，2004 年 1 月在全国学习科学研究会第六届年会大会交流。

101.《潮州市老年学习现状与学习指导研究》实施方案，2004 年 7 月，潮州市老干部大学校刊。

102.潮州市老年学习现状调查报告，2004 年 7 月，潮州市老干部大学校刊。

103.试论老年学习的特点，2004 年 7 月，潮州市老干部大学校刊。

104.创新学习指导教学模式的探讨，2004 年 9 月出版，香港《创新教学国际研讨会文集》。

105.第二届全国幼儿学习科学研究会《纪要》，2004 年 10 月，中国高等教育学会学习科学研究会，《简讯》2006 年第 1 期。

106.关于课题后期研究工作的几个问题，2005 年 3 月在全国中小学导学研究会大会交流。

107.中小学创新学习方法的探索，2005 年第 1 期，《韩山师院教学研究》。

108.《高技术时代军事工程院校基础课程学习指导研究》课题鉴定书，《科学学习观的探索》，2005 年 11 月出版，科学技术文献出版社。

109.《普通高中新课程各学习领域的价值及其实施途径研究》实施方案，《科学学习观的探索》，2005 年 11 月出版，科学技术文献出版社。

110.关于信息时代学习方式变革若干问题的认识，《科学学习观的探索》，2005 年 11 月出版，科学技术文献出版社。

111.论“纵横汉字输入法”的学习科学基础，2006 年 4 月在全国“纵横汉字输入法”理论与实践研讨会暨潮州经验交流大会交流。

112.教育是振兴民族的基础，2006 年 10 月在潮州韩江专修学院教师大会上的讲话。《科学教育观的探索》，2010 年 3 月出版，珠海出版社。

113.《潮州市老年学习现状与学习指导研究》结题报告，2006 年第 2 期，《潮州社科》。

114.全国幼儿学习科学第三届年会《纪要》，《中国高等教育学会学习科学研究会简报》，第 5 期。

115.幼儿学习科学研究中心工作总结，2007 年 6 月 10 日第 5 期，《中国高等教育学会学习科学研究会简讯》。

116.为民而办，创新发展，2007 年 6 月 11 日，《潮州日报》。

117.《老年创新学习能力理论与实践研究》实施方案，2007 年 7 月第 9 期，潮州市老年大学校刊。

118.潮州市老年创新学习能力现状调查报告，2007 年 7 月第 9 期，潮州市老年大学校刊。

119.创新学习能力的界定及其结构，2007 年 7 月第 9 期，潮州市老年大学校刊。

120.潮州韩江专修学院办学理论与实践，2007 年 9 月广东省民办教育研究会大会交流。

121.《科研之路》的《序》，2007 年 11 月版，普宁市第二中学出版《科研之路》。

122.高师学生学习道德现状及其培养策略，2007 年第 11 期，南京师范大学《文教资料》。

123.《普通高中新课程各学习领域的价值及其实施途径研究》结题报告，《普通高中新课程各学习领域实施途径研究》，2008年6月版，中山大学出版社。

124.大学生学习心理问题的内涵及类型，《大学生学习心理问题研究》，2008年8月版，中山大学出版社。

125.新形势下大学生学习心理问题的若干思考，2008年第6期，《黑龙江教育学院学报》。

126.《互动新学案》的《序》，2008年6月版，广东出版集团，《互动新学案》丛书。

127.《翠瑛集》的《序》，2008年6月版，汕头市翠瑛中学出版《翠瑛集》（五）。

128.潮州市青少年思想道德现状调查与思考，2009年第2期《潮州》。2010年第1期《韩山师范学院学报》。

129.扎实开展创新智能教学理论与实践研究，《创新智能教学理论与实践研究》，2009年12月版，中山大学出版社。

130.《潮州市青少年思想道德现状及其教育研究》实施方案，《当代青少年思想道德教育研究》，2010年1月版，珠海出版社。

131.学生学习力理论与实践研究，2010年第1期，韩山师院教育研究所《教学研究》。《科学教育观的探索》，2010年3月版，珠海出版社。

132.《老年学习力理论与实践研究》实施方案，2010年1月在潮州市老年大学课题开题会上交流。《老年学习力研究》，2011年1月版，广东省语言音像电子出版社。

133.教育人生五十五年，《科学教育观的探索——叶瑞祥教育科学文集》，2010年3月出版，珠海出版社。

134.潮州市老年学习力现状调查与思考。2010年第1期《秋晖》（创刊号）。

135.“潮州市青少年思想道德现状及其教育研究”结题报告，潮州市关工委印《“潮州市青少年思想道德现状及其教育研究”结题报告专辑》，2010年8月版。

136.向母校汇报——韩师55届毕业班校友的综述与思考，2010年10月25日座谈会发言稿。

137.学习力的内涵与要素，《老年学习力研究》，2011年1月版，广东省语言音像电子出版社。

138.学习力的作用，《老年学习力研究》，2011年1月版，广东省语言音像电子出版社。

139.中原中学办学纪实，2011年10月，香港利通文具有限公司，《潮汕客籍教育人物录》。

140.我的幸福人生，2011年第6期《秋晖》。

141.我与韩师，《韩师情，学子心—韩山师范学院老校友口述历史》，2013年9月出版，暨南大学出版社。

142.绪言，《韩山师范学院校史简编》，2013年9月出版，暨南大学出版社。

143.开展老年创新学习能力研究的成果与经验，广东省老年大学协会《老年教育文集》（一）2013年12月。《叶瑞祥学习学讲演录》，2014年8月出版，中国电影出版社。

144.潮州市老年学习现状与发展调查研究，广东省老年大学协会《老年教育文集》（一）2013年12月。《新编老年学习学》，2014年9月出版，花城出版社。

145.当代青少年思想道德研究，珠海市哲学社会科学联合会《海风》，2013年11期。

146.前段课题研究总结与今后课题研究意见，《潮州市老干部大学校报》2013年第21期，2013年12月。《新编老年学习学》，2014年9月出版，花城出版社。

147.潮州市老年学习现状与发展成果综述①，《新编老年学习学》，2014年9月出版，花城出版社。

148.绪论，《新编老年学习学》，花城出版社，2014年9月出版。

149.老年学习的特点，《新编老年学习学》，2014年9月出版，花城出版社。

150.略论老年大学在社会融合中的策略，《广州老年教育研究》，

2015 年第 1 期。

151.潮州市老年大学教学现状调查报告，广东省老年大学协会《老年教育文集》（二）2015 年 12 月。《老年大学教学论》，2016 年 10 月出版，广东高等教育出版社。

152.潮州市老年学习现状与发展研究成果综述②，广东省老年大学协会《老年教育研究》（二），2015 年 12 月。

153.《老年大学教学理论与实践研究》中期成果总结交流大会上的报告，《老年大学教学论》，2016 年 10 月出版，广东高等教育出版社。

154.绪论，《老年大学教学论》，2016 年 10 月出版，广东高等教育出版社。

155.老年大学的教学本质，《老年大学教学论》，广东高等教育出版社，2016 年 10 月出版。

156.综述、评价、认识、建议，在《老年大学教学理论与实践研究》课题总结会上的报告《潮州市老干部大学校刊》（第 27 期），2016 年 12 月。

157.领会《规划》精神，进一步办好老年大学，潮州市老干部大学主编《老年教育发展规划（2016—2020 年）相关解读》，2017 年 3 月出版。

158.领会老年教育目的精神，提高老年教育质量，潮州市老干部大学主编《老年教育的实践探索与理论创新》，2017 年 11 月出版。

159.教学理论新亮点，教学实践新成果，广东省老年大学协会编，广东省老年大学协会第三届老年教育理论研究会《老年教育文集》，2017 年 12 月。陈先哲主编《老年教育的实践探索与理论创新》，2018 年 6 月出版，广东教育出版社。

160.科研兴教，推进老年大学的教学改革创新，广东省老年大学协会编，广东省老年大学协会第三届老年教育理论研讨会《老年教育文集》，2017 年 12 月。

161.新时代、新作为，落实《规划》精神，实施老年教育目的，陈先哲主编《老年教育的实践探索与理论创新》，2018 年 6 月出版，广东教育出版社。

162.打造高素质专业化老年大学教师队伍，陈先哲主编《老年教育的实践探索与理论创新》，2018 年 6 月出版，广东教育出版社。

163.老年教育学习论，陆杰剑主编《老年教育学》，2018 年 9 月出版，河海大学出版社。

164.努力打造我国第一部《老年教育辞典》，林元和、王友农主编《中国老年教育理论与国际接轨（2018 年）》，2020 年 5 月出版，北京师范大学出版社。

165.我国老年教育著作现状与趋势初探，2021 年第 8 期（总 115 期），《终身教育》《老年教育研究》。

三、叶瑞祥教育年谱

1937 年

4 月 12 日（农历三月初一）子时，出生于广东省汕头市外马路广州街。父叶访苏、广东梅县人，在汕头市经商。母林桃，广东潮州人，在家理家务。

1939 年

4 月在潮汕沦陷前夕，即 2 周岁时，随父母举家迁回家乡——梅县三角地梅塘宫前叶屋（现为梅州市梅江区三角镇宫前村叶屋介成楼）居住。

1944 年

2 月在梅塘长岗小学读幼儿班

9 月在长岗小学读一年级，并读至五年级第一学期。

1948 年

2 月随母在潮安县城关镇嘉应旅潮镇海小学读五年级第二学期至小学毕业。

1949 年

7 月镇海小学毕业。

1950 年

2 月在潮安县城关镇私立中原中学（校址现为开元中学）读初中一年级（春季班）。读至初中二年级上学期。

1951 年

9 月为了贯彻《关于接办私立中小学校的指示》精神，潮安县人民政府文教科决定接办私立中原中学并将春季班的学生，转学到潮安第一中学（校址为潮州市西湖，现为潮州金山中学）读初中二年级（春季班）下学期。

1952 年

6 月读潮安一中初中三年级（春季班）上学期，初中提前毕业。

6—7 月为了贯彻《关于中学自 1953 年起一律不招收春季始业班次的通知》的精神，粤东行署文教处决定在广东韩山师范学校举办为期 40 天的潮澄饶 1952 年春季毕业补修班，集中补修初中三年级下学期的主要课程，经考试合格者，提前半年毕业，国家承认其初中毕业学历。成为潮安一中初中部 52 届的毕业生。

9 月由广东省统一考试，考上广东韩山师范学校普通师范班。

1953 年

继续在广东韩山师范学校普师班读书。

1954 年

继续在广东韩山师范学校普师班读书。

1955 年

4—5 月由广东韩山师范学校实习领导小组分配在城关镇大埔旅潮小学（校址现为岭东佛学院）教育实习。任五年级班主任、地理科老师，并被评为“优秀实习生”。

7 月广东韩山师范学校（普师班）毕业，成为韩山师范 55 届普师班的毕业生。8 月 25 日，由学校统一分配到汕头市教育局报到。

8 月 26 日由汕头市教育局分配到中马路大埔旅汕小学任教，任五年级班主任，教语文、地理课和六年级算术、音乐课，少先队中队辅导员。

1956 年

6月第一篇教学论文《如何培养学生学习地理科的学习兴趣》刊于汕头市教育局编辑的《汕头市中小学教学经验汇编》一书。同时被选为汕头市先进教育工作者。

7月7—9日参加国家统一高考。

8月20日由国家统一考试，考上华南师范学院教育系学校教育本科专业。

8月28日由汕头市前往广州市华南师范学院读书。

8月30日到广州市华南师范学院教育系报到。

第一学期结束时，被评为优秀生。寒假参加广州地区大学生参观团，到中山县等地方参观访问。

1957年

2月即第二学期开始，被推选为华师学生会文化部副部长。6月开始参加反右派运动。

1958年

7月教育系学校教育专业同学“一分为三”：分解为中文专业、历史专业、学校教育专业。坚持学习学校教育专业。

8月受广东省教育厅委托，在杨荣春教授指导下，到广东省博物馆、档案馆等单位搜集广东教育史资料。

9—10月由教育系统一分配，利用课余时间在广州市郊区石牌乡参与举办农民夜校。

1959年

2—3月在广州市黄埔区广东罐头厂参与举办工人夜校。

3月20日—6月19日由教育系统一组织到黄埔区参与举办教育实验基地，边学习教育理论，边参加教育改革试验。在彭若芝讲师指导下，撰写题为《加强“三结合”教师队伍建设》一文，发表于《华南师范学院学报》。

1960年

2—6月在广州第一师范学校教育实习。任速师班实习班主任，上教育学课。

7月23日—8月4日受广东省教育厅委托，由教育系统一安排到普宁县流沙公社赵厝寮大队开展农民业余教育调查。

8月下旬由华南师范学院统一分配到汕头韩山师范专科学校农业中学师资训练班任教。

9—11月根据个人要求，并由农训班领导安排，到潮阳县关埠农中、揭阳县白塔农中、潮安县江东农中进行农业中学教育调查。

1961年

2月在韩山师专农训班为政文科、数学科、理化科上教育学课程，学员为汕头地区各县农业中学教师。

8月随韩山师专农训班到惠来县葵潭公社地道岭新办的汕头专区农业中学师范学校任教。

10月汕头专区农业中学师范学校第一届学员开学。学员来自汕头专区各县农业中学教师。担任数学班主任，任教全校教育学。

1962年

5月贯彻国家“调整、巩固、充实、提高”方针，汕头地区农业中学师范学校“下马”。

9月在原汕头专区农业中学师范学校基础上成立汕头专区教师进修学校。第一期为中心小学校长训练班，学员来自汕头专区各县中心小学校长。任第五班班主任，上全校教育学、教育行政管理两门课程。

1963年

4月组织学员到汕头市外马路第二小学、中山路小学教育调查。

7月汕头韩山师范专科学校“下马”。

7月汕头专区教师进修学校迁回潮州桥东原韩山师范专科学校校址。

9月汕头专区第二期中心小学校长培训班开学，任教全校教育学，编辑出版《教育学参考资料》一书（内部出版）。

11月组织学员到潮安县六联小学等学校调查。

11—12月汕头专区公社视导员第一期训练班开学，做《全日制小学条例》专题讲座。

1964年

2月汕头专区第三期中心小学校长训练班开学，任教教育学。

5月组织学员到潮安县铁铺公社松下小学等学校调查。

8月参加揭阳县仙桥公社“四清”运动。任篮兜大队“四清”工作队队员。

1965年

9月参加陆丰县碣北公社“四清”运动。任角洋大队“四清”工作队资料员。

1966年

10月“四清”运动结束。汕头专区教师进修学校停课，参加“文化大革命”。

1967年

参加“文化大革命”。

3月1日与潮州镇义井幼儿园教师陈莩莲结婚。

10—11月回避潮州两派的“武斗”，到梅县松口镇。

1968年

参加“文化大革命”。

7—10月参加“清理阶级队伍学习班”，或称“对敌斗争学习班”，潮安教育界史称为“韩师百日学习班”。

1969年

7月汕头专区教师进修学校与韩山师范学校合并，成立汕头专区工农师范学校。下放农场劳动。

7月28日台风袭击韩师桃坑农场。

8月在潮安县文教革委会举办的初中教师培训班协助教学管理工作。

12月调至潮安红旗中学（现为潮州金山中学）工作，任学校宣传教育组副组长，上高中一年级六个班的政治课。

1970年

2月潮安县文教革委会创办潮安师范学校（校址在潮安县意溪公社头塘大队精神病院），调至潮安师范学校任教全校的政治课。

5月组织学员到潮安县凤凰公社兴南学校教育实习。

9月任潮安师范学校数学科2排班主任，任教全校的政治课。

1971 年

1—6 月任潮安师范学校数学科 2 排班主任，继续任教全校的政治课。

7 月潮安师范学校整体迁至古巷公社枫洋大队原汕头专区农业学校办学。

1972 年

9—12 月调到潮安县教育局教育股工作。分配驻枫溪小学工作组，主要搞小学教育、教学工作。

1973 年

2—7 月在潮安县教育局驻枫溪小学工作组，主要搞小学教育、教学工作。

1974 年

8 月参加广东省教育革命委员会举办的“儒法斗争史学习班”。

9—12 月潮安县教育局驻意溪中学工作组，主要搞农村中学教育、教学工作。

1975 年

2—7 月潮安县教育局驻意溪中学工作组，主要搞农村中学教育、教学工作。

1976 年

9—12 月潮安县教育局驻红旗中学（现潮州金山中学）工作组，主要搞城市中学教育、教学工作。

1977 年

2—7 月潮安县教育局驻红旗中学工作组，继续搞城市中学教育、教学工作。

9—12 月任潮安县教育局教研室中学组组长，开展中学教学研究工作，经常到城乡中学开展教学调查研究。

1978 年

1—12 月继续在中学组工作，经常到城乡中学开展教学调查研究。

7—12 月主持“文化大革命”后潮安县第一次初中升高中统一考

试工作。组织全县高中教师代表编写高考复习资料工作。

1979年

2—6月继续在中学组工作，经常下乡开展教学调查研究。

7—8月主持“文化大革命”后潮安县第二次初中升高中统一考试工作。

10月根据初中升高中统考情况，撰写《中学生学习现状与分析》一文，由此开始探索学习论。

12月由汕头市文教部、人事局调至韩山师范专科学校工作。

1980年

2月任韩山师专中文科77级、78级，英语科、体育科78级等六个教学班的教育学教师。同时编写《教育学参考资料》一书（内部出版）。

8月应汕头地区教育局教研室邀请，在澄海县下蓬中学举办的汕头地区教育学教师讲习班主讲“教育的本质”“谈谈教学规律”两个专题。确定研究方向：教育基本原理与教学论（后发展为学习科学）。

9月在《韩山师专学报》发表《试论调整中小学布局》一文。

10月《谈谈教学规律》一书由汕头市教育局编印。开始撰写《学习的原理与方法》一书。

12月5—9日参加广东省教育学会1980年学术年会（广州市广东省委党校）。

1981年

2月任中文科79级两个教学班的教育学教师，并开展学情调查。

4月15—25日参加中国教育学会第二届学术年会（福州市福建师范大学）。

5月主持召开广东、福建师专《教育学》教材编写会议（福建省厦门师专）。

6月参加中国共产党。6月2日，党支部讨论通过为中共预备党员；6月16日中共韩山师范专科学院委员会讨论、批准。

9月为81级新生讲授《人民教师的修养》。

12月被评为教育学讲师。

1982年

2月经中共韩山师范专科学校委员会决定，教育、心理教研组升格为教育学科教研室。被任命为教育学科教研室副主任。7月起，主持全面工作，兼任中文科80级两个班的教育学教师。

5月获广东省高等教育局“广东省优秀教学奖”。

7—8月撰写《教育学十讲》（内部出版）。

9月为全校82级新生讲授《人民教师的修养》。

1983年

2月任中文科81级两个班的教育学教师。

3月应汕头技工学校邀请，到汕头给该校教师上教育学。

7月主持广东省教育学协作教材出版（全省内部发行）。

9—10月应潮安县教育局邀请，到该县小学行政训练班上教育学。为83级新生讲《人民教师的修养》。

10月撰写完成《学习的原理与方法》一书（内部出版）。

12月参加广东省高等学校教学改革研讨会（华南农业大学）。

1984年

2月被汕头市委组织部任命为韩山师范学校教务科科长。上任后，一抓教学规章制度建设；二抓教学基本建设；三抓教学计划管理、教学过程管理、教学质量管理等项基础工作。兼任化学科82级一个教学班的教育学教师。

6月参加广东省高等教育局主持的“广东省高等教育改革会议”（华南师范大学）。

8月主持编印《韩山师专教育教学规章制度汇编》（韩山师专教务科油印本）。

9月试办韩山师专“夜大”中文、英语专业。倡导在新生中开设音乐课、美术课选修课。为84级全校新生讲授《人民教师的修养》。

10月13日参加汕头教育学会成立大会，并当选为第一届教育学会副会长（汕头教育学院）。

12月参加在广州市召开的广东省教育学会第七届年会，当选为第五届理事会理事。

1985年

2月兼任中文系83级两个班的教育学课程。

3—5月积极向省高教局建议，倡导中间选拔制度。严格选拔第一批专升本插班生的考生。

6月出版《学习的原理与方法》一书，由韩山师专学报编辑部出版，印2000册。被评为汕头市优秀共产党员。

7—9月比较集中研究我国高等师范院校的历史、现状、未来，撰写《高师历史、现状与未来》等四篇学术论文。

9月主持试行学分制。为85级新生讲授《教育的地位和作用》。

11月19—21日参加广东省高等教育学会成立大会，当选第一届常务理事（华南师范大学）。

1986年

1月18—22日参加广东省中小学师资工作会议。

2月兼任中文系84级、化学系、英语系85级五个教学班的《教育学》。

5月编制韩山师专86级教学计划。

6月被广东省高等教育局评为"广东省高教战线教书育人先进个人"。

5月28日—6月14日参加广东省高教局主办的"高校教学行政干部研讨班"（中山大学）。

10月为86级新生中开设《大学生学习学讲座》。宣讲《教育的地位作用》。

12月参加广东省高等教育学会第一届学术年会（深圳大学）。被评为韩山师专第一批高级职称，教育学副教授。

1987年

1月参加编写的广东、福建协作教材《教育学》，由广东高等教育出版社出版。

2月《高等师范院校若干教育观念的更新问题》一文在广东省高教局主办的刊物《高教探索》发表。

4月3—5日，参加广东省高教局主办的"全省教学工作会议"，在会上代表韩山师专介绍“师专教学管理工作的几个问题”的经验。

5月主编《师专教育研究》，由韩山师专学报编辑部出版，是广东省高教局“七五”重点课题的成果。

6月1—6日参加“全国首届学习科学研讨会暨讲习班”，即中国学习科学第一届学术年会。参送专著《学习的原理与方法》、论文《树立新的学生观，建立新的学习论》。会议期间，成立中国学习科学研究会筹委会，被选为筹委会委员，学术组成员（南京会议）。

8月应邀在汕头教育学院为汕头市首届中学校长训练班作“教育在两个文明建设中的作用”等专题报告。参加汕头市成人高等教育专业技术职称评审工作。

9月兼任中文系86级一个教学班的教育学教师。为87级新生讲授“教育的地位作用”，并作大学生学习学讲座。

1988年

1月26—28日参加“汕头市教育学会第二届会员代表大会暨学术年会”，当选为第二届副会长。

2月兼任中文系87级一个教学班的教育学教师。参加汕头市成人高等教育专业技术职称评审工作（潮阳县）。

3月参编的《怎样教育子女》一书，由广东教育出版社出版。

8月在汕头教育学院第二期中学校长培训班作“社会主义初级阶段教育的特点”等专题报告。

9月主持的教务科研究课题《师专教学管理的理论与实践》，被评为韩山师专第一届优秀教学成果一等奖。

10月7—9日参加大学（中专）学习论研讨会（四川工学院），参送专著《大学学习的原理与方法》一书（油印本），论文《关于建立大学学习学的构想》。

10月10—15日参加中国学习科学筹委会第二届学术年会（成都地质学院），并就学习科学建设问题作了两次大会发言。会上，被选为中国学习科学筹委会常务委员，学术委员会委员。会议期间，成立全国大学学习科学研究会，被推选为全国大学学习科学研究会副理事长。

10月20日韩山师专升格为副厅级建制。

1989年

2—3月发表《关于学习科学学科建设的若干问题》及《研究大学生学习学的几个问题》等论文。

6月被任命为韩山师专图书馆馆长（副处级）。编著《大学生学习学》，由广东高等教育出版社出版。

9月兼任中文系88级一个班的教育学教师。

9月21—25日全国大学学习科学研究会第一届学术年会在河北省石家庄装甲兵指挥学院召开，决定将“全国大学学习论研究会”与“全国大学学习科学研究会”合并，被选为副理事长，兼管学术组工作，参送专著《大学生学习学》被评为优秀论著。

9月为89级新生作大学生学习学讲座。

12月主持《中学教育学》《中学教育学阅读参考》两书统稿工作会（广州师专）。

12月参加广东省教育科学研究所主持的广东省教育科学研究会，《学习的原理与方法》一书被评为优秀著作一等奖，并在大会作《教学论的出路何在?》的学术报告。

12月会后拟订个人在退休前的科研规划“2·2·6工程”，即规划在教育科学、学习科学两个领域开展研究，出版专著教材20部，发表论文60篇。

1990年

1月主编全省师专统编教材《中学教育学》《中学教育学阅读参考》两书，由广东高等教育出版社出版。

3月汕头市学习科学研究会在汕头华侨中学成立，被聘为研究会顾问。会上，并作题为“我国学习科学建设的若干问题”的学术报告。

6—11月主持编写《中学生学习学》。

9月为90级新生开设大学生学习学讲座。

12月主持韩山师专图书馆评估工作。

1991年

2月兼任中文系专科90级两个教学班的教育学教师。

4月主编的《中学生学习学》，由广东高等教育出版社出版。

5月接受潮州市电视台记者访问，就家庭教育问题作电视讲话，连续转播两个晚上。

8月16—20日参与主持汕头市教育学会与全国中学学习科学研究会联合举办的全国中学学习科学研讨会，并作题为《关于我国学习科学建设若干问题》的学术报告。

9月为91级新生作大学生学习学讲座。

10月13—16日参加中国学习科学筹委会第三届学术年会（黄山会议），提交《论学习的本质》《确定高等学校和中专学校学习指导内容的依据和要求》《陶行知的学习论》三篇论文。会上，被选为学术委员会副主任。

11月承担国家教委“八五”重点课题《我国学生学情调查与学习指导研究》广东地区课题指导工作，分别指导大学、高中、初中三个子课题的研究工作。

12月4—6日应全国中学学习科学研究会和武汉钢铁公司教育处的邀请，参加全国中学首届分科学习指导研讨班，作题为《中学学习原理与方法》的学术报告。

1992年

2月到梅县讲学，听课对象为中小学校长，讲座专题分别为《介绍一门新兴学科——学习学》《关于开设学习指导的若干问题》。

4月主编的《教子有方》一书，由广东高等教育出版社出版。

6月参编的《论学习》一书，由人民出版社出版。

9月为92级新生开设大学生学习学讲座。

1993年

2月兼任中文系与数学系本科师范专业91级的教育学教师。

3月8—10日主持由汕头市教育学会与全国中学学习科学研究会联合主办的全国中学学习科学研究会第三届学术年会，在会上发表题为《对学习概念的新认识》的学术报告，首次提出“学习内化获得”的先进理念。会议期间，成立广东省学习科学研究会筹备组，任筹备组组长。

5 月编著的《学习学概论》由广东高等教育出版社出版。

9 月任教中文系本科 91 级的学习学选修课。

为 93 级新生开设大学生学习学讲座。

《教育学科的建设与改革》课题被评为 1993 年韩山师专优秀教学成果一等奖。

11 月 10—13 日参加全国大学学习科学研究会第二届学术年会(西安地质学院)。会议期间，被推选为副理事长，学术委员会常务副主任。

12 月 11 日国家教委教计【1993 年】200 号文批准韩山师专升格为本科院校，校名为韩山师范学院。

12 月 23—25 日潮州市教育学会成立，被推选为常务副会长。

1994 年

3 月接受《韩山师专校刊》记者访问，发表题为“谈青年大学生学习问题”的讲话。

4 月应澄海市教育局邀请为中小学校长作题为“谈谈素质教育的几个问题”“关于学习指导的几个问题”两场学术报告。

5 月参编的《教育工作博览》一书由北京工业大学出版社出版，我是“教与学分篇”主编。

9 月主编《教学与班主任工作技能训练》一书，由广东高等教育出版社出版。

为 94 级新生开设大学生学习学讲座。

12 月《学习学概论》一书被广东省评为教育科学研究成果二等奖。

1995 年

1 月主编的《教育学》《教育学阅读参考》两部教材，由广东高等教育出版社出版。

1 月 21 日广东省委、省政府任命韩山师院领导班子。

3 月调任韩山师院党委办公室负责人。

4 月协助学院领导制订《韩山师院十年发展规划》。

应汕头教育学院邀请，在全院系、科主任以及中学校长训练班作关于素质教育的学术报告。

6 月被任命为韩山师院第一任党委办公室兼学院办公室主任（正处级）着手以法治教，拟定一系列的规章制度。

8 月 11—14 日参加中国学习科学学会第四届学术年会暨“八五”课题结题会（北京师范大学）。会议期间，全国大学学习科学研究会于 12 日召开理事会，被选为全国大学学习科学研究会第二届理事长。参评的《学习学概论》一书被评为优秀著作一等奖，个人被评为全国学会先进个人，

9 月兼任教中文系本科 92 级的教育学。

为 95 级新生开设题为“韩山师院校史”的大学生学习学讲座。

10 月主持召开韩师 55 届普师班乙班毕业 40 周年校友聚会。

12 月 10—13 日主持广东省学习科学研究会成立大会暨第一届学术年会（韩山师院），被选为广东省学习科学研究会第一届理事长。

1996 年

3 月 16—18 日参加广东省高等教育学会第四届理事会，被选为常务理事（湛江师范学院）。

4 月 12—14 日参加中国学习科学学会第五次工作会议，被选为中国学习科学学会筹委会副主任，参与主持《中国学习科学大辞典》编写工作（解放军石家庄医学高等专科学校）。

4—5 月为韩山师院第一期青年教师岗前培训班讲授高等教育学。

5 月参加饶宗颐国际学术研讨会筹备工作，任筹备办公室副主任，具体负责筹备工作。

8 月 17—20 日饶宗颐国际学术研讨会在韩山师院召开，选送论文题为《论饶宗颐的学习观》。

9 月接受《韩山师院院刊》记者访问，发表题为“志存高远，惜时乐学”的讲话。

为 96 级新生开设“韩山师院校史”及“大学生学习学”专题报告。

10—12 月为韩山师院青年教师第二期岗前培训班上高等教育学。

10 月 28 日—11 月 3 日出任《中国学习科学大辞典》总编，并兼

任“理论卷”主编（地点在浙江省千岛湖）。

11月主持广东省高等学校“九五”重点教材《教育学》编写会议。

应共青团潮州市委邀请，在潮州市党委校团干部训练班上作题为“青年的心理特点及其教育”的专题讲座。

12月主持的《高师学生学习指导的理论与实践研究》课题，获韩山师院第三届优秀教学成果一等奖；同时获得广东省普通高校第三届优秀教学成果二等奖。主持申报的省级重点课程《教育学》获广东省高等教育局批准。

韩山师院第一届教职工代表大会，被选为主席团成员。

《叶瑞祥教育文集》（内部出版）收集从1980年至1996年间发表的论文73篇、出版的专著教材22部、专题学术报告提纲8个、获奖项目20项等资料。该书是“文化大革命”后科研成果的总结与综合。这表明退休前已实现1989年拟定的“2·2·6工程”。

1997年

3月9—11日参加广东省高等教育学会第四届第二次学术年会(番禺理工学院)，并在大会上作学术汇报。

3月主持编印《韩山师院规章制度汇编》。

4月12日因年龄关系，卸任韩山师院“两办”主任。退休后，我的“定位”是继续学习、研究、应用、推广学习科学，主要有三件事：一是课题研究；二是讲学与办班；三是写学术论著。退休后的人生规划：在学术上力争完成“2·3·9工程”，出版两部文集，即在学习科学与教育科学两个领域，继续开展研究，累计出版著作30部，发表论文90篇，并先后出版《叶瑞祥学习科学文集》《叶瑞祥教育科学文集》。

中外名人研究中心编辑的《世界名人录》（香港中国国际交流出版社出版）将我的名字、成果收入其中条目。

5月4日韩山师院党委组织部、人事处发布《关于叶瑞祥同志达到退休年龄的通知》：“我院党委办公室、学院办公室主任、副教授叶瑞祥同志，出生于1937年4月12日，1960年8月参加工作。多年来，在工作实践中贯彻执行党的路线、方针、政策，自觉遵纪守法，工作勤奋，兢兢业业，默默奉献，为人师表；扎扎实实的专业理论知识和丰富的教学经验用于教学实践，不断精益求精，工作业绩明显，撰写和发表论文多篇，在某些领域中产生了一定的影响，为韩师的发展，作出了积极的贡献。”

5月5—8日主持广东省学习科学研究会第二届学术年会（湛江市），在会上作题为《我国学习科学的历史、现状与未来》的学术报告。同时应湛江一中邀请，给湛江市区教师作题为《学习学及其应用》的学术报告。

主编的《幼儿学习学》一书出版，由《教育与学习研究》杂志社出版。

主持潮汕地区中学学习科学研讨会（潮州市高级中学），会上作题为《学习学的现状》的学术报告。

在潮州市湘桥区党校为教育行政干部班作教育法和“关于实施素质教育的若干问题”专题讲座。

6—7月修改《学习科学大辞典》的条目。

8月主编《中学教育学》《中学教育学阅读参考》两书，由广东高等教育出版社出版。

8月26日中华人民共和国干部退休证注明“叶瑞祥韩山师范学院党委办公室、学院办公室主任（正处）、副教授”（【97】潮退字46号）。

9月5—10日参加《学习科学大辞典》统稿工作（辽宁省兴城市）。承担国家教委“九五”规划重点课题《义务教育阶段学生“学会学习”研究》广东地区专家指导组组长，指导课题研究工作。

主持广东子课题开题会（20个子课题分布于大、中、小、幼各个教育学段中）（潮州高级中学）。

10月6—9日受广东省教育厅教研室和省学习科学研究会委托，主办“广东省首届学习科学研究骨干培训班”，学员来自全省18个地市教育部门干部、中小学校长。在培训班上，作题为“介绍一门新兴学科——学习学”“正确理解学习概念，构建学习学的体系”“开展学习品德研究，提高学习品德水平”“关于开展学习指导的若干问题”等四个专题讲座。

编辑出版《论学习指导》一书（内部发行）。

11月2—4日主持全国大学学习科学研究会第四次学术年会(南昌陆军学院)，会上作了《工作总结》《今后工作意见》两个报告。会议期间，主动辞去理事长职务，被选为第三届常务副理事长。选送的论文《开展学习指导，提高人才素质》一文，被评为优秀论文一等奖。

12月总编的《学习科学大辞典》，由新华出版社出版。

主持召开《小学学习学》一书编写工作会。

1998年

1月主持在潮州市湘桥区昌黎路小学召开的国家教委“九五”重点课题《义务教育阶段学生“学会学习”研究》广东子课题《小学生“学会学习”研究》研讨会，并在会上作《小学生学习指导的若干问题》的主题报告。

1月—2月先后到潮州市高级中学、昌黎路小学、湘桥区实验学校、潮州市绵德幼儿园以及汕头市龙湖区教研室、飞厦中学、海棠中学、新津中学、东厦小学、下蓬中心小学、丹霞幼儿园等子课题单位调查研究。

3月应邀到潮安县东凤镇鳌头中学作《介绍一门新兴学科——学习科学》的学术报告。

应邀到梅县丽群小学、松口实验小学等子课题单位调查，并于3月14日为400多名梅县中小学行政干部作《关于开展学习指导的几个问题》《关于开展教育科学研究的若干问题》的学术报告。另外，还为嘉应教育学院教师作学术报告。

参加第二届汕头市学习科学研究会成立大会，并在会上作《广东省学习科学研究动态》的学术报告。

与林天卫合作的论文《“以学定教”的新思想》在人民大学复印资料《高等教育》1998年第3期全文转载。

4月下旬参加第二届潮州市教育学会，受第一届常务理事会的委托作学会工作报告，再次当选为常务副会长。

应邀为澄海师范学校师生作《关于素质教育的若干问题》的学术报告。

应邀为湘桥区中小学行政干部作《关于实施素质教育的若干问题》及《关于中小学开展学习指导的几个问题》的学术报告。

4 月 27—30 日应全国中小学导学研究会的邀请，组织、带领广东省子课题组 10 位代表参加在上海市黄浦区教育学院召开的总课题组中期成果汇报会。并作题为《关于构建‘学会学习’理论框架》的学术报告。

5 月 16 日参加潮州市高级中学承担的广东省“九五”普教系统教育科研重点课题《当代中学生学习品德培养研究》开题会，被聘为总课题组顾问，并作了课题学术评价报告。

5 月中、下旬分别在潮州市、汕头市召开子课题协作会议。

5—6 月修改课题研究成果之——《小学学习学》书稿。

6 月 4 日接受《潮州日报》记者采访，谈《如何教育好孩子》问题。

应邀参加梅县教育局承办的广东省“九五”普教系统教育科研重点课题《实施异步教学，全面提高学生素质》开题会，并作课题评价报告。

主编的《青年学习心理学》由广东高等教育出版社出版。

7 月应邀到昌黎路小学调查，研究导学教学模式。

撰写《指导学生学会学习，优化教学过程》文稿。

潮州市电梯公司李速强总经理到家邀请主持筹办潮州韩山韩江专修学院的事宜。

8 月 8—10 日应邀参加全国中学学习科学研究会与全国中小学导学研究会主办的“全国第三届中小学学会学习与素质教育研讨会”(深圳市松岗中学)，在会上为全国 300 多名代表作题为《指导学生学会学习，优化教学过程》的学术报告。

起草《老年学习学》写作大纲。

9 月 9 日出任粤东职业技术学校高级顾问。

受命到广东职业技术师范学院洽谈联合办学问题。

10月受命与广东职业技术师范学院签订联合办学协议书。

11月出任潮州韩江专修学院筹备组负责人，起草一整套申办材料。

15日接受《潮州日报》记者访问，谈社会力量办学若干问题。

主编的《小学学习学》由广东高等教育出版社出版。

应韩山师范学院政史系邀请，参加潮州政史教学研究会成立大会，并作题为《指导学生学会学习，优化教学过程》的学术报告。

12月应邀为昌黎路小学教师作题为《构建小学导学教学模式》的学术报告。

为申报潮州韩江专修学院而奔走。

1999年

1月主持在汕头市金园区东厦小学召开的教育部“九五”重点课题《义务教育阶段学生“学会学习”研究》广东省子课题《幼儿、小学“学会学习”研究》研讨会，并作《指导学生学会学习，优化教学过程》的主题报告。

1—2月继续为申办潮州韩江专修学院而奔走。

2月受总课题组委托，组织专家评选《义务教育阶段学生学会学习研究》中期成果评选奖工作。

农历元宵节，到梅县丽群小学调查研究。

应邀到潮州市湘桥区振德街小学为教师讲授《小学教师开展教育科学研究的若干问题》。

3月在扩大潮州韩江专修学院筹备委员会，任筹委会副主任，负责总结、汇报筹备工作。并于3月23日代表潮州韩江专修学院筹委会向广东省高等教育厅有关领导汇报筹备工作。汇报题目是《关于申办潮州韩江专修学院的报告》，得到省高等教育厅有关领导的好评。

4月在广东省普教系统“九五”重点课题《当代中学生学习品德培养研究》中期成果汇报会上，作题为《当代中学生学习品德培养若干问题探讨》的学术报告。参加梅县教育科研骨干研讨会，并作题为《中小学校开展教育科研若干问题》的学术报告。

5月出任潮州市第一所社会力量举办的高等院校——潮州韩江专修学院首任院长。

6月潮州经济开发区管委会与潮州韩江专修学院联合举办潮州首届民办高等教育研讨会，在会上作题为《了解我国民办高等教育现状，支持潮州民办高校发展》的主题报告。《潮州日报》《潮州电视台》分别刊载、转播这个新闻。

参加在四会市召开由广东省高教厅主办的专修学院院长培训班，学习、研究专修学院性质、任务，探讨专修学院办学问题。

7月接受《潮州电视台》专题采访《谈谈潮州韩江专修学院办学若干问题》。

接受《潮州日报》记者专访——《院长谈高等教育学历文凭考试》。

8月接受《潮州日报》记者专访：《开辟高等教育新途径——访潮州韩江专修学院院长叶瑞祥》。

10月13日潮州韩江专修学院首届新生开学。在新生入学训练期间，先后作了题为《潮州韩江专修学院办学问题》《大学生学习的若干问题》的专题报告。同时，针对高考落榜生的心理特点，明确提出“抬起头来向前走”“是金子的总会发亮”以鼓励学生发奋学习，立志成才。

12月在潮州高级中学召开教育部《义务教育阶段学生“学会学习”研究》广东省课题组结题工作会议上，作题为《做好课题结题的若干问题》的报告。

2000年

1月23—25日参加经教育部批准，民政部备案的“全国学习科学学会成立大会暨21世纪学习与发展研讨会”（北京理工大学）。参加成立大会的主席团，并被挑选为中国学习科学学会理事、常务理事、副会长。参与主持”九五“学术成果评奖工作。主编的专著《小学学习学》、论文《构建“学会学习”理论体系的设想》被评为优秀成果论文一等奖，主编的专著《青年学习心理学》被评为优秀成果二等奖。会后，专程参观北京师范大学实验幼儿园。

出任中共潮州韩江专修学院党支部首任支部书记。

2月13—27日韩山师院承担广东省高校教师第一期岗前培训班，

参加学习学员来自汕头大学，汕头医学院，嘉应大学、韩山师院等高等院校青年教师30多名。应邀主讲《高等教育学》。

3月17日应邀到潮州市实验学校为全体教师作题为《中小学教师开展教育科研问题》的学术报告。

先后到潮州市百花台职业中学、虹桥中学等学校开展职业教育调查研究，并商讨与潮州韩江专修学院联合办学事项。

4月10—14日参加广东省教育厅主办的专修学院院长研讨班。会上，发表“当前办好专修学院若干问题”的意见，引起与会领导的重视。会议期间，专访华南师大学前教育系系主任高岚教授，研究筹办全国幼儿学习科学研究会的有关事项。

5月26日在潮州市昌黎路小学主持召开教育部“九五”重点课题《义务教育阶段学生“学会学习”研究》广东课题组结题预备会。上午，在会上作了题为《认真准备，做好结题准备工作》的主题发言。下午，主持《家庭教育学》编写会议，争取2002年下半年出版。

7月14日参加新华社汕头分社召开的素质教育研讨会。在会上提出从纵向与横向发展角度开展素质教育系列化研究。

7月21—22日广东省教育厅专家对潮州韩江专修学院年检进行综合评估。

8月7—16日韩山师院承担广东省高校教师第二期岗前培训班，学员来自汕头大学、汕头医学院、韩山师院等高等院校青年教师30多名。应邀主讲《高等教育学》。

8月19日应邀今年创办的枫溪区资都中学为青年教师作“研究学习科学，开展学习指导”学术报告。

9月7日接广东省教育厅（粤教成【2000】36号）通知，潮州韩江专修学院被评为良好学院。

9月8日接受《潮州日报》记者专访，《抓住办学生命线——访潮州韩江专修学院》发表于9月11日《潮州日报》。

《学习学概论》第三版由广东高等教育出版社出版。

10月

1—2日与夫人陈萼莲第一次回家乡，并为母校长岗小学捐献建校经费。

2 日在梅县丽群小学召开梅州市迎接总课题组现场鉴定预备会。

5—7 日参加华南师大教育系 56 级同学毕业 40 周年聚会。

9—10 日为潮州韩江专修学院 2000 级新生作“潮州韩江专修学院办学的几个问题”与“谈谈大学生学习的几个问题”两个专题报告。

14—15 日分别在潮州市昌黎路小学，汕头市东厦小学召开迎接总课题组现场鉴定预备会。

11 月 1—11 日参加由全国学习科学研究会会长，原北京师大党委书记，博士生导师周之良教授为组长的专家组。专家组成员有张笛梅、林明榕、董国华、叶瑞祥。对教育部“九五”重点课题《义务教育阶段学生“学会学习”研究》广东省课题组进行现场鉴定，先后到汕头市、梅州市、潮州市 20 个子课题组进行鉴定。会后，拟出版《学生“学会学习”研究文集》。

12 月主编的《学生“学会学习”研究文集》——教育部“九五”重点课题研究成果出版。

2001 年

1 月

17—19 日在湘桥区名师讲习班上作题为“指导学生学习，优化教学过程”“中小学教师开展教育科学研究的几个问题”的学术报告。

2 月

8 日向潮州市教育局申报潮州韩江职业技术学校，为潮州韩江专修学院下属单位，主要培养中专人才。

3 月

15—24 日出任广东省“九五”规划课题《关于当代中学生学习品德培养研究》总课题组顾问，专家组组长，先后到潮安县东风镇鳌头中学、铁铺中学，湘桥区城南中学等学校进行结题调研，为总课题组结题会做准备。

4 月

8—11 日参加广东省教育厅普教科研办公室组织的广东省“九五”重点课题《实施异教教学，全面提高学生素质》专家鉴定组。专家组成员主要由华南师大的教授、博士生导师组成。9—10日到梅县教育局鉴定。

11—12日专家组到潮州市高级中学，对“九五”规划课题《关于当代中学生学习品德培养研究》进行鉴定。

13日潮州市教育局批准成立潮州韩江职业技术学校，出任首任校长。

5月

28—30日参加在上海召开的教育部“九五”重点课题《义务教育阶段学生“学会学习”研究》总结会。广东省课题组被评为先进单位，研究成果《构建小学“学会学习”理论与实践研究》获一等奖。

6月

30日中共潮州韩江专修学院支部委员会，被中共潮州经济开发区委员会评为先进支部，个人被评为优秀党务工作者。

7月

2—10日应广东高等教育出版社的要求，再次主持修改广东省“九五”重点规划教材《中学教育学》《中学教育学阅读参考》两部教科书。

8月

12—17日韩山师院承办广东省高校教师第三期岗前培训班。为来自汕头大学、汕头医学院、韩山师院、潮汕学院等院校的青年教师40多名，主讲《高等教育学》。

9月

15日主持中山大学高等继续教育学院与潮州韩江专修学院联合举办的汉语言文学专业本科函授班开学典礼，并发表《关于学会学习问题》报告。

10月

10日为潮州韩江专修学院2001级新生作题为《大学生学习问题》的报告。

15—18日协助主持在西安交通大学召开的“全国第六届大学学习科学学年会暨第四届会员代表大会”。代表理事会作会议总结报告。

会议期间，被推选为第四届理事会副理事长。

25 日参加潮州市加强和规范社会力量办学工作会议。会议期间，主管副市长，教育局长等参观了潮州韩江专修学院。

12 月

1 日主持中山大学研究生院与潮州韩江专修学院联合举办的“区域经济与文化”研究生课程班开学典礼，填补了潮州市举办研究生教育的空白。

2002 年

1 月

6—8 日主持在广东省潮州市绵德幼儿园与汕头市丹霞幼儿园召开的“全国幼儿学习科学研究中心成立大会暨首届年会”。在会上作题为“学习科学与幼儿学习指导研究”的学术报告，并被推选为全国幼儿学习科学研究中心主任。为此，《人民教育》2002 年第 2 期，发表题为《探索幼儿学习规律》的报道。从而引起国内幼儿教育工作者的关注。《潮州日报》2002 年 1 月 8 日还刊登了“首届全国幼儿学习科学研讨会在我市召开”的报道。

9—10 日策划与主持首届粤东地区教育科研骨干研讨班，并在会上作题为“关于中小学校教育科研的地位与作用”的学术报告。

4 月

受全国学习科学研究会和教育部“十五”规划课题《创新学习研究与实验》总课题组的委托，开始在广东省内组织各子课题学校申报课题，拟从幼儿、小学、初中、高中、大学等层次开展“一条龙”的系列研究。

5 月

17—18 日参加由香港教育工作者联合会与香港教师中心主办的“创新学习研究与实践国际研讨会”。提交大会交流的论文是《创新学习能力的定位及其结构》。

6 月

20 日潮州韩江专修学院与汕头幼儿师范学校联合举办的幼师班，举行毕业典礼。

22日应香港教联主办的《香港教育》约稿，撰写《谈幼儿学习指导的形式》一文。

7月

15日潮州韩江专修学院2002届计算机应用、英语专业100多名学生毕业。在首届学生毕业典礼上，发表“树立‘四观’，服务社会”的讲话。“树立‘四观’即树立正确的人生观，科学的学习观，实际的择业观，创新的工作观”；“服务社会”即到基层单位去，到实际需要的第一线去为社会服务，为民众服务。

8月

16—18日为粤东地区高校师资岗前培训班讲授《高等教育学》，学员是来自汕头大学，汕头医学院、韩山师院、揭阳学院、潮汕学院等高校教师，共60多名。

9月

14—16日协助主持在潮州市南春中学、绵德幼儿园召开的教育部“十五”规划课题《创新学习研究与实验》南方片的开题会。在会上作题为“关于创新学习能力的若干问题”的学术报告，并被总课题组选为广东地区专家指导组组长，具体指导包括幼儿园、小学、初中、大学等52个子课题的研究工作。

10月

《创新学习能力的定位与结构》一文，被收录于香港教育工作者联合会主编并出版的《创新学习研究与实践国际研讨会论文集》。

29日到普宁市华侨中学调研。

31日到潮州市枫溪区崇礼中学调研。

12月

12—15日到潮安县实验学校调研，并为潮安县200多名教学、科研骨干作题为“关于创新学习能力培养的几个问题”的学术报告。

16—19日到普宁市华侨中学、第二中学、燎原中学、流沙第五小学、普宁师范附属小学等单位调研，并作题为“关于创新学习教学模式研究”等的学术报告。

18日论文“谈幼儿学习指导的形式”收集于香港教育工作者联

合会主编《青少年成长与学习的新趋势》一书。

20—21日到汕头市金园区飞厦小学调研，同时为其他子课题学校作《培养中小学生创新学习能力》的开题报告。

20日被中国高等教育学会学习科学研究会学术委员会聘为兼职研究员。

2003年

1月

22日上午在汕头市金园区飞厦小学为课题组成员作题为《培养中小学生创新学习能力的策略》的学术报告：下午，指导课题组成员指导拟定《实施方案》，研究《问卷调查测量表》。

2月

13日上午在普宁市第二中学子课题《高中阶段创新学习指导教学模式研究》开题会上，作"研究评价"的发言；下午，作题为《关于创新学习指导课堂教学模式的几个问题》的学术报告。

3月

13—15日到湖南省长沙市湖南信息职业技术学院参观考察。同时，参观了毛泽东故居、刘少奇故居、岳麓书院等地。

19日参加潮州市教育学会第三届年会，被聘为顾问。

28日参加韩山师院潮州师范分院《高师创新学习指导研究》的开题会，并作动员报告。

4月

1日参加潮州市湘桥区昌黎路小学子课题《小学生创新学习与现代信息整合的研究》课题会，并作动员报告。

2日潮州韩江专修学院与湖南信息职业技术学院联合举办高职大专班。

6日到梅州市梅江区城北小学、五洲小学调研。

15—18日以中共潮州经济开发区的代表，参加中共潮州市第十一次代表大会。

7月

8日主持汕头市金园区教育部"十五"规划课题《创新学习研究

与实验》实验学校挂牌仪式。

13日潮州市教育局专家组对潮州韩江专修学院与潮州韩江职业技术学校开展全面评估考察，认为院校办学以来，为当地培养一批“低进高出”人才，给予充分肯定。

16日主持《老年学习学》第一次编写会议。

18日主动请辞首届潮州韩江专修学院院长。接受董事会新的聘任：任潮州韩江专修学院董事会副董事长，任期四年；潮州韩江专修学院名誉院长，任期三年；继续担任中共潮州韩江专修学院支部书记。

25日主持梅州市梅江区教育部“十五”规划课题《创新学习研究与实验》的实验学校挂牌仪式。

26日到五洲小学、江南育才小学、城北小学调研。

8月

28日主持普宁市教育部“十五”规划课题《创新学习研究与实验》的实验学校挂牌仪式。

29日主持潮州市湘桥区南春中学教育科研基地挂牌典礼，并作学术报告。

9月

8日到潮州市潮安县实验学校调研。

16—25日先后到枫溪第二小学、潮州市绵德幼儿园、湘桥区实验学校及铮蓉小学和新春园小学调查研究。

27日参加湘桥区南春小学子课题开题会，并作学术报告

29日在潮安县实验学校主持广东省潮汕片中期成果汇报会。在会上，作题为“前段研究工作小结与今后研究意见”的报告。

10月

10日在梅江区作新小学主持广东省梅州片中期成果汇报会。在会上，作题为“前段研究工作小结与今后研究意见”的报告。

11日到兴宁市实验学校调研。

14日在普宁市华侨中学主持普宁市中期成果汇报会。在会上，作题为“前段研究工作小结与今后研究意见”的报告。会后，到流沙

镇第五小学调研。

11月

1—4日应全国中小学导学研究会与总课题组的邀请，参与主持在湖北省鄂州市召开的教育部“十五”规划课题《创新学习研究与实验》中期成果汇报会。在会上，作题为“关于中小学校创新学习若干理与实际问题的认识”的学术报告。会后，到鄂州市第一幼儿园调研。

12日在潮州市昌黎路小学专门为梅江区三角镇中心小学、美华小学课题组成员作开题报告。

12月

2日主持《老年学习学》第二次编写会议。

4日与新组建的汕头市金平区教育局副局长鲁澄南协调课题研究问题。同时，主持《创新学习能力论》第一次编写会议。

6日到潮安县宝山中学调研，并作题为“创新学习指导教学模式若干问题”的学术报告。

10日到金平区飞厦小学与大华路第二小学调研。

11日到金平区东方中学与报本小学调研。

16日到金平区南墩小学调研。

17日到金平区芙蓉小学与红领巾小学调研。

18日到金平区华新小学调研。

21日主持潮州韩江专修学院与中山大学研究生院联合举办的“区域经济与文化”研究生课程班结业典礼，并作主题报告。

2004年

1月

11—13参加在上海市建平实验学校召开的“中国学习科学学术论坛暨全国学习科学研究会第六届会员代表大会”，再次当选全国学习科学研究会副会长，任期四年。

16—18日应香港创新教育学会约稿，撰写《创新学习指导教学模式的探索》一文。

2月

18日到金平区大华路第一小学调研。

20日主编《家庭教育学》，由广东省高等教育出版社出版。

3月

3—4日在梅州市梅江区客都小学主持召开梅江区“十五”课题协作组成立大会，传达全国学习科学研究会第六届会议精神。会后，到三角镇中心小学、龙坪小学、美华小学调研。

7日起草全国学习科学研究会“十五”重点科研课题《潮州市老年学习的现状与学习指导研究》申报材料。

18日潮州市昌黎路小学的聘任为该校专家指导组成员，并参加第一次专家指导组会议。

27—28日起草广东省新课程改革专项科研课题《普通高中新课程各学习领域价值及其实施途径研究》申报材料。

4月

2日主持全国学习科学研究会“十五”重点科研课题《潮州市老年学习的现状与学习指导研究》开题会，并作开题报告。

4—5日到兴宁市实验学校调研。

6—8日到梅江区龙坪小学、江南育才小学、作新小学、美华小学调研，并推荐参加总课题组江苏省南通会议的现场课例。

12日应韩山师院老干部管理科约稿，故撰写《退而不休，服务社会——回顾我的退休生活》一文。

15—16日参加昌黎路小学第五届“教学开放日活动”，并对《心理健康课》作点评。

20日到金平区飞厦小学，百合小学调研，并参与推荐参加总课题组江苏省南通会议的现场课例。

29日到金平区大华路第二小学，红领巾小学调研。

5月

11日应广东省丁有宽教育思想研究中心邀请，参与研究出版《丁有宽教育思想》丛书问题。

14日主持在大华路第二小学召开的汕头市金平区课题研究协作会议，并作题为“关于课题中、后期研究工作的意见”的工作报告。

17 日接受广东省佛山市禅城区澜石中学学校领导的访问与咨询。

6 月

6 日撰写题为《潮州市老年学习现状与分析》的调查报告，发表于潮州市老干部大学校刊。

11 日撰写《论老年学习的特点》，发表于潮州市老干部大学校刊。

19 日在潮州市南春中学调研，并作题为“培养高中生创新能力若干问题”的学术报告。

7 月

1 日中共潮州韩江专修学院委员会，连续四年被中共潮州经济开发区委员会评为先进党支部；个人也连续四年被评为优秀党务工作者。

13 日主持潮州韩江专修学院与中山大学继续学院高等教育学院联合举办汉语言文学本科函授班毕业典礼，并作办学总结报告。

25—26 日主持在汕头市金平区飞厦小学召开的《创新学习能力论》一书的定稿会议，拟由天津教育出版社出版。

8 月

1 日主持召开《老年学习学》审稿、定稿会议，拟由香港天马出版有限公司出版。

9 月

7 日参加潮州市关工委员召开的“发挥‘五老’优势，加强未成年人思想道德建设座谈会”。

16 日主编的《老年学习学》一书，由香港天马图书有限公司出版。

21 日参加由潮州市老干局、老年大学主持举行《老年学习学》首发式。

25 日《潮州日报》刊登杨秋峰发表的《老年人学习的良师益友——介绍〈老年学习学〉专著》。

25—27 日主持在湖北省鄂州市召开的“全国幼儿学习科学研究中心第二届学术年会”，并在会上作题为“全国幼儿学习科学研究中心工作总结与今后研究意见”的工作报告。

10 月

20日主编的《创新学习能力论》一书，由天津教育出版社出版。

22—24日主持在韩山师范学院学术交流中心召开的“韩师55届普师班同学毕业50年聚会”，并在会上作筹备工作报告，赠送一批论著给韩师母校图书馆。

27日参加湘桥区昌黎路小学专家组会议，为申报省一级学校出谋划策。

31日主持韩师叶经珠老师从教50周年座谈会，并作主题报告。

11月

2日到湘桥区振德街小学调研。

3日到湘桥区新春园小学调研。

4日到枫溪区崇礼中学调研。

13日主持在潮安县宝山中学召开的教育部“十五”规划课题《创新学习研究与实验》广东省潮州市第二阶段成果交流会，并作主题报告。

19日到潮州市绵德幼儿园调研。

27日主持在金平区桂花小学召开的汕头市金平区协作会议，部署“十五”课题后期工作。

12月

1日参加湘桥区昌黎路小学申报省一级学校的工作会议。

从11月初至12月底完成整理《科学学习观的探索——叶瑞祥学习科学文集》一书编写纲要。自1980年至今，出版专著教材36部，其中退休前22部，退休后14部；教育科学18部，学习科学14部，家庭教育3部，高等教育1部。发表论文110篇，其中退休前76篇，退休后34篇；教育科学41篇，学习科学69篇。获奖项目30项，其中政府奖项6项，学术团体奖项24项。从而为编辑该书打下了基础。

2005年

1月

4日到梅江区三角镇中心小学、美华小学调研。

5日主持在梅江区江南育才小学召开的梅州市“十五”课题结题准备会议，并作题为《广东地区后期研究工作》的报告。

11 日主持在普宁市第二中学召开的普宁市“十五”课题结题准备会议，并作题为《广东地区后期研究工作》的报告。

12 日到普宁师范附小、燎原中学调研。

19 日到湘桥区南春中学调研。

2 月

1 日经三个月的思考，初步确定《科学学习观的探索——叶瑞祥学习科学文集》一书的基本框架。全书以研究问题为主线，大体按照发表时间顺序编排，分为学习科学篇，学习原理篇、学习指导篇，学习评价篇四个部分，附录四则，约 50 万字，争取 2005 年底出版。

26 日在潮州市老干部大学，为全国学习科学研究会“十五”重点科研课题《潮州市老年学习的现状与学习指导研究》交流会上，作题为《总结经验，深入开展老年学习指导研究》的学术报告。

3 月

9 日应韩山师院潮州师范分院邀请，为学院督导室、各科室教学骨干作题为“一堂好课的标准与评议”的学术报告。

12 日主持在南春中学召开的广东省新课程改革专项科研课题《普通高中新课程各学习领域的价值及其实施途径研究》开题会，作开题报告，并被聘为课题组顾问。

19—22 日应全国中小学导学研究会的邀请，参与主持在广州市东山区召开的教育部“十五”规划课题《创新学习研究与实验》第二阶段总结交流会，并作会上作题为《关于课题后期研究工作的几个问题》的学术报告。

23—24 日参加深圳市福田区竹林中学课题研究座谈会，并作题为“前段研究工作的基本估计与当前课堂教学中应处理的几个问题”的学术发言。

4 月

5 日到金平区金龙小学研究金平区协作组做好现场鉴定问题的有关工作。

22 日到普宁市流沙第一小学调研，并与普宁市子课题学校落实现场鉴定有关事项。

5月

19日参加在潮州市绵德幼儿园举办的教育部，全国科协联合推动的国家“十五”重点课题“做中学”科学教育实验华南地区观摩活动，并作点评。

27日广东省教育厅“专修学院办学评估专家组”到潮州韩江专修学院现场检查评估。受董事长委托，代表学院汇报工作。经过调查，顺利通过四年一次的年度评估。

6月

10—22日参加教育部“十五”规划课题《创新学习研究与实验》专家组。专家组长周之良教授（全国学习科学研究会会长，博士生导师），成员：吴惟粤、董国华、叶瑞祥、龚春燕。先后到汕头、普宁、潮州、梅州、兴宁等市，对广东地区所属39个子课题作现场鉴定工作。其中：10—13日参加汕头市金平区13个子课题鉴定会；13—15日参加普宁市7个子课题鉴定会；16—18日参加潮州市17各子课题鉴定会；20—21日参加兴宁市1个子课题鉴定会；21—22日参加汕头市龙湖区1个子课题鉴定会。

7月

29日主持中共潮州韩江专修学院支部委员会开展第二批保持共产党员先进性教育活动，并作动员报告。

8月

30日为潮州韩江专修学院党员与党外积极分子上“以‘三个代表’思想为指导，培养全面发展新人”的党课。

9月

9日在党支部会上，作题为“充分发挥共产党员先锋作用”的专题报告。

30日到湘桥区铮蓉小学调查研究。

10月

5日到湘桥区振德街小学调查研究。

10日参加潮州市纪检监察学会成立大会。

13—18日先后到湘桥区新春园小学、南春中学调查研究。

11月

4日撰写党支部先进性教育活动的总结报告。

27日撰写教育部师范司科研课题《中小学生学习特点与学习指导》申请报告。

30日撰写潮州市绵德幼儿园主持的广东省学前教育协会“十五”课题《利用潮汕乡土资源，丰富幼儿园教育活动的时间研究》鉴定书。

12月

3—7日参加教育部“十五”规划课题《创新学习研究与实验》专家组，到湖北省鄂州市为15个子课题做现场鉴定。

8日由科学技术文献出版社出版的《科学学习观的探索——叶瑞祥学习科学文集》正式出版。《潮州日报》2005年12月17日专门刊登《叶瑞祥学习科学文集》出版信息。其要点是：“叶瑞祥是全国学习科学研究会副会长，长期从事教育科学与学习科学的教学、研究工作。编者将叶瑞祥近300万字学习科学论著中，以研究问题为主线，按发表时间为顺序，从中筛选出约50万字编辑而成的。全国学习科学研究会会长博士生导师周之良教授等为该书作序，给予高度评价。”

12—14日撰写《潮州市老年学习的现状与学习指导研究》结题报告。

2006年

1月

8日接到全国学习科学研究会“十五”重点课题《潮州市老年学习现状与学习指导研究》全国学习科学研究会学术委员会专家组的鉴定书。鉴定书认为：“此研究成果具有创新性，集中体现在理论成果上和应用成果上，它填补了学习科学研究中缺少对老年学习学的全面系统研究的空白，为学习化社会的建设和个人终身学习的实验作出了独特的贡献。”“此研究成果在当前国内同类研究中取得了领先的成果；它所阐述的老年学习的理念、理论及老年学习指导的应用等成果，在国内同类研究中都是具有创新性和先进性。”

13日在潮州市老干部大学召开的全国学习科学研究会“十五”重点科研重点课题结题会上，代表课题组作结题报告，并宣读专家组的鉴定书。

2月

12日（元宵节）完成《叶瑞祥教育科学文集》（初稿）一书的编辑工作。该书以研究问题为主线，按时间顺序编排，初步分为八个部分：教育作用篇、教学原理篇、德育理论篇、教育管理篇、高师教育篇、民办教育篇、家庭教育篇、教育科研篇，收集72篇论文及五个附录，约50万字。它与2005年出版的《叶瑞祥学习科学文集》互为姐妹篇。

14—15日指导韩山师院团委会撰写申报全国学习科学研究会"十一五"重点科研课题《高师学生学习道德的现状及其培养途径研究》的申请报告书。

20—28日先后到潮州市老干部大学，潮州市绵德幼儿园、昌黎路小学及潮州市职业技术学校调研，并在此基础上撰写《论"纵横码汉字输入法"的学习科学依据》一文。

3月

3—4日到汕头市龙湖区翠英中学、澄海区澄海中学调查研究。并在翠英中学为全体教师作题为《关于学习方式若干问题的认识》的学术报告。

18日参加嘉应学院与潮州韩江专修学院联合举办的大专法学专业开学典礼。会上，提出办好专业的六点要求——"六有"即有正确的培养目标、有完整的课程方案、有先进的教学内容、有科学的教学方法、有相应的教学设备，有高素质的教师队伍。对学员提出"四要"的要求，即要明确学习目的要求，要掌握新的学习方法，要提高学习能力，要合理安排学习时间。其公式是：学习目的+学习方法+学习能力+学习时间=学习成功。

24日到揭阳市教育局教研室研讨教育部"十一五"规划课题《创新智能教学理论与实践研究》子课题立项工作。同时，到揭阳职业技术学院参观访问。

4月

3日到汕头市教育局教科所研讨有关学校参加教育部"十一五"

规划课题子课题的立项工作。

6日到湘桥区实验学校调研。

10日主编的《老年学习指导研究》，由香港天马图书有限公司出版，它是《老年学习学》的姐妹篇。

12日在潮州华侨大厦，举行家宴庆祝我的七十大寿（虚岁）。

14—16日参加“全国纵横汉字输入法理论与实践研究会暨潮州经验理论交流会”，并作题为“论纵横汉字输入法的学习科学依据”的学术报告。

17日到潮州金山实验中学、潮州高级实验中学调研。

19日到汕头市金平区东方小学调研，并参加金平区教育部“十一五”规划课题子课题申报动员大会。

5月

16—18日参加教育部“十五”规划课题《创新学习研究与实践》专家组，赴厦门市第一中学、外国语学校、双十中学和杏南中学作现场鉴定。同时，聘为教育部“十一五”规划课题《创新智能教学理论与实践研究》广东地区专家指导组组长。

27—28日主持在汕头市金平区桂花小学召开的教育部“十一五”规划课题《创新智能教学理论与实践研究》广东地区开题会，并作题为“关于开展创新智能教学理论与实践研究的几个问题”的学术报告。

30日撰写的《潮州市老年学习现状与学习指导研究》结题报告，发表于潮州市社会科学联合会主办的《潮州社科》2006年第二期。

6月

29日参加在汕头市长厦小学召开的教育部“十一五”规划课题《创新智能教学理论与实践研究》金平区实验学校工作会议，并作题为《多元智能理论对新课改的启示》的学术报告。

7月

25日到汕头市金平区教育局研究、落实八月中旬教育部“十一五”规划课题科研骨干培训班的问题。

30日根据我的要求，潮州韩江专修学院学生处，教务处对前四届319名毕业生，即2002、2003、2004、2005届，进行全面跟踪调查。调查结果表明，毕业率达90%以上，第一次就业率达95%以上。

8月

14日在为金平区教育部“十一五”规划课题子课题教育科研骨干教师培训班上作题为《关于创新智能教学理论的若干问题》的学术报告。

16日同样场合，作题为《关于创新智能教学理论与自主、探究、合作教学的几个问题》的学术报告。

17日同样场合，作题为《关于创新智能教学理论与教学方式创新的几个问题》的学术报告。

19日对金平区13个子课题的《研究方案》作现场指导。

28日参加金平区广厦学校“十一五”规划课题子课题开题会，并作题为《关于创新智能教学理论与教学方式创新的几个问题》的学术报告。

30日参加湘桥区春光小学“十一五”规划课题子课题开题会，并作题为《关于创新智能教学理论与学习方式变革的几个问题》的学术报告。

9月

11日参加湘桥区实验学校“十一五”规划课题子课题开题会，并作题为《关于创新智能教学理论与学习方式变革的几个问题》的学术报告。

15日完成《江泽民教育思想初探》一文初稿。

23日参加枫溪区池湖中学“十一五”规划课题子课题的开题会，并作题为《关于创新智能教学理论与学习方式变革的几个问题》的学术报告。

10月

12—15日全国大学学习科学研究会在杭州市中国计量学院召开第八届学术年会暨理事会换届选举，仍被选为副理事长。

14日参加湘桥区城西中学“十一五”规划课题子课题开题会，并作题为《关于创新智能教学模式研究的几个问题》的学术报告。

15日参加韩山师院团委会“十一五”规划课题子课题开题会，

并作题为《关于创新智能教学理论与高师学生思想道德的几个问题》的学术报告。

16日到金平区金沙小学调研，并为该校全体教师作题为《关于创新智能教学理论与自主探究合作教学的几个问题》的学术报告。

21日参加湘桥区太平中学“十一五”规划课题子课题的开题会，并作题为《关于创新智能教学设计的几个问题》的学术报告。

24日在潮州韩江专修学院上党课题目是“振兴民族的希望在教育——学习《江泽民文选》的几点体会”。

11月

9日在华南师大教育科学学院参加华南师大教育系56级（60届）校友50周年聚会

20日参加潮州金山中学校庆80周年纪念活动。

23日为湘桥区教师进修学校举办的小学校长、幼儿园园长训练班作题为“关于校本研究与教师专业成长的几个问题”的学术报告。

24日到金平区外马路第二小学，南墩小学调研。

25日参加汕头市潮南区晓升中学“十一五”规划课题子课题开题会，并作题为《关于创新智能教学理论与教师专业成长的几个问题》的学术报告。

12月

2日参加汕头市濠江区达濠华侨中学“十一五”规划课题子课题开题会，并作题为《关于创新智能教学理论与学习方式变革的几个问题》的学术报告。

4—12日指导、参与韩山师院团委会撰写全国学习科学研究会“十一五”重点科研课题《高师学生学习道德现状及其培养途径研究》阶段性成果之一——《大学生学习道德现状及其培养策略》一文的撰写工作。

15日参加枫溪区崇礼中学“十一五”规划课题子课题开题会，并作题为《关于开展创新智能教学模式研究的几个问题》的学术报告。

14—22日第一次修改、调整《叶瑞祥教育科学文选》一书。调整后该书以研究问题为主线，体现个人研究的观点，大体以时间顺序编排，分为下列五个部分：教育原理篇、高师教育篇、民办教育篇、家庭教育篇、教育科研篇、收集42篇论文及六个附录，约30万字。力争2007年（70周岁）或2008年（庆祝“奥运会”）出版。

27日到金平区外马三小（原丘逢甲主办的岭东同文学堂旧址）、长平小学调研。

2007年

1月

1日初拟2007年工作要点：（1）继续主持广东地区教育部“十一五”规划课题《创新智能教学理论与实践研究》课题研究工作；（2）主持广东省《普通高中各学习领域的价值及其实施途径研究》课题研究工作；（3）主持广东省《新形势下大学生学习心理问题与对策研究》课题研究工作；（4）主持全国学习科学研究会“十一五”重点课题《老年创新学习能力理论与实践研究》课题研究工作。

5—6日，到兴宁市宁新中学、永兴中学、叶东中学、兴宁二小调研，并在兴宁市课题研讨会上作题为《关于创新智能教学理论与培养学生创新学习能力的几个问题》的学术报告。

22日主动请辞中共潮州韩江专修学院支部委员会书记的职务。

25日到汕头市金平区教育局、汕头市教育局教科所研究承办教育部“十一五”规划课题第一阶段成果交流会的问题。

2月

5日回梅州市探亲，赠送《叶瑞祥学习科学文集》等8部著作，共16册图书给梅州市剑英图书馆收藏。

7日拟定《老年创新学习能力理论与实践研究》课题的实施方案。

8日到韩山师院潮州师范分院研究高师办学的若干问题。

10日，到汕头市教育局研究、协调承办教育部“十一五”规划课题《创新智能教学理论与实践研究》四月份举办中期成果交流会的准备工作。

12日，编制设计《潮州市老年创新学习能力的问卷调查表》。

3月

3日参加潮州韩江专修学院《多元智能与学生思想道德培养研

究》子课题的开题会，并作题为《关于多元智能理论与学生思想道德培养的几个问题》的学术报告。

7日到潮州市绵德幼儿园调研。到潮州市老干部大学落实《老年创新学习能力理论与实践研究》课题开题会的相关事项。

8日为纪念结婚40周年而重新拍照。

12日到湘桥区城西中学调研，并准备成果交流会材料。

15—16日参加汕头市金平区第一阶段成果交流会，并考察全国第一阶段成果交流会展示现场。

17—18日到厦门市研究落实全国幼儿学习科学研究中心第三届学术年会的准备工作。

20日主持湘桥区“十一五”课题协作组会议，并部署参加全国“十一五”课题第一阶段成果交流会的各项准备工作。

22日主持潮州市老干部大学承担的全国学习科学研究会“十一五”课题《老年创新学习能力理论与实践研究》课题的开题会，并作开题报告。

28日主持《老年创新学习能力论》编写组会议，并作“关于《老年创新学习能力论》编写方案的说明”发言。

31日修改《全国幼儿学习科学研究中心章程》，拟在第三届年会上讨论审议。

4月

1日起草《全国幼儿学习科学研究中心的工作报告》。

13—17日协助主持在汕头市金平区召开的教育部“十一五”规划课题《创新智能教学理论与实践研究》第一阶段成果交流会，全国各地代表580多名。主持开幕式与闭幕式。

18—21日主持在厦门市召开的全国幼儿学习科学第三届学术年会。各地代表280多名。主持大会论坛，并在闭幕式上作题为《全国幼儿学习科学研究中心工作总结及部署研究工作》的总结报告。

23日整理全国幼儿学习科学研究中心组织机构名单。

24日拟定《全国幼儿学习科学研究中心第三届年会纪要》及《关于申报全国幼儿学习科学研究中心实验基地的通知》。

5月

3日完成撰写《潮州市老年创新学习能力现状的调查报告》。

6日完成撰写《老年创新学习能力论》第一章"创新学习能力的界定及其结构"。

11日撰写《关于民办教育若干办学理念的思考——潮州韩江专修学院办学理念与实践》一文，作为聘任为院长、名誉院长的办学总结。

16日完成《潮州韩江专修学院办学理念与实践》一文，作为校庆10周年的纪念文章。

20日完成"关于高师院校办学若干问题的思考"讲授提要，拟作为在韩山师院潮州师范分院中层干部研讨会上的报告内容。

6月

11日为纪念潮州韩江专修学院成立10周年而作的"为民办学，创新发展"一文发表于今日《潮州日报》C2版。

29日韩山师范潮州师范分院谢树浩院长来访，研究举办中层干部研讨会的有关事项。

7月

4—6日参加韩山师院潮州师范分院在福建东山岛举办的"遵循高等教育规律，全面提升办学水平"的研讨会，并作《关于高等师范院校办学若干问题的思考》的主题报告，比较系统而全面的阐明当前高师院校办学问题。

8日《创新学习能力的界定及其结构》《潮州市老年创新学习能力现状调查报告》发表于潮州市老年大学2007年校刊。

17日主动请辞潮州韩江专修学院董事会副董事长，名誉院长，并举行小型告别座谈会。同时，又被聘为学院高级顾问，聘期四年。

23—24日因故未能参加在北京市召开的第六次全国学习科学研究会工作会议，但作了书面发言，主要内容是总结前段工作及今后工作建议。

8月

5日整理《叶瑞祥教育科学文集》一书初稿。全书由教育原理篇、高等教育篇、民办教育篇、家庭教育篇、教育科研篇、教育评价篇六部分组成，选编51篇文章，附录7项，约40万字。

19—21日撰写附录之七——《叶瑞祥与相关学术团体的简介》等八篇论文。

9月

13日到潮州市教育局与柯泓副局长研讨教育科研成果的确认问题。

17日到普宁二中研讨落实广东省基础教育课程改革专项课题《普通高中新课程各学习领域的价值及其实施途径研究》经验交流会的若干问题。

27日赠送潮汕历史文化研究中心图书馆的个人论著9种，18册。

28日参加在汕樟中学举行的汕头市金平区现场交流会暨今后研究部署会议，并在会上作题为《关于多元智能理论在教学中应用的若干问题》的学术报告。

29日参加在韩山师院潮州师范分院举行的“叶瑞祥教授向潮州师范分院赠书仪式”。赠送个人论著24种，104册。潮州市电视台作采访，并于30日在《民生节目》播送。

10月

13日参加韩山师院2007年度广东省高等学校思想政治教育课题《新形势下大学生学习心理问题与对策研究》开题会，被聘为课题组顾问。在会上，作题为《关于新形势下大学生心理问题与对策研究的几个问题》的主题报告，并向课题组赠送《青年学习心理学》20册。

30日汕头市龙湖区翠英中学方斌校长来访，研究参加普宁会议问题。

31日普宁市华侨中学郑东光副校长来访，研究普宁会议问题。

11月

2日到南春中学调研，研究参加普宁会议问题。

3日普宁二中陈旭伟副校长等来访，研究承办普宁会议问题。

5—6日撰写《总结研究成果，做好结题报告》专题报告。

12日为普宁二中出版的《科研之路》一书作序。

14日论文《高师学生学习道德现状及培养策略》一文，发表于南京师大主办《文教资料》2007年11期。

15—16日主持在普宁市第二中学召开的广东省基础教育课程改革专项《普通高中新课程各学习领域的价值及其实施途径研究》课题现场交流会，并作题为《总结研究成果，做好结题工作》的学术报告。

22日参加在汕头市金平区百合小学召开的现场经验交流会，并作简要总结发言。

12月

10日与卢璧锋校长共同主编的《老年创新学习能力论》一书定稿，并发送大众文艺出版社出版。

14日应邀为湘桥区城基中学全体教师作题为《中学教师开展课题研究的基本步骤》的学术报告。

17日组织韩山师范学校普师班55届乙班在汕头市的老校友参观湘子桥、饶宗颐学术馆、牌坊街等文化景点，并送《叶瑞祥学习科学文集》一书作为纪念。

18日潮州韩江专修学院董事长李速强先生，联系办学“转轨”问题，研讨拟办“城基实验中学”有关事宜。

24日普宁市华侨中学领导来访，研讨落实广东省《普通高中新课程各学习领域的价值及其实施途径研究》现场鉴定事项。

27日全部校完《老年创新学习能力论》一书。

28日接待汕头市翠英中学领导研讨落实广东省《普通高中新课程各学习领域的价值及其实施途径研究》现场鉴定事项。

2008年

1月

1日初拟2008年工作要点：

（1）完成全国学习科学研究会“十一五”规划课题《老年创新学习理论与实践研究》，出版《老年创新学习能力论》一书；（2）完成广东省《普通高中新课程各学习领域的价值及其实施途径研究》课题，出版《普通高中新课程各学习领域实施途径研究》一书；（3）

完成广东省《新形势下大学生学习心理问题与对策研究》课题，出版《大学生学习心理问题研究》一书；(4) 启动出版《叶瑞祥教育科学文集》准备工作。

5—6 日担任专家组组长，主持广东省《普通高中新课程各学习领域的价值及其实施途径研究》课题组，普宁市华侨中学子课题现场鉴定会。

6 日主持在普宁华侨中学召开的教育部“十一五”规划课题《创新智能教学理论与实践研究》课题组广东地区（揭阳）交流会，并作工作报告。

7 日到普宁师范实验中学调查研究。

9 日到湘桥区城基中学调查研究。

12—13 日担任专家组组长，主持广东省《普通高中新课程各学习领域的价值及其实施途径研究》课题组，汕头市翠英中学子课题现场鉴定会。

21 日主持在韩山师院召开的广东省《普通高中新课程各学习领域的价值及其实施途径研究》结题总结会，在会上作总结报告，并提出《普通高中新形势各学习领域的价值及其实施途径研究》一书的编写方案。

24 日主持在湘桥区城基中学召开的教育部“十一五”规划课题《创新智能教学理论与实践研究》课题组广东地区（潮州）交流会，并作工作报告。

26 日受湘桥区区长周镇松的邀请，参观湘桥区城南中英文学校。随后在区长办公室研讨筹建城基实验中学有关事项。

2 月

8 日（农历初二）与叶经珠老师研究编写《潮汕客家籍教育人物录》一书事项。

19 日与林天卫、唐大光讨论编写《新课程各学习领域实施途径研究》一书事项。

21 日共同参与筹建的城基实验中学（原潮州韩江专修学院校址），得到湘桥区政府办公会议批准。

29 日与韩山师院图书馆馆长王德春协商赠送个人论著有关事宜，同意在校友赠书室内设“叶瑞祥论著专橱”，作永久性藏书。

3 月

1 日主持讨论《普通高中新课程各学习领域实施途径研究》一书的定稿工作。

7 日参加成立湘桥区城基实验中学签字仪式，并在主席台上就座，被聘为董事会董事。

10 日在家里举行简朴的“叶瑞祥赠送韩山师院图书馆图书仪式”，第一批赠送 34 种，126 册。其中校友赠书室 34 种，56 册；流通部 19 种，70 册。

17 日参加在长厦小学召开的金平区拟参加教育部“十一五”规划课题《创新智能教学理论与实践研究》第二阶段成果交流会的准备会议，并对结题报告与大会发言材料作具体指导。

24 日主持在城西中学召开的潮州市拟参加教育部“十一五”规划课题《创新智能教学理论与实践研究》第二阶段成果交流会的预备会议，研究落实参加会议的有关事宜。

30 日与林天卫主编的《普通高中新课程各学习领域实施途径研究》一书，由中山大学出版社出版。

4 月

3 日主持全国学习科学研究会“十一五”科研课题《老年创新学习能力理论与实践研究》中期成果交流会，并对研究成果及其今后研究工作作指导性的讲话。

6—10 日协助主持在黑龙江省大庆市召开的教育部“十一五”规划课题《创新智能教学理论与实践研究》第二阶段成果交流会，并作题为“关于撰写结题报告的几个问题”的学术报告。

14 日被聘为韩山师院潮州师范分院陶行知研究中心顾问。

21 日初拟《潮汕客家籍教育人物录》一书的编写方案。

28 日与卢璧锋主编的《老年创新学习能力论》，由大众文艺出版社，2008 年 4 月出版。

5 月

11日第8次修改《叶瑞祥教育科学文集》，拟定为教育原理篇、高等教育篇、民办教育篇、家庭教育篇、教育科研篇5个部分，附录8项，约25万字。

13日拜访原汕头市教育局黄海局长，研究《潮汕客家籍教育人物录》一书的编写方案，得到大力的支持。

14日参加在汕头市东方中学召开的教育部“十一五”规划课题《创新智能教学理论与实践研究》广东地区第三阶段工作会议，并作题为“关于撰写结题报告的几个问题”的学术报告，并代表广东地区专家指导组部署结题工作。

15日与原汕头教育学院副院长陈玉奇联系，研究编写《潮汕客家籍教育人物录》一书编写事宜，得到大力支持。

19日拜访原汕头教育学院副院长陈玉奇，研究、修改《潮汕客家籍教育人物录》编写方案。

24日在汕头市陈玉奇家召开第一批汕头市《潮汕客家籍教育人物录》编辑委员会会议，研究近期工作要点正式启动编写工作。

26日在潮州市原潮州金山中学教导主任黄泉芳家召开第一批潮州市《潮汕客家籍教育人物录》编委会议，研究编写近期工作。

29日到湘桥区新春园小学调研。

6月

1—2日第9次修订《科学教育观的探索——叶瑞祥教育科学文集》一书。在第8稿的基础上，适当增加达48篇，附录8项，共35万字。

18日开始打印《科学教育观的探索——叶瑞祥教育科学文集》一书。

19日论文《新形势下大学生学习心理问题的若干思考》，发表于《黑龙江教育学院学报》2008年第6期。

20日参加潮州市老年大学《老年创新学习能力论》一书首发式，并对今后老年教育科研问题提出建议。

25日到湘桥区振德街小学调研，并对其“十一五”结题报告作具体指导。

30日与许佩卿主编的《大学生学习心理问题研究》一书，送中山大学出版社出版。

7月

1日参加潮州市老干部大学（老年大学）成立10周年纪念大会，应邀在主席台就座。学校的总结报告大力肯定《老年学习学》《老年创新学习能力论》等研究成果。

7日完成2007年广东省高校思想政治教育课题《新形势下大学生学习心理问题与对策研究》所有的结题工作，包括撰写结题报告申请书、结题报告、《大学生学习心理问题研究》（专著）、调查报告以及《新形势下大学生学习心理问题的若干思考》（论文）等系列工作。

13日应城基实验中学董事会李速强董事长邀请，参观该校基本建设，并就董事会开展工作的若干问题谈谈个人看法。

21日到潮州市绵德幼儿园调研，并研究落实拟于今年九月下旬召开全国幼儿学习科学研究中心东南地区经验交流会的若干问题。

8月

8日通过电视观看北京奥运会开幕式。

9日初拟申报2008学年度广东省高校思想政治教育课题《高师学生创新学习能力培养研究》。

13日初拟"学生学习力研究"设想。

19日初拟"潮州市青少年思想道德现状问卷"表模。城基实验中学领导来访，研究办好学校事宜。

25日参加潮州市城基实验中学董事会，并作主题发言。

27日参加潮州市关心下一代工作委员会主持的"潮州市青少年思想道德现状调查"座谈会，即第一次课题组长会议，并就研究方案和问卷设计作主题发言。

30日初拟《潮州市青少年思想道德现状及其教育研究》课题的实施方案。

9月

1日主编的《普通高中新课程各学习领域实施途径研究》与《大学生学习心理问题研究》两部书，由中山大学出版社出版。

18 日主持完成“潮州市青少年思想道德现状问卷”的设计工作。

22 日主持潮州市“十一五”规划课题《潮州市青少年思想道德现状及其教育研究》开题会，并作主题报告。

23 日参加汕头市金平区在桂花小学召开的协作组长座谈会，研究教育部“十一五”规划课题有关结题鉴定问题。

10 月

13 日到湘桥区城基实验中学考察办学情况，并就有关办学问题与学校班子交换意见。

14 日与城基实验中学董事会李速强董事长，就当前办学有关问题交换意见。

17 日主持在金平区龙眼小学召开的金平区实验学校校长会议，并作题为《关于金平区前段课题研究总结及结题鉴定的若干问题》的总结报告。

27 日在金平区华新小学召开广东地区专家组碰头会，研究广东地区《结题鉴定通知》。

31 日主持在潮州市绵德幼儿园召开的教育部“十一五”规划课题《创新智能教学理论与实践研究》潮州地区研究成果总结大会，并作总结报告。

11 月

4 日到湘桥区振德小学、城西中学调查研究。

6 日在湘桥区教育局局长办公室，接受湘桥区李桂蓉副区长、区教育局局长刘英进等的专访，并作题为《关于践行科学发展观，努力建设教育强区若干问题的思考》主题发言。

11 日上午，主持在市关工委召开的《潮州市青少年思想道德现状及其教育研究》课题组第二次会议，审查批准 9 个子课题的立项。下午，到城基中学调查研究，并指导编制子课题研究方案。

13 日到湘桥区南春中学调查研究。

18 日到潮州市绵德幼儿园调查研究。

21 日参加潮州市“十一五”规划课题子课题——潮安县东风镇《农村中小学生思想道德教育的途径与方法研究》开题会，并作题为

《关于青少年思想道德教育途径与方法的若干问题》的专题报告。被聘请为东风镇教育科研中心顾问。

29日应邀到韩山师院潮州师范分院与谢树浩院长研究开展学习科学研究。并拟推荐其为全国学习科学第七届常务理事。

12月

1日推荐参加第七届全国学习科学研究会代表大会代表，拟推荐广东省学习科学研究会常务理事三名，理事七名，全国幼儿学习科学研究中心常务理事一名，理事一名，共十二名，报送至学会秘书长龚春燕研究员。

2日主持召开《潮州市青少年思想道德现状及其教育研究》第三次组长会议，研究落实2008年12月至2009年3月份工作要点。

3日到潮州市高级中学调查并就中学生心理健康教育问题谈谈个人看法，并决定12月26日在高级中学召开第一次成果交流会。

4日到潮州市绵德幼儿园调查研究，并打印推荐常务理事、理事名单。

5日到湘桥区南春中学调查研究。

6日参加韩山师院潮州师范分院校庆50周年庆典活动。

9日参加枫溪区崇礼中学潮州市"十一五"规划课题的子课题《当前初中学生思想道德教育途径与方法研究》的开题会，并作主题报告。

16—18日参加在云南省玉溪市召开的第七届中国高等教育学会学习科学研究会会员代表大会。这是一次承上启下的会议，按民政部的有关规定，凡70周岁以上的正副会长，必须退居二线。我早已主动辞去副会长职务，被聘请为第七届学术顾问。会上，我所推荐的常务理事，理事全部顺利通过。这是广东省学习科学的代表队，是一支学术水平高的研究队伍，也是新一代学习科学的接班队伍。

22日在潮州市关工委办公室，召开潮州高级中学、东风中心学校、崇礼中学的领导，研究本课题组第一次经验交流会的发言材料与调查报告。

25日与湘桥区教育局局长刘英进，约见城基实验中学董事长李速强研究办学重大问题。

26日主持在潮州市高级中学召开的潮州市“十一五”规划课题《潮州市青少年思想道德现状及其教育研究》第一次经验交流会，并作题为《关于前段课题研究的小结与近期课题研究的意见》，即《2008年下半年课题研究的总结与2009年上半年课题研究的意见》的主题报告。

28日应邀参加“与改革开放同行——韩师复办师专30周年图片展览会”开幕式。会后，与黎羡君、王晶副书记等座谈，提出对进一步办好韩师的若干建议。

29日整理总结2008年研究工作与计划安排2009年研究工作。

2009年

1月

1日初拟2009年工作要点：（1）做好教育部“十一五”规划课题《创新智能教学理论与实践研究》结题工作，力争年底出版《创新智能教学理论与实践研究》一书；（2）主持潮州市“十一五”教育科学规划课题《潮州市青少年思想道德现状及其教育研究》课题研究工作；（3）做好准备出版《叶瑞祥教育科学文集》一书；（4）启动《潮汕客家籍教育人物录》的整理工作。

4日被聘为教育部“十一五”规划课题《创新智能教学理论与实践研究》总课题组专家评审组成员，并开始整理、撰写广东地区子课题的鉴定意见。专家组组长为周之良教授，中国高等学会学习科学研究会原会长，名誉会长，原北师大党委书记、博士生导师。

10日收到周之良教授为《科学教育观的探索——叶瑞祥教育科学文集》一书撰写的《序言》。

13日在住家主持召开教育部“十一五”规划课题《创新智能教学理论与实践研究》广东地区子课题评审小组会议，讨论初评意见及其撰写鉴定事宜。评审组组长叶瑞祥，成员鲁澄南，柯柄嘉。

21日参加城基实验中学董事会，总结第一学期工作与研究第二学期工作。

2月

3日主持潮州市“十一五”规划课题《潮州市青少年思想道德现状及其教育研究》课题组长会议，讨论《当代青少年思想道德教育研究》一书编写方案。

11日在家中主持召开《创新智能教学理论与实践研究》一书主编会议，参加人员有鲁澄南、柯柄嘉，讨论编写方案。

20日在潮州市关工委会议厅，主持召开《当代青少年思想道德教育研究》一书编写会议，并作主题报告。

26日到湘桥区太平中学调研，落实召开总结座谈会有关事宜。

28日主持在湘桥区太平中学召开的教育部“十一五”规划课题《创新智能教学理论与实践研究》广东地区（潮州）研究成果总结座谈会，并作主题报告。

3月

10日主持在汕头市金平区金禧中学召开的教育部“十一五”规划课题《创新智能教学理论与实践研究》广东地区（汕头）研究成果总结座谈会，并作主题报告。

11—12日初拟申报教育部2009年规划课题《学生学习力及其评价研究》的申报表，并电传给鲁澄南副局长。

20日到湘桥区南春中学调研。

25日到湘桥区城基中学调研。

21—26日完成《论学习力——学生学习力理论与实践研究》一文初稿。

27日在潮州市关工委会议室主持召开《潮州市青少年思想道德现状及其教育研究》第五次课题组长会议，并作“关于召开中期成果交流会若干问题”的报告。

4月

7日在韩山师院保卫处主持召开《创新智能教学理论与实践研究》一书主编会议，讨论、决定编写出版问题。参加人员：叶瑞祥、鲁澄南、林天卫、柯柄嘉。

10日在潮州市汇侨酒店会见广东省教育学会学习科学研究会秘书长王益群科长，研究本年活动事宜。湘桥区教育局教科研所长徐志生在座。

13日参加城基实验中学董事会，研究2009年度招生计划。

21日到城基中学调研，研究落实潮州市“十一五”规划课题《潮州市青少年思想道德现状及其教育研究》有关中期成果交流会议问题。

22日到南春中学调研，研究落实潮州市“十一五”规划课题《潮州市青少年思想道德现状及其教育研究》有关中期成果交流会议问题。

27日到韩山师院潮州师范分院与谢树浩院长，研究召开“中国高等教育学会学习科学研究会（广东地区）理事座谈会”有关事宜。

28日在潮州市关工委会议室主持召开第六次课题组组长会议，讨论召开《潮州市青少年思想道德现状及其教育研究》中期成果交流会议有关事宜。

5月

4日在潮州市关工委会议室，主持召开第七次课题组长会议，讨论《潮州市青少年思想道德现状调查报告》有关事宜。

7日撰写的《论学习力——学生学习力理论与实践研究》一文定稿。

9日主持召开《创新智能教学理论与实践研究》一书主编会议，审定该书。

13日《潮州市青少年思想道德现状调查报告》一文定稿，由叶瑞祥、卢璧锋、许佩卿执笔。

15—16日主持在兴宁市永兴中学召开的教育部“十一五”规划《创新智能教学理论与实践研究》广东地区（梅州、河源）现场交流会，并作“关于‘互动新学案’的评价问题”的学术报告。

22日主持在韩山师院潮州师范分院召开的“中国高等教育学会学习科学研究会（广东地区）理事座谈会”，并作题为《学习科学及其发展趋势研究》的学术报告，并提出近期广东省教育学会学习科学研究会的工作要点，力争年底前举办广东省第二届学习科学骨干研讨班。

6月

1 日《创新智能教学理论与实践研究》一书定稿后，通过电子邮件发至中山大学出版社。

6 日在潮州市关工委会议室，主持召开第八次课题组长会议，讨论审定中期成果交流会评奖结果及有关事宜。

9—11 日分别到城基中学与南春中学、落实潮州市“十一五”规划课题《潮州青少年思想道德现状及其教育研究》中期研究成果现场交流会议有关事宜。

16 日主持在湘桥区城基中学与南春中学召开的潮州市“十一五”规划课题《潮州青少年思想道德现状及其教育研究》中期成果交流会，并作题为《关于中期研究成果综述与今后课题研究的意见》的报告。

7 月

2 日在潮州市关工委会议室主持召开第九次课题组长会议，研究、审定出版《当代青少年作思想道德教育研究》一书的有关事宜。

3 日到湘桥区城西中学调研。

8 日由叶瑞祥、卢璧锋、许佩卿撰写的《潮州市青少年思想道德现状调查与思考》一文发表于《潮州》杂志 2009 年第二期。

24 日在潮州市关工委会议厅主持召开《当代青少年思想道德教育研究》一书编审委会会主任会议，审定通过出版问题，并在会上作主题报告。

8 月

10 日《当代青少年思想道德教育研究》一书付印。

12 日撰写的《教育人生五十五年》一文定稿。

15 日拟定“学生学习力现状调查问卷表”。

17 日拟定“学生学习力评价表”。

28 日在潮州市关工委会议室主持召开第十次课题组长会议，讨论研究《潮州市青少年思想道德调查报告》一书的有关事宜。

22—29 日第一次校对《当代青少年思想道德教育研究》一书的清样。

9 月

3 日在潮州市关工委会议厅主持召开各子课题组组长会议，讨论出版《潮州市青少年思想道德现状调查及报告专辑》一书有关事宜，作《关于编辑出版〈潮州市青少年思想道德现状调查报告专辑〉一书的几个问题》的报告。

8—9 日第二次校对《当代青少年思想道德教育研究》一书的清样。

15 日主持在汕头市金平区百合小学召开的“学生学习力理论与实践研究”座谈会，并作题为“学生学习力理论与实践研究”的学术报告，拉开了学习力研究的序幕。

16—17 日第三次校对《当代青少年思想道德教育研究》一书清样。

17 日到湘桥区振德街小学调研。

18—23 日做好修改《潮州市青少年思想道德现状调查报告专辑》一书工作。

25 日初拟《加强学习指导，增强学生学习力》专题报告发言要点。

29 日反复修改后的《科学教育观的探索——叶瑞祥教育科学文集》一书基本定稿。

10 月

8 日在家中，与潮师（潮安师范学校）70 级数学二排同学联谊会筹备组成员柯玉深、黄佳祥、黄利平等共同研究 10 月 18 日成立大会有关事宜。

9 日主编的《潮州市青少年思想道德现状调查报告专辑》一书定稿付印。

18 日在韩山师院潮州师范分院（潮安师范前身）参加潮师 70 级数学二排同学联谊会成立大会，并发表题为《感谢·高兴·希望》的讲话，提出做好晚年生活，提高生活质量，要做到“一个中心，三个一点”（即以身心健康为中心，学习一点，奉献一点，糊涂一点）的观点。

20 日整理叶氏 81—85 世“五代世系图”，拟送《全国叶氏总族谱》一书，同时还整理撰写《叶氏当代人物简介》一文，一同送去。

22 日制定“广东省学习科学骨干研讨班的实施方案”。

23 日在韩山师院潮州师范分院院长办公室主持召开广东省学习科学骨干研讨班筹备小组会议，研究办班方案与会议通知。

26 日主编的《潮州市青少年思想道德现状调查报告专辑》一书出版。到湘桥区振德街小学调研，并组织在广东省学习科学骨干研讨班大会交流的材料。

30 日撰写《科学教育观的探索——叶瑞祥教育科学文集》后记。

11 月

3 日到湘桥区教育局教科所，与徐志生所长和区实验学校、城基中学领导研究广东省学习研究会现场观摩事宜。

到潮州市绵德幼儿园调研，并组织在广东省学习科学研讨会大会交流的材料。

13 日到南春中学调研，并组织在广东省学习科学研讨会大会交流的材料。

12 月

3 日潮师 70 级数学二排同学联谊会柯玉深、黄利平、黄佳祥等第一批学生来访。

4 日到韩山师范潮州师范分院研究落实举办广东省学习科学骨干研讨班的有关事宜。

8 日到城基中学调研，落实广东省学习科学骨干研讨班现场观摩事宜。

11 日主编的《创新智能教学理论与实践研究》一书，由中山大学出版社出版。

11—13 日由广东省学习科学研究会主办，韩山师院潮州师范分院承办，湘桥区教育局教科所协办的“广东省第二届学习科学骨干研讨班”，在潮州市委党校召开。先后在会上作了题为《学生学习力理论与实践研究》的主题报告及题为《发挥学习科学骨干作用，推动我省学习科学发展》的总结报告。

14 日《潮州日报》第一版刊登《省学习科学骨干研讨班在我市举行，主旨增强学生学习力》一文。

16 日晚上，潮州电视台播发广东省学习科学骨干研讨班现场新闻报道。

17—26日全力以赴，聚精会神，一日三班，第一次校对《科学教育观的探索——叶瑞祥教育科学文集》一书的清样。

19日在城西中学做好《创新智能教学理论与实践研究》一书潮州地区的发行工作。

28日到潮州市老年大学校长、老干局局长陈先哲、第一副校吴作秋、常务副校长卢璧锋研究《老年学习力理论与实践研究》课题启动工作。根据前段研究工作，拟2010—2012年间，力争出版三部《论学习力》版本，即《论学习力（一）——学生学习力理论与实践研究》（教师版），《论学习力（二）——大学生学习力理论与实践研究》（学生版），《论学习力（三）——老年学习力理论与实践研究》（老年版）。这些著作既是提高学习力的读物，又是课题研究的成果。

2010年

1月

1日初拟2010年工作要点：⑴出版《叶瑞祥教育科学文集》；⑵出版《当代青少年思想道德教育研究》《潮州市‘十一五’课题结题报告专辑》；⑶启动学习力研究课题，力争出版《老年学习力理论与实践研究》一书。

1—2日撰写《老年学习力理论与实践研究》实施方案。

2日《科学教育观的探索——叶瑞祥教育科学文集》（电子修改版）发送至珠海出版社出版。

4日《科学教育观的探索——叶瑞祥教育科学文集》（光盘、附录）发送至珠海出版社。

8日编制“潮州市老干部大学学员学习力情况调查问卷调查表”。

13日主持潮州市老干部大学2009—2011年教育科研重点课题《老年学习力理论与实践研究》课题开题会，并作主题报告。同时，被聘为潮州市老干部大学科研顾问。

9—30日第二次校对《科学教育观的探索——叶瑞祥教育科学文集》一书（约40万字）的清样。

31日用特快寄《科学教育观的探索——叶瑞祥教育科学文集》

一书（二校稿清样）到珠海出版社。

2月

1—2日初拟《老年学习力理论与实践研究（老年版）、《学生学习力理论与实践研究》（教师版）、《学生学习力十讲》（学生版）三部书的编写要点。

3日到湘桥区教科所与徐志生所长研究春节后在中小学校开展“增强中小学生学习力策略研究”的有关事宜。

4日到潮州医院作脑电图检查，医生要求注意休息，劳逸结合。

7日潮州电视台，晚间新闻，播发《老年学习力理论与实践研究》开题会现场。

8日与叶经珠老师研究探索、整理《潮汕客籍教育人物录》的有关事宜。

9日参加城基实验中学董事会，并在会上发表“关于促进城基实验中学可持续发展问题的若干思考”，提出“六个加强”建议，即加强董事会的建设、加强学校班子建设、加强教师队伍建设、加强内宿管理队伍建设、加强学校基本建设、加强教学仪器建设问题。

16日（农历正月初三）撰写《老年学习力理论与实践研究》一书的编写方案。

22日统计出版专著教材44部，其中教育科学26部，学习科学18部；发表论文132篇，其中教育科学60篇，学习科学72篇。教育科学约460万字，学习科学约400万字，共约850万字。

23日（农历正月初十）主持召开潮州市“十一五”规划课题《潮州市青少年思想道德现状及其教育研究》第12次课题组长会议，研究总结阶段工作计划，并作主题发言。

3月

4日主持召开潮州市“十一五”规划课题结题预备会议，并作题为“关于课题结题工作的几个问题——怎样撰写结题报告”的学术报告。

5日经第三次校对后用特快件寄《科学教育观的探索——叶瑞祥教育科学文集》一书清样（定稿）到珠海出版社。

6日起草《老年创新学习能力论》为潮州市首届社会科学优秀成

果申报表。

7—10日初步阅读《国家中长期教育改革和发展规划纲要2010—2020年》(征求意见稿)。

12日主持召开潮州市老干部大学2009—2011年教育科研重点课题《老年学习力理论与实践研究》编写会议，并就“关于编写〈老年学习力理论与实践研究〉一书的几个问题》作主题报告。

17日到湘桥区教科所、潮州市绵德幼儿园研究开展《增强中小学生学习力策略研究》《培养幼儿学习力策略研究》课题的有关事宜。

18—20日回梅州市探病中的胞妹孟君，赠送嘉应学院图书馆16种论著51册，由该校成教处余潮青副处长、图书馆钟益奇副馆长接受赠书。

24—25日起草“关于开展学习力课题研究的几个问题”，拟作湘桥区各课题开题会的报告内容。

26日起草《湘桥区学习力课题研究指南》。

4月

1—6日继续阅读《国家中长期教育改革与发展规划纲要》（征求意见稿）以及相关辅助资料。

9日论文“论学习力——学生学习力理论与实践研究”一文发表于韩山师院《教学研究》2010年第1期（总第39期）。

12日撰写完成《老年学习力理论与实践研究》一书第一章“学习力的内涵与要素”书稿。

14日主编的《当代青少年思想道德教育研究》一书，由珠海出版社出版，正式出版发行。

19日《科学教育观的探索——叶瑞祥教育科学文集》，由珠海出版社出版，是为个人从教55周年而出版的文集，是五年前出版的《科学学习观的探索——叶瑞祥学习科学文集》的姊妹篇。该书包括教育作用篇、基础教育篇、高等教育篇、民办教育篇、学科教育篇、家庭教育篇六个部分，附录五项，约40万字。北京师大原党委书记，博士生导师、周之良教授为之作序。

24日整理拟送韩山师范图书馆4种18册，合计38种，154册；

拟送韩山师院潮州师范分院图书馆4种18册，合计31种，144册。

24—25日撰写《潮州市老年学习力现状调查报告》一文。

26日《潮州日报》刊登《叶瑞祥教育科学文集》出版消息；向韩山师院图书馆代表赠送图书。

27日到韩山师院潮州师范分院赠书。

29日应邀整理退休后出版的专著、教材20部21册，拟送韩山师院离退休总支组织的“研究成果展览”。

5月

1—2日撰写《教育科研的辛勤耕耘者》一文。

3日赠送潮州市慧如图书馆论著4种9册。

5—6日初拟从教60周年时，完成下列2项研究项目：

①《学习力理论与实践研究》系列丛书，含教师版、老年版、或学生版2—3部；

②《叶瑞祥教育口述史》（含“叶瑞祥教育活动年表”）。

8日到慧如图书馆研究落实“叶瑞祥赠书专橱”有关事宜。

12日上午，到湘桥区城基中学，调查研究。下午，按韩山师院离退休总党支的要求，整理1997年4月退休后的研究成果：出版专著、教材23部，其中公开出版19部；发表论文57篇，其中公开发表32篇。

13日截至今日累计出版专著、教材45部，其中公开出版30部；累计发表论文133篇，其中公开发表的96篇。

14日到叶经珠老师家，研究整理出版《潮汕客籍教育人物录》一书有关事宜。

17日到枫溪区瓷都中学调查研究。

18日《潮州日报》发表由卢璧锋撰写的《潜心科研是我毕生的愿望与追求——访中国高等教育学会学习科学研究会学术顾问叶瑞祥》一文。

20日整理退休后科研奖励证书9项，优秀党务工作者证书4项。

25日到湘桥区锡华中学调查研究。

26日到枫溪区池湖中学调查研究。

28日参加汕头市金平区《学生学习力理论与实践研究》课题组在汕头四中召开的阶段检查会议，并作主题报告。同时，向10所实验学校赠送《叶瑞祥教育科学文集》各一册。

29日编写《论学习力——学生学习力理论与实践研究》（教师版）一书的写作要点。

6月

2日党支部讨论通过我为中共预备党员。选送个人著作37部，40册送潮州市慧如图书馆作为永久性藏书，并设赠书专橱。以后，拟再送第二、三批书籍，直至放满一个书架为止。

4日到湘桥区实验学校调查研究，研究讨论《培养小学生学习力策略研究》课题。

11日《潮州日报》刊登《潮州市首届哲学社会科学优秀成果奖（政府奖）项目公示》，叶瑞祥、卢璧锋的著作《老年创新学习能力论》被评为三等奖。

12日《潮州市青少年思想道德现状与思考》一文在2010年第一期《韩山师范学院学报》发表。

19日到潮州市慧如图书馆赠送刊登个人论文的书刊。其中，图书22部，22册；期刊5种，15册。

21日初拟《潮州市青少年思想道德现状及其教育研究》结题报告要点。

28日主持召开潮州市“十一五”规划课题课题组长第13次会议，讨论，研究结题工作的若干问题。

7月

2日在潮州市老年大学主持召开《老年学习力理论与实践研究》课题组会议，总结前段课题研究情况，安排下半年的课题研究工作。《潮州市老年学习力的现状与思考》一文在潮州市老干部局主办的《秋晖》杂志（创刊号）2010年第一期发表。

5日送韩山师院教育系学生《青年学习心理学》一书100册。

8日主持召开《潮州市青少年思想道德现状及其教育研究》各子课题执行人会议，并作结题工作报告。

9日独立撰写完成《〈潮州市青少年思想道德现状及其教育研究〉结题报告》（初稿），落款为叶瑞祥，卢璧锋执笔。

20日完成《潮州市青少年思想道德现状及其教育研究》结题报告校对工作。同时，完成编辑《〈潮州市青少年思想道德现状及其教育研究〉结题报告专辑》。

21日与潮州市关工委余鼎臣主任、卢璧锋常务副主任研究潮州市“十一五”规划课题《潮州市青少年思想道德现状及其教育研究》总结工作问题；与潮州市委老干部局局长陈先哲、老年大学常务副校长卢璧锋研究老年大学《老年学习力理论与实践研究》课题下半年的课题研究工作。

27日主持的《〈潮州市青少年思想道德现状及其教育研究〉结题报告专辑》今天定稿，拟内部书号，近日出版。

30日主持召开潮州市“十一五”规划课题第14次课题组长会议，研究召开总结大会有关事宜。

8月

1—4日阅读公布的《国家中长期教育改革与发展规划纲要(2010—2020年)》，并逐条逐项进行对照，初步发现修改之处有242条，特别关注到“重视老年教育”“鼓励和支持教育科研人员坚持理论联系实际、深入探索中国特色社会主义教育规律，研究和回答教育改革和发展重大理论与现实问题，促进教育事业科学发展”等条款。

5日起草与填写潮州市“十一五”教育科学规划课题《潮州市青少年思想道德现状及其教育研究》结题申报鉴定表。

8日起草“关于举办首届秋晖老年教育论坛的计划”（讨论稿）。

15日第一次校对《〈潮州市青少年思想道德现状及其教育研究〉结题报告专辑》。

16日审阅《小学教育实践与研究——唐丽云教育文集》一书文稿。

17—30日阅读《新编老年学辞典》和朱永新《我的教育理想》两书。

30日第二次校对完《〈潮州市青少年思想道德现状及其教育研

究〉结题报告专辑》。

9月

3日与韩山师院校友联络办公室主任杨暘联系韩师55届校友毕业55周年聚会有关事宜。

9日参加湘桥区实验学校《培养小学生学习力策略研究》开题会，并作题为“关于培养小学生学习力若干问题”的学术报告。

10日主持召开韩师55届毕业55周年潮州片校友代表座谈会，研究有关事宜。

13日与湘桥区振德小学校长们开展“培养小学生学习力策略”研究。

14日与湘桥区城基中学调查研究“中学生学习力研究问题”。

15日与湘桥区南春中学调查研究“中学生学习力研究问题”。

16日与湘桥区昌黎路小学调查研究，并对办好“王振中名师工作室”提出若干建议。

17日主持潮州市老干部大学2009—2011年教育科研重点课题《老年学习力理论与实践研究》第一阶段成果交流会，并作题为《关于提高老年学习力策略的几个问题》的学术报告。

26日在汕头市致侨学校主持召开韩师55届毕业生55周年汕头片校友代表座谈会，并作“实施方案说明”。同时，被推选为联结组总联系人。

28日参加在潮州高级实验学校召开的潮州市“十一五”教育科学规划课题《潮州市青少年思想道德现状及其教育研究》课题总结大会，并作总结报告。

29日到湘桥区城西中学调查研究。

10月

2—7日修改《老年学习力理论与实践研究》一书“课程篇”的文稿。

3日撰写《向母校汇报——韩师55届普师现校友的综述与思考》一文，拟在校友座谈会上发言。

5日向潮州市慧如图书馆赠送《创新学习研究》等55种图书。

累计赠 103 种图书（其中个人著作 45 种），164 册（其中个人著作 106 册）。

7 日委托叶东向汕头市图书馆赠送个人著作 20 种，42 册。

10 日开始思考《叶瑞祥教育口述史》的若干问题。

12 日到潮州市绵德幼儿园调查研究，并落实《培养幼儿学习力策略研究》课题。

18 日到湘桥区教科所研究开展《培养学生学习力策略研究》课题。

25 日主持韩师 55 届普师班毕业 55 周年校友座谈会，并作题为“向母校汇报——韩师 55 届普师现校友的综述与思考”的主题发言。参会校友 29 名，老教师、随员 7 名，共 36 名。韩山师院林伦伦院长，余浩明副书记应邀出席会议，并讲话。

27 日主编的《老年学习力研究》一书，拟近日寄广东语言音像电子出版社出版。阅读韩山师范离退休总支部编印的《离退休人员研究成果目录汇编》一书。其中，著作教材类 54 部，本人 19 部，占 35%；论文类 137 篇，本人 26 篇，占 19%；成果证书类 28 项，本人 7 项，占 25%。

11 月

2 日参加在湘桥区教科所召开的湘桥区“增强学生学习力策略研究”课题组座谈会，并发表题为《关于开展学生学习力研究的几个问题》的学术报告。

5 日参加由中共韩山师院离退休党总支委员会召开的“离退休人员科研成果展示座谈会”，并就离退休人员科研立项、成果、出版基金提出建设性意见。

7 日初步拟定《叶瑞祥教育口述史》一书的编写方案，力争2012 年底出版。

8 日到潮州市绵德幼儿园调查研究，并就编写《培养幼儿学习力理论与实践研究》一书提出建设性的意见。

9 日到湘桥区教科所与徐志生所长研讨，组织湘桥区学习力课题组学校参加 11 月 17 日在汕头市召开的“潮汕地区学生学习力研究经验交流会”的有关问题。

14 日百度搜索到“现代中国学习学专家叶瑞祥”的网页，并查阅了龚裕德著《简明中国学习思想史》，第十章第七节“叶瑞祥的学习思想”一文。

15 日对近日两件事情感到十分高兴。一则，“叶瑞祥的学习思想”被列入《简明中国学习思想史》，这是对我三十年来研究学习科学的最高肯定与评价；二则，个人所著的专著、教材占韩山师院离退休人员论著的 35%，为数最多，这是对我退休近十四年的研究成果的最佳肯定与评价。

17 日主持在汕头市第四中学召开的“潮汕地区学生学习力研究经验交流会”，并在会上作题为《关于培养学生学习力策略研究的几个问题》的学术报告。报告提出“五个统一”的研究理念，即把学习力研究与学习、贯彻《教育规划纲要》统一起来，把学习力研究与新课程改革统一起来，把学习力研究与创新教学改革统一起来，把学习力研究与教师专业发展统一起来，把学习力研究与编写《论学习力》一书统一起来。

19 日到湘桥区振德小学调查研究。

20 日初拟“再谈叶瑞祥的学习思想”一文写作要点。

22 日组织在潮州的校友，代表韩师 55 届普师班 55 周年校友联络组，慰问百岁老教师翟肇庄老师。

23 日到南春中学调查研究。

24 日到城西中学调查研究。

27 日到城基中学调查研究。

12 月

3 日参加湘桥区南春中学《改革课堂教学，提高高中学生学习力策略研究》课题开题会，并作题为《关于改革课堂教学，提高高中学生学习力策略的几个问题》的学术报告。

5 日经与林明榕教授联系，终于与《简明中国学习思想史》作者龚裕德教授取得联系。

9 日参加城西中学《增强初中学生学习力策略研究》课题开题

会，并作题为《关于增强初中学生学习力策略研究的几个问题》的学术报告。

10日参加湘桥区城基实验中学《校本研究与提升教师学习力的研究》课题开题会，并作题为《关于校本研究与提升教师学习力的研究的几个问题》的学术报告。

11—13日第一次校对《老年学习力研究》一书，由广东语言音像电子出版社出版，力争2011年12月下旬出版。

15日收到龚裕德教授赠送的著作《简明中国学习思想史》一书，(世界社会文献出版社，2009年8月第一版)。该书十章，列举秦汉时期以来65位学者的学习思想，32.5万字。其中第十章写到，中华人民共和国时期的学习思想有下列8位：徐特立、毛泽东、陈垣、成仿吾、江泽民、林明榕、叶瑞祥、林毓锜。这是对我个人学术成果的最高肯定与奖励，是我人生最快乐与最幸福的事情。对于我来说，它是多么重要、珍贵、荣幸！人生足矣！这是人生学术上的顶峰，连做梦都没有想到的事情。我这一辈子，没有白活。

17日到潮州市公安局办理出国探亲护照。整理《叶瑞祥教育口述史》(大纲)。

20日参加韩山师院团委会主持的座谈会，并在会上作题为“关于编写叶瑞祥教育口述史若干问题的说明”。会上，成立《叶瑞祥教育口述史》课题组，组长郑文锋（团委书记），副组长许佩卿（学生处副处长），成员：吴晓玲、吴芳芳，力争2012年下半年出版。

25日整理修改《叶瑞祥教育口述史》(大纲)

27日到韩山师院科研处汇报《简明中国学习思想史》一书以及拟申报《学生学习力理论与实践》课题的有关事宜。

30—31日岁末年尾学术清理。今年学术研究是个丰收年。今年，出版著作3部：《当代青少年思想道德教育研究》《叶瑞祥教育科学文集》《〈潮州市青少年思想道德现状及其教育研究〉结题报告专辑》，发表论文8篇，获奖1项。累计至今，出版专著、教材46部，其中教育科学28部，学习科学18部，退休后占24部；发表论文137篇，其中教育科学62篇，学习科学75篇，退休后占61篇；获奖33项，其中退休后占10项；承担研究课题27项，其中退休后占14项。

2011年

1月

1日初拟2011年研究工作要点：①继续开展学习力课题研究，力争年底出版《论学习力——学生学习力理论与实践研究》（教师版）一书；②力争完成《叶瑞祥教育口述史》一书的基础工作；③出版《潮汕客籍教育人物录》一书。

3日整理比较完整的“叶瑞祥的学习理论与实践”一文的要点：(一）提出“学习内化获得说”的先进理念；（二）总结大学学习指导的基本内容；（三）构建小学学习学的基本框架；（四）开创老年学习学的研究领域；（五）探索创新学习能力的基本结构；（六）发展学习力的内涵及其对策。以上六点，是退休后个人学习理论与实践的主要理论研究成果。

4日参加湘桥区城基实验中学第五次董事会，并听取方卫玲校长的工作汇报会，我分析了当前办学形势，提出了近期学校要稳定现有办学规模，走内涵发展道路，重在提高教育质量的办学思路。

10日主编《老年学习力研究》一书，由广东省语言音像电子出版社出版。

5—13日充实修改、细化《叶瑞祥教育口述史》五人课题组会后，即开展口述历史活动的安排。由叶瑞祥口述第一至第五部分，吴晓玲、吴芳芳分别整理第一至三部分与第四、五部分，第六部分“我与学习科学”由我亲自撰写，要求寒假整理，力争下学期初形成该书《初稿》。

14日参加由潮州市老干部大学主持的《老年学习力研究》一书首发式，并作题为《关于学习与使用〈老年学习力研究〉一书的几个问题》的主题报告。

19日参加湘桥区意溪镇初级中学《提高农村中学生学习力研究》课题开题会，并作题为《关于提高农村学生学习力研究的几个问题》的学术报告。

21—30日撰写第六部分“我与学习科学”，初稿约五万字。

2月

8—10日撰写《关于韩师办学的若干经验与思考》一文（初稿）

22日到湘桥区城基中学，振德街小学调查研究。

23日到湘桥区南春中学调查研究。

27日召开我与吴晓玲、吴芳芳“关于《叶瑞祥教育口述史》整理”的情况交流会。内容：（一）交流寒假各自整理进度，吴晓玲初步完成第一、二、三部分，约四万字；吴芳芳初步完成第四、五部分，约六万字；我完成第六部分，约五万字。《叶瑞祥教育口述史》一书的雏形初步形成。（二）研究、细化补充不足之处。

3月

5日撰写“专心研究与推广学习科学——访我国学习科学学者叶瑞祥”提纲，供采访者参考之用。

7日到韩山师院潮州师范分院赠图书两种，54册，其中《青年学习心理学》50册为学生用书。

19日《潮州日报》发表卢璧锋校长撰写的《为创建学习科学给力——访问我国学习科学学者叶瑞祥》一文。

24日到潮州市绵德幼儿园调查《培养幼儿学习力策略研究》的课题研究情况。

27日召开我与吴晓玲、吴芳芳“关于《叶瑞祥教育口述史》整理”情况交流会，研究、补充细化有关口述内容。

4月

6日撰写《叶瑞祥教育口述史》的结束语“我的幸福人生”一文（初稿）。

12日参加潮州市老干部大学“老年教育研究室成立大会暨学术研讨会”，被聘为研究室顾问、研究员。在会上作题为《关于老年教育研究室研究的几个问题》的学术报告，提出近期要着重开展老年学习与教育的主要课题。

22日到潮州市绵德幼儿园调查研究。同时，研究、探讨录制关于我演唱歌曲的问题。

23日召开我与吴晓玲、吴芳芳“关于《叶瑞祥教育口述史》整理”情况交流会，研究、细化、补充有关口述内容。

5月

8日召开我与吴晓玲、吴芳芳“关于《叶瑞祥教育口述史》整理”情况交流会，研究、细化、补充有关口述内容。

23日完成《叶瑞祥教育口述史》一书（第一稿）工作，包括修改、补充、编辑、校对工作。其中，第一、二、三、四部约8万字，第五部分约4万字，第六部约8万字，附录约2万字。力求突破难点，抓住重点，突出亮点，全书约22万字，近百张照片。取得编写《叶瑞祥教育口述史》一书阶段性成果。

26日与叶经珠老师、潮州市骄阳艺术学校温韧校长研究，并初定《潮汕客籍教育人物录》一书，6月下旬定稿，力争年底前出书。

30—31日撰写《潮汕客籍教育人物录》一书的“编者的话”与“后记”。

6月

8日主持召开《潮汕客籍教育人物录》一书编委会，审定书稿，定于十月份出版。

12日主持召开《叶瑞祥教育口述史》三人组会议，我与吴晓玲、吴芳芳对该书第一稿进行初审，我要求吴晓玲于六月底前打印10份书稿，以便在一定范围内征求意见。

14日参加潮州市老干部大学“老年教育研究室会议”，并作题为《对老年大学教学若干问题的认识》主题报告。

15日参加潮州市老干部大学“老年教育研究室研讨会”，并作题为《对加强与改善潮州市老年大学教学管理的建议》的主题报告。

16日今天是参加中国共产党第三十周年纪念日。

18日参加韩山师专78级中文专业毕业30周年聚会。

19日参观潮州市骄阳艺术学校“早期教育部”（2—3岁）婴幼儿的教育现场。

29日到湘桥区南春中学调查研究。

7月

4日主持在韩山师院团委会召开的《叶瑞祥教育口述史》五人课

题组会议。内容：（一）交流记录、整理《叶瑞祥教育口述史》一书编写情况，分发该书（第二稿）给课题组成员；（二）研究、落实第一批审阅的专家名单；（三）初步拟定十月份，完成该书的第三稿。

8日与湘桥区教科所所长徐志生研究、落实《论学习力——学生学习力理论与实践研究》一书主编组会议的有关事宜。

18日参加潮州市老干部大学老年教育研究室会议，并作题为《潮州市社区老年教育的现状与发展研究》的主题报告，为申报省的课题做好准备。

20日主持在潮州市骄阳艺术学校召开的现场研讨会。同时，与该校领导、早期教育部等有关人员共同制定“培养婴幼儿学习力的策略研究”实施方案，并作主题报告。

26日参加湘桥区城基实验中学第六次董事会。研究总结第一轮三年办学情况，讨论新学年的招生工作。

27—30日整理《叶瑞祥教育口述史》一书关于配套照片问题。包括三个部分：一是重新补拍；二是老照片的“扫描”；三是原有照片，可以继续使用，共90余张。

8月

8—9日主持由潮州市湘桥区教科所承办、城基中学协办的《论学习力》一书主编组会议，研究近期编写出版的若干问题。

18日到湘桥区城基中学调研，并指导撰写《提高中学生物理课程学习力策略》一文。

19日到湘桥区城西中学调研，并指导撰写《提高中学生数学课程学习力策略》一文。

20日参加韩山师专78级体育专业毕业30周年聚会。

26日主持召开《叶瑞祥教育口述史》课题组研讨会，我与许佩卿、吴晓玲、吴芳芳参加，整合各方意见，力争十月底前形成第三稿。

27日到湘桥区南春中学调研，并指导撰写《论学习力》一书中，有关提升高中生学习力的若干专题。

9月

3日我与吴晓玲、吴芳芳召开“关于《叶瑞祥教育口述史》整理情况交流会”，研究、细化、补充有关口述内容，力争十月十日前形成第三稿。

10 日，收到《论学习力》一书的合同书，由哈尔滨工程大学出版社于 2011 年 12 月前出版。

17 日主持全国幼儿学习科学研究中心“十二五”规划课题“培养婴幼儿学习力的策略研究”开题会，并作开题报告。

10 月

9 日经过 100 天左右的反复修改、校对，由许佩卿统稿《叶瑞祥教育口述史》（第三稿）终于打印、装订成 12 册。全书约 25 万字，92 张照片，34 个附件或参考材料。该书文本以电子文件形式发大众文艺出版社，撰写工作基本结束。同时将书稿发送第二批审阅的专家学者。

10 日按大众文艺出版社通知，《叶瑞祥教育口述史》电子文本，已收到，要求配套的照片，于 10 月底前发出。

11 日到潮州市骄阳艺术学校早期教育部调查研究。

14 日参加潮州市教育学会第四届理事会第一次会议，再次被聘请为顾问；潮州市老干部局主办的《秋晖》第六期，发表《我的幸福人生》一文，并配上与饶宗颐、詹伯慧合影的照片。

18 日与中国高等教育学会学习科学研究会常务副会长兼秘书长龚春燕研究员通电话后，批准、确认“学生学习力理论与实践有研究”列为“十一五”重点课题。

22 日潮安师范学校 70 级教学二排八位学员代表，登门拜访我的老班主任，并拍照留念。

28 日经过 90 天左右的修改、校对中国高等教育学会学习科学研究会“十一五”重点课题研究成果《论学习力——学生学习力理论与实践研究》一书定稿，以电子文件形式发哈尔滨工程大学出版社。《论学习力》出版工作大局已定。

11 月

3 日收到申报中国高等教育学会学习科学研究会“十一五”重点课题立项通知后，落款时间为 2010 年 1 月 10 日。

6日今年是我加入中国共产党的30周年。今天，专程到汕头市拜访入党介绍人黄文廉同志，并合影留念。

7日收到大众文艺出版社《叶瑞祥教育口述史》一书第一次校对书稿与出版合同书。

9日在韩山师院团委会与郑文锋、许佩卿研究《叶瑞祥教育口述史》的后续问题——《序》《说明》《后记》等等问题。同时，阅读韩山师院林伦伦院长教授撰写的《序》，给予该书高度评价。

11日与韩山师院罗英凤教授、黄景忠教授聚会，并合影留念。

15日收到主编的《潮汕客籍教育人物录》一书，由香港利通图书有限公司出版，落款时间为2011年10月第一次印刷。

17日潮州市老干部大学录制“科研兴校，硕果满园”宣传片，应邀采访发表题为“谈老干部大学的科研特点”的讲话。

21日到湘桥区振德街小学调查研究。

24日上午，我与吴晓玲、吴芳芳召开“关于《叶瑞祥教育口述史》整理情况交流会”，内容：（一）总结交流《叶瑞祥教育口述史》一书的情况，评价；（二）部署，安排整理《叶瑞祥教育活动年表》的有关事宜；下午，韩山师院林伦伦院长与课题组成员合影留念。

8—30日第一次亲自校完《叶瑞祥教育口述史》一书的清样。

12月

5日专程访问韩山师院院长林伦伦教授，他认为还是用《叶瑞祥教育口述史》一书的名字好。这样，就坚定了出版的信心。

7日《叶瑞祥教育口述史》一校清样用特快寄大众文艺出版社。

9日到湘桥区南春中学调查研究。

9—14日修改《叶瑞祥教育活动年表》一书的初稿。

15日与吴晓玲、吴芳芳研究打印《叶瑞祥教育活动年表》与校对《叶瑞祥教育口述史》的有关事宜。

28日按《合同书》的要求，主编的《论学习力》一书，由哈尔滨工程大学出版社出版。

15—29日第二次亲自校对《叶瑞祥教育口述史》一书清样，并用特快件寄大众文艺出版社。

31日总结成果，十分喜人。今年学术研究又是一个丰收年。今年已出版著作3部：《老年学习力研究》《潮汕客籍人物录》《论学习力》，还有即将出版的是《叶瑞祥教育口述史》（已签出版合同），发表论文4篇。其亮点之一，出版的《论学习力——学生学习力理论与实践研究》一书是目前大陆第一部比较全面，系统研究培养中小学生学习力的专著，包括认识篇、策略篇、课程篇、实践篇和个案篇五个板块，共56.5万字，由哈尔滨工程大学出版社出版。亮点之二，即将出版的《叶瑞祥教育口述史》一书，该书是传记式的教育读物，包括确立从教思想、攻读教育专业、多方教育实践、从事高师教育、晚年教育活动、我与学习科学六个部分，约25万字，由大众文艺出版社出版，按合同规定，将于2012年第一季度出版。累计至今，出版专著、教材49部（退休后占27部），其中教育科学29部，学习科学20部；发表论文140篇（退休后占64个）；承担各种科研课题29项（退休后占17项）；获得各种科研奖励34项（退休后占14项）；学术讲座97个（退休后占79个）。

2012年

1月

1日初拟2010年主要工作要点：1.出版《叶瑞祥教育口述史》一书，并做好相关工作。2.继续开展“十一五”重点课题《学生学习力理论与实践研究》在潮汕地区的研究、结题工作。同时，做好“十二五”规划课题《培养婴幼儿学习力策略研究》的中期工作。3.出版《叶瑞祥年谱》一书（内部交流）。4.下半年启动《潮州市老年学习现状与发展研究》课题研究。

3—4日完成了广东省老年公共事务研究中的下达“潮州市社区老年教育现状与发展研究”调查表的设计工作。

6日上午，参加潮州市湘桥区昌黎路小学王振中校长撰写的《昌黎旧治桃李香——特色有效教育》一书的首发式，并作题为《名师成长的启示》的学术报告。其要点：（一）名师必须具备的条件：有教育理想、有专业理念、有专业道德、有专业知识、有专业能力和有教育效果。（二）名师成长的道路：理想——学习——实践——研究——创新。（三）进一步发挥名师的作用。一要不断自我完善，二要认真应用转化，三要积极宣传推广。

下午，参加潮州市老干部大学老年教育研究室的会议，并作题为《关于当前开展‘潮州市社区老年教育现状与发展研究’的几个问题》的主题报告。

9日为湘桥区城基中学起草《论教师学习力》一书的编写方案。

10—11日专程到梅州市探望久病的胞姐孟君，并与大家族成员交流、修改《叶瑞祥教育口述史》的有关问题，着重研究、核实大家族的历史与演变过程的内容。

12日参加由中共潮州市老干部局召开的潮州市“两县两区”老干部局负责人会议，并在会上作题为《关于当前开展“潮州市社区老年教育现状与发展研究”的几个问题》的学术报告。

13日被中共潮州市委组织部聘为评审委员，参加“竞争选拔潮州市重点中学校长演讲答辩会”。

19日参加潮州市湘桥区城基实验中学第七次董事会，听取校长汇报工作，并就董事会今后工作要着重研究学校走内涵发展道路，提高教育质量等提出个人的看法。

20日主编的《当代青少年思想道德教育研究》一书，荣获“2010—2011年度潮州市宣传文化精品奖”社科理论类优秀作品奖(中共潮州市委潮宣发【2012】1号)。

20—22日阅读原汕头教育学院杨方笙院长撰写的《人生是圆的——一个凡人的二十世纪》一书，这是一部好书，是一部丰富多彩的教育人生史，也是解放后潮汕地区教育简史，很有启发。

23日（春节）与周之良、林明榕、林毓锜教授等学术朋友致节日问候，并交流学术信息。

28日整理拟发《叶瑞祥的学习理论》（许佩卿文）、《学习力的内涵与要素》（叶瑞祥文）、《学习力的作用》（叶瑞祥、许佩卿文）给太原师范学院研究员、中国高等教育学会学习科学研究会原副会长林明榕的电子邮箱。

2月

1—6日（元宵节）第一次校对《叶瑞祥年谱》一书初稿。

8日到潮州市湘桥区教育局教科所与徐志生所长研究湘桥区《学生学习力理论与实践研究》课题协作组中期成果交流会议的有关事宜。

11日撰写《叶瑞祥年谱》“说明”的初稿。

14日林明榕教授（中国高等教育学会学习科学研究会原常务副会长、学术顾问）读许佩卿《叶瑞祥的学习理论》等文章后，于2月10日回信，认为“学习力的研究提升和扩大了‘学习素质’的研究范围，为学习科学研究开拓了一个崭新的领域，是研究‘学习’问题的一个重大突破，对研究和发展学习科学具有不可估量的价值，对建设学习型社会产生深远的影响”，又认为“老叶一生勤奋学习和工作，不断研究和著述，一个人能在学习科学的几个领域取得这么多的成绩，确实令人钦佩和学习。可以说，老叶的成果为建设学习科学大厦起了添砖加瓦的作用，做出了重要贡献”。

16日到湘桥区城西中学调查研究，并就召开湘桥区《学生学习力理论与实践研究》课题中期成果交流会的有关事宜，与学校领导交换意见。

19日为湘桥区城基中学起草《初中生学习力研究》一书的编写方案。

20日与湘桥区城基中学领导研究申报广东省2012年度教育科学规划课题《提高教师学习力，促进教师专业发展》的有关事宜。

3月

3日参与主持潮州市老年大学老年教育研究室会议，并作题为《关于近期开展潮州市社区老年教育现状调查研究的几点意见》的主题报告。

5日为纪念结婚45周年重拍照片。

8—13日第三次校对《叶瑞祥教育口述史》一书清样。

15日到潮州市湘桥区城西中学调查研究。

16—17日第四次校对《叶瑞祥教育口述史》（定稿）一书清样，并用特快邮寄大众文艺出版社，即可开印。

21日上午，与潮州市湘桥区教育科学研究所所长徐志生落实召开“湘桥区‘学生学习力理论与实践研究’课题中期成果交流会”的有关事宜。下午，做好《论学习力》一书的发行工作。该书由叶瑞祥、鲁澄南、徐志生，柯柄嘉主编，哈尔滨工程大学出版社，2011年12月出版。

28日参与主持“湘桥区‘学生学习力理论与实践研究’课题中期成果交流会”，并作题为《关于深入开展“学生学习力理论与实践研究的几个问题”》的主题报告，提出“六个统一起来”的研究策略，即要把学习力课题研究与学习、贯彻《教育规划纲要》统一起来，要把学习力课题研究与新课程改革统一起来，要把学习力课题研究与课堂教学统一起来，要把学习力课题研究与指导学生学习统一起来，要把学习力课题研究与教师专业发展统一起来，要把学习力课题研究与总结提高统一起来。

29—31日第二次校对《叶瑞祥年谱》一书初稿。

4月

1日与湘桥区城西中学领导研究编写《增强初中生学习力策略研究》一书问题。

6日到潮州市慧如图书馆赠送《论学习力》等著作2种共8册，并索取各省市图书馆与省内各地市图书馆的通讯处，以便今后赠书之用。

10日起草《潮州市社区老年教育现状调查与发展策略研究报告》一文初稿。

12日参加潮州市委召开的正处级以上离退休干部会议，听取有关薄熙来问题的中央文件。

14日参加潮州市老年大学老年教育研究室会议，主讲《潮州市社区老年教育现状调查与发展策略报告》的问题。

23日完成《潮州市社区老年教育现状调查与发展策略研究报告》一文的定稿工作。

24日起草《读〈叶瑞祥教育口述史〉的感言》一文初稿。

25日收到《叶瑞祥教育口述史》一书，由大众文艺出版社出版，落款时间2012年2月，全书23.6万字，由下列六个部分组成，第一部确立从教思想，第二部攻读教育专业，第三部多方教育实践，第四部从事高师教育，第五部晚年教育活动，第六部我与学习科学。韩山师范院长林伦伦教授作序，称该书“实质上是一部传记式的教育著作”“是一本好书”。这是我学术人生中的一件大事，喜事，值得庆贺！

27日参与主持《叶瑞祥教育口述史》课题组五人会议，并作题为“关于《叶瑞祥教育口述史》一书出版后的后续工作的几个问题”的发言：一是做好赠送发行的。二是建议在适当时间召开“叶瑞祥老师从教60周年暨《叶瑞祥教育口述史》赠书仪式座谈会”。三是开展必要宣传推介工作，扩大社会影响。

30日上午到潮州市邮局寄各省市及省内各地市图书馆《叶瑞祥教育口述史》一书，120册；下午，用10件特快件寄该书给省内外的学术朋友。两者共赠书140册。

回顾总结自1997年4月12日退休至今，整整15年。这15年是我人生中最自由、最充实、最愉快、最有活力、最有成效、最有价值的15年。主要做好下列四件事情：（一）潜心开展教育科学研究。改革开放以来，承担各级各类教育科研课题29项，其中退休后17项，占59%；出版著作教材50部，其中退休28部，占56%；发表论文140篇，其中退休后64篇，占46%；获奖34项，其中退休后14项，占41%。（二）精心讲授先进教育理论。改革开放以来，先后开设专题讲座101个，其中退休后84个，占83%。（三）用心办好潮州韩江专修学院。（四）热心从事教育公益事业。仅在退休后赠书省内外图书馆50个，加之赠送学术朋友，累计赠送个人著作49种（含《叶瑞祥教育口述史》），赠书2000册以上。

5月

1日专程拜访20世纪50年代韩师老师叶经珠老师，并赠送《叶瑞祥教育口述史》一书。

2日上午，专程拜访韩山师院院长林伦伦教授，赠送《叶瑞祥教育口述史》（精装本）2册，并研究赠书与座谈会有关事宜。之后，到对外合作交流处于杨旸处长研究赠送《叶瑞祥教育口述史》200册，并转送教育系四种共200册，即《创新智能教学理论与实践研究》《叶瑞祥教育科学文集》《论学习力》《叶瑞祥教育口述史》各50册的有关事宜。下午，对外合作交流处李炯标老师来取书。

3日送韩山师院图书馆《叶瑞祥教育口述史》等四种共18册。合计共送个人著作43种，共180册。

4日送潮州市慧如图书馆《叶瑞祥教育口述史》6册。合计赠书107种，其中个人著作49种；共183册，其中个人著作124册。

5日再汇5000元，资助修理宫前村叶氏遗安堂，共资助10000元。

6日到汕头市金平区与鲁澄南局长，柯柄嘉校长研究中国高教学会学习科学研究会“十一五”重点课题《学生学习力理论与实践研究》金平区10个子课题的结题事宜，初定七月份做好结题工作。

8日送《叶瑞祥教育口述史》《论学习力》两种8册到韩山师院潮州师范分院图书馆。合计送个人著作34种，共206册。

10日《潮州日报》B2版发表由卢壁锋、陈维芬撰写的《一曲忠于党的教育事业赞歌》一文，推介《叶瑞祥教育口述史》一书。

13日接受韩山师院生物系2011级学生曹容敏、高歌羚、沈裕宁的采访，题目是《我的大学生活，人生拐点——记叶瑞祥华南师院求学实录》，要点是积极进取，勤奋学习，重视实践，艰苦奋斗。

16—18日阅读印度尼西亚有关华文教育的资料，为在印尼探亲期间，考察印尼华文教育做好准备工作。

19日审定曹容敏、高歌羚采写《我的大学生活，人生拐点——记叶瑞祥华南师院求学实录》一文初稿，修改后即可定稿。

24日韩山师院范洁波副教授撰写的《读〈叶瑞祥教育口述史〉有感》一文，发表于《羊城晚报》（粤东新闻）C2版，再次推介《叶瑞祥教育口述史》。

28日我与叶祝祥、叶文华一行三人分别由潮州、博罗抵达深圳，开始为期15日印度尼西亚探亲之行。晚上，在深圳云顶翠峰花园餐厅，与深圳亲戚15人聚会。

29日上午10时30分，由深圳市福田车站乘车，于12时10分，直接抵达香港国际机场。下午5时10分，由香港起飞，于晚上9时抵达印尼首都雅加达。姐夫黎佑华率外甥等11人到机场迎接。晚上10时30分，抵达二姐叶暹君，姐夫黎佑华家中，墙上挂着“欢迎叶教授一行莅临印度尼西亚（2012.5.29—2012.6.15）”的欢迎标语。

30日外甥黎俊浩负责今天的接待工作，受到其夫人李春娇、女儿黎娟娟、女婿吴金利及儿子黎富良的热情接待。

31日外甥女黎兰芬（燕慧）与丈夫黄金维负责今天接待工作，并参观其主办的“双业外劳专业培训班”（又称“双业人力资源有限公司”），这是印尼华文教育机构多种形式之一。我认为，该班培养目标明确，课程设置实用合理，开设简单汉语讲座，采用边学习边训练方式，效果好，师资强，领导得力。自2004年开办以来，直接为台湾、香港等地输送外劳达3400多名，为印尼社会做出一定的贡献。

6月

2日白天，由外甥黎赞浩与夫人徐映文负责接待工作，并到其开办的“金陵木器厂”参观。该厂占地3万平方米，员工200多名，进口木材50%，来自中国大陆，20%产品出口国际市场。

晚上，我们在雅加达“红溪大酒店”设宴接待二姐，二妹夫下属健浩与夫人蔡秀萍、兰芬与丈夫黄金维、俊浩与夫人李春娇、锦芬与谢振兴、正浩与夫人林顺华、淑芬与丈夫洪正源、赞浩与夫人徐映文等子孙四代共36人。在宴会前与每个小家庭合影留念。

3日由外甥黎赞浩与夫人徐映文陪同，参观位于雅加达旧市区“八华学校”的旧址等地方。

4日由外甥黎赞浩夫人徐映文陪同参观新的“八华学校”校容校貌，并与中文部主任梁荣升先生座谈，据梁先生介绍，“八华学校”创办于1901年3月17日是印尼乃至东南亚最早的东南亚现代华文学校，至今已有111周年。现为印尼“三语学校”，即华文、英文、印尼文“三语学校”，这是华文教育机构的重要形式之一。目前，该校包括了自幼儿园至高中教育，学生3500多名，教师200多名，其中华文教师80多名（含大陆“志愿者”60多名）。在华文课时安排上，幼儿园70%进行华语教学，小学45%进行华语教学，初中25%进行华语教学，高中20%进行华语教学，学生中华裔子女占93%，非华裔子女占7%。

5日上午，到外甥女黎锦芬家。由黎锦芬与丈夫谢根兴，女谢爱玲、子谢伟忠等陪同，参观“黎锦芬补习学校”与“约瑟学校”。补习学校是雅加达国民教育两部制教育的延伸补充，也是印尼华文教育机构多种形式之一。自1994年创办至今，保持每年在校学生有150名左右（包括幼儿园至初中），教师7名。按教育部门规定，每周2节华文课程。在激烈竞争面前，之所以能够坚持办学18年之久，其基本经验在于热爱关心学生，提高教育质量，家校密切配合，得到社会好评。

6日在外甥孙女黎春燕与外甥女黎锦芬的陪同下，参观“培民学校”和台湾佛教团体创办的“济慈学校”。

7日在外甥黎俊浩家座谈、听音乐，休息一天。

8日一行14人乘旅游专车到万隆参观万隆亚非会议博物馆。上午8时出发，11时30分抵达万隆理工大学校门前，并拍照留念。12时至下午1时在“皇后酒店”就餐。下午2时至3时30分，参观万隆亚非会议博物馆，很有意义。下午3时30分至5时20分抵达“复舟火山口”参观，高度1830米，是一座活火山口，值得参观。下午5时30分返回，晚上11时抵达住地。

9日二姐、二姐夫家族及亲戚朋友30多人，在外甥黎赞浩家举行家庭聚会。在会上，还赠发《潮汕客籍教育人物录》《叶瑞祥教育口述史》两部著作。

10日应邀参加雅加达“八华学校”校庆110周年纪念大会。参加庆典大会校友，来宾2000多名。会议按基督教仪式进行。贵宾讲话与文娱表演穿插安排，会议中间还赠送点心，会议开得轻松，活跃。最可贵的是会议还赠送了《旭日重辉，共赴大同——庆祝八华学校成立111周年专辑》一书，是研究印尼华文教育重要资料。

12日上与二姐、二姐夫座谈，并通过他们翻译，与佣人、外劳座谈，初步了解一些印尼农民的生活情况。

13日晚上，在外甥黎俊浩家举行欢送宴会。议程：（一）二姐夫黎佑华向其子女赠送《黎佑华、叶暹君家谱》；（二）向我们赠送纪念品；（三）我代表探亲团讲话。要点是这次探亲归纳起来三个字“好、大、情”。1.“好”——感觉很好，印象好。“天天过着好日子，日日怀着好心情”；2.“大”——收获很大，效果好。探亲、了解华文教育、旅游三项目的全部达到，而且效果很好；3.“情”——亲情很深，感情好。最后，再次感谢他们热情招待，并希望能回中国大陆看看，多到潮州探亲做客；（四）外甥们的代表发言。

14日晚8时30分乘车离开二姐家，9时30分抵达雅加达机场。到机场欢送的有二姐夫黎佑华、兰芬、锦芬一家4口、淑芬夫妇、赞浩等9人。

15日零时50分，乘华航班机由雅加达飞往香港。6时45分，准时抵达香港。7时30分至9时30分，由香港抵达深圳。叶智在深圳福田汽车站接待我们。11时乘深圳至汕头班车，下午3时15分——抵达汕头。3时20分至4时45分抵达潮州家中。到此，赴印尼探亲18日之旅顺利结束。

18日整理印尼一行日记。

24日曹容敏、高歌羚送《我的大学生活，人生拐点——记叶瑞祥华南师院求学实录》一文定稿材料，并作如下总结：（一）对文章的基本评价，这是一份好或较好的口述材料。（二）基本经验是选好人物，定好主题，订好计划，做好准备，互动好，合作好。（三）主要的效果是对被采访者而言从新角度回顾总结大学生活，对采访者而言是一次提高思想、专业、能力、方法的过程，对开课者而言是开设一门新课程的新尝试、新举措，达到共赢的教学效果。

26日到潮州市老年大学，与市委老干部局局长兼老年大学校长陈先哲研究今年下半年老年教育科研问题。

《潮州日报》A4版刊登我撰写的《名师专业成长的过程》一文，兼评王振中校长《吕黎旧治桃李香》一书。

27日到湘桥区城基中学调研，并与方卫玲校长研究出版《论教师学习力——校本研究与提升教师学习力研究》一书的有关事宜。

28 日在我家举行潮州市骄阳艺术学校承担的全国幼儿学习科学研究中心“十二五”规划课题《培养婴幼儿学习策略研究》课题组长会议，研究中期成果交流会的有关事宜。

29 日上午到潮州市绵德幼儿园调查研究。

29—30 日阅读潮州市高级中学原校长梁步升撰写的《远去的书声——梁步升回忆录》一书。这是一部传记式的教育读物，反映了一位名师成长的过程，也反映了中华人民共和国成立后潮州教育发展的一个侧面，可读性强，很有启发。

7 月

1 日由湘桥区昌里黎路小学王振中校长主持召开的，由学校顾问叶瑞祥、卢璧锋、梁步升及原新华社汕头分社社长王炜中等参加的座谈会，研究与撰写教育人生读物问题。

6 日由韩山师院团委书记郑文锋主持，我与许佩卿参加研究的关于“叶瑞祥从教 60 周年暨《叶瑞祥教育口述史》赠书仪式座谈会”的有关问题。会后，到图书馆与蓝宗辉馆长研究赠送《教育学》版本、学习学论著有关问题。

10 日由潮州市绵德幼儿园卢淳娟老师指引到潮州市时代传媒公司录制平生第一次歌唱与朗诵的光盘，作为从教 60 周年活动材料之三。其一是公开出版《叶瑞祥教育口述史》，此为重点；其二是内部出版《叶瑞祥年谱》。

11—12 日参加由中国高等教育学会学习科学研究会“十一五”重点课题《学生学习力理论与实践研究》汕头市金平区成果鉴定表彰大会。会议由柯柄嘉主持，鲁澄南作课题实验总结报告，叶瑞祥作学术报告，提出今后继续深入开展“学习力研究”，从学校层面来看，要做到“四个紧密结合”，即：“要把学习力研究与学习贯彻《教育规划纲要》紧密结合来地来”“要把学习力研究与学习、贯彻《义务教育阶段课程标准（修订)》紧密结合起来”“要把学习力研究与学习、贯彻《教师专业标准》紧密结合起来”“要把学习力研究与学习、运用《论学习力》一书紧密结合起来”。

15—16 日拟“叶瑞祥的民办教育思想”一文要点初稿。

18日拟广东省“十二五”中小学教育规划课题、湘桥区城基中学的《校本研究与教师学习力研究》中期研究评估鉴定书。

24—25日拟《叶瑞祥教育学科建设的实践与理论》一文要点初稿。

26日由湘桥区绵德幼儿园卢淳娟老师送来的潮州市时代传媒公司录制的个人第一次歌唱与朗诵的《福音》光盘100多张，听后自我感觉良好。

26—27日拟《叶瑞祥教育科学研究的策略》一文要点初稿。

30日《潮州日报》刊登主编的《当代青少年思想道德教育研究》一书，荣获潮州市（2010—2011年）哲学社会科学优秀成果奖(政府奖）二等奖。

8月

6—8日拟《叶瑞祥对能力为重教育理念的认识与实践》一文初稿。

10日潮州市韩江专修学院李速强董事长登门，专门研究撰写《潮州韩江专修学院办学记》一书的有关事宜。

16日到潮州市骄阳艺术学校早期教育部调研。

18—19日拟《叶瑞祥德育综合化的教育理念》一文初稿。

21日在韩山师院团委书记郑文锋家中，与许佩卿等三人研究落实举办“《叶瑞祥教育口述史》发行式暨叶瑞祥老师从教60周年座谈会”有关事宜。

23日收到中共汕头市委常委、宣传部部长周镇松发来的“《叶瑞祥教育口述史》发行式暨叶瑞祥老师从教60周年座谈会”的贺信。

9月

2日收到中国高等教育学会学习科学研究会发给韩山师院“《叶瑞祥教育口述史》发行式暨叶瑞祥老师从教60周年座谈会”的贺信。

6日与潮州市骄阳艺术学校温韧校长等研究全国幼儿学习科学研究中心“十二五”重点课题《培养婴幼儿学习力策略研究》中期成果交流会的有关事宜。

8日潮州师范70级数学二排同学联谊会柯玉琛、黄利平等七位代表登门慰问，并送《〈叶瑞祥教育口述史〉读后感受》文稿。

9日参加潮州市骄阳艺术学校全国幼儿学习科学研究中心“十二五”重点课题《培养婴幼儿学习力策略研究》中期成果交流会，并作主题报告。

14日收到汕头市飞厦小学原校长柯柄嘉《感恩》一文。

15日参加韩山师院教育系2012级小学教育本科班暨2011级卓越教师试验班开班典礼，并在会上作题为“教育人生60年——一位教师的终身选择”的学术报告。会后，与教育系主任王贵林研究商讨全国幼儿学习科学研究会秘书处的有关事宜。

17日收到汕头市金平区教育局原副局长鲁澄南《一个为教育而生的人——读〈叶瑞祥教育口述史〉想到的》文稿。

18日《潮州日报》第6版发表林和龙撰写的《名师的启示，珍本富精蕴——〈叶瑞祥教育口述史〉启示录》一文。

19—20日撰写潮州市老干部大学“十二五”教育科学重点课题《潮州市老年学习现状与发展研究》实施方案（讨论稿）。

20日由韩山师院教务处、对外交流合作处、团委会联合发出请柬：定于2012年10月17日上午九时三十分在东区图书馆四楼会议室，召开“《叶瑞祥教育口述史》发行式暨叶瑞祥老师从教60周年座谈会。”

22日收到中国高等教育学会学习科学研究会原常务副会长，学会主要创始人林明榕研究员发来的“至高荣耀——《叶瑞祥教育口述史》发行式暨叶瑞祥老师从教60周年座谈会”的贺辞。

23日在潮州市骄阳艺术学校早期教育部召开《婴幼儿学习力研究》一书编写会议，并作主旨讲话。

24日参与主持潮州市老年大学老年教育研究室会议，并作《关于制订“潮州市老年学习现状与发展研究”实施方案的几点说明》的主题报告。

27日上午为韩山师院教育系2011级卓越教师实验班在“提问题，师生互动”的基础上，作题为《根据专业标准，严格要求自己，为打造卓越教师打好基础》的学术报告。这是为有效对学生进行以

“教育人生”为主题的专业思想教育，我设计“‘讲、读、问、写’四字教学模式”，即“讲要点明确主题①，读著作了解内容②，提问题师生互动，写心得巩固提高③。

27—28日拟《教育是社会现代化建设的基础——叶瑞祥关于教育作用的论述》一文初稿。

30日收到潮州市委老干部局主办的《秋晖》第10期（2012年9月）发表黄桐华、杨慕辉撰写的《一颗璀璨的学习教育科研明星》一文。

10月

1日参加韩师中文系82级同学相识30周年聚会。

1—2日初步审定“《叶瑞祥教育口述史》暨叶瑞祥从教60周年座谈会材料。”

3—4日修改湘桥区城基中学方卫玲校长主编的《论教师学习力》一书初稿。

6—10日与韩山师院学生处许佩卿副处长，共同研究审定“《叶瑞祥教育口述史》发行式暨叶瑞祥从教六十周年座谈会材料。”25篇，其中贺信贺电3篇，文章22篇（校外学术朋友10篇，校内师生12篇），约7万字，为座谈会的召开与编写《〈叶瑞祥教育口述史〉回音录》奠定基础。

12日到湘桥区城基中学与方卫玲校长研究出版《论教师学习力》一书的有关事宜。

14—15日初拟《〈叶瑞祥教育口述史〉回音录》一书的“编者的话”的写作要点。

17日上午，由韩山师院教务处、对外合作交流处、共青团委员会主办的“《叶瑞祥教育口述史》发行式暨叶瑞祥从教60周年座谈会”在图书馆四楼会议室召开，参会者有潮汕三市教育界的代表、学

---

①讲“教育人生60周年”。

②读《叶瑞祥教育口述史》一书。

③写读后感。

院有关部门代表及我的学术朋友近50名。会议由共青团韩山师院委员会书记郑文锋主持，主要议程是：（一）主办方代表教务处处长黄景忠教授致欢迎词；（二）宣读中国高教学会学习科学研究会与周镇松、林明榕等的贺信贺词；（三）举行叶瑞祥的赠书仪式；（四）各地方、各单位代表发言：陈先哲（中共潮州市委组织部副部长、老干部局局长、老年大学校长）、叶阳（潮州市教育局副局长）、鲁澄南（汕头市金平区教育局副局长）、林和龙（原潮州市韩江专修学院副院长）、徐志生（潮州市湘桥区教育局教研室主任）、张国辉（普宁市教育局教研室教研员）等等；（五）叶瑞祥讲话，认为："这个座谈会对我而言，是教育人生中的一件大事，也是学术生涯中的一件喜事。""这是一场感谢会、感悟会、互动会、启动会。""人生足矣！还是当老师好！"（六）韩山师院院长林伦伦教授与参会者合影留念。午宴会上，林院长再次肯定叶瑞祥的教育人生与科研成果。会上，还印发了"《叶瑞祥教育口述史》发行式暨叶瑞祥从教60周年座谈会材料"。

下午，湘桥区城西中学林国平校长等登门拜访，研究编写《增强初中生学习力策略研究》一书的有关问题。

晚上，应韩山师院潮州师范分院谢树浩院长邀请，在金龙大酒店与叶阳副局长、鲁澄南副局长等座谈，实质上是上午座谈会的继续与延伸。

22日《潮州日报》第一版刊登卢璧锋校长撰写的《〈叶瑞祥教育口述史〉发行》一文。文中指出："近日韩山师范学院举行'《叶瑞祥教育口述史》发行式暨叶瑞祥从教60周年座谈会'潮汕地区教育界人士及韩师相关部分负责人近50人参加活动。""与会者认为，叶瑞祥教育科学研究最高的学术成就是参与建设新中国学习科学所作的宝贵贡献，被龚裕德教授新作《简明中国学习思想史》中列为'中华人民共和国时期的学习思想'八位学者之一。"

22—23日初拟《小学教师如何做教育科研——以开展"小学生公民意识培养行为研究"课题研究为例》的讲稿。

24日到潮州市绵德幼儿园研究申报"全国幼儿学习科学研究中心"挂靠韩山师院教育系的有关事宜。

24—25日撰写《〈叶瑞祥教育口述史〉回忆录》一书的“编者的话”与“后记”。

27日与许佩卿讨论研究《〈叶瑞祥教育口述史〉回音录》的主编、目录、《编者的话》与后记等问题，初定11月底或12月上旬付出版社。

29日参加在潮州市湘桥区昌黎路小学召开的“王振中名师工作室广东省2012年骨干教师跟岗实践活动”的开幕式。在会上作题为《教育人生六十年——一位教师的终身选择》专题讲座，并向每位学员赠送《叶瑞祥教育口述史》一书。

30日到韩山师院办公室，通过蔡锐群副主任转送申报“全国幼儿学习科学研究中心挂靠韩山师院教育系”的报告书给林伦伦院长。

31日对湘桥区城基中学方卫玲校长主编的《论教师学习力——校本研究与提高教师学习力研究》一书进行审核，认为可发书稿至出版社。

11月

1日中共韩山师院宣传部部长詹成养来访，邀请参加《韩师校史》统稿工作。

5日在湘桥区昌黎路小学“王振中名师工作室”为省内学员作题为《小学教师如何做教育科研——以开展〈小学生公民意义培养行为研究〉课题研究为例》的专题报告，并开展互动交流活动。

7日参加由韩山师院对外合作交流处召开的“成立韩师校友会发起人会议”。

13日参与主持潮州市老年大学“十二五”教育科学重点课题《潮州市老年学习现状与发展研究》的开题会，并作开题报告。

15日到湘桥区实验学校调研，并与苏东青校长等研究《培养小学生学习力研究》课题的有关结题事宜。

20日在共青团韩山师院委员会办公室，与郑文锋、许佩卿讨论研究《〈叶瑞祥教育口述史〉回音录》一书的定稿，出版事宜。该书的第一部，座谈会实录与笔谈，34篇；第二部，叶瑞祥教育著作研究，10篇，共44篇，照片30张，约19万字。

23日为准备《中小学教师如何做课题研究——以开展〈校本研究与提高教师学习力研究〉课题为例》的专题报告，到湘桥区城基中学调研有关材料。

26日根据中国高教学会学习科学研究会的复电精神，通过韩山师院办公室蔡锐群副主任向林伦伦院长转述"全国幼儿学习科学研究中心挂靠教育系一事，暂不处理，撤回报告"。

15—29日期间阅读、搜集有关韩师校史的资料。

12月

1日参加湘桥区城基实验中学董事会第八次会议。会上，发表"求大同，存小异，共同努力，推动学校发展"的讲话，强调四年多的办学过程中，做到"五有"，即有共同的奋斗目标，有共同的思想认识，有共同的领导力量，有共同的依靠力量，有共同的良好效果。因此，要巩固、珍惜、扩大共同成果，缩小分歧，推动学校发展。

2—3日审定《〈叶瑞祥教育口述史〉回忆录》一书书稿。

4日《〈叶瑞祥教育口述史〉回忆录》一书书稿的电子版发至出版社。

7日在潮州市湘桥区中小学教导主任培训班上作《中小学教师如何做课题研究——以开展〈校本研究与提升教师学习力研究〉课题研究为例》的专题报告。

言实出版社代理人黄金河确定《〈叶瑞祥教育口述史〉回音录》，更名为《评〈叶瑞祥教育口述史〉》。

10日到潮州市绵德幼儿园调查研究。

15日收到中国言实出版社代理人黄金河寄来的《评〈叶瑞祥教育口述史〉》一书一校清样。

16—24日完成《评〈叶瑞祥教育口述史〉》一书一校清样。

20—21日初步确定韩山师院《口述历史》组约稿《我与韩师》一文要点：韩师求学生活纪录；韩师教学活动纪实；韩师行政管理纪事。

24日特快件寄《评〈叶瑞祥教育口述史〉》一书给黄金河。

25日校对《叶瑞祥年谱》一书（内部交流）。

中共韩山师院宣传部部长詹成养送《韩山师院校史》（第一稿）。

26—30 日阅读《韩山师院校史》（第一稿）及相关材料。

28 日收到中国言实出版社代理人黄金河寄来的《评〈叶瑞祥教育口述史〉》一书二校清样。

31 日上午，起草完成《韩山师院校史》（大纲）初稿，分为如下四个时期：广东省立韩山师范学校及其前身、广东韩山师范学校、韩山师范专科学校、韩山师范学院，总 28 章，附录 10 项，预计 45 万字左右。

31 日下午，今年，我的教育人生有“三喜”：“一喜”是四月份出版的《叶瑞祥教育口述史》一书，这是我教育人生六十年的总结；“二喜”是十月份由韩山师院主办的“《叶瑞祥教育口述史》发行式暨叶瑞祥从教六十周年座谈会”，这是我的教育人生中的一件大事，也是我的学术生活中的一件喜事；“三喜”是《评〈叶瑞祥教育口述史〉》一书即将出版，这是《叶瑞祥教育口述史》的姊妹篇，前者以史为主，后者以论为主，体现史论结合，从而能够比较全面而客观地认识我的教育实践与理论。累计至今，出版著作教材 50 部（其中退休后占 28 部），发表论文 140 篇（其中退休后占 64 篇），承担各级科研课题 30 项（其中退休后占 18 项），获得各级各类科研奖励 34 项（其中退休后占 14 项），举办各级各类学术报告、讲座 110 个（其中退休后占 92 个）。

今年，年初计划从教六十周年自我纪念活动的三件事情，也如期完成。一是《叶瑞祥教育口述史》新书于 4 月 25 日收到；二是我独唱与朗诵的《福音》录音光盘于 7 月 26 日录制完成；三是《叶瑞祥年谱》一书（内部交流）于今日完稿。

2013 年

1 月

1 日初拟 2013 年主要工作要点：1.完成《评〈叶瑞祥教育口述史〉》一书出版、赠送工作。2.完成《叶瑞祥年谱》（内部交流）一书出版工作。3.完成《韩山师院校史》统稿工作。4.完成潮州市湘桥区“十一五”“学生学习力研究”结题工作。5.完成“十二五”“婴幼儿学习力研究”结题工作，并出版《婴幼儿学习力研究》一书。6. 继续开展“十二五”“潮州市老年学习现状与发展研究”课题研究，启动编写《新编老年学习学》一书。

2 日中共韩山师院宣传部部长詹成养来访，讨论研究《韩山师院校史》编写大纲。

3 日与许佩卿副处长研究《评〈叶瑞祥教育口述史〉》一书二校清样事宜。

5 日詹成养部长来访，再研究修改《韩山师院校史》编写大纲（讨论稿）。

6 日晚上，詹成养部长电告，韩山师院党委会同意提出的《韩山师院校史》编写大纲。

8 日参加“韩师校史编写小组会议”，会上宣布我为编写组成员，并负责全书统稿工作。上半场，在会上作题为《关于编写韩师校史若干问题的思考》主题报告，着重谈认识、谈态度、谈要求、谈建议；下半场，对口与四个时期编写人员谈及具体内容与要求，并提供资料。

9 日用特快件寄《评〈叶瑞祥教育口述史〉》二校清样给黄金河。完成《韩山师院校史》编写大纲（征求意见稿），并送给詹成养。

11—17 日完成第二编广东韩山师范学校时期（1949 年 10 月—1958 年 8 月）即第七、八章与第三编韩山师范专科学校时期（1958 年 9 月—1978 年 12 月）即第九、十、十一章的详细写作要点及相关资料。

19 日韩师“口述历史”课题组曹容敏、周昭根来采访，题目是“我与韩师——叶瑞祥口述”，主要讲述：一、韩师求学生活记录；二、韩师教学活动纪实；三、韩师行政管理纪事等三个部分。最后还谈了韩师造就了我的学术生涯与教育人生两个“顶峰”的感受。

20 日参与主持《韩山师院校史》“段史”（韩山师范学校 9 年，韩山师专初办 5 年，韩山师专“调整”15 年）研讨会，会上主讲这一部分校史的“编写大纲”、观点、材料，并提供相关的资料。参会者有：詹成养、许敦华及历史系四年级学生陈驰心（女）、汤志坚。

21—26 日完成第四编韩山师范专科学校时期（1978 年 12 月—1993 年 12 月）即第十二、十三、十四章的详细写作要点及相关资料。

27 日参与主持《韩山师院校史》“段史”（韩山师专复办 15 年）研讨会，会上主讲这一部分校史的编写大纲、观点、材料，并提供相关的资料。参会者有詹成养、许敦华、陆静卿。

29 日詹成养部长来访，研究《韩山师院校史》的“绪论”，并请我执笔撰写。

2 月

1—9 日研究、思考、总结韩师在中华人民共和国成立后办学两条根本经验是：①坚持中国共产党的领导。②坚持为社会主义服务的方向。八条基本经验是：①坚持合理定位，明确服务方向。②坚持育人为本，提高教育质量。③坚持全面发展，强调德育为先。④坚持教学中心，提高科研水平。⑤坚持师范立校，强化师范特点。⑥坚持尊重人才，加强队伍建设。⑦坚持改革创新，继承韩师传统。⑧坚持改革开放，扩大办学领域。这些提法，只是阶段性成果，拟经过研究讨论再确定。

14—17 日研究、思考、总结韩师优良传统。两种表述：其一，发奋向上，爱国爱校；精教勤学，从严治校；艰苦奋斗，求实创新；传道弘文，为人师表。其二，尊师重道；精教勤学；艰苦奋斗；为人师表；爱国爱校；求实创新。这些提法，也是阶段性成果，拟研究讨论后再确定。

18 日参加《韩山师院校史》编写小组座谈会，负责起草的“绪论”，就“历史分期与特点”“办学经验与思考”问题作主旨讲话。会议原则上同意我起草的“绪论”。

21—23 日第三次校对《叶瑞祥年谱》一书（内部交流）。

26 日与潮州市湘桥区教科所徐志生所长研究“十一五”课题《学生学习力理论与实践研究》结题的若干问题。

27 日到湘桥区南春中学调研。

28 日到韩山师院教务处与黄景忠处长、詹成养部长讨论研究韩师办学经验问题。

3月

1日起草《韩山师院校史》“绪论”的初稿。

2—6日修改《韩山师范专科学校时期》书稿。

9日校对《评〈叶瑞祥教育口述史〉》一书（第四稿，定稿），用特快件寄出版社黄金河先生。

11日到韩山师院宣传部与《韩山师院校史》第一编执笔人吴榕青，第二、三编执笔人陆静卿讨论书稿修改问题。

13日为湘桥区振德街小学骨干教师作题为《关于总结提高小学课堂学习力策略研究的几个问题》的专题讲座。

17日初拟《叶瑞祥教育讲演录》一书的编写计划。其选编原则：(一)有较高价值的讲演稿；（二）有较好基础的讲演稿；（三）有一定限制的讲稿，即不能重复太多篇目。

22日参加潮州市老年大学老年教育研究室会议，并作题为《关于做好2013年广东省老年教育理论研讨会论文征集工作的几点意见》的讲话。

23日校对《叶瑞祥年谱》（定稿）一书，约11万字。

25日参加城基实验中学董事会第9次会议，讨论年度招生计划。

29日《叶瑞祥年谱》出版（内部交流），落款时间：2012年12月。

24—31日开始搜集、整理《叶瑞祥教育讲演录》的有关材料。

4月

1—7日继续搜集、整理《叶瑞祥教育讲演录》的有关材料。直至7日止，经过15天的努力，初步确定《叶瑞祥教育讲演录》的篇目，30篇，完成准备阶段；8—24日转入边修改边整理的实施阶段。

1—7日同时做好《韩山师院校史》（1903—1993年12月）的统稿工作。

13日《韩山师院口述历史》课题组周昭根来访，补上录音环节。

17日与湘桥区教科所徐志生所长研究课题《学生学习力理论与实践研究》结题、总结、颁奖事宜。

18日收到韩山师院宣传部詹成养部长送来的《韩山师院校史》

（征求意见稿）。

24日主持《叶瑞祥教育讲演录》课题组会议，并作“关于编写《叶瑞祥教育讲演录》的几个问题”的主旨发言。编写方案要点：（一）目的：直接目的是编写出版《讲演录》；间接目的是培养青年学习学人员。（二）年限：1980年8月—2013年10月。（三）选编原则：有较高价值、有一定基础的讲演稿件。（四）篇目简介。（五）时间安排：力争2013年10月完成初稿，争取2013年12月送出版社，2014年上半年出版。（六）编写组长吴华钿（教育系党总支书记）、副组长许佩卿（学生处副处长）、顾问王贵林（教育系主任）、成员林昭岚等六名学生。（七）要求：1.树立正确理念，达到共赢目的。2.树立责任理念，克服各种困难。3.树立合作理念，明确分工合作。4.树立大局理念，合理安排时间。5.树立学习理念，认真学习研究。（八）增强信心，有决心完成任务。会前，还与王贵林主任、吴华钿书记交流，力争2014年下半年召开“《叶瑞祥教育讲演录》发行式暨叶瑞祥学习思想研讨会”。

26日参加韩师校友会筹备小组会议。

27—28日完成湘桥区“学生学习力理论与实践研究”7所实验学校共87篇论文评奖工作。

29—30日开始撰写潮汕地区《学生学习力理论与实践研究成果综述》一文。

5月

1—2日完成潮汕地区《学生学习力理论与实践研究成果综述》一文，约1.4万字。

7日到潮州市绵德幼儿园调研。

8日到湘桥区振德街小学调研。

9日参加第二次《韩山师院校史》编写会议，并作题为《关于〈韩山师院校史〉（征求意见稿）的几个问题》发言。要点：一是几点感受；二是基本估计；三是几个问题；四是几点建议。

收到广东省中小学教师培训中心2012年10月5日颁发的聘书，内容是“兹聘任广东省韩山师院叶瑞祥为广东省中小学教师工作室王振中教师工作室指导专家。聘期三年”。

10—11 日与潮州市骄阳艺术学校副校长兼早期教育部主任蔡小洁研究讨论《婴幼儿学习力研究》一书出版事宜。

13—18 日撰写《潮州市老年学习现状与发展调查报告》初稿。

17 日第一次校对《婴幼儿学习力研究》书稿。

18 日韩山师院宣传部詹成养部长登门研究《韩山师院校史》“后记”问题。

19 日收到由郑文锋、许佩卿主编的《评〈叶瑞祥教育口述史〉》，中国言实出版社出版，2013 年 3 月版。该书第一部分是《叶瑞祥教育口述史》座谈会发言与笔谈选编；第二部分是叶瑞祥教育著作研究；第三部分是附录。《叶瑞祥教育口述史》以史为主，史论结合，主要是叶瑞祥自我口述六十年的教育人生与成长发展过程。《评〈叶瑞祥教育口述史〉》一书以论为主，从横向视角，主要是他人论述其教育研究成果，展示其学习理论与实践的研究成果。

20 日送韩师校友会《评〈叶瑞祥教育口述史〉》200 册。

24—26 日修改、抄正《潮州市老年学习现状与发展调查报告》一文。

27 日参加潮州市老年大学老年教育研究室会议，并作题为《潮州市老年学习现状与发展调查》报告。

28 日《潮州日报》06 版发表卢璧锋撰写的《喜读〈评《叶瑞祥教育口述史》〉》”一文。阅读《韩山师院校史》（送审稿）。

29 日参加《韩山师院校史》编写组第三次会议，提出“稳、精、顺”三个字作为最后修改的思路与建议。

30 日到韩山师院潮州师范分院与谢树浩院长（七届常务理事）研究广东省参加中国高等教育学会学习科学研究会第八届会员代表大会暨学术会议的有关事宜，并向潮师图书馆赠送《评〈叶瑞祥教育口述史〉》4 册。

6 月

2 日撰写题为《热心·用心·恒心·同心·创新——卢璧锋先生教育科研的特点》的发言要点。

3日到潮州市绵德幼儿园调研，并研究推荐出席“学会第八届代表大会”的常务理事与先进单位。同时，到潮州市湘桥区教育局研究同样问题。

4日接原广东省教科所所长徐名滴教授电话，电告阅读《评〈叶瑞祥教育口述史〉》《叶瑞祥教育口述史》两书后的感受：认为“深受启发，证明2006年10月华师毕业40周年会议上，我提出的‘老年要发挥余热，为社会做点力所能及的事情’是正确、可行的，而且我做到了”。

6日到潮州慧如图书馆赠送《评〈叶瑞祥教育口述史〉》等书2种8册。

13日用快递邮寄给全国学习科学研究会常务副会长兼秘书长龚春燕研究员，内容是“广东省学习科学研究会推荐常务理事、理事、先进单位与先进个人名单”。

15日起草“《新编老年学习学》编写大纲”。

16日参观潮州市骄阳宝贝艺术幼儿园。

21日参加潮州市老年大学主办的“卢璧锋先生教育人生座谈会”，并作“卢璧锋先生教育科研的特点”的发言。

23日撰写《培养婴幼儿学习力策略研究的成果概述》一文。

25日参加在韩山师院教育系办公室召开的《叶瑞祥教育讲演录》第二次课题组会议。会议由吴华钿主持，我作主旨发言。会议内容是调整、修改研究方案。主要内容：（一）书名更名为《叶瑞祥学习学讲演录》。（二）内容集中于学习学。（三）力争今年10月初确定初稿。（四）争取2014年上半年出版。

26日整理、抄正《叶瑞祥学习学讲演录》（修订稿）。

27日到潮师与谢树浩院长研究、落实7月3—5日在北京召开的八届会员代表大会有关事宜。

28—30日到潮州新华书店购买朱永新著《新教育讲演录》。阅后，对编辑《叶瑞祥学习学讲演录》有一定的启发作用。

7月

1日完成《关于编写〈新编老年学习学〉的几个问题》初稿。

3—5日中国高等教育学会学习科学研究分会第八届会员代表大会暨学术年会在清华大学召开，我未出席大会，但代表广东省学习科学研究会与全国幼儿学习科学研究中心所推荐的常务理事谢树浩、鲁澄南、郑莹，理事林天卫、许佩卿等5名，先进单位湘桥区教育局、金平区教育局等6个，先进个人许佩卿、方卫玲等6名，在主席团会议上全部通过，继续为广东省学习科学的发展打下组织与学术基础。

3日许佩卿送《叶瑞祥学习学讲演录》打印稿11篇。

8日华南师范大学教育系原副主任、教授吴奇程从美国打来电话，电告阅读《叶瑞祥教育口述史》《评〈叶瑞祥教育口述史〉》两书后的感受，归纳起来如下："(一) 很高兴，认为'这是一部好书，一部传记式的教育读物'。(二) 很赞赏，认为'该书有价值，个人人生更有价值，晚年是人生教育的顶峰'，从这个角度出发，大大高于其他同学。(三) 很有启发，认为'该书淡化历史事件评价，强化个人成长过程''很好、巧妙地处理了若干关系问题。'(四) 几个必须修正的问题。"

3—18日校完已打印的《叶瑞祥学习学讲演录》11篇讲演书稿，占完成全书校对、修改任务的35.5%。

20日整理拟在新学年初送韩山师院陶瓷学院图书馆个人退休后的论著14种，每种4册，共56册。

24—25日搜集、整理《叶瑞祥学习学讲演录》配套照片。

8月

1—25日继续修改、校对已打印的《叶瑞祥学习学讲演录》11篇讲演书稿，占完成全书校对、修改任务的35.3%。其中，《学会学习与优化教学》《开展学习道德研究，提高学习道德水平》《发挥学习科学骨干作用，推动我省学习科学发展》3篇属于重新修改的讲稿。又有9篇电子存档书稿，占29%。全书按专题为主与时间先后顺序编列，31篇讲稿，配30张照片，约30万字，8月25日定稿。

15—16日有重点地做好《韩山师范学院校史简编》一书一校工作。

29日主持潮州市老年大学《新编老年学习学》第一次编写小组

会议，并作《关于编写〈新编老年学习学〉的几个问题》的主旨报告。力争2014年下半年出版。

9月

1日主持召开《叶瑞祥学习学讲演录》第三次编写小组会议，对个别专题作了调整。

5日韩山师范学院潮州师范分院70级数学二排同学会理事会柯钰深、黄利平、黄佳祥、陈悟河、王海添、许锐鑫、陆瑞基等于“教师节”前夕来访。

2—14日阅读《中国老年教育学若干问题研究》一书。

15日初拟《叶瑞祥学习学讲演录》的“后记”一文。

17日主持召开《新编老年学习学》主编组会议，并作主旨讲话。

18—29日校对《叶瑞祥学习学讲演录》书稿并做好配套的照片工作。

30日召开潮州市骄阳艺术学校“十二五”规划课题《培养婴幼儿学习力策略研究》课题组会议。

10月

1—10日再次校对《叶瑞祥学习学讲演录》一书定稿文稿。初步统计正文30篇，约40万字；附录三项，约2万字；彩色照片4张，黑白照片42张。

11日到韩山师院宣传部赠送“校史展览室”的展品：①潮澄饶1952年春季毕业生进修证；②1952年10月1日广东韩山师范学校普师班一年级校章；③韩山师范学校55届学生名册；④韩山师范学校55届毕业55周年纪念照片；⑤《叶瑞祥教育口述史》等五部著作精装本各一册。

13日参加潮州市骄阳艺术学校主持的全国幼儿学习科学研究中心“十二五”规划课题《培养婴幼儿学习力的策略研究》总结会，并作题为《婴幼儿学习力研究概述》的学术报告。

18—20日参加韩师110周年校庆。会上赠送了《韩山师范学院校史简编》（韩山师范学院校史编委会编，暨南大学出版社，2013年9月版），其中“大事记”记载与我有关的事件有如下三项：①

1995 年 12 月 11—13 日广东省学习科学研究会成立大会暨全省学习科学学术论文交流会在韩师举行。我院党办、院办主任叶瑞祥副教授当选为理事长（P318）。②2000 年 1 月 23—25 日全国学习科学研究会成立大会暨 21 世纪学习与发展研讨会在北京工业大学举行，叶瑞祥副教授当选为副会长（P323）。③2012 年 10 月 17 日由我院教务处、对外交流合作处和团委会主办的"《叶瑞祥教育口述史》发行式暨叶瑞祥从教六十周年座谈会"在东区图书馆四楼会议室举行（P363）。会上赠送的还有《韩师情学子心——韩山师范学院老校友口述历史》（陈俊华主编，杨旸、李炯标副主编，暨南大学出版社，2013 年 9 月版），其中专门采访人物之一叶瑞祥（P253—270）。

21 日与许佩卿、吴华钿研究有关《叶瑞祥学习学讲演录》出版事宜。力争 2014 年上半年出版。

24 日《叶瑞祥学习学讲演录》一书书稿用特快件寄黄金河。

30 日收到《叶瑞祥学习学讲演录》一书（中国言实出版社的一校书稿）与出版合同书。

11 月

5 日收到主编的《婴幼儿学习力研究》，中国言实出版社出版，2013 年 10 月版。

6 日向韩山师范学院陶瓷学院图书馆赠送个人著作，并为师生代表作题为《我与母校韩师》的讲演。

8 日主持《新编老年学习学》第三次编写会议，并对《课程论》《成效论》的书稿作点评。

12 日到潮州市湘桥区教育局教研室与徐志生主任研究湘桥区"学生学习力理论与实践研究"总结大会事宜。

15 日上午，到湘桥区城基中学调查研究。下午，与《叶瑞祥学习学讲演录》课题组长吴华钿、副组长许佩卿研究《讲演录》一书的定稿、付印事宜。

22 日起草"我的教育体会"讲演要点：（一）热爱教育，终身从教。（二）坚持"教、研、管一体化"。（三）勤奋学习，积极实践。（四）开拓进取，勇于创新。（五）乐于奉献，回报社会。

29日参加潮州市老年大学“十二五”教育科学重点课题《潮州市老年学习现状与发展研究》中期成果交流会，并作《关于前段课题研究总结与今后研究意见》的总结报告。

12月

3日与潮州市老年大学常务副校长卢璧锋拜访潮州文史专家曾楚楠，约稿撰写《老年诗词学习论》一文。

6日应邀参加城基实验中学举办的“叶瑞祥教授‘教育人生体会’报告会”，作《我的教育体会》专题报告。

9日到潮州市绵德幼儿园调查研究。

13日《开展老年创新学习能力研究的成果与经验》《潮州市老年学习现状与发展调查研究》获得广东省老年大学协会第一次老年教育理论研讨会一等奖。应城基中学邀请，向全体教师作《我的教育体会》专题报告。

17日《叶瑞祥教育口述史》荣获由共青团广东省委员会、广东省教育厅、广东省科技厅等单位颁发的第七届广东省大学生科技学术节之第十二届“挑战杯”广东省大学生课外学术科技作品竞赛本科组特等奖。

21日到潮州市慧如图书馆赠送个人著作29种共32册。

26日到韩山师院潮州师范分院与中国高等教育学会学习科学研究会常务理事、副秘书长谢树浩院长研究贯彻第八届会员代表大会（2013年7月3—5日北京会议）有关事宜，初拟2014年广东省学会做好三件事：①邀请龚春燕常务副会长作“创新学习论”学术报告，时间是寒假或暑假；②召开广东省内常务理事、理事、先进单位、先进个人座谈会；③举办“学习学讲习班”。

31日今年，按计划完成任务：①出版三部著作：《评〈叶瑞祥教育口述史〉》《婴幼儿学习力研究》《叶瑞祥年谱》；②参编两部著作：《韩山师范学院校史简编》《韩山师范学院老校友口述历史》；③做好“学生学习力理论与实践研究”全面结题工作；④启动《叶瑞祥学习学讲演录》《新编老年学习学》整理与编写工作。累计至今，出版专著、教材52部（其中退休后占30部），发表论文144篇（其中退休后占68篇），承担各级科研课题30项（其中退休后占18项），获得各级各类科研奖励36项（其中退休后占16项），举办各级各类学术报告、专题讲座116个（其中退休后占98个）。

2014年

1月

1日初拟2014年工作要点：1.出版发行《叶瑞祥学习学讲演录》一书；2.出版《新编老年学习学》一书；3.做好潮州市老年大学“十二五”重点科研课题《潮州市老年学习现状与发展研究》总结结题工作；4.启动“学习学与教学改革——《叶瑞祥学习学讲演录》对教学改革的启示”系列讲座。中国电影出版社出版的《叶瑞祥学习学讲演录》一校校对完毕。

2日用特快件发《叶瑞祥学习学讲演录》书稿一校给黄金河。

7日到叶经珠老师家，研究赠送梅州市剑英图书馆“客籍乡贤著作藏书室”的有关事宜，拟赠送个人论著27种90册。

11—13日修改《新编老年学习学》我个人撰写的“绪论”与第一章“老年学习的特点”书稿。

17日收到中国电影出版社寄回的《叶瑞祥学习学讲演录》（二校稿）。

18—29日校对《叶瑞祥学习学讲演录》（二校稿）。

2月

6—13日修改《新编老年学习学》一书的部分书稿。

15日赠送《学习学概论》《叶瑞祥教育口述史》等个人论著27种共90册，经梅州市剑英图书馆馆长程志远转送剑英图书馆“客籍乡贤著作藏书室”。

16—25日继续校对《叶瑞祥学习学讲演录》一书（二校稿）。

21日接受汕头市电视台的采访，谈五十年代韩师办学的三个亮点：一是实施《师范教育规程》，加强全面发展教育。二是学习苏联教育经验，开展教育教学改革。三是加强教育专业训练，培养合格小学教师。

26日用特快件将《叶瑞祥学习学讲演录》一书（二校稿）寄黄

金河。

27—28日修改《新编老年学习学》一书的部分书稿。

3月

1—2日修改《新编老年学习学》一书的部分书稿。

3日主持《新编老年学习学》第二次主编组会议，并作主题报告。内容：（一）前段《新编老年学习学》一书编写工作小结。（二）对已收到的书稿，约占70%逐章提出修改意见。（三）关于编写、出版若干问题的说明。

4日收到中国电影出版社寄回的《叶瑞祥学习学讲演录》一书（三校稿）。

4—14日校对《叶瑞祥学习学讲演录》一书（三校稿）。

15日三校后的《叶瑞祥学习学讲演录》一书用特快件寄给中国电影出版社黄金河先生。

22日经过选择适合中学教师阅读的个人论著12种48册送城基实验中学图书馆。

23—25日起草“提高中学生艺术、体育课程学习力策略研究”申报表。

27日到潮州市慧如图书馆赠送《韩山师范学院校史简编》等书籍，并与采编部的工作人员研究充实《叶瑞祥赠书专橱》有关事宜，拟通过增加复本数与写作原稿等方式扩充增加藏书量。

4月

1—9日完成对《新编老年学习学》第一篇“原理篇”第1—6章进行修改、统稿工作。

10—20日完成对《新编老年学习学》第二篇“课程篇”第7—20章进行修改、统稿工作。

11日再送潮州市慧如图书馆《叶瑞祥赠书专橱》藏书18种共20册。

21—30日完成对《新编老年学习学》第三篇“成效篇”20位学员学习成功个案进行修改、统稿工作。

22日初拟《潮州市老年学习现状与发展研究》结题报告要点。

5月

1—5 日完成对《新编老年学习学》附录若干问题的修改、统稿工作。

6—10 日撰写《潮州市老年学习现状与发展研究成果综述》一文初稿，即是结题报告的主体部分。

11—14 日修改、抄正“潮州市老年学习现状与发展研究成果综述”一文书稿。

15 日起草拟在五月下旬召开的《新编老年学习学》编委会主任会议上的“关于《新编老年学习学》的几个问题”讲话要点。

16—28 日重审《新编老年学习学》一书书稿，拟送广州花城出版社。

29 日主持参与潮州市《新编老年学习学》编委会暨校委会联席会议，并作主题报告。主要内容：（一）关于《新编老年学习学》的几个问题。（二）“潮州市老年学习现状与发展研究成果综述”（书面材料）。（三）关于今后搞好教育科研的几点建议。

6 月

1—11 日再校《新编老年学习学》一书（定稿）。

6 日收到中国高等教育学会学习科学研究会《简报》（第 4 期，2014 年 1 月 22 日）刊登的关于叶瑞祥主编的《婴幼儿学习力研究》一书出版的报道，认为该书“能从脑科学、心理学、教育学等方面探究了婴幼儿学的原理，提出了开发婴幼儿学习力的策略”“数据翔实，内容丰富”。

8 日召开《叶瑞祥学习学讲演录》课题组长会议，参加者有叶瑞祥、吴华钿、许佩卿等，研究《叶瑞祥学习学讲演录》出版后的后续工作，研究举办“《叶瑞祥学习学讲演录》赠书式暨报告会”的若干问题。

12 日参加潮州市老年大学召开的“关于召开中国老年大学协会第十一次老年教育理论研讨会”座谈会，并作主旨讲话。

13 日完成《试论老年学习的特点》一文初稿。

14 日收到特快件梅州市剑英图书馆、梅江区、梅县区图书馆寄回的赠书“荣誉证书”各一份，即电告程志远馆长。

16日主编的《新编老年学习学》大部分文稿拟送广州花城出版社。

24日主编的《新编老年学习学》全部文稿、照片电子版送广州花城出版社。

7月

1—5日整理《提高大学生学习力策略——介绍〈叶瑞祥学习学讲演录〉的一个观点》专题报告要点。

6—10日整理《学习学与中小学教学改革——谈〈叶瑞祥学习学讲演录〉对中小学教学改革的启示》专题报告要点。

13—14日校对《叶瑞祥学习学讲演录》一书（定稿）。

14日用特快件寄《叶瑞祥学习学讲演录》一书（定稿）给中国电影出版社黄金河先生。

26日撰写完成《提高大学生学习力策略》专题报告讲稿。

8月

2日撰写《叶瑞祥学习学讲演录》简介要点。

4—13日重新阅读《叶瑞祥学习学讲演录》一书（定稿）。重新校对，发现3处错漏：①P2漏掉“学习原则论”；②P107“根舍因”是德国教育学者，不是法国教育学者；③P275“四主四导”模式的图解有遗漏，不准确。这说明本人校对有错漏，在从严治学上仍有不足，是个遗憾。

20日初拟《学习学与老年大学教学改革》专题报告要点。

27日收到《叶瑞祥学习学讲演录》一书，中国电影出版社，2014年8月版。该书收入叶瑞祥自20世纪80年代初以来在全国各地关于学习学问题的演讲、报告、讲座30个，42万字。全书按照专题与时间相结合的方式排列，体现“学本论”的教育理念。按“一个核心”“两个层面”“三个亮点”内容编辑。“一个核心”——提出“学习内化获得”的新概念；“两个层面”——理论层面：构建学习学的新体系；实践层面：倡导学习指导的新应用；“三个亮点”——探索创新学习能力的新结构，开拓老年学习研究的新领域，提高学习力的新策略。另外，配套相关照片50张，力求体现图文并茂，图像印证。

29日应邀参加潮州市老年大学举办的"《叶瑞祥学习学讲演录》赠书式暨报告会"，并作题为《学习学与老年大学教学改革——谈〈叶瑞祥学习学讲演录〉对老年大学教学改革的启示》学术报告，学校领导、教师与学员代表近百名参加会议。同时，赠书100册。

9月

2日《潮州日报》P6刊登许佩卿、卢璧锋撰写的《我国现代学习科学的新成果——评〈叶瑞祥学习学讲演录〉》一文。

4日撰写《学习学与大学教学改革——谈〈叶瑞祥学习学讲演录〉对大学教学改革的启示》专题报告要点。下午，收到《叶瑞祥学习学讲演录》一书（精装本）100册。晚上，潮州电视台播送8月29日在潮州市老年大学举办的"《叶瑞祥学习学讲演录》赠书式暨报告会"的新闻报道。

6—10日分别撰写《学习学与小学教学改革——谈〈叶瑞祥学习学讲演录〉对小学教学改革的启示》《学习学与中学教学改革——谈〈叶瑞祥学习学讲演录〉对中学教学改革的启示》两个专题报告要点。

14日撰写"学习学与学前教育——谈《叶瑞祥学习学讲演录》对学前教育的启示"专题讲座要点。直至今日完成系列讲座要点，即"学习学与学前教育""学习学与小学教学改革""学习学与中学教学改革""学习学与大学教学改革""学习学与老年大学教学改革""提高大学生学习力策略"等6个专题讲座要点。

24—25日校对审定《新编老年学习学》，花城出版社拟10月中旬出版。

10月

1—7日（国庆黄金周），阅读《人生比喻语辞典》（王雅军主编，上海辞书出版社，2014年5月版），体会深刻、入脑入心的词条约20条，体会比较深刻、颇有感受的词条约200条。此书值得反复阅读，结合实际，细心品味。这是今年国庆黄金周的最大收获。

2日参加韩山师院第一届数学系本科班毕业20周年聚会，也是华南师大与韩山师院联合办学的94届毕业班。

10日参加湘桥区城基实验中学叶敏主持的粤东基础教育科研课

题“提高中学生艺术、体育学科学习力策略研究”的开题会，并作题为《关于开展“提高中学生艺术、体育学科学习力策略研究”的几个问题》的主题报告。

15日收到主编的《新编老年学习学》一书，广东省出版集团花城出版社，2014年9月版，50万字。全书以老年学习的原理与方式为主线，由下列三个部分组成。第一篇，原理篇，着重研究老年学习的特点、作用、规律、原则、类型、途径、方式、环境等基本问题；第二篇，课程篇，着重研究老年保健学习论、老年中医学习论、老年潮曲学习论、老年潮乐学习论等14门课程的学习内容、方法、效果；第三篇，成效篇，着重介绍20位老年学员学习成功个案。还有附录6项。

16日参加潮州市老年大学《新编老年学习学》编委会议，主讲“关于召开《新编老年学习学》首发式暨‘潮州市老年学习现状与发展研究’总结会的若干问题”。

19日参加韩山师范学院教育系2013级卓越教师班开班典礼。会上，向卓师班学生赠送《叶瑞祥学习学讲演录》，并作题为《学习学与小学教学改革——谈〈叶瑞祥学习学讲演录〉对小学教学改革的启示》专题报告。

21日送韩山师院图书馆《叶瑞祥学习学讲演录》《新编老年学习学》共10册。《潮州日报》第六版刊登陈先哲《重视老年教育——〈新编老年学习学〉序》（叶瑞祥、卢璧锋主编，花城出版社，2014年9月出版）。

22日送潮州市慧如图书馆《叶瑞祥学习学讲演录》《新编老年学习学》共9册。

24日参加潮州市老年大学《新编老年学习学》首发式暨“潮州市老年学习现状与发展研究”总结会，并代表课题组作总结报告。主要内容是：（一）研究目标与过程；（二）研究成果与评价；（三）研究经验与方法；（四）今后研究与建议。其中，“今后研究与建议”的要点：2015—2017年的要求：坚持“以学为本”教育理念，既抓教学改革，又抓学习改革，学习与应用相结合，在应用上下功夫，抓好成果转化工作，促进研究深入发展。努力做到“五个结合”与“四化”。“五个结合”是：全面学习与专题学习相结合，学员学习与学习改革相结合，教师学习与教学改革相结合，全员学习与课题研究相结合，继续学习与总结提高相结合；“四化”是：“细化”“转化”“升化”“泛化”。这些建议，为潮州市老年大学开展“十三五”教育科研打下基础。

26 日委托韩山师院教育系师生邮寄《叶瑞祥学习学讲演录》一书至全国各省市图书馆、广东省内各地市图书馆与部分高校图书馆 60 个，共寄 120 册。

11 月

3 日送《叶瑞祥学习学讲演录》《新编老年学习学》两种 8 册给韩山师院潮州师范分院图书馆，并与谢树浩院长研究“学习学与中小学教学改革”专题讲座事宜。

5 日《潮州日报》刊登我们主编的《新编老年学习学》一书，指出该书“对提高老年学习质量，推进老年教育事业有着重要的现实意义”。

6 日与夫人陈莩莲等参观 1955 年 8 月至 1956 年 8 月任教的汕头市大埔旅汕小学旧址（现为汕头市八一南昌起义纪念馆）。故地重游，感慨万分！

8—17 日集中阅读各种版本的教学论，既为思考申报潮州市老年大学“十三五”教育科研课题《老年大学教学理论与实践研究》做必要的准备，又为构建、编写《老年教育教学论》一书做理论的准备工作。

18—25 日集中阅读中国老年大学协会第十一次老年教育理论讨论会主编的《老年教育文集》（十一）与中国老年大学协会主编的《中国老年教育发展高峰论坛文集》（上下册），为潮州市老年大学“十三五”教育科研课题《老年大学教学理论与实践研究》做必要的准备。

28 日参加潮州市老年大学校委会会议，听取传达“中国老年大学协会第十一次会议”精神。会上，有针对性地提出今后教育科研的若干建议。

12月

1—11日阅读《顾明远教育演讲录》一书（顾明远著，人民教育出版社，2014年9月版）。读后，与拙作《叶瑞祥学习学讲演录》作了比较阅读与分析。

6日与陈莩莲等回祖居地梅州市梅江区三角镇宫前村叶屋介成楼探亲，参观宫前叶氏祠堂——遗安堂。重温童年生活，感慨万分！

15日中国高等教育学会学习科学研究会常务副会长兼秘书长龚春燕教授来电：秘书处已收到赠送的《叶瑞祥学习学讲演录》《新编老年学习学》两部著作，并对我退休后仍能继续开展学习科学研究表示充分肯定与高度赞扬。

26日应邀参加湘桥区城基实验中学举办的"《叶瑞祥学习学讲演录》赠书仪式暨报告会"，并作题为《学习学与中学教学改革——谈〈叶瑞祥学习学讲演录〉对中学教学改革的启示》学术报告，学校教学骨干50名参加会议。同时赠书54册。

31日今年按计划完成如下任务：①出版、发行《叶瑞祥学习学讲演录》《新编老年学习学》两部著作，共92万字；②完成潮州市老年大学"十二五"重点科研课题《潮州市老年学习现状与发展研究》结题工作；③举办"学习学与教学改革——谈《叶瑞祥学习学讲演录》对教学改革的启示"系列讲座3场。

累计至今，出版教材、著作54部，其中退休后32部，占59.3%；发表论文149篇，其中退休后73篇，占49%；承担各级科研课题30项，其中退休后18项，占60%；获得各级科研奖励37项，其中退休后17项，占46%；举办各级各类学术报告、专题讲座121个，其中退休后103个，占85%。

累计至今，就出版教材、著作54部而言，①学科分类：教育科学30部，占55.6%，学习科学24部，占44.4%。②时间前后：退休前22部，占40.7%，退休后32部，占59.3%。其中，教育科学30部，退休前18部，占58%，退休后12部，占42%；学习科学24部，退休前4部，占16.6%，退休后20部，占83.4%。③分量多少：

合计1202万字，其中教育科学534万字，占44.4%，学习科学668万字，占55.6%。退休前教育科学、学习科学小计353万字，占29.3%；退休后教育科学、学习科学小计849万字，占70.6%。又教育科学534万字中，退休前284万字占53.2%，退休后250万字占46.8%，而学习科学668万字中，退休前69万字占10.3%，退休后599万字占89.7%。

上述统计表明：①54部教育科学、学习科学著作、教材中，退休后出版32部，占59.3%。②1202万字的教育科学、学习科学著作、教材中，退休后出版的分量849万字，占70.6%。③1202万字的教育科学、学习科学著作、教材中，学习科学668万字，占55.6%。总而言之，研究成果以退休后为主，以学习科学成果为主。

2015年

1月

1日初拟2015年工作要点：①继续开展“学习学与教学改革”系列讲座；②启动潮州市老年大学“十三五”教育科研重点课题《老年大学教学理论与实践研究》课题研究；③启动《老年大学教学论》编写工作。

10日应邀参加汕头市金平区教育学会在东厦中学举办的“《叶瑞祥学习学讲演录》赠书仪式暨报告会”，并举办“学习学与中小学教学改革与启示”学术报告会，近十年来参加课题研究的中小学校长50多名参加会议。同时，赠《叶瑞祥学习学讲演录》《评〈叶瑞祥教育口述史〉》各52册，共赠104册。

11日应邀参加潮州市骄阳艺术学校宝贝幼儿园在奎元社区举办的“《叶瑞祥学习学讲演录》赠书式暨‘骄阳杯’创作大赛颁奖典礼文艺汇演会”，并作题为“学习学与学前教育——谈《叶瑞祥学习学讲演录》对学前教育的启示”的简要讲话。参加会议近百名，赠书30册。这次活动实质上是一次民生志愿者活动。第一次参加社区志愿者活动，感触甚多！

16日参加潮州市老年大学校委会，提出“十三五”教育科研重点课题《老年大学教学理论与实践研究》，编写出版《老年大学教学论》一书。会议同意立项。

17—18 日撰写潮州市老年大学“十三五”重点科研课题《老年大学教学理论与实践研究》实施方案。

19—30 日撰写《老年大学教学论》编写大纲。

2 月

3 日应邀在韩山师院潮州师范分院为潮州市枫溪区中小学骨干教师培训班作题为《学习学与中小学教学改革——读〈叶瑞祥学习学讲演录〉对中小学教学改革的启示》的专题报告，并赠送《叶瑞祥学习学讲演录》《评〈叶瑞祥教育口述史〉》各 18 册，共 36 册。

4 日潮州市委组织部副部长、老干部局局长兼潮州市老干部大学校长陈先哲等登门春节慰问，并赠送《老年教育》2011—2014 年合订本。

6 日参加潮州市老干部大学校委会研究“国际议题‘老年大学·公民·社会融合’专题研讨会”有关准备工作。

7—8 日撰写潮州市老干部大学“十三五”科研课题《老年大学教学理论与实践研究》开题会报告稿。

10—11 日制订撰写“潮州市老年大学教学情况问卷调查表”。

17 日潮州师范学校 70 级数学二排同学会代表柯玉琛登门春节慰问。我回赠理事会成员各一册《叶瑞祥学习学讲谈录》《新编老年学习学》共 16 册。

24—25 日撰写参加“国际议题‘老年大学·公民·社会凝聚力’专题研讨会”的发言稿《老年大学在社会融合中的策略》。

26—28 日通读《老年教育》2011—2014 年合订本。

3 月

1—3 日通读《老年教育》2011—2014 合订本。

6 日参加潮州市老年大学“十三五”教育科研重点课题《老年大学教学理论与实践研究》开题会，并作开题报告。

24—25 日参加由中国老年大学协会国际联络部和广东省老年大学协会主办，潮州市老年大学承办的“国际议题‘老年大学·公民·社会凝聚力’专题研讨会”。会上，作了《老年大学在社会融合中的策略》专题发言。其要点：（一）老年大学与社会融合的根本，即坚持育人为本。（二）开拓老年大学与社会融合的渠道，即开拓四条渠道：一是开拓教学性渠道，即开展教学改革，促进“三个课堂”协调发展；二是倡导公益性的渠道，即开展公益活动，直接社会群众服务；三是重视专业性的渠道，即开展专业活动，为繁荣艺术文化作贡献；四是发展创新性的渠道，即开展创新活动，直接为社会创造财富（主要是精神财富产品）。（三）创设老年大学与社会融合的条件，即办好老年大学。25 晚上，走访中国老年大学协会学术委员会主任陆剑杰教授、办公室主任张宝林教授，就构建《老年大学教学论》《老年教育学》问题开展研究讨论。会后，萌发编纂《老年教育学辞典》的设想。

26 日阅读《全国老年教育发展规划》（2015—2020 年）（初稿）。

30 日在潮州市老年大学听老年保健操课程。

4 月

1 日到潮州市老年大学听老年摄影课程。

3 日参加潮州市老年大学校委会讨论“规范、创新的潮州市老年大学”编写大纲，并作主题发言。

9 日到潮州市老年大学听老年舞蹈课程。

晚上，林明榕教授又从加拿大来电，谈及读《叶瑞祥学习学讲演录》后，建议我以回忆录形式从一个侧面反映我国学习科学的发展历程。从而引起对今后学术发展的思考。一是继续开展我国学习科学研究，打造一项精品课；二是以《叶瑞祥教育口述史》为基础，撰写回忆录，从更广更深的层面总结人生历程；三是开展老年教育研究，开辟新的研究领域。

13 日与学习科学研究者饶子健先生通电话，研究交流著作事宜。

4—15 日断断续续阅读董之鹰著《老年教育学》一书，中国社会出版社，2009 年出版。

16 日到潮州市老年大学听声乐课程。课后，与任课教师蔡晓丹研究撰写“课堂实录”文章。

17 日到潮州市老年大学听电脑课程。课后，与任课教师黄斌研究撰写“教学设计”文章。

16—20 日初阅作者饶子健赠送的《新世纪学海导航》一书，江西高等教育出版社，2013 年 5 月出版。

21—22 日为迎接第 20 个世界读书日整理近十年来《叶瑞祥学习学讲演录》等个人著作 15 种共 34 册送韩山师院图书馆。累计共赠书 43 种共 208 册。

23 日参加韩山师院图书馆举办的“迎接世界读书日暨韩园读书节捐书活动”。会前，到韩师“潮汕文化馆藏宝”参观“叶瑞祥赠书专橱”；会中，接受表彰荣誉证书；会后，有感而言，写下《参加读书节有感——我的书缘》一篇短文。

“书是我的生命，这一辈子都与书打交道。我从小学、中学、大学都以书为伴，书成了个人发展与进步的阶梯。1960 年大学毕业后，我选择了教书，教书成了我最喜欢的终身事业。1980 年开始，我边教书边写书直至今天，书成了我的生活追求和精神寄托。1997 年以来，我边写书边赠书。写书赠书成了我晚年最快乐的事情和回报社会的表现。所以我说，读书育己，教书育人，写书育世！让我们继续抓紧时间读书和写书，尽情享受读书和写书带来的快乐和幸福！”

今后，拟在适当的时间，整理个人著作与藏书再赠韩师图书馆。

20—27 日阅读《我国老年教育发展探究——基于积极老年化的视角》一书，杨庆芳著，知识产权出版社，2014 年 3 月出版。

29 日。整天参加潮州市老年大学庆“五一”暨教学汇报大会。

30 日。到潮州市老年大学听《中医》课程。至今日为止。累计听课 9 场，其中第一课堂 7 场，第二课堂 2 场，共 18 节。其主要特点：重视老年大学教学特点，重视教师示范教学，重视学员“两基”训练，重视师生互动教学，重视不同课程特点，重视“三个课堂”协调发展。

中午，《新世纪学海导航》作者饶子健来电，对《叶瑞祥学习学讲演录》作这样的评价：一是“全”字，从理论层面来看，能全方位的系统的研究学习科学的方方面面问题；从研究对象来看，《讲演录》涵盖了婴幼儿到老年人的学习问题。二是“高”字，该书是代表当代学习科学研究的高水平著作之一。三是“晚”字，相见恨晚，若早认识，《新世纪学海导航》书会写得更全面更深刻。

5月

4日邮寄壹万元作家乡宫前村修路之用。之前，曾邮寄壹万元作修缮叶氏祠堂——遗安堂之用。

8日参加潮州市老年大学校委会，就《关于规范、创新广东省潮州市老年大学（“五个一”工程·地级校项目）》一文的修改意见与“关于编写《老年大学教学论》方案的几个问题”作主题报告。

10日经过一个月的反复酝酿考虑，在构思“十三五”研究规划时萌发了拟在吸纳《学习科学大辞典》的基础上，主持编写集资料性、参考性和包容性于一体的《简明学习科学辞典》工具书。

1—13日阅读陆剑杰主编的《老年教育的实践探索》一书。

6—18日阅读潮州市老年大学2012—2015学年度“教学进度计划”224份，浏览《实用老年保健》等校编教材10部。

21日参加潮州市老年大学召开的“《老年大学教学论》编写会议”，并在会上作题为“关于编写《老年大学教学论》的几个问题”的主题报告。主要内容是编写目的意义、基本结构、时间安排、基本要求及有利条件等五个问题。

6月

4日主持潮州市老年大学声乐、舞蹈、潮曲、中医4门课程教师座谈会，研究撰写《老年大学教学论》专题报告与优秀教学案例问题。同时，审查“学情调查统计表”。

5日修改、审查《规范、创新的广东省潮州市老年大学》一文。

7日修改《论老年大学在融入社会中的策略》一文。

9日潮州市老年大学送来“潮州市老年大学教学情况问卷调查统计表”。

10—11日撰写完成《潮州市老年大学教学现状调查报告》一文。

15—16日又经过一个月的思考，撰写完成“《简明学习科学辞典》编写方案”，包括起因、目标、结构、体例、机构、出版经费等问题。

23 日参加潮州市老年大学教育科研专题会议。会上，老年大学校长陈先哲传达国际老年教育协会 6 月 11—12 日在西班牙召开会议的盛况和精神，并传达国际老年教育协会主席维拉斯认为“潮州市老年学习学的研究已达到世界前列”。（主要指《新编老年学习学》一书）。

17—30 日启动编写《简明学习科学辞典》词条的搜索、选择工作。主要反映《学习科学大辞典》（1998 年 6 月出版）以后的新词条新成果，诸如创新学习、学习力、老年学习、学习指导等新词条约 400 条。

7 月

1—10 日完成《老年大学教学论》第一章老年大学的教学本质（初稿）约 1.4 万字。

11—16 日重新阅读《剑桥学习科学手册》《我们如何学习》等新的学习科学专著的基础上，选择约 150 条新词条。

19 日揭阳市南城区盘东中学林建龙主任来访，并向盘东中学图书馆赠送《学习学概论》《叶瑞祥学习学讲演录》共 12 册。

17—24 日阅读唐晋元主编《老年大学的教学理念与实践创新》一书，中国矿业大学出版社，2015 年 4 月出版。

8 月

1—5 日修改、抄正《老年大学教学论》第一章老年大学的教学本质。

7—8 日撰写《老年大学教学论》绪论，约 4000 字。

15 日参加韩山师专 85 届化学专业学生毕业 30 周年聚会。

16 日韩山师专 85 届化学专业毕业生陈蔚辉（韩山师院教授），丁泽伟（潮安区教育局股长）登门拜访。

10—21 日阅读整理《教育研究》2011.1—2015.7 关于学习科学新词条约 100 条。

22—23 日阅读整理《教育学文摘》2012.1—2015.2 关于学习科学新词条约 20 条。

26—30日补充、增加《教育研究》中有关学习科学新词条约20条。

9月

1—5日拟新增“著作”“纪事”词条约40条。

8日潮师70级数学排柯玉琛、黄利平等在教师节前夕登门慰问。

10日潮州市老年大学陈先哲校长等教师节登门慰问。

与韩山师院学生处副处长许佩卿副教授研究编写《简明学习科学辞典》事宜。

11—12日校对《老年大学教学论》的“绪论”《老年大学的教学本质》。

13日修改《“潮州市老年学习现状与发展研究”综述报告》一文。

19—20日精选“创新学习”“学习力”词条约100条，拟送汕头市金平区鲁澄南局长、柯炳嘉校长等撰写，这分别是《简明学习科学辞典》的两个亮点。

22—23日阅读《学习科学的关键词》一书，精选“新学习科学”辞条约50条，拟送汕头市实验学校副校长许树然等撰写，这是《简明学习科学辞典》的第三个亮点。

24日在潮州市老年大学主持召开《潮曲》《声乐》《中医》课程编写座谈会，修改有关章节与教学案例。

《略论老年大学在社会融合中的策略》一文发表于《广州老年教育》，2015年第1期。

25—26日阅读〔美〕约翰·D. 布兰思福特等编著《人是如何学习》一书，从中精选“新学习科学”词条约40条，这是《简明学习科学辞典》第三个亮点的重要内容。

27—28日经过反复筛选、选择的“新学习科学”词条约150条是《简明学习科学辞典》第三个亮点，也是最突出的亮点。

29日整理“老年学习”词条约40条，这是第四个亮点。

10月

1日整理选择“学习方式”“学习心理”“著作”“纪事”等100多词条。

总计拟新增精选的《简明学习科学辞典》约700条，另外吸收《学习科学大辞典》约700条，合计约1400条，60—70万字。

5日撰写老年学习学约300字，“创新学习的组成部分”约500字，这两条词条，拟提供给编写人员作参考之用。

10日参加潮州市老年大学教育科研专题会议，并在会上作《潮州市老年大学教学现状调查报告》专题发言。

11日将到北京市师范大学原党委书记周之良教授新作《学习与人生》一书及《关于举办第四届全国友善用脑高峰论坛暨海峡乡土教育资源开发研究成果现场会的通知》（简称《会议通知》）。

12日到潮州市老年大学听国画课程。

13日到城基中学送《会议通知》。

与周之良书记通电话，他对《叶瑞祥学习学讲演录》颇感兴趣，认为该书能从实际出发，讲演学习科学，是一部鲜活的学习科学著作。

15日到振德小学送《会议通知》及调查研究。

19日到湘桥区教师进修学校与刘剑校长研究编写《简明学习科学辞典》的有关事宜。

21日刘剑校长到我家领取“2011—2012年《教育研究》中有关学习科学新词条约20条。”按我的计划，《简明学习科学辞典》编写过程应该是：搜集、整理词条—筛选、精选词条—分工编写词条—归类整合词条—出版发行。

23日整理、修改“关于编写《简明学习科学辞典》的几个问题”（即《编写方案》一文）。

24—26日撰写完成“创新学习”“创新学习能力的系统”“创新学习能力的结构”“学习力的内涵”“学习力的要素”“学习力的特点”等词条，其中关键的核心的词条是“创新学习”“学习力”2条。

27日整理、筛选新增“幼儿创新学习”等词条约30条。

28日湘桥区昌黎路小学原校长王振中到我家领取《简明学习科学辞典》一书，词条约30条。

30日在汕头市实验学校主持召开第一届《简明学习科学辞典》编委会主任会议。会上，我作了“关于编写《简明学习科学辞典》的几个问题”的主题报告，并宣布编委会领导班子叶瑞祥主任，鲁澄南、许佩卿、许树然副主任，办公室主任由许树然兼任。今后，还将“创新学习”“学习力”《人是如何学习的》一书等约100条词条及有关资料下达给鲁澄南局长、柯炳嘉校长等；《学习科学的关键词》一书中的“创新学习科学”词条约50条下达给许树然副校长，都要求2016年底前完成编写任务。

11月

1—3日撰写完成“提高大学生学习力的策略”“研究老年学习力的意义”“老年学习的特点”等词条。

4日对《学习科学大辞典》作了如下统计：叶瑞祥撰写33条，其中“理论卷”20条，“应用卷”3条，“人物卷”1条，“著作卷”5条，“纪事卷”4条；叶敏撰写8条，其中“理论卷”7条，“应用卷”1条。两人共撰写41条。

5—9日撰写完成“学习指导课程”，“学习方式”等词条14条。

10—11日撰写潮州市老年大学“十三五”重点科研课题《老年大学教学理论与实践研究》中期成果交流大会上的报告（初稿）。

12日为《简明学习科学辞典》亲自撰写的新词条，包括“创新学习”“学习力”“老年学习”“学习方式”“学习指导”等6个方面词条31条，拟请送许佩卿副处长打印。

14日将撰写好的31条新词条请许佩卿副处长打印，并传达《简明学习科学辞典》编委会主任会议的精神及写作任务。

27日将整理、修改、定稿的“国画”“潮曲”2个专题与“声乐”等5个教学案例汇编成《中期成果交流材料汇编》送老年大学印刷。

28—30日阅读李森、陈晓端主编《课程与教学论》一书，北京师范大学出版社，2015年8月出版。

12月

1—6日阅读柳海民主编《教育学概论》一书，北京师范大学出版社，2015年8月出版。这是近十年阅读的教育学著作中最有新意、最有启发和最有收获的一部教育学力作。它既保留了传统教育学中的基本原理，又吸纳了当代教育学中的新成果新理念，给人一种全新的鲜活的感受。另外，出乎意料的是在该书第253页，还引用了我主编的《教育学》（广东高等教育出版社，2002年第92页）关于德育的任务的一段话。

7日在《学习科学大辞典》“著作卷”中筛选、精选出29部著作，拟作为《简明学习科学辞典》附录之一“国内外学习科学部分重要著作简介”的词条。

8日在近20年间国内外学习科学著作中初步搜索、精选25部书作为新增加的词条。同时，根据学术发展情况，拟新增著作6部左右，总量达到60部左右。

9日初拟“全国学习科学研究会重要会议简介”“全国学习科学研究会领导人简介”约30条，作为《简明学习科学辞典》附录之二、之三。

11日再拟“老年学习”词条约20条，共约60条，其中潮州市老年大学林金炎撰写约40条。

16日参加潮州市老年大学“十三五”教育科研课题《老年大学教学理论与实践研究》中期成果总结交流大会，并作总结报告。主要谈三个问题：（一）前段课题研究的回顾。（二）对《汇编专辑》的评价。（三）今后课题研究的建议。又悉《潮州市老年大学教学现状调查报告》《潮州市老年学习现状与发展研究成果综述》两篇论文，分别获得广东省老年大学协会第二届老年教育理论研讨会优秀论文一、二等奖。

21—30日撰写《学习科学关键词》《叶瑞祥学习学讲演录》等学习科学著作共19部的词条。

26日代表韩师55届乙班同学到潮州市维也纳酒店会见当年同窗谢德懋（原中侨办纪检组组长，副部级干部），并向他赠送《韩山师范学院校史简编》《韩师情，学子心——韩山师范学院老校友口述历史》与55届校友毕业55周年纪念照片各一套。

31日回顾一年来的工作，超额完成本年度的各项工作任务。简称“12345”，即主持新课题1项，获奖2项，发表论文3篇，专题讲座报告4个，撰写学习科学新词条50条。累计至今，出版著作教材

54部，发表论文152篇，专题讲座报告128个，主持科研课题31项，获得各级奖励39项。

2016年

1月

1日初拟2016年工作要点：①完成潮州市老干部大学“十三五”重点课题《老年大学教学理论与实践研究》结题工作。②主编出版《老年大学教学论》。③启动编写《简明学习科学辞典》一书，一方面个人撰写词条约100条，另一方面组织他人编写其他词条约400条。

1—3日修改《老年大学教学论》的第三章“老年大学的教学内容”、第五章“老年大学的教学方法”。

4—6日基本完成《简明学习科学辞典》中“关于学习科学著作简介”的词条，其中继承《学习科学大辞典》中的词条29条，新增加的词条25条，剩下词条拟在2017年后补上，约60条。

11日到潮州市绵德小学与李健校长研究编写“关于小学学习与学习指导”的词条22条。

12日到潮州市绵德幼儿园与郑莹园长研究编导“关于幼儿创新学习与学习指导”的词条28条。同时，在潮州市老干部大学召开《老年大学教学论》第二次主编小组会议，研究修改书稿、附录及照片配套问题。

15—17日撰写“脑的可塑性”“终身学习脑”等词条。晚上，林明榕从加拿大来电，交流学习科学研究情况。我还向他透露有意向编写《简明学习科学辞典》一书。

18—19日撰写“情绪与学习”“睡眠与学习”等词条。

1—23日自2015年12月16日“十三五”课题《老年大学教学理论与实践研究》中期成果交流至今，《老年大学教学论》一书编写进度如下：“原理篇”9章，已定稿的5章，占56%；“课程篇”12章，已定稿6章，占50%；“案例篇”15个案例，已定稿10个占67%。附录4篇，已定稿的3篇。总计约占61%，约15万字。

22—25日撰写“我国学习科学五、六、七届年会”词条。

24日晚—25日潮州市迎来百年一遇的严寒，其中潮安县凤凰镇乌岽山下雪，最低气温 -5℃，市区与平原地区 0℃。

26—28 日撰写“美术‘四式’教学模式”等词条。

28 日湘桥区城基中学方卫玲校长来访，并落实编写“教师学习力”等 3 条词条。

30 日中共潮州市委组织部副部长、老干部局局长兼潮州市老干部大学校长陈先哲等上门进行春节慰问。我谈了两个问题：1.“比、学、赶、超”，严格要求，努力编写《老年大学教学论》一书。2.潮州市老干部大学教育科研坚持持久、创新发展，必须做到“三个重视”：重视学习先进教育理念，重视发挥“老年教育研究室”的作用，重视培养重用中青年干部的作用。

2 月

1—3 日修改《老年大学教学论》第二章“老年大学的教学目标”、第四章“老年大学的教学原则”。

4—14 日撰写“环境对脑学习的影响”“内隐学习与大脑”等10条新词条。

15 日与韩山师院许佩卿副处长研究撰写《简明学习科学辞典》事宜，并请她打印“新学习科学”“学习心理”等 28 条词条。

17—23 日撰写“当代学习科学”等词条 9 条。

19 日接受潮州市老干部局杨泽群科长、老干部大学老年教育研究室主任林金炎的采访，拟在《秋晖》2016 年第 1 期封 3 之用。

24 日整理自 2015 年 10 月 5 日至今，个人撰写的词条已基本完成，共有 10 个方面 105 条。其中，①“创新学习”4 条。②“学习力”4 条。③“老年学习”6 条。④“学会学习”4 条。⑤“学习方式”6 条。⑥“学习指导”8 条。⑦“学习科学”22 条。⑧“学习心理”15 条。⑨“学习科学著作简介”25 条。⑩“我国学习科学学术会议”4 条。合计 105 条。加上原在《学习科学大辞典》已撰写的 20 条。总计 125 条。

25—29 日再次修改《老年大学教学论》我个人撰写的“绪论”和第一章“老年大学的教学本质”，并修改“老年书法课程教学”“老年中医课程教学”两章。

3月

1—8日一方面，修改《老年大学教学论》的第六章“老年大学的教学组织形式”、第七章“老年大学的教学模式”以及“老年电脑课程教学”“老年二胡课程教学”“老年摄影课程教学”等章；另一方面，对《老年大学教学论》一书作比较全面修改、梳理。初步统计，第一篇“原理篇”，8章，10.5万字；第二篇“课程篇”，12章，10.5万字；第三篇“案例篇”，13个案例，4万字；附录4篇，3万字。全书约28万字。主要特点是积极创新，重视实用，比较完整，具有创新性、前瞻性、实用性、可操作性。

9日参加潮州市老干部大学校委会，并在会上作“关于《老年大学教学论》编写情况”的主题报告。内容：（一）情况简介。（二）基本估计。1.价值：本书编写要贯彻落实《老年教育发展计划》（初稿）的需要，是贯彻落实“十三五”课题研究的需要。2.特点：全面性、实用性、创新性。（三）几点建议：1.明确编写目标：打造学术“正品”，立足广东省内，面向全国范围，力争走向世界。2.严格执行“两个标准”：严格坚持思想政治标准，严格坚守学术道德标准。力争5月底送广东高等教育出版社。

10—12日撰写《提高中学生艺术、体育学科学习力的策略研究》结题报告。

13—15日再读《丘逢甲研究》一书。

16日到湘桥区城基中学与方卫玲校长研究叶敏主持的粤东教育发展研究中心《提高中学生艺术、体育学科学习力的策略研究》结题工作。

17—21日重新审阅《学习科学大辞典》为增删词条作好准备工作。

23—31日阅读修改《老年大学教学论》。

4月

1—5日阅读修改《老年大学教学论》（第三稿），修改处达258处。

6日参加《老年大学教学论》编委会，并作审稿的主题报告，提出该书主要特点：“新”——新框架、新精神、新内容；“实”——

重视调查研究、重视实际、重视实用；“全”——体系全面、内容全面。会后，正副主编拍照纪念。

7—8日初拟“中国老年教育教学论新作——《老年大学教学论》简介”一文。

12日中共潮州市委老干部局主办《秋晖》（季刊）2016年第1期（总第24期）封三刊登《痴迷科研，不忘初心》一文，介绍我的科研成果。

13—17日研究分析潮州市老干部大学《教学情况》（“前测”2015年4月，1831名；“后测”2016年4月，1043名，进行比较综合，得出结论。）

19—30日阅读修改《老年大学教学论》。

5月

1—5日阅读、修改、校对《老年大学教学论》（第四稿），修改之处达220处。

3日潮州市老干局局长兼老干部大学校长陈先哲电告中国老年大学协会学术委员会主任陆剑杰教授指定我为《中国老年教育学》一书中“老年教育学习论”一章的学术负责人、子课题组长。学术感想：①“有为才有位”。②“要发挥团队精神”。③“要坚守学术道德”。

5日参加《老年大学教学论》编委会，并作主题报告。发言要点：（一）打造学术正品，提高编写质量。（二）严格政治思想标准，严守学术道德标准。（三）按照出版规范，整合全书体例。

6日初拟中国老年大学协会学术委员会主持编写的《中国老年教育学（协会版）》一书中“第12章，老年教育学习论”编写提要（建议稿）。

7日《潮州日报》第3版头条新闻发表林金炎撰写的《我一辈子搞教育科研，选对了路——访中国高等教育学会学习科学研究会原副会长叶瑞祥》一文。其要点：①课题研究源于教育实践。②科学数据源于一线调查。③理念先进源于“源头活水”。④教育发展源于研究成果。

9日与中国老年大学协会学术委员会办公室张宝林主任通电话，

并将《老年大学教学论》第12章“老年教育学习论”的编写要点发邮件给他。

10—11日到潮州市老干部大学听老年保健操课程和老年摄影课程。

12—19日第五次校对《老年大学教学论》（校内定稿），修改121处。

17日到潮州市老干部大学与陈先哲校长、卢璧锋常务副校长研究《老年大学教学论》一书的定稿，出版事宜。同时，召开“老年教育学习论”编写小组会议，研究编写要点事宜。

20日到潮州市慧如图书馆赠送《地区老年教育的群星灿烂—10地（市）老年大学纪实》2册。

21—22日阅读《习近平在哲学社会科学座谈会上的讲话》一文。这是一篇指导中国哲学社会科学研究纲领性的文件，值得反复阅读。

25—26日陈先哲校长校阅后，《老年大学教学论》一书书稿，发送广东高等教育出版社。

20—31日阅读《冯友兰学术自传》一书。受其启发，萌发将《叶瑞祥教育口述史》与《叶瑞祥年谱》合为一部自传式的教育人生。

6月

1—3日重新阅读《学习科学大辞典》的“理论卷”“应用卷”。

4—6日撰写“学力”“学术能力”等7条词条。

7—8日整理《学习科学大辞典》。其中，“理论卷”579条，删12条，保留567条。“应用卷”556条，删103条，保留453条。合计保留1020条，约占50%。

12日撰写“学历案”“学力案的类型”等词条。

14日撰写《给中国老年大学学术委员会的一封信》。其要点：（一）对“对四级提纲”的评价。（二）建议，将“学习论”放在“教学论”“课程论”的前面。（三）希望采纳我们的要点。

16—20日撰写“学习目标”“学习风格”等11条词条。累计至今，我个人撰写《简明学习科学辞典》的新词条83条。

21—22日受潮州市老干部大学和我的委托，老年教育研究室主任林金炎前往南京市召开的学术委员会主办的“老年教育学科体系研究工作会议”。主要任务是接受编写任务事宜。

23 日整理《简明学习科学辞典》附录。其中“著作词条”53 条（新撰写 26 条），“纪事词条”7 条（新撰写 3 条）。

24 日撰写“再谈关于编写《简明学习科学辞典》的几个问题”讲话稿。

26 日初拟潮州市老干部大学“十三五”重点课题《老年大学教学理论与实践研究》结题报告要点。

27—30 日撰写 2013—2014 年《教育研究》中“泛在学习”等 4 条词条。

7 月

1 日潮州市老干部大学老年教育研究室主任林金炎送来一套“老年教育学科体系研究工作会议”材料。

2—4 日在阅读上述材料的基础上，拟出“关于编写《老年教育学》《老年教育学习论》的几个问题”发言要点。

6 日主持“老年教育学习论”的课题小组会议，并作主题讲话。

10—25 日校对修改广东高等教育出版社《老年大学教学论》（第一次校对稿），修改 378 处。

27 日整理《当代学习科学著作》词条目录 57 条，《我国学习科学研究会重要会议》词条 7 条，合计 64 条。

29 日在我家中召开《简明学习科学辞典》编委会第二次主任会议。参加会议人员：主任叶瑞祥、副主任许佩卿、许树然（兼办公室主任），办公室副主任余洋。会议内容：（一）前段工作（2015.10.30—2016.6.30）拟撰写新词条 500 条，其中汕头市已完成120 条，韩山师院 150 条，潮州市 50 条，合计 320 条，完成 64%。（二）近期工作要点：1. 做好 320 条修改、审稿工作。2. 将《学习科学大辞典》1020 条词条要做好扫描、输入工作。3. 力争未完成的词条于 2017 年 1 月前完成任务。4. 2017 年 3 月初至 6 月输入、整合，准备出版工作。

8 月

1—3 日修改、审定许树然、余洋等撰写的“关于当代学习科学的词条”52条。

4—6日4日上午，汕头市柯炳嘉专程送来“关于创新学习、学习力”等词条，经修改审定为62条。

7—8日撰写潮州市老干部大学“十三五”重要课题《老年大学教学理论与实践研究》总结大会上的总结报告（初稿）。

9—10日撰写“混合学习”“交往学习”等词条。

12—14日撰写“国际现代学习理论研究的发展概况”“我国学习科学研究的发展概况”词条。

19—22日撰写“学习资源与类型”“学习媒体与分类”等词条。

23日潮州市老干部大学校长陈先哲和老年教育研究室主任林金炎，登门征求新学年教育科研工作的意见，并送来《老年大学教学论》（广东高等教育出版社第二次校对稿）。

24—31日校对修改《老年大学教学论》（第二次校对稿）。

9月

1—5日继续校对修改《老年大学教学论》（第二次校对稿），修改295处。

7日参加潮州市老干部大学教育科研会议，并作题为《关于“十三五”科研课题〈老年大学教学理论与实践研究〉后期研究工作的若干问题》的报告。

11—14日撰写《老年教育学》第12章“老年教育学习论”的第一节“学习概述”（初稿）。

15—20日撰写第四节“老年人的学习方式与方法”（初稿）。

23日参加广东省教育科学规划办公室下达给湘桥区城基中学“十三五”规划课题《提高中学教师学习力策略研究》开题会，并作报告，提出该课题关键在于“研究过程要做得好”的三点建议：一是认真学习。二是重视“三化”，即细化、精化、升化。三是采取“五个”策略，达到研究目标。

24—25日与黄金河先生联系有关《简明学习科学辞典》出版事宜。

26—29日阅读陈福星等编著《老年教育理论》一书，山东人民出版社，2004年10月出版。阅读重点是第三篇学习论。

10月

1—4日修改《中国老年教育学》第12章“老年教育学习论”的第一节“学习概述”、第四节“老年人的学习方式与方法”。

5日撰写“移动学习”等词条。

6日修改骄阳幼儿园撰写的“关于婴幼儿学习力策略”的词条。

8日与潮州市老干部大学老年教育研究室主任林金炎谈到从事教育科学研究的基本条件是要有坚定而正确的政治方向、有较高的专业理论修养、有丰富而广泛的专业知识、有较强的思维加工能力、有雄厚的专业实践基础。

11—16日校对修改广东省高等教育出版社出版的《老年大学教学论》（第三次校对稿），修改70处。

18—20日阅读修改王振中校长撰写的“同化学习”等23条词条。

20日刚收到，即阅读国务院办公厅颁布的“《老年教育发展规划》（2015—2020年）”文件，并将“队伍建设”，“教育内容和形式”等条款及时反映在《老年大学教学论》一书之中。

21—24日修改、审阅李健校长等撰写的“关于小学生学习方法与学习指导”等词条22条。

25—26日审阅潮州市老干部大学林金炎撰写的“关于老年学习”词条21条。

27日与中国高等教育学会学习科学研究会常务副会长龚春燕通电话。其要点：①力争2017年底出版《简明学习科学辞典》，请周之良、林明榕、林毓锜与魏书生等当顾问。②请将八届年会《简报》寄来，以作补充之用。③2017年学会准备召开九届年会有关事宜。

27—28日撰写“龚春燕与创新学习”“任勇与数学学习指导”“魏书生与民主教育”等词条。

11月

1日到湘桥区城西中学与林国平校长共同商定“增强初中生学习力的教学策略”等3条词条。

3—4 日阅读《关于新形势下党内政治生活的若干准则》《中国共产党党内监督条例》两篇文献。

7 日撰写“学习金字塔”等词条。

11 日收到主编的《老年大学教学论》一书，三个板块“教学原理篇”“课程教学篇”“教学案例篇”及“附录”，38.8 万字，广东高等教育出版社，2016 年 10 月出版。

12 日重新阅读《老年大学教学论》，70 处错漏中改正 69 处，错漏率极低。

16 日参加潮州市老干部大学“十三五”教育科学重点课题《老年大学教学理论与实践研究》课题总结大会，并作总结报告。其要点：（一）研究成果综述。（二）评《老年大学教学论》。（三）几点认识。（四）今后建议。

18 日到潮州市慧如图书馆赠送《老年大学教学论》4 册，并研究《叶瑞祥赠书专橱》缺口部分问题，经商定拟送《叶瑞祥教育口述史》等著作的撰写过程原稿。

19—20 日整理《叶瑞祥教育口述史》《叶瑞祥学习学讲演录》等撰写过程原稿 8 本，其他著作复本 30 种，共 38 册。

22—23 日阅读［日］佐藤学著《静悄悄的革命——课堂改变，学校就会改变》一书，并撰写该词条。

25 日主持《老年教育学》（协会版）“老年教育学习论”子课题小组第二次会议，并作主题讲解，提出修改初稿的意见。

26—27 日修改《老年教育学》（协会版）第 12 章“老年教育学习论”（第二稿）。

28—30 日撰写“孙中山的学习思想”等词条。

12 月

1 日整理撰写《简明学习科学辞典》进展情况，直至 2016 年 11 月为止，参加撰写人员 29 名，共撰写 451 条，其中韩山师院 186 条，潮州市 151 条，汕头市 114 条，完成计划目标的 99%。

3 日与《简明学习科学辞典》编委会副主任、副主编韩山师院许佩卿副教授副处长研究编辑、审稿、整合出版的若干问题。

7日主编的《新编老年学习学》获潮州市2014—2015年度哲学社会科学优秀成果奖（政府奖）三等奖。

14日主持《老年教育学》（协会版）“老年教育学习论”子课题第三次小组会议，并作第三稿（送审稿）修改意见与说明，要求12月下旬定稿。

15—16日修改“老年教育学习论”（第三稿，即送审稿）。

19—20日初拟《简明学习科学辞典》的《说明》一文。

24日到工商银行汇款5000元到家乡，作叶屋修路之用。

26日对《学习科学大辞典》参加编写“理论卷”“应用卷”的人数作了初步统计，其中“理论卷”166名，“应用卷”144名，小计310名。又参加“新词条”编写人员29名，总计339名。

31日一年来，不仅全面完成年初制订的计划，而且超额完成一项新的任务，简称“完成四个半工程”：①“完成一个课题”，即主持完成潮州市老干部大学“十三五”科研课题《老年大学教学理论与实践研究》。②“出版一本新书”，即主编出版《老年大学教学论》一书。③“获得一项奖励”，即《新编老年学习学》获奖。④“完成专题研究一项”，即超额完成撰写《老年教育学》（协会版）“老年教育学习论”专题研究报告。⑤“完成‘半个工程’”，即主持编写的《简明学习科学辞典》大型辞书基本完成，故称“半项工程”。（该项工作，计划三年完成；2015年搜集精选词条，2016年分工撰写词条，2017年审定整合词条，力争年底出版）。

2017年

1月

1日初拟2017年工作要点：①主编出版《简明学习科学辞典》，上半年整合，下半年出版。②搜集、阅读“老年教育资料”，为编写《老年教育辞典》做好准备工作。

5—6日阅读中国老年大学第12次老年教育理论研讨会有关资料。

7日潮州市委组织部副部长、老干部局局长、老干部大学校长陈先哲等登门春节慰问。我对新年教育科研提出如下建议：（一）重视理论学习，重点学习《老年教育发展规划》。（二）重视成果转化，包括三个层面：一是学校层面开展“构建老年大学课程标准与应用研究；二是教师层面开展创新教学方式研究；三是学员层面开展评教评学活动。

9—10日初拟“认真领会《规划》精神，进一步办好老年大学——学习《老年教育发展规划》的体会”的讲话要点。

12—16日阅读陆剑杰著《从老年教育的实践探索到学科建设》一书。

17日到潮州市老干部大学将第十二章“老年教育学习论”专题发送中国老年大学协会学术委员会。

20日与林明榕教授通电后，交流编写《简明学习科学辞典》有关事宜，并请他撰写出版“贺词”。

22—27日撰写“认真领会《规划》精神，进一步办好老年大学”讲稿第一部分几点认识：①正确认识老年教育的性质。②充分认识老年教育的作用。③科学认识老年教育的目的。即在春节前(27日）完成讲稿的主体部分。

2月

2—4日撰写“认真领会《规划》精神，进一步办好老年大学”讲稿的第二部分“几点启示”：①优化课程结构。②深化教学改革。③升华学习素质。④转化研究成果。⑤强化队伍建设。⑥优化管理体制。

4日西安交通大学林毓锜教授来电，对编写《简明学习科学辞典》的建议，涉及重视知识产权，精选词条，增强学术权威性等问题。

6日约《简明学习科学辞典》副主编许佩卿研究，落实词条整合问题。

12—15日校对《当代学习科学著作》，《我国学习科学研究会重要会议》词条70条。

13日与全国学习科学研究会常务副会长兼秘书长龚春燕通电话，同意、批准《简明学习科学辞典》列为学会“十三五”重点科研课题。

16—18日整理新增词条476条。初步统计，保留《学习科学大辞典》1024条，其中理论卷567条，应用卷453条，合计《简明学习科学辞典》（初稿）1496条。以后视情况再作增删补调。

21—23日撰写有关“幼儿学习科学”词条。

23日收到《中国高等教育学会学习科学研究分会课题立项通知书》，摘要如下：“课题名称《简明学习科学辞典》编写研究。课题批号：KXI601。课题类别：重点课题。课题承担者：叶瑞祥。二○一六年一月。”

24日到潮州市绵德幼儿园再次落实编写“幼儿学习”27条词条。

26日《简明学习科学辞典》分工撰写工作基本结束。原《学习科学大辞典》1020条，新增词条513条，合计1533条，约80万字，拟在3月上旬整合全书词条，力争6月下旬送出版社。

3月

1日与韩山师院科研处魏国韩副处长通电话，咨询关于《简明学习科学辞典》与《学习科学大辞典》编写出版上是否存在版权问题，其肯定不存在问题。

2日与陈萼莲拍结婚50周年纪念照片。

3日与出版人黄金河通电，书稿必须在6月底前送出版社，才能在下半年出版。

6日《老年教育》（老年大学）2017年第2期第30页，发表卢璧锋、林金炎撰写的《教学理论与实践研究结硕果》一文，推介《老年大学教学论》一书。

11日中午，收到由汕头实验学校余洋老师寄来的《简明学习科学辞典》保留词条1020条。下午，在我家召开《简明学习科学辞典》第三次编委会主任会议。叶瑞祥主持会议，副主编许佩卿、许树然参加，办公室副主任余洋列席会议。会议着重研究落实《简明学习科学辞典》“词条目录”及内容整合问题，要求3月底前完成“词条目录”，6月底前送出版社。会议还研究了发行问题。

12—29日校对《简明学习科学辞典》原“理论卷”词条567条的

2/3，约 20 万字。

15 日在潮州市老干部局举办的“《老年教育发展规划》讲习班”上作题为“认真领会《规划》精神，进一步办好老年大学”的专题报告。一县三区老干部局干部，潮州市老干部大学领导、教师、学员代表约 100 人参加。

25 日潮州市老干部大学常务副校长卢璧锋常务副校长送“潮州市哲学社会科学奖励证书”给我观看。成果名称：新编老年学习学；三等；著作；获奖者：叶瑞祥、卢璧锋；证号：2016-A-3-017；落款：潮州市人民政府，2017 年 3 月。

30—31 日分析研究整合的《简明学习科学辞典》词条总目录约 1400 条。

4 月

1—4 日继续分析，修改，整合“目录表”，达到增删补调基本持平。

5—9 日继续校对《简明学习科学辞典》原“理论卷”词条 567 条的 1/3，约11 万字。小计“理论卷”错漏 341 处，约 31 万字。

7 日参加潮州市老干部大学班子会议，讨论“全国示范老年大学教学成果与经验交流研讨会”会议材料。我作了题为“坚持‘以学定教’观念，切实提高教育质量”的主旨发言。其要点：（一）坚持“以学定教”理念的根据。（二）实施“以学定教”的策略。（三）落实“以学定教”的效果。

10—20 日校对《简明学习科学辞典》原“应用卷”453 条，错漏 168 处，约23 万字。即到 3 月 11 日—4 月 20 日校对原“理论卷”“应用卷”1020 条词条，约 54 万字，错漏合计 510 处，其中漏打 12 页 21 个词条，约 9700 字。

16 日广东省学习科学研究会秘书长王益群来电交流内容；①学会准备换届事宜。②最近主编《简明学习科学辞典》一事。

21 日参加湘桥区城基实验中学第 11 次董事会，讨论新学年招生问题。

22 日与西安交通大学林毓锜教授通电，讨论《简明学习科学辞典》条目的确定问题，强调权威性、科学性，宁缺毋滥；要有文化自信，要尊重知识产权。

23—28 日审定《简明学习科学辞典》目录之一（拼音目录），初拟目录之二（分类专题目录）

29 日与林毓锜教授电话交流：①强调质量第一，以时间换质量。②研讨，推荐新的项目“当代中国学者学习思想”的人选、办法。

29—30 日拟定《老年大学教学论》“教学原理篇”（中译英节选本），约 7 万字。

5 月

1 日确定《简明学习科学辞典》的目录，其中“学习科学目录”1410 条，附录 72 条，按平均 550 字计算，约 81.5 万字。初拟附录三“当代中国学者学习思想”。①条件：在坚持政治标准和学术道德的前提下，“五个有”：即有较大影响的个人专著，有较大的学术影响力，有较大的范围的学术知名度，有较高的学术职务和原则上有省(部)级学术奖项。②内容：九个要点，即姓名，性别，出生年月，籍贯，原单位职务职称，学术职务，主要论著，主要学习思想，评价或影响。重点是学习思想。③时间：2017 年 5 月 20 日前，约 1000 字。④名额：约 15 名。

2—3 日初拟“叶瑞祥学习思想”词条。

2—5 日先后与周之良、林明榕、张笛梅、林毓锜、龚春燕、魏书生、任勇、董国华、董奇、陆根书、乔炳臣、李景龙（郑秉洳代理人）、李荐、钟祖荣等通电话或发微信。

11 日到湘桥区西湖西新社区服务中心开始治疗腰椎间盘突出和颈椎病。

13 日与张笛梅再通电话，落实撰写词条事宜。

16 日出版社黄金河来电，一定要在 6 月底前送书稿。

17 日再与龚春燕通电话，落实撰写董国华、魏书生学习思想词条。

18—20 日初阅余洋老师邮寄的《简明学习科学辞典》（文本）原文，发现遗漏 85 条。

20日与林毓锜通电话的内容：①按“目录”删60条；②其新增词条一定要在6月底前付印。

22日将余洋老师邮寄的“目录”，对照后补漏73条。

25日与乔炳臣通电，并代拟“乔炳臣学习思想”词条。

26日潮州市老干部局局长陈先哲等上门慰问。

26—28日整合《简明学习科学辞典》书稿，做到“目录”“条目”“作者”“词条内容”四者一致。

29日与副主编许佩卿共同商定，力争6月30日前发送书稿给出版社。

29—31日完成《简明学习科学辞典》“分类目录”整理工作。

6月

1日与《简明学习科学辞典》副主编许树然通电话，要点：①要求余洋老师最近几天补发附录一、二；②拟林金炎任编委会办公室副主任协助做些词条配套工作。

3日许佩卿送来“张笛梅学习思想”“林毓锜学习思想”词条。

4日收到“周之良学习思想”及附录一、二的词条。

5日校对附录一“当代学习科学著作”，遗漏10部著作。

6—9日修改《简明学习科学辞典》附录一“当代学习科学著作”；附录二“我国学习科学研究会重要会议”。

11日电告中国高等教育学会学习科学研究分会首任会长，北京师大原党委书记周之良教授，博士生导师写《简明学习科学辞典》的“序”，并将“词条目录”发给他，最好6月底前发来。

13日与龚春燕通电话，请他催促魏书生、钟祖荣等“学习思想”词条。

14—15日根据我整理的材料，林金炎组织人力打印“分类目录”（主体部分）1346条，附录部分，90条，合计1436条，约80万字。

16日林明榕教授从加拿大发来“贺词”，并了解《简明学习科学辞典》编写情况。

17日接到参加中国高等教育学会学习科学研究分会第九届会员代表大会暨学术年会的邀请函与通知。

19—20 日与韩山师院潮州市师范分院谢树浩（学会第七、八届常务理事）商定推荐理事名单：常务理事候选人——谢树浩、许佩卿、鲁澄南；理事候选人——林天卫、林朝虹、许树然、方卫玲、李健等，并给常务副会长兼秘书长龚春燕发信。

22 日再给龚春燕发电，要求有关学者的“学习思想”词条，必须在 6 月 25 日前发至许佩卿处。

24 日再与钟祖荣副院长通电话，要求其“学习思想”词条于 6 月 25 日前发至许佩卿处。

25 日与周之良书记通电话，一方面汇报《简明学习科学辞典》编写情况；另一方面，拟在 6 月 28 日将《简明学习科学辞典》全书发出版社。与《简明学习科学辞典》许佩卿副主编通电要点：①《简明学习科学辞典》将最后定稿；②初定印刷 1100 册，其中精装本 200 册。

26 日上午，到潮州市中心医院治疗“腰椎间盘突出”与“颈椎病”。当天，收到周之良书记写的“序言”。同时，收到龚春燕、魏书生、董国华等的“学习思想”。

27 日晚，收到“李荐学习思想”。至此，14 名“当代我国学者学习思想”全部落实到位。

28 日下午，副主编许佩卿将《简明学习科学辞典》全书发送给团结出版的联系人黄金河先生。

7 月

4 日潮州市委组织部副部长、老干部局局长、老干部大学校长陈先哲上门慰问，并研究 2017 年广东省老年教育协会第三届老年教育理论研讨会的有关事宜。

7 日许佩卿从河北省秦皇岛市电告参加“中国高等教育学会学习科学研究分会第九届会员代表大会暨学术学会”的情况，还介绍她在“学术论坛”上发表“关于编写出版《简明学习科学辞典》的几个问题”的情况，得到参会者的好评。

11 日黄金河来电，告知经团结出版社研究，将《简明学习科学辞典》更名为《简明学习科学全书》（以下简称《全书》）。

8—30 日两件事情：一是与医生配合，积极做好腰椎间盘突出颈椎病的治疗、调养；二是构思“领会老年教育目的精神，提高老年教育质量”一文专题讲座的内容。

31 日收到团结出版社寄来《全书》清样一校稿与出版合同书。

8 月

1 日上午，到工行汇款 3 万元给黄金河先生。晚上，与副主编许佩卿研究校对《全书》事宜。

1—30 日两件事情：一是校对《全书》一校清样本。发现错漏 385 处，其中，漏表 7 张，修改内容 105 条。二是继续治疗腰椎病颈椎病。

6 日考虑到全国学习科学学会新旧交替，特补写“中国高等教育学会学习科学研究分会第九次会员代表大会暨学术学会”词条。

9 日黄金河电告，出版手续一切办妥。

11 日韩山师院潮州师范分院林朝虹教授专程来访，研究“学习科学与潮汕方言文化教学问题”，即“愉快、高效学好潮汕方言文化问题”。

19—20 日父母亲的孙辈子等一行 19 人到梅州市梅江区三角镇官前村叶屋介成楼祭祖。

9 月

4 日修改“教学理论新亮点，教学实践新成果——《老年大学教学理论与实践研究》”结题报告，为参加广东省老年大学协会第三届老年教育理论研讨会作准备。

5—14 日阅读《反思教育——向“全球共同利益”的理念转变?》一书。

7—8 日复印《全书》一校样本，作备存本之用。

9 日教师节前夕，潮州市老干部局局长、潮州市老干部大学校长陈先哲等登门慰问。

11 日到枫春邮电局用快递寄《全书》一校稿给黄金河。

18—19 日根据许佩卿一校材料，拟出《全书》二校修改之处：①重点词条 2 条。②漏表 2 张。③漏条目 1 条。④修改条目 1 条等共

88 处。即一校修改 385 处，二校修改 88 处，合计修改 473 处。

24 日到潮州市迎宾馆会见 70 年代原潮安县教育局薛从盟。其后任福建省《福建教育》总编辑、编审。

10 月

2 日收到《全书》二校清样本与补充协议书。

3—6 日校对《全书》二校，即将 9 月 18—19 日发现的错漏，整合成二校书稿。

6 日下午，将《全书》二校书稿寄给黄金河先生。

7 日潮师 70 级数学排柯玉深、黄利平等登门慰问，畅谈师生情谊。

12 日与潮州市老干部大学老年教育研究室主任林金炎研究，将《老年教育实践探索与理论创新》一书归纳为“老年教育目的论”“学习论”“课程论”“教学论”“文化论”“科研论”六个专题。

18 日上午收看党的十九大习近平总书记的报告。下午，收到《全书》第三次校对稿，即完稿清样。

19 日校对《全书》定稿书样。一对照二校，新发现错漏 6 处；二则重点校对“目录”“顺序”与实际排版是否一致。合计 479 处。

20 日到邮局寄《全书》（定稿）给黄金河先生。

26—28 日接待旅居印尼二姐叶暹君率其子女一行 15 人回潮探亲与旅游。

29—31 日阅读中共十九大文献。

11 月

1—22 日继续阅读中共十九大文献，同时结合教育实际，阅读与思考“习近平教育思想”专题。

6—8 日阅读、修改、审定《新编老年学习学》一书拟为英译本的内容，约 5.8 万字。

18 日收到《世界叶氏总谱》（第二、三、四卷）。

23 日下午，收到《全书》1190 册，其中精装本200 册，平装本 990 册。该书由叶瑞祥主编，鲁澄南、许佩卿、许树然为副主编。1500 词条，80 万字，团结出版社，2017 年 8 月。它是具有中国特色，集思想性、科学性、知识性融为一体的大型学习科学工具书，又是继承我国学习科学研究成果，传播当代先进学习理论精华的学术著作。出版社的评价是权威实用、全面系统。

24 日上午，再汇款 3 万元给黄金河先生。合计《全书》自费出版 6 万元。

28 日与《全书》副主编许佩卿到韩师拜访教务处长黄景忠教授研究落实“叶瑞祥主编《简明学习科学全书》发行式暨座谈会”的有关事宜。初定 12 月 12 日上午，参会专家、学者约 25 名。同时拜访科研处处长付道明，办公室主任詹成养，宣传部部长郑文锋等。

12 月

1 日撰写在“叶瑞祥主编《简明学习科学全书》发行式暨座谈会”上讲话要点。

2 日到潮州市慧如图书馆赠送《全书》5 册，其中精装本 2 册。据图书馆统计至 2016 年 12 月，我赠书个人著作共 36 种。

《潮州日报》刊登《叶瑞祥主编〈简明学习科学全书〉正式出版》一文。

4 日到潮州市老干部大学与校委们研究我个人学术报告《新时代新作为，落实〈规划〉精神，实施老年教育目的》（征求意见稿），并赠《全书》7 册。随后，到绵德幼儿园赠《全书》2 册。

12 日韩山师院教务处举办“叶瑞祥主编《简明学习科学全书》发行式暨座谈会”。会前，学校党委书记幸小涛同志与我座谈，并与全体代表合影留念。会议由教务处处长黄景忠教授主持，办公室主任詹成养、宣传部部长郑文锋、科研处处长付道明、图书馆馆长蓝宗辉以及副主编鲁澄南、许佩卿、许树然等 20 位校内外专家学者参加。会上，我作了题为《关于编写出版〈简明学习科学全书〉的几个问题》的主旨报告，到会专家，学者作了发言，高度评价《全书》的意义，作用以及我个人的学术风格。会议期间，赠《全书》40 册。

14 日《潮州日报》发表题为《“〈简明学习科学全书〉发行式暨座谈会”在韩师举行，探讨学习科学未来发展之路》一文。

韩师校园网同日发表《叶瑞祥主编〈简明学习科学全书〉发行式

暨座谈会在我校举行》一文。

上午，参加广东省老年大学协会第三次老年教育理论研讨会，来自全省各地（市）县（区），代表100多名。会上，我作了题为《新时代新作为，落实〈规划〉精神，实施老年教育目的》的专题报告。其要点：（一）全面理解老年教育目的的内涵。（二）认识制定老年教育目的的根据。（三）有效实施老年教育目的的策略。讲座从10时讲到11时40分，10分钟互动，10分钟签名、照相。氛围好，效果好。下午，专程拜访梅州市老年大学李福安副校长，并赠《全书》4册。会议期间，我还赠送《全书》50册，每个地（市）各2册。会后，向潮州市老干部局局长陈先哲提出编纂《老年教育辞典》，其当即表态大力支持。

16日与《全书》副主编许佩卿研究会后《全书》的发行、使用问题。

23日韩山师院潮州师范分院举办潮州市“叶瑞祥主编《简明学习科学全书》发行式暨学术报告会”。会议由潮师谢树浩院长主持，参加会议由潮州市《全书》的编委、编写人员代表20多名。市教育局副局长叶阳作了热情的讲话。我作了题为《关于编写，使用〈简明学习科学全书〉的几个问题》的主旨报告，并赠送《全书》40册。潮州市电视台记者作了专门采访。

29日参加潮州市绵德幼儿园主持的广东省基础教育课程改革《3—6岁儿童学习与发展指南》实验园项目“幼儿园传播与发展本土文化课程资源的实验研究”结题鉴定会专家组的评定工作。

31日本年度个人科研成绩如下：出版著作1部——主编《全书》。该书是具有中国特色，集思想性、科学性和知识性为一体的大型学习科学工具书，是继承我国学习科学研究成果，传播当代先进学习理论的科学论著，也是近40年我国学习科学发展的“缩影”。其具有继承性、创新性，全面性和应用性，具有较高的学术价值、应用价值和社会价值。发表论文4篇，专题讲座3个，获奖2项。

今年，正是本人80周岁，又是退休20周年。综合科研成果如下：其一，出版专著教材56部，其中退休后34部，占61%。其二，发表论文161篇，其中退休后82篇，占51%。其三，专题讲座132个，其中退休后115个，占87%。其四，主持科研课题32项，其中退休后19项，占59%。其五，获各级奖项42项，其中退休后19项，占45%。故退休20年是我人生中最自由、最充实、最有效、最快乐的20年。

2018年

1月

1日初拟2018年工作要点：（1）做好《简明学习科学全书》的发行、推广、解读工作，如有可能举办不同类型的报告会。（2）继续搜集、阅读《老年教育》资料，为编写《老年教育辞典》（以下简称《辞典》）作准备工作。

8日由潮州市老干部活动中心工作人员向全国各省、市、自治区，广东省各市及部分高校图书馆68个单位赠送《全书》，每个图书馆赠送了3册，合计204册。

12日上午，到汕头市拜访入党介绍人黄文廉同志。与夫人陈萼莲一起参观1937年农历三月初一（4月12日）我的出生地外马路广州街并拍照留念。

13日上午，参加由汕头市金平区教育学会举办的“叶瑞祥主编《简明学习科学全书》赠书式”，并在会上作题为《关于学习与使用〈简明学习科学全书〉的几个问题》的报告，由金平区教育局鲁澄南局长主持，赠《全书》40册。当晚，潮州市电视台播送2017年12月23日在韩山师院潮州师范份院举办的“叶瑞祥主编《简明学习科学全书》赠书式暨学术报告会”。

16日潮安师范学校70级教学排代表黄利平、柯玉琛等代领我赠送的《全书》7册。

18日到湘桥区振德街小学赠送李青华校长等作者《全书》7册。

24日根据老年大学协会广东省学术委员会的要求，修改、校完《新时代新作为，落实〈规划〉精神，实施老年教育目的》一文，即2017年12月14日在广东省老年大学协会第三次老年教育理论研讨会上的学术报告，并转发全省各市、县（区）老年大学参考。

27—31 日阅读《习近平谈治国理政》（第一卷）。

2 月

1—3 日继续阅读《习近平谈治国理政》（第一卷）。

4—9 日阅读《习近平谈治国理政》（第二卷）。

5 日晚上潮州市委组织部副部长、老干部局局长、老干部大学校长陈先哲，老干部大学老年教育研究室主任林金炎登门春节慰问，并研究《老年教育实践探索与理论创新》出版事宜。

12—19 日（其中，2 月 16—18 日休息）完成《打造高素质专业化老年大学教师队伍——学习〈关于全面深化新时代教师队伍建设改革的意见〉的体会》一文初稿。

20—28 日阅读李旭加、刘兴策主编《新编老年学词典》（武汉大学出版社，2016 年 10 月出版），涉及老年教育词条只有 81 条。

3 月

1—15 日主要阅读、修改陈先哲主编《老年教育实践探索与理论创新》一书，拟在 20 日发送广东教育出版社，作为潮州市老干部大学成立 20 周年礼物。

16—25 日重点阅读叶忠海主编《老年教育学通论》、中国老年大学协会课题组编著《中国老年教育学若干问题研究》等论著，探索、思考《辞典》词条问题。

4 月

3 日校对我为主撰写的中国老年大学协会学术委员会主编的《老年教育学》（学术版）第九章“老年教育学习论”书稿。

4 日在潮州市老干部大学召开《老年教育学》第九章“老年教育学习论”编写小组会议，通过修改稿，并发给主编陆杰剑教授。

5—19 日全面阅读陆杰剑主编《老年教育学——中国老年教育 34 年实践经验的学术升华》一书（终审稿），约 70 万字。

20 日撰写《新编老年学习学》《老年大学教学论》简介。

21—29 日阅读《中国老年教育》《老年教育 ABC》等著作。

30 日开始精选《辞典》，初选“引论”“本质论”70 条。

5 月

1—4 日初选“目的论”“学习论”“课程论”“教学论”220 条。

5—10 日校对兼统稿陈先哲主编《老年教育实践探索与理论创新》一书，约 30 万字，错漏 170 处。

11 日由潮州市老干部大学老年教育研究室林金炎主任将《老年教育实践探索与理论创新》（一校稿）转交陈先哲主编。

12—13 日起草《坚持不懈研究，独特学习思想》一文。

21 日参加潮州市老干部大学校委会，研究校庆 20 周年纪念活动问题。

22 日参加湘桥区城基实验学校董事会，我的发言着重讲进一步发挥董事会的作用问题，再次提出辞去董事职务之事。

6 月

1—5 日再阅《老年教育学》（学术版）（终审稿）。

6 日初拟《辞典》词条分类目录“绪论”（“引论”）条目 21 条。

7 日初拟“性质论”条目 26 条。

8 日初拟“目的论”条目 30 条。

9 日初拟“功能论”条目 31 条。

10 日初拟“学习论”条目 93 条。

11 日初拟“课程论”条目 46 条。

12 日初拟“教学论”条目 103 条。

13—14 日初拟“教育科研论”条目 45 条。

15—16 日初拟“学员论”条目 90 条。

17 日初拟“教师论”条目 43 条。

18 日初拟“管理论”条目 47 条。

19—26 日初阅杨德广主编《老年教育学》。

22 日韩山师院教育发展研究院唐大光副研究员、周佩柔助理研究员来访。着重谈了两个问题：（一）韩师教育科研的历史与特点（1980 年至 1997 年）。（二）叶瑞祥教育科研概况：1. 研究过程。2. 研究重点。3. 研究成果。4. 经验体会：真心、恒心、信心、清心。同时，赠送个人著作 28 部给教育发展研究院资料室存档。

24 日潮州市老干部大学校长陈先哲、老年教育研究室主任林金炎来访。主要研究两个问题：（一）关于成立中国老年大学协会老年学习研究中心事宜；（二）关于编纂出版《辞典》有关事宜。

26—29 日阅读赵秀芳、刘爽著《老年教育学读本》。

28 日参加潮州市老干部大学成立 20 周年校庆活动，并在主席台上就座。

30 日初拟“校园文化论”条目 31 条。

7 月

1 日初拟“德育论”条目 21 条。

2 日初拟“美育论”条目 21 条。

3 日初拟“外国老年教育”条目 35 条。

4 日初拟“社区老年教育”条目 35 条。

5 日初拟“远程老年教育”条目 34 条。

6—7 日初拟“老年教育现代化”条目 57 条。

8—9 日初拟附录（一）（二）（三）条目 90 条。

10 日初步统计《老年教育辞典》正文，即分类目录约 800 条，附录约 90 条，合计约 900 条，也就是说“框架、结构”初步形成。

11—20 日撰写“绪论”中关于“老年教育学”等词条 16 条。

21—25 日撰写“性质论”中关于“老年教育”等词条 8 条。

26—31 日校对《老年教育学与教学原理》（中英文对照本）。该书是在我和卢壁锋主编《新编老年学习论》《老年大学教学论》原理篇的基础上节选而成，约 12.4 万字，其中《学习原理篇》7 万字，《教学原理篇》5.4 万字。有大错 14 处，小错 123 处。

22 日，参加湘桥区城基实验中学董事会，讨论聘任副校长、教学年招生问题。

8 月

1—10 日撰写“性质论”中关于“权利理论”等词条 30 条。

11—20 日撰写“目的论”有关词条 20 条。

17 日参加潮州市老干部大学陈先哲主持的“政策沟通与老年教育及课题研究会”

9 月

1—2 日整理《辞典》第一板块，老年教育基本原理篇的词条，其中，（一）导论 17 条。（二）性质论 39 条。（三）目的论 30 条。（四）功能论 26 条，合计完成 111 条。

3—4 日完成“关于编写《老年教育辞典》的研究方案”开题报告初稿。

7 日潮州市老干部大学校长陈先哲、老年教育研究室主任林金炎来访，重点内容：（一）课题名称：潮州市老干部大学 2018—2020 年教育科研重点课题《编写〈老年教育辞典〉研究》。（二）开题报告内容。（三）课题组成员。（四）前期准备工作。（五）开题会议有关事宜。

9—10 日完成《辞典》分类目录（初稿），970 条。

11—23 日以叶瑞祥、卢璧锋主编《老年大学教学论》为基础，撰写“教学本质”“教学组织形式”“教学模式”“教学评价”等词条 50 条。

23 日（中秋节前夕），祖孙三代，在“韩上楼”，欢聚一堂，鼓励孙叶振明参加工作，服务人民。

24—30 日撰写“教学规律”“教学原则”“教学艺术”等词条 44 条。

10 月

1—2 日整合已完成《辞典》词条 205 条，约 10 万字。其中导论 16 条，性质论 39 条，目的论 30 条，功能论 26 条，教学论94 条。各打印一份，复印 3 份，拟存档、备用。

3—7 日编写《辞典》中关于“老年教育相关著作”80 部，即 80 条。“学习论”拟在我主编《全书》中提取约 50 条，总计 335 条。

13 日参加中国老年大学协会国际联络部主办，潮州市老干部大学承办的老年教育发展动态学术交流会。会上，应邀作了五分钟题为“努力打造我国首部《老年教育辞典》”的发言，引起了国际老年大学协会主席维拉斯的高度重视，充分肯定。这个肯定是编纂《辞典》的“动员令”，也是吹响编纂《辞典》的“进军号”。会上，我与卢璧锋校长还向维拉斯主席赠送《老年教育学与教学原理》（中英文对照本）并合影留念。

16日潮州市老干部大学校长陈先哲、老年教育研究室主任林金炎来访。重点内容：（一）传达国际老年大学协会维拉斯主席等关于编纂《辞典》的意见。（二）我提出合作编写原则：1. 努力编纂出负责任的辞典。2. 坚持“独立自主”原则，广泛吸取其他学术力量。3. 立足广东，面向全国，走向世界。（三）初步研究编写领导班子。（四）初步安排编纂日程。

19日下午至晚，参加韩师78级体育班毕业40周年聚会。

20日下午至晚，参加韩师校庆115周年庆祝大会暨77、78级聚会40周年纪念大会，并代表时任老教师发言三句话：（一）庆祝校庆115周年。（二）回顾40年非常高兴。（三）展望未来，充满希望。三句话三分钟，六次掌声。

24日与陈先哲、林金炎主任研究《辞典》开题会有关事宜：（一）做好组织准备工作：主要是编写班子、编写队伍问题。（二）做好“《老年教育辞典》编写研究”课题申报前期工作。（三）做好开题会的准备工作，包括印发关于编写《辞典》的研究方案、《辞典》词条分类目录、案例等。（四）做好会务工作，时间初定为十二月上中旬。

25—31日做好“《老年教育辞典》框架研讨会”，实质上是开题会的会前资料工作（一）“关于编写《老年教育辞典》的研究方案”。（二）“《老年教育辞典》分类词目表”。（三）“撰写词条的要求”。（四）“《老年教育辞典》词条4例”。

11月

1—5日第一次校对“《老年教育辞典》词条分类目录表”词条970条（第一稿）。

6日初步整理中国大陆公开出版有关老年教育著作80部。其中2010年《国家中长期教育发展规划》公布后出版61部，占76%；2012年中共“十八大”以后出版55部，占69%。

9日参加潮州市老干部大学校委扩大会议，研究“《老年教育辞典》编写研究”课题开题会有关事宜。我主讲《关于开题会议的几个问题》：（一）开题报告要点。（二）“《老年教育辞典》词条分类目录”。（三）编写词条的要求。（四）“词条4条案例”。（五）初步人力分工。（六）确认课题组长为叶瑞祥、陈先哲。

22—30日做好“《老年教育辞典》开题会”各项学术准备工作。

12月

1—4日修改、补充、熟悉“关于编写《老年教育辞典》编写方案”。

6日上午，参加由潮州市老干局主办的“《老年教育辞典》框架研讨会”，实质上就是开题会。会上，我作“关于编写《老年教育辞典》研究方案”主题报告，印发“《老年教育辞典》词条分类目录”“编写词条的要求”“词条4条案例”等书面材料。会议代表来自北京、上海、天津、武汉、南京、成都、广州等地共34名。中国老年大学会长张晓林、副会长林元和、熊仿杰，专家叶忠海、王友农、岳瑛等参加会议。下午，我主持学术研讨会，收集整理专家们的意见。晚上，构思整理修改研究方案。书名正名为《老年教育辞典》（原名为《老年教育学词典》）。框架按叶忠海教授提出八个专题、按叶瑞祥提出的970条，适当增删微调，基本上构建了新的编写方案。

7日清晨写出书面编写框架。

上午，陪张晓林会长等参观潮州市老干部大学。在参观过程中与叶忠海、王友农教授交换修改方案，取得共识，并通过陈先哲局长向张晓林会长通报修改方案。

8—10日修改《辞典》编写框架：（一）老年教育基本原理。（二）老年教育理论基础。（三）老年人与学习。（四）老年教育课程与教学。（五）老年教育学科与研究。（六）老年教育管理与教师。（七）老年教育发展与现代化。（八）国际与海外老年教育。附录：（一）《老年教育发展规划》。（二）老年教育相关著作简介。（三）我国老年教育发展大事记。约1000条，约50万字。

12日参加潮州市老干部大学校委扩大会议，并作主旨发言，题目为“参加《老年教育辞典》框架研讨会的几点看法”。其要点：（一）关于这次会议的评价。（二）关于这次会议的学术成果。（三）

关于调整编写进度的问题。（四）关于当前我们应做的工作。

13—17 日初拟《辞典》新增词目 156 条，删除词目 86 条，修改 43 处，调整顺序 8 处，总计 1040 条。总体上比较全面、系统、科学。

20 日主持召开《辞典》编写小组会议，增、删、改、调词目事宜。

21—23 日第三次修改《辞典》词条分类目录表。

24 日阅读中国国家标准化管理委员会颁布（2009 年 4 月 1 日实施）的《辞书编纂一般原则与方法》一文，应以此文规范编写《辞典》全过程。

27—30 日校对《辞典》词条分类目录表（第二稿）。

31 日今年主要做了三件事：（一）继续做好《全书》发行、推广工作。其中赠送各省市图书馆、高师院校图书馆共计120 个，《全书》360 册。（二）主编《老年教育学与教原理》（中英文对照本）预计年底由世界图书出版社出版。（三）重点做好《老年教育辞典》前期编写工作：确定书名，定好框架，选好词目，组织队伍，初写词条。基本框架为“八个专题，三项附录”，词目约 1000 条，个人初步撰写约 300 条。

2019 年

1 月

1 日今年任务，全力以赴，集中力量，做好《辞典》编纂工作。

3 日校完《辞典》词条分类目录表，即与陈先哲、林金炎主任通电话，同意发给校外编写人员 6 名（其中上海 2 名、天津 1 名、广东省校 2 名、广州市校 1 名），校内编写人员 8 名，并要求 1 月31 日前收回修改意见。

赠送《叶瑞祥学习学讲演录》等 7 部 14 册给湘桥区南春街道办事处南濠居委会图书室。

4—14 日修订《撰写条目的要求》一文，整理修改《个案分析》（一）（二），即“老年教育”“老年大学”“老年学校”“老年教育目的”“老年大学办学宗旨”等，拟在二、三月份期间召开的“《辞典》编写工作会议”书面材料。

20 日陈先哲局长、林金炎主任来访，初定 2 月 1 日召开校内编写人员会议，落实分工，要求6月30前完成初稿。校外编写人员于2月下旬前，落实分工，要求8月30日前完成初稿。

23日到汕头大学国际眼科中心医院检查，确定白内障与青光眼极为严重，并初定于1月28日至2月1日做手术。

24日林金炎主任、陈维坤老师来访。同时与陈先哲局长通电话，初定校内编写人员编写会议推至2月20日左右召开，3月30日前下达外地编写人员编写任务。

28—31日在儿子叶敏、叶东陪同下，到汕头大学国际眼科中心医院住院，做双眼手术。

2月

1日出院。

2日潮州市委组织部副部长、老干部局局长、老干部大学校长陈先哲、老年教育研究室主任林金炎上门慰问，确定2月或3月召开校内编写人员会议。

5日春节全家团聚。

14日与潮州市老干部大学老年教育研究室林金炎主任研究并确定《辞典》词条分类目录表（第三稿）。

15—25日在《辞典》词条分类目录表（第三稿）的基础上修改，调整，形成（第四稿）。其特点：（1）确定第一、二级标题。（2）调整部分条目，主要是在二级标题内各条目之间保持逻辑性，增加科学性。（3）删掉小部分重复的条目。

26日参加潮州市老干部大学校委会与编写人员联席会议。主旨发言的主要内容：（一）关于《辞典》词条分类目录表（第四稿）的几点说明。（二）关于编写《辞典》条目的要求与校内分工。

3月

1—4日修改编写“教学论”词条80条。

7日与陈先哲局长、林金炎主任研究：（一）审定《辞典》词条分类目录表（第四稿）。（二）讨论外地编写人员任务与分工事宜。

10日经中国老年大学协会学术委员会研究，聘请我为《老年教育学术探索》咨询委员会委员。全国共聘请40名委员，其中广东5名。

23日由潮州市老干部局主办的“《老年教育辞典》编写工作会议”在潮州宾馆召开。全国著名老年教育专家华东师范大学叶忠海教授、广州老年干部大学王友农教授、天津教育科学研究院岳瑛研究员、广州大学王卫东教授等参加研讨会。我作了题为“关于编写《老年教育辞典》的几个问题”的发言，印发《辞典》词条分类目录表(第四稿)。会上，充分发扬学术民主，形成共识，决定印发《〈老年教育辞典〉编写工作研讨会会议纪要》以下简称《会议纪要》。

26日经陈先哲局长（主编）与我审定，印发《〈老年教育辞典〉会议纪要》到校内外编写人员。

24—31日根据《会议纪要》精神，落实“双方调整方案”：新增8条，调整57条，合拼2条，删除4条，改错15条，总计86条。

4月

1—11日继续落实《会议纪要》要求，整理“学习论”“教学论”词条目录顺序。

12日今天是退休22周年。“一辈子等于干了两辈子的活”。从编写论著的角度来看，退休前，出版22部著作。时至今日已出版33部著作，故“一辈子等于干了两辈子的活”。

13—20日重新撰写“老年教育”“中国当代老年教育的发展历程”等重点条目。同时，校对“原理篇”有关条目。

21—30日整理、修改“附录”：“中国公开出版的老年教育相关著作”130部，其中中国大陆114部，中国港澳台16部。

25日韩山师院图书馆送来“老年教育书目与内容简介”资料。

5月

1—5日集中精力，落实《会议纪要》“双方调整”的精神，整理好《辞典》分类目录表，即将叶瑞祥、叶忠海、岳瑛三方面的调整方案整合而成，也就是第五稿——“八个专题”，“三项附录”，115条，其中正文985条，附录130条。

6日整理《中国公开出版的老年教育相关著作》专题，至2018年为止，144部，其中中国大陆123部，中国港澳台21部。中国大陆123部著作中，属于1991—2010年出版的28部占21%，属于

2011—2018 年 95 部占 79%。初步设想，附录（二），更名为“中国公开出版的老年教育相关著作目录”，从中精心选出 30—40 部著作更名为“著作简介条目”放在第五专题“老年教育学科与研究”，单列为“老年教育著作简介”。

7—10 日集中整理《中国公开出版的老年教育相关著作目录》，“一分为二”：中国大陆与中国港澳台部分。

11—12 日校对《辞典》分类目录表（第五稿）。

15—22 日撰写中国当代老年教育著作 36 部，即 36 条。

28 日参加潮州市老干部大学校委会。两个内容：（一）校内编写人员编写情况汇报，已完成 68%；（二）我作了题为《关于我校编写〈老年教育辞典〉条目的几个问题》的报告，检查分析完成任务情况以及今后撰写词条中的注意事项。

23—31 日校对个人撰写“教学论”词条 83 条。

6 月

1—4 日校对撰写的“学习论”词条 52 条。

5—8 日校对《中国公开出版的老年教育相关著作目录》。

9—13 日校对“本质论”（原名为“性质论”）补充的词条。

14—18 日阅读叶忠海主编《中国当代老年教育发展研究》（2018 年出版），从中挑选新增词条 2 条；阅读马伟娜等编著《中国老年教育新论》（2018 年出版），从中挑选新增词条 10 条。

22—26 日再次整理《中国公开出版的老年教育相关著作目录》，主要是补上新出版的书目。

7 月

1—9 日修改、校对《辞典》分类目录表（第六稿）。

10 日参加潮州市老干部大学校委会，并印发汇报《辞典》分类目录表（第六稿）、中国公开出版的老年教育相关著作目录、中国当代老年教育著作简介。

11—14 日校对中国当代老年教育著作简介 39 条。

17 日潮州老干部大学老年教育研究室主任林金炎、词条编纂人员陈维坤中学高级教师来访，研究编纂词条事宜。

22—23 日准备在《辞典》编审组会议上的讲话要点：（一）编写情况分析。（二）明确编审目标。（三）坚持编审标准。（四）掌握编审流程。（五）落实编审责任。

25 日《辞典》本地编纂人员编写进展情况：已完成编写任务的74%。

26 日到湘桥区中英文学校会见中国高等教育学会学习学研究会副会长龚春燕（重庆市教育委员会评估院院长、研究员）。

31 日本地编纂人员已完成编写《辞典》任务的 90%。

8 月

1—4 日阅读林金炎撰写的“课程论”“学习论”词条 81 条、陈维坤撰写的“校园文化论”词条 18 条。

5 日参加潮州市老干部校委会与《辞典》编纂组联常会议，并作《关于〈老年教育辞典〉编审工作的几个问题》的报告。

7 日广东省学习科学研究会秘书长王益群来电，研究学会换届事宜。

10 日一气呵成，初拟《辞典》“前言”，包括意义、目的、结构、编写阶段及致谢五个部分约 2500 字。

13 日陈先哲局长、林金炎主任来访，研究如下问题：（一）关于《辞典》改稿、定稿，“前言”“后记”分工问题。（二）关于《辞典》编委会问题。（三）关于设置分部主编等问题。

14—24 日再次自我修改“本质论”“教学论”等词条。

25—27 日填写潮州市哲学社会科学“十三五”规划 2019 年度课题《编纂〈老年教育辞典〉研究》，要求九月底前上报。

9 月

1–4 日初阅黄富顺主编《高龄教育学》等三部台湾地区出版的老年教育相关著作。同时，初拟附录（四）“主要参考文献”52 部。

5–8 日阅读修改附录（三）《我国老年教育发展大事记》242 条，删去地方性活动 27 条，新增 4 条，调整 3 条，共 219 条。

10 日教师节。潮州师范 70 级数学二排同学会代表黄利平、柯钰深等上门慰问，坚持十年，实在可贵。潮州市老干部大学校长陈先哲、研究室主任林金炎也前来慰问。

24 日参加《辞典》编审组会议，并作主旨报告。要点如下：(一) 发扬优良学风是编纂《辞典》的根本问题。(二) 对本地作者编纂《辞典》词条的分析。(三) 当前编纂《辞典》的几点共识：1.严格坚持学术道德底线。2.调整个别结构、顺序。3.完成各自修改任务。4.完成各部分统稿任务。

25–30 日阅读天津市教育科学研究院岳瑛研究员撰写的“老年人及其特点”词条 87 条。

10 月

2–4 日校对“本质论”“功能论”“目的论”“教学论”等词条 160 条。

5–7 日撰写“中国老年教育著作的分类”“中国老年教育著作的特点”词条。

8–14 日校对“学习论”词条 63 条。

17 日由佛山市南海区开放大学张敏校长带队的“南海区老年教育骨干培训班”参加潮州市老干部大学培训班，我在培训班上主讲题为《落实〈规划〉精神，实施老年教育目的》的报告。

18–20 日整理第四部分老年人与学习。(一) 老年人特点 77 条。(二)。老年人的学习 130 条，合计 207 条。按学科逻辑层次，确定词条先后顺序。

21–23 日整理第二部分：老年教育目的。(一) 老年教育目的与任务 17 条。(二) 学校老年教育目标与内容 53 条，全计 70 条，排列注重科学性，顺序性。

24–27 日阅读修改岳瑛等编纂的“老年人的特点”87 条。

28–29 日撰写《编辑说明》，后改为《凡例》。

30–31 日对照第四部分“老年人与学习”207 条，查漏补缺，补写词条“创新学习能力”“老年创新学习”。

11 月

1 日阅读华东师范大学叶忠海教授“老年教育规律”等词条 31 条。

4–5 日阅读修改浙江工业大学吕文娟博士撰写的“老年教育分

类”等词条31条。

7日参加潮州市老干部大学校委会与《辞典》编写人员联席会议，并作题为《关于各部分统稿的若干问题》的主旨讲话。其要点：（一）调整个别框架问题。（二）本地作者已完成编写任务的97%。（三）外地作者已完成编写任务的40%。（四）关于各部分主编统稿问题，包括落实责任制，落实《编辑说明》（后称《凡例》），落实部分统稿时间。

8—9日对照《学习论》词条目录，查漏补缺，补写“研究性学习”“合作学习”“交流学习方法”“迁移学习方法”等词条。

10—18日理顺“顺序”，逐步落实第一部分老年教育基本理论89条，第二部分老年教育目的85条，第五部分老年教育课程与教学240条，共668条，占全书词条的65%。

26日《辞典》编审组会议，我作了关于第三、四部分、附录小结与第一、二、五部分整合工作的中心发言。

27—30日修改本地作者《辞典》中第六、七、八、九部分的词条。

12月

1—2日初拟《序言》要点，体现“六性”，即坚持思想性、强调专业性、增强实践性、重视创新性、体现包容性、发挥集体性。

3—4日修改第五部分“老年教育学科与研究”、第九部分“国际与中国港澳台老年教育”。

17日主持《辞典》编审组会议，两项内容：（一）研究第六至九部分词条修改问题。（二）研究外地作者截稿时间（2020年1月15日）。

20—23日阅读广州大学王卫东教授等撰写的“老年教育科学研究”“老年教育教师”等词条105条。

24—28日阅读广州大学王友农教授等编纂的“老年教育现代化”“外国老年教育”等词条105条。

31日上午主持召开《辞典》统稿组（谢锦澍、林金炎、陈维坤）、主编、定稿组（叶瑞祥、陈先哲）联席会议，着重研究，落实《辞典》（初稿，第一稿）若干问题。会议决定把初稿在2020年1月

25日前付印。

下午今年主要完成编撰《辞典》的基础工作，确认“《辞典》分类目录”1050条，已完成撰写任务980条，占94%，尚未落实的70条，一定要在2020年1月25日（农历春节）前付印，完成“主体工程”。

2020年

1月

1日元旦，新年计划，全力以赴，确保《辞典》按时出版。上半年，3次修改，力争6月底送出版社。下半年，3次校对，确保12月底出版。

2—3日阅读王卫东主编《中国特色老年教育现代化建设》一书。

4—7日阅读全国老龄委办公室编《人口老龄化国情教育知识读本》一书。

8—9日再阅《辞典》第6—9部分的词条，并对词条“缺口”作综合分析。

9日下午，召开《辞典》具体操作人员小型座谈会，提出“三个观点”：（一）这是一件很有意义的工作。（二）这是一件艰苦细致的工作。（三）这是一件很具体、很实在的工作。同时，对“缺口”的100多词条作了具体分析与指导，要求《辞典》（初稿）即第一稿应在1月13日前完成打印任务。

13—14日审定《辞典》（初稿）。

14日陈先哲局长、林金炎主任前来春节慰问。同时，确定内部印发《辞典》（初稿）与发送对象（校内作者）。

15日湘桥区城基中学方卫玲校长前来春节慰问。同时，研究广东省教育厅立项的《中学教师学习力培养策略》结题事宜。

16日收到《辞典》（初稿）2册。

17—23日第一次全面阅读《辞典》（初稿），总体上基本框架、词条释文还可以，但比较粗糙。其中，较大修改20处，小修改106处，共126处。

24日（农历除夕）上午，修改《前言》。如下感言：农历一年即将过去，不确定的因素，既有身体因素（正月做眼科手术，六月体验“疑似×症”，最后虚惊一场），又有编撰《辞典》因素，内心有些焦虑。今年春节，因为身体健康，编撰《辞典》大局已定（完成约90%任务），如一座建筑主体工程，已接近“封顶”，2-6月份主要是“内装修”（修改、定稿）问题，故心情舒畅，愉快迎新春。

25日（春节）—27日利用休息时间、修改《前言》。

28日清晨，写下人生感悟“一生一世一个字：书，以读书为人生基础，以教书为生命之本，以写书为生命延续”，也就是我过去说过的“读书育己，教书育人，写书育世”。

28日根据《心理年龄测算表》（周冠虹主编《家庭老年医学会全书》，上海科学技术出版社，1995年11月出版，第28—29页）进行自我测试，19分，折算心理年龄为20—29岁。说明心理年龄还是年轻的。

29—30日撰写“老年学员心目中的理想教师”词条。

2月

1—15日第二次全面阅读《辞典》，修改之处达100处，漏掉附录(二）《中国公开出版老年教育相关著作目录》“中国港澳台老年教育著作目录”22部。

5日陈先哲局长与我通电话，决定编审组成员于2月底前收回阅读《辞典》（初稿）修改意见。3月15日前，由我统稿，形成《辞典》（讨论稿）即第二稿。力争3月30日前印发《辞典》（讨论稿)，内发校委、本地编写人员，外发叶忠海、王友农、岳瑛、王卫东等教授。

16日修改《辞典》中的《前言》一文。

18—20日修改华东师范大学马丽华博士撰写的“远程老年教育”等词条23条。

22日提出初步构建具有中国老年教育理论体系的根据：（一）有专门的研究对象。（二）有合理的学科体系。（三）有科学的理论体系（学术体系)，这主要指基本学科老年教育学。（四）有扎实的学科研究基地。（五）有较大影响的学术著作。（六）有较大影响的学科带头人。（七）有专业研究方向的学生，包括研究生、本科生。（八）有定期出版的学术刊物。

23—24日初拟主编组会议《关于〈辞典〉（讨论稿）的若干问题》讲话要点：（一）关于《辞典》（讨论稿）的评价。（二）关于“重点词条”的问题。（三）关于《序》《前言》《后记》的问题。（四）关于《汉语拼音索引》的问题。（五）关于《辞典》（定稿）的问题。（六）关于编写机构的问题，包括编委会、分部主编等。（七）关于出版社的问题等。

24—27日全面阅读陈先哲局长、卢壁锋、谢德勇副校长、谢锦澍主任、林金炎主任、陈维坤老师等的修改建议。初步统计大、小修改意见945处（含重复意见在内），其中涉及内容修改的59处（含重复意见在内）。

28日在我家召开第一次主编组会议，陈先哲、叶瑞祥、林金炎参加会议。着重研究修改《辞典》（初稿），整合为《辞典》（讨论稿）即第二稿事宜。

3月

1—9日修改《辞典》（讨论稿）第一至第五部分书稿。其中第一部分老年教育基本原理86条，第二部分老年教育目的82条，第三部分老年教育理论基础47条，第四部分老年人与学习205条，第五部分老年教育课程与教学240条，共660条。

10–16日修改《辞典》第六至第九部分及附录书稿。其中第六部分老年教育学科与研究135条，第七部分老年教育管理与教师86条，第八部分老年教育发展与现代化135条，第九部分国际与中国港澳台老年教育75条共432条。《辞典》合计1092条，约75万字。

16日下午，召开第二次主编组会议，陈先哲、叶瑞祥、林金炎参加。会议内容：（一）检查落实《辞典》（讨论稿），要求3月25日前内部出版40份。（二）研究落实《辞典》“配套工程”：《前言》《序》《贺词》《后记》《主编简介》《汉语拼音索引》等事宜。

17—18日撰写《〈老年教育辞典〉简介》《主编简介》。

24日召开第三次主编组会议，陈先哲、叶瑞祥、林金炎参加。

审定《辞典》（讨论稿），确定3月26日内部印发《辞典》（讨论稿）40份，发送外地专家叶忠海教授等，以及校内校委编写人员。征求意见稿应于4月20日前收回。

26—31日修改、校对《辞典》（讨论稿）。

4月

1日请林金炎主任、陈维坤老师座谈。主要研究修改《辞典》（讨论稿）有关事宜。基本调子：对《辞典》（讨论稿）“基本不变，小修小改”“主体工程不变，做好内部装修”。叶瑞祥着重把好内容关、观点关，陈维坤着重把好文字关、符号关。力争五月份形成修改稿即第三稿。

1—9日继续修改、校对《辞典》（讨论稿）。修改55处，其中内容观点方面15处。

10日召开第四次主编组会议，陈先哲、叶瑞祥、林金炎参加，主要研究《辞典》（讨论稿）整合问题。

11—22日再次阅读《辞典》（讨论稿）各方面的修改意见，包括叶忠海、王友农、岳瑛、王卫东等教授的意见。合计125处，其中涉及内容15处，增加附录（四）《中国老年大学协会国际交流30年》。

24日召开第五次主编主会议，陈先哲、叶瑞祥、林金炎参加，着重研究《辞典》（讨论稿）定稿及编委会机构问题。

27日参加潮州市老干部大学校委会与编写人员联席会议。会议上半场，我作了题为《按时按质编纂好〈辞典〉》的中心发言。要点：（一）编纂《辞典》的简要回顾。（二）对《辞典》（讨论稿）的基本估计。（三）对《辞典》（讨论稿）修改意见综述。（四）对形成《辞典》（讨论稿）即第三稿的建议。会议下半场，主编与分部主编联席会议，落实各分部主编修改重点，共同审稿责任问题。

29日召开主编与分部主编谢德勇、谢锦澍共同审定《辞典》第二、三、五部分书稿。

5月

1日召开主编与分部主编卢璧锋、林金炎共同审定《辞典》第六、七部分书稿。

3日召开第六次主编组暨分部主编联席会议，陈先哲、叶瑞祥、林金炎参加会议。内容：（一）共同审定《辞典》第九部分及附录。（二）讨论《前言》《凡例》《后记》等问题。同时，向陈先哲局长表示，编纂《辞典》后，本人要编著《叶瑞祥从教70年》一书。

4—18日根据各方面各部分专家的修改建议，整合成《辞典》（修改稿）。总计修改达528处，属于内容、观点的115处，属于文字、体例的413处。其中，外地专家修改意见150处，属于内容、观点70处，属于体例、文字80处。这10多天，正处于农历“立夏”季节，有时温度高达35℃。

19—20日《辞典》（讨论稿）付印，属于内部交流资料，发至校内分部主编，校外叶忠海教授等审阅。

21—31日阅读修改《辞典》（讨论稿），即第三稿。我个人修改78处，其中属于内容方面10处。分部主编修改179处，属于内容方面18处。合计257处，属于内容方面28处。

6月

1日召开第七次主编组会议，陈先哲、叶瑞祥、林金炎参加，着重研究华东师大叶忠海教授的建议及《辞典》（送审稿），第四稿，初定6月30日为《辞典》定稿时间。

2–7日叶瑞祥与林金炎“背靠背”分别提出删改《辞典》条目方案。

8日召开第八次主编组会议，着重研究落实叶忠海教授提出的“《辞典》修改目录”，确定“《辞典》（送审稿）的分类目录”。

9–10日叶瑞祥与林金炎根据叶忠海教授的建议，确定1058条。校对后，再送各部分主编征求意见。

13–29日完成《辞典》（送审稿），即第四稿全书审定工作。《辞典》结构如下：（一）编委会。（二）国际老年大学协会维拉斯《贺词》。（三）中国老年大学协会会长张晓林《序》。（四）主编叶瑞祥《前言》。（五）《凡例》。（六）总目。（七）词条分类目录。（八）正文：第一部分老年教育基本原理（97条）、第二部分老年教育目的与目标（67条）、第三部分老年教育的理论基础（47条）、第四部分老年人与学习（195 条）、第五部分老年教育的课程与教学（237 条）、第六部分老年教育学科与研究（130 条）、第七部分老年教育管理与教师（85 条）、第八部分老年教育发展与现代化（126 条）、第九部分国际与中国港澳台老年教育。（九）附录：①国务院办公厅《老年教育发展规划》。②中国公开出版的老年教育相关著作目录。③中国老年教育发展大事记。④中国老年大学协会国际交流 30 年。⑤主要参考文献。总计 1058 条，约 70 万字。

7 月

3 日参加潮州市老干部大学与编写人员联席会议。我作了题为《关于〈辞典〉（送审稿）若干问题的报告》。要点：（一）《辞典》（送审稿）的由来。（二）对《辞典》的估计。（三）撰写《辞典》的感受。（四）对编写《辞典》第四阶段的建议，即校对出版发行阶段。

6 日参加湘桥区城基实验中学第 12 次董事会，研究新学年招生问题。

10 日参加潮州市老干部大学《关于潮州市新型教育养老模式的发展路径与提升对策研究调查报告》课题讨论会。

14 日构思出版《叶瑞祥从教 70 年》，拟将《叶瑞祥教育口述史》《叶瑞祥教育年谱》合二为一，增删补调而形成，计划 2022 年出版，作为 2023 年韩师母校校庆 120 周年的礼物。

19—20 日与陈先哲局长通电话，拟以《教育政策辞典》为样本，作为出版《辞典》的样本。

21—24 日阅读林元和、王友农主编《中国老年教育理论与国际对接》（2018）。其中，第一章中国会议，第一节潮州会议，本人的《努力打造我国首部〈老年教育辞典〉》一文被收入其中，第 67—69 页。

25—31 日阅读《习近平谈治国理政》（第三卷）。

8 月

1 日初拟“第九届广东省哲学社会科学优秀成果申报表”，成果名称《老年教育学与教的原理》（中英文对照本），世界图书出版公司，2019 年 1 月出版。

2日第一次校对广东人民出版社《辞典》（第一次校对稿，简称一校）的《序》《前言》《凡例》《词条分类目录表》。

3—4日一校《辞典》第一部分《老年教育基本原理》。

5—6日一校《辞典》第四部分《老年人与学习》。

7—9日一校《辞典》第五部分《老年教育课程与教学》、第六部分《老年教育学科与研究》。

10—12日初步整合一校《辞典》书稿，修改203处，其中涉及内容17处。

13日召开第九次主编组会议，陈先哲、叶瑞祥、林金炎参加。主要内容：（一）汇报一校《辞典》概况。（二）研究《辞典》（英译本）筛选事宜，决定保留现有词条60%左右。

14日参加潮州市老干部大学校委会与编写人员联席会议。我汇报两个问题：（一）《辞典》一校综述。（二）《关于〈简明老年教育辞典〉（英文版）的几个问题》，要求保留《辞典》最重要的、最基本的部分约60%，删掉重复的、次要的部分共约40%。

15—21日根据编纂《简明辞典》（英文版）的要求，在《辞典》1058条中，初步删除373条，占35.3%，保留685条，占64.7%。

22日初拟“在《辞典》首发式上的讲话”要点。

25—30日根据各部主编意见，形成《简明老年教育辞典（英文版）》“词条分类目录表”（征求意见稿），保留656条，占62%，删除402条，占38%，总体上符合要求。

9月

1日召开第十次主编组会议，陈先哲、叶瑞祥、林金炎参加，审定《简明辞典》（英文版）“词条分类目录”（征求意见稿），并定于九月二日交至校内外专家、编写人员12名。

2—8日重新审定《简明辞典》（征求意见稿）。

9日潮州师范学校70级教学二排黄利平、柯钰深等代表在“教师节”前夕上门慰问。

10日（教师节），陈先哲校长、林金炎主任“教师节”前来慰问，并研究“《辞典》首发式”有关事宜。

12—13日完成《编纂〈老年教育辞典〉回顾与使用意见》（初稿），约1600字，约10分钟发言稿。

19日接受韩山师院教育科学学院郑炜冬副教授、规划发展处副处长江耿豪高级实验师专门采访，为参加广东省高校工委组织各校党支部书记专门技能演讲比赛的演讲稿做准备，主要内容：（一）个人简介；（二）人生目标（学术目标）；（三）两个学术高峰期；（四）“人生‘三度’与幸福人生”。

22—26日阅读《简明辞典》（英文版）校内外专家意见，包括叶忠海、岳瑛、王卫东等教授的意见，修改意见45处，拟采纳23处。

29—30日城基中学方卫玲校长、董事会代表黄武雄、市老干部大学代表林金炎以及林天卫、许佩卿等登门“中秋节”“国庆节”慰问。

10月

1日适逢国庆节、中秋节两节合一，家人团聚。

2—4日阅读《老年教育中国模式研究》课题及编写要点，对潮州市老干部大学负责编写的第三章“中国老年教育模式的根本动力”提出初步编写要点。

10—11日阅读与思考《老年教育中国模式研究》第五章“老年教育中国模式的教育特质”要点，提出初步编写要点。

15日陈先哲局长、林金炎主任与我研究“老年教育中国模式的教育特质”的写作要点。

16—22日二校《辞典》我个人分部主编的第一部分老年教育基本理论、第四部分老年人与学习及附录（一）（二）（三）（四）（五）。

23—29日对各部主编二校《辞典》进行综合，修改的问题有229处，其中修改内容的6处。

11月

2日修改《编纂〈辞典〉的回顾与使用意见》一文，并打印。

3日召开主编组十一次会议，陈先哲、叶瑞祥、林金炎参加，研究“《辞典》首发式”的有关事宜。

5日到汕头市拜访入党介绍人86岁的黄文廉同志。

10日潮州市老干部活动中心的党支部开展主题党日活动。会议由党支部书记林金炎主持，参观习近平总书记走过的“潮州路”之后，到我家进行访问。会上，我作了题为“一位老教师的人生感悟”的中心发言，着重谈人生理想与党性修养问题。

8—19日陈先哲、叶瑞祥、林金炎分别第三次校对《辞典》。其中，8—15日修改131处，涉及内容4处；16–19日根据广东人民出版社领导的建议，删掉共性词条30条（教育科研23条，教师方面7条），修改“大词条”9处。《辞典》全书由1058条，删去30条，实存1028条（符合定稿的条目），约70万字。

23日潮州市骄阳艺术宝贝艺术幼儿园董事长温韧登门，聘请我担任该园“关工委工作站”顾问。

25—29日陈先哲、叶瑞祥、林金炎集中第四次校对《辞典》，发现错漏24处，涉及内容方面1处。《辞典》四校到此为止。

12月

1日参加潮州市老干部局主办的“《老年教育辞典》编写工作总结会议”。会议，由陈先哲局长主持，我作了《编纂〈老年教育辞典〉的回顾与使用意见》学术的总结。讲话要点：（一）编纂《辞典》的现状。（二）编纂《辞典》的回顾。（三）编纂《辞典》的思考。（四）使用《辞典》的意见。（五）做好《简明老年教育辞典》的前期工作。最后，陈先哲局长作了全面总结。会前，参编人员拍照留念。

4日参加潮州市老干部大学老年教育研究室会议，讨论《老年教育中国模式理论基础》专题研讨会，作了主题发言。

18日收到由叶瑞祥、陈先哲主编《老年教育辞典》，广东人民出版社出版，2020年12月，2册。这标志着《辞典》正式出版。

23日参加由潮州市老干部局主办的“十四五”期间加快发展老年教育研讨会暨《老年教育辞典》首发式。会议，由陈先哲局长主持，中共潮州市委常委、组织部部长姚继新、潮州市政协原副主席陈耿之等参加会议。上半场：（一）市领导姚继新致辞。（二）观看国际老年大学协会主席维拉斯（法国）、中国老年大学协会会长张晓林

(北京)、广东省老年大学协会常务副校长许光超（广州）的祝贺视频。（三）《辞典》赠书仪式。下半场：（一）观看广东省老干部大学、广州市老年干部大学以及叶忠海、王友农教授的祝贺视频。（二）《辞典》主编叶瑞祥作了题为“编纂《老年教育辞典》的回顾与使用意见》”的发言。（三）南方软实力研究院长谢振泽作题为“加快潮州市老年教育发展”的发言。会前，市领导与《辞典》编委会成员拍照留念。当晚，潮州市电视台播出该新闻。24 日《潮州日报》第一版发表题为《老年教育理论研究和学科建设出新成果——我国首部〈老年教育辞典〉在潮州首发》的报道。

25 日送韩山师院图书馆、科研处《辞典》5 册。

27 日对原有《简明老年教育辞典》（英文版）进行修改，根据各方建议，初定为保留 650 条，占全书 1028 条的 63%。

28 日送湘桥区南春街道办事处南濠居委会图书室《辞典》2 册。

29 日上午，送潮州市图书馆《辞典》4 册，《辞典》初稿、讨论稿、修订稿、送审稿各一份及《老年教育学与教的原理》（中英文对照本）4 册。参观地方文献厅“叶瑞祥赠书”专橱并拍照留念。受到许锐琪馆长、文史专家陈贤武的热情接待。下午，与潮州市老干部大学研究室林金炎主任研究《辞典》宣传、发行工作。

31 日今年是新中国历史上极不平凡的一年，在突如其来的新冠病毒感染袭击下，各方面的工作均受极大影响、冲击，而我却按计划完成标志着人生第二次学术高峰的代表作《老年教育辞典》按期出版，即本月 18 日收到正式出版物，23 日举办《辞典》首发式。同时，计划为 2021 年出版的《简明老年教育辞典》（英文版），2022 年出版的《叶瑞祥从教 70 年》做好前期准备工作。综合统计，至 2020 年 12 月为止，个人出版论著 58 部，发表论文 164 篇，约 1500 万字，主持科研课题 34 项，获奖 42 项。

展望 2021 年，充满信心，还要大干一场！主要目标是：（一）做好《辞典》发行、宣传、推广、应用工作。（二）力争完成《简明老年教育辞典》（英文版）的翻译、出版工作。本人的任务是一月份做好词条的精选工作。（三）重点工作是做好《叶瑞祥从教 70 年》各方面的准备工作，力争2022年上半年出版。（四）撰写一篇与《辞典》有关的学术论文。

2021年

1月

1—3日根据《简明老年教育辞典》（英文版）征求意见稿的建议，重新修订《简明老年教育辞典》（英文版），在原有《辞典》1028条基础上，删掉384条，占37.4%，保留644条。占62.6%。总体上符合编纂要求。

4—15日整理、抄写《年谱》2018—2020年。

11日潮师70级教学二排黄利平、柯钰深来访，赠送《辞典》8册给理事会成员。

16日用快递分别向周之良、林毓锜、江月孙、梁渭雄等教授各寄《辞典》1册。

5—24日先后购买4个书橱，分别按照“学习科学”“老年教育”“教育历史”学科分类上架。上架为著作，下架为书稿。至今为止，专业藏书18个书橱，约3000册。

25日整理第一批图书拟送湘桥区图书馆，其中包括《叶瑞祥学习学讲演录》等20种，每种4册，共80册。

26—31日撰写《叶瑞祥从教70年》第七章“我与老年教育”。其中包括：一、我与老年教育的缘由；二、研究老年教育的历程；三、老年教育著作简介。

2月

1—4日撰写第七章“我与老年教育”，打造我国首部《老年教育辞典》。老年教育论著选编，本章约5万字。

5—10日撰写第八章我的人生感悟，约3万字。

11日《老年教育》2021年第一期第50页，刊登《我国首部老年教育领域专业性辞典在潮州首发》，报道提出“由叶瑞祥、陈先哲主编《老年教育辞典》，最大亮点是总结了我国近40年来老年教育实践与理论研究的成果”。

12日（农历春节），春节期间，由于防疫原因，亲朋好友通过电话互致祝福。

13日阅读习近平总书记《在2021年春节团拜会上的讲话》，他指出："在中华文化里，牛是勤劳、奉献、奋进、力量的象征。""前进道路上，我们要大力发扬孺子牛、拓荒牛、老黄牛精神。"今年是牛年，也是我的本命年，要发扬牛劲，努力编写好《叶瑞祥从教70年》一书。

21—25日阅读马林、何良胜主编的《广东省社区教育与老年教育发展报告（2018—2020）》。

27—28日协助协调城基实验中学董事会个别成员问题，初拟13次董事会发言要点。

3月

1—3日修改、补充《叶瑞祥从教70年》第六章我与学习科学，拟增加《我与〈简明学习科学全书〉》。

3日下午，潮州市老干部局局长、老干部大学校长陈先哲来电告知，由于种种原因，暂缓出版《简明老年教育辞典》（英文版）一书。

4—9日修改、校对《叶瑞祥从教70年》附录（三），《叶瑞祥教育年谱》（2015—2020年）。

10—11日修改、校对《我与老年教育》之一、三、四部分。

12日以《叶瑞祥教育口述史》为基础，增加第七章《我与老年教育》、第八章《我的人生感悟》《叶瑞祥教育年谱》，基本形成《叶瑞祥从教70年》一书的基本框架、结构，初步估计约50万字。

13—14日阅读刁海峰主编《新时代老年教育校长读物》一书，四川教育出版社，2020年12月出版。

15日参加湘桥区城基实验中学13次董事会。发言要点：（一）对13年来办学成绩的看法。包括办学效益、基本经验。（二）对今后办学的建议：全面加强党的建设、全面提高育人质量、全面加强师德建设、全面协调各方办学积极性。

16日修改、校对《叶瑞祥从教70年》第七章我与老年教育（三）、老年教育著作简介。

19—22日全面梳理《叶瑞祥从教70年》第一章至第八章，一、

二、三层体系、结构，形成《叶瑞祥从教70年》编写大纲（征求意见稿）。

23—26日撰写《我国老年教育著作现状与趋势初探》一文初稿，约6000字。

27—31日响应党中央推出的开展党史学习教育，阅读《中国共产党简史》。这是中共宣传部组织编写的党史，是一部更客观更全面更权威的党史教材，值得有重点反复阅读或有选择精读的党史教材。

4月

1—2日阅读《毛泽东、邓小平、江泽民、胡锦涛关于中国共产党历史论述摘编》。

3—25日先后分别阅读习近平《论中国共产党历史》。

4日下午，接受由韩山师范学院，文学与新闻传媒学院杨文星、陈淑曼等四名学生采访。本人先作《一位老教师的人生感悟》的发言。然后，研究《讲好入党故事，传承红色基因》访谈要点。

7日完成《我国老年教育著作现状与趋势初探》一文校对、定稿工作。

8—10日修改、校对《我与老年教育》五、《老年教育论著选编》。

11日上午，接受韩山师范学院、文学与新闻传播学院杨文星、陈淑曼等五位学生采访，着重谈谈共产党培养我成为共产党员、教育学者的过程以及退休后继续通过教育科学研究服务社会的过程。（详见《访谈实录》）。

12日（农历三月初一），今天生日是若干年难得阳历四月十二日与农历三月初一“两者重叠”的日子。整理韩师“讲好入党故事，传承红色基因”《访谈实录》，约3000字。

13—14日修改、校对《叶瑞祥从教70年》第八章我的人生感悟。

15日修改、校对《我与〈简明学习科学全书〉》。

16—17日整理《叶瑞祥从教70年》，附录（一）《叶瑞祥著作教材一览表》（续）、（二）《叶瑞祥论文目录》（续）。

20日湘桥区图书馆工作人员到我的住处，接受第一批赠书（包括《老年教育辞典》）20种，共80册，并准备用专橱展存。

21—22日整理统计至2020年12月如下有关数据。（一）著作类。58部，其中，退休前22部占38%，退休后36部占62%；学习科学24部占41%，教育科学34部占59%。（二）论文类。164篇。其中，退休前76篇占46%，退休后88篇占54%；学习科学84篇占51%，教育科学80篇占49%。（三）主持项目类。34项，其中退休前12项占35%，退休后22项占65%；学习科学17项50%，教育科学17项50%。（四）专题讲座类。135个，其中，退休前17个占13%，退休后118个占87%；学习科学72个占53%，教育科学63个占47%。（五）获奖类。42项，其中，退休前22项占52%，退休后20项占48%；学习科学25项占60%，教育科学17项占40%。

24—29日阅读、搜集有关广东省教育厅关于开展2021年广东省教育教学成果奖评审工作的通知，并初拟申报题目、主题、内容等有关准备工作。

30日受陈先哲局长、校长委托，召开卢璧锋、谢德勇副校长，老年教育研究室林金炎主任参加的申报小组会议，由我提出申报《广东高等职业教育教学成果奖》的若干问题：（一）成果名称：老年大学以学促教改革实践。（二）成果完成人：叶瑞祥、卢璧锋、谢德勇、林金炎。（三）成果类别：终身教育。（四）所在单位：潮州市老干部大学。经讨论通过后，报陈先哲局长、校长批准，由我负责有关申报准备工作。

5月

1—5日完成撰写申报2021广东省教育教学优秀成果总结报告，填写申报表等相关工作。

4日中国老年大学协会主办的《老年教育》2021年4月号，总第700期，刊登广东省潮州市老干部大学《〈老年教育辞典〉诞生记》一文。

6—9日到潮州市老干部大学做好申报表填报工作、修改、校对综述报告，完成整个申报材料的有关工作，故我戏称“现场办公效率高”。

10—13日撰写《〈老年教育辞典〉编纂研究》总结报告。

22—23日阅读《中国共产党普通高等基层组织工作条例》。

24日阅读张诗荣《构建"老年教育学"学科，促进老年大学创新发展》一文（《终身教育》《老年教育研究》，2021年第四期）

26日上午，首先参加成果申报小组会议。通报我校《老年大学以学促教改革实践》已获"2021年潮州市教学成果奖"三个一等奖。然后制作《老年大学以学促教改革实践》视频录像，拟送省参评。下午，整理解说词。

27—28日修改、校对《〈老年教育辞典〉编纂研究》总结报告。

29日应潮州市老干部活动中心党支部邀请，写下如下入党感言："我是在新中国成立后，由中国共产党直接培养成为大学教师，教育学者的。1952年9月后，经济上我是吃共产党饭长大的一名教师，思想上是听共产党的指导成长的一名教师，政治上是与共产党保持一致的一名教师，感情上是与共产党心心相连的一名教师。特别是1981年6月参加共产党后，我对党的信念越来越坚定，对党的感情越来越亲切。这是一位共产党人在中国共产党百年华庭之际的感言。"

31日在潮州市老干部活动中心与林金炎主任研究如下问题：(一）关于编写《叶瑞祥从教70年》的有关问题。（二）关于"《老年教育辞典》编纂研究"总结报告问题。（三）关于修改"《老年教育辞典》编纂回眸"问题。随后，一同向陈先哲局长汇报有关情况。

6月

1—3日完成《"〈老年教育辞典〉编撰研究"最终成果简介》一文及《潮州市哲学社会科学规划项目鉴定结项（验收）审批书》填报工作。

4—5日修改、抄正《叶瑞祥教育年谱》2021年1—5月。

6日阅读中共中央印发《中国共产党组织工作条例》（2021年4月30日中共中央政治局会议审议批准。2021年5月22日中共中央发布）。

7日构思、梳理、安排《叶瑞祥教育口述史》（电子版）与《我与老年教育》《我的人生感悟》《叶瑞祥教育年谱》（打印稿）等材料整合方案，形成《叶瑞祥从教70年》一书。初步计划：6月中旬至7月上旬，完成《叶瑞祥从教70年》（初稿）；7月中旬至8月，完成《叶瑞祥从教70年》（征求意见稿）；9月至12月在征求各方意见基础上，完成《叶瑞祥从教70年》（送审稿）；力争2022年第一季度发送出版社，确保9月出版。

10日与潮州市老干部活动中心林金炎主任研究将《叶瑞祥教育口述史》与《我与老年教育》《我的人生感悟》及《叶瑞祥教育年谱》整合为《叶瑞祥从教70年》一书的有关事宜，要求7月上旬形成《叶瑞祥从教70年》一书（初稿）。

11—15日修改、补充《叶瑞祥教育口述史》第五章“晚年教育活动”。

16日今日是我参加中国共产党40周年纪念日。

上午，参加潮州市老干部大学召开的“关于参加中国老年大学协会学术委员会主持编撰的《老年教育大辞典》有关问题”的会议。“《老年教育大辞典》辞目总纲”“四，中国教育学名著辞目（55条）将“《新编老年学习学》（叶瑞祥等主编）”列入其中之一。

18—30日修改、校对《叶瑞祥从教70年》正文部分，即第一章至第八章。

7月

1日收看庆祝中国共产党成立100周年大会实况。

2日初步阅读习近平总书记在“庆祝中国共产党成立100周年大会上的讲话”。

3—8日修改、校对《叶瑞祥从教70年》（初稿）一书附录部分，即著作目录、论文目录、叶瑞祥教育年谱。

10—31日修改、校对《叶瑞祥从教70年》（征求意见稿）。

第一次校对，修改144处，其中修改内容10次。第二次修改65处。第一、二次修改合计209处，其中修改内容10次。新增配套照片24张，原有照片84张，合计照片108张。

19日与潮州市老干部活动中心庄依琪、吴维锷研究落实《叶瑞祥从教70年》配套照片事宜。

26 日再与庄依琪、吴维锷研究落实《叶瑞祥从教 70 年》配套照片事宜。

31 日下午初步统计，《叶瑞祥从教 70 年》一书，正文部分约 40 万字，附录部分约 10 万字，合计约 50 万字。

8 月

2 日与潮州市老干部活动中心林金炎主任共同研究商定内部印刷《叶瑞祥从教 70 年》（征求意见稿）有关事宜。

3 日整理、抄写《叶瑞祥教育年谱》2021 年 6–7 月。

4—7 日完成《叶瑞祥从教 70 年》《后记》（初稿）。

8 日整理《叶瑞祥从教 70 年》“主要参考书目”。

9 日整理《叶瑞祥从教 70 年》“本书一览表”。

13 日用快递寄给广州市江月孙、黄绮华、梁渭雄（华南师范学院 56 级老同学），汕头市鲁澄南（汕头市金平区教育局副局长、特级教师）《叶瑞祥从教 70 年》（征求意见稿）各 1 册。

12—20 日将内部印刷的《叶瑞祥从教 70 年》（征求意见稿）分别先后赠送本市的陈树豪、卢璧锋、林金炎、詹成养、林天卫、郑文锋、许佩卿、李学先各 1 册。

13—31 日再全面校对修改内部印刷的《叶瑞祥从教 70 年》（征求意见稿）的第一至第五章。

27 日与中共韩山师范马克思主义学院党总支书记许佩卿研究出版《叶瑞祥从教 70 年》一书事宜。

28 日用快递寄 1 册内部印刷的《叶瑞祥从教 70 年》(征求意见稿）给黄金河先生，目的在于提前初审出版意见，初步估算出版经费。

9 月

1 日黄金河先生来电，建议将《教育人生 70 年——叶瑞祥从教纪实》更名为《叶瑞祥从教 70 年》。

1—24 日继续校对修改内部印刷的《叶瑞祥从教 70 年》（征求意见稿）第六章至第八章及附录。即自 8 月 13 日至 9 月 24 日，约 40 天，前后校对、修改 216 处。其中新增“相关资料”2 处，删掉 8

处，修改三级标题12处，修改大小错漏194处。

6—7日填写申报广东省教育厅“百姓学习之星——全民学习积极推动者”。如下要点：①坚持40年，学习研究学习科学。②重视自身学习，提高研究水平。③重视全民学习系列研究，形成不同年龄段系列著作。④重视学情调查，全面开展学习指导。⑤重视发挥学术团体作用，有效推动全民学习活动。

10日韩师70级数学二排同学联谊会的柯玉深、黄佳祥、陈悟河、许锐鑫、陆瑞基等登门拜访。潮州市老干部大学代表林金炎主任也前来节日慰问。

20—30日通过各种形式，先后收到陈树豪、江月孙、黄绮华、梁渭雄、鲁澄南、卢璧锋、林金炎、詹成养、林天卫、郑文锋、许佩卿、李学先等先生对内部印刷的《叶瑞祥从教70年》（征求意见稿）一书提出建议与修改274处。

27日医生确定本人为重度高血压症患者。《我国老年教育著作与趋势初探》发表于《终身教育》《老年教育研究》，2021年第8期（总第115期）第6—10页。

10月

1—18日在吸纳各方意见的基础上，对《叶瑞祥从教70年》（征求意见稿），即第二稿，进行研究统稿，形成《叶瑞祥从教70年》（送审稿），即第三稿。

2日潮安师范学校70级数学二排柯玉深、黄利平、王海添、许锐鑫、陈悟河、陆锐基等在我家同庆国庆节，并赠送牌匾。核心内容是“教书育人70载，授之以渔不老松”。

13日潮州市老干部活动中心主任林金炎等人在重阳节前夕登门慰问。

19—31日潮州市老干部大学庄依琪按我确定的《叶瑞祥从教70年》（送审稿）第一次排版打印。

23—31日阅读叶忠海等著的《终身教育学通论》。这是我国第一部终身教育学著作，对构建我国老年教育学体系有一定的启发作用。

11月

1 日参加湘桥区城基实验中学第 14 次董事会。主要内容：一是决定补选董事、聘任副校长问题。二是听取校长工作汇报。

1—12 日潮州市老干部大学庄依琪继续按我确定的《叶瑞祥从教 70 年》（送审稿）第一次排版打印。

12 日阅读《中国共产党第十九届中央委员会第六次全体会议公告》。

13—25 日第一次校对《叶瑞祥从教 70 年》（送审稿），修改 112 处，新增照片 2 张。

17—19 日阅读习近平《中共中央〈关于党的百年奋斗重大成就和历史经验的决定〉的说明》《中共中央关于党的百年奋斗重大成就与历史经验的决定》。

26—30 日潮州市老干部大学庄依琪按我修订的《叶瑞祥从教 70 年》（送审稿）第二次排版打印。

12 月

1 日收到韩山师范学院院长陈树思教授为《叶瑞祥从教 70 年》撰写《序》。《序》着重阐述该书的特点与价值。

1—8 日潮州市老干部大学庄依琪继续打印我修订的《叶瑞祥从教70 年》（送审稿）第二次排版打印。

2—6 日阅读岳瑛、朱东武主编《中国老年教育发展研究报告（2018-2020 年）》，当代中国出版社，2021 年 10 月出版。该书是我国第一部“老年教育蓝皮书”，它对了解我国老年教育历史、现状与发展趋势有一定的学术价值。

9—13 日我对第二次排版打印的《叶瑞祥从教 70 年》（送审稿）进行第二次校对，修改 22 处，形成《叶瑞祥从教 70 年》（终审稿）。

14—20 日潮州市老干部大学庄依琪按我确定的《叶瑞祥从教70 年》（终审稿）打印。

21—22 日最终确定《叶瑞祥从教 70 年》（终审稿）。

23 日潮州市老干部大学庄依琪将《叶瑞祥从教 70 年》（终审稿）书稿，通过电子邮件发黄金河先生。经与黄先生商定，《叶瑞祥从教 70 年》一书由广东旅游出版社出版，约 50 万字，印刷 1000 册，自筹经费8万元，2022年上半年出版。该书是本人从事教育公益事业的第7部著作。初拟赠送计划如下：（一）通过邮寄方式，赠送29个省、直辖市、自治区，广东省内21个市以及北京师范大学等52个高师院校图书馆，共102个图书馆，约350册。（二）通过出版社以交流方式，赠送有关单位200册。（三）赠送韩山师范学院约250册，作为2023年韩师校庆120周年礼品。（四）自己留用约200册，拟赠送老同学、老同事、学术朋友等之用。

31日今年主要完成两件事情：①编写一部传记式的教育著作《叶瑞祥从教70年》。②发表一篇学术论文《我国老年教育著作现状与趋势初探》。明年的主要任务：一是做好《叶瑞祥从教70年》一书校对、出版、发行、推介工作。二是撰写一篇有关老年教育学科建设的学术论文。

主要参考书目

1、潘懋元口述，肖海涛、殷小平整理，《潘懋元教育口述史》，北京师范大学出版社，2007年1月版。

2、顾明远口述，李敏谊整理，《顾明远教育口述史》，北京师范大学出版社，2007年1月版。

3、林崇德口述，辛子强、吴安春整理，《林崇德口述历史》，北京师范大学出版集团，2010年10月版。

4、林明榕《学海人生——林明榕回忆录》，香港天马出版有限公司，2005年5月版。

5、冯友兰著，《冯友兰学术自传》，人民出版社，2007年8月版。

6、金理著，《陈思和学术教育年谱》，华东师范大学出版社，2017年10月版。

7、林天卫编，《科学学习观的探索—叶瑞祥学习科学文集》，科学技术文献出版社，2005年11月版。

8、林天卫编，《科学教育观的探索——叶瑞祥教育科学文集》，珠海出版社，2010年3月版。

9、叶瑞祥编，《叶瑞祥教育活动年表》（内部交流），2011年12月版。

10、叶瑞祥口述，吴晓玲、吴芳芳整理，《叶瑞祥教育口述史》，大众文艺出版社，2012年2月版。

11、郑文锋、许佩卿主编，《评〈叶瑞祥教育口述史〉》，中国言实出版社，2013年3月版。

12、叶瑞祥著，《叶瑞祥学习学讲演录》，中国电影出版社，2014年8月版。

后　记

我从1952年考上韩山师范学校普通师范班至今，已有70年了。在具有特殊意义的时刻，为什么要编写出版《叶瑞祥从教70年》(以下简称《70年》)？

为了实现青年时代的梦想。早在韩山师范学校就学时，看了苏联《乡村女教师》后，梦想中的晚年，有一群学生前来看望我，感到很幸福！在华南师范学院教育系就学时，看了苏联马卡连柯《教育诗》后，梦想中的晚年，能够编写出版一部教育传记，感到很满足！2012年出版的《叶瑞祥教育口述史》，在一定程度上满足了个人原有的愿望，但仍有不足之处。2016年阅读了《冯友兰学术自传》一书后，萌发了将《叶瑞祥教育口述史》与《叶瑞祥教育活动年表》加以整合、扩大、提升，力求编写一部纪实性、理论性、思想性融为一体的传记式教育著作。这确是青年梦想、晚年成真之事。

为了总结各类教育的经验。70年教育人生的经历，最重要的特点是“全”字。就教育对象而言，涉及婴幼儿教育、小学教育、中学教育、高等教育、成人教育、老年教育，也就是说从2岁到82岁的教育我都体验过研究过；就教育类型而言，38年公办教育经历过，10年民办教育也经历过；就教育区域而言，立足潮汕地区，面向广东，走向全国；就教育内容而言，教学、科研、管理工作我都亲历过：可以总结教育学科教学经验；可以总结教育科学研究经验；也可以总结教育行政管理经验，包括学校教务管理经验、学校办公系统管理经验、民办学校领导工作经验、县（区）教育行政管理经验等。也就是说，可以达到从中总结各类教育经验。

为了提升理论研究的成果。40多年来教育理论研究成果是多方面的，主要表现在学习科学、老年教育两个领域。最主要的特点是“新”字。一则可以提升新兴科学——学习科学、老年教育科学成果。二则可以提升学习科学、老年教育科学创新理论。其中，学习科学“六新”，即提出学习“内化获得”的新概念、构建学习学的新体系、倡导开展学习指导的新应用、提出创新学习能力的新结构、开拓老年教育学习研究的新思路、研究提高学习力的新策略等。老年教育科学“八论”，即阐明老年教育本质论、功能论、目的论、学习论、教学论、学科论、教师论、发展论等。从而可以达到提升理论研究成果的“含金量”。

为了回报母校韩师的培育。70年的教育人生中，有55年是在韩师生活的，约占教育人生中的80%。作用巨大：其一，韩师是我教育人生的起点。3年韩师中师学生生活，为我的教育人生打下正确的政治思想基础、专业思想基础、专业技能基础，培养了良好道德行为、生活习惯，打下了教育人生的底色，扣好扣牢教育人生的第一个“纽扣”。其二，韩师是我教育人生的重要平台。27年韩山师专、韩山师院教师生活，让我在教学、科研、管理等方面，都得到比较全面、比较充分的“表演”，取得较好成绩。其三、韩师的教师生活，为服务社会打下了重要基础。由于27年韩师教师生活，经历了各种各样历练，让我在25年的退休生活中，能在更大的范围内，更广阔的天地里，更全面更充分从事教育活动，打下了良好的学术基础，建立了广泛的人脉关系。我从内心里深深感到没有共产党的培养，没有韩师的教育，就没有今天的我。感恩党的培养，感谢韩师的教育。如何感恩韩师母校？可以通过各种形式，根据我的实际，通过教育公益形式，选择编写出版《70年》向韩师120周年校庆献礼是一个合适的方式。

总之，为了实现青年时的梦想，总结各类教育经验，提升理论研究成果，回报母校韩师培育，是编写出版《70年》一书的目的。

为了体现编写目的，《70年》在内容与结构上，采取了“123”

的策略。所谓“1”是指在党的领导下，以个人成长历史为主线为核心，贯穿其中。所谓“2”是指全书由两个部分组成，第一部分正文，包括第一章至第八章；第二部分附录，包括三项附录。所谓“3”第一个含义是指正文部分，由三个板块组成：第一个板块，是第一章至第五章，从纵向角度，记叙“确立从教思想”—“攻读教育专业”—“多方教育实践”—“从事高师教育”—“晚年教育活动”，着重反映个人成长的历史过程。第二个板块，是第六章至第七章，从横向角度，论述“我与学习科学”“我与老年教育”，着重总结学术研究成果。第三个板块，第八章，“我的人生感悟”，着重阐明教育人生哲理。所谓“3”的另一个含义，是指附录部分包括“叶瑞祥著作教材一览”“叶瑞祥论文目录”“叶瑞祥教育年谱”三项，它是正文部分的补充与细化，起到前后呼应，互相认证的作用。

为了实现编写目的，在编写态度上，主要抱着如下三个态度：一是学习的态度。历史是最好的教科书。我抱着学习的态度，在总结中学习，在反思中提高。我从1950年春就读初中一年级至今，亲历了新中国教育70多年的演变过程，其中亲历了“文化大革命”前17年的教育、“文化大革命”期间10年的教育、改革开放40多年的教育三个历史时期；我从1952年9月至今在韩师工作了55年，亲历了韩师“三级跳远”的转变过程，其中亲历了韩山师范学校升格为韩山师范专科学校，进而升格为韩山师范学院三个办学层次的转变过程；我从1979年至今，亲历了我国现代学习科学40多年的发展过程，其中亲历了星火燎原——自发研究阶段、走向联合——自觉研究阶段、持续发展——全面研究的三个发展过程。这些经历，本身就是学习的过程。以史为鉴，我抱着学习、反思、提高的态度，回顾在党的领导下个人思想发展的过程，回顾教育人生发展的过程，回顾学习科学发展的过程，作为重新学习的过程，提高思想觉悟的过程，提高教育理论的过程，提高学术水平的过程。二是负责的态度。整个编写过程中，始终坚持实事求是、尊重事实、尊重历史、认真负责的态度，力求做到客观、真实、准确。三是感恩的态度。饮水思源。千万不要忘记共产党的培养。千万不要忘记韩师母校的教育。千万不要忘记在不同历史时期曾经关心、帮助、支持过自己的长辈、老师、领导、同事、同学、朋友等的情谊。

经过5年的酝酿，特别近一年多的努力，《70年》一书终于出版了。本书之所以能够顺利出版，全靠多方面的努力，共同劳动的结果。这里，感谢韩山师范学院、潮州市老干部大学领导的大力支持。感谢韩山师范学院郑文锋、许佩卿、吴晓玲（学生）、吴芳芳（学生）等，潮州市老干部大学林金炎、庄依琪、林蓉、吴维锷、谢昭典、黄淑莉、陈洁纯、吴淑玲、洪舒丹等的具体帮助。感谢陈树豪（20世纪韩山师范学校普师班52级乙班同学、韩山师专学报编辑部原主任、副教授）、江月孙（20世纪华南师院教育系56级同学、华南师大教育系原主任、教授）、黄绮华（20世纪华南师院教育系56级同学、华南师大教育系副教授）、梁渭雄（20世纪华南师院教育系56级同学、广东省哲学社会科学联合会原副主席、研究员）、鲁澄南（中国高等教育学会学习科学研究会原常务理事兼学术委员会副主任、特级教师、汕头市金平区教育局原副局长）、卢璧锋（潮州市老干部大学原常务副校长、高级讲师）、林金炎（潮州市老干部活动中心主任、潮州市老干部大学副校长）、詹成养（韩山师院办公室主任、副教授）、林天卫（20世纪80年代韩山师专教务科同事、韩山师院广东省陶瓷职业技术学校原校长、副研究员）、郑文锋（韩山师院学生工作部部长、学生处处长）、许佩卿（中共韩山师院马克思主义学院党总支部书记、副教授、中国高等教育学会学习科学研究会常务理事）、李学先（20世纪80年代初韩山师专教务科同事、韩山师院离退休党总支部原副书记、全国大学学习科学研究会原副秘书长）等先生阅读《70年》（征求意见稿）并提出了许多宝贵意见和积极建议，为本书出版作出了贡献。要感谢珠海市作家、社科学者黄金河先生在审稿后有感而发写下《笔耕不辍的老黄牛》为本书点赞！特别要感谢韩山师范学院校长陈树思教授，在百忙之中，为之作序，给予肯定与鼓励，为本书出版增添了光彩。

由于种种原因，思想业务水平不高，错漏在所难免，敬请批评指正。

2022年1月于潮州市后街韩师楼